过云楼第一代主人顾文彬云："书画之于人，子瞻氏目为烟云过眼者也。"

苏轼，字子瞻。

烟云过眼，意出自苏轼著《宝绘堂记》"烟云之过眼，百鸟之感耳"之句。

又，南宋周公谨著《云烟过眼录》。

过云楼由此得名。

“十三五”国家重点图书
“过眼烟云——过云楼历代主人手书精粹”丛书

顧公碩殘稿拾影（上）

主　编 / 高福民
副主编 / 陶莉　高晴　高翔

文匯出版社

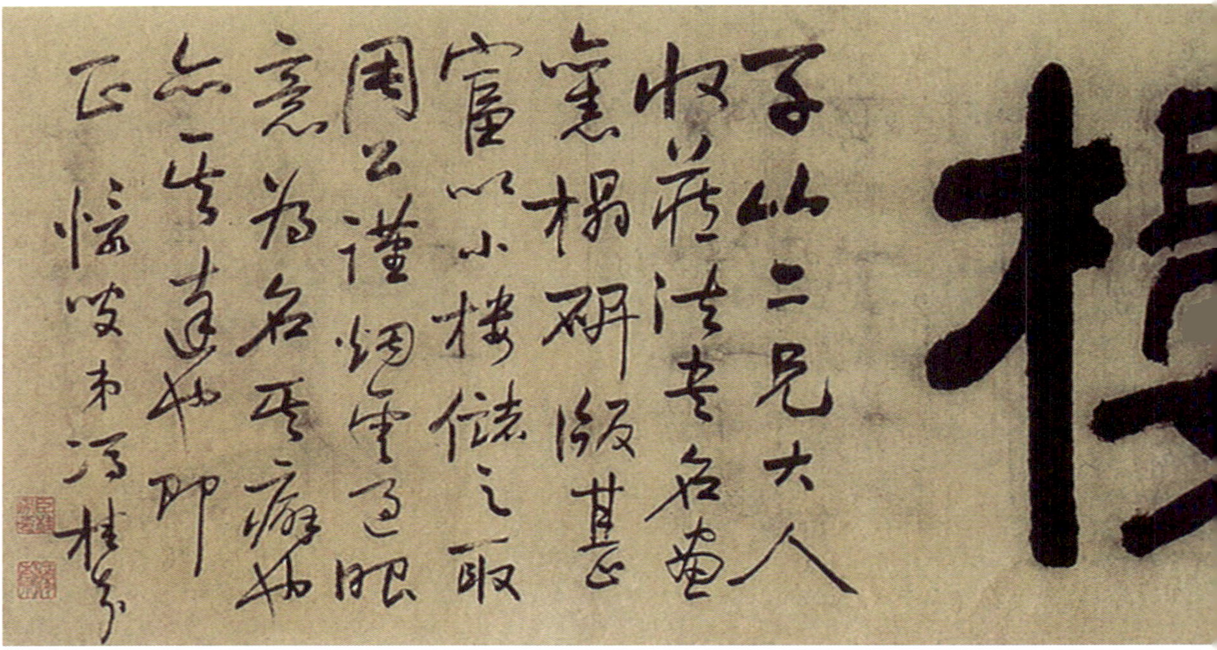

冯桂芬书“过云楼”

子山二兄大人收藏法书名画、旧拓碑版甚富，以小楼储之，取周公谨烟云过眼意为名，其癖也，亦其达也。即正。怀叟弟冯桂芬。

過雲

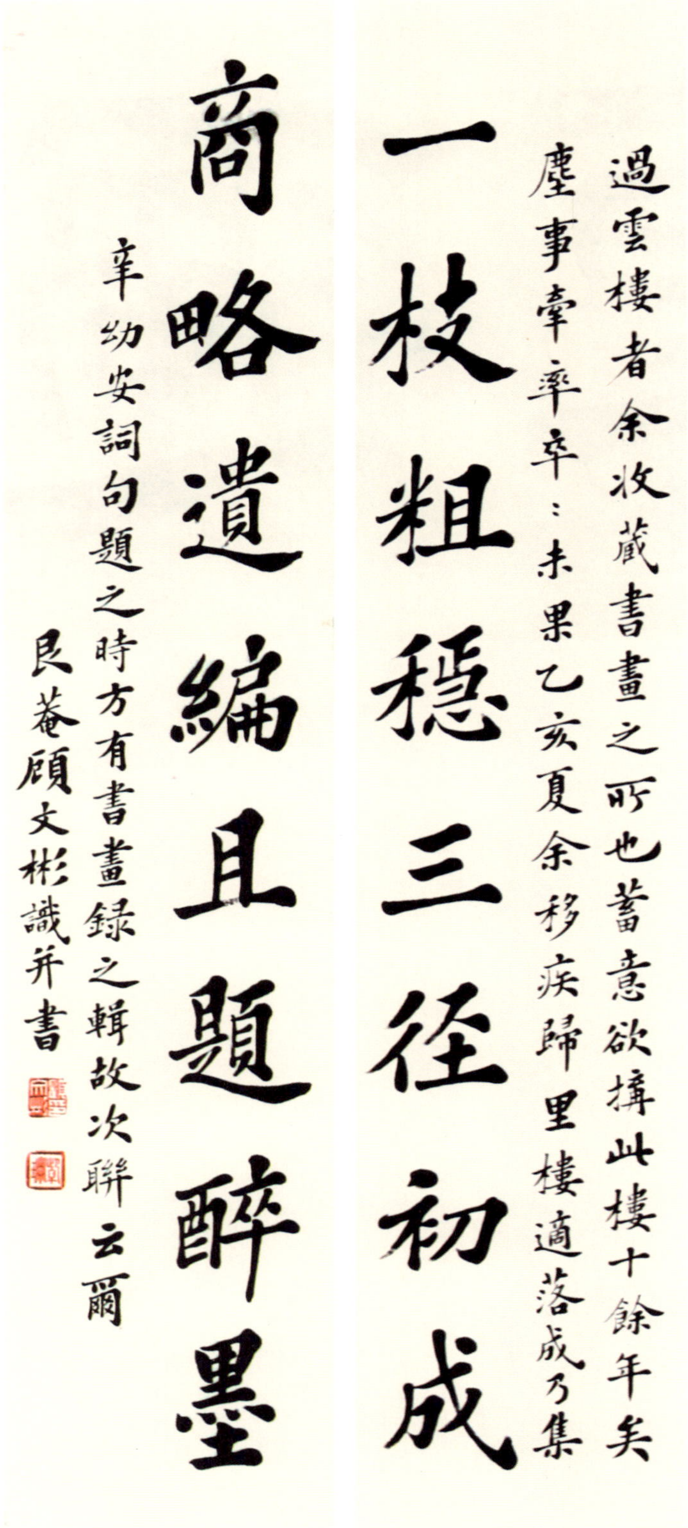

一枝粗穩三徑初成
過雲樓者余收藏書畫之所也蓄意欲搆此樓十餘年矣
塵事牽率卒卒未果乙亥夏余移疾歸里樓適落成乃集
商略遺編且題醉墨
辛幼安詞句題之時方有書畫錄之輯故次聯云爾
艮菴顧文彬識并書

顾文彬晚年书“艮庵对联”

过云楼者，余收藏书画之所也。蓄意欲构此楼十余年矣，尘事牵率，卒卒未果。乙亥夏，余移疾归里，楼适落成，乃集辛幼安词句题之。时方有书画录之辑，故次联云尔。

丛书总序

苏州顾氏过云楼是江南最著名的藏画楼。该藏画楼建成于清同治十二年（1873），以书画名迹兼善本古籍收藏及文人雅士文化活动而驰名于世。素有“宁波天一阁，苏州过云楼”之称，为中国雅文化的一代经典和吴越士文化的最后高峰；据此一隅，可放眼整个大变革时代中的江南文脉之延续。

苏州望族顾氏传人，依托过云楼的藏品，以怡园为中心，云集名流，挥毫泼墨，国画、国学、诗词、古琴、昆曲、西画乃至摄影等无不切磋琢磨。《吴县志》云，怡园水木清华，“遂为有清一代艺苑传人之殿”。时至今日，昆曲与古琴艺术已被联合国教科文组织列入世界非物质文化遗产名录。绝世清音，生生不息。

由于战乱、“文革”、城市变迁等诸多因素，这座江南著名藏画楼曾一度湮没，并淡出公众视野。值得庆幸的是，顾氏后人几经周折尽力保存先人遗泽，方使此楼过半数之藏画、藏书至今完好无损。

藏书藏画之外，自清同光年间至民国时代，更有过云楼历代主人将过云楼本身的社会活动、文化交往、曲折经历手书成册。这些顾氏后人艰辛珍藏的私家版文献，乃过云楼四代主人之荟萃。从第一代顾文彬、第二代顾承、第三代顾麟士，到第四代顾公硕之代表性手书典籍，包括日记、家书、友朋信札、笔记、书画创作与私家法帖等，内容极其丰富，全面反映过云楼创建以来的发展历程与历史时期的文化风貌，诚为不可多得的历史文献。对过云楼历史容有不同的认识，但对其留存下来的历史文献价值当有目共睹。

这些文献作为家藏秘珍，绝少为外人所知。顾文彬的玄孙顾笃璜先生将珍藏的《顾文彬日记》《宦游鸿雪》《顾文彬手订年谱》《顾承书信》《顾公柔日记》等有关过云楼历代主人的珍贵文献无偿捐献给苏州市档案局（馆），为研究顾氏家族和过云楼文化提供了重要的第一手资料。档案文献不仅要妥善保管好，更要开发利用好，为此，苏州市档案局（馆）携手苏州市文广新局、苏州过云楼文化研究会、文汇出版社等相关单位精心策划，周详安排，组织专家团队编辑，集为“过眼烟云——过云楼历代主人手书精粹”丛书，作为“十三五”国家重点图书予以推出。此举洵称文坛盛事、学界美谈，故乐以为之小序云尔。

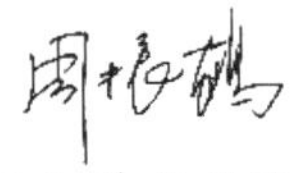

2016 年 10 月于复旦大学光华楼

“过眼烟云——过云楼历代主人手书精粹”丛书
编纂委员会

顾问：顾笃璜
主任：钱　斌　李　杰
主编：周振鹤
执行主编：钱　斌
编委：徐国保　顾其正　沈慧瑛　卜鉴民　虞爱国
俞　菁　金德政　许晓霞　孙中旺

本册《顾公硕残稿拾影》
编纂委员会

顾问：钱　璎　顾笃璜
主编：高福民
编委：顾克仁　陶　莉　高　晴　孙中旺　王静娟
高　翔　皇甫琳
副主编：陶　莉　高　晴　高　翔
封面题签：郦　方
特邀题书画：马伯乐　张晓飞　谭以文
特邀篆刻（过眼烟云）**：**童衍方
编审：苏州市档案局（馆）

苏州市社科联重大课题
苏州市文化研究课题立项
江苏省高校哲学社会科学研究项目
苏州文化旅游发展集团古城投资公司支持

过云楼第四代传人之一顾公硕
摄于上世纪五六十年代

顾公硕（1904—1966），名则奂，以字行，出身于江南著名的书画楼——苏州过云楼文化世家。过云楼创始人顾文彬的曾孙、著名画家顾鹤逸的幼子。精于书画、典籍、园林、戏剧、工艺美术、摄影等。新中国刚成立时，作为社会文化人士，不遗余力拯救桃花坞木刻、虎丘泥人、苏绣、缂丝等艺术瑰宝，1953年率族人将顾氏怡园捐献给国家。后任苏州市文物保管委员会专职委员，苏州市政协第四、第五届常委，苏州博物馆副馆长，苏州工艺美术研究所所长等职。1959年为筹备苏州博物馆带头捐出珍藏，先后所捐的一百二十四件珍贵文物中，有元王蒙，明祝允明、文徵明、唐寅、董其昌以及近代沈寿等传世珍品。“文革”初，因不堪凌辱，自沉于苏州虎丘1号桥下，1978年沉冤得雪。

本书客观真实地折射了新中国成立初抢救、传承、弘扬中华优秀文化所走过的一段可歌可泣的历程。手稿系“文革”时历经六次抄家，家人从被扔弃的杂物垃圾堆中捡出，装入一纸箱，半个世纪之后交付编纂者研究、整理而成。

图书在版编目（CIP）数据

顾公硕残稿拾影 / 高福民，陶莉，高晴编．— 上海：文汇出版社，2017.9

ISBN 978-7-5496-2325-9

Ⅰ.①顾… Ⅱ. ①高… ②陶… ③高… Ⅲ. ①文化史—苏州 Ⅳ. ①K295.33

中国版本图书馆CIP数据核字（2017）第231961号

顾公硕残稿拾影

主　　编 / 高福民
副 主 编 / 陶　莉　高　晴　高　翔

丛书策划 / 陈雪春
丛书主编 / 周振鹤
责任编辑 / 陈雪春
装帧设计 / 周　丹

出版发行 / **文匯**出版社
上海市威海路755号
（邮政编码200041）
印刷装订 / 苏州市越洋印刷有限公司
版　　次 / 2017年9月第1版
印　　次 / 2017年9月第1次印刷
开　　本 / 787×1092　1/16
字　　数 / 650千
印　　张 / 55.5

ISBN 978-7-5496-2325-9
定　　价 / 238.00元（全二册）

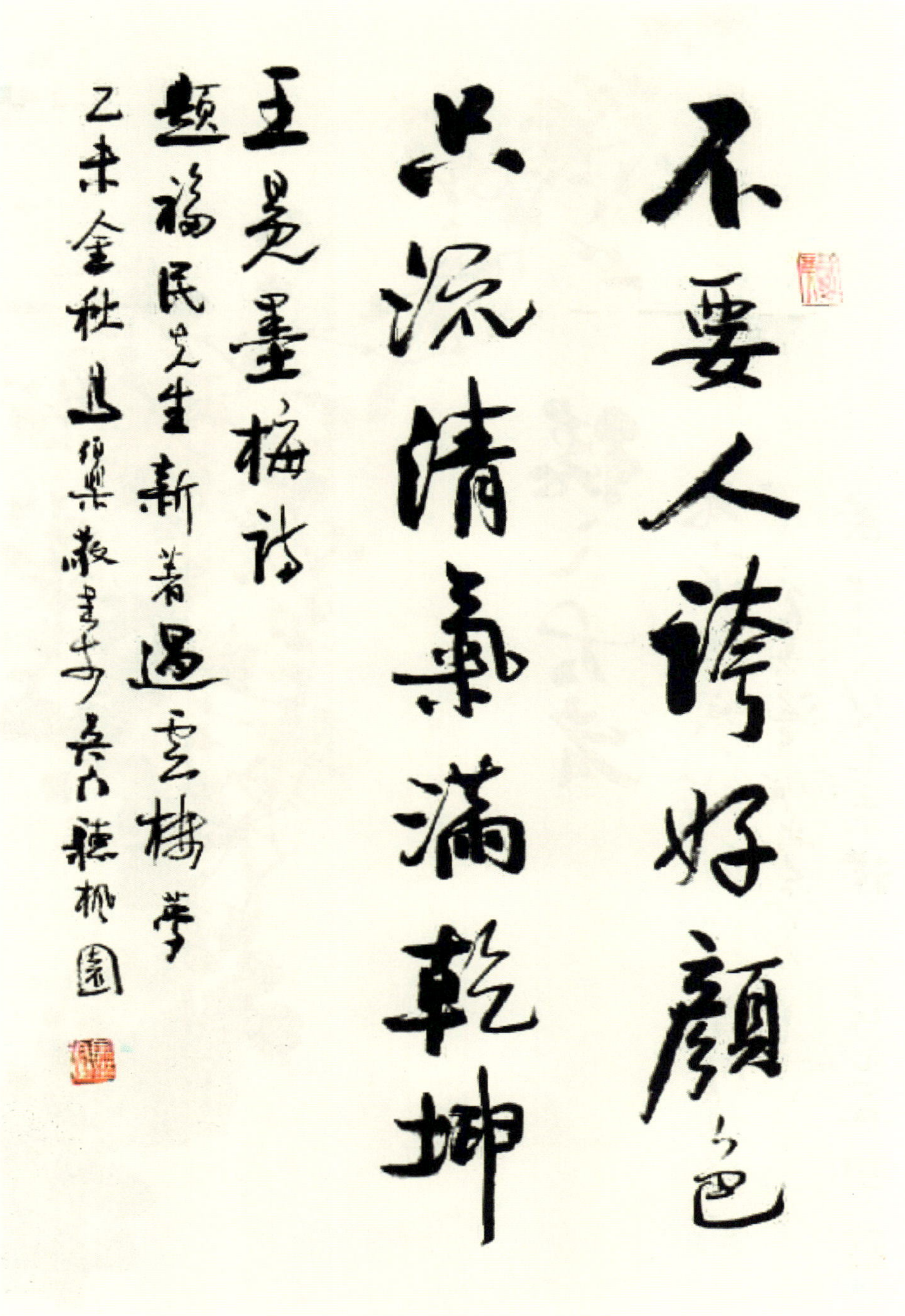

马伯乐题王冕《墨梅诗》

谭以文绘《德之大者》

谦谦君子名士风（本册序一）

1949年4月，在“百万雄师过大江”的隆隆炮声中，我送丈夫凡一随人民解放军渡长江。记得临别时，我将家里唯一的三枚银元缝在他的军衣里，我因怀有身孕即将分娩，暂留苏北解放区。6月，我抱着刚出生的孩子也匆匆赶到苏州报到，我们都是4月27日苏州解放后首批进驻的南下干部。1941年，父亲阿英携全家从上海奔赴苏北抗日根据地，父亲曾是上海左翼作家联盟的负责人之一，阳翰笙在《怀念阿英》一文中说到，中央领导人如周恩来、陈毅都很了解阿英，对他的工作和为人，给予高度评价。弟弟钱毅年仅二十三岁就在一个敌我拉锯之地的采访中被敌人抓去，宁死不屈，第二天就被枪杀。牺牲前是《盐阜大众报》的副主编，而凡一则是《盐阜大众报》的创始人之一。老家安徽芜湖市中心镜湖有阿英陈列馆，盐城新四军纪念馆有阿英和钱毅的事迹介绍。建国以后，我与凡一绝大部分时间在苏州从事宣传文化工作，一开始在军管会文教部，凡一是文艺科长，后来是市委常委、宣传部长（一度是文教部长），兼文联主席，市委书记处书记等，我后来是文联副主席、宣传部（文教部）副部长、文化局党组书记等。

新中国成立，百废待兴。古城经历了日本侵华铁蹄践踏和旧社会腐败统治，新生的人民政权面临最紧迫的问题：接管、安定、民生，恢复经济和城市的正常运转。从苏北解放区来到苏州，宣传文化工作的环境、特点也发生了很大变化，其中之一就是苏州的历史源远流长，祖先们在这里留下了丰厚的文化遗产，可是面对的文化的方方面面同样是残破不堪，抢救保护，时不我待。如虎丘塔是苏州的地标名胜，塔身严重倾斜，中间还有一道上下贯通的大裂缝，千疮百孔，岌岌可危；留园，日军侵华时骑兵进驻，园中最大建筑楠木厅成了养马场，楠木门窗家具有的拆作食槽，有的劈成柴烧，马粪堆得比人高，马将柱子啃成葫芦形，糟蹋得不成样子，残垣断壁，恶臭难闻，无人照管，无人光顾；昆曲，传字辈艺人流落各地，生活无着落；桃花坞木刻，画店倒闭，名存实亡；刺绣，行业凋敝，濒临绝境……

当时国家经济非常困难，每一项抢救保护都很不容易。已故著名作家陆文夫，是与凡一一起渡江到苏州的，他生前在一篇怀念凡一的文章中说："在苏州的文化界，凡是上了一点年纪的人，很少有人不知道凡一同志"。"其实，凡一是个文化人，多才多艺"，"当了文化官之后，你不觉他已经当了官，他还是他，和未当官时没什么区别"，"当了一辈子的文化官，是为了文化事业而当官"。他"特别喜欢和那些学有所长、有才能的人在一起，东拉西扯，谈天说地……在50年代和60年代，对古典园林的修复和保护不是什么重要的课题，只是一帮专家和学者在那里奔走呼号，提出建议，可是谁来组织他们？凡一当时主管文化，让那些老先生都集中在文管会中，每年都为他们争取一笔经费，然后放手让专家学者们去做，凡一不加干涉。专家们的意见也不统一，有时候会争得面红耳赤，凡一也不擅自做主，让他们自己求得统一。事实证明此种领导方法是极其高明的，苏州古典园林的修复这才免受外行的干扰，才能避免那种修建中的破坏"。那时，苏州市军管会一纸调令将已调往无锡苏南文化教育学院三个月的谢孝思召回了苏州，1950年任苏州市文物保管委员会主任委员，聘李根源、顾颉刚等为顾问；后又任园林修整委员会主任，邀刘敦桢、陈从周为顾问，苏州懂行的文化人周瘦鹃、范烟桥、程小青、汪星伯、陈涓隐、蒋吟秋、俞子明、郑子嘉等参与，顾公硕后来作为市文管会专职委员也加入行列。1953年修留园，又有计划地逐步修了拙政园、怡园、虎丘、狮子林、寒山寺、双塔罗汉院遗址、玄妙观、网师园。留园修好开放时，在入口处走廊上还陈列一组修复前的破败景象照片，以兹对照。

苏州园林名胜的大规模整修始于1953年春，当时江苏省委主要领导来苏州检查工作时，先后两次考察了荒芜不堪的留园，他站在涵碧山房旧址前瞭望沉思有时，终于肯定地说"这些古树还在，应当修复"。李芸华市长嘱工作人员拟一个概算，当时提出的修复概算是五万元。这位领导认为不够，当年江苏省人民政府拨款10.3万元，这在当时可不是一个小数字啊。1954年，修复寒山寺时，苏州昆曲家、住修仙巷10号的宋选之、宋衡之兄弟将自家无力维修的花篮楼捐献，上下一条心，就是这样，六七年间就把现在所开放的大部分园林都修复了。

记得凡一经常感叹，苏州文化的宝贝多啊，他的感叹里充满一种责任感，同时也意识到只有充分走群众路线，才能更好地抢救保护。当初我们文艺科的同事中有顾笃璜、贺野等。顾笃璜，新中国成立前夕在苏州社教学院加入中共地下党组织，其父顾公硕是过云楼第四代传人，思想开明，曾掩护过地下党活动，新中国刚成立时曾在文联中担任国画组长、民间艺术组长，后来是苏州市政协常委、苏州博物馆副馆长、苏州市工艺美术研究所所长。那时他近五十岁，我们二十五六岁，他和夫人张娴是长辈，人非常客气，和蔼可亲，所以我们都尊敬地称他们为“顾老伯”“顾伯母”。顾老伯是文化界的知名人士，不是专职干部，不领取任何报酬，却积极主动地做了大量工作。他最大的功绩，莫过于抢救桃花坞木刻和刺绣。

清末，由于西方石印技术传入，桃花坞木刻便很难生存，所以，进入民国以后罕见新刻的年画，日本侵华沦陷时期更是一片萧条，只靠印粗糙的纸马、灶王爷、爆仗纸等维持度日。1950 年顾老伯与市文联干部贺野深入桃花坞走访，画店已停业多年，他们面对堆满角落、积满尘土、残缺不全的老版，与年画老艺人一起反复挑拣，拼合成九十余块全版，编印成《苏州桃花坞木刻年画选集》，然后欣喜地在市中心观前街北局（今人民商场）二楼专题举办了一次展览。1951 年组织创作新年画《太平天国在苏州》八幅，条件很艰苦，除墨线版非现木刻不可，套色版只能用硬纸板代替，用手拓色，然后在忠王府举办纪念太平天国金田起义一百周年展览。

1949 年前，刺绣同样是一枝凋零的花朵，市面上窄小的“顾绣”庄陈列的只是床幔、桌围之类粗绣，生意冷清不堪。为挽救这一行业，开始是谢孝思于玄妙观东侧土圣巷的一家民房里创办一所刺绣技术学校，后因没有经费而停办。顾老伯策划了“苏州市文联刺绣生产小组”，试制阶段放在朱家园自己家中，不花公家一分钱，顾伯母张娴是第一个试绣人。1954 年 3 月 8 日在调丰巷借人家房子正式开办，开办费三百元是向市文联借的，任嘒閒、周巽先任艺术指导员，逐步招考一批年轻的绣娘，李娥瑛、顾文霞等刺绣名家都是从此起步。乱针绣创始人杨守玉和来自中央工艺美院的庞薰琹教授及夫人、著名油画家丘堤，程尚仁、柴扉教授，江苏师范学院张云和教授以及苏州一批书画家前来指导，刺绣名手朱凤及刺绣技校学生加入，又吸收缂丝艺人沈金水及徒弟王茂仙，找回流落在上海帮佣的刺绣名家金静芬。后来发展成名扬天下的苏州刺绣研究所，奠定了苏绣作为全国“四大名绣”的坚实基础。

这里我再说说抢救昆剧的事。1951 年 4 月 17 日，六十四岁的著名昆曲家贝晋眉（贝聿铭先生的叔祖）积极倡导，苏州市文联在开明大戏院举行昆剧观摩演出，邀请苏沪两地著名昆曲家和仙霓社艺人，其中有苏州的曲家贝晋眉、丁鞠初、姚兢存、宋衡之、贝佐符、姚轩宇和传字辈艺人演出了一批传统剧目，重新点亮了抢救古老剧种的希望之光。1952 年，贝晋眉、丁鞠初、陈伯虞等发起成立苏州昆剧研究会，以抢救昆剧艺术，扩大影响。1953 年，上海的民间职业剧团——民锋苏剧团来苏演出，因为苏剧是苏州的地方剧种，通俗易懂，又与昆剧有密切的渊源，与苏州建立了民营公助关系，落户苏州，暂借蒲林巷张幻尔新艺通俗话剧团团址住下来，称苏州市民锋实验苏剧团，不久改名苏州市苏剧团。苏剧的发展，

左起为谢孝思夫人刘叔华、钱瓔、凡一、谢孝思、周良、刘振夏
摄于改革开放初

在艺术上还需要昆剧的滋养，因而就确定了经济上“以苏养昆”、艺术上“以昆养苏”的办团方针。市文联将顾笃璜派去，顾笃璜当时是市文联的戏改部长，被凡一称为“新文艺工作者”，既做政治思想工作，又管艺术工作，还担任剧团的导演。顾笃璜由苏入昆，重点培养青年演员，诚邀昆剧界的老前辈尤彩云、曾长生、汪双全以及传字辈优秀演员来教表演，曲家贝晋眉、宋衡之、吴仲培、俞锡侯来教拍曲，前后专任教师四十八名，短期来团传艺的尚不计在内，精心培养当时三十余名学员。培养的青年演员艺名中嵌一“继”字，即继字辈，以承接上世纪20年代苏州昆剧传习所培养“传”字辈的传统，表达传继和振兴昆剧的愿望。

1956年，浙江排演昆剧《十五贯》轰动全国，主要演员是传字辈。周恩来总理高度评价“一出戏救活了一个剧种”。这一年9月22日至25日，江苏省文化局暨苏州市文化局在苏州新艺剧院举行昆剧观摩演出，连演四天，除了观摩浙江的《十五贯》，继字辈演员已能够单独组队演出，以张继青为代表的一批优秀青年演员脱颖而出，戏剧大师俞振飞主动邀请张继青、章继涓合演《断桥》。由此引起了上级领导的重视，该团挂牌为“江苏省苏昆剧团”。10 月 27 日，《新华日报》发表《祝江苏省苏昆剧团成立》的文章，指出：“由于历史的原因，昆剧还没有专业的剧团，现在本省为加强昆剧的工作，使昆剧与相近的苏剧合并成立省的剧团，这对发扬昆剧的传统，继承遗产是有利的，对于苏剧的发展也是有利的。”

改称“江苏省苏昆剧团”时，顾笃璜已经担任苏州市文化局副局长。为了昆剧事业，他辞去了副局长职务，与继字辈演员朝夕相处，同吃同住，同跑码头，扛着行李下乡演出，剧团里不论老老小小都称他“顾同志”。他为了培养继字辈青年演员，倾注了大量心血，他的青年时代就是在苏昆剧团度过的。苏州所培养的继字辈演员及以后培养的新演员，能演出折子戏三百零七折，成为全国能演出传统昆剧最多的队伍，充分显示了新中国成立以后苏州对传统文化的重视。

凡一是 1999 年去世的，1998 年他在一篇文章中曾记录了历届市领导对苏州文化的关心。其中有一则 60 年代初市委书记王人三关心苏昆剧团的有趣故事：他家住人民路上，早晨起来到大公园一带散步，走到万寿宫（今老年大学），那时是江苏省苏昆剧团团址。他走入看看青年演员练功，了解到他们粮食不够吃，就批条子，让他们到观前街上的广州食品公司买面包，到黄天源买糕团，以补粮食之不足。有一次，他跑到剧团的炊事房里了解演员们的伙食情况，炊事员不认识他，将他赶了出来，后来有人认出是王书记，很不好意思。许多苏昆剧团的老演员，都念念不忘市委领导在国家经济困难时期，对剧团人员生活的关怀。

一些老同志还回忆起 1955 年 3 月市政府文化处筹办工艺美术陈列室之事。因为经济、文化恢复，外事接待逐渐频繁起来，参观的项目也从园林、名胜古迹、戏剧、书画扩展到工艺美术，苏州的工艺美术开始名声远播了，要求参观的人越来越多。有关负责人向凡一汇报，凡一关照“多请教顾公硕先生”，于是，顾公硕亲自征集刺绣、缂丝、年画、红木小件、玉器、牙雕、乐器……每一种选其最精的陈列，稍不满意便再调整。到 5 月初，基本成型，于是请一批专家老前辈来指教，提意见。第二天，李芸华市长光临，看得频频点头，请他指示，他只说丝织被面的图案色彩是否可以再鲜艳一点，临走特别强调“你们请凡部长来，他说了算，他是行家”。第二天，凡一赶过来，边看边议，甚是认真、仔细，最后他声明“仅供参考，顾老说了算”。类似例子举不胜举，他们都很深入，一丝不苟，而且谦虚，相互信赖，配合默契。

半个多世纪过去了，2013 年新春佳节苏州市文化部门老同志团拜会，我、顾笃璜和高福民三人恰巧比肩坐在一起，两代文化人高兴地谈起苏州市重视修缮过云楼、筹建过云楼陈列馆的话题。我与顾笃璜异口同声，希望刚退休不久的福民关心过云楼文化的研究。福民曾在苏州市文化部门任职十二年，他勤奋、认真、钻研，熟悉苏州文化，更有一颗热爱文化的心和无私奉献的精神，无论是苏州图书馆、博物馆新馆建设，还是弘扬昆曲等优秀传统文化，兢兢业业，值得信赖。果然，他不辞辛苦地奔波于图书馆、博物馆、档案馆查阅第一手资料，请教老同志。第一年与过云楼陈列馆的陈列设计者相沟通，做了一些默默无闻的研究工作，之后又花了近四年时间带领几位年轻学者，废寝忘食，治学严谨，完成了《过云楼梦——大变革时代江南文脉之一隅》《顾公硕残稿拾影》二书的编著。

上述二书，首次比较系统地记录了创建于清同光年间的江南著名书画楼——过云楼一个半世纪以来的历史，突出其文化价值、文化贡献和文化精神，展示其五代人饱尝沧桑变故，为抢救搜集大批稀见书画典籍而呕心沥血，为使藏品不被外侵蹂躏和战乱流失而艰难辗转，直到新中国成立后逐步归藏于上海博物馆、苏州博物馆、北京故宫博物院、南京图书馆、苏州图书馆、苏州市档案馆等公共文化机构，永无散失之虞。

二书还首次比较深入地记录了新中国成立后过云楼后人将顾氏怡园捐献给国家，抢救呵护古典园林、古建筑、昆曲、桃花坞木刻年画、刺绣、缂丝、虎丘泥人和研究红木雕刻、玉石雕刻等宝贵遗产的事例，整理了顾公硕残稿，歌颂其历经风雨、矢志不渝地延续、传播中华优秀传统文化。

二书再现了真实的人、真实的环境，我很高兴。福民邀我作序，我亦以亲身所见所闻说说新中国成立初，苏州文化界包括过云楼后人在传承中华优秀传统文化方面的贡献。上世纪60年代初，凡一与我奉调至北京，“文革”中我们被“造反派”揪回来批斗时，顾老伯已纵身清流，如唐杜牧诗曰“流水旧声入旧耳，此回呜咽不堪闻”。顾公硕等老一代文化人是德之大者，他们殚精极虑为人民做好事，弘扬中华文化，建设精神家园，我们应该永远记住他们。当然，我说的仅是一个侧面、几件事，未免挂一漏万，不当之处，请批评指正。

是为序。

钱璎　时年九十四

写于2017年8月

怀念父亲（本册序二）

父亲顾公硕出生于清光绪三十年（1904），这是中华民族内忧外患、风雨飘摇的年代。

他是苏州过云楼第四代传人。幼承家学，博文好古，精于书画、典籍、园林、戏剧、工艺美术；思想开明，视野开阔，自学日、德、俄文，翻译一些国外传入的科技资料，还是苏州最早的摄影家之一。

过云楼顾氏是一个具有一个半世纪历史的文化世家。高祖顾文彬，清道光年间进士，咸同年间官至汉阳知府、宁绍台道等，同光年间偕曾祖顾承等共创过云楼书画珍藏，构筑怡园。祖父顾鹤逸，吴中书画名家，善鉴赏，发扬光大过云楼珍藏，与吴大澂、吴昌硕等创立清末民初诸多艺文社团中的翘楚——“怡园画社”，取得种种开历史先河的艺术成就。时有“江南收藏甲天下，过云楼收藏甲江南”之称。

父亲热爱祖国，为人正气。抗日战争时期，为不使凝聚顾氏几代人心血的过云楼珍稀书画、善本古籍落入日本侵略军魔爪，与伯父顾公雄等艰难辗转，艰辛度日，历经坎坷、磨难，始终遵循祖训，坚守国家文物。抗日战争胜利后，旧政权官吏腐败，经济凋敝，社会动荡，物价腾涨，过云楼犹如《红楼梦》中所谓“外面的架子虽没很倒，内囊却也尽上来了”。他对友人说：“中国的希望在延安。”我十九岁时，于黎明前的黑暗中追求光明，加入中共地下党组织，父母亲冒着生命危险，掩护和支持我在家中刻印革命宣传品，保管党的重要文件，还千方百计，出钱出力，掩护其他中共地下工作者和外围组织的同志隐藏在我家山塘街顾得其酱园内。

新中国成立后，父亲作为文化界知名人士，曾任苏州市文联国画组组长、民间艺术研究组组长，市文管会专职委员，中国民主促进会苏州市委员会委员，中国人民政治协商会议苏州市第四、第五届常委，市文联第一至第三届执委，苏州市工艺美术指导委员会副主任委员。他热爱新社会，满怀热情地投入新中国的建

新中国成立之初，顾公硕（右一）与汪葆揖、范烟桥、蒋吟秋合影

设，专注于文物调查与征集、古建筑保护、园林整修和苏州传统工艺美术的抢救及发展。1959 年，参与苏州博物馆的筹备，1960 年苏州博物馆成立时任副馆长。两年后又兼任苏州市工艺美术研究所所长。

父亲崇信中国共产党和新生的人民政府，认为“藏于私不如藏于公”，于 1953 年 12 月发动族人将顾氏“怡园”无私地捐献给了国家。1959 年在筹备苏州博物馆期间，与谢孝思、范烟桥、王言、钱镛等四处奔走，广泛征集文物，尤其是带头捐出珍藏。他先后所捐的一百二十四件珍贵文物中，有元代王蒙的《竹石图》，明代吴门大家的祝允明、文徵明、唐寅及董其昌等传世珍品；有近代绣界一代宗师沈寿的生肖四条屏等。伯父顾公雄去世后，其亲属也分别于 1951 年、1959 年将三百一十二件珍贵书画和明刻善本以及罕见稿本十余部捐献给上海市文管会、博物馆。2009 年，从兄顾笃琨的子女，又向苏州博物馆捐赠了书画珍品，实现了父亲的遗愿。父辈和兄长将家族视为生命的书画、典籍、工艺美术品和私家园林无偿捐献，使之面向民众，充分说明他们的目光和心胸无比开阔。

父亲关心公益，珍惜文化。新中国一成立，他不遗余力地抢救苏州传统工艺美术。1954 年成立市文联刺绣小组。在市文联刺绣小组白手起家的筹备阶段，不花公家一分钱，于朱家园家中投入试绣，全家义务帮忙，母亲张娴亲手参与绣制大幅画卷《百鸟朝凤》和《毛主席像》等作品。工作之余，我也参与绘制纹样。他推荐和引聘金静芬、朱凤、任嘒閒、周巽先、李娥瑛、顾文霞等一批刺绣人才与沈子丞、徐绍青等画家，迎来艺术的春天，使苏州刺绣逐渐从日常生活用品变为艺术观赏品，成为全国“四大名绣”之首，名扬海内外。

父亲还不辞辛劳，奔波于城乡，寻访能工巧匠，抢救保护和研究已近失传的桃花坞木刻年画、缂丝、虎丘泥人、红木家具、玉石雕刻等，承继、弘扬苏州优秀的传统文化。1950 年帮助年画店恢复生产，将传统年画老版印成一整套，在北局国货大楼（今人民商场）二楼举办年画展览。翌年适逢太平天国起义一百周年，他与同事一起，请来画家和年画刻印艺人，因陋就简，创作了八幅《太平天国在苏州》的新年画。到陆墓、蠡口专访缂丝老艺人，使缂丝机重新转动起来。

他策划组织了“苏州工艺美术陈列”“灯彩展览”“古今工艺美术展览”等一系列具有苏州地方特色的展览，受到市民和行家的好评。他关心苏州传统工艺美术的生存和发展，遍访民间，深入调研，发现苏州有八十多种类的工艺美术品，不少已绝迹或濒危。在一次市政协会议上，呼吁要重视工艺美术品的生产和保护，提出分别缓急、分明去处、提高质量、关心老艺人的生活和手艺传承、培养新生力量等建议，受到了政府重视。

正当父亲全身心投入他所热爱的苏州文化事业之时，上世纪 60 年代“文革”

骤起。当时我作为苏州的“三家村”之一，最早被打倒，关入“牛棚”。1966年8月24日，“造反派”贴出大字报，要“把顾公硕家里的黑货统统摧毁”。父亲担心家中尚存文物的安全，主动写了条子，请求苏州博物馆来抄家，但第二天下午，来了两批“造反派”，一批将藏画藏书抄了个底朝天，一批将父母亲拖到家门口横加批斗。因不堪凌辱，父亲当夜留下“士可杀而不可辱，我去了”的遗书，自沉于虎丘1号桥。1978年沉冤得雪。

父亲一向淡泊、谦让、奉献、承担、宽厚，无怨无悔。陈从周于1983年写下的《一位学识渊博的鉴赏家——记顾公硕先生》一文中评价他性格温文尔雅，从未看见他发脾气，对看不上的事，总是说一句“闹大笑话哉”，其他就不说了；写得一手好字，画得一手好画，但从不以此炫人，总是说“我勿来事咯”，表现得非常谦逊；书画鉴赏是他所长，在研究工艺美术方面有其精辟之论，但文化人刚毅的人格浸透在骨子里，因为文化自信完全没用了，还被羞辱，觉得活着已没意义，于是永远离开了这个世界。

2017年8月17日，是父亲顾公硕诞辰一百一十三周年。这百余年，是中国扭转乾坤、翻覆天地的历史。这百余年的中国历史太丰富了，可惜他老人家过早地离开了我们。今年又是父亲逝世五十一周年，我只能在默默思念中寻找，留下他老人家一生中具有深深烙印的精神财富。

2013年春节苏州市文化部门老同志团拜会上，钱璎、我和高福民坐在一起，钱璎和我不约而同地希望刚退休不久的福民关心过云楼文化的研究。福民坚持多年，潜心研究“文化苏州”及昆曲、吴歌、桃花坞木版年画、虎丘泥人，传承文化遗产包括承办首届昆剧节、支持恢复昆剧传习所，爱护古城和文物、主持修复顾野王墓等，与父亲当年致力于研究的领域和抢救、保护的工艺美术品种有缘相近。

我将当年“文革”中六次抄家后，在杂物垃圾堆里捡出来的一纸箱沾满尘土的父亲于“文革”前的手稿交付他整理和研究，果然，他与几位年轻学者不厌其烦，不畏其难，加班加点，废寝忘食，克服了诸多困难，花了近五年时间，完成了《过云楼梦——大变革时代江南文脉之一隅》《顾公硕残稿拾影》二书的编著。难以想象，福民与他的学生是如何将零零碎碎的残稿碎片梳理而成，并费尽心神地搜集过云楼历史资料的，如果没有一种文化自觉和奉献精神，没有坚强的毅力和辛勤的劳动，是做不到的，真是令人感动啊！前书研究了过云楼的历史，后书观照了父亲顾公硕的文化心迹。这是我多年来的心愿，也是纪念父亲和先人最好的方式。在此，谨向福民及几位年轻人深表感谢！

中华文化源远流长，积淀着中华民族最深沉的精神追求。中华传统美德是中华文化的精髓，蕴含着丰富的思想道德资源。不忘初心，方得始终；善于继承，才能开创未来。此二书图文并茂、别开生面，为展示一种文化之美，精心搜集了过云楼及相关的大量珍贵的资料、图片，读书、看历史图片本身是对那个时代一个生命阶段的追忆，同时也更加唤起了我们对于中华文化的珍惜，对于人生过往的经历、命运的很多思考。这种珍惜和思考，充满了对改革开放新征程的今天和美好明天的希冀，是一种心灵之美。

历史绕不开人性，我曾在《关于苏州昆剧工作的思考》一文中说过："当人们富得只剩下钱的时候，会回过头来寻求文化的依托。就当人们去寻求文化的依托之时，首选的会是本民族的传统文化。这可以称之为人性的真正回归。"

我热爱自己的祖国，祈愿中华文化更加美好！

是为序。

顾笃璜　时年八十九岁

2017 年 8 月于沈德潜故居——苏州昆剧传习所

凡例

一、为行文意义和表述方便，本书内容一律使用简体字，部分俗字别体除外。顾公硕先生残稿中，出现的繁体字、简体字并用的情况，皆改用简体字。出现的异体字，则皆改用常用字。

二、本书内容沿用先生遗稿内容，如先生纪年多用“西历”之说。遗稿中出现先生笔误的内容，则不揣陋识，择善从之。原文中有注释之处，“硕按”字样系先生留下的按语，而在需要解释的文字后，加“编者按”字样，以示说明。先生遗稿中出现的内容缺失的情况，本书中亦不妄加补充，仅就有把握之处，在文后以“编者按”形式加以说明。

三、先生遗稿中征引文献，多习用古文表述方法，不加任何标点。今为方便读者，均加合理标点符号。

四、在编录过程中，每卷前或详或简加以“题解”，对文中有些人名、名词，凡有资料的，加以注释。

据顾笃璜先生回忆，上世纪50年代，北京、上海的出版社曾向其父顾公硕先生约稿，编撰工艺美术、书画鉴赏辞典等。后“文革”骤起，此项工作无法延续下去，先生将约稿费如数奉还。先生手稿历经动荡，多有散失，本书尽可能收集先生已发表与未发表的文章及笔记、摘记和相关资料等。有些手稿字迹潦草，颇难辨识，手稿中不少是笔记、随手的珍贵记录，不宜改动，故部分采用原稿影印件形式。难免有误差，望读者见谅，不吝赐教。

目录

张晓飞绘《顾公硕先生和桃花坞木版年画》

一 桃花坞木刻年画卷

题解：本卷选顾公硕先生曾发表的两篇文章、桃花坞年画的研究笔记。此外，1950年公硕先生与贺野先生走访桃花坞早已停业的年画作坊，挑选清末残缺不全的旧版，拼成全版，重印合成历史上首部《苏州桃花坞年画选集》。该选集久已散失，近年偶遇苏州市文联一位同志提供的流失于外地的该选集介绍的文字及部分画的电子资料，编者及时走访贺野先生，得到证实。据贺野先生生前回忆，该文字由公硕先生起草，经他修改。

大约光绪以后，桃花坞年画作坊罕有新年画创出，或印刷传统旧版，或翻刻上海小校场年画画稿。例如《苏州铁路火轮车公司开往吴淞》就是一幅翻刻的年画，原图是介绍清代吴淞口的火车站风景，翻印时硬加“苏州”二字。从老照片可看出，1949年前，上海的年画摊上已无木刻年画销售，只是销售石印和胶版洋画、美人月份牌，而经公硕先生等抢救保护，上世纪50年代，苏州玄妙观三清殿年画铺恢复了营业，古老的桃花坞木刻恢复了生机。

编者在整理上世纪60年代“文革”前公硕先生手稿时，发现一幅他曾研究的传统年画《老鼠嫁女》，现刊本卷公硕先生年画笔记后，与读者分享。桃花坞年画与其他地区的年画均为刻版，互通相融，趣味盎然。

苏州年画

一、年画由来

每年元旦，家家户户都要在门外插挂趋吉避凶的法物。相沿成习，遂成为通行全国的一种岁时风俗。旧籍所载，关于古代岁首用以袚除不祥的东西，种类很多，但性质却相同。大约最初是一些象征的东西，如桃茢、桃弧、棘矢之类，后来改用桃人、明鸟、桃梗等木雕形象，在技术上已有进步。到了魏晋六朝时，又从木雕演绎成图绘的桃符及桃板。在制作上比较简化，而形象上则是更进一步地美化。此后随着印刷术的发展，又改图绘为印刷，至迟到宋代，这种印刷品的销售范围已大为扩展。社会的需要越广，内容也越加丰富，于是不再限于迷信一类的东西，而逐渐发展成为中国民间最受欢迎的一种造型艺术——年画。

二、桃符和门神

上面所说古代岁首用以袚除不祥的各种东西，它们的形象早已不见，只有桃符尚有踪迹可寻，它与桃板基本上是相同的，即都以神荼、郁垒（门神）为主题，同时也附带绘一些其他图案。后来"阀阅门第"的门神越画越大，宋代就有"等身门神"出售，大约在这时，门神就与桃符分家而独立，桃符反而居于门神两侧（钉在门柱上面）。这里介绍的一幅画对，是苏州传统的桃符形式，左右两条，分成七格，最上一格绘"日月并升"，第二格绘"加官晋爵"；第三格到第六格，右面的图案是"绫罗伞盖"的谐声，左面的图案是"华冠羽裳"的谐声。这两句吉利语，显然已含有对联的意义。末一格绘一水中动物，不知其名，彩绘艺人通称其为"吓水"（即甩水，苏州话，鱼尾巴），但也说不出所以然来。按《岁时广记》引《皇朝岁时杂记》称："桃符之制，以薄木板长二三尺，大四五寸，上画神像狻猊白泽之属……"这里所谓的"吓水"是否即白泽不敢肯定。总之，这类图案与年画的性质很相近，是研究苏州年画值得注意的资料。

高大的门神画与右下门旁的小女孩成鲜明的对照　顾公硕摄影

三、桃花坞年画与虎丘画铺

研究苏州桃花坞年画，不能忽略苏州虎丘画铺（编者按：因商市主要位于山塘街，亦称山塘画铺）。虎丘很早就已出名，在太平天国以前，这里一直是名胜之区，同时也是个商业区。山塘河岸店铺栉比，特别是苏州的各种工艺美术品，大都集中于此。当时卖年画的商店，叫做"画铺"，挂着天官三星、人物故事、山水花鸟画以及春联喜对等。这些书画价廉物美，因此颇受广大群众的欢迎。太平天国失败后，山塘一带被清军放火烧个精光，昔日繁荣顿成劫灰。一些工艺美术商店，就此风吹云散，于是虎丘画铺迁入城内，在玄妙观三清殿内重新营业，但已不及当年。从前民间艺人的作品，也已绝迹，艺人的姓名，所传无几。据道光时顾铁卿的《桐桥倚棹录》称，"山塘画铺，异于城内之桃花坞北寺前等处，大幅小帧俱以笔描，非若桃坞寺前之多用板印也。唯工笔粗笔，各有师承。山塘画铺，以沙氏为最著，谓之‘沙相’”。沙氏主要是人物画家，尤其仕女的画像，画得很精工，因此有“沙相”之称（沙相指沙氏画的人物面相）。近百年画家中的沙三春（编者按：沙山春），就是山塘沙氏中的杰出人才。又据三清殿老艺人汪老先生说，在清代咸丰同治间，有位跷老钱，也是画工笔仕女的，技巧在吴友如[1]、马根仙之上，他的作品专销山西一路，因此本地流传不多。其余如吴友如、田子琳、金蟾香、马子明等，据说也都是山塘画铺中的画家，吴友如所画仕女的面相，无疑是“沙相”，很可能为沙门弟子。自从上海石印画报、石印月份牌盛行以后，虎丘画铺与桃花坞年画便走向衰落，在山塘席场弄中有位徐全福，可算是虎丘最后一位年画艺人，辛亥革命以后，他转业在怡园养花，虎丘年画从此结束了它的历史。此外在无锡荡口镇、大墙门、鸿声里一带的农民，从事年画工作的很多是虎丘年画的支流。桃花坞年画，不同于虎丘用笔描画的年画，而是一种木刻年画，要研究它的源流，比较困难，因为年画是民间艺术，一向被统治阶级轻视，文献中很少记载。大约最初是专印迷信用纸如门神纸马之类的，它的印制方法类似夹缬的染色，即在油纸或柿漆纸上面，雕成一个个空洞，然后罩在白纸上套印颜色，最后用墨笔勾好轮廓线条。俗语所谓“印不清的纸马”，即指此而言。它有悠久的历史，在南宋临安市上，就有专业商店印卖门神、财门钝驴、回头鹿马、灶马之类。在这些纸马中，是否有苏州产品，已难考证，只能说或者有此可能。至于年画的实物，流传更少，相传为唐伯虎画的《风流绝畅图》，可能是现存苏州年画中最早的一幅，其余如雍正十二年的《苏州城内外三百六十行图》（编者按：即《姑苏阊门图》《三百六十行》）、乾隆九年的《姑苏万年桥图》、乾隆十年的《西湖十景图》等（图载《中国年画发展史略》），都是清初作品，不但刻工精细，而且构图逼真。郑振铎同志在《中国版画史图录》一书中说：“……坞中诸肆，殆为江南各地刊画之总枢。盖自徽派版画式微以后，吴中刻工则起而代之矣……”这些话并不过火，清初桃花坞的木刻年画，确实堪与晚明新安刻工媲美。

桃花坞年画铺中现存的旧木版，是清末作品，比较粗糙。解放后曾经整理重印，内容大体可分成五类：

---

1. 吴友如（1841—1894），名嘉猷，元和县（今苏州）人，太平天国战乱时举家由苏迁沪。擅画风俗画，自办《飞影阁画报》，亦创作年画作品。出版画集多册。

本卷中公硕先生的两篇文章，关于吴友如是否为桃花坞年画绘稿，从1950年在玄妙观调研时听三清殿汪焕文老艺人口述，到购得《飞影阁画册》以及专访吴友如的孙女，发现记载有误，使这一学术公案澄清，“原告”“被告”都是一人，可看出公硕先生对于学术严肃认真的态度。陈从周评价说，“苏州桃花坞年画，他曾下过很大的研究功夫”。

（一）迷信用纸：包括门神、灶马、张仙射天狗、天官、福禄寿三星等，种类很复杂。

（二）农事画：这是专门为农民设计的一套年画，记载农事时节的，有春牛图，关于养蚕桑的有猫像（捕鼠）、金鸡报晓（除蜈蚣）等。

（三）装饰图案用纸：有糊墙花纸、中秋糊香斗花纸、糊风筝用纸、花炮包纸皮、匣面花纸等。

（四）人物故事画：这类是年画的主流，题材也最丰富，例如采用连环画形式的民间故事画、戏剧画、仕女画、胖娃娃等不胜枚举，很受群众的欢迎。以前苏州贩卖年画的人，还会边卖边唱，颇为动听，这是苏州的一种特别职业。

（五）时事年画：旧社会对国家大事的看法，人民与政府之间，总有矛盾。这些时事年画既来自民间，自然代表人民的意见，反映人民的思想感情，因此是非常重要的史料，如《董福祥军门像》，就是一个例子。董福祥在义和团运动时，是反帝的一员战将，也是同情义和团的人。据袁昶《乱中日记残稿》称，"上曾有谕捉拏'拳匪'，命董福祥以甘军平之，董复以不能杀此老百姓苦娃娃为辞"，可见他当时认为义和团是善良的老百姓，因此断然拒绝皇帝命令，已不简单。后来作战失败，帝国主义当然不肯甘休，定要严惩董福祥，但李鸿章迫于人民的压力，终究不敢下手。从这些事实看来，董福祥在反帝这一问题上是有一定群众基础的，因此苏州才把他的画像印成年画。作者明明是苏州人，但为了避免清廷迫害而下署守闲居士绘于香港，不用真实姓名。此外如《法人求和》《刘军门大败法军图》等年画（现藏江苏省博物馆），与画董福祥的用意相同，是对政府屈服求和的抗议。这种具有民主性的作品，当时种类一定很多，可惜流传下来的很少，这类年画对近代史的研究，有一定参考价值。

四、桃花坞年画走上新路

如上所述自从上海的石印年画盛行以后，苏州木刻年画就逐渐衰落，加上旧政府不重视民间艺术，因此到解放前夕，桃花坞年画早已名存实亡，一些从业人员也都纷纷转业。解放以后，在党的领导下，桃花坞年画才重新获得了生命。早在1951年，苏州市文联就先后出版了《太平天国在苏州》和《苏州桃花坞木刻年画选集》。苏州工艺美术研究室成立后，桃花坞木刻年画也是主要研究题目，并且先后搞过不少新的年画。在"大跃进"中创作的新年画，思想性、艺术性都有显著提高。由于党的大力支持，桃花坞年画开始走上了前所未有的蓬勃发展的道路。

发表于《文物》，1959年第二期

沙相

“福禄寿喜飞禽走兽”
走马灯图选

桃花坞年画
《董福祥军门小像》

“桃符”
画对

清末的苏州玄妙观

1948 年 1 月，上海的年画摊上全是胶版洋画

洋画月份牌摊

1949 年新中国成立前的几个月，上海大世界门前

上世纪五六十年代，苏州玄妙观三清殿年画铺恢复营业

以下为顾公硕等抢救的桃花坞年画选：

《平安吉庆·四季兴隆》一对

《和气致祥》

《花开富贵》

戏剧海报 《今日准演失街亭》《今日准演金山寺》

匣面花纸 《佳品茶食》《官礼茶食》

清末年画
《刘海戏金蟾·和合》
一对

清末年画 《花果山猴王开操》《孙悟空大闹天宫》
薛亦然提供资料及选自《中国木版年画集成·桃花坞卷》

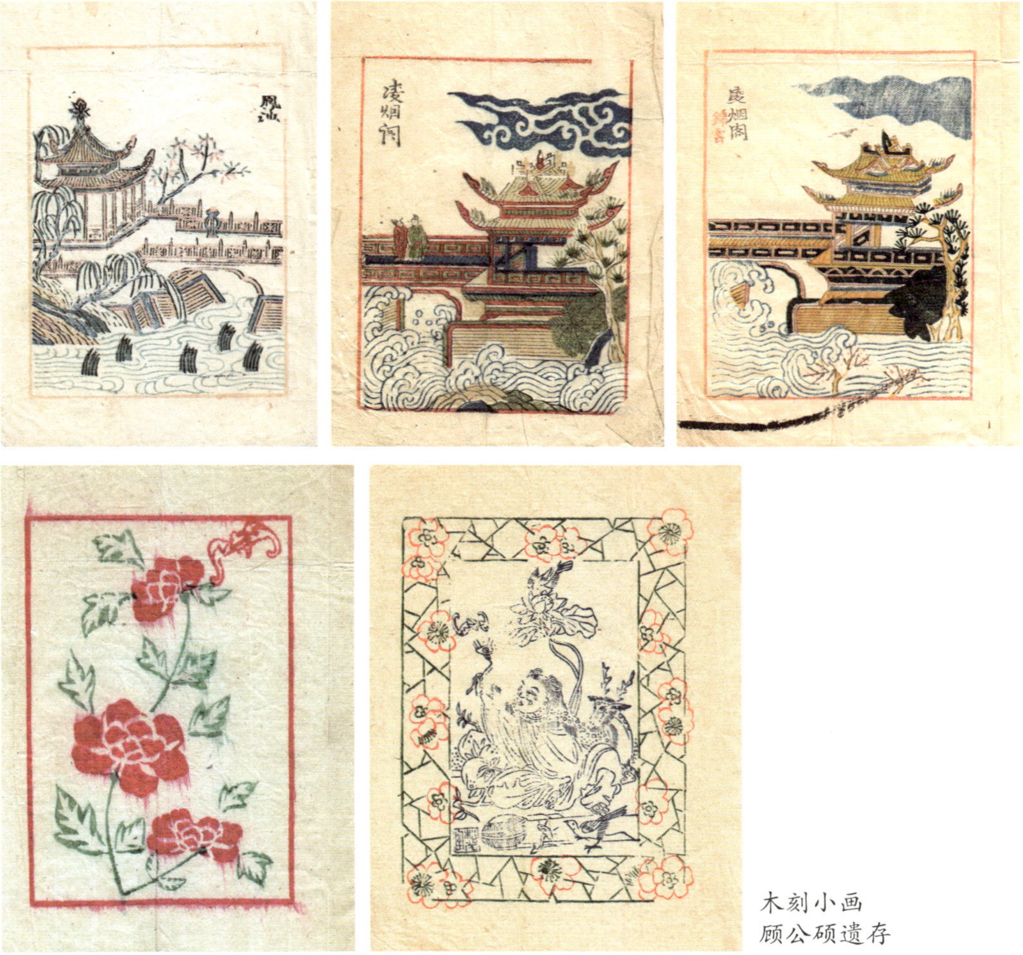

木刻小画
顾公硕遗存

桃花坞年画（笔记）

桃画对

轮螺伞盖 = 绫罗伞盖

花冠鱼裳 = 华冠羽裳

朝中吉庆

吓水　獬豸

桃符考

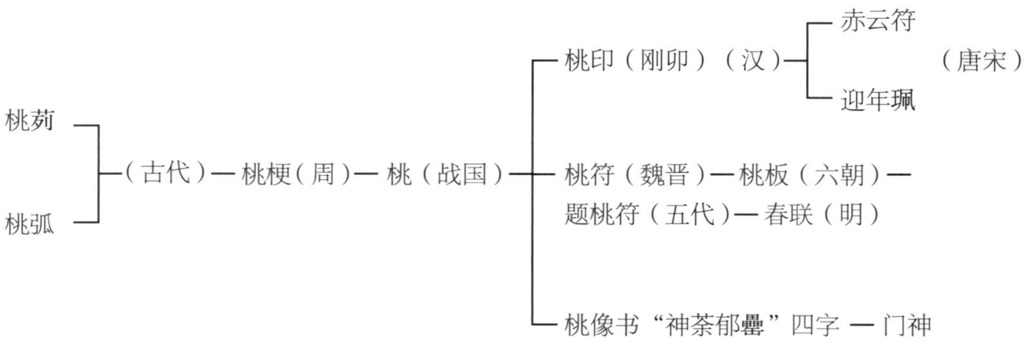

桃茢：《周官记·戎右之职》云，“监赞桃茢”，《礼记·檀弓》：“君临臣丧，以巫祝桃茢执戈。”

《埤雅》：“礼曰王吊则巫祝以桃茢前王，桃，鬼所恶，而茢以祓除不祥，所以异于生也……”

桃弧：《左传·昭公四年》：“桃弧棘矢，以除其灾。”

《中华古今注考》：“辟恶车”之制并言桃弓云“辟恶车，秦制也，桃弓荆矢，以除其灾，所谓辟恶也”。

桃殳：见《韩诗外传》。

以上桃木兵器皆为辟恶禳灾的法物。

桃梗：先秦典籍桃梗即桃枝。

《庄子》：“有挂鸡于户，悬苇（炭）于其上，树桃其旁，而鬼畏之。”据《太平御览》卷二十九所引。

欧阳询《艺文类聚》引庄子之言：“插桃枝于户，连灰其下，童子不畏而鬼畏之，是鬼智不若童子也。”今本《庄子》无此句，当是佚文。

《春秋内事》：“夏后氏金行，初作苇茭，言气交也。殷人水德，以螺首慎其闭塞，使如螺也。周人木德，以桃为梗，言气相更也。今人元日以苇插户，螺则今之门环也，桃梗今之桃符也。”

杜佑《通典》：“周人木德，以桃为梗，今之桃符，是其遗制。”

桃人：见《战国策·齐策》。

汉应劭《风俗通义》卷八：“上古之时有神荼与郁罍昆弟二人，性能执鬼……”详见原书，不录。

晋郭氏《玄中记》：“今人正朝作两桃人立门旁，以雄鸡毛置索中，盖遗像也。”

桃印：《续汉书·礼仪志》：“正旦为桃印，长六寸，方三寸，施门户。”

刚卯：详见《汉书·礼仪志》、陆凤藻《小知录》、马永卿《懒真子》。

邱寿年与吴友如是否在苏州办石印画报？（编者按：此处公硕先生认为有疑问，需要考证）

顾公硕研究的传统年画《老鼠嫁女》

参照四川绵竹年画《老鼠嫁女》
高福民提供资料

清光绪年间　桃花坞年画《老鼠嫁女》

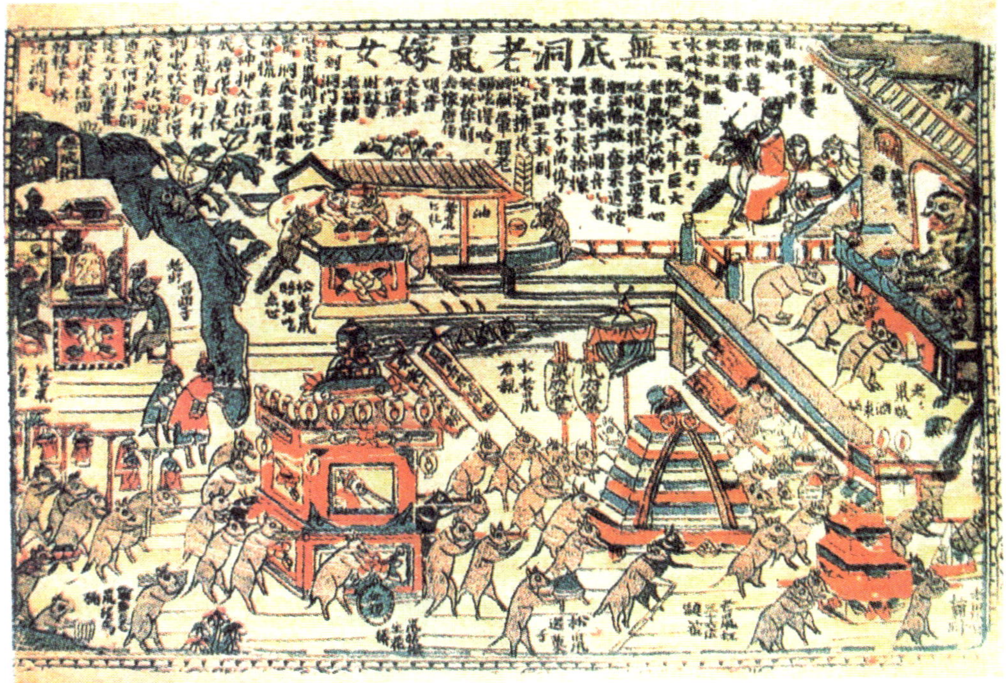

清末　桃花坞年画《无底洞老鼠嫁女》

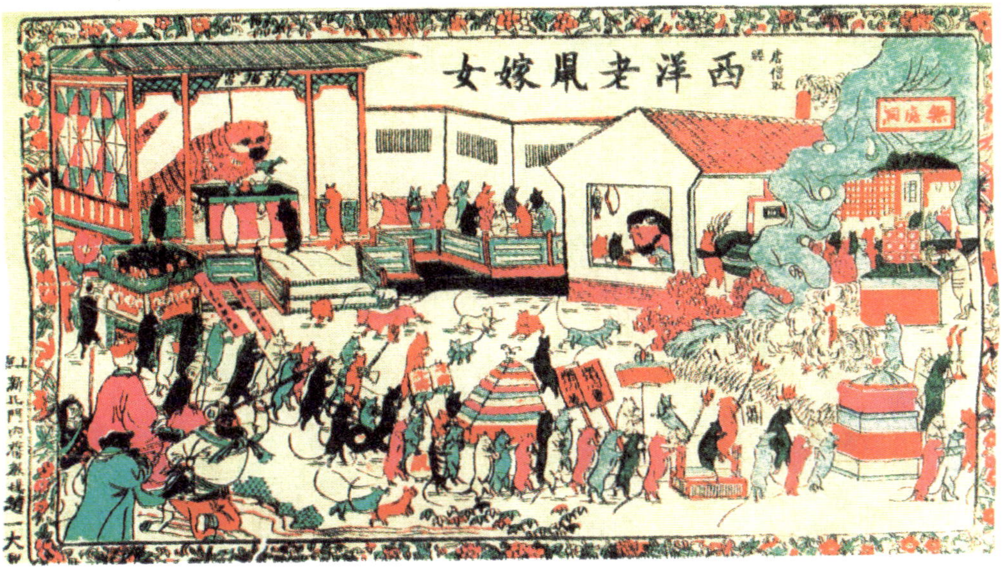

清末　上海小校场年画《西洋老鼠嫁女》

参照湖南滩头年画《楚南滩镇新刻老鼠娶亲全本》

参照清代山西新绛年画《老鼠娶亲》

参照山东平度年画《老鼠本姓强》

受中国年画影响的越南民间木版年画《老鼠嫁女》
高福民提供资料

吴友如与桃花坞年画的“关系”

——从新材料纠正旧报道

研究桃花坞年画的发展，必然牵涉到年画的作家问题。现在所见的一些桃花坞旧年画，究竟是谁的作品，还无法肯定。大约当时的画家思想上对年画还存在着鄙视的心理，因此大都没有留下真实姓名。即使必要落款时，也往往用上个别号或斋名去代替。例如宝绘轩主人（见《姑苏阊门图》）、桃溪主人（见《姑苏万年桥图》）等，很多，不必列举。总之，由于作者的不屑留名，从而一些年画作家都埋没无闻，对今日研究桃花坞年画的历史和沿革，带来一定的困难。

清代末期，苏州桃花坞出现了新闻年画，有几张落有吴友如的款。吴友如是一位新闻画家，能够反映社会风尚，写实通俗，获得广大群众的欢迎，是当时最符合年画要求的一位画家，至今桃花坞还保存着他的年画版片。那么他在当时，为桃花坞创作年画似乎毫无疑问，至少于我个人来说，的确是这样设想的。后在解放初期，苏州文联开始作桃花坞年画的调查研究，访问了三清殿老艺人汪焕文先生。他说吴友如是当时的山塘画铺画家，同时也是桃花坞木刻年画作家中一位有名有姓的人了。于是我为文联写的调查报告和在 1959 年的《文物》杂志上发表的《苏州年画》都是这样大胆地介绍了，而且还自作主张地把与吴友如同时的画家如金蟾香、周慕乔等人也牵连在内，都说成是桃花坞的作家。此后，在报刊和专辑上看见了不少关于桃花坞年画的文章，也有引用我们的材料提到吴友如，总说他先在桃花坞画年画，后来才到上海参加点石斋工作，好像吴友如为桃花坞年画作家已一致公认而毫无疑问了；但去年的冬天，偶在冷摊上买到了一本1893年（光绪十九年）8月望日出版的《飞影阁画册》，上面附有吴友如自撰的一篇《小启》。他把学艺经过和开设飞影阁的原因作了详细介绍，从而对吴友如的生平发现了新的资料。与我们从前的设想，可谓是南辕北辙。现摘录这篇《小启》中的有关部分如下：

> "……余幼承先人余荫，玩愒无成。弱冠后遭'赭寇'之乱，避难来沪，始习丹青，每观名家真迹，辄为目想心存，至废寝食，探索久之，似有会悟，于是出而问世，藉以资生……"

这是吴友如自写的第一手资料，当然无可置疑，但为了进一步核实起见，我们又到上海新闸路访问了一位徐师母（她是吴友如的孙女儿），据她说是吴家上代是开店的，家境一向很好。太平天国时代，他们合家迁沪，就在上海安家落户。她的祖父是到了上海以后才开始学画的，其余的情况她也不甚详细。虽然这次谈话收获不多，然与《小启》所述完全符合。徐师母所谓"上代开店，家境宽裕"，正好为"幼承先荫"作了注解。唯其是资本家子弟，幼年才"玩愒无成"，那么所谓吴友如原先是虎丘画铺中的画师之说全落了空。他在二十岁以后学画，假定三十岁就成名，以后工作就流寓上海专为当时石印业服务，那么我们以前所谓先为桃花坞创作年画，后因石印抬头，才迁往上海参加点石斋工作等说法，也落了空。再以他的年龄推算，他既称"弱冠后遭'赭寇'之乱，避难来沪"，那么他到上海的时候，大约在1861年左右（太平军攻克苏州为咸丰十一年，即公元1861年），这时他才二十出头。而据宣统元年林承绪为《吴友如画宝》所写的一篇序文称："……今君归道山一十余年……"那么他是在公元1897年（光绪二十三年）左右去世的。依次推算，他的寿命不过六十上下。他的整个艺术生活，从学艺开始到成名阶段，假定是十余年，那么从成名到死亡也不过二十多年。在这二十多年的岁月中，他的主要工作是为石印书报绘画。如《点石斋》《飞影阁》画报等还是定期出版的刊物，要限时限刻交卷，而他的作品又是那么工整细致，一点不能潦草，数量又惊人地多，因此当时工作的紧张忙碌，可以想象。是否再有余力为苏州桃花坞年画创稿，大成疑问。即使因乡土观念，偶一为之，也许可能，但没有具体材料。如把吴友如说成主要的桃花坞年画作家，决非事实。就是桃花坞木刻现存版中的几张吴友如年画，如《法人求和》《刘军门大败法军图》之类，无疑是从石印原稿翻刻而成。中法之战是在公元1883至1885年间，当时刘永福打了个漂亮的胜仗，消息传开，万民欢腾。吴友如就利用石印画报及时报道，受到广大人民的喜爱。桃花坞从而翻印，也是民众的反映。如果说当时发生了这样空前伟大的反侵略战争的胜利，吴友如不抓紧时间利用当时快速的照相石印报道，反而跑到苏州把画稿交给桃花坞不知缓急地用木刻印发，这是何等愚蠢的举动。我们以往的想法，认为这是吴友如与桃花坞年画有创作关系的铁证，的确是错了。

自从石印画风行以后，苏州桃花坞曾一度用木刻翻印。虽不能与石印为敌，但加上了桃花坞传统色彩，也有它的独特销路。所以桃花坞木刻版片中，至今还保存着不少这种翻版年画。尤其是介绍当时上海风光的年画，几乎全是翻版。例如《苏州铁路火轮车公司开往吴淞》就是一张翻刻的年画。原图是介绍清代上海到吴淞的火车站风景，翻印以后，却莫名其妙地硬加"苏州"二字，试问苏州何尝有直达吴淞的火车。图中还描写有印度巡捕、人力车、瓦斯等等夷场风物，与苏州真是风马牛不相及。桃花坞的从业人员，当时但求新意，不负责任，以此图为例，可见翻刻之滥。吴友如的画既如此风行，当然更是翻刻的对象。当时数量一定不少。后人不察，看见许多吴友如有姓有名的作品，就当他原先也是桃花坞年画作家，甚至连三清殿艺人汪老先生也信以为真了。我们也犯了同样的毛病，报道失实，今日发现错误，当有更正的必要。总之，我们的工作不够踏实，分析问题往往带有主观想法，颠倒是非，难辨其咎，但话又得说回来，今日"是"了，好像昔日就"非"了，可是学无止境、见闻有限。安知今日之所谓"是"，其实是"非"，而昔日之所谓"非"，却并不是"非"，那么只有请同志们不吝赐教了。

录自《苏州工艺美术》，1963 年 6 月

桃花坞年画及石印画图例：

清乾隆九年
《姑苏万年桥图》

清乾隆年间
《苏州景新造万年桥》

清乾隆十年《西湖十景图》

清雍正十二年《姑苏阊门图》《三百六十行》条屏

清末
《吴友如画宝》中的
《老翁互斗》

清末
《琵琶有情》

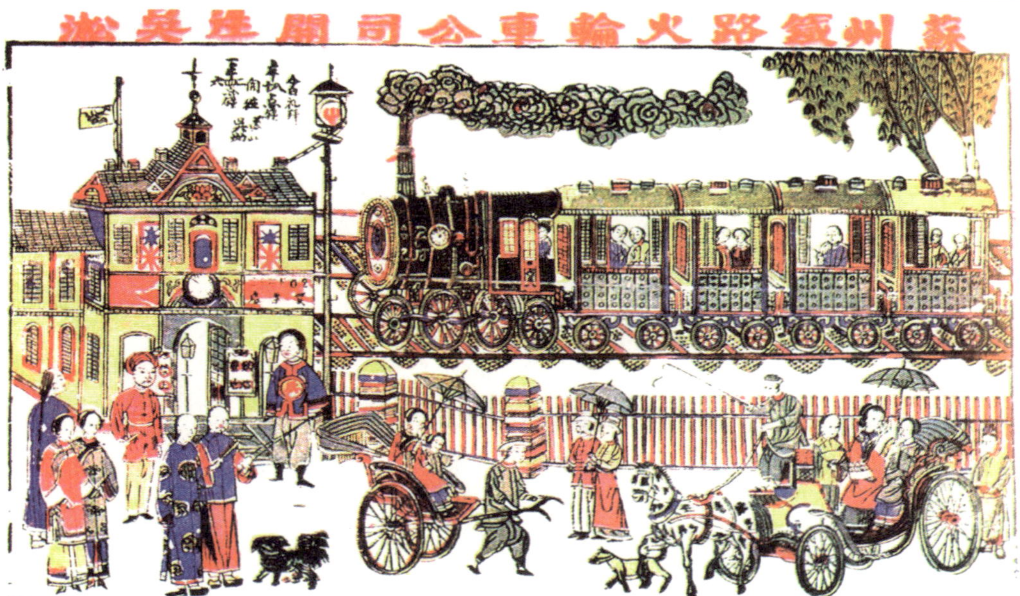

清末　《苏州铁路火轮车公司开往吴淞》

清末　《法人求和》

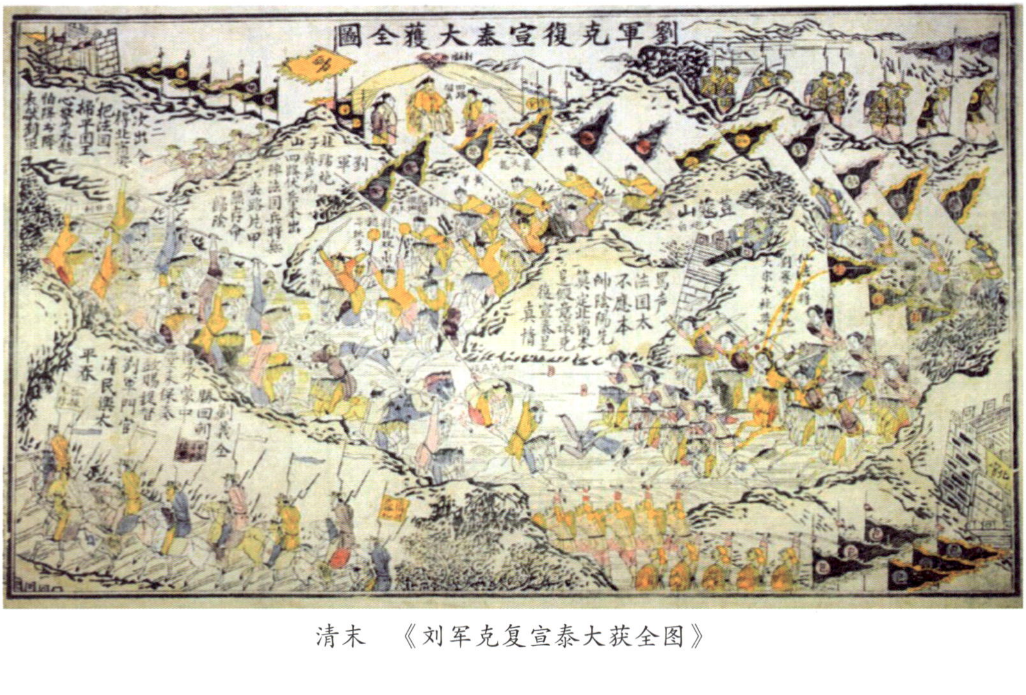

清末　《刘军克复宣泰大获全图》

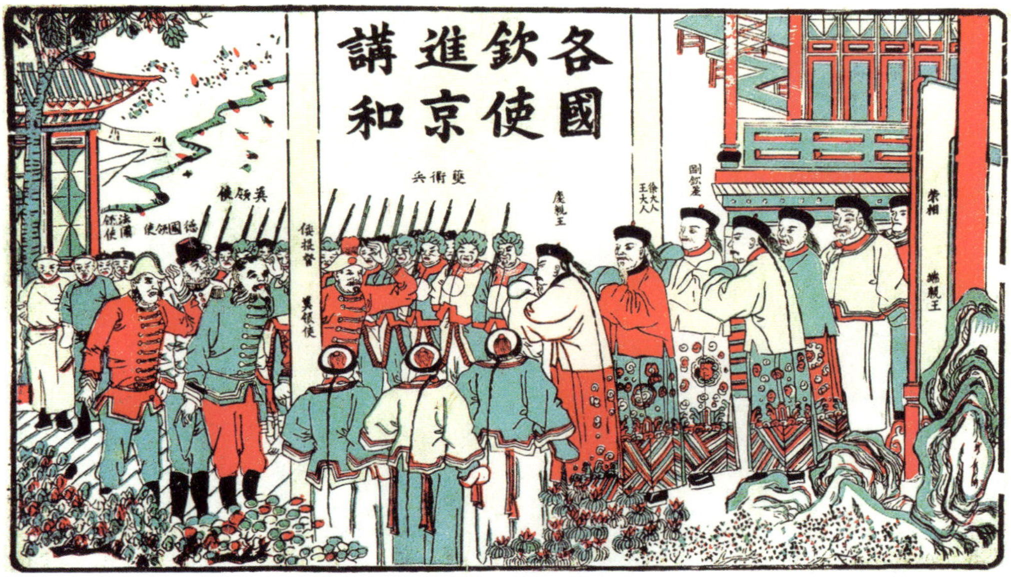

清末小校场版《各国钦使进京讲和》

清末小校场版《董大帅水陆埋伏轰西兵》
选自《中国木版年画集成·桃花坞卷》

二 虎丘泥人卷

题解：虎丘泥人，也称苏州泥塑，是指“掌中之物”或供案头欣赏的小型泥塑，这类泥人大都敷上色彩，色彩与泥塑、线条与传神融为一体，成为一种彩塑泥人。顾公硕先生研究虎丘泥人是从宋代七夕节的时尚玩具“摩睺罗”入手的。本卷收录公硕先生正式发表的论文《摩睺罗》和研究虎丘泥人所收集、整理的各类文献资料、笔记等。

摩睺罗

宋代有一种风俗，在“七夕”晚上，供奉一种泥塑的婴孩，叫做摩睺罗，据说是妇人宜男之祥。宋室南渡，北地的风俗也随之南迁，于是江南一带也盛行摩睺罗，杭州市至今有条“孩儿巷”，就是南宋时期集中买卖摩睺罗的所在。宋代陕西鄜州有个田玘，他塑的摩睺罗名满天下。苏州有个袁遇昌[1]，也同样号称天下第一，如果当时的记载没有夸张，那末前者大约是代表北宋，后者是代表南宋。元曲中有《张平叔智勘魔合罗》，倘然剧中故事不是虚构的话，可能“高山”就是元代唯一的摩睺罗艺人了。此后在明清人的著作中也时常有关于摩睺罗的记载，这时摩睺罗已发展成为儿童的玩具了。

《东京梦华录》云：“七月七夕，潘楼街东宋门外瓦子、州西梁门外瓦子、北门外、南朱雀门外街及马行街内，皆卖磨喝乐，乃小塑土偶耳。悉以雕木彩装，栏座或用红纱碧笼，或饰以金珠牙翠，有一对值数千者。……又小儿须买新荷叶执之，盖效

1．袁遇昌，南宋时苏州木渎人。擅塑泥孩儿，高六七寸，眉发如生，彩画鲜妍。据南宋陈元靓《岁时广记》卷二十六称：“唯苏州极工（巧），为天下第一。”宋元时泥孩儿称摩睺罗，又称魔合罗、磨喝乐等。

鞶磨喝乐。”

《梦粱录》云：“……市井儿童，手执新荷叶，效摩睺罗之状，此东都流传，至今不改，不知出何文记也。”

《武林旧事》云：“……小儿女多衣荷叶半臂，手持荷叶，效鞶摩睺罗，大抵皆中原旧俗也。”从这些记载中，可以看出当时的习俗和摩睺罗风靡的盛况。可惜时代过远，名家塑造的那些手擎荷叶的泥娃娃，已无从得见了。

苏州在历史上既有个天下闻名的摩睺罗名手袁遇昌，同时又是个民间艺术向称发达的城市，后世不可能毫无影响，但我花了不少的力量，搜索了几年，并无所获。直至去年秋天在玄妙观的冷摊上，发现了两个虎丘后期的泥塑婴孩，它的形象正与《梦粱录》《东京梦华录》等书所载符合：手中也擎着荷叶。疑即近代的摩睺罗，经访问虎丘泥塑老艺人孔二先生，他不知有摩睺罗之名，他说，这种泥人叫做“果子男”，是七月间道教醮会时送与儿童的一种玩具，其来历他也不详。我想既同于七月（编者按：七夕节），可谓已有线索，不妨武断一下，可能这是苏州摩睺罗的余绪。

摩睺罗的形象，当然是多种多样，但手执荷叶的一种形式，应是当时最典型、最标准的一种。正因为最典型、最标准，才能经久不衰，直到清末还流传民间。请看它的面部表情、服装和头部丫角的形式，不都有些宋代院画的气息么？说它是宋塑的传统，也不为过罢！

另外一个穿绣花衣服的，比较考究，虽没有像上面所说饰以金珠牙翠那么名贵，当属于精致的一种。

发表于《文物参考资料》，1958 年 7 月

摩睺罗余绪（编者按：原文配图，当时印刷条件有限）

摩睺罗（笔记）

股间戏雕摩睺罗

《三朝政要》：贾相患举人猥众，御史请置士籍，复试之日，露索怀挟，辛未榜李钫孙者，少时戏雕摩睺罗于股间，搜者视之，骇曰："此文身者。"事闻被黜。

摩睺罗

一称塑婴孩，摩睺罗唯苏州者极巧，木渎袁家所制益精（见《东京梦华录》）。硕按：摩睺罗为婴孩形之泥偶，七夕俗以蜡制婴儿形浮水以为戏，为妇人宜子之祥，谓之"化生"（编者按：佛教用语）。本出西域，谓之摩睺罗。唐诗："水泊银盘弄化生"（《岁时记事》）。袁家为袁遇昌，以塑婴孩传名，袁死，其艺遂绝。

泥孩儿亦名土稗，宋时鄜州（编者按：今陕西延安富县的古称）田氏做泥孩儿名天下，态度无穷，虽京师工效，莫之能及。陆务观（陆游，字务观）家藏一对卧者，有一行小字，云"鄜州田玘制"，虞学士伯生亦有记，言其精绝古今。杭州至今有孩儿巷，以善塑泥孩儿得名，盖仍南渡之俗，后人不知其法传自鄜州也。

磨喝乐

磨喝乐乃小塑土偶耳，悉以雕木彩装，栏座或用红纱碧笼，或饰以金珠牙翠，有一对值数千者。又以黄葛铸为凫雁、鸳鸯、鸡鸭、龟鱼之类，彩画金镂，谓之水上浮。

鄜州田氏作泥孩

承平时鄜州田氏作泥孩名天下，态度无穷，虽京师工效之，莫能及。一对直（通假字：值）十缣，一床至三十斤（毛本"三"作"直"），一床者或五或七也，小者二三寸，大者尺余，无绝大者。予家旧藏一对卧者，有小字云"鄜州田玘制"，经兴初避地东阳山中，归则亡之矣。

——《老学庵笔记》卷五

苏州泥人（笔记）

苏州泥人

苏捏：工作人住虎（丘），泥细如面，颜色不一。有求像者，照面色取一丸泥，手弄之，谈笑自若，如不介意，少焉而像成矣。出视之，即其人也。

——常辉《兰舫笔记》

塑真：俗呼捏相（编者按：一作“捏像”“塑真”），其法创于唐时杨惠之，前明王氏竹林[1]，亦工于塑作。今虎丘习此业者不止一家，而山门内项春江[2]称能手。虎丘有一处泥土最滋润，俗称滋泥。凡为上细泥人，大小绢人塑头，必此处之泥，谓之虎丘头，塑真尤必用此泥。然一工之劣者，亦如传神之拙手，不能颊上添毫也。肢体以香樟木为之，手足皆活动，谓之“落膝骱”，冬夏衣服，可以随时更换。位置之区谓之“相堂”，多以红木紫檀镶嵌玻璃，其中或添设家人妇子，或美婢侍童，其榻椅几机以及盃茗陈设，大小悉称。

——《桐桥倚棹录》卷十一

虎丘耍货

头等泥货在山门以内，其法始于宋时袁遇昌，专做泥美人、泥婴孩及人物故事。以十六出为一堂，高只三五寸，彩画鲜妍，备居人供神攒盆之用，即顾竹峤诗所云“明知不是真脂粉，也费游山荡子钱”是也。其他如泥神、泥佛、泥仙、泥鬼、泥花、泥树、泥果、泥禽、泥兽、泥虫、泥鳞、泥介、皮老虎、堆罗汉、荡千秋、游水童，精粗不等。

——《桐桥倚棹录》卷十一

脱沙人物

赵浒，能脱沙人物，今城隍庙三官神像，其手制也。极其工巧，信一时之绝艺也。

——《苏州府志》

昆山泥

此泥最细腻，虽燥不裂，塑像及造摩睺罗者必用之。

——《湖州府志·物产篇》

苏州泥人，一向集中在虎丘、玄妙观一带。大成坊某家所塑十曲戏不甚精。今省博物馆与民间艺术研究组皆有收藏。虎丘绢人戏，余发现七曲。虎丘头销山西，本地人嫁女有泥头绣衣之小和合，其头即虎丘头。

虎丘耍货，一名捏作。虎丘的塑真，现已不传，在嘉道、光绪间相当盛行，不止一

1. 王竹林，明代苏州人。擅塑肖像。清代有诗“塑真王氏旧传名，竹林凋谢宿草新”之句赞之。

2. 项春江，清代苏州人。虎丘项氏捏相传人。有《赠捏相项春江》诗。

家，项春江最为出名。

在虎丘清节堂后面田中之泥最为滋润，俗称滋泥。先用清水澄清漂洗以后，晒至半干，然后加各种肉色，做成一团团的泥丸，有顾客来，他就照着面色选一合适的泥丸，放在袖中弄之，一方面与来客谈笑自若，使来客无拘束拘谨之态，不一会而其相已完成，取出一看，居然酷肖。

这种袖中捏像的故事，与天津张明山的捏像方法如同一辙，张明山生于1826年（清道光丙戌），可见这种方法很可能是当时的一种传统。究竟自南向北还是自北向南，那就很难回答，但张映雪的《泥人张的生平及其艺术》所介绍的这种方法始创于张明山，似乎尚待进一步的研究。

苏州捏塑仅有头部和手足，它的肢体是用香樟木做的，手足都能活动，谓之“落膝骱”，冬夏衣服，与真人相同，可以随时更换。位置之区谓之“相堂”，相当于旧式商店中的财神堂，其中添放妇子以及应用器具之类，布置得应有尽有，而且大小比例相称，这与天津泥人张所塑的完全用泥塑，是不同的。

虎丘捏塑，流传已不多，经多方物色，所见皆不能满意，恐怕是一般作品，仅有曹姓一像，这个像是有性格的代表作，另外方姓一像就显得平凡了。

现在虎丘捏塑已绝迹，项氏后人，到项四、项九以后，逐渐衰落，项九之子琴舫虽传其术，但不久改业古董，从此人亡艺绝。

在虎丘泥塑中，有一行专做泥头的叫做绢人，这种泥头畅销全国各地，它的特征，面部半面涂蜡，后半面加彩。另有一种头作，泥头出售叫做虎丘头，另有人配合工作专做绢身，成为绢人，婚丧喜庆，如和合、仙台、寿星、戏文之类，都需要绢人。斗蟋蟀黄头更以绢人为彩，因此绢人颇有销路，当然在技术上有出入。

虎丘绢人。主要做的是戏文，每出戏通常是两个头，另外附加手足，成为一套。各地顾客就成批地把这些虎丘头购回去，自行加工。在虎丘当地加工的就是著名的虎丘绢人了，种类有喜事用的和合、祝寿用的王母寿星、各种戏文，更有用于斗蟋蟀黄头戏彩。走会时起码牌上的戏文，那是加新装金，更加华丽，价值也就不同寻常了。虎丘绢人的头部是泥制的，是用模子印制的，身段有的很边式，就是登台也是个好角儿，也有做得呆板，有的做成直立的两尊呆像，那就显得呆板了。服装也精粗不一，最考究的是用精细的苏绣，这一般出于家庭妇女之手，与商品略有不同。

苏州虎丘耍货，名目繁多，在小时候尚看见有，其中最受孩儿欢迎的，也是售价最贵的一种，叫做“掉丝娘娘”。它是利用沙漏斗推动纸轮轴转动，一个掉丝姑娘泥塑就能模仿操作掉丝工作。当时也没发条，居然能做成活动的玩具，足见艺人的巧思。

“某某泥人”是较为生疏的名称。江苏省无锡泥人现在名闻遐迩，而苏州虎丘的泥人却默默无闻，这也难怪，因为早已被旧社会摧残完了。苏州虎丘泥人的历史与摩睺罗有一定的渊源，摩睺罗这个名词是梵语的音译，《东京梦华录》称作磨喝乐，元曲作魔合罗。何以借用，宋已不详其原委，本是佛经中的神名，宋时习俗，用土塑的一种泥孩儿叫做摩睺罗，据说是宜男之祥，后来发展成为小孩的玩具，这一种风俗随宋室南渡，江南也同样风行。《梦粱录》中也有同样的记载，至于何以称为摩睺罗，那么《梦粱录》已不详其原委，可见早已失却意义了。

磨合罗，原卢熊《苏州府志》载，木渎袁家……其艺遂绝，当然袁氏云云见诸府志，当时必甚，其艺虽不传，然效者众。其形象如何不得而知，但在《东京梦华录》与《梦粱录》都有记载，我们可以想象当时的磨合罗应是一个盛装的小孩，手持新荷叶。我在冷摊买得虎丘制泥婴儿一个，也是盛装持叶，可能就是磨合罗的遗风。

虎丘的捏像，清初很有名，《红楼梦》里也有描绘。方法来自前明王氏竹林，与天津泥人张的方法相同，都是在袖中暗里摸索，好像同出一源。论时代，苏州还在天津之前，但据近人张映雪的调查介绍，天津的这种袖中捏塑的方法，不过是不谋而合罢了。惜乎苏州文献记载仅有南北两地，并不相违，但王氏、张氏何师学艺并无记载，否则可以追溯其源。

苏州泥人图例：

清　苏州泥美人“少妇哺婴”
苏州博物馆藏

清　戏文虎丘泥人《打金枝》《马前泼水》
无锡收藏

民国　苏州戏文绢泥人《金雁桥》正反面

民国　苏州戏文绢泥人《长坂坡》

民国　苏州戏文绢泥人《杨排风》

苏州博物馆藏

三　苏绣、缂丝卷

题解：本卷收录顾公硕先生正式发表的论文《顾绣与苏绣》、在上世纪50年代初抢救刺绣期间对苏绣现状的调研笔记和60年代《苏州刺绣放光彩》一文，还有研究《纂组英华解释》的部分抄录影印件。公硕先生与同仁白手起家，兴办了“苏州市文联刺绣小组”，使刺绣从一支凋零的花朵起死回生，迎来春天，奠定了苏绣成为全国“四大名绣”之首的基础。艺术的传承和创新来之不易，这里可一窥他对苏绣技艺细致入微的研究。

顾绣与苏绣

苏州的刺绣，一向有名。解放后经党与政府的大力提倡，这朵瑰丽的花朵，更出奇地娇艳。来自四面八方的人，看到了今日的苏绣，都一致赞扬，中外的报纸杂志，也纷纷介绍。它开始进入了空前发展的新阶段。

苏绣大致可分为：（一）艺术绣品，（二）日用品。艺术绣品，主要是搞一些装饰壁挂，它的发展渊源，与明代露香园顾绣有传统关系。露香园顾绣【编者按：明代苏绣一个著名流派，源于明嘉靖三十八年（1559）进士顾名世家，创始人是顾名世长媳缪氏，名盛于顾名世次孙媳韩希孟，因此又有“韩媛绣”之称。授徒传艺于顾名世曾孙女顾兰玉】，在江南一带，起着继往开来的作用，而苏州的刺绣受顾绣的影响更大，例如苏绣向称顾绣，贩卖绣品的商店，叫顾绣庄，苏沪两地的刺绣同行所奉祀之神，同是顾、韩二人。而近代的沈寿[1]又从顾绣再进了一步，她一方面接受了顾绣衣钵，一方面又吸收

1. 沈寿（1874—1921），出生于苏州海红坊，原名沈云芝，字雪君，号雪宧，别号天香阁主人。十六岁时已颇有绣名，其绣品作为慈禧七十大寿寿礼，慈禧亲笔书写了“福寿”赠沈云芝的夫君余觉及她本人，从此更名沈寿。1911年，沈寿绣成《意大利皇后爱丽娜像》，作为国礼赠送意大利。1914年，张謇在江苏南通创办女红传习所，沈寿应聘担

沈寿及其《雪宧绣谱》

沈寿作品《耶稣像》

清末民初时一位英国女画家笔下的苏州刺绣

了日本绣法，并有新的创造。她先后在苏州、北京、天津、南通等地传习刺绣，她的作品参加过国际展览，曾博得好评。沈寿以后，苏州又有江缪贞、潘志玉[1]、丁渭琦[2]、张元芷、郭桐先一些人，先后开办刺绣学校。解放后苏州市也办过刺绣学校，真是不绝如缕。至今苏绣的艺人中，尚有沈寿的门人和再传弟子。这就说明了顾绣与苏绣的传统关系几乎难分彼此。

明代的苏绣，已不多见，就是顾绣，也所见有限，兹将顾绣与苏绣的特点分述如下：

（一）顾绣用材之奇。顾绣的用材料，不限于丝，譬如江苏省博物院所藏观音像，它的“蒲团”用“真草”横列，上加细线编绣而成，就与朱

任了所长兼教习。1915 年，沈寿绣的《耶稣像》参加美国“巴拿马—太平洋国际博览会”获一等奖。病殁于南通，终年四十八岁，葬于南通马鞍山。著作有《雪宧绣谱》。

1. 潘志玉，顾鹤逸先生的夫人，详见《过云楼梦——大变革时代江南文脉之一隅》第二章。

2. 丁渭琦（？—1952），苏州蠡墅人，1904 年与丈夫顾聘儒合办私立“武陵女塾”（绣校），直至 1937 年停办。她和学生的作品曾在南洋劝业会、江苏省地方物品展览会获奖，1934 年曾绣《英国皇后像》。

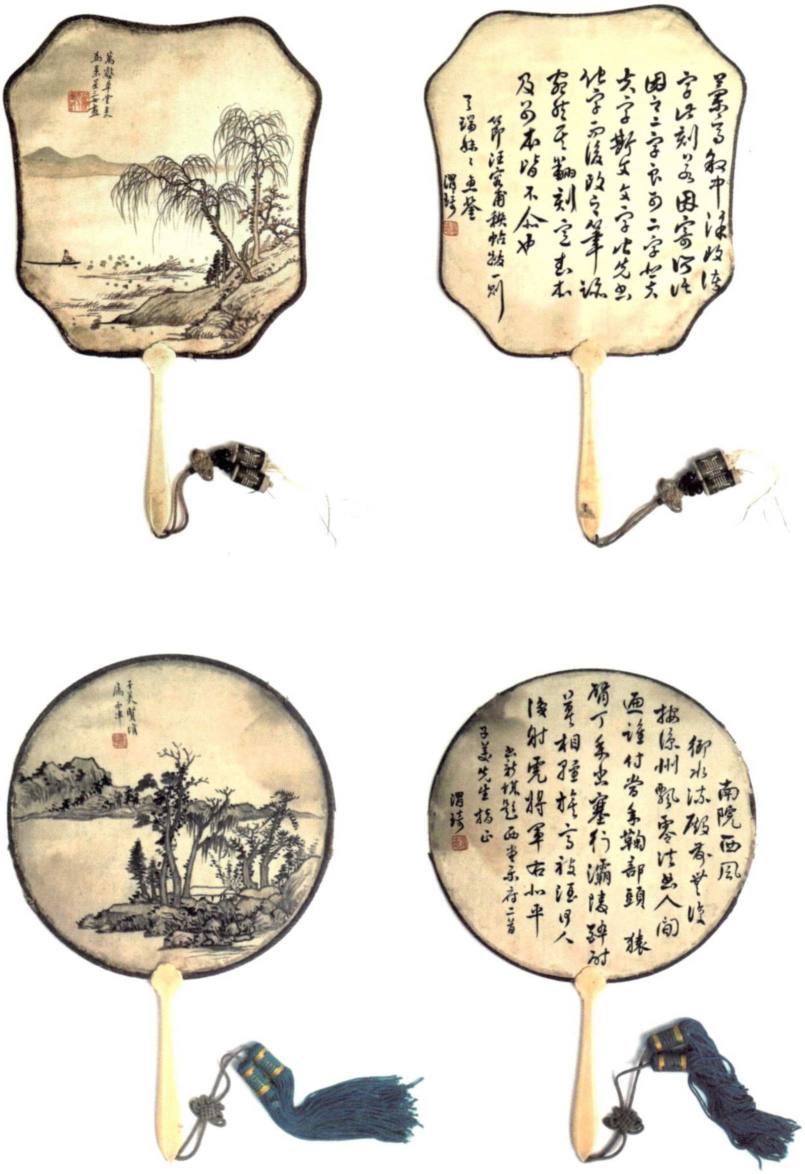

团扇书画双面仿真绣
顾鹤逸绘　丁渭琦书
顾公硕夫人张娴绣
顾笃璜提供

氏《存素堂丝绣录》[1]所载顾绣弥勒像用“网绣”作“蒲团”大异其趣。又据《纂组英华解释》云，“顾绣用料之奇，不仅用发，如前述花卉鸟兽册中，发现其所用之暹罗斗鸡尾毛、薄切金等，亦为顾绣之特点”，足见顾氏的不拒成法，时创新意，可以随意取材入绣。

（二）顾绣针法之复杂。顾绣采用针法，极尽变化之能事，绣线种类，亦无一定。苏州文管会所藏《群仙祝寿图》，针法的复杂，与《存素堂丝绣录》著录的弥勒佛像用十种绣法，应为同一类型。

（三）顾绣借色与补色。借色与补色，即所谓“半绘半绣”，亦顾绣特征之一。如前述苏州文管会所藏《群仙祝寿图》，人物所穿的锦裳，即先上底色，后于底色上加网绣作锦纹之状，质感很强，即为“借色”之一例。亦有绣后加颜色于绣面者，就是“补色”。顾绣遇面积过大之处，如粗枝大叶和大块的土坡顽石，更有直接用绘画着色而不再加绣的。这种大胆省工之法，也为顾绣特征之一。在苏绣中，有时也采用借色、补色之法，尤其水墨山水，如原稿画在“生纸”上面，水分渗入宣纸，发生墨晕，那末采用借色绣，就表现得很好。

（四）字顺笔势。江苏省博物馆藏有顾绣《董书大屏条》后附张謇题跋，大意是：张謇偶得此屏，适沈寿在侧，展开一看，沈寿即断定是顾绣，张问何以知道，沈答从针法知道，因为顾绣文字的笔画，都顺笔势方向而绣，张细加审视，果然不错。这种方法，可以说也是顾绣特征之一。在顾绣以前，是否也用此法，则不得而知。《存素堂丝绣录》著录的宋绣《金刚般若波罗蜜经》的字体，据闻也是顺笔势方向下针的，但据《纂组英华解释》的意见，疑是明代作品，那末是否也是顾绣，值得研究。字顺笔势的绣法，苏绣至今还沿用。

（五）中间色线。据《纂组英华解释》载：“明绣所用之种种色线，率有为宋绣所未先见之正色外之中间色线。”顾绣对古代绣法，有继往开来之功，前已提及，为了更接近于画的色彩渲染而增加中间色线，是完全可以理解的，甚至在中间色线不够应用之时，尚采用线上加色的方法（即补色法）力求逼真原稿，这也是顾绣特点之一。

现代苏绣挂屏，以花鸟为主。花鸟本身，就是自然界最美的东西，经刺绣艺术加

1.《存素堂丝绣录》是一本研究古代刺绣、缂丝针品的著作，为朱启钤（民国）以家藏刻丝、刺绣为目所编，分二类二卷。每卷以时代先后为序，详记质地、色彩、尺寸、印章及题识等，资料详实，是我国丝绣类著作的代表作。存素堂是贵州籍朱启钤家的堂号，因其著录所藏丝绣一书名为《存素堂丝绣录》，故后人称朱启钤先生所收藏的这批丝绣，为“存素堂丝绣”。另：缂丝、又称“刻丝”“剋丝”“克丝”，是中国最传统的一种经纬交织的丝织品，堪称“织中之圣”。

工，有了丝色的一层光彩，自然更为绚烂，因此有时胜过了原稿原物。去年有人拿了一幅绣着群鸟的小屏，被路过的一群筑路工人见了围看称赞，它所以这样为群众喜爱，大约色彩鲜明，是主要原因之一。当你拿着一幅画走过，未必如此惹人注意罢？这是刺绣光彩夺人的一个很好的例子，但苏绣的技术，也大有高低，作品亦优劣互见，如果从针法技术上分析苏绣优劣，大概不外乎以下几点：

（一）和色无迹。这是苏绣最基本的要求，就是在深浅色调衔接的地方要泯然无迹。绣得不好的往往深一块，淡一块，中间显然露着分界线。苏绣承袭顾绣增加中间色的传统，本有合色线的方法（即针眼中同时穿不同深浅的绣线）。而解放后，色线种类增多了好几倍，提高了调色条件，有时一针穿上四五种色线，因此对和色一层，又有进步。

（二）平匀熨帖。刺绣的另一种技巧，就是劈线（最细的一线可劈成十二根细丝），要劈得粗细匀称，才能绣得平伏，如劈线不匀，侧视就起伏不平。不知藏针眼之法，就满幅露眼。绣针起落，用力不匀，就有松紧，绣品落棚，到处皱纹，这些毛病，都不合平匀熨帖的条件。

（三）丝缕分明。丝缕就是针脚施展的方向，无论花卉翎毛，要一丝不乱，譬如花瓣的向背转折，除了用颜色分出深浅以外，针脚的丝缕，也要随着向背转折，如搞错了，变成杂乱无章，即成次品。

（四）毛片轻松。现代苏绣挂屏，都以花鸟为主题，因此翎毛更是主题中的主题，也是比较难绣的部分，特别要求毛片绣得轻松活泼，要求深浅中有立体感。技术差的，虽刻意求工，而绣成平薄一片，光洁有余，而灵活不足，那就算不上好手。

其余如山水、人物，要求更高，至少要有一定的艺术修养，才能动手，否则就很难表现原作的笔墨精神。现在的苏绣，除绣制民族形式的画稿外，还有复制西洋油画的刺绣，技术确不差，但有些人的意见，认为中国刺绣艺术，应发挥固有特点，聊备一格，未尝不可，如视为发展苏绣正途而加以提倡，尚值得研究。

苏绣中的日用品，有被面、枕套、靠垫、鞋面、戏衣之类，为农村主要副业之一。解放前，由于剥削严重，产品质量不高，销路曾一蹶不振。解放后党和政府花了不少力量，把散在农村的绣工组织起来，画花工作者提高了艺术水平，逐步地改善产品质量，打开了国内外销路。现在不仅在技术上有所改进，在生产商业呈现着空前的发展景色。此外另有一种姑娘们自用的绣品，不同于一般商品。这些自用绣品的品种、图案、选料、配色，都是姑娘们自出心裁设计的，运用的针法，也是变化多端，各显神通。研究民间艺术的人，请勿轻视这一份宝贵资料。解放后苏州也曾绣过化妆匣子、粉匣、唇膏管等小品，参加出国展览，颇受欢迎，但品种不多，尚待继续设计。

在祖国大地的每一角落里都有刺绣，都有各式各样的绣法，这是古代刺绣艺人不知花了多少脑力和劳动而留下的一份刺绣遗产。这些绣法，早已通行全国，并无地域分界，但针法虽同，而名称各地不同，其原因由于从前缺乏文字记载。辛亥革命以后，南通张謇与苏州沈寿，两人合著《雪宧绣谱》详列十八种绣法的制作过程，这是中国对绣法有文字记载的开端，遗憾的是一部分非普通名词，有的故意用僻字，如“扻”针之类，也有借用日本名词，如“肉入针”之类，不能通俗易晓。《湘绣史稿》对《雪宧绣谱》的批评很对，他说：“可惜这本书的文字过于典奥，对于苏绣工并没有发生推进作用……”

解放后有一时期我与刺绣艺人接触频繁，向她们请教绣法，发现名称有极大差异，有的因地而异，甚至也有因人而异，足见很难统一。现将已经搜集到的，用同类相属的办法，分列一表，供大家研究刺绣时参考，但作者闻见不广，错误与遗漏必多，希望同志们帮助修正和补充，以求绣法名称能得到统一。

传统绣法名称异同表：

苏州通行名称	雪宧绣谱	各地名称	备注
出边	齐针	平针	为苏绣基本绣法之一，亦由于轮廓线上钉上一圈马棕，然后加绣者，使其边缘更整齐有如刀切
斜针	缠针		
正抢 反抢	抢针 抢针		正抢亦称顺抢，反抢亦称逆抢，为苏绣基本绣法之一
单套针	单套针 双套针		套针亦苏绣基本绣法之一
扎针	扎针		绣鸟足用
铺针	铺针		平直铺满打底
刻鳞针 包针法	刻鳞针 肉入针	高绣（分平高、圆高）	有抢鳞、施鳞、叠鳞之别 高起有浮雕感觉
打子（编者按：一作打籽）	打子	打籽相良绣、环绣、玉绣、缋绣、错绣、芥子绣（以上六种日本名称）	古老的绣法，唐绣中已有
擞和绣	羼针	参针、掺针	长短针参差而绣
接针	接针		头尾相接
拉锁子	绕针	盘切	拉锁子与打子有别，拉锁子如链锁，打子是单独的小圈

苏州通行名称	雪宧绣谱	各地名称	备注
切针	刺针	蚂蚁跳三针、一芝麻三针	针与针相连而不相接，好像根虚线
滚针	㧑针	缠绣	第二针须当第一针之中紧逼其线而后针于线下，第三针接第一针之尾，第四针接第二针之尾，使绣成如一笔写而不露针迹为上
	旋针		回旋其针
活毛套	施针	毛针	加于他针之上，以绣禽兽毛片为主
	散整针		详《雪宧绣谱》
	虚实针		详《雪宧绣谱》
平金			满钉金线，叫平金
盘金			在刺绣图案边线加上金线叫做盘金
钉线			等于平金、盘金，但不用金线，而用棕线与包梗线，针出花纹
穿纱		一丝穿、打点绣	以纱为底，在每格上加一针，有如制铜版的网纹点子，故俗称打点线
挑罗		挑花、架花、十字绣、纳罗	
网绣		格锦、扳花、钉线粗绣	网绣北方亦称针线
戳纱		铺绒、纳纱、纳锦、纳绣	戳纱满花，不露纱地的，北方叫做铺绒，不戳满而露纱地的地方叫做戳纱，南方不露地的才叫戳纱，露地的叫做穿纱
辫子股			一种编结方法
锁边		锁口、扣绣、文明边	一种编结方法，加于绣品四周边缘
贴绫		摘绫、堆绫	剪薄绫图案，用线钉上，再用色染出深浅，粗看颇像刺绣
挑绣		瘪绒、别绒、铺绒、挑花	绣上加经纬线后再挑出花纹的一种绣法
借底绣		借色绣、帘绣、稀铺绣	稀铺针法，借用底色之绣法
补色绣		补画绣	绣后加色之法
两面绣		双面绣	正反一样，亦苏州的一种传统绣法
穿珠			用真珠穿出图案

顾绣《观音像》

顾绣《群仙祝寿》局部

左为帘绣（稀针）的山水画，右为半绘半绣的顾绣（石梁和苔点是用笔绘的）
发表于《文物参考资料》，1958 年第九期

明　顾绣《凤凰双栖图》
《杏花村图》

清　沈寿仿真绣《济公像》
苏州博物馆藏

现代　刺绣大师任嘒閒的技艺与作品图例：

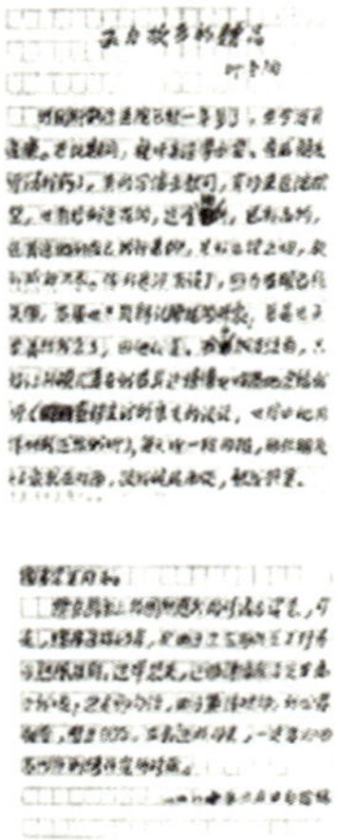

虚实乱针绣《叶圣陶像》
叶圣陶给任嘒閒的信

1967 年任嘒閒成功创造了
新针法双面异色绣
《王杰和刘英俊》

乱针绣《齐白石像》
作于 1979 年

虚实乱针绣《杨守玉像》
作于 1987 年

图片由任嘒閒之子张允凯提供
选自洪锡徐、洪苏著《百工录 · 苏绣艺术》

现代　刺绣大师李娥瑛的技艺与作品图例：

清代乾隆龙袍复制

1982 年设计创绣第一幅装饰性戳纱《樱花蝴蝶》
1989 年《人民日报》海外版发表

戳纱范例：

针法作品范例：

选自《中国工艺美术大师·李娥瑛》

1954 年 6 月苏绣现状、市文联刺绣小组等调研笔记

一、6 月，现状调查所得

（一）生产地区：吴县浒关、光福两区（编者按：当时的行政区划分）。

（二）生产人数：三万人。

（三）全年生产日：五百万个工作日。

（四）单位产品工作量：被面二十个工作日一条、枕套五个工作日一对、靠垫五个工作日一对。

（五）1953 年公私比重：公占 41.5%，私占 58.5%。

（六）产品种类：被面、靠垫、枕套、布枕套。

（七）城区绣工不在内，有生产者二千八百四十二人。

二、文联刺绣小组的缺点

（一）色彩不一律，有的迁就材料。

（二）若干画白粉的描绘有匠气。

（三）绷得不够方，有些垫子不方。

（四）裱得不好，花鸟屏毛不平，现在重裱中。

（五）内部仍有混乱现象。

三、合作化问题

我们要求高，要自由吸收，不希望人太多，不希望与外界做生意，主要供给北京，没有余力教导一般妇女。

四、向北京汇报的内容

（一）在七月廿日以前完成的东西的数量和内容。

（二）现状组织情况：系统、工人人数、一般工作情况。

（三）合作社的意见。

（四）8 月中可以完成，毛主席像五个，还可以完成两个像、花鸟长屏两堂、靠垫完成每种十五个（荷花、菊花、松鹤），打子没有把握，被面两条。

五、到北京要做的事情

（一）解决今后组织问题及名称，与市里的关系。

（二）布置今后的工作，即发展方向。

（三）研究特种工艺合作社。

（四）参观挑花合作社。

（五）解决（参加）全国工艺品展览会中存在的问题。

（六）解决刺绣领袖像问题及其价格。

（七）解决大中领袖像（尺寸）问题。

（八）织绒每样做十六只，够不够？

（九）窗纱有五只样子，每只四十公尺，价一百九十万（旧币）一匹，是否半匹一色，或者一匹一色？

织绣、刺绣、缂丝、戏衣、通草堆花、檀香扇、刻碑等调研笔记

东吴绸厂，自动提花机，现在省里，由沈大宝同志创造。厂里有托儿所、食堂、保健站、浴室和宿舍。宿舍供给外来工人。最近恢复三班制，力织尚未恢复。

苏绣工厂，样品，实验工厂有七十个工人。所绣齐白石画、打子仕女作品预备到广州展览。还有双面绣小屏风。工人有一百人左右，转入机绣的有三十人，工资平均二十余元（新币），做齐白石画，每份工八角。画工打样。

市二中大礼堂第五工场有三十人，学习机绣，富郎中巷有第二发放站。

小组讨论

关于苏绣：

设立打样部分，设计新图案，缺乏适当的工作室，时间不够。

朱同志（编者按：当为苏绣老艺人朱凤[1]）认为：解放后刺绣虽有一些进步，农村中优劣不统一，色彩、画稿都成问题，希望先解决画稿，鱼不像鱼，画工图样要改良，技艺不能停顿，不能后退，及时解决技术。第一刺绣合作社两星期成绩与工艺社相等。

明年凭个人力量，提高三百人没有问题，再依靠政府帮助。

戏衣图案设计要与剧中人身分个性有联系。

关于缂丝：

1．朱凤（1910—1993），原名寿臣，字瑞成，原籍常熟。毕业于丹阳正则女子职业学校绣科，留校任教。1951年绣苏州第一幅毛主席像，1954年参加苏州文联刺绣小组，后转刺绣工艺美术生产合作社、苏州刺绣研究所任技艺指导。高级工艺美术师。她创造了散套绣法，提高了苏绣艺术的表现能力。著《中国刺绣技法研究》《苏绣》。

王茂仙[1]认为：从开始到现在70%有进步，30%还停顿，四条不统一，技术不够，乡下还有好的技术，没有吸收进来。缂丝订货不多，稿子太少。

沈金水[2]认为：样子好，作工不好，还是问题，要协力同心。

阎同志（编者按：当为通草堆花老艺人阎照琳[3]）认为：通草工艺，做的人太少，要求提高，时间短，要帮助，稿子少，通草少。

龚同志认为（编者按：当为檀香扇烫花老艺人龚福琪[4]）：烫花希望再添两个学徒，电烫不能分五色。

黄同志认为（编者按：当为碑刻老艺人黄慰萱[5]，当时在苏州博物馆工作）：刻碑现在不到十人，没有工作，马上要失传。

苏州刺绣放光彩

苏州刺绣，历史悠久，名闻中外，是我国民间工艺的一株大花朵。可是，在旧社会里，这株鲜艳的花朵，被糟蹋得凋败不堪。刺绣艺人在生活的鞭子下，被迫改行，离乡背井，过着心酸痛苦的日子。解放以后，苏州刺绣在人民政府的扶植下，推陈出新，放出了奇光异彩，成为我国工艺美术的一颗宝石。

苏州景德路上有座花园，叫做环秀山庄，现在是"苏州刺绣研究所"。这里汇聚了苏州出色的刺绣艺人和画家，专门在那里精心研究苏绣。先由画家创稿，然后由艺人刺绣。那些心灵手巧的刺绣艺人，可以把原画的神韵风采绣得惟妙惟肖，而丝线色彩的绚烂，比原稿更多着一层鲜艳夺目的光彩。刺绣出来的花卉山水和人物鸟兽等优秀艺术作

1. 王茂仙（1896—1969），苏州陆慕人。1955年进苏州市文联刺绣小组做缂丝，后转刺绣研究所工作。代表作有《金地牡丹轴》《鹅竹中堂》等。

2. 沈金水（1883—1968），苏州蠡口人。1954年10月进苏州市文联刺绣小组做缂丝，后转刺绣研究所工作。代表作有《金地牡丹轴》《金地双鸽牡丹》等。

3. 阎照琳（1897—1965），原籍北京。父亲阎成章，字伯达，手工艺人，1920年前后由北京到济南，开设"趣味斋"通草堆花作坊。阎照琳继承父艺，1956年在苏州通草堆花生产合作社负责创作设计。著有《通草堆花》一文，载《苏州工艺美术》。

4. 龚福琪（1888—1975），江苏南京人。十四岁拜烫花艺人刘锦堂为师，满师后又得烫花名师张友琴指导，技艺日进。1954年到苏州，1955年参加苏州市檀香扇生产合作社，从事烫花，并培养艺徒。他的烫花技艺十分熟练，手握火笔在扇上信手烫绘，不用起稿。除烫花鸟山水仕女外，更擅烫《西游记》《红楼梦》《三国演义》等古典小说中的人物故事。著有《谈烫花》一文，载《苏州工艺美术》。

5. 黄慰萱，原籍无锡。1917年仿刻《平江图》碑。1918年复刻《同治九年重建万年桥记》，新中国成立后在苏州博物馆工作。

品，同苏州的名胜山景互相辉映，更显出我们伟大祖国的可爱。十余年来，她们的技艺，日新月异，现在不但能绣中国画，就是油画、水彩画，只要有稿子，都能绣得栩栩如生，甚至木刻画、雕刻铜版画、彩色照相等等，她们都能以巧夺天工的技艺绣出来。为什么她们有这样高超的技艺呢？原来在解放以后，她们把原有的苏绣针法十八种，发展成四十多种。譬如乱针绣，就宜绣油画、水彩画，发绣可以表现素描，绒绣适合照片等。总之，各式各样的画，就有各式各样的针法去配合，画稿变化愈多，配合的针法也愈复杂。

艺人们为了把刺绣发展到一种更高的境界，她们立下了雄心壮志，边刺绣边学画，研究画理，进而自己创作画稿，自己刺绣。她们的技艺更加精湛，更加全面。为了使苏绣技艺得到很好的继承发扬，又开办了刺绣专修班，招收青年学生，用半工半读、亦画亦绣的新教育方法，培养出了一批批优秀的专业接班人。

历年来所中的产品，已不知多少。向来畅销全球，她们的几种著名绣品，如双面绣的猫、金鱼、白凤、花鸟屏风等，单单出国展览的就有五十八个国家之多，而作为礼品，分送各国友人的，还不计在内。艺人们还轮流出国表演刺绣艺术，到处受到热烈欢迎。像青年苏绣艺人顾文霞，在英国伦敦国际手工艺品展览会上表演时，就轰动了整个伦敦。还有些人不辞遥远，特地从外地赶来伦敦参观。当她表演把一根丝线，劈成十二根细线的特技时，观众都是当着魔术一般地欣赏。另一次在瑞士表演时，更受欢迎，现场挤得水泄不通。各国记者的照相机、电视台的摄像机，绕着她的绣绷，咔嚓咔嚓不停地照，把这位年轻的刺绣艺人当做传奇性人物看待。他们称赞顾文霞是“中国仙女”，赞叹她那灵巧的双手，在绣绷上不停地上下，就是世界第一流钢琴家也没有这样美。使人深深地感到今天苏州刺绣的一针一线，不是寻常的一缕春蚕之丝，而是联系着祖国和世界各国人民的友谊。

看到青年刺绣艺人顾文霞的成就和她在国际上享有的荣誉，就想起老艺人金静芬，她是当年刺绣著名艺人沈寿的高徒，今年已有八十高龄。金静芬可以说是终身从事刺绣，但她却受尽旧社会的压迫。直到解放时，她还流落上海为人帮佣，每天坐在灶前烧饭。天天在主妇的冷言冷语声中，含泪度日。苏州解放后，人民政府立即多方寻找金静芬，后来终于在灶门前找到了她，便马上把她接回苏州，请她主持刺绣工作。说也奇怪，她自从得到了党的无微不至的关怀，人也变胖了，白发也黑了，更奇的是眼睛也亮了，现在她作示范刺绣时，也不戴眼镜了。去年她光荣地当选为全国人民代表，到北京见到了毛主席。

老艺人金静芬在旧社会的悲惨遭遇，代表着老一辈艺人过去共同的遭遇。现在苏州刺绣技艺工人，那种不幸的日子已经一去不复返了。目前苏州刺绣工人已经发展到约有五万人，比解放前增长近十倍。她们都过着美好的生活，工作环境与解放前相比，有天壤之别。就拿苏州刺绣研究所来说吧，刺绣工厂与办公室，造的是新楼，配合花园建筑，又修建了大厅、花厅，还有参考资料室，收集着大批的中外有关图书和传统名绣。她们在这样的良好的条件下，工作、学习、生活是何等幸福愉快！她们日益精神焕发，技艺精益求精，并且立下了宏愿，要把祖国又新又美的山河，用刺绣形式更多更好地反映出来，让苏州的刺绣放出更加绚烂的光彩来。

原文为铅字稿，无日期，编者整理时认为写于 1965 年

金静芬在传授刺绣技艺

顾文霞在英国表演刺绣

上世纪 50 年代的绣娘

左为桃花坞新年画《水乡新貌——刺绣图》张晓飞绘稿　卢平刻版
右为桃花坞新年画《刺绣姑娘》张晓飞绘稿　叶金生刻版

少数民族绣像选:

朝鲜族《长鼓舞》

傣族《丰收季节》

维吾尔族《汲水》

侗族《笙歌》

陈德奎作　上世纪五六十年代　民间提供

附：顾公硕研究《纂组英华解释》部分抄录影印件

《纂组英华》，由冈田三郎助、合肥阚铎[1]监修，东京座右宝刊行会桥本基氏承印，冈田三郎助、明石染人撰拟其解说。染谷保藏，长白荣厚等将其译成汉文，原田治郎将其翻译成英文。《纂组英华》内载宋元明清四代刻丝、刺绣，选印紫江朱启钤[2]旧藏物，藏于伪满洲国立博物馆。伪满洲国立博物馆于康德二年（编者按：1935 年）五月，因以所藏《纂组英华》制版发行，用志纪念。

编者按：根据公硕先生与朱启钤先生的深厚友谊，想必此部分文摘当是公硕先生从朱启钤处借得该书原本。为了流传和保存，公硕先生让四子笃琪抄写一份，分上下两部分，共计两本，存于家中。公硕先生曾仔细阅读研究过，并在抄本上留下了珍贵的注释笔迹。该抄本历经动荡，现如今仅存一本。谨以图片记之。

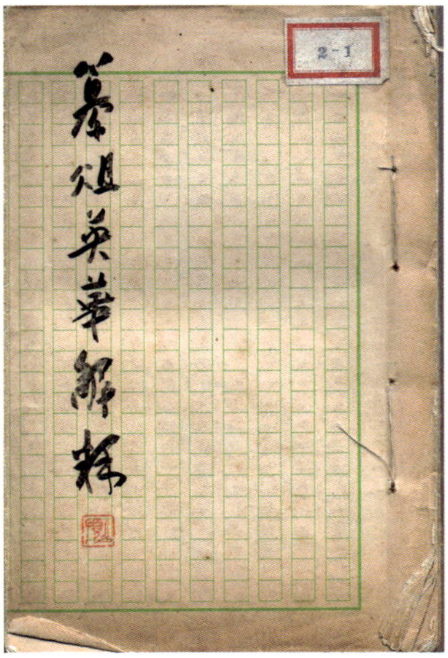

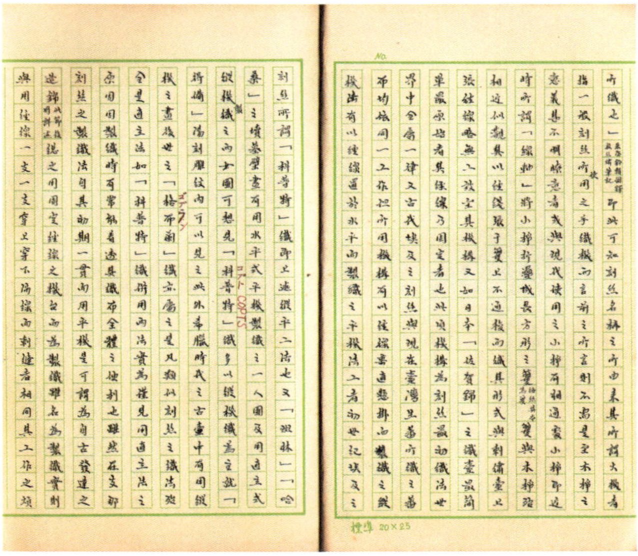

1. 阚铎（1875—1934），字霍初，号无水，安徽合肥人。毕业于日本东亚铁路学校。回国后任北洋政府交通部秘书，后在我国东北的文化协会从事博物馆建设、古书复制、国宝建造物的保存工作。著有《红楼梦抉微》《阚氏故实》等。

2. 朱启钤（1872—1964），字桂辛，晚年号蠖公，祖籍贵州开阳。光绪举人，北洋政府官员，中国营造学社创始人，工艺美术学家。1913 年 8 月代理国务总理，稍后任熊希龄内阁内务部总长。1919 年任南北议和北方总代表。和谈破裂后退出政界，先后寓居津、沪。中华人民共和国成立后，曾任全国政协委员、中央文史馆馆员。著《蠖园文存》《存素堂丝绣录》《女红传征略》《丝绣笔记》《芋香录诗》《清内府刻丝书画考》《清内府刺绣书画考》《漆书》等。1927 年根据日本传抄本重新刊刻久已失传的《髹饰录》。

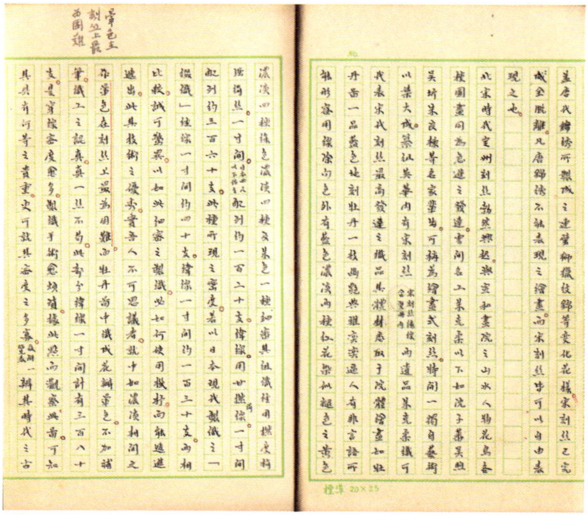

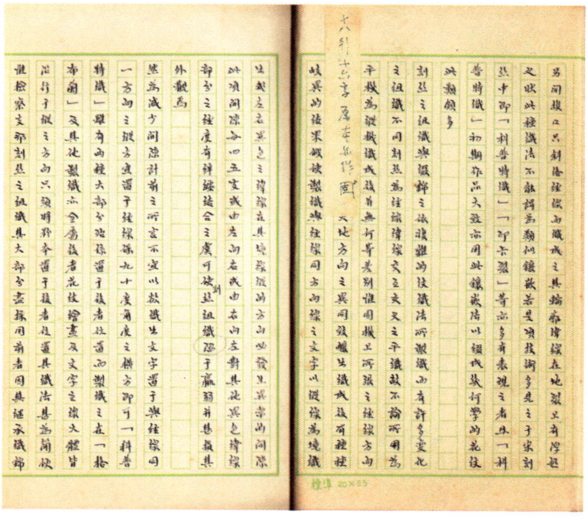

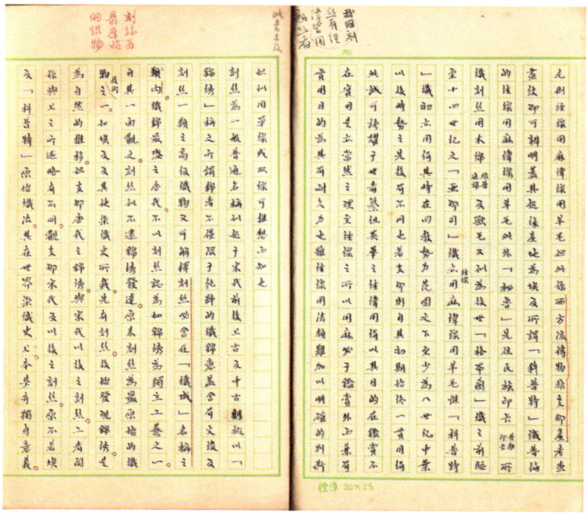

《纂组英华解释》
抄本影印件选

四 苏绣、织绣历史卷

题解：一个甲子前，顾公硕先生致力于拯救濒危的苏绣艺术，是一种文化自觉，这种文化自觉来自他对中华传统文化的热爱和孜孜不倦的研究。本卷收录公硕先生关于苏绣历史的讲稿《苏绣发展》和文章《读邵琼同志〈瑰丽多彩的苏绣〉后》、研究苏绣历史所搜集整理的各类文献资料笔记。

苏绣发展

一、绘绣

想了解一下苏州的工艺美术，必然接触到苏绣。苏绣过去已有一些名望，可是现在，与前大不相同，名望更大了。自四面八方来的人，都一致赞扬苏绣。报纸杂志上也不断出现介绍的文章，声势浩大，誉满中外。其实苏绣虽肯定是大有进步，但也免不了存在缺点，有待于各界的帮助指教，如果又一味褒而不贬，就容易飘飘然了。

有人问苏绣的发展过程，问什么时候开始有苏绣、苏绣的特点在哪里、苏绣的传统针法有多少、与湘绣有什么分别，这些问题提是提得很好，提得很具体。每个问题都可以作为专题讨论，我认为要解决苏绣的发展过程，先要研究一下整个刺绣的发展过程。这问题不大也不小，完全解决，也不简单。只是以我的水平而论，就不敢自信。

（一）先争鸣一下

近年来关于苏绣的报道中，谈及苏绣的历史时，往往推崇三国时代东吴的赵妃（有的称之为孙夫人），例如《文物》1958 年第九期《江苏省博的刺绣展览》一文中说："三国时，东吴孙夫人赵氏，绣有《山川地势图》，称为针绝，苏州的'苏绣'就逐渐发展起来……"吴赵妃发明的，又在□（编者按：原文缺或字迹模糊）年 8 月 11 日上海《解放日报》上有一篇邵同志的《瑰丽多彩的苏绣》，这位作者竟直截了当地说中古的刺绣就是三国东吴时发明的。他是这样写的，"中古刺绣始创于三国时候的东吴，孙权夫人曹王妃（原文如此）用刺绣绘制吴国地图，后人因有绣万国于一帛之说”。关于这一段东吴绣山川地势故事的来源，始见于王嘉的《拾遗记》。原文是：“孙权尝叹蜀魏未夷，有军旅之隙，思得善画者使图作山川地势军阵之象，赵逵乃进其妹，权使写九州江湖方岳之势，夫人曰丹青之色甚易歇灭，不可久宝，望能刺绣列万国于方帛之上，写以五岳河海城邑行阵之形，乃进于吴王，时人谓之针绝。”我们看了原文，显然只说她能绣，根本没有说她创始刺绣。大家知道，在孙权时代，东吴的首都已在南京，与苏州已远离数百里，她如何影响了苏州，如何促使苏绣的发展，《拾遗记》上并无记载，可见都是这两位作者想当然的说法，是不科学的。

《拾遗记》本身是部伪书，所载往往与史传不合，前人早已斥为荒诞，“四库”把它列入小说家，并不为过。《三国志》中孙权的几位“夫人”中也没有姓赵的，因此我们即使相信有这样一位赵夫人的话，也不过是一位孙权的“后宫佳丽”而已，而邵同志的论点，把中古特种工艺的刺绣，抹煞了古代劳动人民的辛勤成果，而归功于一位后宫佳丽如赵夫人之流，分明不符合事物的发展规律。邵同志的原文中“孙权夫人曹王妃”句，修辞上也值得推敲，好像她先是什么曹王之妃，后来又做了孙权夫人。又说什么“刺绣绘制吴国地图，后人因有绣万国于一帛之说”，那末究竟绣的是吴国地图呢，还是绣万国的地图于一帛呢？这些地方，都令人费解，但我也不免有吹毛求疵之嫌罢。

（二）绘绣的萌芽

原始社会的人们，很早就懂得在陶器上加彩，这是图案的滥觞。爱美本是人类的天性，上古人类既掌握了彩陶技术，那末推而广之，在当时的原始衣着，如兽皮、麻纺品、毛织品之类涂上些图案，想当然是轻而易举。可惜时代隔得太久了，这些易朽的东西，现代人已不能再见了，但据说二次大战以前，大洋洲和北太平洋的岛屿上原住居民的巫师，不是还有画皮的习尚么？这分明是一种有力的旁证。再从画皮进一步，用原始的粗纺纤维，在麻枲、兽皮衣服上，作为标识或者装饰，而缝上若干图案，这也很有可能，这就是从绘到绣的一种萌芽。

（三）绘绣同工

根据上面的设想，那末我国上古人民，虽然也很早就懂得涂绘他的服装。在《虞书・益稷》中不是有“舜命禹曰……予欲观古人之象，日月、星辰、山龙、华虫，作会（绘），宗彝、藻火、粉米、黼黻、絺绣，以五彩彰施于五色作服……”的传说么？这里的所谓“作会”，所谓的“絺绣”，是装饰图案的一种发展，就是指定某些图案绘于衣，某些绣于裳。绘与绣在现代显然是两回事，但在当时，统称为“设色之工”（见《考工记》），根本不分彼此，也许是技术、经济、条件的限制，虽贵为天子之服，还不能完全用绣而不能不借助于绘，但至少已从完全涂绘进而为半绘半绣，当然是一种极大的进步。

有人从这一则资料，就说我国“绣始于舜”（见《丝绣笔记》[1]）当然也还值得研究，但在物质条件极端困难之时，只有统治阶级才能穿着绘绣的一种特定的公服（当时称十二章服），这是可信的，而且这种十二章服还一直被沿用到清代末年，甚至袁世凯想做洪宪皇帝，还最后用过一次。它的作用可不小，《易经 · 系辞》上有句“垂衣裳而治”，可见御用的十二章公服，从尧舜以来，就是愚民的法宝（用公务文采的多寡，去分别阶级的尊卑），与上述巫师的画皮法衣不是有异曲同工之妙么?

后来随着社会经济的盛衰，我国统治阶级的御用衣饰、卤薄之类的绘和绣，也随着变化，看了历代的舆服制度和有关禁止社会奢侈风尚的一些诏令中就有绘绣更换的史料，例如，“陈因之。永定元年，武帝即位……帝曰：今天下初定，务从节俭，应用绣、织成者并可彩画。”（《文献通考》）宋乾德三年（965）又令卤薄改画为绣。

我无暇详细搜集这方面的资料，上面不过举其一二例而已，然已说明，当时虽帝室御用的东西也随着社会经济的盛衰，而有时用绣有时用绘，愈可证明古代绘绣同工之说的可靠。即使传至今日，不是有时还用补笔、补色等方面去弥补刺绣的不足么?

二、中国是世界上最先发明蚕丝的国家

我汉族先民，本来蟠据在黄河流域上的草原地区，这是有利于畜牧的地区，所以古代一般劳动人民的日常便服，以毛织品为主。《诗经》有“无衣无褐”。褐，就是毛布衣，孟子称劳动人民叫“褐夫”。因为畜牧业的发展，于是就地取材，才呈现这种现象，不穿毛织品，就穿麻枲制品了。

古代劳动人民在生活实践中，逐渐从结茧抽丝的野蚕变成家蚕，从抽丝撚线到精美的丝织物，不知经过多少岁月。总的说来，中国是世界上最早发明蚕丝的国家，向来传说的黄帝妃子嫘祖是首创蚕丝的人，这与上述的东吴赵夫人始创刺绣，同样不可靠；但我国的史学家从卜辞看来，商代已有树桑和丝帛（郭沫若著《中国古代社会研究》），金文中也有“丝”字（毛公鼎等铭文中“丝”字）。又在安阳商墓中出土的铜钺上发现的残留着带雷纹的绢痕，都说明中国在殷代已有丝的织物，因此可以证明我国蚕丝业历史之早了。随着丝织物的发展，衣裳上的绘绣，必也同时发展。惜乎，用丝线刺绣的实物，不易保存，时代过远，就没有实物可资证明。刺绣之源究竟何时，还是个谜。现在掌握的刺绣实物资料，在国内要算长沙楚墓中出土的龙凤树枝纹的刺绣为最早，它的时

1.《丝绣笔记》，是朱启钤关于中国传统丝织物的研究著作，以织成、绵绫、缂丝、刺绣等中国传统高级丝织品为对象，主要从工艺美术角度研究。资料多来源于历代相关的文人笔记、各代史书和地方志书。

代，虽人言二殊，还没有统一，但就算是晚楚的文物，也当在公元前二三百年左右。

春秋时，吴楚是接壤的邻邦，在公元前518年，两国为了两女争夺桑树，曾引起了战事，这是历史上少见的事例。如果仅为争夺几棵桑树，何至一怒而以兵戎相见？中间必然还有其他隐情。当时吴楚都是蚕桑发达的国家，两国之间很可能在丝织业经济上发生矛盾，为了几棵桑树，一触即发，引起一场战争。因此我们今天看了楚墓出土的丝绸和刺绣，它的技巧已甚完整，愈是证明当时这场战争，是有它的重大意义了。苏州在当时是吴国重城，又是个蚕桑发达之区，丝织刺绣的发达也是可以想象的，虽没有发现过当时的实物，但刘向《说苑》上曾记载晋平公的使者叔向到吴国访问。吴国曾用一队穿绣衣、豹皮和锦衣、狐皮的大约是仪仗队性质的队伍去欢迎他（汉刘向《说苑》卷九）。

又三国时吴郡的华覈目睹国内“仓廪无储，世俗滋侈”，曾上疏说：“……今事多而役繁，民贫而俗奢，百工作无用之器，妇人为绮靡之饰。不勤麻枲，并绣文黼黻。转相仿效，耻独无有。兵民之家，犹复逐俗，内无担石之储，而出有绫绮之服，至于富贾商贩之家，重以金银，奢恣尤甚。”（《三国志·华覈传》）

看了上面两段记载，都是以反映吴国丝绣之盛，不仅统治阶级惯用丝绣，连他们的侍从们也是绣衣轻裘；而到三国时代的吴国，服用丝绣的范围，就不仅限于贵族，而普及到各个阶层。所谓“转相仿效，耻独无有”，“内无担石之储，而出有绫绮之服”，足见当时社会风气的虚荣，奢靡到了严重的地步，不妨饭少吃，而身上却非华服不可了。不是解放前苏州还有句俗语，叫做“身上绸披披，夜间无饭米”么？这种风气可谓由来已久，要是那时丝绣业不十分发达的话，也不可能出现这种现象。这些资料虽与苏州没有直接关系，然作为苏绣发展的有力旁证，是比较可信的。

三、汉代丝绣

我国现在已发现的古代绣品，当以长沙楚墓中出土的“龙凤树枝”的刺绣为最早。近数十年来，中亚一隅成为考古学上的宝藏，这里出土的文物中有不少属于我国汉代的锦绣，例如帝俄时代科斯洛夫等发掘的库伦（今蒙古人民共和国首都乌兰巴托）以北土谢图汗境内古墓中所发现的织绣和苏联鲁金科博士《论中国与阿尔泰部落的古代关系》一文中所附刊的巴泽雷克第五号墓出土的刺绣，提供了研究我国汉代织绣的具体资料。

据范文澜的《中国通史简编》称，“中国的丝和丝织品早在战国时期，已成世界著名的特产，公元前四五世纪，希腊人称中国塞里斯，意思是丝国”。汉代横贯欧亚的一条“丝路”本是众所周知的东西经济文化交流的大道。中国的饰绣商品，就从此路输出，而入当地富贵人手中。由于这一地区的干旱寒冷，从而埋葬在地下的文物能经久不变，据鲁金科博士说，他们曾多次在古墓中发现干的乳酪，不仅没有变质，甚至连香味都还保存着。那末丝绣的完整保存，自然不足为奇了。

汉代时的匈奴是强敌，西汉前期一直采用睦邻的“和亲政策”。忍让谋和，从西汉高祖九年（前 198）冬使刘敬奉宗室女翁主嫁给单于阏氏开始，就一直断断续续地与匈奴、乌孙等进行“和亲之盟”。这种公主、翁主的出嫁，自然带去了不少名贵的丝绣，有时西域方面的使者到中国来，为了笼络他们，也以“锦绣缯絮”为赠。此外，向大宛、楼兰诸国换马也用锦绣，所以这地区贵族的墓葬中埋葬着中国锦绣，是不难理解的。

匈奴塞种等西域的游牧民族，由于文化的差异，常喜吸收文化较高诸民族的物质文明，所以当地自制的工艺美术品，也往往夹杂了欧亚各民族的风格，如 1924 年出土的一块用贴绫而加盘线方法制成的地毯，就被认为是涵有塞种、西伯利亚、萨美细亚以及中国风格的绗绣地毯，另一块绣幕则被认为是由中国和西伯利亚两种风格的混合产品（见日本平凡社《世界美术全筑》卷四图，页 102—104，又新版《世界美术全筑》卷二古代初期图，页 192，而巴泽雷克第五号墓出土的《凤栖图》，苏联已故的阿列克谢耶夫院士认为是中国制造的，详见《考古学报》1957 年 2 月号，页 39）。

我虽没有看到这些丝绣的原物，而仅从图片上看到一些影踪，但它的针法都是用链绣、盘线等针法组成的，所用的线是类似绳索这样搓撚而成的。由于这种方法的统一，可以证明这是汉绣的特征，与故宫藏汉代五鹿充墓出土的刺绣残片所用的“辫绣”，也是同一类型的（图见《文物参考资料》1958 年第九期）。

上面所谈的这种类似绳索这样搓撚而成的线，苏绣中叫做“包梗线”（包梗线是较粗的，用细线盘钉成各种图案）。这种链绣，苏绣中叫做“拉锁子”，都是苏绣特有的传统的针法，至今有不少农村妇女还能熟练运用，即此一端，可见苏绣的渊源之久了。

硕注：关于长沙楚墓中出土的“龙凤树枝”刺绣的时代问题，予以结论，但就算是晚楚的文物，也当在公元前二三百年。当时吴楚交界，吴地又盛产蚕桑，他们两国的纺织与刺绣工艺，想当然是相互影响而有同等地位的。惜乎，此间地势卑湿，即使有当时古墓发现，丝绣作品恐亦难乎保存。

四、两晋南北朝的丝绣

我国历史上，南方经济的兴起落后于中原，但另一方面兴起虽然较晚，而滋长繁荣却是迅速的。到后来南方的发展不但已经赶上北方，并且进一步大大地超过了，就形成一个南方文化的鼎盛时期。在东晋政权被迫南迁之时，是历史上空前规模的人口流徙。安禄山、史思明的变乱之时，北方人口又一次南迁，从而带来了不少先进的生产技术，促进了南方工农业的发展。技术工人的强迫迁移，对工艺美术的促进作用更大。如刘裕

（南朝刘宋）灭姚秦（后秦）以后，迁关中锦工到江南成立锦署（见《太平御览》页815引《丹阳记》)。《六朝事迹类编》卷下亦称："《图经》云：在县东南十里宋迁百工于此也。"杨备（编者按：原稿作"杨修"，误，今改之）《锦署》诗云："人衣蓝缕地衣红，不念家家杼柚空。厥篚织文应岁贡，更翻新样集机工。"这种以胜利者的身分，掠夺百工为少数统治阶级服役，历史上不乏其例，但对江南比较落后的生产技术，无疑是有很大的帮助。

公元4世纪到6世纪，即我国东晋南北朝时期，江南地区的经济虽有一定的发展，而统治阶级的堕落腐朽，尤其是宋齐的几个皇帝，他们的荒淫令人难以相信。所谓"士大夫"阶级，也随着提倡奢侈，过着狂妄的生活，但丝绣业的发达，那是可想而知的，惜乎缺乏具体材料，尤其关于苏州的资料，有待于将来的补充了。

五、平绣与晕色绣的运用

唐代，我国历史上曾一度呈现空前的强盛，由于当时对外贸易的发展、佛经的盛行，西域和海外就来了不少人，散居在长安、扬州、广州各地，因此无论文学艺术，互相交流，都有很大的影响和发展。刺绣工艺也不例外，尤其在盛唐时代，除了装饰性的刺绣畸形发展以外，更盛行宗教绣像，文献记载就不乏其例。可惜这些实物，传世已不多，好些在敦煌千佛洞中发现的唐绣佛像，又早被斯坦因等骗走了，我们只能从影本中略窥面貌，令人气愤。根据影本和一些文字介绍，说明盛唐时代的刺绣已盛行平绣。一扫汉代以来只限于"钉线""拉锁子"的风气，等于绘画从点线发展到面一样，是刺绣史上一个大转变。因为平绣比着从来的"拉锁子""钉线"要光亮而平伏得多，同时由于唐代晕锦的盛行，影响所及，刺绣上也运用了晕色[1]。对佛像的衣褶、背光灯调色，都有独到之处，无疑为后来纯观赏性的艺术刺绣开了一条新的途径。

唐代苏州的丝织发展的情况，唐人著作中很少记载，《唐语林》中有一段记载当时高僧允躬与李吉甫的谈话中有推崇苏州"织纴"的话。苏州的丝绣本有历史传统，当盛唐之时自然不会落后，否则远在长安的允躬怎会这样推崇呢？

晕锦与晕色，本盛行于唐代，唐宋人著作中常有提及，如"八达晕""霞光锦"之类。晕字的意义，本指日晕、月晕时四周的彩色环轮而言，这是一种自然界的变幻，非常美丽，人们就描绘在装饰图案中，例如古代建筑彩绘、锦绣纹样，常用此种晕色方

1.晕色是唐代盛行的一种装饰色彩，它是受了日月之晕的影响，把深淡不同之色，染成类似日晕、月晕时的光轮之象。

法。在宋代李诫[1]的《营造法式》卷十四彩画又分为叠晕与合晕两类，叠晕之法，“自浅色起，先以青华，次以三青，次以二青，次以大青，大青之内，用深墨压心”。这种方法，就是想着北方工匠行语中的所谓“退晕”，据说最好的技工自深而浅或自淡而深可以退至十三层之多，而苏州一般彩画之工的行语叫做“退开”，技术也较差，仅能退四五层而已。所谓“合晕”，是以不同之色晕染，如《营造法式》插图所示，那是更接近于日月之晕的一种彩色了。至于唐代的锦绣也盛行这种晕色，因有晕锦、晕绣之称，例如敦煌石窟中发现的唐绣《灵鹫山释迦说法图》就有很多地方运用了“晕色绣”（原件已为斯坦因[2]骗往伦敦，现藏英国博物馆）。现在这种“晕色绣”，只有苏州还原封不动地保存着，（行语叫做“正反抢针”），而“晕色绣”至今苏州还照常生产，就是俗名所谓“月华锦”。足见《唐语林》中推崇苏州织纴之说，是信而有征了。

斯坦因的行李。该照片摄于20世纪初的敦煌县城。寺庙前，停放的是英国探险家斯坦因的行李

六、绒绣的开始

宋代的丝织业，官营工场、民间作坊都有发展。苏杭设立了锦院，对苏州的手工业起着一定的推进作用，尤其在宋室南渡以后，由于苏杭近在咫尺，苏州的丝绣定为搜刮的主要对象。现存可靠的实物，只有1956年虎丘塔中发现一块宋代苏绣经袱，这是一块北宋初年的绣品，而且是一般性的装饰刺绣。至于欣赏刺绣已大为发展，当时受了院画影响，作品一反唐代的与画匹敌的大幅绣像而转为清新洒脱的艺术品。在技术改进方

1. 李诫（1035—1110），字明仲，北宋建筑学家，《营造法式》一书的编撰者。元祐七年（1092）起在将作监十余年，主持重大建筑工程。《营造法式》三十四卷，是中国古代第一部以官方名义刊印的最为系统完整的土木建筑典籍。经徽宗钦定，崇宁二年（1103）“敕令公之于世”，刻印于开封，绍兴十五年（1145）又重刻于平江府（今苏州）。

2. 马尔克·奥莱尔·斯坦因（1862—1943），原籍匈牙利，是一名犹太人，1904年入英国籍。著名考古学家、艺术史家、地理学家和探险家，国际敦煌学开山鼻祖之一。曾经分别于1900至1901年、1906至1908年、1913至1916年、1930至1931年进行了著名的四次中亚考察。考察重点是中国的新疆和甘肃，所发现的敦煌吐鲁番文物及其他中亚文物是国际敦煌学研究的重要资料。

面是开始用绒，与唐绣的用线有显著的不同。明董其昌《筠清轩秘录》称："宋人之绣，针细密，用绒止一二丝……光彩射目。"项子京[1]《蕉窗九录》也称："宋之闺绣……其用绒一二丝……绒彩夺目而丰神宛然，设色开染，较画更佳……"这里所谓"用绒止一二丝"，是一种劈线的方法，就是把撚紧的绒线劈成细丝（广东的绒线，根本就是绒，并不撚紧成线）。解放后苏州的刺绣艺人，力求工细，劈线记录已提高至一线劈成十二丝，用这样细丝绣成的绣品，自然熨帖光亮，"绒彩夺目"之语，并无夸张成分。

1956年虎丘塔出土宋代经袱刺绣残片和绣品残片

七、元绣特点

中国至金元之际，是落后的游牧民族武装的一时胜利，整个中国文化的形势有后退现象，这种只识弯弓射大雕的统治者，只懂得穷奢极欲，特别爱用黄金，当时不仅丝织物加金，连毛织物也用金，所以这时的丝绣不再以色彩综合为主而以金为主了。因此元代刺绣的特点，大约只有多用"金彩"而已。

1.项元汴（1525—1590），字子京，号墨林，别号墨林山人、墨林居士等，浙江嘉兴人。明代著名收藏家、鉴赏家。工绘画，兼擅书法，山水学元代黄公望、倪瓒。刊有《天籁阁帖》，著有《墨林山人诗集》《蕉窗九录》等。

八、露香园顾绣

刺绣本以实用为主，本来不过供给富人阶层服御装饰而已，前人描写绣工苦情的诗歌不胜枚举，她们工资低，工时长，穷年厄厄，为人作嫁，因此《史记·货殖列传》有“刺绣不如倚门”之语，悲惨可想而知。至于如明代上海露香园的顾绣，那是文人雅士的特点。露香园是顾名世的花园，韩希孟是名世的孙媳，她本人懂画，临摹宋元名作入绣，又经董其昌之流的捧场，于是其名大著，时间一长，范围就广了。后来顾氏一门妇女都加入刺绣，又设幔授徒，顾绣遂自成一家，从此成为我国刺绣的正统。

苏绣究竟始于何时尚无定论，但远在公元前518年既有吴楚争桑的故事，苏绣的传统针法中又有汉绣遗传，那末想来应有悠久的历史。惜乎文献不足，只有悬想而已。至于现代流行的绣画挂幅，则无疑是顾绣的继承，苏州贩卖刺绣的商行都称“顾绣庄”，和同行奉祀的绣祖又是顾韩二人，都为有力的证据。至于顾绣的特点以及与苏绣的关系，约有下列几点：

（一）顾绣袭宋绣余绪，韩希孟又懂画理，因此劈丝配色，有独到之处，以画入绣，无不精妙，所以人称露香园顾氏绣为“画绣”。

（二）顾绣针法复杂，极尽变化之能事。苏州文保会所藏《群仙祝寿图》，所用针法的复杂，与《存素堂丝绣录》著录的《弥勒佛像》用十种绣法，有过之无不及。

（三）借色与补色。即所谓半绘半绣，亦我国古绣传统之义，但顾绣与画理结合，运用得当，既省工又美艳，独具巧思，如上述苏州文保会所藏《群仙祝寿图》，它在人物所穿的锦裳上面先加一层底色，然后再加网绣作锦纹图案，质感就特别强烈，这是属于借色的一例。也有在绣后加色以补绣之不足叫做“补色”。

（四）顾绣凡遇面积过大为“粗枝大叶”和大块的土坡顽石，不属于主题而为一般的衬景的部位，那就直接绘画着色而成，根本不再加绣，这种“以画代绣”的方法，真大胆地省工，也是顾绣特征之一。

在苏绣中有时也用此法，尤其对水墨山水，如原稿画在生纸上面，水墨渗入宣纸，发生墨晕，用刺绣表现就有困难。因此就对临原稿，利用软缎的渗透作用，也有墨晕。画好后就干脆不加绣，即使要绣，也不过用细黑丝在上面用“帘针”虚刺线条横丝而已，效果也很好。

（五）绣字顺笔，亦顾绣特征之一。南京博物院藏有顾绣《董字大屏条》一堂，上附南通张謇的题跋，大意是：张謇偶得此屏，适沈寿在侧，展开一看，沈寿即断定是顾绣，张问她何以知之，沈答从针法知之，因顾绣文字为顺笔划方向而绣。张细加审视，果然不错，两人从此“订交”。《存素堂丝绣录》著录的宋绣《金刚般若波罗蜜经》据闻亦顺笔而绣，而《纂组英华解释》的意见，认为这是明绣，我虽没有看见原物，颇疑这也是顾绣。

绣字顺笔的方法，在苏绣沈寿的一个系统中，至今还沿用此法，这也是顾绣与苏绣相承的线索之一。

（六）据《纂组英华解释》载："明绣所用之种种色线，率有为宋绣所未见之正色外之中间色线。"顾绣对古代绣法，有继往开来之功，为了更接近于画的色彩渲染而增加中间色线是完全可以理解的，甚至在中间色线不够应用之时，尚采用色线上加色的方法（即补色法）力求逼真原稿，这也是顾绣特点之一。

（七）另有一种所谓"发绣"，这是以人发用"驹针"钉成轮廓的绣法，适用于白描画，笔之顿挫转折，都能表现，为顾绣之别格。

（八）顾绣有时不用绣线，譬如南京博物院所藏《观音像》，"蒲团"用"真草"横列，上加细线编绣而成，看去颇有"真"的感觉，与存素堂所藏《顾绣弥勒佛像》用"网绣"作"蒲团"就大异其趣了。又据《纂组英华解释》云："顾绣用料之奇，不仅用发，如前述花卉鸟兽册中，发现其所用之暹罗斗鸡尾毛、薄切金等，亦为顾绣之特点。"足见顾氏不拘成法，时创新意，可以随意取材入绣。

九、现代苏绣

现代苏绣挂屏，一般以花鸟为主。花鸟本身就是自然界美的东西，经过刺绣艺术加工，增上一层丝色之光，自然更为绚烂，因此往往胜过原稿，雅俗共赏，特别受人欢迎；但技术上，也颇分高低，如从针法技术上分析苏绣优劣，有如下述：

（一）和色无迹：这是苏绣最基本的要求，就是在深浅色调衔接的地方要泯然无迹。绣得不好，就深一块，淡一块，中间显然露着分界线。苏绣承袭顾绣多增中间色的传统，本有合色线的方法（即针眼中同时穿深浅次第的绣线）。苏州解放以后，由于刺绣技术的发展，色线深浅层次比前增加了好几倍，有时一针穿上四五色，因此和色效能，又大大迈进了一步。

（二）平匀熨帖：刺绣的另一种技巧，就是劈线（最细的一线可劈成十二丝，苏绣艺人曾在伦敦当众表演，英国人都惊为仙女下凡）。要劈得粗细匀称，才能绣得平伏，如劈线不匀，从侧面看去，就起伏不平。不知藏针之法，就满幅"针眼"。绣针起落，拉力不匀，就有松紧，绣品落棚，绣面皱缩，熨而不平，这些都不合平匀熨帖的条件。

（三）丝缕分明：丝缕就是针脚施展的方向，无论花卉翎毛，要一丝不乱，譬如花瓣的向背转折，除了用颜色分出深浅以外，针脚的丝缕，也要随着向背转折，如搞错了，变成杂乱无章，即成次品。

（四）毛片轻松：现代苏绣既以花鸟为主，那末鸟又比花重要，是主题中的主题，也是比较难绣的部分，特别要求毛片绣得轻松活泼，要求有立体感。技术差的，虽刻意求工而绣成平薄一片，光洁有余而灵活不足，那就称不上好手。

（五）其余如山水、人物，要求更高，至少要有一定的艺术修养，才能动手，否则很难表现原作的笔墨精神。现在的苏绣，除绣制民族形式的画稿外，还有复制西洋油画的刺绣，技术确有独到之处，但有人提出不同意见，认为中国刺绣应发挥固有特点，不中不西，并非正途，聊备一格，当然也未尝不可，如大力提倡，则尚待研究。

苏绣中的日用品，有被面、枕套、靠垫、鞋面、戏衣之类，为农村主要副业之一。解放前，由于剥削严重，产品质量不高，销路曾一蹶不振，解放后党和政府花了不少力量，把他们组织起来，无论画稿、绣工，都有显著进步，打开了国内外的销路。几次出国展览和国际交谊中，苏绣也占着不轻的比重，这种驰誉世界的光荣，要是没有政府的支持是梦想不到的。

刺绣用品及服装图例：

清　刺绣钥匙袋

清　刺绣油面塌

清　刺绣打子花果什锦香囊

民国　刺绣大发禄袋挂件

清　刺绣顺袋

民国　刺绣长桌围

清　刺绣床围

1966年苏州博物馆在虎丘新庄
明内阁首辅王锡爵墓中发现的丝绸袄

民国　刺绣蟠银凤凰女袄裙套装
苏州博物馆藏

读邵琼同志《瑰丽多彩的苏绣》后

8 月 11 日《解放日报》刊登了邵琼同志的《瑰丽多彩的苏绣》一文，中间有一段“中国刺绣始创于三国时候的东吴，孙权夫人曹王妃用刺绣绘制吴国地图，后人因有绣万国于一帛之说”。这说法有问题。

中国是世界上最先发现蚕丝的国家，从卜辞和金文看来，至迟在商代已经有了养蚕和织帛工业。古代劳动人民从爱美出发，在织成的帛上，加一些丝线的花纹，作为一种饰纹，是可以想象的，也是轻而易举的，再进而发展到完整的刺绣，也是很可能的。当然这不过是一种猜想而已，截至现在为止，尚无法肯定中国的刺绣究竟始于何时。

根据我国的文献记载，至迟远在秦汉时代，丝织品与刺绣已很发达，但遗物早已不传。直至 19 世纪后半期以来，在蒙古和新疆沙漠中几次发掘的结果才发现了当时的丝绣和带文字的织锦，特别是以俄国科斯洛夫为首的探险队，在库伦以北的古墓葬中发现了不少色彩鲜丽的丝毛织品和完整的刺绣，从此证明了汉代的染织和刺绣技术已有惊人的发展。这些事实，都在三国以前。据邵同志的论点，把中国一种特种手工艺的创始者，忽略了劳动人民的创作而归功于一位王妃，似乎不合乎客观发展的规律。

这一段三国故事的来源，始见于王嘉的《拾遗记》。在《拾遗记》的原文中，只说她能绣，根本没有说她创始刺绣。不知邵同志的见解，从何根据。《拾遗记》原文说她绣的是“五岳列国地形”，而邵同志说她绣的是吴国地图，那么邵同志下文引的那句“绣万国于一帛”，有矛盾而接不上了。这段故事，一般都说是吴王赵夫人，而邵同志又说她姓曹，不知有何根据。其实《拾遗记》本身是部伪书，所搜集的史料，前人早已说过荒诞，不可靠。譬如《拾遗记》原文说赵夫人是丞相赵逵之妹，而《三国志・赵逵传》就没有说他做过丞相，孙权的几个夫人中也没有姓赵的。因此即使确有这样一位赵夫人的话，那也不过是一个孙权的“后宫佳丽”，所以邵同志称之为王妃，很对，但邵同志既称她是孙权夫人，又称她是曹王妃，那么又容易引起误会，好像孙权的夫人是掠夺来的什么曹王的妃子了，这已牵涉到题外了，就此不谈。

苏州的织绣（笔记）

一、衣裳问题

原始人的衣裳　树皮、兽皮、毛货、麻枲、丝帛、棉布

树皮　传统的神农像

兽皮　鄂伦春人、爱斯基摩人、大洋洲的少数民族

毛货　毛纺品，纺轮一直沿用到敌伪时期。汉人往古蟠据在黄河流域上的一块地区内，在秦统一中国以前，一般庶民的日常便服都以毛纺品为主，上流社会的人始着绢服。《诗经》上“无衣无褐”，褐者，毛布衣也。孟子称下级人民曰“褐夫”。褐之外尚有一种绒，绒是厚毛织品，褐者为薄毛织品。

羊　美为羊之大者。義（义）字，群众有我。祥，古文曰羊。羡，羊垂涎之意。食羊之肉是为养也。羊皮上加彩，等于陶器上加彩，这是人类爱美的天性。后来又进步了，从毛织品上加绣，或者用毛染色织花。

中国是世界上最早利用蚕丝的国家，关于丝绸之路的历史的资料很多，只能略读一下。

二、介绍新疆出土的几件丝绣的情况，关于出土的详细情况可参阅《文物》杂志

以往有很多西方考古者在蒙古、新疆等地发掘盗窃，旧政府不重视，解放后新疆开石油，才进行发掘，又有新的发现。这地区之所以有这许多织绣品发现，是有历史关系的。

……

从这次发现的织绣，是汉—唐坟墓中出土的，基本上与以往斯坦因这批人骗走的大同小异。它的图案不外：

1. 文字锦如“万世如意”“延年益寿宜子孙”，这与被骗走的“张仁”锦、“子孙无极”“新童灵广”“成寿万年”都属一个类型。就是花与文字夹杂的一种。

2. 斜方格锦

3. 鸟兽纹锦

4. 树纹锦

5. 菱花锦

6. 规矩纹

7. 球路对马纹锦（这是波斯萨珊朝图案）是外来品还是中国仿制品，皆有可能。

同时出土的还有鸟兽纹绮（即暗花）染织品和刺绣品。关于汉锦织物组织，有的经线起花，有的纬线起花，在内行前，似无细谈的必要，而且我亦未见实物，无从谈起。由于历史技术条件的限制，当时的曲线还带有锯齿纹，当然与现代织物是不能比了。图案结构简朴，用色的限制也与现代不能相比，然远在汉代已有这样完整的提花技术，是值得民族自豪了。

木棉是在汉代从外国传入，中国开始自己种植还在宋代，江南成为大规模的织物还在元明（黄道婆即为明证）。吾国古代所谓之布，是指“绢”“帛”，非常名贵，当时是货币的代用品，因此到汉代呼刀币曰“布”。

大约汉以前的绢布叫做缯帛。缯帛有素、缣、练、纨、缟等区别：

纯白 = 素

纯白精炼 = 缟

略带黄色而坚织者曰缣

熟绢 = 练

轻细丝织者 = 纨

罗：罗与网都为捕鸟工具（门可罗雀），大约绢帛之稀者亦称罗。罗有生熟之分，有花素之别。苏州的罗很出名，刺绣的“挑罗”是特种绣艺。现在好像不生产了。

绫：本称绮，后称绫 = 斜纹组织的丝织品。

历史上苏州的吴绫最出名，罗之轻者，汉以后始称。

汉代绫罗：散花绫、金花紫罗、蛱蝶罗

晋代绫罗：雀文、杯文

唐代绫罗：龙凤、麒麟、天马、辟邪（皆吴绫）

孔雀、瓜子

十样花纹（越绫）

水纹、方丈、鱼口、绣叶、花纹、蛱蝶、鸳鸯（润州绫）

樗蒲绫（梓州）见《唐大典》

宋绫：云鸾、大花、涛头水波、仙纹、金莲、双雁、方棋、龟子、盘花、回文、叠胜、练鹊罗、戏龙罗

锦：五彩织曰锦，中国汉代锦多为经线起花，大约三重经线、一重纬线、一种粗线、一种用细线，所谓粗线式、细线式。至于织锦图案，出版的书籍很多，在座者又为行家，时间也不许可，恕不多谈了。

菱形花纹的绫罗和各种云纹刺绣 = 战国。

虎豹熊罴、麋鹿、鸿雁和仙衣、真人在云中游行 = 汉代。袭汉代而增加花鸟 = 六朝。窦师纶陵阳公样 = 唐。古画复制 = 宋代。

三、关于苏州织绣的发展

苏州地区低湿，历史上的织绣品难于保存。文献记载也甚贫乏。总的说来，资料不足。

织绣的发展，苏州是后起之秀。历史有名的织绣产区，如襄邑、临淄[1]之锦。远在

1. 襄邑，东汉时期地名，原址位于现河南睢县，是当时的纺织中心，在开封东南一百五十里。临淄，现山东淄博市辖区。

公元前518年，吴楚为了争夺边桑，引起一场战争。虽然这是春秋时代的故事，这里所谓边界，不在苏州，这一战场据《史记·正义》说在钟离、居巢（今安徽凤阳巢县一带），但也可以反映当时吴楚都已发展了丝织品，苏州的技术落后些，不一定能织“锦”。又公元前560年前后（周灵王十五年以后）晋平公使者至吴，看见有他们的仪仗队都衣锦绣，回来后有“吴其亡乎”的说法（见刘向《说苑》），这是汉人的著作。

吴国有织绣，大约可信。《三国志·吴书》：“周瑜卒，二万人步袭皖城即克之……徙百工于吴。”刘裕（南朝刘宋）灭姚秦（后秦）以后迁关中锦工到江东，成立锦署，见《御览》页815引《丹阳记》姚泓（后秦帝）死于建康（417）。山谦之《丹阳记》惜乎失传。《丹阳记》又称：“江东历代尚未有锦，而成都独称妙……”从这几方面的记载，苏州从单色花纹的绫发展到彩色图案的锦，如果是南京学习过来，那末应该在刘宋以后，较为合理。硕按：苏州地区当时在刘宋统治之下，又接近建康，可能发展织锦工艺，待查根据。

至于刺绣，生产技术、设备都比较简单，苏州地区究竟什么时候开始有刺绣，无法断定。虽则比鸡蛋与鸡孰先孰后要容易些，但缺乏具体资料，有人引《拾遗记》的赵夫人之说当然不可信。从长沙楚墓出土的刺绣看来，吴地与楚国为邻，在春秋时可能已经刺绣发达，不然鲁国使者为何会见了仪仗队惊异呢？（刘向《说苑》：“吴人……有绣衣而豹裘者，有锦衣而狐裘者。”）晋平公（？—前532）、孙权（182—252）两者相距八百多年，为何不争鸣一下？

至于实物，当以长沙楚墓中出土的“龙凤树枝”的刺绣为最早，它的时代，虽言人人殊，但就算是晚楚的文物，也当在公元前二三百年左右。远在公元前518年吴楚两国既因争桑作战，足见两国的纺织技术与刺绣工艺。想当然他们是有同等地位，惜乎苏州地区盗墓风气自古甚盛，地又卑湿，即使有古墓发现，丝织品亦难乎保存。无法证实这种假想，也许是唯心之论。

我们现在保存的古代刺绣，从楚墓出土的“龙凤树枝”到新疆、蒙古等地出土的汉绣，都是用拉锁子针法，又有用中线盘花的，这些针法，都在苏绣中一直保存到现在，这一点可以证明苏绣有其很久远的传统。

从战国到秦汉的刺绣一般用拉锁子绣法。到隋唐时才出现平绣，例如敦煌石窟中发现的唐代巨幅绣像皆用平绣，但也有人主张汉绣中已有平绣，例如诺音乌拉出土的一件花卉图案的汉绣，但不多见（见雷斯尼钦科《古代中国丝织品和刺绣》）。

苏绣历史的研究（笔记）

一、吴国赵妃创作苏绣，不足信

《解放日报》邵氏文：中国刺绣始创于三国时的东吴。

《文物》：三国时，东吴孙权夫人赵氏绣有《山川地势图》，称为针绝，苏州的“苏绣”逐渐发展起来。

《拾遗记》只说她能绣，并不说她始创刺绣，“逐渐发展”不知何据。孙权时已建都南京，与苏州已远离数百里，此吴字不仅仅代表苏州。

《拾遗记》本身是伪书，所载与史传不合，“四库”列入“子部小说家”。

即使有此赵氏，也不过“后宫佳丽”，不当称“夫人”。

二、彩陶与画皮　褐衣与麻枲

人类有爱美天性，因此陶器上加彩，这是图案的滥觞。

古代人民的衣服，不外乎兽皮、褐、麻，上面也可能加彩，至今大洋洲的原始人民，尚有身穿画皮的习惯。

中国上古亦有画衣绣裳的传说，十二章图案是帝皇“垂衣而治”的一种愚民“法宝”，直到清代，还用这种图案。

古代绘绣不分，同称“设色之工”，因此古代的绣是半绘半绣，或者绣绘合一。这是从“画皮”发展来的。

当时劳动人民也可能在自己的衣裳上加上一些刺绣。

三、中国是世界上发明蚕丝最早的国家

远在殷商时代，已有完整的丝织技术。甲骨（卜辞）、金文以及殷墟铜器发现丝织花纹遗迹，说明至迟在商代，我国不但有丝织品，而且已很高明，同时也可能有绣。

春秋：吴楚争桑，引起战事。

晋平公使将叔向之吴……吴其亡乎。

此“吴”，也包括苏州在内，想当然当时苏绣已发展，在此以前应该还有一段不知岁月的创始过程。

四、从绣到锦上添花

锦上添花至迟在汉代已发达，始于何时不详，但无疑它的发明的目的是代替刺绣，这是古代的技术革新。

汉代帝室有东西织室，陈留襄邑（今河南睢县）是当时锦绣最发达的地方，在公元

前这里已在研究提花机（原来是完全手工）。

1924 年库伦以北的古墓中，曾发现过汉代的丝织品、毛织品和刺绣。其他西北地区也发现不少。最近新疆又发现了夫妇同枕的木乃伊，是当地汉化的贵族。

汉绣特点：订线、拉锁子，皆为苏绣传统的绣法。

西北丝绣的来源和原因

（一）丝路，对外贸易，绢和漆器，四川漆器，文化交流

（二）塞种人等少数民族吸收进步文化

（三）和亲政策的影响

（四）汉将降敌——帝室爱面子，失败即杀战将（李陵降敌）

五、公元 4 世纪到 6 世纪（即东晋南北朝时代）

南方经济获得进一步的开发，当士大夫阶级荒淫无耻，穷奢极欲，刺绣自然相应发展。

六、隋唐时代

苏州丝纴，名闻长安。唐绣实物为斯坦因骗去。唐刺绣特征，发明平绣，广用“晕綑色彩”，制作巨幅佛像。

七、虎丘塔中的宋绣

吴越偏安

宋代花石纲

南宋苏杭设锦院，必然及绣。

宋绣特点：以画入绣，精密细致，清新洒脱，（存素堂宋绣不可靠）。

左为清代版《刺绣样子本》镜袱花样，清代苏州刻本
右为清代版《刺绣样子本》荷包花样，清代苏州刻本

八、顾绣与苏绣

明清的织造衙门，“绣不如倚门”，“师姑绣作”。

韩希孟能画能绣，“文人”捧场，其名大著。

沈寿继承顾绣遗法，又有新的贡献。《雪宧绣谱》是中国唯一完整的刺绣著作。

顾绣与苏绣的特点介绍

民间绣的图案与色彩问题

今后如何为国际贸易服务

苏绣历史（笔记）

顾绣

姜绍书《无声诗史》：上海顾会海之妾刺绣极巧，所绣人物、花卉，气韵生动，字亦有法，得其手制，无不珍袭之，此顾绣之始也（硕按：余见江苏省博物馆藏顾绣董书字屏，系南通张謇旧藏，其针线方向纵横斜侧，顺笔而施，此即姜绍书所谓“字亦有法”也）。

《阅世编》：露香园顾氏绣，价亦最贵，近价值递减，工巧亦不如前，更有空绣以丝绵外围，如墨描状，著色淡雅，近来不尚，价愈微而作者亦罕矣。

高丽剋丝

世南家藏高丽国使人状数幅，乃宣和六年九月其国遣使，李资德、金富辙至本朝谢恩，进奉各有四六仿中国体，剋丝药袋一枚、剋丝篦子袋一枚、绣系腰一条。

——宋张世南《游宦纪闻》

压绣

……故中丞张公勑之侄见贻铜器一具，赠以十二金，欣然而去。置案上为镇纸用，偶来一经纪，把玩不释，询其何以，曰：“此压绣也，宫中用以压彩刺绣耳……”此士夫不如经纪也。

——《在园杂志》卷一

丝织御容

《元史·唐仁祖传》：仁祖迁工部尚书，桑哥以曹务繁剧，特重困之，仁祖处之甚安……成宗即位……复奉诏督工织丝像世祖御容，越三年告成。

硕按：《至正直记》亦有类似记载。

古绣录

齐梁绣锦裙、法被，唐绣观世音像（斯坦因骗往英伦），宋绣发绣人物，元绣诏书、妙法莲华经、观世音菩萨普门品。

河南汝州伊阳县贡生、原任广东广州府番禺县之丞叶之馥书，次室人萧氏薰沐敬绣，大清康熙六年丁未冬日

此绣册现藏苏州灵岩山文物陈列室，扉页绣观音两幅，末页绣韦陀像，皆精。

绣法

纨绣

絺绣

彩绣 = 用五色丝绣

锦绣 = 加金银边带之刺绣

缋绣、错绣，即日本之相良绣，即我国之打子

藻绣 = 唐草纹

平绣

割绣

两面绣

□绣

□晕绣

星绣

相良绣　别名玉绣

平系绣　肉入平系绣

金系驹掛け（编者按：挂）驹ガケ（编者按：挂）

左针　右针

一本一本平绣

针目立

以上录自《刺绣的基础》上《应用》上卷，松冈冬子著，东京仓特出版部出版。

刻丝

刻丝本是原始的织物，它的面很广，并不限于我国，如埃及的□，东印度群岛的“印开特”□，东罗马时代，中世纪法国、德国的□，日本古代的缀饰等等，都与我国刻丝制作原理基本上是类似的。至于传世的实物，如近年埃及“推白”□出土的一块□

还是新帝国时代的产品（相当于公元1480—1558），可见它的历史的悠久。

要研究我国刻丝的历史，因为文献不足、实物缺乏，很难具体说明。大约刻丝成为一个专门名词，还在宋代。在此以前，可能还附属于锦绣之中。我国自古所谓织锦，必然从原始的织物技术逐步发展。刻丝既是一种原始的织物，那么应该说先有刻丝，然后发展为织锦，这是符合事物发展规律的。到了宋代，刻丝有了惊人的成就。凡是织锦所不能表现的绘画，宋刻丝都能自由表现。技术发展到了这种境地，自然脱离了织锦而独立门户，成为举世闻名的刻丝了。在此以前，这也是符合事物发展规律的。

有人主张“织成”就是刻丝，这也不对，应该说刻丝是“织成”的一种。

波斯图案影响

中国为了满足西方市场的需要，在隋代和初唐，中国丝织品图样有些便采用波斯的风格。在织锦的技术方面，有时也受到波斯锦的影响。

1959年，新疆吐鲁番附近的6至8世纪阿斯塔那墓地的发掘中，发现了大批的丝织品。这时期中也发现了一些带有典型的波斯萨珊朝式纹锦的中国丝织品以及一些可能是波斯或中亚的丝织品。

缂丝

缂丝：刻丝、克丝、剋丝，文异音同。

胡韫玉作《缂丝辨》，主张用“缂”，《玉篇》“缂”训“紩”，织纬也。

日本大村西崖：剋丝即隋唐之“织成锦”、日本的“缀锦”。

至宋代不仅织图案，兼织画图，如崔白《花鸟图》。

宋朱克柔，松江人，《莲塘乳鸭图》藏上海博物馆。

沈子蕃

吴煦　吴人

吴圻　明吴人

朱良栋　明长洲人

缂丝外国也有。

从刺绣到锦上添花

随着我国丝织物的发展，绘绣工艺必也随之发展，但还不能满足一般的需要，于是有“锦上添花”的要求。丝织品的提花技术，应该说是“绘绣”的一种技术革新。换言之，即现有刺绣的发明早于提花，而提花是想代替刺绣。这是符合发展规律的。

汉代帝室御用的官手工业中就有东西织室，所用的人工，主要是“徒”和“奴”。

此外皇帝又在著名手工业地区设立“工官”。自春秋以来，齐国的织工技巧最为著名，丝织、麻织品通行各国间，汉皇帝因在齐郡临淄设“服官三所”，称为“三服官”，主要用民间技术工匠和女工为皇室服役，陈留郡襄邑县（河南睢县）出好刺绣。两地织工，企图发明织花机，代替手工刺绣，公元前七年即汉成帝绥和二年诏“齐三服官，织绮绣难成”，是临淄织工在试织花机。织花机的发明年月，已无从考订，至迟在西汉时代纺织技术已很高明。

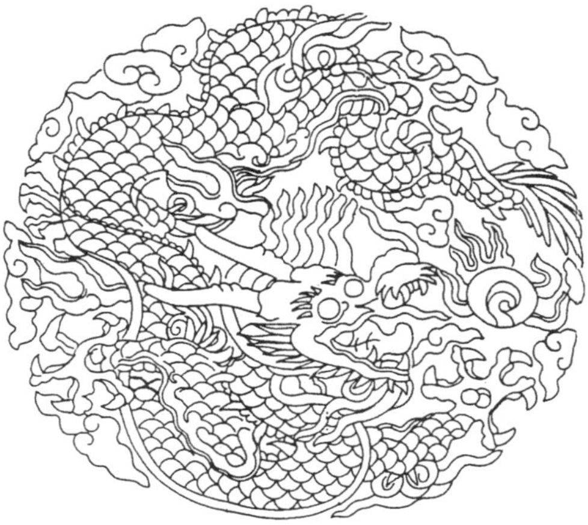

明代万历年间
皇帝织金袍上的团龙纹

刺绣
凤戏牡丹纹

宝相花纹

曼草纹

五　吉祥图案摘录卷

题解：本卷主要收录顾公硕先生的《工艺图案》笔记和《吉祥图案解题》摘要。中国吉祥图案，作为一种独特的文化现象，它在人类早期形态中更深切地流露出人性的本质，它是人类的第一个祝福，后来逐渐蒙上世俗化的色彩。“吉祥”二字，自古就被认为是福瑞喜庆、诸事顺利的词语，这二字始见于《庄子》。每一个新的吉祥图案，都是人类走向未来世界的一个坚实的脚印。中外学者均有研究。此摘录根据公硕先生手稿整理，他参考了《吉祥图案解题》(日本野崎诚近著，1928年由日本东京都印刷发行。野崎诚近氏侨居中国二十年，辑成此书)。系公硕先生手迹，于1965年11月28日始，从中也可见公硕先生自己的研究积累。

工艺图案（笔记）

一、青铜器图案

中国工艺品，最重金石，取其坚，自周至唐，都重金石图案，宋以后是瓷器抬了头，金石图案地位降低了。在同期，其他的工艺品，如织绣、漆、竹、木……都有影响，所以说图案有时代特征。

图案也有民族特征，中西图案不同，中国各民族也不同，但通过交流，例如中国汉代锦纹图案，有点受了波斯影响，唐代的工艺图案有时受佛教影响，这是很自然的一种发展。现在我们有很多刺绣品，表现出半殖民地图案，就是半中半西，中国不像中国，西洋不像西洋。

二、中国图案之性质

工艺品的图案，是装饰作用，西洋图案是为装饰而装饰。

我国古代图案，在装饰以外，思想性较强，这是我国图案的特点。图案中吉祥意义特强，如封建统治阶级受宗教（如道教）影响，欲望更大，希望“长命富贵”，所以他们的图案也需要吉祥。因此题材中动物有龙凤，植物有宝相花，特多。龙凤是万能之灵的动物，一般只有帝王才能服用，民间只能悬挂起来崇拜。宝相花是祥瑞的灵花，都是表示一种崇敬之意。唐宋图案直到明清，大部分用这一类题材，就是解放后，龙凤虽已不大用，但宝相花还是应用的。

三、图案用色的意义

中国道教有阴阳五行之说，中华医学也有阴阳五行之说。阴阳就是日月，五行就是金木水火土。因此颜色也分五色，连用墨画画，也称墨分五色。木 = 青，火 = 红，土 = 黄，金 = 白，水 = 黑。青象征和平，红象征幸福，黄象征威力，白有时和平，有时悲哀，黑象征破坏。因此我们的国旗是红色黄星——民族的传统习惯。

四、图案的统一性

创作象征性图案的人很多，苏州有些同志喜欢拼拼凑凑，发现一种不统一的现象，譬如有一条绎丝毯子，中间用的是清代宫廷陶瓷图案，金地而又加一条蓝色粗花边，显然不相调和。又一张复制的于非闇的工笔牡丹，却硬加一块从元绣上搬下来的湖石图案，这是写实与写意相结合，看起来很是别扭。因此创作设计的同志，应该特别注意到“统一性”。粗与细、拙与巧、轻与重、浓与淡、畅与滞，应有适当配合，强合则有破绽，不可不注意。

五、中国图案的时代变化

从周到汉，金、石、玉，特别是金工，最为突出，今日没有这种技巧。当时如何生产，有些难以想象，周代铜器用各种动物做图案，也有立体的，植物未见，汉代更有狮、麟、龙、鸟、鱼，植物有属于草类的瑞禾、嘉树。从自然现象变成的几何纹图案，在殷周铜器中最多的是“云雷文”。

六朝：佛教昌盛，受外来艺术的影响，关于这方面的迹象，可从现存的佛像窥其意匠（编者按：意匠即艺术的精心构思）。不管是金像、石像，呈现着活跃飞动，生气横溢，而丧失了庄重雄健的风格。特别是多兽多鸟、蔓草等运用，实为其他时代少见之伟观。不独佛教艺术如此，即其他方面的工艺品，亦有各种实例可接触到。例如梁时代萧侍中的神道石柱（《美术全集别集》11—82 图），这两个怪物，支撑着匾额、构型、形态、线条，殊跃动之感觉。匾额内下缘内之阴刻的蔓草，即忍冬草之变形，可见其运笔的巧妙流畅。

忍冬蔓草是六朝时代最普遍常用的图案，其自由自在的变化已有端倪。

唐：唐代是我国文化的高潮时代，它的工艺品，无论是数丈的巨制还是不过分厘的小品，都是极精极巧，达到细微没有破绽的地步，实古今独特的手腕。特别是图案运笔的线条流畅轻妙，一点没有涩滞之态。

宋：宋代图案，远不及唐，不是厚古薄今思想，这是有关政治、经济。没有唐代这种气魄，宋代绘画有辉煌的成就，而工艺图案上并无异彩。宋锦图案，上承袭唐锦。硕按：唐锦流传不多，故宋锦出名。

元：蒙古族统治中国，吸收各民族的艺术，无独特成就。

明：明代青瓷图案有成就，织锦纹样，大朵的花居多，有复古倾向。

清：清承继明代，复古思想浓重，艺术更低落，康熙时代一度昌盛，后来走了下坡路，繁琐有余，气势不够。

附：《吉祥图案解题》摘要

（一）平安如意

如意与佛教同时传入，梵语（阿那律），僧侣说教时书其要点于此，以备忘。其与中国文官之笏记盖同，而兼有指挥护身之用。故亦有指挥如意之称。道教则用灵芝。

（二）事事如意

画柿子两个与如意（或画狮子两头），柿与事同音，两个柿子即事事之寓意。唐段成式《酉阳杂俎》："柿有七德，一寿、二多阴、三无鸟巢、四无虫蠹、五霜叶可玩、六嘉实、七落叶肥大。"狮亦事事谐声。

亦有以柿之蒂作图案者，尤于建筑图案多用之。《尔雅翼》卷十："木中根固者，唯柿为最，俗谓之柿盘。"建筑用此寓坚固平安之意，《营造法式》中有不少柿蒂纹图案。

（三）百年如意

百合花（或百合根）、柿（或狮子）及灵芝之图，柏树盆景配以柿子、灵芝。

（四）万事如意（万年如意）

万年青与灵芝（或卍字与如意），卍、卐原为梵文，并非中国字，则天武后长寿二年，采用于我国文字中。

又有与此相似而象征闪电之所谓"雷纹"者（俗称回文），青铜器上尤为多应用，雷雨为滋润万物之要素，又其形状寓意于不断而长久，颇有吉祥之意，故其各种变体广为应用。亦有与"拐子龙"相连锁之各种图案，又有并列多数回字之所谓"回回锦"，其形与雷纹似通，为少数民族特喜爱之图案。

（五）新韶如意

花瓶插山茶花、松、梅，旁即灵芝、柿、百合根。韶，舜之乐名，能为美之意。唐太宗诗："韶光开令序，淑气动芳年。"故新韶与新年同义。

（六）吉祥如意

童子（或美人）持如意骑象之图。吉祥，《易经》：“变化云为吉事有祥。”骑象为吉祥之谐声。

（七）和合如意

盒子、荷花及如意之合成图。

（八）竹报平安（家信平安）

童子弄爆竹之图（爆谐报字）、竹与鹌鹑之图（鹌谐安字）。《谈闻录》：“西方之山中，栖有身长丈余之山魈。人若遇之必病。有李畋者，非常恐之，各处逃匿。朝夕投竹于火中，使之爆裂，其响山魈亦惊恐而逃遁，得渐逃灾难。自此束纸，纳火药以代竹者，盖其遗俗也。”是为爆竹之起源。硕按：此就日文译出，未对原书，恐有出入。

竹之图案，信笺信封多用之，家报平安之意。亦有用梅花者，为一枝春信报平安之意。

（九）岁岁平安

花瓶与爆竹数个（或其他正月玩具数种）图，又麦穗九茎之图。

前述爆竹之起源，南宋《东京梦华录》则云：“驾前呈百戏，每一出毕，作霹雳一声，谓之爆仗。凡御前供奉皆曰仗，故爆亦仗也。武邑元旦启户放爆仗三声，尚金钱为兆，盖置五色纸钱于爆中发之，谓满地踏金钱，满城递响，如崩瓦裂石。”

穗岁同音，九为数之极大。

（十）四季平安

花瓶、月季（庚申蔷薇），又四个花瓶插四季之花。

（十一）马上平安（马招平安）

一人骑马而跑，马上相逢无纸笔，凭君传语报平安。跑亦谐报字。

（十二）双福

蝙蝠二足（或两童子各持蝙蝠对立）图。福、蝠同音。

（十三）五福捧寿

圆形寿字（或桃实），其周围排列五蝙蝠。五福，《尚书·洪范》：“一曰寿，二曰富，三曰康宁，四曰攸好德，五曰考终命。”

（十四）五福和合，亦题五福来朝

自盒内飞出五蝙蝠。

（十五）纳福迎祥

自上空飞来数蝙蝠，一童子仰视，一童子生捕入缸之图。

（十六）榴开百子

石榴之图。《北史》卷五十六《魏收传》：“齐安德王延宗纳赵郡李祖收女为妃，后帝幸李宅宴，而妃母宋氏荐二石榴于帝前，问诸人，莫知其意。帝投之，收曰：‘石榴房中多子，王新婚，妃母欲其子孙众多。’帝大喜，诏收卿还将来，仍赠美锦二匹。”

中国重男轻女，自古已然，遂令天下父母心。“不重生男重生女”之诗，此固咏杨妃之一门富贵，而别寓讽刺古来轻女之谚，有“盗不入五女之家”。生活困难时又有：“无儿无女是仙家，多男多女是冤家，一儿一女一枝花”之谚。

又《履园丛话》有记嘉庆帝命两淮盐政承揭建筑装修即有榴开百子图案，可见当时流行之一斑。硕按：文长待录。

张华《博物志》：汉张骞使西域还，得石榴、胡桃、蒲桃种，归植之。

宋沈立《海棠记叙》：“凡今草木，以海为名者，《酉阳杂俎》云，唐赞皇李德裕尝言，花名中之带海者，悉从海外来，故知海棕、海柳、海石榴、海木瓜之类，俱无闻于记述，岂以多而为称耶，又非多也，诚恐近代得之于海外耳。又杜子美《海椶行》云：欲栽北苑不可得，唯有西域胡僧识。若然，则赞皇之言不诬矣。”

百子图为百子游戏之图，始用于唐宋禁中（编者按：帝王所居宫内，也作“禁内”）。

（十七）华封三祝

竹，或南天竹，再题以适当之吉祥花卉二种。《庄子·天地篇》华之封人祝尧帝之语：“使圣人富，使圣人寿，使圣人多男子。”

（十八）多福多寿多男子（三多）

佛手柑（或蝙蝠）、桃及石榴。佛手之佛与福谐声。桃，王母蟠桃三千年结子，故以祝寿。

（十九）多福多寿

多数之蝙蝠与桃（或用寿字）之图。

（廿）福在眼前

蝙蝠古钱之图或置古钱于小鸟之前。蝠福同音，钱前同音。钱之孔即眼。钱为古今上下通用之宝，故图案有用古代钱币之形，并于钱中加入各人爱好之吉祥语，如吉祥如意、富贵满堂、子孙吉庆、长命富贵等。亦有用十二生肖、鹤龟、南极老人、五男二女等图案之厌胜钱者。厌胜为巫蛊之术，年终应时所用压岁钱，即厌胜（“压胜”）也。

又相连锁之古钱套，亦称套钱，九个钱之孔相贯者称“连钱”（九为阳数之极而吉祥），又有画十个古钱而各书吉祥语于钱中，称之曰“十全图”。

“锭”有一定之重量与形式，往往借为“定”字之意。如“一定好意”“一定高中”等吉祥语之类，有种种之变体，用诸各种图案。

（廿一）福寿双全

篆书寿字与穿绳之古钱两个，蝙蝠衔之之图案。又蝙蝠、桃子即古钱两个之图。

又寿星持桃，旁伴小童，其空有蝙蝠飞来之图。蝠、桃等有寓福、寿意，钱谐全，

厌胜钱汉代就曾出现，铸有“日入千金，长毋相忘”字样的“佩钱”。这种钱用红线串起来，佩戴在身上，以求吉驱邪。这种吉祥物并不是用于流通的货币，是民间私铸的“花钱”，又被称为“玩钱”“厌胜钱”“吉语钱”。其中有“五男二女”的“厌胜钱”，出自《诗·召南·何彼襛矣序》的“武王五男二女”，这样的“花钱”在清代铸造不少。

穿与全其音亦类似，即穿古钱两个，寓双全之意。

篆书寿字（或桃子）与蝙蝠连锁而绵长字之图案应用甚广，称之为“福寿绵长”。

（廿二）翘盼福音

童子仰视蝙蝠飞来之图（此图亦题“接福”）。

（廿三）三多九如

蝙蝠（或佛手柑）、桃、石榴及环绕如意九个。蝙蝠、桃、石榴表示三多。如意九只寓九如之意。

九如：《诗经》：“天保定尔，以莫不兴，如山如阜，如冈如陵，如川之方至，以莫不增。如月之恒，如日之升，如南山之寿，不骞不崩，如松柏之茂，无不尔或承。”即三多九如，聚人生幸福之大成。硕按：余曩见钮家巷潘宅有九如意半桌一张图案，琢工皆属上乘，今不知尚存否。

（廿四）平安五福自天来

蝙蝠五匹自上空飞来，童子捕入盒中之图。

（廿五）福寿如意

蝙蝠，寿字（或桃子及如意头）之图。

福寿如意四字常用于送小孩汤饼时用之“长命锁”或“帽徽”。

长命锁为键形之首饰，金银、白玉、翡翠、玛瑙等皆有之。又有加一链子悬胸前，表示长命不断之意。

又用于建筑、家具、衣料等之图案，往往用一种“锁纹”“锁锦”，亦寓吉祥之意。

又有所谓“方胜”“彩胜”之菱形之结，亦用之于孩子首饰或其他方面（胜亦首饰之名，斜方形者为方胜，华丽者为彩胜。八结亦属方胜之一）。

（廿六）福禄寿三星

画南极老人骑鹿，一童子持寿桃随侍，上飞蝙蝠，老寿星为南极老人星，现则天下太平。《史记 · 天官书》："狼比地有大星，曰南极老人。老人见，治安，不见兵起，常以秋分时，候之于南郊。"

福财宝、禄高位、寿长命。男子寿，寿堂中悬寿星轴，贺客升堂即拜此像称曰拜寿。

（廿七）双喜

画鹊二羽相并之图，又有书作"囍"者。

鹊为报喜之鸟，俗称喜鹊，旧时迷信，晨起闻鹊鸣，则是日必有喜事。

凡以字变成图案，用处甚广，俗称"花字"，例如皕、喆、囍、萬万、卍寿、福富等，皆用，其用处而变其形，如圆形之圆寿字、长方形之长喜字、正方形之方福字，亦有以万、工、天、香、丁、巳（黻纹）等字，画成同字相连或相背连锁之图案，称之为曲水万字、工字、天字、香字、丁字等，每用诸建筑、衣料。

曲水字及雷纹、回回锦、菊花瓣、花草拐子、龙拐子、草龙拐子、兽面拐子、夔龙拐子、绳索拱璧、套云拐子、水波纹等，俗总称为汉文式。

"拐子"说明，沿用宋岳飞大破金兵拐子马故事，凡花纹之连锁不断者，称拐子，花草拐子者谓花与草相连结不断也。龙纹之单纯化者，此即以简单曲纹代表龙形，即称龙拐子或拐子龙。如附有缠枝之草，则又称草龙拐子，余类推。

（廿八）同喜

画桐与喜鹊，又画四鹊则题四喜图，亦有画两童胸腹相连成四方者，称为四喜图。

（廿九）竹梅双喜

画竹、梅及喜鹊二羽。梅竹寓夫妇之意。

（卅）报喜图

画豹与喜鹊，又有画鹊十二羽，题曰"十二时报喜图"。

（卅一）喜在眼前

画鹊与古钱，与前述之福在眼前类同。

（卅二）喜相逢

画童子二人相对而笑，或画两鹊相对。又有画八鹊者，题曰"八百长春"。

（卅三）喜上眉梢

画鹊栖梅梢。

（卅四）喜报春光（喜报早春）（喜报平安）

画鹊鸣于梅梢。

（卅五）欢天喜地

画獾与喜鹊，又和合二圣，亦称"欢天喜地"。

（卅六）喜从天降

画蜘蛛自其巢悬一丝而下之图，蜘蛛止于壁间，唐宫人见其形而称壁钱，见则是夜当蒙帝上宠，欣见吉兆，因呼喜子。

又昔日母子离别，久不相见，某日其母衣下见一蜘蛛，喜曰必我子念我，将返，数日后果来，相抱而喜。蜘蛛因称喜子，亦称喜母。《尔雅》疏云："俗呼喜子，荆州、河南人谓之喜母。此虫来着人衣，当有亲客至。幽州谓之亲客。"《西京杂记》有"蜘蛛集，百事喜"。刘勰《新论》亦云"画蟢子为喜乐之瑞"。后世见此虫出为吉兆。故描蜘蛛下坠即喜从天降。

又门庇蜘蛛之巢，旁飞喜鹊，题曰"喜气盈门"。

（卅七）岁寒三友

画松竹梅或梅竹石。《论语》："益者三友，损者三友。友直、友谅、友多闻，益矣。友便辟、友善柔、友便佞，损矣。"白居易诗："欣然得三友，三友者为谁。琴罢辄举酒，酒罢辄吟诗。"赵翼《陔余丛考》卷四十三："元次山丐论云，古人乡无君子，则与山水为友；里无君子，则以松竹为友；坐无君子，则以琴酒为友。"东坡诗："风泉两部乐，松竹三益友。"

清高宗御制诗三集："南宋马远有《岁寒三友图》，所绘为松竹梅……"是"三友图"画松竹梅，至迟自宋已然。又梅竹石三友之说，见东坡题其好友文与可画："梅寒而秀，竹瘦而寿，石丑而文，是为三益之友。"

松竹梅能于冬季万木凋敝之时，而各守其节，喻年之岁岁相易而友情不渝，故称三友。至于后世，称松为长青不老，松以静延年，岁寒然后知松柏；称竹则有竹称君子，竹有君子之道四焉，竹因虚受益。称梅竹则有冰肌玉骨，乃梅萼之清奇。琼姿玉骨，物外佳人，群芳领袖。诸说皆吉祥颂祝之语也。

"绿竹生笋，红梅结实。"结婚日往往以此为门联。明薛文清称竹梅兰菊莲为五友。

（卅八）天长地久

画天竹、地瓜。天为天竹之第一字，竹又有谐祝字。地瓜，取《诗经》"绵绵瓜瓞"，寓长久之意。

《老子》："天长地久，天地所以能长且久者，以其不自生，故能长生。"极言其长久无极。

唐玄宗，垂拱元年八月五日生于东都，开元十年百官请以此日为千秋节，天宝七年，又改称天长节。

（卅九）天地长春（天地不老）

画天竹、地瓜与长春花。

（四〇）长生不老

画落花生之图，以松与长春花题"不老长春"，更添寿带，则题"寿年春带"（编者按："带"是色彩的组合，如福（紫色）、寿（绿色），两种颜色便称为"春带彩"）。

（四一）长春白头

画长春花、寿石及白头鸟。白头鸟，亦名长春鸟。寿石为石之雅称，古语有山静似太古，寿同金石，均画石有即寓寿之意，寿石亦称太古石。

（四二）万代长春

画葫芦、长春花，或与卍字锦上散置长春花。

（四三）杞菊延年

画菊与枸杞。枸杞之子为壮阳剂，《本草纲目》有“出家千里，勿食枸杞”之语。

菊又称长寿之花，传说郦县之北有水涯芳菊丛生，其水颇香，胡（编者按：疑为“湖”）广云有人久患疯疾，常饮此水，病遂全愈，而保百岁之长命。又有朱孺子饮甘菊之花，与桐子共饮，后即仙化云。又《太平广记》：荆州菊潭（编者按：河南南阳内乡，春秋为郦邑，秦汉设郦县，隋称菊潭，为菊花发源地），其源傍芳菊被涯澳，其滋叶极甘，深谷中有三十余家不复穿井，悉饮此水，上寿二三百，中寿百余，其七十八十犹以为夭（应劭《风俗通》亦记）。菊能轻身益气，令人久寿有证，故与枸杞俱称长寿延命之花。

《晋书·文苑传》：“（罗含）致仕还家，阶庭忽兰菊丛生，以为德行之感焉。”

中国实用图案中常有描菊花瓣为图案者。

（四四）延年益寿

以“延年益寿”四字，用篆文描成瓦当图案，现存古代瓦当文甚多，举其要者如下：

（秦瓦）

维天降灵延元万年　天子康宁

永受嘉福　卫屯

兰池宫　与天无极

卫　延年

（汉瓦）

汉并天下　长生未央

长乐未央　未央长生

长乐万岁　延寿万岁

长生无极　高安万世

延年　平乐阿宫

延年益寿　永春无疆

千秋万岁　万物咸成

骀荡万年　狼干万延（编者按：狼干，琅玕之通假）

千秋长安　长毋相忘

万岁　仁义自成

八风寿存

大万乐

宜富当贵

百万石仓

六畜蕃恩

万有熹心

万岁冢

此等瓦当图案中最普遍应用者为延年益寿、千秋万岁、千秋未央、长生无极、长生未央、千秋长安、长毋相忘等。

又有就瓦当原图之外而随意拟句者亦多。又有于鸿雁上添延年二字而描成瓦当之样，寓月令季秋之月、鸿雁来宾之意，而作“飞鸿延年”之信笺封者。

（四五）寿图

画群仙颂祝，南极老人于瑞云之中，或群仙颂祝西王母于瑞云之中。

（四六）百寿图

百体之寿字，排列成寿字之图。清初钱曾《读书敏求记》中载有《百寿字图》一卷，盖网罗各种之字体。

（四七）八仙庆寿

画八仙之图。

八仙有上八洞仙、八仙人、暗八仙（俗称上八仙、中八仙、下八仙）等三种。八仙人为张果老、吕洞宾、韩湘子、何仙姑、李铁拐、钟离、曹国舅、蓝采和等八人。上八洞仙为王母、杨戬、寒山、拾得、刘海、白猿、太白、寿星。暗八仙即画八仙各持之物以代之，因不画人物，故称暗八仙。其中以上八洞仙为图案者较稀见。

八仙中除张果老、钟离、吕洞宾三人外，正史无其人，究为何时人，如何因缘而集此八人亦无可考之据，□为元代王重阳教之全盛时代，按其教义编造者。元曲中有《八仙庆寿》之剧，可以略窥其概也。

俗有《列仙传》，史料皆穿凿附会，姑摘其要者如下：

钟离：《宋史·陈抟传》陈尧咨谒抟，有髽髻道人先生在坐，尧咨私问抟。抟曰，钟离子也。又《王老志传》：有丐者自言钟离先生，以丹授老志，服之而狂，遂弃妻子去。

张果老：《旧唐书》，开元二十二年，征恒州张果先生授银青光禄大夫，号通元先生。

韩湘子：相传为韩愈之从孙，“唐书宰相世系表”湘乃老成之子，老成为愈之侄，登长庆三年进士，官大理丞。

李铁拐：隋人，名洪水，字拐儿，又名铁拐，常行乞于市，后以铁拐掷空化为龙，乘龙而去。一说铁拐本伟丈夫，遇老君得道而仙去。

曹国舅：《宋史》，慈圣光献太后弟曹佾，年七十二卒。

何仙姑：《刘贡父诗话》谓永州人，《续通考》则谓广东增城人；《独醒杂志》谓宋仁宗时人，《续通考》则谓唐武后时人。

蓝采和：《续仙传》，采和不知何许人也，每行歌如城市乞索，人有为儿童时及斑白见之，颜状如故，复踏歌濠梁酒楼间，乘醉有云鹤笙箫声，忽然轻举于云中，冉冉而去。

吕洞宾：《宋史·陈抟传》谓关西逸人，年百余岁，步履轻捷，顷刻数百里，数来抟斋中。

（四八）八仙过海

画八仙乘槎渡海之图，谓八仙渡海往祝西王母寿。又传说在此旅行中，曹国舅手持之阴阳板有一枚坠于海，于是今戏剧中出曹国舅，手中阴阳板仅有一枚。

（四九）八仙仰寿（八仙拱寿）

画老寿星乘仙鹤飞于云中，八仙仰视而祝寿之图。

顾绣《群仙祝寿》全图
顾公硕摄影

缂丝作品《寿》。在吉祥图案中，通常有以八仙所使用的法器表现的图案为“暗八仙”。这里，从笔画分解，可以清楚地看出铁拐李的葫芦，汉钟离的扇子，张果老的渔鼓、驴子，吕洞宾的宝剑，何仙姑的荷花，韩湘子的箫，曹国舅的响板，蓝采和的花篮。

苏州民俗博物馆藏

（五〇）群仙祝寿

画寿石、竹头及水仙数株。又寿石、万年青并配竹称万年祝寿。

（五一）群仙拱寿（群仙献寿）

画寿星骑鹤从上空飞来，亦有画西王母乘鸾者，八仙拱手而仰视，或画松与水仙之图。

鸾，为凤之一种，《春秋孔演图》："天子官家以贤举，则鸾鸟在野，为世嘉祥。"

画松、寿石、竹、灵芝，题曰"松龄拱寿"。硕按：苏州文管会所藏《群仙祝寿》之西王母却乘鹤而不乘鸾。

（五二）群芳祝寿

画桃、长春花、灵芝及翠竹。

（五三）芝仙祝寿

画灵芝、水仙、竹及寿石（或桃）之图。

（五四）齐眉祝寿

画梅、竹及绶带之图。梅谐眉，寓举案齐眉之意。

（五五）天仙拱寿

画绶带鸟、腊梅、天竹及水仙之图。绶与寿同声。

（五六）天仙寿芝

画天竹、水仙、灵芝、寿石之图。"学仙学佛"画水仙、佛手。"万事不如杯在手"画佛手柑、酒杯、柿。"着手成春"单画佛手。

（五七）仙壶集庆（仙壶淑景）

画花瓶、松、灵芝、梅、水仙，旁加吉祥之杂草及莱菔（萝卜）。或画松、桃、鹤、鹿。

方壶、圆峤乃仙子所居，仙壶即仙人之所居也。

（五八）蟠桃献寿

画桃树下仙人持桃而立。

（五九）瑶池集庆

画群仙祝西王母之诞辰。《集仙录》："西王母一名金母……""瑶池进酿"画女仙乘槎载酒缸而渡海。

（六〇）麻姑献寿

画麻姑仙捧桃伴羽童女仙之图。麻姑之记载，最有名者为颜真卿之《麻姑仙坛记》，记文长，待录。麻姑者为仅次于西王母之大人物也。

（六一）东方朔捧桃（东方朔取桃）（东方朔偷桃）

故事习见，解释从略。

（六二）海屋添寿

画蓬岛、瑶台、卿云（或瀛海、华屋、祥云），一鹤衔筹飞来。

《列子》：“渤海东有大壑，中有五山，岱舆、圆峤、方壶、瀛洲、蓬莱，台观皆金玉，所居皆仙圣之种。”

《史记》：“蓬莱、方丈、瀛洲，此三神山者。”唐卢照邻诗：“海屋银为栋，云车电作鞭。”海屋亦仙人之居。

《太平御览》：“有三老相遇问年，其一曰，海水变桑田，吾辄下一筹矣。”

《韵府群玉》：“海上老人曰，沧海变桑田，吾以一筹记之。桑田变沧海，又以一筹记之。”

（六三）嵩山百寿

画太湖石、桃、萱草、松柏之图。嵩山为五岳中之中岳，传为仙人所栖之灵场，松与嵩同音，柏与百同音。

（六四）寿山福海

画海中之岩石上飞蝙蝠。明刘基之《寿山福海图歌》曰：“寿比南山，福如东海。”

（六五）必得其寿

画寿石与玉兰（或笔），玉兰花为木莲花，亦称木笔花。笔与必同音。

（六六）贵寿无极

画桂花与桃（或桃花），贵谐桂。

（六七）春光长寿

画山茶花与绶带鸟。山茶花寓春光之意，绶带之绶谐寿。画绶带二羽，配以苹果之枝，可题“平福双寿”，祝夫妇双寿之用，又于其下配菊花，可题曰“延寿平安”四字。苹谐平，寓平安之意。新娘登轿，携一苹果则除途中灾星云。

（六八）万寿长春

篆书万字、寿字于长春花中。

（六九）代代寿仙

画绶带（或玳玳花），寿石（或桃）及水仙之图，带字谐代字。

（七〇）寿居耄耋（寿登耄耋）

画寿石、菊花、蝴蝶与猫。菊谐居，猫蝶谐耄耋。《礼记》曰：“七十曰耄，八十曰耋，百年曰期颐。”

（七一）八吉祥（八宝）

法螺、法轮、宝伞、白盖、莲花、宝瓶、金鱼、盘长。

《北京雍和宫法物说明册》：

法螺，佛说具菩萨果，妙音吉祥之谓。

法轮，佛说大法圆转，万劫不息之谓。

宝伞，佛说张弛自如，曲覆众生之谓。

白盖，佛说徧覆三千，净一切药之谓。

莲花，佛说出五浊世，无所染着之谓。

宝瓶，佛说福智圆满，具完无漏之谓。

金鱼，佛说坚固活泼，解脱坏劫之谓。

盘长，佛说回环贯彻，一切通明之谓。

此八件中，法螺居第一品。法螺为妙音吉祥，故总称八吉祥。第八品之盘长，俗称八吉为全体之代表。盘长不但为连绵不断之象征，且与肠字同音，亦绵长之意。图案中应用最广，或几个连锁，或双重盘长，或梅花盘长、方胜盘长、套方胜盘长、四合盘长、万代盘长等变体，在日用品中应用极广。道教中暗八仙，为八仙之符号，亦八宝之数，又有珠、钱、磬、祥云、方胜、犀角杯、书、画、红叶、艾叶、蕉叶、鼎、灵芝、元宝、锭等杂宝，选画八种亦称八宝。

又以佛具金刚杵（由印度之武器转化而为佛具）图案连锁化，或简化而成之除魔纹样者，最多用于宫殿寺庙之窗（俗称菱花窗）。

又有集钟、磬、琴、箫、笙、埙、鼓、柷圉八种乐器为图案者，此为“八音图”，非八宝也。

（七二）龟鹤齐龄

画龟与鹤之图，六朝之压胜钱见有铸“龟鹤齐寿”四字者，所谓龟经万年之龄，鹤亦以长寿而为瑞祥之仙禽。中略。

《国朝宫史》：“太和殿，皇朝之正殿也，前为露台，列龟鹤、彝器各二，日晷、嘉量各一”，“乾清宫帝皇召对臣工引见庶寮，皆御马，殿前露台列龟、鹤各二，晷影、嘉量各一、宝鼎四。”

龟有神龟、灵龟、摄龟、宝龟、文龟、筮龟、山龟、泽龟、水龟等十种，其甲纹俗称龟纹、龟锁纹、龟甲纹，其变体多至数十种，依其描绘组织而有罗地龟文、文出龟文、交脚龟文等，衣料、家具、杂器、建筑等应用最广。

（七三）松鹤长春（松鹤同春）（松鹤遐龄）（鹤寿松龄）

与松柏配合则曰“松柏同春”，以祝夫妇同寿为主。

（七四）百禄（受天百禄）

画百头之鹿。《抱朴子》：“鹿寿千年，满五百岁则色白。”《述异记》曰：“鹿千岁则苍，又五百岁而白，又五百岁而黑。”鹿千年为苍鹿，又五百年为白鹿，又五百年化为玄鹿，传为极长寿之兽。又鹿与禄同音。吉祥对联有“晋砖五鹿宜孙子，汉洗双鱼大吉羊”，又有画鹿二匹，题曰“路路顺利”，盖鹿谐路也，与柏树同画则题“百龄食禄”，画蝙蝠与鹿则题“福禄双全”“福禄长久”。

（七五）鹤鹿同春

画桐、鹤、鹿，又画鹤与鹿亦称“六合同春”。沈宗畸《东华琐录》：“故制各王府赐邸，皆于园林蓄鹤、鹿，盖取六合同春之意。”六合者，谓天地与四方而成宇宙，而六谐鹿，合谐鹤。

（七六）国色天香

画牡丹之图。唐玄宗赏牡丹，陈修已奏李正封之诗“国色朝酣酒，天香夜染衣”。盖牡丹之艳丽，称国色天香。国色者，其姿色为一国之选，言尽善尽美矣。

（七七）官居一品

牡丹之图或画菊花与蝈蝈儿。

唐皮日休诗：“落尽残红始吐芳，佳名呼作百花王。”牡丹有百花王之称，因借用于一品之官，寓其居最高之位也。蝈蝈儿谐官儿，菊谐居。

（七八）富贵长春

画牡丹与长春花（或加白头鸟）

周茂叔《爱莲说》：“牡丹，花之富贵者也。”画牡丹与香橼，题曰“富贵姻缘”。

（七九）长命富贵（富贵神仙）

画寿石、牡丹、桃花。碧桃花称神仙花，如配碧桃，则题“富贵神仙”。

（八〇）功名富贵

画牡丹与雄鸡。牡丹寓富贵，雄鸡俗称公鸡，公功同音。且雄鸡报晓，鸣谐名字。

如牡丹配鲤鱼，则题“富贵有余”。宋以前无以缸养鱼之风，至宋始有缸蓄之玩赏金鱼，并加人工繁殖而种类乃数十种之多，当今金鱼种类更多。

（八一）富贵寿考（大富贵亦寿考）

画牡丹、寿石（或松、或寿字），或添柏树则题“富贵百龄”“百年富贵”。

（八二）白头富贵

画牡丹与白头鸟，又画白头鸟二羽栖于桐枝，题曰“堂上双白”，为祝夫妇双寿，桐谐同也。

（八三）正午牡丹

画牡丹与猫。猫目睛旦暮圆及正午竖敛如綖，故正午牡丹为牡丹满开之时，即寓富贵全盛之意。

（八四）富贵耄耋

画牡丹、猫、蝴蝶。

（八五）富贵万代

画牡丹之株卷如蔓草之延。牡丹寓富贵，蔓草之蔓谐万蔓。凡吉祥之草花，其形如蔓草之延卷者称“花草拐子”，富贵万代之图案，应用最广。

自西域传来之“西番莲”，图案为一种蔓草形之莲花，家具、杂器等皆用之。硕按：西番莲即佛教图案中之宝相花。

九为阳数之最大者，有画九轮而首尾相连锁者，称“九连环”，盖寓绵绵不断之意，如“富贵不断头”“金玉连环”“绦环”等亦皆寓富贵万代、子孙万代之意。

地藏王手持之锡杖，其头亦为九连环之变形。昔日传有目莲尊者救母之时，即以此杖推开地狱之门，盖为避邪之佛具。据云其年为闰年，因此后世每逢闰年，造锡杖形之发簪以赠老妇人，为驱除灾难之护身符，妇死则插于发髻以入棺。硕按：此种祈祷冥福的风俗习惯解放初期犹有存者。男子入棺则握如意。

以上可证我国习俗、人民皆有祈求富贵万代、不老长生、子孙不断之愿望，于是吉祥图案中如雷纹、长脚卍字锦、连钱、盘长、子孙万代、拐子龙、龙花拐子、草龙拐子、兽面拐子、套云拐子等，皆寓绵长不断之意，其应用亦最广。

古代有花瓶形之酒器，其周围悬环百个称之曰“百环尊”。又有各式各样之环，如相连锁之叠环、联环、密环、方环、剑环等，亦皆寓长久不断之意，衣料、杂器、建筑上应用甚广。

三轮连锁者云“三环套月”，家具、杂器等多用之。拐子龙等“拐子”二字，典出宋岳飞破金拐子马故事。

清代木雕·龙花拐子纹

清代木雕·草龙拐子纹

花草拐子纹

（八六）富贵平安

画牡丹插于瓶中，旁配苹果。画竹与牡丹，竹亦有平安之意。

（八七）神仙富贵

画牡丹与水仙。画牡丹配古泉十枚，题曰“十全富贵”。画树枝悬金色古钱，题曰“金钱满堂”，商家喜用之。

（八八）满堂富贵

画牡丹与海棠。

（八九）玉堂富贵

玉兰花、海棠与牡丹。玉堂，翰林治事之所。玉兰花与玉字通，棠谐堂字。花瓶中插玉兰与海棠，题曰“玉堂和平”。

（九〇）荣华富贵

画芙蓉花与牡丹，（如再添上白头鸟，题“富贵荣华到白头”）。

（九一）一路荣华

画芙蓉花与鹭。

（九二）金玉满堂

画金鱼数尾。《道德经》：“金玉满堂，莫之能守。”

（九三）和合二圣

画寒山、拾得之像。寒山、拾得二人为唐之高僧，俗称和合，为结婚之神，其为人及经历详见唐闾邱胤之《寒山拾得诗序》。硕按：文长待录。

清翟灏《通俗编》：“雍正十一年，敕封天台寒山大士为和圣，拾得大士为合圣。”又姚福均《铸鼎余闻》亦有称此为“欢天喜地”者，后世以和圣与合圣并称为和合二圣。至宋以后和合二字成为结婚之神，描成蓬头笑面之二人，其一持荷花，其一持盒子（盒字与和合二字皆谐，荷字亦同声同音，皆寓莲生贵子之意），于是本为枯木寒岩之高僧，遂至讹为结婚之艳神。

以和合神画成圆形者，称为“一团和气”。

（九四）因何得耦

画荷花、莲房与藕。寓祈祷不期而遇之良缘及早生贵子之意。又有画荷花而配以茨菇之叶，题曰“慈善祥云”，亦示吉祥之意。

（九五）同偕到老

画铜镜（或铜洗）与鞋。铜谐同，鞋谐偕，寓偕老同穴之意。又劳动人民嫁妆中，以便桶纳入红色棉之鞋子，亦寓同偕到老之意。

（九六）夫荣妻贵

画芙蓉花与桂花。《仪礼》：“夫尊于朝，妻贵于室。”《白虎通义》：“妇人无爵而嫁从夫，故夫尊于朝，妻荣于室。”

（九七）子孙万代

画蔓延之葫芦，蔓与万声谐。蔓带谐万代。又画石榴与笋，亦称“子孙万代”。

（九八）瓜瓞绵绵

画瓜与蝴蝶。

（九九）早立子

画枣与栗（或荔枝）。王士祯《池北偶谈》：“《白虎通义》曰：‘妇人之贽，以枣栗腶修。’枣，取其朝早起。栗，战栗自正也。今齐鲁之俗，娶妇必用枣栗，谚云：早利（立）子也。义本《白虎通》而稍讹。南宋时，太学生斋祭用枣子、荔枝、蓼花，曰早离了也，殊可捧腹矣。”硕按：早离了，寓早卒业而离学校之意。

（一〇〇）早生贵子

画枣与桂圆。

（一〇一）连生贵子

画荷花与桂花。

（一〇二）鸳鸯贵子

画鸳鸯与莲花（或莲叶、莲子）。晋张华注《禽经》：“鸳鸯，匹鸟也。朝倚而暮偶，爱其类也。”鸳鸯图案用于被面则称“鸳鸯被”，加长春花即寓“鸳鸯长安”“鸳鸯长乐”之意。一藕而生双叶双花，则为“并蒂同心”。

（一〇三）麒麟送子

画童子骑麒麟，手持莲花与笙（笙谐生，与莲合则寓连生贵子之意）。麒麟世传为四灵之一，有仁德之君，始有麒麟出现，麒麟与莲子有何关系，待考。

（一〇四）宜子孙

画萱草之图。

萱草为黄花草，又名金针菜、紫萱。《博物志》：“萱草，食之令人好欢乐，忘忧思，故谓忘忧草。妇人有孕，佩其花则生男，亦名宜男草。”《庄子》：“萱，令人忘忧草也。”硕按：萱草有安眠作用，常服每得酣睡，则其忧自忘矣。

（一〇五）宜男益寿（宜男萱寿）（萱寿延龄）

画寿石与萱草。

（一〇六）宜男多子

画石榴与萱草。

（一〇七）兰桂齐芳（兰桂胜芳）（桂子兰孙）

画兰与桂花。晋之谢安喻子侄为芝兰，又五代窦禹钧之五子称五桂，因称子孙曰兰桂，兰桂齐芳即谓子孙皆贤而有高誉也。

（一〇八）福增贵子

画蝙蝠与桂花。

（一〇九）寿献兰孙

画兰。《花镜》："兰又一种，其叶较兰稍阔而柔，花开紫白者名荪。"荪与孙同音同声。又兰为香祖，故与孙合寓祖孙之意。

（一一〇）三纲五常

画三只缸，五文人尝酒味之图。三纲：君臣、父子、夫妇之道。五常：仁义礼智信。

（一一一）伦叙图（五伦图）

画凤凰、仙鹤、鸳鸯、鹡鸰、莺。

凤凰：晋张华之《禽经》："鸟之属三百六十，凤为之长，又飞则群鸟从，出则王政平，国有道。"用以表君臣之道。

仙鹤：《易经》："鸣鹤在阴，其子和之。"引用以表父子之道。

鸳鸯：表夫妇之道。

鹡鸰：《诗经》："鹡鸰在原，兄弟急难。"表兄弟之道。

莺：《诗经》："莺其鸣矣，求其友声。"表朋友之道。

附记：宋李昉云，人畜五禽，鹤为仙客、白鹇为闲客、白鹭为雪客、孔雀为南客、鹦鹉为西客，题曰《五客图》。又《五清图》画松、竹、梅、月、水。又《五瑞图》画松、竹、萱、兰、寿石或笏、磬、鼓、葫芦、花篮。

（一一二）教五子

画雄鸡一羽与五羽之雏鸡群。

五代时燕山有窦禹钧者，年卅而无子，后行善得五子，皆贤。长子仪官礼部尚书，次子俨官礼部侍郎，三男侃左补阙，四子偁右谏议大夫，五子僖累进起居郎。禹钧年八十二，无病而卒。时大臣冯道赠诗云："燕山窦十郎，教子有义方。灵椿一枝老，丹桂五枝芳。"此事即《三字经》中亦引之，所谓"窦燕山，有义方。教五子，名俱扬"是也。其后所谓"五子登科""五子高升"皆本此。此图特选鸡者，因鸡头戴冠，冠谓官，寓文人之意；足有距，善搏斗，寓武将之勇；合则呼群，有仁；守夜司晨不失时，寓信字。"文、武、勇、仁、信"，备此五德，因有德禽之称，五子皆戴冠，寓显官高升之意，又鸡终日鸣叫不停，此五谐教子意。

附记：鸡能守夜，故建筑图案亦用之。

画五童子，又画蝙蝠与花瓶，曰"五子平福"。

兄弟和睦而又高官则云"棣萼连辉"，棣花即画普通之海棠花，即《诗经》："棠棣之华，鄂不韡韡。凡今之人，莫如兄弟"之意也。

又类似本题有所谓"五子夺魁"者，非引用窦氏故事，因明朝科举，试易、书、诗、礼、春秋五项科目，希望每试皆列魁首，是为五经魁首，故云五子夺魁也。

（一一三）五子登科（五子高升）

画一雄鸡与五雏鸡游于巢上，鸡巢俗名鸡窝，窝谐科。其可参阅上项。

（一一四）苍龙教子（教子升天）

画大小二龙升天之图。《三秦记》："江海鱼集龙门下，登者化龙，不登者点额暴鳃。"后汉之李膺有威名，士有被其容接者称登龙门，士子之殿试及第者称跳龙门，古谚所谓"望子成龙"即由此而来。

苍龙为春日□龙，龙春分升天，秋分入渊，大小二龙则寓父子之意。

附记：俗传龙为神灵之精、四灵之长，有鳞者为"蛟龙"，有翼者为"应龙"，有角者为"虬龙"，有角者亦称"螭龙"。未升天者为"蟠龙"，好水者为"蜻龙"，好火者为"火龙"，好鸣者为"鸣龙"，好斗者为"蜥龙"。中以虬龙为群龙之长。《豢龙经》云："虬之为物，陆食虎豹、水噉蛟螭，去慝除邪之兽也。"《龙经》云："虬龙为群龙之长，能进退群龙，乘云注雨以济苍生。"因此又为祈雨避邪之神矣。

又有龙生九子之说，因摘抄明褚人获之《坚瓠集》及胡承之《真珠船》诸之说如下：

1. 赑屃　形似龟，好负重，今石碑下龟趺是也。一名霸下。

2. 螭吻　形似兽，性好望，今殿脊兽头是也。一名嘲风，性好险。一作鸱尾，可压火灾。

3. 蒲牢　形似龙，性好吼，今铁钟上兽钮是也。海中大鱼曰鲸，蒲牢畏鲸，系蒲牢辄大鸣，凡钟欲令声大，作蒲牢于上而刻鲸形以撞之。

4. 狴犴　形似虎，有威力，故立于狱门。一名宪章。

5. 饕餮　好饮食，故立于鼎盖。

6. 蚣蝮　性好水，故立于桥柱。一作虮蝮，好饮。

硕按：插（闸）口上以石凿兽置两旁，状似蜥蜴，首下尾上，其名曰虮蝮。昔鸱鸮生三子，长曰蒲牢，好声，以饰钟，今之钟钮是也。次曰鸱吻，好望，以饰屋，今之吻头是也。次曰趴蝮，好饮，即今插（闸）口所置是也。——陆深《俨山外集》卷十一、《金台纪闻》上。

7. 睚眦　性好杀，故立于刀环、刀柄、龙吞口。

8. 狻猊　形似狮，性好烟火，故立于香炉。一曰好坐。佛坐狮子，一作金猊。

9. 椒图（一作椒涂）　形似螺蚌，性好闭，故立于门上铺首。

是所谓龙生九子，此外尚有类似者，种类甚多，因时代而有变化。如：

金吾　似美人首，尾似鱼尾，有两翼。性通灵不寐，故用警巡。

螭虎　形似龙，好文采，立于石碑两旁。

鳌鱼　形似龙，好吞火，故立屋脊。一名变蛤，好风雨，背负蓬莱之山在海中。大

蒲牢

狴犴

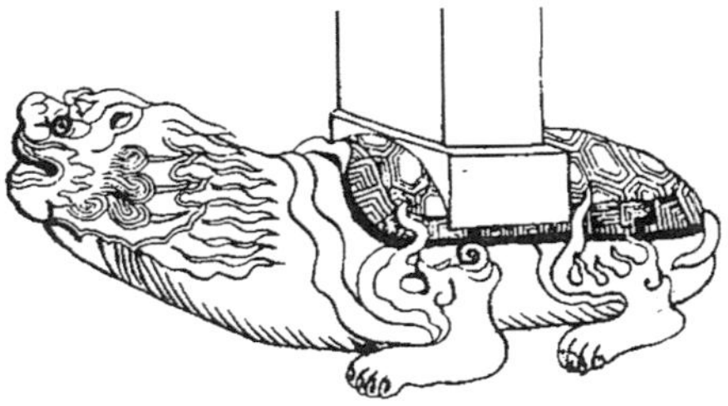

赑屃

睚眦

螭吻

蚣蝮

狻猊

椒图

饕餮

选自《中国吉祥图像大观》

概用于寺庙宫殿之屋脊，所谓“五脊六兽”（正栋排列五兽，垂栋排列六兽），各以其特长而应用于各种场所，应用极广。普通所谓龙，最多画虬龙、蛟龙与应龙。因有《易经》之“云从龙，风从虎”，又韩（愈）文“龙嘘气成云”及鱼跳龙门等故事之传说，故图案中又往往与云或水浪相配合。又有画成圆形之所谓团龙者最多见于衣料。

又最古之各种图案有所谓“夔龙”者。《龙经》有云：“夔龙为群龙之主，饮食有节，不游浊土，不饮浊泉，所谓饮于清，游于清者。”以此配璧则称“夔龙拱璧”。又有以此之变形而成绳状者则云“绳索拱璧”。

又于正中置珠，而左右画虬龙或蛟龙，则称“二龙戏珠”，杂器与家具等应用甚广，家具之脚亦有用龙爪抓珠者。

蜥蜴者蛇头四足，虽与夔龙全然不同，而俗称之为四脚蛇，守宫、蝎虎、壁虎、蜥龙即石龙蛇者。又传蛙、蛇、蜈蚣、蜘蛛（又蝎）等相生相克，即各怕其一，如蜘蛛可敌百虫而独怕蜥蜴，因而误以“二龙戏珠”为“石龙戏珠”，于是转而寓除害之意。又有添入灵芝而称“蜥龙闹灵芝”者，以示吉祥也。其后又以夔龙拱璧与绳索拱璧等相混而变体数百种之多者，于建筑、家具、杂器、衣料等应用极广。不一列举。

龙之简化图案统称“拐子龙”，拐子龙为龙体之延伸，描绘成连锁不断之纹，含有久长不断之意，如与花草拐子相连结则云“草龙拐子”，亦有将螭吻、狴犴、饕餮、蚣蝮、狻猊、椒图等之面部极端简化而成为“兽面拐子”者，建筑、家具、杂器、衣料等皆应用甚广。

北齐王昕之母，清河崔氏生九子，皆聪明伶俐，世称王氏九龙。又汉文帝有良马九匹，各题龙名。汉魏有九龙殿，五代之九龙帖、九龙冠、九龙舆等，皆因龙为神灵之物，且龙生九子及鱼登龙门等传说之所由来也。

又传说龙好淫，于云间交鹤而生凤凰，于原野交马而生麒麟，皆神变万化，人智无从臆测，且狻猊亦龙之九子之一，则狮亦龙之子孙矣。可笑！

（一一五）聪明伶俐

画葱、藕、菱及荔枝，初生贺礼。

（一一六）伶俐不如痴

画菱、荔枝及灵芝。宋苏东坡诗：“人家养子望聪明，我被聪明误一生。唯愿孩儿愚且鲁，无灾无难到公卿。”是亦利巧者不如痴之意也。

（一一七）三元及第（三元）

元宝三只或香橼三个。

晋高祖诏铸钱，铭曰天福元宝，因有元宝之称。

附记：唐初取士采用考试，是为科举之始，当时投考有五十余科。及宋之神宗、王安石建议用“帖括”，明清又用“八股策论”。虽因时代变迁而考试内容有所变更，总称则为科举。

秀才（廪生、增生、附生）之考试于各县行之是为院试，主考试之官称大宗师，其第一名称“泮元”。

集各县秀才于各省举行考试，则称乡试，主考称之大主考，考第一称解元。

贡士之考试为集各省举于京师行之，称会试，主考称大总裁，考第一者称会元。余称贡士。

集全国贡士再举行殿试，选优异者十名荐于天子，天子再定先后如下：

一甲第一名状元（任官之时天子亲试一次称翰林朝考或钦考）

第二名榜眼

第三名探花

二甲第一名传胪（二甲于三年后更举行考试，及第者皆授翰林称号，称复试）

第二至七名无其他称号

其他百余名

以下三甲（百余人，后来有时候把三甲的第一名也称为传胪，但不如二甲的最后一名）

以上一甲三名、二甲前七名，俗呼前十本。

凡贡士经殿试及其前三名赐“进士及第”，二甲全部（百余人）赐“进士出身”，三甲全部赐“同进士出身”（一、二、三甲统称进士）。封建社会中不仅授官有特典，即平日亦马上受人尊敬。

（一一八）连中三元

画荔枝、桂圆及核桃。

（一一九）喜报三元

画喜鹊与桂圆三个。

（一二〇）喜报连科

画喜鹊啄莲房之子，其旁添芦草。

（一二一）一路连科

画鹭、荷花、芦草。

（一二二）状元及第

画戴冠之童子骑龙之图。又画奎星乘鳌挥笔指向太阳，题曰“独占鳌头”或“奎星点状元”，亦寓状元及第之意也。

（一二三）状元祝寿

画竹、香橼，并配绶带穿飞于竹林之中。以橼谐元，竹谐祝，绶谐寿，皆可通，而以穿字谐状字，则未免勉强矣。

（一二四）一甲一名

画鸭一羽（或用蟹），鸭字取其一边甲字之意。

（一二五）二甲传胪（黄甲传胪）

画蟹两只与芦。

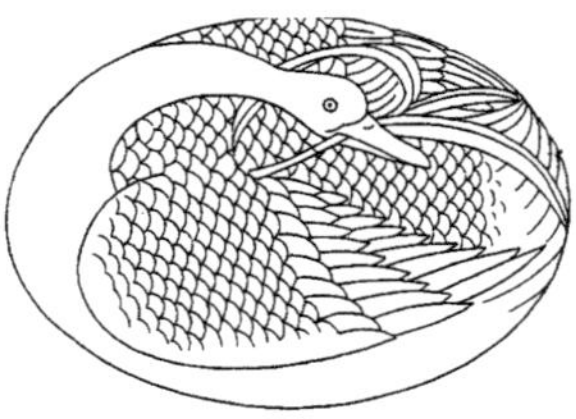

一甲一名

二甲传胪

连中三元

（一二六）雁塔题名（金榜题名）

画豚之图，蹄题同音。唐之韦肇及第，题其名于西安之慈恩塔，此后同科之人推能书者亦题名于此，若其中有为将相者，其名更用朱书标之。故后世称殿试曰雁塔题名者。青年出门有以豚蹄为赠之习俗者，亦寓高中之意。据传从前南京乡试之前日，旅舍主人每煮豕蹄以飨士子，因煮蹄者寓熟题之意，士子应试而遇熟题，自然驾轻就熟矣。

（一二七）杏林春燕

画杏花与燕。殿试例于二月，行之时杏花盛开，及第后天子赐宴，因此杏花一名“及第花”，燕寓宴意，且为长寿吉祥之鸟。

此图如添杨柳，亦称“桃柳赐宴”。

（一二八）青云得路

画小童放风筝扶云直上之图，寓青云之士得其路则冲天而上。

附记：雪为“瑞雪丰年”，星为“吉星高照”“一路福星”，俱有吉祥之意。

附记：云能生雨，万物赖以滋润，皆有祥云瑞日之称。图案中画云者特别多，其纹样有云头、云纹，浮动者有流云，相连锁者有套云拐子，加蝙蝠则称福运，各种图案皆有应用。

（一二九）春风得意

画童子骑牛放风筝，或画走马于杏林之中。杏花寓殿试及第，详前。孟东野登第后诗云：“春风得意马蹄疾”，可想见当时之得意风光。

附记：走骏马题图亦有题“骅骝开道”者，取杜工部《奉赠鲜于京兆》诗“骅骝开道路，雕鹗出风尘”之意也。

（一三〇）平升三级

画花瓶插戟三枝，旁配一笙。

（一三一）太狮少狮

画大狮子与小狮子。狮与师同音，太与大，小与少音皆类似。周之官制，太师、太傅、太保，称三公。少师、少傅、少保称三孤（孤次于公而上于卿）。太师、少师为公孤之首，寓官位最隆高之意。官衙之门有石狮一对，右雄左雌，雄狮足踏绣球，雌狮足踏小狮子，即寓太师少师之意。

狮子滚绣球。

又变其形为一角之猛兽，是为獬豸，性公正，故从前司法官之补服有描用此兽者，御史亦有戴獬豸之冠者，皆象征其公正也。

（一三二）一品当朝

画一鹤立于当潮岩石之上（鹤有一品鸟之称）。

附记：画一鹤舞于云中，题曰“高升一品”。

（一三三）带子上朝

画父子两人袍笏趋朝之图，又画大小云龙登天，下有海浪之图。

父子上朝寓父子同居显官之意，大小云龙亦寓父子之意。

附记：浪亦有各种纹样，为重要图案之一，应用甚广，水波浪亦称“海水江涯”，图案用于衣料、家具、杂器。

（一三四）丹凤朝阳（朝阳鸣凤）（丹山彩凤）

画太阳、梧桐与凤凰之图。

《山海经》：“凤凰生于南极之丹穴。丹穴（丹山）即所谓朝阳之谷，朝阳谓南向，当有吉运之兆。生于丹穴，故称丹凤。百鸟之王栖于梧桐。”

《诗经》云：“凤凰鸣矣，于彼高岗。梧桐生矣，于彼朝阳。”此图即寓意其居高位，尚吉运也。

（一三五）官上加官

画鸡冠花上留一蝈儿。又有画鸡冠花与蟹（或雄鸡）者。鸡冠花之冠谐官。蝈儿与官儿音类同。蟹为有甲之鱼，谐加字。雄鸡有冠，亦谐官字，故寓官上加官。

（一三六）加官晋爵（丹陛恩光）

画童子献爵于天官。

（一三七）指日高升

画天官手指太阳之图。又日出时有鹤高飞之图。又画太阳与海波，题曰“海天浴日”，又“如日之升”“旭日东升”等题皆于本题类似，更有添画蝙蝠而称“福如东海”者。

（一三八）翎顶辉煌（红顶花翎）

画孔雀之尾与珊瑚枝插入瓶中。清朝正一品戴珊瑚顶子，戴孔雀花翎谓官居最高位也。《易经》：孔雀有文禽之称，故单画孔雀高飞则题“天下文明”。

又画鹤、雉、孔雀三禽，题曰“位列三台”，因清代官一、二、三品官服上之补子即以鹤、雉、孔雀三禽，分其品位也。

（一三九）加官受禄（加官进禄）

画束带戴冠之官吏手抚一鹿。

（一四〇）封侯挂印

画猴挂印绶于枫树之枝（又有画蜜蜂与猴者）亦题封侯。又有画鹤与蜜蜂，则题“一品加封”。

（一四一）马上封侯

画猴骑马背。

（一四二）辈辈封侯

画老猴背负小猴。

（一四三）冠带传流

画一玩具之船，中载冠带及石榴，旁立两童。

（一四四）英雄独立

画一羽之鹰立于岩石之上，下有波涛冲击。又有画一独立之雄鸡。亦有画鹰与熊而寓英雄之意者。又有画鹰止于树，瞰其下飞之小禽二羽者，题曰“威震二京”。

（一四五）英雄斗志

画斗鸡之图。又有画柿子四枚、雄鸡三羽，寓东汉末杨氏故事而题“四世三公”者。因《后汉书》：“杨震子秉，秉子赐，赐子彪相继为三公。”孔融曰：“杨公四世清德，海内所瞻。”

（一四六）君子之交（芝兰之交）（芝兰竞秀）

画芝兰与兰花，或竹与兰花。《孔子家语》：“孔子曰：‘与善人交，如入芝兰之室，久而不闻其香。’”

（一四七）同心之言（兰言）

画兰花之图。《易经》：“二人同心，其利断金。同心之言，其臭如兰。”即意气相投之意。因此至交亦称兰交，良友亦云兰客。

（一四八）大人虎变

画虎之图。《易经·革卦》：“大人虎变，其文炳也。”

（一四九）君子豹变

画豹之图。《易经·革卦》：“君子豹变，小人革面。”

以上两图有连带关系：“大人虎变”，疏云：九五居中处尊，以大人之德，为革（变化）之主，损益前王创制立法，有文章之美，焕然可观，有似虎变，其文彪炳。盖虎豹之皮，文采彪炳，其变含有革新政治之意。小人革面则洗心革面而有顺上之意。后世亦有借用为自贫贱而显贵之意。

补：豹脚纹图（豹脚纹为建筑图案）。

（一五〇）一品清廉

画荷花一茎。荷为花之君子，青莲与清廉同音。佛书：“火坑中有青莲。”又唐李白字青莲，亦寓清廉之意。

（一五一）一琴一鹤

画琴一张、鹤一羽。《宋史》：“赵汴号铁面御史，帅蜀以一琴一鹤自随，后世因以一琴一鹤谓官之清廉。”

（一五二）唯吾知足

利用钱孔而组成四字图案。

（一五三）家家得利

画渔夫售鲤，家家购之之图。

（一五四）年年大吉（新年大吉）

画鲶鱼与大橘（或雄鸡），画鲶鱼两尾配以灵芝，题“年年如意”。

（一五五）年年有余

画爆竹（或其他之正月玩具）数枚与鱼。

（一五六）连年有余

画童子弄莲花与鱼。

（一五七）渔翁得利

画渔翁钓鱼之图。

（一五八）和合万年

画百合根二个（或百合根与葫芦）与万年青。又画桶中种万年青，题曰“一统万年”。又画南天竹与万年青，题曰“天子万年”。又画“葵”，题“归心向日”。司马温公诗“唯有葵花向日倾”，盖寓有民心归一之意。

（一五九）吉庆有余

画瓶中插三戟，中戟上悬一磬，磬之两侧各悬一鱼。又有画一童子击磬，一童子持鱼灯而起舞。汉代之洗面器之底，每画双鱼则侧书“大吉羊”三字，后人因有“晋砖五鹿宜孙子，汉洗双鱼大吉羊”之对，又有以鱼鳞相交锁而成鱼鳞饰图案，衣料及建筑上时有用之。

（一六〇）本固枝荣

画荷花丛生之图。

（一六一）刘海洒钱（刘海戏金钱）

画刘海蟾玩钱之图。刘海蟾据翟灏《通俗编》云：《湖广通志》云，刘玄英号海蟾子，广陵人，仕燕王刘守光为相。一旦有道人谒，索鸡子十枚，金钱十枚，置机上，累卵于钱，如浮屠。海蟾惊叹曰："危哉！"道人曰："人居荣乐之场，其危有甚于此者？"尽掷之而去。海蟾由是大悟，易服从道人历游名山，所至有遗迹。宋初于潭州寿宁观题诗，乃自写真于傍山，此即今刘海洒金钱之说所记。《陕西通志》亦载。文字略有出入，不录。

（一六二）羲之爱鹅（右军爱鹅）

画鹅之图。《晋书 · 王羲之传》："山阴道士好养鹅，羲之往观，甚悦，为写《道德经》毕，笼鹅而归。"后世因鹅之身能纵横左右运动，以状书家运笔之自在，故此种图案在文房上往往用之。

又鹅与华鸭、山鸡、鹦鹉、溪鹉、山鹛等作为建筑图案。

因《禽经》云："鸠拙而安。"

《尚书·尧典》"共工、方鸠、僝功"，等皆含有安静、聚乐、和平之意。

又《水经》：高祖与项羽战，遁于蒲中，鸠止其上，追者以为无人，遂得脱。既接位，作鸠杖以扶老。

《后汉书》：年七十者授之以玉杖，端以鸠鸟为饰。鸠者不噎之鸟，欲老人不噎也。故今日老人手杖有以鸠鸟装饰之风。

（一六三）洞天一品

画太湖石。米元章爱石，最珍重者，名洞天一品石，代表寿意。此画可用于祝寿。

（一六四）尚书红杏

画书籍与杏花。《尚书》今称《书经》，亦为官名，红杏寓进士及第之意。《古今词话》：宋景文过张子野家，将命者曰："尚书欲见'云破月来花弄影'。"郎中子野内应曰："得非'红杏枝头春意闹'尚书耶。"宋景文名祈，官至工部尚书，景文为其谥。张子野名先，官郎中。

（一六五）牧童遥指杏花村

画牧童遥指杏花村诗意（硕按：此图似与吉祥无涉）。

（一六六）玉树临风

画玉兰花。杜甫诗《饮中八仙歌》："皎如玉树临风前"之意。

（一六七）松菊犹存（松菊延年）

画松与菊。取陶渊明之《归去来兮辞》中"三径就荒，松菊犹存"之意，可用于祝寿。

（一六八）八骏马

周穆王有良马八匹，乘之周游天下，名八骏马。八骏马之名,《玉堂丛书》称骅骝、绿耳、白牺、赤骥、渠黄、踰轮、盗骊、山子。而《拾遗记》则称：绝地、翻羽、奔霄、起影、逾辉、超光、腾雾、挟翼。

八骏马图案应用甚广，建筑图案亦有应用者，然不应列入吉祥图案。

（一六九）福缘善庆

画老人持杖，上结香橼，另一手持扇子，背骑。手持一磬之幼童，另一童子作击磬之状，上空飞一蝙蝠。

《千字文》：“祸因恶积，福缘善庆。”橼谐缘，扇谐善，磬谐庆，蝠谐福。

（一七〇）百鸟朝王（仪凤图）

画凤凰居中，周围群鸟。

传凤凰为百鸟之长，俗呼鸟王，其雄者为凤，雌者为凰。能知天下之治乱，明君出则凤凰现，为四灵之一。又凤凰分五种，赤者为凰，紫者为鹫，青者为鸾，黄者为鹓鸰，白者为鹄。

附记：龙凤合描题“龙凤呈祥”“鸾飞凤舞”。“五凤齐飞”：宋太宗朝，宋白、贾黄中、吕蒙正、李至、苏易简五人同入翰林，扈蒙（《旧五代史》编修之一）赠诗，有“五凤齐飞入翰林”之句，后世因有画五凤图者。

（一七一）九重春色

碧桃花满放之图。《楚辞·九辩》：“君之门以九重”，按九为阳数之极，故天子所居亦称九重。“九重春色”见杜甫《早朝》诗：“五夜漏声催晓箭，九重春色醉仙桃。”“碧桃花”见唐高蟾《寄人》诗：“天上碧桃和露种，日边红杏倚云栽。”

附记：九为阳数之极，清代皇室尤重九数，图案中亦多用九，如山河九鼎、九宝、九光、九如、九锡、九贡、九雏、九穗、九章、九畴、九龙、九连钱、九连环、九思图等，是也。

（一七二）天官赐福（受天福禄）

画天官与蝙蝠。上元为天官赐福之辰，中元为地官赦罪之辰，下元为水官解厄之辰。

（一七三）天中辟邪

画钟馗之像，上飞蝙蝠。《提要录》：“五月五日午时为天中节。”是日悬钟馗像于堂中以逐疫，此旧俗也。

（一七四）天中集瑞（天中瑞结黄金果）

画一蜘蛛自网中悬丝而下，其下配以枇杷、蒜、樱桃及菖蒲。蜘蛛下坠俗称天喜，枇杷色黄，有满树皆金之喻，俗称“金玉满堂”。蒜除百毒。

（一七五）百事大吉

画百合根（或柏树）、柿及大橘。《西湖游览志》，杭俗，元日签柏枝、柿饼，以大橘承之，谓之百事大吉。画柿与大橘，亦称“事事大吉”，皆元旦吉祥画也。

（一七六）弯弯顺

画虾之图。江浙元旦吃大虾，祈一年顺利，亦称进元宝。

（一七七）室上大吉

画大鸡立于石上。周亮工[1]《书影》卷二云：“正月一日帖画鸡，今都门剪以插首，中州画以悬堂，中贵人（太监）尤好画大鸡于石上，元日张之。盖北地类呼‘吉’为‘鸡’，俗云‘室上大吉’也。”

（一七八）九世同居

画鹌鹑九羽与菊，菊谐居声。

（一七九）安居乐业

画鹌鹑、菊花及枫叶。义同九世同居，枫树至秋深则落叶，落叶与乐业谐声。

（一八〇）举家欢乐（全家福）

画菊花与黄雀，菊谐举，黄谐欢。

（一八一）九秋同庆

画九种秋草。

（一八二）三阳开泰

画羊三头。

（一八三）九阳启泰

画小孩牧羊九头，以松竹梅为背景。

（一八四）太平有象

画象背负宝瓶。

（一八五）河清海晏

画海棠、燕子与荷花。黄河清，圣人生。今河清而海不扬波，则天下太平矣，因亦题“四海升平”。

增补四神：青龙、白虎、朱雀、玄武，为象征四方、四季及木、火、金、水之祥瑞动物。

---

1. 周亮工（1612—1672），字元亮，明末清初文学家、篆刻家、收藏家。生平博及群书，爱好绘画篆刻，工诗文，著有《赖古堂集》《读画录》等。

瓦当、汉砖图案选：

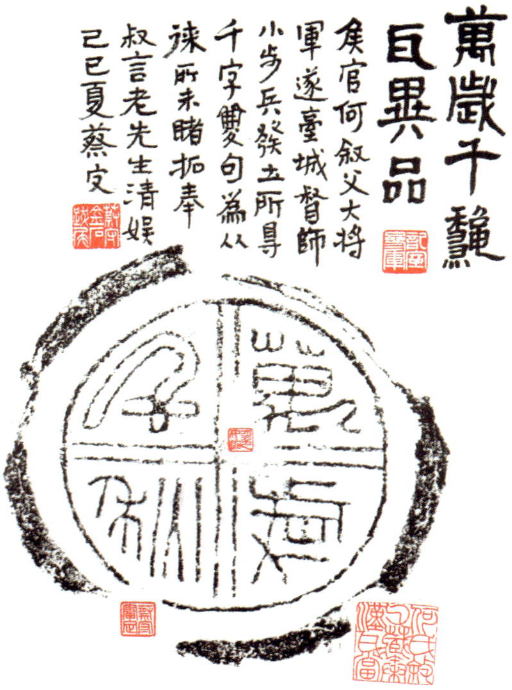

青龙、白虎、朱雀、玄武纹瓦当

万岁千秋瓦当

选自《阿英旧藏金石拓片·瓦当集》

美意延年

汉人物画像砖，画分三层，上为夫手牵妇，妇折腰俯身举手相迎，幼子居上。中图长须白眉老者咧齿大笑，祖孙同堂其乐融融。下饰菊花，乃祥瑞之物。造像简约抽象，生动传神。砖呈方形，寓天圆地方，令人遐想。甲午元宵手拓写菊，廿五识于姑苏野鹤。

狼干万延

狼干万延瓦当为汉武时甘泉祠宫竹宫之遗。狼干为琅玕同音通假，万延乃万年之音转。琅玕为美玉，亦是竹之代称。杜甫诗云：“主家阴洞细烟雾，留客夏簟青琅玕。”白居易有“剖劈青琅玕，家家盖墙屋”诗句。岁在丁酉春分后一日，野鹤。

选自陈如生《神与物游》

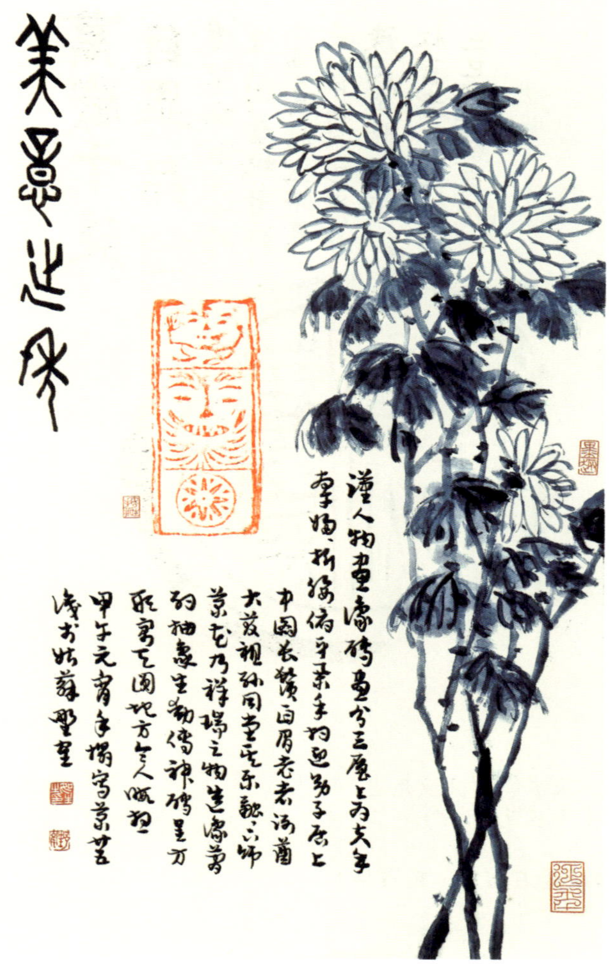

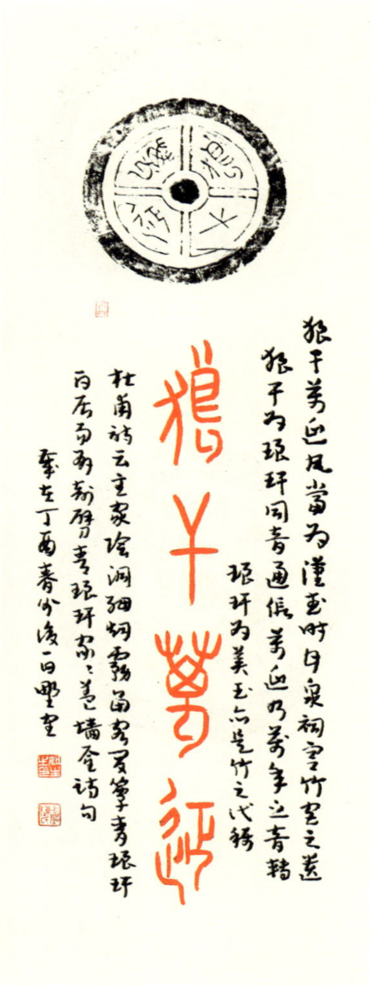

工艺美术品和建筑吉祥图例：

清　缂丝《瑶台百子图》
南京博物院藏

清初　刺绣《富贵白头图》
南京博物院藏

清　白玉“瓜瓞绵绵”烟壶

清　粉皮青玉“多子多福”摆件

清　竹雕“太狮少狮”

清　竹雕“和合二仙”

苏州博物馆藏

明代万历二十五年
苏州年画《八仙庆寿》

清末　桃花坞年画《喜从天降》

清末　桃花坞年画《龙凤呈祥图》

清中期　桃花坞年画《五子登科》《连中三元》
选自《中国木版年画集成·桃花坞卷》《康乾盛世“苏州版”》

苏州民居檐下“狮子绣球”撑拱

“冠带传流”图案

“竹报平安”图案

桃花坞年画《福字图》

刺绣《百寿图》

六　苏州传统手工艺卷

题解：本卷收录顾公硕先生担任苏州市文联民间艺术研究组长期间整理的《苏州民间艺术（美术部分）草目》《苏州工艺美术陈列室计划（草案）》、小文章《苏州工艺美术发达的原因》、工作指导性文章《怎样搜集工艺美术的资料》以及公硕先生整理的关于姜思序堂的历史、苏州传统工艺的资料汇编。

苏州民间艺术（美术部分）草目

苏州市文联、民间艺术研究组（1953 年 11 月 29 日）

1	凿纸花	20	扎珠花
2	着金	21	纸扎
3	戏衣	22	桃花坞木刻
4	苏绣	23	雕花作
5	刻丝	24	砖刻
6	织锦	25	刻碑帖
7	纸花	26	石作
8	绒花	27	刻竹
9	绒	28	治印
10	结绳排须	29	琢砚
11	剪花样	30	琢玉
12	花边手套	31	仿古铜器
13	堆绢	32	银细工
14	印花布	33	波罗漆
15	画白粉	34	漆器
16	高丽纱	35	红木细工
17	团合	36	塑佛像
18	麦柴制品	37	木雕佛像
19	花烛	38	雕果核

39	精白铜器	65	漏窗
40	锡器	66	花丽缎
41	治琴	67	龙吻—鸱尾
42	琴弦	68	天将—脊饰
43	乐器	69	堆假山
44	嵌漆	70	捏像
45	诗笺	71	治玛瑙
46	彩笺	72	治琥珀
47	扇骨	73	押葫芦
48	扇面	附玩具	
49	纨扇	1	粉人
50	装潢	2	糖人
51	刻书板	3	铅丝圈
52	牙刻	4	江北玩具（葑门外）
53	三清殿大墙门的画	5	泥玩具（阎氏弟兄）
54	装旧书	6	小动物（程寉龄仓街 3 号）
55	风筝	7	木狗木偶（东中市 196 号）
56	鸟笼	8	小家具（东中市一老者）
57	夹纱灯	9	红木船（杨顺兴）
58	窝嵌与锦盒	10	木玩具（木渎）
59	拓吉金	11	火漆人
60	裱碑帖	12	料器
61	角刻	13	假面具
62	骨器	14	木刀枪
63	蟋蟀盆	15	刻棋子
64	铁画及铁兰花		

苏州工艺美术发达的原因

这是一个重要问题，凭我的水平，恐不能解决，现提出个人看法。

（一）历史上经济中心南迁，苏州地理条件好，蚕丝之利，逐步发展为纺织中心、鱼米之乡。东晋南朝时代，南方的经济获得了进一步的开发与发展。

长江流域向来人口稀少，经济文化落后，西晋末年西北民族进入内地，中原和关陇人口与士族大量南迁，造成了南方人口激增的现象（参阅《中国史纲要》页 96）。白居易诗："十万夫家供课税，五千子弟守封疆"，"处处楼前飘管吹，家家门外泊舟航"。唐诗中描写当时虎丘一带的胜景，以阊门为中心，成为繁华的胜地，吸引了不少的游人。唐末苏州归吴越钱镠的版图，苟安繁荣。

（二）苏州向为南北货物粮食集散之地，米市后为无锡分去，对外有铜局，商品经济发达，促进工艺美术的发展。

（三）帝王家的搜刮，从丝织品到其他，官营工场、笛师。宋统治者苏杭造作局，每日服役局内的诸色匠人为数几千。元明清都有类此机构。

（四）番匠制度

历史上的匠役制度，即轮流应差，工艺匠是世袭制，子孙不得转业，这些工匠皆来自民间。

唐番匠 = 无偿劳动 = 宋代鳞差（亦称当行）

唐明资匠 = 傭佣 = 宋代募匠

元代对汉人是残酷统治，但对生产工人稍为客气，所谓“系官匠户”是也。明代匠户地位就很低，不准应考。苏州既为搜刮主要对象，匠户一定很多，有的就地应差，有的还要到皇城、省城应差，所谓“天下良工，群集京师”，起交流作用，这是有利的一面，也有促进作用。元好问诗“可怜憔悴田间女，促织声中对晓灯”。

（五）……富裕阶层的享受，居室之美，造成了虚荣风气。

（六）苏州人……宜乎做轻、手工业。

因此，苏州不仅仅是消费城市，工艺美术发达……

苏州传统手工艺

明代吴中绝技

张岱《陶庵梦忆》云：吴中绝技，陆子冈[1]之治玉，鲍天成之治犀，周柱之治嵌镶，赵良璧之治梳，朱碧山[2]之治金银，马勋、荷叶李之治扇，张寄修[3]之治琴，范昆白[4]之治三弦子，俱可上下百年保无敌手。

---

1. 陆子冈，也作子刚，明代琢玉大师。原籍太仓，后居苏州横山。擅制玉簪，徐文长诗中有“昆吾锋尽终难似，愁煞苏州陆子冈”之句。故宫博物院藏有陆子冈所制水晶梅花花插、青玉合卺杯、青玉山水人物纹方盒等。

2. 朱华玉，字碧山，元代人，原籍浙江嘉善魏塘，居苏州木渎，擅制银槎杯。传世有银槎杯四件，一件藏于苏州市吴中区文管会，槎背有款“至正乙酉朱碧山造”，乙酉为至正五年（1345）。

3. 张寄修，明代苏州制琴名手。张岱《陶庵梦忆》中称张寄修“上下百年，保无敌手”。

4. 范昆白，明代苏州制三弦名手。

姜思序堂历史

明末清初，姜氏之子好画，好做颜色。子孙不会画，会作色，吴县前横街太史第内卖颜色，坟在虎丘过去一点的地方。太平天国之前收学徒黄石裔，太平天国时姜氏二子一母出走，长子少甫、二子少铭，出走时次子失散，由徐姓领去。后来姜一子回来，时黄石裔开黄绘林堂在皋桥东首，姜少甫从师兄黄石裔学业，时姜牌悬在黄店内面，外用黄牌。等少甫学业期满，仍回来开姜思序，姜收学徒薛文卿、吴仰如、董寅生等，姜少甫生活腐化，将店盘给王仁甫及吴姓，推举薛文卿做经理，其后薛文卿与吴仰如也加入股份。时姜少甫在盐仓巷家中做颜料。辛亥革命后店中困难，王、吴不肯维持，徐少铭出资嘱少甫之子兆笙出面赎回，仍请薛文卿为经理，变成徐、吴、薛三份合作，至公私合营。

姜思序堂“美术颜料问题”了解经过情况

姜思序堂开设迄今已有几百年历史，现该店由资方薛庚耀经营（他已经营卅年）。目前该店有职工三人、会计一人，资方一人。营业最发达时期共有职工十八人，有的在抗战时期因战事回家，有的是临时工，其中有老年工人二人因病故世。它的产品行销全国各地（北京、天津、河北、济南、山东青岛、山西、安徽、河南开封、广东、广西、浙江、湖南、湖北、东北各省，四川、上海、江苏以及边远地区和香港）。

营业情况：

（一）业务方面：该店在抗战前营业比较发达，营业最好的时候是在距今廿年之前。解放后的两年，中国画创作活动较少，故营业情况曾一度欠佳，从 1953 年起因北京荣宝斋（国营）及香港等地纷纷向他们购买，故营业情况逐渐好转。去年该店全年的营业额为九千一百十三万元（净利二千余万元，今年比去年更好。去年 1 月至 7 月计四千一百万元，今年 1 月至 7 月计六千五百万元），（编者按：旧币）。若以解放后的两年营业欠佳的时期相较，约相差（增长）一倍以上，但较之以前营业最好时期，现在仍然不如往昔，至于该店目前情况尚能维持，并无多大困难，现该店产销平衡。

（二）原料问题：“金银”先与金箔店接洽，再由金箔店获得金监处准许后买进，“青”（较“绿”不易买到）“绿”现在陆续向存户收进，“青”缺货，较难买到。唯该二种原料收求不致发生困难（因为它是国产，“青”产于西藏，“绿”产于云南），洋红系产德国，从前系向德商礼和洋行定购，现在有些困难。目前上海方面尚有几听出售。他们正在设法购进“尖嫩月黄”（即藤黄）产于暹罗，现在缺货，暂以“铬黄”代替（它的缺点需用胶，“藤黄”则不需用胶）。“胭脂”尚够用两年，目前没有困难。

（三）质地粗糙、色彩易退原因：

1. 该店出品颜料的等级如下（可参阅该店一览表）：

（1）“顶上”和“上”——都为国产原料，价格较贵，不退色。

（2）“天”——中国颜料与西洋颜料各半，价格较便宜，退色。

（3）“头”“二”“三”——西洋原料，价格最便宜，质劣，退色。

如“轻膏花青”“胭脂膏”“天字胭脂膏”等系植物质，较易退色（矿物质则不易退色）。

2. 现在多数画家贪价格便宜，不买好颜料，他们认为一般的普通画不需用好颜料。另一方面，以前画家着色较厚，有的要画几遍，而且颜料中胶质重，故不容易退色。现在有些画家则与此相反，他们绘画时着色分量稀薄，胶质轻，故容易退色。

工艺美术史料匮乏

我们不讳言，我们的工业暂时还没有赶上时代，与生活需要还有脱节，但我们人多手多，手工业现在还是特别发达。

人类自从有了文化以后，物质生活就不断提高，在丰衣足食之余，自然进一步要求生活的美化，于是工艺美术就逐步发展，这是众所周知的事实，不用多说。

可是，我们的祖先既手创了这样丰富的工艺品，却不见一部完整的工艺美术史料。远的不必说，就是近百年内，从事生产的情形，至今还有了解得不够清楚，连目前还在生产的艺人，他们的姓名、经验和学艺经过，有几位有了具体的记录？有几位把自己的姓名留在作品上面？我认为是遗憾。事实是远不够理想，当然不是没做，而是做得还不够要求。

关于这方面的著作，以往不是没有，而是太少，但话又说回来，艺人的姓名不是不记，而是不详，著作的人又不够踏实，没有很好地调查研究，喜欢辗转抄袭，片断资料往往各书互见，传写错误，又往往将错就错，不但把张三缠到李四，甚至把前朝改为后代，关于这方面的问题百出，别的不说，以艺人姓名为例，就够了。

工艺美术不比书画、金石，它原本很少附有文字，如果当时不加上艺人的姓名，那就难以考证，再加上工艺品的保存系数不高，织绣要风化，竹木容易虫蛀，等等。

前人著录艺人姓名的书，如《竹人录》《印人传》还局限于所谓“文人雅士”的范围，能有几位民间艺人为士大夫青睐而登上大雅之门，而荣幸地榜上有名呢？除非你有意依附，他才能给你个“厕身士林”的身分，明杨埙虽以义行著称，但不足以为劳动人民说话。

□□□同志，有志为艺人写传记，苦于缺乏材料，花了多年功夫才写成《□□□》一书，当然与原拟有距离，但以个人力量，利用的又是业余时间，取材是于各书的编辑工作，后人没有做过。虽则还存在一定的缺点，但限于个人业余力量，受条件的限制，也不能苛求。

怎样搜集工艺美术的资料

书本上的记载太少，艺人的传记更少，帝王家子子孙孙都有记载，而艺人能有几个幸运儿？不比现代艺人，都抬了头。

（一）书本上偶然提及，不能马上信以为真，更不许误解“珠粉生涯”的笑话。要冷静地分析一下，有些地方太夸张，事实上不可能，一粒芝麻刻一篇《滕王阁序》，也许可能，但据说是在袖子管中刻的，也许有，我却勿信。因为我目睹了张楫如在竹骨上刻石鼓，阳文是用放大镜刻的。放大刻不足为奇，奇在可以放大了看。这就是所谓尽信书，不如无书，但由于资料少，一鳞半爪还是要搜集，积少成多，互相印证，可能解决一些问题。

（二）实物是最可靠的资料，事实上也太少，以往不注意，假书画当宝贝，民间真艺术看不起，外国人注意了，反而搜集了不少去，尤其是日本人，有研究，但暴发户也不少。新近北京来人说，他在德国博物馆就看见较早期的桃花坞木刻，为日本各书所未引者。我在一次德国工艺品展览会中就看到有中国化的青花瓷器。

苏州工艺品不少，地位不低，但实物能有多少？

（三）传说。民间传说是贵重资料，但也有时可信，有时不可信，它的价值有时在书本之上，也有时不及书本。如：

“苏州青旸地设立租界后，日本才有丝织业”，见《新苏州报》。“苏州在太平天国之后，那时海运初开”，见《工艺美术资料》。

以上所述是搜集历史资料，研究现代的工艺美术，那有实物，可见问题不大，而且重点在怎样发展，但研究发展，脱离不了传统。

苏州传统工艺（笔记）

一、琢玉

玉器可以说是从石器发展而来的，玉本是石的一种。在石器时代，纵有玉的制作和应用，也是玉石不分，都不脱实用的意义，但由于玉的色泽光洁温润，到了商周时代，就逐步地脱离实用而变为统治阶级的一种服御玩好类的东西。玉主要用于礼仪、葬礼，再进而为装饰品，例如石斧进而为圭，环状石斧进而为璧，从此治玉也成为一种专业，产品也从粗壮而发展为精细、纤巧。苏州的琢玉，始于何时，已不详，明代宋应星在他的《天工开物》中曾说："……良玉虽集京师，工巧则推苏郡。"可见苏州琢玉的评价是很高的，即使现在最被推崇的"京琢"，其始也是苏州手艺人到北京传授的。

琢玉分工严密，剖玉的剖玉，钻玉的钻玉，再有粗作、光作等名目，各专一长，分工合作，所以一器之成，相当艰巨。解放前玉业已临绝境，艺人也纷纷转业，生活极度穷困。1949 年大军渡江，4 月 27 日解放了苏州，苏州的琢玉工人也绝处逢生，重新走上工作岗位，现在已大量生产、出口，特别是技术革新，把千百年来一向用手工操作的琢玉工具逐步改为机械化，无论产量、质量都有显著提高，已成为出口贸易之一环。

玉雕、玉器、雕漆、砖雕图例：

玉玺、玉雕　顾公硕拍摄

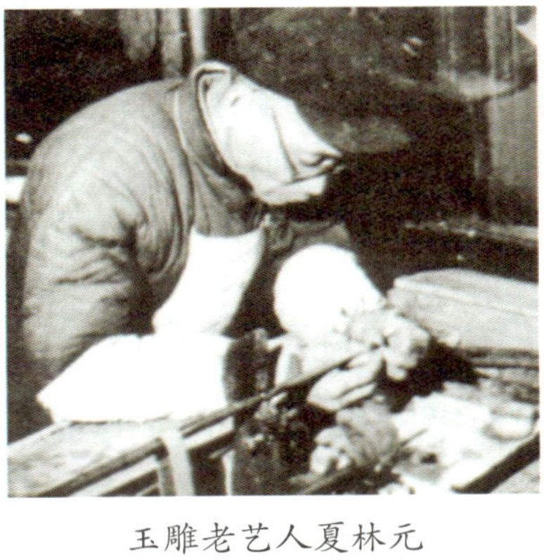

玉雕老艺人夏林元
在对宝石戒面进行抛光

上世纪 50 年代，苏州玉石
雕刻厂工人在切割玉石

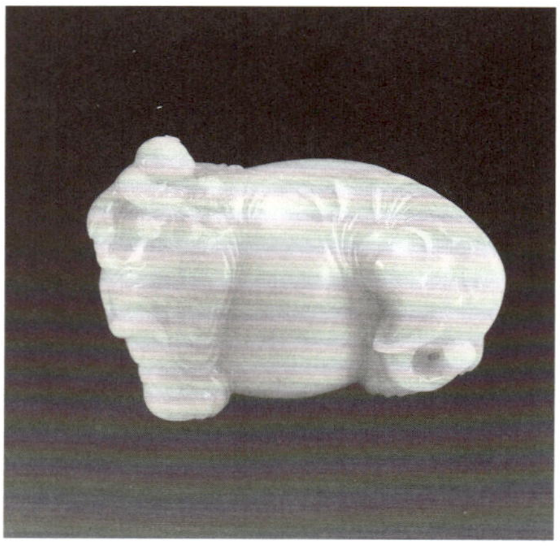

清 白玉大象

清 碧玉花囊

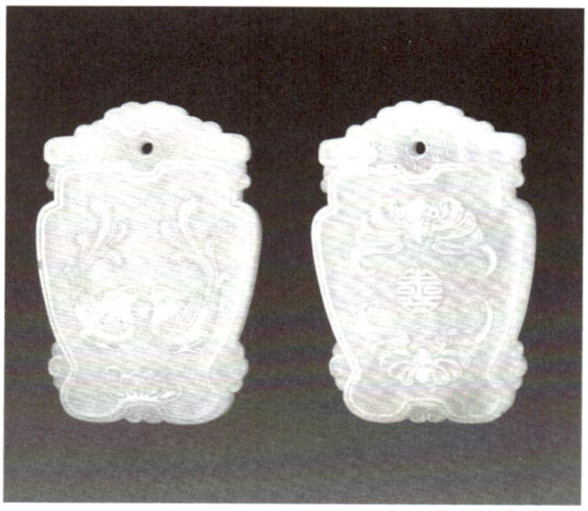

清 双凤玉牌

清 田黄卧马

苏州博物馆藏

二、苏式彩绘与漆器

苏式彩绘 北京至今流传，北方彩绘用于宫廷和团旋子。苏州以锦地为主，间杂图画，这与纺织有关。明朝彩绘，保存不少，上面有很好的织锦图案，值得临摹保存。

苏州漆器 历史也有填漆、雕漆等高等工艺品，现在只有少数人能作犀皮漆，其余的都是一般漆工。

漆的质量不一，一般由老师傅拼合，现在据说没有，确否待证实。三缸是黑门，漆缸、染缸、酱缸，漆缸要二十年工龄。

清　雕漆盖碗一对

清　剔红花鸟搁臂一对

清　剔红佛手瓜果盒一对

苏州博物馆藏

三、砖刻

砖刻是指建筑上的一些砖雕装饰而言，内容不外“荣华富贵”之类的思想，但它的艺术造型、图案组织却是建筑工人的伟大成就，是纯粹的民间艺术，因此非常名贵。苏州的旧建筑上，保存着这种砖雕还多，还可从不同时代的作品，完整地看出演变过程，而且有它的独特风格，与他处砖刻显然不同，可望而知为“苏州砖刻”。

这里拟陈列苏州的砖刻实物和照片。

山东会馆砖刻选几块，现存文庙。

苏州现存砖刻调查录

宝林寺前 18 号

瑞光寺大殿　一块

定慧寺巷东备弄　造像

天后宫康熙砖刻

山西会馆一排墙砖

回教寺门楼　砂皮弄（巷）

山塘街 510 号　关帝行宫

山塘街 556 号山东会馆　鸡毛绒线厂内开门

山塘街 554 号

山塘街 662 号门头　吕先贤祠（郭、唐、赵）

山塘街 698 号　二十四孝唐孝子祠

山塘街莲公兜　猪行公所

古市巷 34 号　吴状元家明代建筑董匾

古市巷　绣谷公墓　嘉广砖刻

严讷牌坊　官太尉桥某旧家

申文定牌坊　保吉利桥潘家

某织布厂　景德路 330 号砖刻完整，好。

木渎　东头小开当有砖刻

砖雕门头

砖雕作品
顾公硕拍摄

砖雕门楼　资料收集

宋　苏州相门内甲辰巷砖塔
全国重点文物保护单位

苏州民间素有“七塔八幢”一说，此为七塔中的一塔，其他六座已毁，仅存这一座甲辰巷砖塔。该塔为五级八面楼阁式砖结构仿木塔，高6.82米，基座每边底宽0.51米，对径1.2米。

苏州砖雕　云龙纹菱形砖
南京博物院藏

四、红木小件

红木小件，本来叫做“巧木作”。顾名思义，其精巧可知。以往苏州的巧木工人对色方面的贡献是不小的，现在集中生产，推行了技术革新，花色品种，日新月异。这里的陈列品，拟新旧并列，重点介绍尖端产品。

尖端产品	征求
红木花篮	国管处藏
红木小精品	会藏（编者按：即苏州市文管会藏，下同）

参照红木小件图例：

清　紫檀雕莲蓬带座小盒

清　红木雕荷花蟹虫笔洗

南京博物院藏

现代　红木小件骆驼担　谢耀锡作

现代　红木嵌竹刻笔筒　高云福作

五、竹刻　琢砚

历史上的竹刻，首推嘉定，自明代朱鹤祖孙父子[1]以竹根雕成各种人物、禽兽以来，一直是一种名闻中外的竹刻工艺。苏州的竹刻，盛行“浅刻”“深刻”“留青”等方法，与嘉定的“竹根雕刻”不尽相同，都为治印家的一种余技。这里拟陈列不同方法的竹刻，介绍竹刻工艺的发展和种类。

苏州的琢砚，除了顾二娘[2]以外，传人就很少，这些工艺往往是治印家的副业，以往在人民路一带也有过少数专业的，但没有突出的作品，可以作为点缀，陈列三四方。

各种竹刻　　会藏

琢砚　　会藏

竹刻图例：

清
顾珏竹雕人物笔筒

清
潘西凤竹雕虫草笔筒

清
竹雕“东坡夜游赤壁”笔筒

1.朱鹤，字子鸣，号松邻。明代嘉定人。嘉定派竹刻开山之祖。传世作品有北京故宫博物院藏“海棠花”竹刻笔筒一件、南京博物院藏“松鹤”笔筒一件。朱缨，字清父，号小松，朱鹤之子。传世作品有上海博物馆藏“刘阮入天台”竹刻香薰一件。朱稚征，号三松，松邻之孙，继承祖艺。传世作品有北京故宫博物院藏竹雕“渔翁”一件、北京中国历史博物馆藏竹刻“松荫高士”笔筒一件、台北故宫博物院藏“仕女图”竹刻笔筒一件。

2.顾二娘，清康熙年间苏州琢砚名家。娘家姓邹，亦作顾亲娘、顾青娘，顾启明之妻。顾启明去世后，顾家祖传的琢砚技艺由顾二娘继承。她制作的砚台，温雅之中兼有华美。她说：“砚系一石琢成，必圆活而肥润，方见镌琢之巧，若呆板瘦硬，乃石之本来面目，琢磨何为？”

明
竹刻人物搁臂

清
竹雕松树杯

苏州博物馆藏

六、苏州泥人

苏州泥人，很早，很好，可惜已失传，现在反而没有地位，无锡却后来居上，占了先去。

玄妙观与虎丘那处都有泥人，风格不同，看了陈列品，一望而知。可惜失传，我们尽了很大的力，才征集到这一些。

虎丘捏塑，在虎丘一带，明清盛行过相当长的一段时间。历史上最著名的有明代的王竹林、清代的项天成[1]、项春江等一家，项氏是世代相传，直至项琴舫为止，就后继无人了。塑造方法也是神乎其技，据说店内先预备好不同颜色的泥丸，他们对着来客，选择了一丸与来客脸色相同的泥丸，就眼看着对面的人，在袖里暗中摸索，不多时取出，居然惟妙惟肖。据说这样的塑造，可使对方不致拘束，可以从谈笑中抓住对方最传神的刹那。惜乎这种奇艺，不能传至于今，真是无可补偿的损失。这里拟借曹氏像陈列，或者用照片。此外再陈列现代的虎丘泥人或瓷制人像等，以供参考。

1．项天成，清康熙时苏州人，住虎丘山麓，擅捏肖像，以“虎丘捏相”著名。《妙手塑真诗》称赞他：“江东妙手更无伦”。

七、彩绘和泥塑[1]

主心木，胸堂木、肩胛木，空架薄板。四肢钉空搭架，手泥做。外加长柴泥，再架短柴泥，再加细泥（砻糠灰，新棉花拌肉□细）然后涂上，手捏成像，（粗泥干透，然后可上细泥），色子（工具）刷好，光子（工具）光。

落锉 = 磨光，嵌拆 = 补裂缝。

做底子 = 油浆灰或猪血灰。

上粉，广胶老粉。

上色，广胶加中国颜色。

上油，光油。

脱砂像，木架用麻绳扎紧，偶用小洋钉。

背调□着水。

麻绳扎架，干后加灰麻布生漆共做三道。

生漆抹在夏布上，然后贴在泥身之上，干后用生漆灰抹在夏布上，如是者三次约七八分厚，瓦灰。四肢用木。

薛金海同志口述。

苏州民间雕塑：泥人、绢人、塑像、佛像、木雕、砖雕、石雕、牙雕、瓷印。

八、扇子

（一）绢扇，亦名团扇、纨扇、宫扇。它的形式有月圆式、钟离式、海棠式、六角式等。先以铁丝圈箍，然后糊上纱、绢、纸等材料，上面可以写字、绘画，也可刺绣，更有用通草堆花的，当是 1958 年“大跃进”以后的新产品。

（二）檀香扇。檀香扇在出口贸易中的换算，据说一百一十三把就可换回一吨钢材，因此苏州檀香扇的经济价值是非常重要的。现在产值年有增加，品种层出不穷，质量不断提高，苏联、东欧等国家，几乎到处风行，国际市场已有巩固的基础。此处拟陈列各种新颖的檀香扇，每种一把，本会旧藏檀香扇，亦可一并展示。

檀香扇尖端产品　征求

文管会前年定制的一批檀香扇　会藏

各式折扇和各式扇骨　会藏

扇骨　漆、刻、磨、拉花、烫花

1. 摘自王道编注《过云楼旧影录》，浙江大学出版社 2015 年版。

顾公硕拍摄的苏扇

新中国成立初期
苏州檀香扇厂老艺人在打磨扇骨

檀香扇图例：

折扇图例：

团扇图例：

资料收集

苏州工艺美术陈列室[1]计划（草案）

前言

苏州的工艺美术，是有悠久的历史和优良的传统。花色品种之多，几乎应有尽有，这是自古劳动人民的智慧结晶。它不仅美化了人民的生活，也提高了苏州的经济地位。旧社会的长期摧残，使工艺美术的发展，受着严重的阻碍。很多艺人，怀才不遇，吃不饱、穿不暖，结果人亡艺绝。苏州有不少工艺美术品，就这样地失传了。解放后，由于党政领导的重视和扶植，把残存的苏州民间艺人组织起来，把久已不生产的工艺美术品恢复起来，同时又动员文艺界的专业成员用先进带落后、师傅带徒弟的方法，互助合作，从原有基础逐步提高，使苏州工艺美术在短短十年内呈现史无前例的繁荣景象。现在的产品，日新月异，质量精益求精，成为苏州主要出口贸易之一，不但载誉国外而且换回大量外汇，间接支援了国家建设，如不是在人民政府的领导下，就不会有今日的成果。

本馆为了介绍本市工艺美术的演变过程和解放后的辉煌成就，特辟专室，将市文管会所藏旧的工艺美术品和本市工艺美术局系统下的新的工艺美术品合并陈列，长期开放，以供众览，给全市人民以有益的启示，使从业人员有观摩的机会，同时在新旧对比下，也可驳斥今不如古的谬论；但筹备仓促，内容还不够充实，遗漏和缺点必然很多，请广大观众大力支援和不吝指教，使本馆有所改善，无任感荷。

苏州博物馆筹备处启

一、染织丝绣

拟在《农书》《农政全书》《天工开物》《耕织图》等书籍中，复制几张插图，概况化地介绍一些古代生产情况，作为起点。

二、锦

我国以往在殷墟出土的铜器中曾发现过丝织品的残迹，新疆、蒙古一带曾出土的汉代织锦证明我国丝织工业发展是很早的，至迟在汉代，技术已很高明。苏州地区虽没有实物出土，但根据文献记载，远在春秋吴国（包括苏州），丝织工业已很发达。当然在

1．苏州市工艺美术陈列室在各方面的支持下，经顾公硕先生的努力，1955 年 3 月正式开放。

此以前，必然还有一段很长时间的发展过程。《禹贡》上就提及扬州“厥篚织贝”之说，当时的扬州包括苏州在内。苏州有蚕桑之利，自然有些可能。

在宋室南渡以后，苏杭曾设立官营丝织工场，虽专为宫廷服务，但也起着一定的推动作用，苏州宋锦之名大约因此而起。它的图案配色绚烂瑰丽，表现了锦的特色，是一种华贵的装饰性织物。

这里拟陈列一些出土的汉锦图案（用影本）、唐代织锦的复制图案、宋锦实物（会藏），有可能再向北京历史博物院征集一些元明清的锦片，说明一下我国织锦图案的演变过程（如有蜀锦资料，亦可陈列），接着就陈列现代的各种尖端产品，说明解放后的成就。

三、缂丝

缂丝是吴县陆墓、蠡口、光福一代农民的副业，它的历史很久，在苏州生根，也有千年左右。缂丝织造的特点是通经断纬，表里相同。解放前，营业清淡，几乎绝迹。解放后，党和政府大力提倡，革新技术，充实画稿，同时又集中艺人，培养艺徒，不过五六年的功夫，现在的产品已远非从前可比，这里陈列会藏全部缂丝及现代尖端产品，也包括清末民初的低劣产品，有力地驳斥今不如昔的谬论。

左为新中国成立初期缂丝老艺人
中为新中国成立后缂丝技艺经抢救扶持，恢复了生产
右为改革开放后工艺美术大师王金山手把手教青年人学习缂丝技艺

四、苏绣

苏绣一向有名，解放后从分散经营改变为集体劳动，质量不断提高，通过几次国内外展览，获得空前好评，这就体现出党的正确领导和集体智慧的伟大。这里陈列品都是解放后苏绣的尖端产品，另外陈列一些明清两代的作品，由于征集未广，从这些陈列品中，尚不能系统地说明发展过程，有待于继续搜集。

五、琢玉

玉器可以说是从石器发展而来的，玉本即石之一种，在石器时代纵有玉的制作和应用，也是玉石不分，都不脱实用的意义。由于玉的色泽光洁温润，到了商周时代，就逐步脱离实用而为上层贵族的一种玩好、服御和祭祀之器。

苏州琢玉向亦有名，《天工开物》誉为中国第一。苏州的玉工就是有光荣的传统。这里陈列明清两代的玉器和解放后出口的玉器，特别突出技术革新方面，说明玉器上的一种辉煌成就，对破除迷信提供有力证据。

六、建筑装饰（砖刻、彩绘、壁画、漏窗、脊饰、牌楼浮雕）

砖刻是指建筑上的一些砖刻装饰品而言，内容不外是吉祥图案和一些公侯将相故事。这些都是劳动人民的创作，也是突出的造型艺术。苏州建筑上保存得还多，而且是完整的一套。

明代花卉装饰性

清康熙图案雄壮朴素，天后宫（已毁）、潘宅

清乾隆　汪宅、毕宅、木渎某姓

清嘉道图案繁琐精细，山东会馆、省博藏品

清末　《四时读书乐》，李亚良宅、木渎柳宅

苏州砖雕与其他砖雕颇易辨别，苏式彩绘亦有独特风格，不同于宫殿彩绘。

其余窗雕、漏窗等建筑装饰亦甚精细，此地虽不能陈列实物，但可陈列一些照片。

彩绘　忠王府壁画，借底片放大

窗雕照片、漏窗照片　四张

牌楼浮雕　申氏祠堂、严讷牌坊、城隍庙牌楼

《营造法式》插图选

七、银细工

金银细工

八、漆器

苏州的漆器，以往也有过名望，像明代著名的髹漆艺人，如杨埙、江千里（一说姓姜）、周柱（一说名翥）等人；而苏州的漆器以往就有突出的成就，这里将陈列本会所藏的一些漆器，说明了苏州劳动人民在漆器上的贡献。

九、漳绒

漳绒何时传入苏州，待考。它的种类，约分为漳绒、花绒（亦名漳缎，是缎与绒的混合织物，有缎背花绒和绒背花缎两种）、五彩锦文绒（天鹅绒，五类，它的特点是图案华贵大方、绒花经久不倒，现在国内外销路很广，西藏和蒙古等少数民族尤为欢迎）。

十、蓝印花布

蓝印花布的流行范围广及全国各地，它的颜色不外蓝底白花、白底蓝花两种，而图案内容的丰富美丽是千百年来民间艺人的积累成果。

中国印花技术发明很早，隋代大业间已有关于“夹缬”的记载，到了唐代更增加了“缬缬”和“蜡缬”的两种印花法，但当时仅局限于贵族御用。我们在唐代绘画中的妇女衣裙和出土的三彩唐俑服饰上面，都可看到这种印花的迹象，在唐宋文献中也时常有关于彩帛铺的记载，说明印花技术的历史悠久。在1955年虎丘塔文物中更发现了当时的缬缬彩帛，更证明至迟在五代末宋代初，苏州地区已有完整的印花技术。至于农村实用的印花布大约还在元末明初，据县志称苏州的药斑布（即印花布）传自嘉定，嘉定邻近淞江，现在是植棉之区，当时可能受黄道婆影响，因为黄道婆从海南岛带来五色花布技术，可能就是印花布。

1957年4月25日湖笔生产合作社调研笔记

湖笔生产工作中有三百五十一人，其中女性有一百六十七人。水笔，丹阳人在做。湖笔羊紫兼。

全年产量：1956年一百四十万支，1957年每月十四万支，全年出口二十万支。

出口货：紫兼大字羊毫笔为主。

原料：竹＝余杭、毛＝山兔皮，浙江、安徽为主。羊毛做大字笔有问题。原料出口。羊毛出在江苏。

羊毛大部分出口到日本，18日起羊毛涨30%以上，山兔皮涨20%以上。2月8日，一张涨到五角。

过去学六年，各店货少，突然发展，过去经验是每年都有淡季。

平均工资每人卅多元，最高六七十元，最低十余元，产假十元。社资金有一二万元，社积累九千元，上缴利润四五百元，银行贷款二千五百元。

笔价：最好的不满一元。

小楷笔头一百个做二天半，工价六角。

闻名中外的苏州湖笔

大纯羊毫一百个做十来天，工价八元多。

兼毫　做三四天，工价二元。

货到联社加 3%，出口给名牌店加 40%。

湖州乡下工资大一成。

苏州原有名牌笔，市上反而没有。原料供应有问题，不能生产大量好笔。

七　千年哲匠卷

题解：本卷主要收录顾公硕先生拟写《苏州哲匠录》时所收集的各类传统手工艺人名录及资料。古代工匠艺人很难入志书，即使有，也是文人笔记之类，作品留名更为少之又少。传统社会“劳心者治人，劳力者治于人”，缺乏鼓励“工匠精神”的文化。公硕先生常看国外科技、文化书籍，颇为新潮，拟写《苏州哲匠录》，对今天大力弘扬工匠精神和精益求精的创业理念，具有时代意义的启示。

手工艺人研究（笔记）

一、历代传统手工艺人

刻碑名家

史华　千福寺多宝塔

史子华　大智禅师碑

史荣（河南）《玄云灵应颂》

颇疑荣字子华，或以字行去子字作史华，如宋安文晟刻碑，亦作安晟，正其例也。

——《语石》

万文韶　褚书多出万文韶手（编者按：褚即褚遂良）

万宝哲　杜君绰碑

邵建初

邵建和　弟兄往往碑末同署名，柳书皆邵建初刻。

茅绍之　元赵文敏书，唯茅绍之刻者，得其笔意。

安民　不肯刻党人碑，世人称之。

安宏

安仁祚　宏侄

安怀玉

安仁裕

安文璨　璨瑹同字，因璨字石刻多书作瑹，故著录家有误为瑹。

安文晟（璨弟）

安亮

安元吉

安敏

安延年

安永年

北宋一朝碑版，安氏刻者为多，其最先者为安宏、安仁祚，自太祖（建隆）迄徽钦之际，盖百余年而其泽未艾也。

仿古铜器艺人

拓片　蒋生宝　——吴麟昆口述

构图

刻板

剥蜡　陆齐月

泥胎

硬胎与剥蜡不同，硬胎是两片焊接。

翻砂　无人　统沙法

清花　李汉庭　五十余岁

接色　蒋生宝

古造像碑画人

巫尤勖　唐百门陂碑阴　丹青一生

刘廷玉

张宏信　五代汉景福寺重建思道和尚　画人

任文德　宋庆历五年法门寺重修《九子母记》　画人

张万余　唐以后蜀中有唐代城院“造像记”

刘从□　宋天禧四年郑杲造经幢有画佛像

雍简　金长清灵岩寺大士梵相及观音圣迹碑皆题“洛阳雍简画皇统六年、七年”

僧祖昭　汉元光二年嵩山达摩像

道士周道赐　唐圣历三年《溧水仙坛铭》

李奉珪　宋乾德六年袁正己书《摩利支天经》

翟守素　宋乾德六年《阴符经》

白廷璨　宋太平兴国五年庞仁显书《常清静》等经

武宗孟　宋元符二年宋溥书《北方真武经》

杜穆　《孙真人祠记》

宋道家所刻经，无不有画像，即无不题画人名氏。

塑人

王泽　宋庆历五年法门寺重修《九子母记》

杜振　宋咸平二年传应法师行状后有“杜振塑真像　李楚装”

装匠

李楚　附杜振

崔元□　大中药师像

刻碑人　或曰镌、刊、镌人、镌文、刊石人、刻石人

邯郸公修（颍川）汉西岳华山碑

程彦思　《汉中新修堰记》

安永年　宋绍圣《高陵重修县学记》

刘源　宋崇宁三年《五台山静应庙记》

梁清闰

刘居泰　唐广明二祀上谷郡陇西公幢

丁处约　唐宁思道书《浮屠铭》

张镛　金《明月山大明禅院记》

李崇绚　《王屋山刘茗水碑铭》

武□仁　魏《石门铭》题石狮河南郡□阳县武□仁凿字

杜隆义　《南诏渊公塔铭》题金　杜隆义雕书

张遵　唐大历二年重刻《扶风夫子庙记》　题张遵刻丹

僧应玑　宋嘉祐二年龙川白云岩陈偁题名　题僧应玑开石刻丹

杜苌子　宋爨龙颜碑后书“近碑府主簿益州杜苌子”，近即匠字，此亦刻匠而倒其文，曰近碑，义未详。

曹德新　元大德甲辰嘉兴路儒人免役碑后题“嘉禾曹德新梓夫”，梓，木工也，刻石称梓，失其义矣。

二、历史上苏州各类工艺美术名家（部分）

苏州的民间画家

金鹊泉　香山木工　嘉庆

胡桂　梨园子弟

周瓒
钦氏　父子作伪（伪即仿冒）
沈氏　双生子作伪
吴廷立　作伪
郑老会　作伪《履园丛话》
张环《蟠桃图》,《梅花草堂笔谈》
钱贡　仿唐
沈完　学仇英
朱生
周官
袁尚统
袁源
张文元　美人
王声
黄彪　专假《清明上河图》,《无声诗史》
钮枢
谷士恒　士芳弟兄　} 假十洲，山水人物屏在上博,《吴门补乘》
顾昶　字元照
蔡永言　字孝维　大幅天官
沈玉蟾　蔡徒
张恒　寿星　}《墨香居画识》
金镛　木工出身

造琴

明　高胜
朱致远
惠桐冈
祝公望
祝海鹤　以上见遵生八蕉叶琴始制者笺《古琴新琴辨》
唐　雷文
张越
樊
路　}《琴宪杂记》
宋　范连州　湖南人　自制百纳琴《洞天清禄集》

琴一

唐　雷文

　　张越　一作钺

宋　施木舟

元　朱致远

明　惠祥

　　高腾

　　祝海鹤

　　樊氏

　　路氏

琴二

唐　郭亮　冰清琴

　　靖国　修冰清琴　《云烟过眼录》

　　卫中正　道士　大历斫琼响琴　《清秘藏》

　　马希先　修琼响琴　《清秘藏》

　　僧三慧

　　僧智仁

　　沈镣　寒玉琴

　　雷威　奔雷　百纳

　　李勉　响泉

　　金儒　大中进士，《云烟过眼录》作“处士，字鸣玉”。

　　孙枝

　　雷迅士

　　张越　一作钺，以上并江南人。

宋　蔡睿

　　朱仁济

　　道士卫中正，以上并庆历间。

　　赵仁济　太平兴国七年

　　马希仁　一作仙（高希仙）

　　金公路　即金道

　　施谷云

　　施牧州

斫琴名手，录自《清秘藏》

汉　蔡邕

隋　赵取利

唐　雷霄

雷盛

雷威　方以智《通雅》云：“姚作雷威，文威一声之讹也。”

雷珏

雷文

雷迅

郭亮　一作谅，以上并蜀人。

沈镣

张越　一作钺，以上并江南人。

金儒　大中进士，《云烟过眼录》作“处士，字鸣玉”。

僧三慧

僧智仁

宋　蔡睿

朱仁济

道士卫中正　以上并庆历间

赵仁济　太平兴国七年

马希仁　一作仙（高希仙）

金公路　即金道

金渊　汴人

陈亨道　高宗朝

严樽　古清之祖

马大夫　向居癸辛街

梅四官人　古清妻父

龚老　应奉

林杲　东乡石桥之父。东乡，一作东卿。

元　严古青　名泰，字子安，樽之孙，梅四官人之婿。

施溪云

施谷云

施牧州

明　高胜

朱致远

惠桐冈

祝公望　以上皆《清秘藏》《通雅》《洞天清禄集》等

张寄修　附三弦　《陶庵梦忆》

范昆白　《陶庵梦忆》

苏州的肖像画家

宋　张径　《图画见闻志》

　　何充　《姑苏志》

　　沈肖鉴　《姑苏志》

　　沈遇公　《姑苏志》

元　顾周道　《辍耕录》卷十一

明　王民晖　《梅花草堂笔谈》卷十

　　罗文冈，无锡人，邹彦吉荐于苏州于惠生，见《邹彦吉集》卷四十七。

清　周蓼　《吴门补乘》

　　陆心山　《清朝书画家笔录》

　　王有仁、王泰初父子　《清朝书画家笔录》

　　周道

　　吴坤　吴宝莘　《墨林今话》

　　仲绍修

　　高宽

　　陆灿《墨林今话》卷三

　　尤伯宣　李森　黄增　江镛　胡骏声　啸谷　《乾隆县志》

　　张恒　嘉庆

　　尤诏

　　王承宠

　　金崧

　　李撰春

董其昌的代笔

赵文度

僧珂雪

竹垞母唐氏，竹垞论画绝句。

吴易　初名翘，字楚侯。

治文具

刘永晖　吴人　明黄省曾《吴风录》

善鉴定文物者

宋谭玉　《三朝野史》：贾相当年，收古铜器法宝，用谭玉辨认。

宋毕良史　《三朝北盟会编》：毕良史，字少董。以买卖古器书画赴行在。思陵方搜访古玩，恨未有辨其真伪者，得良史，甚悦，月给俸二百千，而食客满门，时号贫孟尝。后权知东明县，搜求古器书画，复载以达行在，人又号之毕骨董。《研北杂志》：毕少董命所居之室曰死轩，凡所服用，皆上古圹中之物，玉如彼含蝉是也。《癸辛杂志》亦有毕氏资料，待补。

玉章

江皜臣　刻
周尔森　碾（吴中）　}《闽小记》

朱宏晋

周以先（尔森子）

林兆熊
张　炳
李德先　}《茶余客话》页 568

玉工

颜规　《吴县志·艺术传》卷一

刘谂　《乾隆县志》

陆子冈（四则）《苏州府志》《太仓县志》《遵生八笺》《横山志略》

王心鲁　列入雕刻类　《遵生八笺》

陈振民　《史纬》：似道当国监司郡守，贡献不可胜记。赵溍等争献宝玉，陈奕至以兄事似道之玉工陈振民以求进。

金属图章

曾鼎　范金小印　《东里集》

岑东云　银印　《遵生八笺》

沈蔚湖　《遵生八笺》

制钮

尚均　一说名周彬　二则：《前尘梦影录》《旧学盦笔记》

杨玉璇　《后观石录》

王定　文安
张鹤千　}蒋烈卿学生　印人

张溶　镜心石录　《墨香居画识》

周芬　子芳兰坡　《飞鸿堂印人传》
王芬　桂岩蟾客　《飞鸿堂印人传》
徐汉駮　道光时　《前尘梦影录》下
徐本木工之雕花者
蒋烈卿　《武进志》
陶碧
周斌　即周彬　《骨董琐记》
双红豆馆（名待考）《前尘梦影录》下
黄仲亨　《广东新语》卷十三

砚一

戴复　修玉砚　列入金类　《旧雨集》
杨生　《竹个丛钞》
叶瓖　《婺源志》
顾圣之　德邻　《苏州志》
韩文　《清赏录》
黄宗炎　晦木　立溪　《名人小传》
陆子受　《萝窗小牍》
潘子和　《观石录》
谢奕　《观石录》
金殿扬　《享金簿》
孔传焯　潜夫　《指头画说》
高凤翰　西园　南阜
张纯　字吾未，别号苦竹山人。
汪复庆　《四巧工传》
王岫筠
徐道耽
梁仪　《耳食录》
沈翃　映霞　《墨林今话》

砚二

沈嘉林　篠云　《墨林今话》
张崇益　自谦　守田　《墨香居画识》
孙坤　慎夫　漱生　《墨香居画识》
吴育　山子　《前尘梦影录》

刘富　叔和　虚白　《飞鸿堂印人传》
吾进　以方　竹房　《青仪阁跋》
朱旭　《□翠□□》
朱龙　金冬心仆　《画林新咏》
卫凫溪　《萝窗小牍》
释弥本　《画林新咏》
顾二娘
吴完夫　《扬州画舫录》
李拐老　辨旧坑　《砚林拾遗》
万道人　陶砚　《独醒杂志》卷八
李少微　砚务官（南唐），参阅徽州《文房四宝史》页50。

砚三

金殿扬　《享金簿》
孔传焯　潜夫　《指头画说》
高凤翰　西园南阜　《国朝画征录》
张纯　字吾未，别号苦竹山人。
汪复庆　《四巧工传》
王岫筠
徐道耽
梁仪　《耳食录》
沈翃　映霞　《墨林今话》

砚四

释弥本　《画林新咏》
顾二娘（二则）《随园诗话》《前尘梦影录》
吴完夫　《扬州画舫录》
李拐老　辨旧坑　《砚林拾遗》
万道人　陶砚　《独醒杂志》卷八
李少微　砚务官（南唐），参阅徽州《文房四宝史》页50。

扇一

伊莘野
仰侍川（池北）

李昭[1]
李赞
蒋诚（即蒋三） 《江宁府志》皆明时人

刘（一作柳）玉台[2] 《梅花草堂笔谈》

张芝山[3]白篷 《梅花草堂笔谈》

孙静原 《梅花草堂笔谈》

沈少楼 《骨董琐记》

扇二

马勋[4] 马福[5] 刘永晖[6] 蒋苏台 《万历野获编》

荷叶李

何得之 一作胡得芝，见《吴县志》。

刘永晖 明正德中吴人 《味水轩日记》

方氏 文徵明非方扇不书，《茶余客话》《梅花草堂笔谈》似亦有此说。

周仪 长沙人，半立体浮雕精，查《清稗类钞》。

扇三

刘允辉 道光，世医，能制扇、文具茶具之类。

王天相 名亚于刘

以上见道光《苏州府志》

1. 李昭，明代宣德、弘治年间制扇高手。所制折扇以尖头著名，有“李尖头”之称。文震亨《长物志》、陈贞慧《秋园杂佩》、张大复《梅花草堂笔谈》、清乾隆《吴县志》均有记载。

2. 柳玉台，明代苏州制扇名手（张大复文中作“刘玉台”，文震亨、陈贞慧文中作“柳玉台”“玉台柳”，沈德符文中作“柳玉堂”）。所制折扇以方头著名，有“柳方头”之称。柳玉台好喝酒，制扇时削竹如风，聚竹称之，轻重正等，不差秒忽。他曾说：“吾妙在用胶，得我法，用之则开，舍之则藏，不劳腕力。”从这句话可知他也擅长裱扇面。

3. 张芝山，明代苏州制扇名手，艺术活动约在万历年间。当时有“张家扇几乎满天下”的说法。

4. 马勋，明代宣德、弘治年间制扇高手。所制折扇以单根圆头著名，有“马圆头”之称。张大复称他的折扇“圆根疏骨，阖辟信手”。

5. 马福，明代宣德、弘治年间制扇高手，约与马勋同时。

6. 刘永晖，明代正德年间苏州制扇名手。所制阔板竹骨扇“浑坚精致”。盛德潜曾收藏刘永晖手制折扇一柄，后于万历三十八年（1610）将此扇赠给李日华（据李日华《味水轩日记》）。

扇四

杭元孝[1]　万历《吴县志艺术传》

周义　木工，长沙人，见《旧学龛笔记》。

木工一

明熹宗　《池北偶谈》《旷园杂志》

蒯祥　《吴县志》

蔡信　《武进志》

杨清　本名阿孙，见《松江志》。

徐杲　《世庙识余录》

赵得秀　《蝶阶外史》

梁九　康熙　《涣洋文略》

徐振明　《香山小志》

木工二

黄攀龙　李元度

蒯义

蒯刚

蒯信

郭文英

喻皓

胡宽

丁缓

李菊

毛顺

《魏书》卷九十一《艺术列传·蒋少游》

巧木雕工

刘敬之　《江宁府志》

严望云　《萝窗小牍》

贺四　《两浙人物志》

陆恩　子霈　即小贺　《两浙人物志》《猃园》

1. 杭元孝，明代苏州制扇名手。万历时人，善制扇，仿高丽式，精整绝伦，生平所制有限，海内鉴定家宝藏之，虽悬重价不可得。

顾师云之子小顾 《猃园》

沈宗彝　字子序

孙雪居　紫檀器 《云间杂志》

鲍匠[1]　徽人寓吴

袁友竹　板方　《吴县志》卷七十五上页 23 引《乾隆县志》

邬四[2]　回旋

宋化卿　檀香大士

巧木雕花

周云龙

徐少卿

王士元

以上光绪前去世

谢秀卿

杨叔泉

白锦甫　光绪间擅卍字回纹，戴颂德与郁福元亦如此说，所中有实物。

以上为陆德根口述，陆德根住胥门，亦擅雕花，解放后去世。

史永祥、刘阿和、郁水金、秦阿土、蒋姓，皆砖刻艺人，亦陆德根口述。

左为节义牌匾及
古建筑木雕构件
右为精美木雕作品
顾公硕拍摄

1. 鲍匠即鲍天成，明代安徽人，寓苏精制小件。

2. 邬四，明代吴县人，精制小件，擅作圆件。与鲍匠、袁友竹同时，被誉为“一时之良工”。

精美木雕作品

人物木雕局部

顾公硕拍摄

真珠舍利宝幢，原藏苏州瑞光寺塔，为北宋初所制，通高122.6厘米，分须弥座、佛宫、刹三部分，木雕、描金、玉雕、穿珠及金银工艺精巧，堪称国宝。宝幢安置于两层木函之中，内木函外壁绘有四大天王像，技巧成熟，造诣精深。

苏州桃花坞唐寅祠内精美的木雕

治犀

鲍天成 《茶余客话》

信甫 《萝窗小牍》疑为天成之子

尤犀 无锡人 《酌泉录》

尤犀杯

木工能诗

木工萧中素系云间人，能诗，其五言曰："辽海吞边月，长城锁乱山。水清鱼入定，林静鸟忘机。"七言曰："山寺落梅伤别易，天涯芳草寄愁难。"皆绝妙好辞。

——《小石林文外》卷一

匏类

巢鸣盛 端明 ⎫ 梁山舟《频罗庵遗集》作"端民"
王太朴 ⎬ 皆嘉兴人
周北山 ⎭

石佛寺僧

梁九公 聒聒葫芦 《蝶阶外史》

徐某 押葫芦 《前尘梦影录》

周廉夫 疑即周北山 《嘉兴府志》

铜器一

仿古与修补：

徐守素[1] 《遵生八笺》

蒋徹 《江宁志》

李信

邹英

甘氏[2] ⎫
王氏 ⎬ 《履园丛话》《艺能编》
钱大田 ⎪
钱秉田 ⎭

王常 《松江志》

1. 徐守素，明代吴中（今苏州）人。制仿古铜器精巧无比，擅制手炉，受到文人高濂赞赏。

2. 甘文台，明代苏州仿古铜器名师。人称甘回子，善于仿制宣德炉，可以乱真。

姜娘子　杭州

（元）王吉[1]　平江，一说南宋时人，《尖阳丛笔》谓宋人，《格古要论》谓元人。

铜器二

铜器：

刘贞甫　尝造准提像　二寸像为万年少《筠廊偶笔》

胡文明　大约即胡四[2]《云间杂志》

张鸣岐　炉《池北偶谈》

王凤江　炉《萝窗小牍》

潘某　倭炉《遵生八笺》

铜像：

王五痴　明末《骨董琐记》

铜墨范：

蟹钳　黄质《四巧工传》，参阅《文物》1958 年 12 月，页 14 引《四巧工传》。

铜器三

嵌丝：

张鳌春《竹个丛钞》

石叟《萝窗小牍》

冯锡与《艺能编》

潘钱《眉公杂录》

镜：

吴兴薛晋侯《茶余客话》

有书称薛某

钱泳

顾湘舟

铜镜：

王幼　造方文镜，《遵生八笺》引出处未详。

铜盆：

杨七　元末疯子，盆寸度能家，杨七何人，待考。

---

1. 王吉，平江（今苏州）人，铸铜能手。炼铜莹净，拨蜡精细，与杭州姜娘子齐名。

2. 胡四，明万历年间苏州仿古铜器名师，擅制铜炉，仿古彝尊令人无法辨别，见乾隆《吴县志》。

铜器、铜造像　顾公硕拍摄

男人工绣

来复　阳伯　万历进士　《列朝诗集小传》（列杂技）

万寿祺　年少　《今世说》

陆授诗　苍雅　《湖海诗传》

徐履安

刻竹一

李流芳　《竹个丛钞》

（明）李文甫　扇骨　香筒　《竹个丛钞》又《长物志》

张应尧　搁臂　《骨董琐记》卷七　《享金簿》

王尚廉　清宇　洞箫一　《无声诗史》

戈蓼汀　洞箫 ⎫
　　　　　　　⎬ 江南二绝　《松江府志》　屠隆《画笺》
胡子凡　洞箫 ⎭

濮仲谦　《初月楼闻见录》《太平府志》

嘉定三朱　鹤　缨　稚征　《思勉斋集》《嘉定县志》《对山书屋墨余录》

侯峤曾　晋瞻　尊彝　《竹人录》

封锡禄　义侯　竹根　《竹人录》

锡璋　汉侯　人物　《竹人录》
顾珏　宗玉　《竹人录》
施天章　焕文　竹根人物　《竹人录》

刻竹二

周颢[1]　晋瞻　雪樵　芝岩　《潜研堂集》《竹人录》
周笠　牧山　晚客扬州马氏　《竹人录》
张宏裕　百福　为人镂照　《竹人录》
周锷　剑堂　刻细字画扇骨　《竹人录》
马国珍　鸣玉　珂亭　细扇骨　《竹人录》
杨龙石　扇骨　《画林新咏》
王素川　扇骨　《画林新咏》
谭松坡　扇骨　《画林新咏》
陈竹人　扇骨　《画林新咏》
张希黄　留青　《前尘梦影录》
方絜　治庵　矩平　人像　《前尘梦影录》
韩潮　蛟门　扇骨　《墨林今话》
马根仙[2]　扇骨　《见闻随笔》

竹刻三

沈兼　本　《十驾斋杂录》《竹人录》
吴之璠　《竹人录》
周乃始　《竹人录》《初月楼见闻录》
李宝函　侨居虎丘　《拜经楼诗话》
潘西凤　字桐岗　新昌人　《飞鸿堂印人传》《板桥诗钞》
步敬亭
周紫和
张楫如[3]

1．周颢（1685—1773），清代书画家、竹刻家。首创“浅刻”，用刀如用笔而名闻于世。

2．马根仙，清嘉庆年间吴县人。工刻扇骨，所刻花卉、仕女均极精巧，“无人能极”。

3．张楫如，清光绪年间人，原籍江苏武进。初到苏州学刻书版，擅竹刻，曾在一把扇骨上刻石鼓文和兰亭集序，极其神妙。他还将散氏盘克鼎等古铜器铭文摹刻在扇骨上。又擅刻碑，狮子林有他刻的书条石。

沙神芝　列木类　内刻书画　《前尘梦影录》下

韩小山　刻扇骨　《金玉琐碎》下

秦一爵

严望云　一作阁，详《巧工雕工》右二行。

竹刻

袁馨　海昌人

江春波　福生

竹刻蟾蜍

朱稺征　三松　《竹人录》

封小姐　《竹人录》

朱雪松　《苏州志》

秦一爵　（重）

鸟笼

詹成　列竹类　《辍耕录》

金三畏

孙乾荣　清光绪时人　汪旭初《苏州竹枝词注》

蟋蟀盆一

大秀小秀[1]　邹氏二女也，见《陶说》。

赵子玉　《萝窗小牍》

秋声馆

安公盆　绿云馆　《促织论》

留耕堂小甘蔗段盆

李东明

绿云馆

江春　字颖长，号鹤亭，见《扬州画舫录》。

朱兴公[2]　《骨董琐记》

蟋蟀盆二

姑苏彩山窑常德胜制　永乐

---

1. 邹大秀、邹小秀，明代宣德年间苏州陆慕人，她们是邹氏姐妹，擅制蟋蟀盆。陆慕制造的蟋蟀盆雕镂人物及妆彩极工巧，大秀小秀二人的作品尤妙。

2. 朱兴公，家住齐门外广惠桥附近，制作的蟋蟀盆式样、质地都很好。

谈园主人制

秋雨梧桐夜读轩制

赵子玉制　署恭信主人，署西明公，署古燕赵子玉，见《萝窗小牍》。

敬斋主人

彩胜主人

韵亭主人

寄敬堂

清溪主人

珍香外史

以上见《骨董琐记》卷六

瓦器

陈孟长瓦器《广东新语》卷十三

于玉章　明宣德时苏州陆墓制原物，现在苏州文管会。

香炉浜曹氏

雕果核一

夏白眼　列木类《清秘藏》

王叔远[1]　号初平山人，见东轩主人《述异记》）名毅，亦研斋《茆檐记》。

邢献之 《高淳县志》

邱山 《秋风杂佩》

金老 《觚剩》

杜士元[2]　"装疯"《履园丛话》《艺能编》

郭福衡　友松 《萝窗小牍》

沈宗彝 《猃园》

小章 《猃园》

封义侯 《竹人录》

赵学海妻吴氏　侨吴门 《竹人录》

麦春华　字锦泉，上海近人，见《骨董琐记》卷三。

1．王毅，字叔远，号初平山人，明代常熟人。能在一寸长木材上雕刻宫室、器皿、人物、鸟兽，各具情态。魏学洢作《核舟记》，详细记述王毅雕刻的"东坡夜游赤壁"核舟。舟背刻款："天启壬戌秋日虞山王毅叔远甫刻"及小印"初平山人"。

2．杜士元，清乾隆初苏州人，擅核雕，曾召进宫廷制作，因太受拘束，装疯而出。因其雕刻精妙，号为"鬼工"。

雕果核二

丘长春　核桃杯　《妮古录二》

　　　　即丘山　《坚瓠集补》卷二

沈君玉[1]　杨梅核猴

清　杜士元“夜游赤壁”橄榄核舟
常熟博物馆藏

火笔画

赵城籍班禄　号罗云山人　《双藤书屋诗集》

武疯子　云南武定人，一说即武恬，烫竹箸。

列入雕核　《邵抟杂记》《池北偶谈》《旷园杂志》

胡云峰　《杖扇新录》

张玉贤　《茶余客话》

张崇　灰画　《朝野佥载》卷六

方艾山　香笔画　《湖海诗传》卷三十八

镂空牙雕

徐鸿道、徐洪咏，道光间香山人。善雕镂著名，能以象牙寸许制为葫芦及桃实形，光泽，可充雅佩，启其蒂则细链数寸垂出猕猴三五缀其上，细如饭颗连续不断，莫能寻其凑合之痕，殆鬼工也。鸿殁，遂失其传。

——《木渎小志》

右为1955年，毛泽东主席赠送南斯拉夫铁托总统的国礼镂空牙雕球，现藏塞尔维亚共和国铁托墓园展览馆。清代牙雕主要以广州、苏州、北京为代表。

1. 沈君玉，清代苏州核雕艺人。在一枚橄榄核上雕一驼背老人，手中拿着扇子，扇上还刻着四句诗，字极细小。又以杨梅核刻成小猢狲，眉眼如生。

三、苏州哲匠录

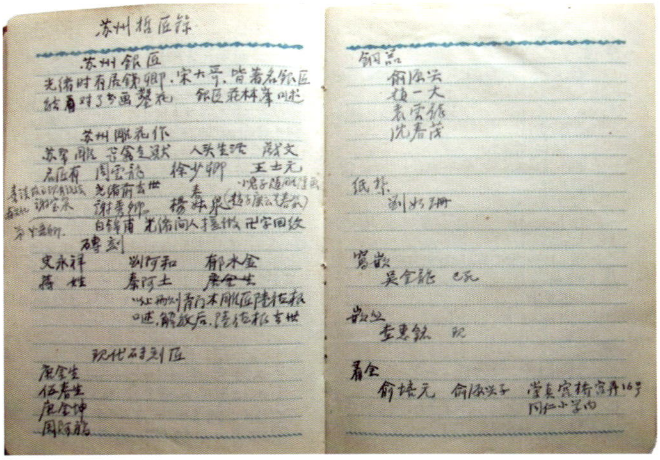

顾公硕《苏州哲匠录》笔记影印件

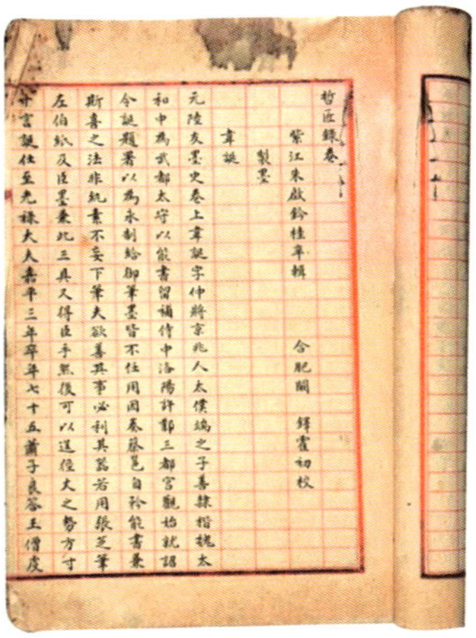

朱启钤《哲匠录卷》

苏州银匠

光绪时有居铁卿、宋大哥，皆著名银匠，能对了书画凿花。

——银匠庄林峰口述

苏州雕花作

苏帮雕　飞禽走兽　人头生活　戏文

名匠　周云龙　徐少卿　王士元（喜谈故事、现身说法，光绪前去世）

有文化　谢宝泉　谢秀卿　杨春（林）泉（赵子康[1]云是春泉）

弟悟卿　白锦甫，光绪间人，擅做卍字回纹。

砖刻

史永祥　刘阿和　郁水金

蒋　姓　秦阿土

——以上两则胥门木雕匠陆德根口述（陆德根 1949 年后去世）

现代砖刻匠

唐金生　伍春生　唐金坤　周阿福

1. 赵子康（1903—1978），苏州木渎人。自幼学艺，以雕花为业。1955 年参加苏州市雕刻艺术生产合作社，后在苏州市工艺美术研究所、苏州市红木雕刻厂工作。擅黄杨木雕，代表作品有“松鼠大摆件”“民族大团结台屏”“虎丘座屏”。

铜器

俞源兴　赵一大　袁云龙　沈春茂

纸扎

刘如珊

窝嵌

吴金龙（已故）

嵌丝

查惠铭[1]

着金

俞培元　俞源兴子　崇真宫桥宫弄16号同仁小学内

捏相

杨老太、项琴舫[2]、项四或即项寄（季）梅，住斟酌桥堍，项九之女？

任伯年为其父捏像，林伯希先生在任觐妹家见过。

泥人

马尊贵　孔继仁（即孔老二）

沈万丰耍货店

汪春记　虎丘山塘桥堍专做绢戏

脱沙人物　赵浒，今城隍庙三官神像，其手制也。

硕注：汪春记是否名？现有汪栋梁仅能开相，其父汪金根，祖汪鉴山，皆擅捏相。

麝香炀画

大成坊货色鲍　吴正盛

糖人

陆治赋　北寺塔火弄堂1号

相堂

芦墟泗洲寺东房慧月和尚、潘儒巷石板场朝北姓黄、思婆巷殷家有二人、曹尧臣家有一人（见过）、扬州得胜桥熊云能捏像，据传为苏州项氏传授。王驾六的父亲王平之有相堂。

鲍子云（同光间人），造三清殿像。

---

1. 查惠铭（1912—1958），江苏武进人。自幼来苏学艺，钻研金银丝镶嵌技艺，成独家专长。又擅制乌铜鎏金鸟笼钩。1955年参加苏州市雕刻工艺生产合作社，后到红木雕刻厂工作。作品有“镶嵌银丝红木象棋盘”“镶嵌银丝红木花鸟纹盘”等。

2. 项琴舫，清末苏州人，虎丘项氏捏相传人。到项琴舫是最末一代，此后失传。

姜澜泥，即云祥。亦称澜泥金宝，其子即姜和尚，西园寺大殿三世如来的中间一像为宁波人董东海所塑，其左右二像皆云祥所塑，西园五百尊罗汉中有十尊亦云祥所塑。

——以上为木渎泥塑艺人顾琴香所述

西园五百罗汉，鲍子云塑疯僧济公（顾琴香所述，似不合时代。存疑）。其徒水顺、姜云祥、周阿小（甘露人）。

赵浒，能脱沙人物，今城隍庙三官像其手制也，赵又能以羊皮为灯（见《道光苏州府志》）。

虎丘泥人

果子男

堆彩人

华龙福在吉公祠开耍货店，汪春记做绢货，绢货比泥人货大二倍。蜡像是苏货（用好的太乙粉、吉林粉、真铅粉）。俞阿曾走发洋人。硕按：俞氏光绪时已死。（编者按：走发洋人即自走洋人，“机轴如自鸣钟，不过一发条为关键”）。

细货坐车里囡囡，每只二角。

细货掉丝娘娘，每只四角。

玉器

徐景禹、王顺林、谢冠山、毛承运。现代陈世科子燮之，现在手管局某合作社。

鷄子

王德泉（即鷄子阿德），幼在扬州学艺，折骨鷄用牛筋镶钉，好的出国，廿多岁回苏州，民国甲寅年卒（年六十四岁），其子王俊甫，设计过小摆设，现存苏州文管会。

弹弓

牛角浜的弹弓，是张玉山所制。

锡玩具

于顺泰　中街路北沿中市大街

苏绣（民国三年左右）

顾铭澈、顾铭元、顾丁渭琦、顾蒋洛芷，都来自武陵女学。

张元芷来自木渎女学。

马郭桐先、蔡元秀、梧实，来自双桐女学。

沈寿　字雪君（同治十三年生，民国十年卒，年四十八岁）

堆假山

周时臣　留园，见《袁中郎游记》。即周丹泉，多才多艺，不仅堆假山。

漆器

汪圣言　擅紫磨退光　嵌珠磨退

波罗漆　珊瑚漆

仿宋锦

蒋万顺

锦文绒（漳绒之有色者）谢明根之父、谢锦裕丈人王荣甫皆擅此艺，至赵庆记翻出新品种“五彩绒”。

火笔竹器

张玉浚　见《茶余客话》，硕按：火笔竹器即今烫花。

刻工

周健宁　嘉庆时苏州刻工　见《百一山房集》

穆大展　刻书　亦能刻碑　狮子林御碑即出穆手

朱珪　字上如　木渎人　擅刻书　康熙年入宫刻《耕织图》

制扇

刘允辉　道光时人，世医家，能制扇及文具茶具之类。王天相，名亚于刘，见《道光苏州府志》。

印花纸版

李灿亭、广兴、福生，祖孙三代，住东海岛太平里 3 号。

刻碑帖

朱凤、朱怀德，明刻工，现在西山法华寺。

桃花坞木刻工

柳菊亭、树德为太平军画龙旗。　　　　——汪焕文口述

柳双和、谢义和、同仁和，以上“三和”，在太平天国前，三和不及一贝。

张寿芝　传许良甫子许全林

成天喜

成辛瑞（小名阿桂）　传徐国良

徐国荃　传叶金生[1]（现在工艺研究室）

印工朱小张

王恒兴　太平天国之后，最早以门神为主。

---

1. 叶金生（1919—1993），原籍常熟，十五岁到苏州，随徐国荃学刻版，满师后独立劳动。1951 年刻《太平天国在苏州》。1952 年到无锡苏南美术工场刻新画《学文化爱劳动》。1955 年参加苏州市雕刻工艺生产合作社，1958 年在苏州工艺美术研究室复制《陈老莲水浒叶子》，被外交部列为礼品，赠送给国际友人。后转入桃花坞木刻年画生产合作社，培养艺徒多名，刻版甚多。1979 年办退休后仍留桃花坞木刻年画社工作。

油纸板

作家画起始在山塘虎丘，太平天国以后没有了。

跷老泉的细苇西厢、红楼比吴友如好，专销山西。

金蟾香、吴友如，田子琳、周慕乔；宜春阁倪墨耕、陆廉夫、姚将平；

清江山东，夏天印好，专铺门神灶家。

民国后，不用门神。

《杀子报》是从杨柳青年画来的。

汪焕文八十三岁，1965 年画花草罕见年画。

句容溧阳人到桃花坞出红色、梅红色。

翰香斋接西帮生意。

吴趋坊

红楼八条、西厢四条，二十六年不见。

桃花坞年画图例：

清中期

《和合致祥·一团和气》

清末　《三星图》古版

桃花坞木刻新年画《一九六三年春牛图》杨云清绘稿　叶金生刻版
选自《中国木版年画集成·桃花坞卷》

左为《水乡新貌——桑园新绿》庄素绘稿　卢平刻版
右为《水乡新貌——喂鸡图》杨云清绘稿　叶金生刻版

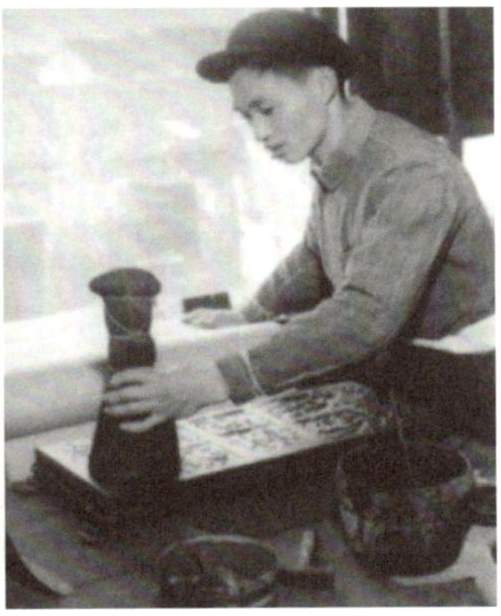

左图为 1955 年 12 月，苏州成立雕刻工艺生产合作社，这是雕刻手艺人相对比较集中的一个团体。在 1956 年的国庆节，这些技艺精湛的老艺人欢聚一堂合影
前排左起：周福民（木雕）、陈夔之（玉雕）、赵子康（木雕）、方裕庭（古琴弦）、阎照琳（通草堆花）、梁肖友（象牙浅刻）、薛庚耀（国画颜料）、叶金生（桃花坞年画刻版）、朱金海（红木小件）、阎照琪（通草堆花）；中排右三：魏阿毛（桃花坞年画套印）
右图为上世纪 60 年代桃花坞年画印刷

上世纪60年代初，老艺人徐国良刻版

年画社青年艺人切磋技艺

四、当代传统手工艺人

杨永生

杨永生，栖霞山种田、做笠帽，到常州学冲牙扇骨（春林堂），四十五年前失败，到苏州住桃花坞，与查继福专做圆头，但不易保存，容易脱胶。后仿制整圆，专做圆头。查继福年老，不能生活，卖棉纱线贴补生活。

他说，我从张士京（南京人）做雕边，皮雕山水，以切刀代笔，用三口槽刀起线，必要加入雕边公所，张后患吸血虫病过世，余专以雕边为业……皮雕，每日要刻三把才能生活，从吴同士学画，从吴松柏学字，二十四五岁时不能生活，放弃雕边，画扇面。每日可得五角，解放后转业为锦旗。

王国昌

王国昌在人民文化宫牌楼背后塑《刘海洒金钱》，为×××反对，王一怒而毁之，俞子明向索，未与。城隍庙牌楼上华容道戏文，亦王国昌所塑。

徐钟明

徐钟明（已故），号铁痴，无锡人，铁匠出身，做钩，无师，居上海。善做鸟笼钩，有阴阳纹二种，阳文做人物、仕女、山水、花卉、翎毛及图案花、草虫，甚为生动，有古气，字体正草隶篆及郑板桥体皆好。阴文钩亦然，做法先刻画花纹，后用水银，将金叶拌和溜上二三次即成。钩子有铜、铁二种，铁钩易锈，铜杯由他自己溶合，乃用数种铜合成，白铜内加白银。

钟明无子，其技术传与其婿万章，然做人物、走兽不及钟明生动有神。钟明喜饮酒及吸鼻烟之嗜好，不识字，不能画，他的著名作品大部分在上海。

忠明钩

徐忠明又号钟鸣，无锡人。又一说湖北人。笼钩分文武，如绣眼芙蓉则为文鸟，其笼为文钩，则所雕为西厢、红楼之类，至若黄头等善斗之鸟，则雕三国等故事，从不混淆也。一钩之值本定三十六金，然忠明嗜酒，又赎又质，非花数百金不能得也（编者按：原稿中有忠明、钟鸣等不同写法）。

金三畏制笼

金三畏，何处人未悉。无子，只有一侄前开德记镶牙店，已故。一徒名金生，已故。

前在本市牛角浜开镶牙店，性喜养绣眼鸟，故自己研究做笼。作品有紫檀红木及镶嵌印木金丝、笼内小件亦皆镶嵌，鹅毛、孔雀毛扎角。三畏之前不知何人发明，或即是他起始。最好作品绣眼笼一只，前为上海四马路开海参店之唐斌贤所做（丙辰年做），乃平面紫檀，四面嵌篆体《后赤壁赋》，小件亦嵌金丝，历时一年余方作成。此笼后由徐钟明介绍与东山席启荪，席故世后归叶寄深收藏。解放后叶君不养鸟，转让与上海朱某，今归上海大中华电料店资方潘连发君。现今收藏好鸟笼者，上海甚多，如潘君恐最好。无锡从前有杨老九及蒋双林，现不悉。苏州从前有叶寄深及顾马洲二人，今已转让他人。

苏作鸟笼
顾公硕拍摄

又尚有姚硕甫（已故）之竹笼（绣眼），亦出名。作品一生只有五六只，所做竹节蟹及黄鸟食扦绝佳，今无人做。养鸟书籍未见，只有《四生谱》即是养蟋蟀、黄鸟之书，市上不多见。

金三畏制绣眼笼子，存上海大中华电料店潘连发家（未经实地调查）。

梅舜年在同里开煤炭店，有收藏，与金三畏是好朋友，有一只金三畏为梅舜年做的绣眼笼子，在笼底有一行嵌金丝的篆书，横款精极。该笼在 1951 年为北京美协买去，曾否出国未详。

清　金三畏制笼，笼门内落戗金丝“三畏”款，钩为纯银打制
苏州博物馆藏

宝塔珠制人

宝素珠：工人二百人（其中女性占 70%）出品。

宝塔珠，是料珠上光四十多年，张子卿[1]开始，其弟在上海明华公司法国人处学来，鲤鱼光不易退，每月出六七百万粒，每月二万元，销路以外销及少数民族为主，可以换回少数民族方面的原料。北京制的料运到苏州，加光再运回去。实行计件工资，平均男性工人每月五十元左右，女工每月十余元。

要求：吸收二十岁左右的练习生二十人。

硼砂缺乏。

炭来源缺少联系，过去直接采办，现在要通过省际交涉。

赛璐：上海有抬高市价现象，供不应求。

陈仕楷　日本玻璃厂伙夫，能造灶头，管理烧料，每月五十五元工资。

曹伯寅　上光老艺人。

吴家瑞　上光老艺人。

缺少平房，炉灶与上光部分要分开。曹家巷 12 号有十多间房子，可以扩充。

1. 张子卿，1918 年在苏州开设料珠作坊，生产的珠有鳞光，定名为“宝素珠”，与珍珠凡可乱真。

八　佛教工艺品卷

题解：本卷收录顾公硕先生公开发表的论文《“檀龛宝相”——苏州虎丘塔中发现的文物》以及民间收录的佛像比赞语等。

“檀龛宝相”——苏州虎丘塔中发现的文物

“檀龛宝相”是一种用圆柱形檀木精雕的小佛龛。它的制作，一般用一尺左右的圆柱形檀木，照丁字形纵剖为三块。半圆形的一块是主龛，雕主奉的佛像。其余两块带有三角形的作为扉龛，一般是雕胁侍像。龛木边缘上下有小空，用绳联系，可以开合，开时是三连形的佛龛，折合时依然像一段圆柱形的枕木，因此日本人称这类佛龛为“枕本尊”（本尊，即主奉的佛像）。

隋唐时期，佛教盛极一时。雕铸造像，称为专门行业。这种“檀龛宝相”既便于教徒宣教时的携带，又适宜于民居案头供奉，风行一时，但文献上记载不多，初唐大文豪卢照邻有过一篇《乐相夫人韦氏造檀龛宝相赞》。唐宪宗元和元年（806）日本僧空海（774—825），一即弘法大师，唐宣宗大中元年（847）日本僧圆仁（794—864），先后从中国归日本，在他们带回的宗教文物的目录中，都有关于“檀龛宝相”的记载。现存的日本高野山金刚寺一座，据说就是空海当时带回的。又普门院和严岛神社也藏有这类龛佛，大约也是同时代的作品。此外，在美国奈尔逊艺术博物馆据说也有。国内现在究竟有几座，则不得而知。又从唐太宗贞观时的《断卖佛像敕文》中也可以零碎地了解一些当时情况。他的敕文是这样写的：

敕旨：佛道形象，事极尊严。伎巧之家，多有造铸。供奉之人竞来买赎。品藻工拙，揣量轻重。买者不计因果，止求贱得。卖者本希利润，唯在价高。罪累殊深，福根俱尽，违犯经教，并宜禁约。自今以后，工匠皆不得预造佛道形象卖鬻。其现成之像，亦不得销除，各令分送寺观，令寺观众徒，酬其价值，仍仰所在州县官司检校，敕到后

十日内使尽。——见《广弘明集》卷卅五

这里所谓“预造佛道形象卖鬻”，当然不会是大型的造像，分明是一种待价而沽的小型造像，而且也必然包括这种“檀龛宝相”在内。所用材料，不外金属和檀木之类，因为这些都是当时名贵的材料。所以买卖时要“揣量轻重”。唐天宝二年（743），我国高僧鉴真（688—763）第一次预备东渡日本（后遇风雨未果）时，在他的随从的一百多位技术工人中就有专门“雕檀”的工人。这就说明自从印度输入檀像以后，我们的雕檀艺术就逐步发展成为独立门户的一种手工业，而这种“檀龛宝相”体积小，用材省，出路广，当时生产是轻而易举的，但其质量必然不会一律，像乐相夫人韦氏造“檀龛宝相”，特请大文豪作赞，原雕当然不是等闲之作。在另一方面，也必然有不少粗制滥造的作品，为此敕文中有“品藻工拙”的说法。

现在苏州发现的一座“檀龛宝相”是很小的。它的主龛连座子，高不过十九公分半。木质已略有枯朽，有些地方已模糊不清。当时可能加彩，因年久退色，然尚有描金部分隐约可见。它的主龛雕观音立像一尊，足踏莲花，下横一藕。藕的左右分发荷叶莲蓬，莲蓬上蹲着一个善财，笑捧莲花一朵。另一面的龙女却不见了。这样的布局，是历来造像所仅见，足见作者的巧思。它的左右两扉，各雕“飞天”“胁侍”，妙在姿态面貌，各有表情，无一类同，而眉目清楚（像善财的头部，仅有绿豆大小）。作者虽没有留下姓名，然必出当时名手无疑。关于虎丘塔的建造时期，由于这次文物的发现，已有定论（五代末始工，宋建隆二年完成）。那末此龛的制作时期，自然至迟也是宋初的作品，但从佛像的宝冠形式而论，还可能推前到晚唐时期，这有待于雕塑家的考定了。

苏州的雕塑工艺，向来发达。无论锤叶、夹苎、金、石、砖、陶、泥塑、木雕等像，应有尽有。这一次的发现，在苏州雕塑艺术史上，可谓添上了光辉的一页，是值得庆贺的一件大事。

檀龛宝相

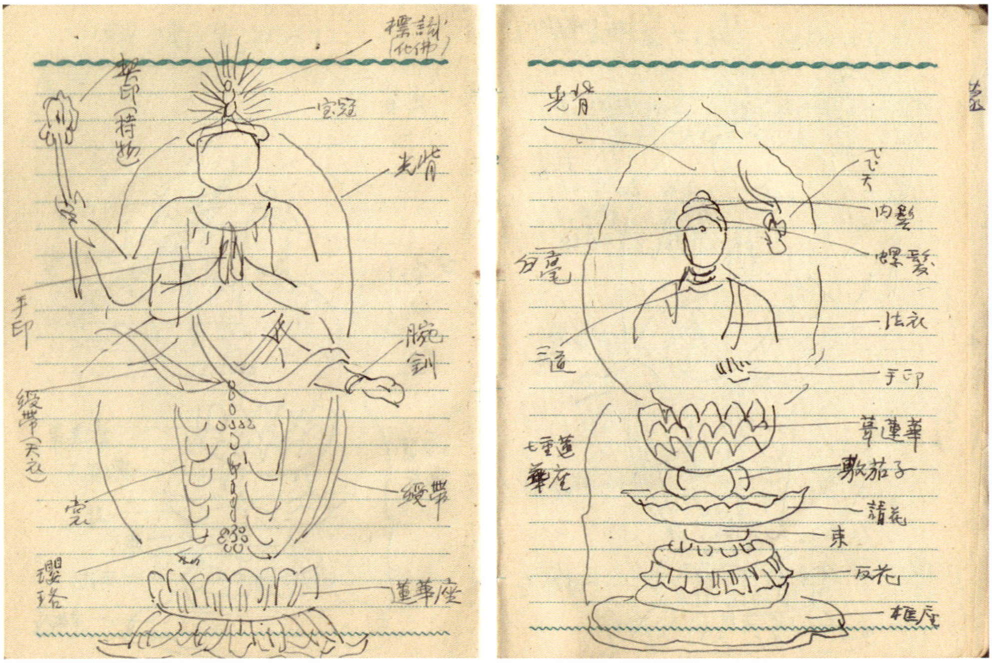

顾公硕手绘的“檀龛宝相”造型图和具体结构名称

佛像比赞（笔记）

此笔非为笔，来自殿前王母宝香之笔。第一支笔是由太上老君下符，走失金段要精，画人人常生，画水水常流。孔夫子教训三千大弟子、七十二贤人，引年得胜；第二支笔，杨吴之师传我老师，老师传我弟子，弟子今日拿在手中。大要装金画佛，小要描龙画虎，画山山要清，画鬼鬼要灭。我敬的佛光，吉日吉时开点灵光。

一炉宝香龙哓烟，五色祥云直上天。香风吹出千里环，云动三教众神前。

——四句头，开光用

真武仙人真武郎，真武童子到坛场，将我拿起宝剑一看，天下九洲兵马，马要鞍披，弓要上弦，刀要出鞘。锣响三声兵要到，鼓响三声兵要齐，锣声鼓响兵马皆齐，众将官听我将令，有语不可多言。众将官听我吩咐，只许向前，不许向后，若要向后，先斩后奏。

——开武将用

九　甪直保圣寺罗汉塑像卷

题解：1918 年，苏州籍学者顾颉刚，应他的中学同学、在甪直吴县第五高等小学（即甫里小学高小部）任教的王伯祥、叶圣陶、吴宾若之邀，从北京返家乡考察保圣寺，为大殿楹联“梵宫敕建梁朝推甫里禅林第一，罗汉塑源惠之为江南佛像无双”所吸引。1922 年顾颉刚又偕北京大学校医陈万里同往考察保圣寺大殿，见大殿因多年失修，屋顶漏水，泥塑罗汉像已被雨水泡坏，立刻写了为一千年的美术品呼救的文章，在《努力周报》发表，呼吁各界捐款拯救杨塑。至 1924 年，顾又写了《记杨惠之塑像》之一至之五，刊登在《小说月报》上。日本东京大学美术史教授大村西崖读了顾颉刚一系列文章后，专程来保圣寺调查与拍摄，回日本后，于 1926 年出版了《吴郡奇迹塑壁残影》一书，大村西崖先生以画证塑，认为是“宋制”。此书引起中国文化界名人们的重视。1929 年蔡元培、马叙伦、叶恭绰等专程到保圣寺调查，1930 年夏教育部成立“保存甪直唐塑委员会”，这时保圣寺大殿已严重倒塌，十八尊古罗汉只剩下九尊。经多方努力，徐悲鸿关心，江小鹣为总技师，滑田友为技师并主持，建成“保圣寺古物馆”，修复九尊罗汉及塑壁，1932 年 11 月 12 日修复完工，“保存甪直唐塑委员会”举行揭幕式，人称“半堂罗汉”。当时，许多苏州人去甪直观看，二十八岁的顾公硕先生是其中之一，新中国成立初，又随苏州市政协专程去考察。该文是第二次考察后所撰之文。

保圣寺罗汉塑像似一个千古之谜，时至今日，人们常发表一些文章，见仁见智，回味无穷，这是中华文化遗存的巨大魅力。

甪直“杨塑”之谜

一、不幸的遭遇

甪直镇，在苏州、昆山之间。镇上有所保圣寺，寺中有几尊很出名的泥塑罗汉，相传是唐代杨惠之的作品，但由于镇小，交通又不便，因此一向就少人注意。自从 1918

年及之后有顾、陈两位同志偶去考察，眼看着这几尊罗汉的破坏严重，归来后就撰文宣扬，呼吁抢救，但当时的反映，很为冷淡。谁想在日本却引起了大村西崖[1]的重视，就在1926年远涉重洋，来到我国作实地调查，得到当地人士的同意，饱看了五个整天，带去的摄影师，又拍了很多张照片，真是随心所欲，满载而归。他回国不久，就写了本《塑壁残影》，对角直罗汉作了详尽的介绍。听说此书很受欢迎，曾一版再版地发行，而回顾我们的保圣寺，却就在那时一而再地坍塌下来。先是大殿垮了，后来居中的"本尊""阿难""迦叶"也毁了。九尊幸免于难的罗汉，大约还是靠了"唐塑头衔"的关系，才经人搬进了附近的学校，此次保圣寺是名存实亡了。大村西崖的《塑壁残影》中曾慨乎言之，说什么"再越数年，恐除此影片以外，将无复若何形状可睹矣"，虽是讽刺，然而几乎不幸而言中。后来我国爱好文物的群众，主动地就保圣寺原地重建屋宇，把残存的"罗汉"与"影壁"，一起搬入陈列，并请专家作适当的修整，总算告一段落。谁想它们的厄运还没结束，1937年7月日本帝国主义大举侵华，苏州沦陷，日军一到角直，就有意识地在保圣寺养起马来，陈列在下面的几尊罗汉，又遭到挖眼穿鼻等酷刑，弄得惨不忍睹，而罗汉腹内藏经，亦于此时被盗（见《江苏文献》第七、第八期合刊）。

1949年解放军渡江南下，4月27日苏州解放，万民称庆，这群饱经沧桑的罗汉，才欣喜地结束了它们的不幸遭遇而得到党和政府的关怀，已先后为县、市、省级的文物保护单位。1961年国务院又公布列为全国重点文物保护单位。从此，这一项祖国文化遗产有了保障，可以传诸子孙万代而不朽了。

二、"杨塑"之谜

唐代杨惠之、吴道子两人，据说本来同道学画，都是私淑张僧繇的，但惠之画艺较差，自知难与道子抗衡，于是专门学塑，也不甘落后，不懈地学习钻研，终于成为我国历史上第一塑手而并称"杨吴"。当时有"道子画、惠之塑，夺得僧繇神笔路"之说，绝非偶然。关于他们的作品，屡见记载，但时代过远，不免损毁，尤其是南方气候干湿无常，泥塑容易风化，因此更难保存。现传说中的"杨塑"虽很多，然信而有征的，至今还没发现。即使角直"杨塑"虽名望甚大，其实并不可靠，如细加分析，那就漏洞百出，今就发现所及和亡友黄颂尧[2]生前提供的一些资料，试汇述如下：

1. 大村西崖（1867—1927），日本美术史家。著有《东洋美术大观》十五卷、《东瀛珠光》六帖、《支那美术史·雕塑篇》《东洋美术史》《佛教图像集古》等书。

2. 黄颂尧（1878—1934），名钧，号次欧，江苏吴县（今苏州）人。雅好经史，妙能为辞章，喜簿录训诂之学，在书画、诗词方面亦造诣颇深。所著《清人题画诗选》乃颂尧为苏州美术专科学校学生讲授诗词所编，全书共选清人二十六家，诗一千二百余

（一）文献不足证

现存的苏州地方志，以北宋朱文长（1039—1098）的《吴郡图经续记》为最古，其次是南宋范成大（1126—1193）的《吴郡志》，再次则有卢熊的《苏州府志》、王鏊的《姑苏志》等。在这些志乘中，都没有关于角直“杨塑”的记载。明嘉靖四十三年，归有光曾至角直访古，著有《保圣寺安隐堂记》，有“游行寺中寻古碑刻，殆无存者”之说，但亦不提“杨塑”。直至康熙陈维中的《甫里志》才开始有“杨塑”之说。康熙去唐已远，岂有康熙以前人不知，而以后之人反言之凿凿，足见此说并无根源，所以说文献之不足证也。

（二）时代的矛盾

关于保圣寺的始建年月，根据志乘所载，不外下列两说：

甲、梁天监二年（503）

乙、唐大中间（847—859）

其后又经宋大中祥符六年（1013）、熙宁六年（1073），元元统二年（1334）等重修。如果根据甲说，认为始建于梁天监二年，那么当时杨惠之还未出生。如根据乙说，所谓唐大中间，虽不明指何年，但大中先后共十三年（大中十四年即咸通元年），即公元847至859年，而这一段时间内杨惠之恐已早离人世。杨惠之的生卒年月，虽已无考，但他与吴道子既并称“杨吴”，则在开元间绝非童孩。就算他是个开元间的神童，至少也在廿岁左右，那么即以开元末年（741）算起，到大中元年（847），又隔了百余年，那时的杨惠之，至少也要一百二十多岁，试问能有几人这样长寿，此为“杨塑”不可靠的又一证据。也许有人要问，此寺院始建于梁，初建之时，杨惠之还没有出生，当然不会参加工作，但建成以后，到了唐开元、天宝间，安知没有增添过“杨塑”？此亦言之有理，但唐武宗会昌四年（844）曾诏毁佛寺四万余所，世称“会昌灭佛”。其后二年，即宣宗大中元年（847）又敕复废寺。这样一翻一覆，佛教艺术受损严重。苏州当不例外，因此志乘所载，城乡的古代寺庙，往往建于天监、大中。前者因为梁武帝的佞佛，后者由于会昌灭法后的“复法”，保圣寺即为一例。因此寺内即使果有“杨塑”，当亦难逃会昌之厄。所以今日所存，当为大中以后的作品，与杨惠之可谓风马牛之不相及。

（三）“杨吴之师”

进行调查研究，不妨先就地取材。我为了研究所谓“杨塑”，曾向苏州的几位彩塑老艺人请教。据薛金海同志说：“从前苏州的彩绘与泥塑，本是一行。家有黑漆墙门，上挂‘某某某成佛处’招牌，而不设店面。从业成员，人称画师，艺徒对老师也不叫师

首，诸家各附有小传，对于研究清代题画诗以及清代绘画史，有重要的文献价值。

傅而称先生。有时出外营生，则提一考篮，中贮应用工具。各有熟悉的主顾，送上门去。寺庙的主持，也以师礼待之。供奉之殷，远较一般工匠为优。”我国的“绘”“塑”本为一家，张彦远《历代名画记》中杰出的“画家”“塑手”，多数来自民间，吴道子何尝不是来自民间？所以这种“画师”身分，可谓由来已久。同时他又为我念了一首《开光笔赞》，虽属迷信，却有资料可寻。全赞共一百二十六字，其中有一段（硕按：据口述翻译，可能有出入）：

“此笔非为笔，来自殿前王母宝香之笔。……第二枝笔，杨吴之师传我老师，老师传我弟子，弟子今日拿在手中。大要装金画佛，小要描龙画虎，画山山要清，画鬼鬼要灭……”

赞中所谓“杨吴”，当指杨惠之、吴道子而言。由此可见，苏州彩塑艺人的画师身分、师承、技艺是远接杨吴而一脉相传。因此，保圣寺罗汉，虽不知出于谁手，其深受惠之影响，则无异议。

（四）宋塑之说

薛金海同志又云：“罗汉，本分‘梵相’与‘凡相’。‘梵相’有一定的规格，虽各师授徒，而作品大致仿佛。唯有‘凡相’则以写实为主，艺人就各显神通而颇见高低。”这里所谓“梵相”即书本上所谓的“胡貌梵相”，是指印度人面貌而言。例如日本帝室收藏的所谓贯修画的十六尊罗汉像，即属此类。另一种所谓“凡相”，是一种中国化的罗汉，面貌写实，中国普通人相似，故称“凡相”。宋画罗汉，都属此类。例如随故宫文物运往台湾的李龙眠罗汉像，日本所藏传为李龙眠的罗汉图轴，可以参考。

现存保圣寺的九尊罗汉，有“梵相”，也有“凡相”，而且手法不同，绝非一人所塑，其中一向为人注意的是“仰”“俯”的两尊。一尊仰的，俗称降龙，大颜长眉、巨眼、隆鼻、阔口、肥耳，望而知为“梵相”，神态威而不猛，双目凝视有力，尤其值得注意的，为垂肩衣端的“卷云衣褶”，与其他几尊截然不同，即中国其他塑像和图像中亦未发现，无疑是保圣寺现存罗汉中最早的一尊，也是最有可能为唐塑的一尊。那“俯”的一尊，作老僧入定之状，即俗传所谓梁武帝塑像。看去有骨气，有生气，可能是面对着模特儿塑的。它的衣纹非常写实，虽屡经修补，而质感仍强，真是一尊“凡相”中的杰作，但不及降龙的高古，时代当亦略后。其余几尊，虽略逊于上述之像，然亦各有特色，其一温颜端坐，双手按膝。其一俯首凝思，眉清目秀。其一貌甚瑰伟，举手欲语，真是尽妍极态，栩栩如生，都不失为写生的杰作，必出当时名手无疑。惜乎作者姓名，已没而不闻了。大村西崖对此曾有“相貌衣褶，较诸南宋罗汉画家西金居士[1]

1. 西金居士，南宋佛像画师，宁波人。与同乡张信忠、周季常等以擅画罗汉、佛之作，实亦不分孰优孰劣”之说，从而断为宋塑。按我国佛教，宋时在南方颇盛。明州（今宁波）多佛画师，所作罗汉像，如同院画，传为龙眠的支流。西金居士（编者按：原文作“西京居士”，当为“西金居士”），名大受而不详其姓氏，当时为明州佛画师中的妙手，同时还有林庭珪、周季常、蔡山、赵璚、张思恭等人，亦以佛画出名。惜乎他们的作品，大都渡海东流，日人奉为至宝，而我国画史，及不载其名。大村西崖以画证塑，把保圣寺罗汉定为宋制，不谓无见。又陈从周同志在《文物参考资料》上云：“甪直塑像，相传为唐杨惠之塑，以管见所及，证以山东长清县灵岩寺宋塑，重庆北温泉摩崖，几如同出一臼，大约出于宋人之手……”这是以塑证塑，我亦有同感。因此1961年国务院公布的首批全国重点文物保护单位目录中，把甪直保圣寺的罗汉塑像定为北宋文物（旧传为唐杨惠之塑），非常正确，此一定案，从此纷纭可息。

（五）影壁

上面是谈塑，现在来谈一谈“影壁”，作为罗汉背景的“影壁”也是重要文物。我们不能只知有塑，而不知有壁。因为这种“影壁”，据说也是杨惠之所发明的。在保圣寺大殿尚未坍塌以前，“影壁”还不止这些，现在是把残存的拼凑而成的，它的最大价值，就是具有唐代画风。大村西崖曾举《枫苏芳染螺钿琵琶捍拨皮画骑象鼓乐图》[1]《黑柿苏芳染金银泥绘箱》[2]《鸟毛立女屏风》[3]等唐画作证。我曾两相对照，确实相似。近人史岩同志的《东洋美术史》除了同意此说外，又多举了无款的《吴山行旅图》为证。因为这些唐画的石法，都与保圣寺的“影壁”相同，而宋代以后出现的“披麻”“雨点”“斧劈”等皴法，这里是绝无相似之处。因此这些“影壁”，也许是唐物宋修，或者宋仿唐制，如认为是宋代新创，那末非但与宋画风尚不同，而且与皴法的发

像著称于世。所画罗汉、佛像取法吴道子、李公麟，用笔细劲，线条流畅，形象生动，富有神情。作品流传日本，对日本镰仓时代之佛教画有一定影响。传世作品有《罗汉图轴》。

1. 日本正仓院，藏有圣武天王的遗物，颇有我国隋唐时代的工艺品。这一张琵琶亦唐代的工艺品。“枫”是指琵琶的木质。“苏芳染”是用苏木汁的一种染料。“捍拨”是指琵琶上的“当弦”，所谓捍护其拨。现代的琵琶，已不用“捍拨”，这是唐代的胡乐，所以还是原有形式。捍拨上绘的骑象图，纯为西域风尚。据《乐府杂录》“俳优”条云：“安国乐……蛇皮琵琶……其‘捍拨’以象牙为之，画其国王骑象，极精妙也。”可见这是一张属于安国式的琵琶。“拨”是指弹琵琶的工具。古代弹琵琶用“拨”，不用指。至唐贞观中斐洛儿始废“拨”用指，即所谓“搊琵琶”。又张籍《宫词》有“黄金捍拨紫檀槽，弦索初张调更高”，可见当时贵族豪华，甚至以黄金为“拨”。

2. 此箱亦存正仓院，以黑柿木为箱，染以苏木，表面以金银泥绘作山水，有群峰耸峙，皴法与保圣寺山石相同。

3. 正仓院所藏8世纪绘画。

展，也不无抵触。所以它的价值，恐还在罗汉之上。

三、几点建议

总之，这是全国重点保护的文物，是江南雕塑中的瑰宝，惜乎交通不便，参观困难，我久居苏州，迄今亦只两度瞻仰。最近一次是附乘苏州政协的专轮前往，但仍限于时间，观之未畅。今后最好能定期开放，例如节日假期，有专轮衔接火车，直往直返，那末著名巨迹，不至晦而不显。此外另有几点建议，以供有关部门的参考：

（一）加强保护。要有专人负责，并订参观规则。

（二）严禁复制。我在参观时发现一个石胶翻模（听说已不止一次），今后应加禁止，以免损坏原作。对临或对塑，当然不在此限。

（三）此屋原用筒瓦，今因漏雨，换用泽式红瓦，与古式建筑不统一，有损风格，似应修正复原。

屋内散置其他文物，可以另贮他处，而屋内宜布置若干椅桌，以利观众休息。

顾颉刚于1922年即撰文呼吁抢救角直保圣寺唐塑罗汉像，引起各界重视。十年后大殿半边坠塌，塑像半毁。1930年成立教育部保存角直唐塑委员会，成员有陈去病（右一）、蔡元培（右三）、叶恭绰（右四）、张继（右五）等。

保圣寺大殿内的释迦如来

罗汉塑像和塑壁

1932 年在大殿原址建成保圣寺古物馆

保圣寺旧山门（已毁）

北宋祥符六年建保圣寺天王殿

保圣寺古物馆

1961 年，保圣寺列为全国重点文物保护单位

现苏州角直保圣寺山门

保圣寺经幢和石柱础

今角直保圣寺塑壁及罗汉

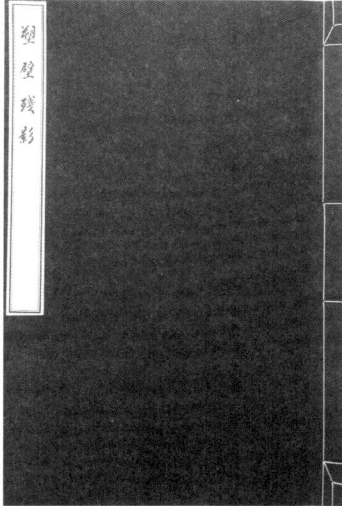

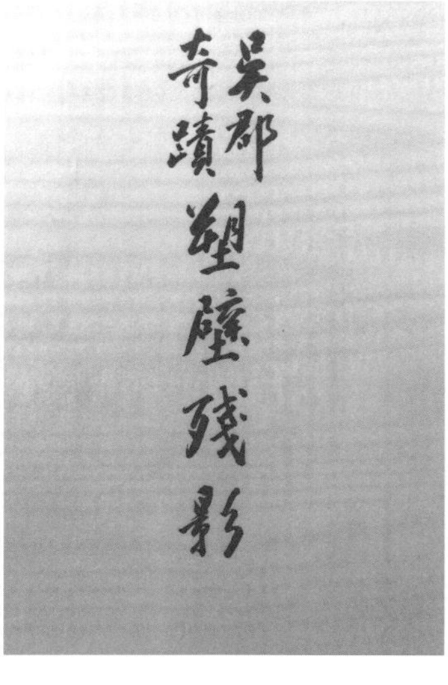

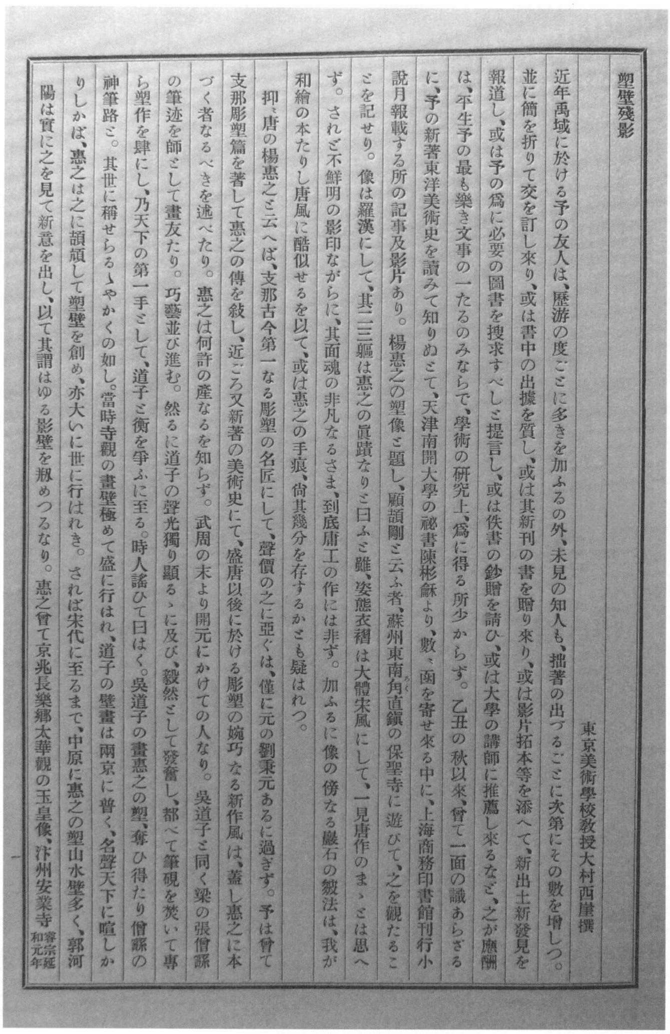

塑壁殘影

東京美術學校教授大村西崖撰

近年禹域に於ける予の友人は、歷游の度ごとに多きを加ふるの外、未見の知人も、拙著の出づるごとに次第にその數を增しつ。並に簡を折りて交を訂し來り、或は書中の出據を質し、或は其新刊の書を贈り來り、或は影片拓本等を添へて、新出土新發見を報道し、或は予の爲に必要の圖書を搜求すべしと提言し、或は佚書の鈔贈を請ひ、或は大學の講師に推薦し來るなど、之が應酬は、平生予の最も樂き文事の一たるのみならで、學術の研究上、爲に得る所少からず。乙丑の秋以來、曾て一面の識あらざるに、予の新著東洋美術史を讀みて知りぬとて、天津南開大學の祕書陳彬龢より、數〻函を寄せ來る中に、上海商務印書館刊行小說月報載する所の記事及影片あり。楊惠之の塑像と題し、顧頡剛と云ふ者、蘇州東南角直鎭の保聖寺に遊びて、之を觀たることを記せり。像は羅漢にして、其二三軀は惠之の眞蹟なりと曰ふと雖、姿態衣褶は大體宋風にして、一見唐作のまゝとは思へず。されど不鮮明の影印ながらに、其面魂の非凡なるさま、到底庸工の作には非ず。加ふるに像の傍なる巖石の皴法は、我が和繪の本たりし唐風に酷似せるを以て、或は惠之の手痕、尙其幾分を存するかとも疑はれつ。

抑〻唐の楊惠之と云へば、支那古今第一なる彫塑の名匠にして、聲價の之に亞ぐは、僅に元の劉秉元あるに過ぎず。予は曾て支那彫塑篇を著して惠之の傳を敍し、近ごろ又新著の美術史にて、盛唐以後に於ける彫塑の婉巧なる新作風は、蓋し惠之に本づく者なるべきを述べたり。惠之は何許の產なるを知らず。武周の末より開元にかけての人なり。吳道子と同く梁の張僧繇の筆迹を師として畫友たり。巧藝並び進む。然るに道子の聲光獨り顯るゝに及び、毅然として發奮し、都べて筆硯を焚いて專ら塑作を肆にし、乃天下の第一手として、道子と衡を爭ふに至る。時人謠ひて曰はく。吳道子の畫惠之の塑、奪ひ得たり僧繇の神筆路と。其世に稱せらるゝやかくの如し。當時寺觀の畫壁極めて盛に行はれ、道子の壁畫は兩京に普く、名聲天下に喧しかりしかば、惠之は之に頡頏して塑壁を創め、亦大いに世に行はれき。されば宋代に至るまで、中原に惠之の塑山水壁多く、郭河陽は實に之を見て新意を出し、以て其謂はゆる影壁を剏めつるなり。惠之曾て京兆長樂鄉太華觀の玉皇像、汴州安業寺(睿宗延和元年)

《塑壁残影》

十 文物普查卷

题解：本卷收录顾公硕先生所撰写的工作文件《文物保管小组如何展开工作》《普查文物的处理意见》、文管会工作会议记录等以及研究苏州历史所拟写的短文《漕运与苏州经济发展的关系》《唐伯虎与华鸿山“老不搭少”掌故》和苏州古城历史、文化遗存的笔记等。

文物保管小组如何展开工作

一、文物工作并不神秘

在座诸位，对文物工作，可能部分同志是一项陌生的工作，也许有人认为文物工作是一种专门学问，甚至有些为难情绪，其实并不怎样，平日没有接触，没有研究，自然感觉生疏，但说明了，也很平常。古代的实用品、古代的生产工具，遗留下来变成了文物。现在的生产工具，他日也是文物。

苏州，谁都知道是个文化古城，苏州古代的劳动人民与全国各地的劳动人民一样，勤奋、勇敢、聪明而善于创造，因此留下不少文物。这些文物，大致可分成以下几类。

二、文物项目

（一）革命文物

根据1950年政务院征集革命文物法令的规定：“凡以五四运动以来，新民主主义革命为中心，远溯鸦片战争、太平天国、辛亥革命及同时期的其他革命运动史料”都属于革命文物。

革命文物的内容分为：遗迹、实物、文献三大类。遗迹指革命斗争中的重要地址，例如当时的办公所、根据地（如抗战时太湖游击队薛司令的冲山）、领袖或先烈的住宅、烈士遇难地、坟墓等等。实物和文献是指革命纪念物，包括旗帜、符号、武器、报纸、杂志、小册子、布告、章程、档案、路条、粮票，当时的照片、图书、标语、年画以及缴获的反面的文物等都在其内。通过这些文物，我们的子子孙孙可以了解革命斗争的真实情况，激发革命热情。太平天国后期的政治中心就在南京、苏州，所以太平天国的文物也要注意。

（二）历史文物

1. 古文化遗址，就是古代人类居住生活遗留下来的地址。苏州地区，关于这类古文化遗址就有好几处，例如虎丘、金鸡墩、石湖越城、光福虎山桥都是属于新石器时代的文化遗址。古文化遗址要列入第一等文物保护单位，任何机关不得占有使用，要永久保存。

2. 古墓葬。人类对尸体的安置方法，一般是用土埋，古代人类认为人死之后，还在另一世界活着，于是把生前所需要的一切，在埋葬时，也放进墓里去。作为葬品，商朝的大奴隶主死了，甚至把许多活的奴隶也埋在墓中，这就是“殉葬”，以此作为死后使用的奴隶。至于墓室，自然也极尽奢华，有的墓壁上画着死者生平事迹的壁画。就是到了近代，厚葬之风，虽远不如前，但明清两代墓中金银珠宝还有发现。至于穷苦人民的墓葬，当然谈不上这些。因此古墓葬的发掘，除了说明阶级对比以外，还可在较大的古墓葬中发现文物。因为这些文物是随着死者埋入土中的，在考古上说来是最可靠的文物，没有人作伪。我们从这些文物上可以看出当时的工农业生产、生活、文化、艺术以及当时的风俗习惯，都比书本上说的要现实得多，因此古墓葬是地下宝藏，政府命令保护，不许乱掘。如果在基建工程中发现古墓葬，要与当地文物机构取得联系，有计划、有技术地发掘，避免损失。有规模庞大的古墓葬，甚至还要上报中央，才好发掘。

另外对一些有名人物的墓葬，我们也列入保护单位予以保护。因为这些人物生前对祖国有过一定的贡献，例如民族英雄（韩世忠）、反抗封建统治的先贤、艺术上有造就的唐伯虎，诸如此类，我们要列入文物保护单位，加以保护。

3. 古建筑。古代劳动人民花在建筑上的劳动真是神乎其技。就拿苏州来说，苏州地方的宝塔、桥梁、园林、宫殿式的庙宇、华丽的住宅，就全国闻名，要重点地好好保护。附着在建筑上的一些装修、雕刻，有不少是很名贵的民间艺术，也要保护。

4. 碑帖。是指刻有文字的各种碑、帖。碑是指直立的碑石，帖一般是指横式的书条石而言。这些碑帖，在苏州特别多，它直接记载着古今社会经济、政治、文化、宗教、宗族等许多方面的大小事情，一字一句，差不多都是当时的原始记录，虽则中间也许有夸张虚伪的成分，但研究历史的人们是可分辨出来的。我们现有的资料已经说明了不少问题，有的已运到中央，陈列在历史博物馆，成为全国性文物，但是我们的工作做得很不够，散在各地的碑帖，而我们没有发现的，还不知有多少，由于不重视而破坏了的和倒在路旁或当做阶沿而任人践踏的也不知多少，也有被砌在墙内、涂上石炭而无法认辨的不知多少。必须及时抢救，在这次普查工作中，对碑帖的调查，应该列为重点。

清雍正年永禁叫歇碑[1]就是我们普查时发现的。现在已发现了类似的共有二块，其中一块已运到北京。

5. 雕塑与壁画。雕是雕刻，塑是塑像。壁画是指画在房子上和墓壁上面的画。从这些材料中，我们不仅可以学习一些艺术上的成就，而且还可以了解当时的社会情况。我们苏州现在壁画发现得还少，突出的有忠王府的壁画。苏州彩绘数量很多，洞庭东西山，壁画和彩绘是个丰富的宝藏，有待于我们的普查。

至于雕塑，那是非常丰富，建筑上的砖刻，苏州自成传统。寺庙塑像也有好的，有的已出名，有的还没被发现，附着在建筑上的装修，有的特别精致，但破坏情况严重，应该注意保护。

6. 其他文物

前面所说的是指体积重大，不易搬动的文物而言，其他文物是指体积较小，随时都可搬动的文物，这里包括种类很多：①古代生产工具和兵器；②生活用具；③货币；

清　叫歇碑

1. 清雍正十二年（1734），苏州城内从事纺织业的机匠大规模罢工，惊动清廷。最后罢工以机户（雇主）在改善机匠待遇的基础上呈请官吏行文《永禁叫歇》而告终。叫歇即叫停的意思，全名为“苏州府长洲县永禁机匠叫歇碑”。此碑是研究中国明清时期早期的资本主义萌芽的实物资料，现藏于苏州碑刻博物馆，拓片陈列于中国历史博物馆的通史陈列中。发现过程是，1956年江苏师范学院（今苏州大学）纪庸教授在翻阅《吴门表隐》时，发现第十一卷有这么一条：“永禁纱缎机匠叫歇帮行碑，在玄妙观机房殿内……”可惜，此碑的文字从未有著录，连《玄妙观志》中也不载。于是，他即刻前往玄妙观，在道士的指引下，在一间偏殿机房殿的墙中见到了这块砌在墙内、上半部分已被涂抹得不成样子的石碑。之后，江苏师范学院历史系主任柴德赓研究后，写了《记‘永禁机匠叫歇碑’发现经过》一文，发表在《文物参考资料》1956年第七期。

④艺术品；⑤文献图书。

生产工具：古代人民，渔猎和打仗的工具不分，如弓箭可以打仗，但也可以渔猎。这些东西，我们已陈列出来，可以细细参观。

生活用具：包括衣食住三方面，材料太多，时间上不允许细谈。我们收集得很全面，主要是陶器和青铜器及一些明器。这里陈列的东西都是本市历年出土的一些饮食器方面的生活用具。

货币：是指历代货币而言。

铜器：破的也要，可以修复。宁可多留，不可错过。

艺术品：花样繁多，名人书画、刺绣、缂丝，举不胜举。好在这些东西早已被人重视，损毁较少。

文献图书：就是一切用文字记录的材料和一切印刷出来的书籍、图片，种类更多。它是科学、文化、政治、经济各方面的具体记录，真是片纸只字都不能放松。旧社会各种契券、文约和有历史意义的账簿等等，都要注意保存。

民俗用品：旧社会民间风俗上的用品，以往注意不够，损毁很大。从研究民俗学的角度上看来，是个极大损失，应该赶紧重视起来。譬如以往婚丧喜庆的应用物品，现在已保存得很少。

三、我们心中无数，工作如何展开？如何鉴定？

上面谈了不少的文物种类，也许有人要问，这些文物在哪里？哪些要保护？怎样保护法？怎样去鉴别？谁应该保护？谁可以不保护？因此我想继续谈谈具体办法，心中无数，不知从何搞起，就是市会也经验不足，尽可能提供一些参考资料，这是专门学问，希望有新生力量。

四、对文物保护小组的要求

文物工作是一项群众工作，单靠少数人是办不了、办不好的。因此首先必须发动群众，首先对各区、乡举行一次宣传运动，说明政府保护文物的政策、法令，并宣传要在本区乡举行全面普查文物，这项宣传可用多种多样的方法，做到家喻户晓，才能形成群众协助，否则突如其来，容易引起误会。

在宣传工作开展的同时，做好普查准备工作。查文献资料（当然我会可提供一些意见、掌握的资料），寻一些线索，根据线索开始进行普查，哪处有碑？哪里有革命史迹？哪里有古墓葬？详细记录并汇报本会。本会收到汇报以后，就开始研究，重点进行复查，作出结论，分别去取，列入单位，再由小组办理保管手续（如标示牌、订合同之类）。

此后，就能经常进行普查工作。除要求各小组随时注意保护单位外，还要随时留意，如有继续发现文物或发现线索，都要及时汇报本会。

郊区在基建中，如果发现墓葬和文化遗址，立即报本会，本会有专搞田野工作的同志前往协助。对城区的小组的要求，按单位进行复查，在复查基础上提供新线索，提供文物动态。

五、介绍全国各地普查的一些经验

（一）重点与一般。普查工作的展开，一般要取得当地政府的支持，采用全面发动、掌握重点、注意一般的方法，但普查时重点可能已变成一般，而一般中可能发现了重点，应注意重点的同时，不能忽略一般。

（二）四勤和六不

四勤：腿勤、嘴勤、眼勤、笔勤。

六不：不随便给文物下结论、不粗枝大叶、不挫伤群众积极性、不妨碍群众工作、不调查私人收藏、不勉强发动捐献。

腿勤是指普查时有线索要寻到底，不怕费脚力。

嘴勤是指在座谈会以外，要多做个别闲谈和访问工作，因为经验告诉我们，一般闲谈中的收获往往反比座谈会多。

眼勤是指东张西望，有时有意外发现。

笔勤是指访问时、调查时、座谈会，都要详细记录，不管有用无用。

不随便下结论，恐引起对方反感。

不进私人（家）调查，恐引起群众不必要的误会，如果由于对方主动邀往鉴定，那是例外，但也不宜遽下结论。

普查文物的处理意见

一、城内建筑

住宅：本市文物保护单位目录中，曾列入一批住宅，现房改以后，这些住宅已由房管局管理，拟建议房管局注意保护。

园林：仍列入保护单位，但实际上由园林管理处负责。

古建筑：依旧。

会馆祠堂：历史性建筑，如申氏祠堂等，应列入古建筑保护。会馆祠堂中附有重要碑碣，也应保护。

二、普查收获

1. 花神庙砖刻佛像
2. 三横四直城河图碑记
3. 孙武子祠堂碑记
4. 试院碑记
5. 汪氏宗祠祭祀规条
6. 书条石数十块
7. 寿宁弄姚家花园朱熹字石刻
8. 木渎五龙山中型砖石六朝墓
9. 石斧四件（特大稀见的一件）
10. 石凿七件
11. 石两件（残破）
12. 石刀三件（形式不同）
13. 石犁头一件
14. 石箭头一件
15. 石垫一件
16. 石兽一件
17. 铜斧一件
18. 陶器二件，陶片等不计
19. 内网坠一只、油陶豆一只
20. 收购站铜镜两面
21. 铁瓶巷任宅清晖阁董帖现存十四块，有几块放在地上

1955 至 1956 年调查虎丘的原始记录，送会后，现已不知下落，影响普查工作中的核对工作，对负责同志有意见。

苏州历史沿革（笔记）

一、（编者按：此处原文无标题）

扬州之域　大禹时代

勾吴　周泰伯、虞仲

吴国　前473年为越所灭，再隔一百四十年越为楚灭，楚考烈王封春申君黄歇于吴。

秦灭楚　把吴地置为会稽郡。

项籍起兵　秦二世元年（前209）楚人项梁与兄子项籍在此起兵（籍字羽）。

汉灭项籍　汉高祖五年（前202）灭项籍，封楚王韩信在会稽。

荆国　韩信立从兄贾为荆王，改会稽为荆国，十一年英布杀韩、贾，仍改为会稽郡。

吴郡　后汉顺帝永建四年（129）平吴属扬州刺史（吴主皓降晋）。

毗陵郡　晋太康二年（281）分置毗陵郡。

海虞县　晋太康四年（283）割吴县，置为海虞县，领十一县，吴郡、吴兴、丹阳，合称三吴。

吴国　晋成帝咸和元年（326）封弟岳为吴王，改为吴国。

吴郡　刘宋永初二年（421）仍为吴郡，领十二县，齐同。

吴州　梁太清三年（549）置吴州。

吴郡　梁简文帝大宝元年（550）又改为郡。

吴州　陈祯明元年（587）又置吴州。

苏州　隋文帝开皇九年（589）陈亡天下又统一。平吴，改称苏州，亦称胥州，十一年（591）移州在横山东南。

吴州　隋大业元年（605），又称吴州。

吴郡　隋大业三年（607），又为吴郡。

苏州　唐武德四年（621），平李子通，又置苏州。

五代时，杨行密占据三吴，受唐封为吴王，屡陷苏城，为吴越王钱鏐讨平，苏州遂入吴越之手。

两浙路　宋太宗太平兴国三年（978）钱俶降，苏州便属两浙路。

平江府　宋徽宗政和三年（1113）升为平江府。

平江路　元世祖至元十三年（1276）改为平江路。

隆平府　元顺帝至正十六年（1356）张士诚据之，改为隆平府。

平江路　1357年复为平江路。

苏州府　明太祖洪武元年（1368）改为苏州府。

参照全国重点文物保护单位　苏州文庙四大宋碑：

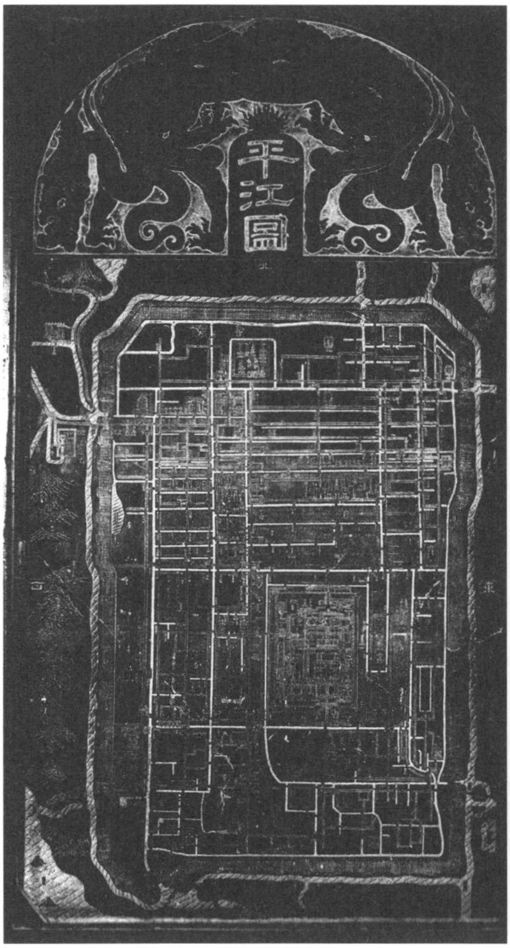

《平江图》原碑

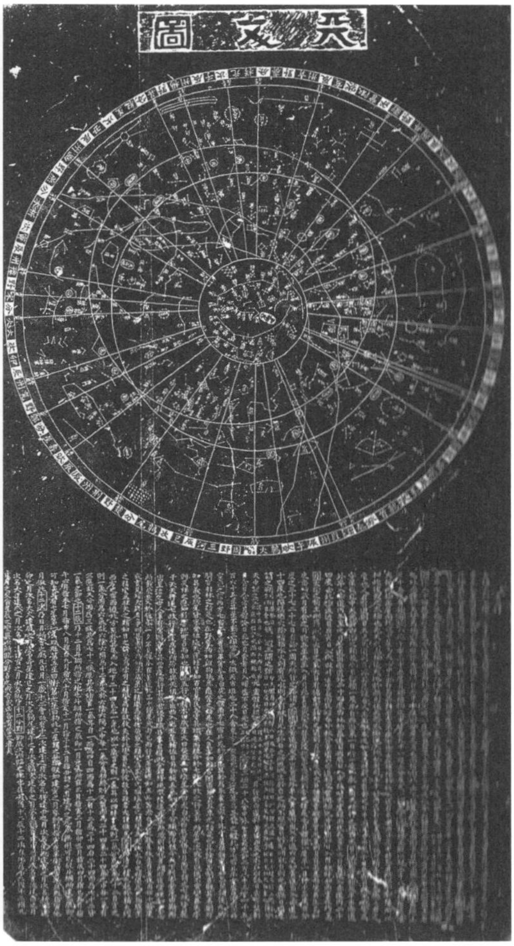

《天文图》原碑

《地理图》原碑

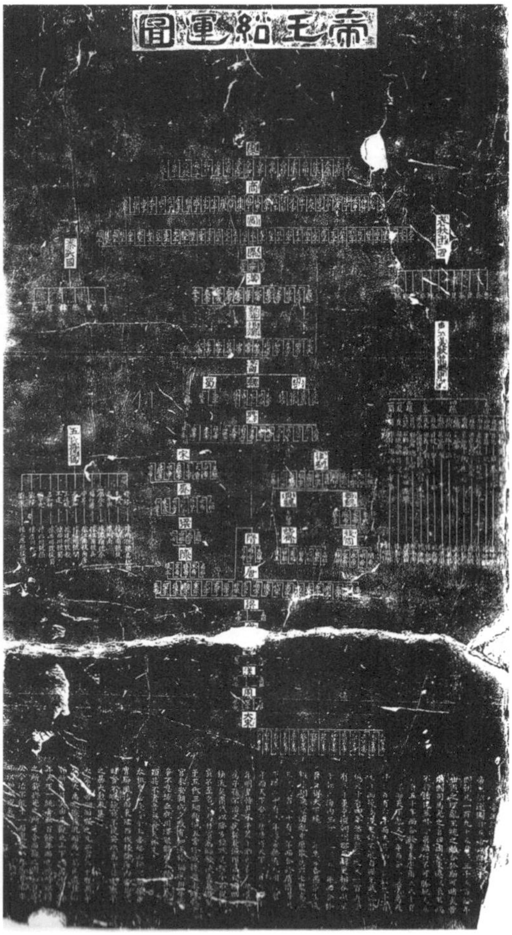

《帝王绍运图》原碑

二、苏州城池

阊门　天通阊阖风，又叫破楚门。

胥门　又名姑胥门，以姑胥山得名。

盘门　又名蟠门，因门上曾刻蟠龙，镇压越国，后因水陆萦回屈曲，改称盘。

蛇门　今废。

娄门　本名疁门，秦时昆山叫古疁县，后为王莽改为娄县，疁门亦改为娄门。

匠门　又叫干将门，匠即干将变声，今废。

齐门　吴破齐，齐王以女为质，死，吴太子波造此以望齐，故亦称望齐门。

平门　子胥平齐，大军自此门出，故名。

葑门　古为封门，取封禺二山为名。一说葑门本鱄门，当越兵入吴，有鱄随涛而来，故名。

苏城自秦汉到陈朝，都没有改变。至隋开皇间，杨素以苏城常被群盗包围，乃移建横山。唐武德九年（626）再还旧城，元定江南，城池拆毁，至正十一年（1351）重建，明初又重修。

吴王阖闾在公元前514年命伍子胥筑城，城内至今有皇废基。

三、几处观、塔

圆妙观

圆妙观亦作玄妙观。据府志，创于晋咸宁中（275—279），初名真庆道院，唐称开元宫，宋真宗大中祥符间（1008—1016）更名为天庆观。

三清殿建置沿革：南宋以前无考（金人屠戮平江，观毁于兵）。1175至1177年间，郡守陈岘、吴县尹黄伯中等于宋孝宗淳熙二年至四年间，奉敕重建大殿。1179年殿毁于火，赵伯骕摄郡重建。理宗宝祐年间，住持严守柔于1254年重覆屋。1261年，住持蒋处仁重修葺栏。1289至1290年，元世祖至元二十六年、二十七年，住持严焕文、张善渊、左辖朱文清等重修。清世祖顺治间1644至1661年间圮。康熙十二年（1673）道士施道渊重修。康熙末，道士胡得古重加藻绘。嘉庆二十二年（1817），殿西北角毁于雷火。1818至1819年，韩葑等重修。建国后，1957年重修。

此殿自1179年重建以来迄今七百几十年，虽迭经修治，然迄无再建记录，确为南宋建筑之仅存者，江南建筑物中，此为最古。

双塔

宋太宗太平兴国七年（982）王文罕兄弟创建砖塔二座，一称舍利塔，一称功德舍利塔。宋高宗建炎四年（1130）金兵破平江，塔一部分被火毁。绍兴五年（1135）比丘惠先等九人募修西塔。明世宗嘉靖元年（1522）西塔相轮次毁。卅九年（1560）马祖晓重修双塔。明崇祯六年（1633）双塔圮，九年（1636）重修。清乾隆中（1736—1795）东塔相轮毁，道光二年（1822）重修。

西塔第二层题记：

大宋国平江府长洲县□□碑蒋□□□□□弟子卫□寿□□八娘男□□与家眷等□心施钱□□塔第二层井口功德，保扶家眷，庄严福智成就菩提，绍兴乙卯题宋都绅陈明

双塔乃太平兴国七年岁次壬午建□王氏□一方所□至今绍兴乙卯□□一百五十三载缘金□□城寺宇□□惟北二□□□□□比丘师□惠先等九人，努力募缘次第修整，时绍兴五年岁次乙卯三月十三日同修□塔比丘□□□□文上用记岁月矣刊字比丘

报恩寺塔

南朝梁（503—556）僧正慧所募建浮屠十一层，北宋时不戒，毁于火。宋神宗元丰年间（1078—1085），改筑为九层。高宗建炎四年（1130）金人毁塔。绍兴间（1140—

1150），僧大圆重建，亦为九层。元至顺，明弘治、隆庆、万历，清康熙凡数度修理。太平天国后光绪廿六年（1900）僧继和重修一新。

瑞光寺塔

建立时间有两说：一说，三国吴赤乌四年（241）建。一说，为五代钱氏所建。北宋朱勔改建，后经宋淳熙、明洪武、永乐、天顺、崇祯，清康熙次第重修，太平天国后毁。

无梁殿

南京灵谷寺无梁殿（洪武间）。句容宝华山隆昌寺有无梁殿二（1605），建于明万历四十六年（1618）。苏州开元寺无梁殿，位于盘门内东大街、瑞光寺塔北，开元寺创建于三国吴赤乌年间，原名通玄寺，唐开元二十六年（738）改今名。五代后唐同光三年（925）由城北迁今址，是苏州历史上著名的佛寺之一。清咸丰十年（1860），寺毁殿存，殿建于明万历四十六年（1618），是一座纯用细砖垒砌的无梁建筑。

灵岩塔

五代时孙承祐所建（930）左右，明万历二十八年（1600）毁。

虎丘塔

又，云岩寺塔（详 1954 年 7 月《文物参考资料》、刘敦桢《苏州云岩寺塔》）

落成于宋建隆二年（961），五代周显德六年（959 年）始建，唐代避太祖李虎讳，故称虎丘为报恩寺。“虎丘剑池”四字为蔡君谟写，“生公讲台”系丹阳邵必字，不疑。“虎阜”二字为马之骏作伪。

四、灵岩山文物（1958 年 11 月 11 日所见）

邵育血书阿弥陀经三种，宋崇宁三年，麻纸

康熙刺绣佛经，河南汝州贡生广州番禺县县丞叶之馥书，次室萧氏绣

迦叶像（石质，有韦应物题“永贞元年”）

阿难像　无字

鎏金像　释迦像，梁天成元年

泥塑佛头

石溪卷（甚精，□□旧藏）

石涛卷

文早年轴（尚可）

唐寅《落花诗》

赵子昂写经

佛教陈列室，不如改为佛教艺术品陈列室……

苏州盘门

苏州报恩寺塔

苏州灵岩山寺塔，摄于上世纪 80 年代

苏州瑞光寺塔

苏州开元寺无梁殿

苏州镇湖万佛石塔

五、几处遗迹

唯亭塘南乡有正统八年的建筑，附近石桥也是正统八年。

唯亭山有大中元年石幢

光福西津小学有大德丁未年石塔、万佛石塔。

光福虎山桥有古遗址

六、凤凰山永庆寺杨塑之谜

杨无恙告余，常熟港口（编者按：今属苏州张家港）凤凰山永庆寺有唐杨惠之塑像，曾约余往照相。时心境不佳，未往。乃解放后遇庞士龙兄，询之则云已毁。今年苏州市图书馆购得钱陆灿所著《凤凰山永庆寺志》钞本，中有康熙重修寺庙碑记，有塑像费二百金之说，则所谓唐塑者实为康熙时人所塑，然民间传为杨塑，亦可想其妙，殆出康熙名匠之手则无疑矣。

1961 年 12 月 3 日记

七、苏州农民起义

崇祯十一年八月洞庭东山宋毛三，十月横金（泾）唐左耕、王四、李南洲、查贤、韩佛寿等农民起义。崇祯十三年六月周士、陈习志起义。崇祯十四年，大饥，正月十八日，也有农民起义。

太湖胥口[1]（文）

胥口，在苏州西南。木渎镇下的小镇，是游踪罕到的所在。这次，吾们去观光，也非预定，不过开南往木渎的小火轮上，展开了苏州地图，吾们就盲目地指定了胥口。及船抵木渎镇，上岸问清了路，就开始向胥口进发。途遇乡农，对吾们的行动，都有疑讶的形色，大约踞于太湖滨的小乡镇，根本是少人问津的。

胥口离木渎约有十里，是出太湖的口子。胥山在其南，香山在其北。两山对峙，中间的一水，就名胥口。口外水光接天，银色的波涛，真是浩浩无极。座座的山屿，隐现在杳杳暮烟之中。极目望去，疑云疑山，悠然万变。云聚了，散了，又那样，到底没有看个真面目出来。吾想：如果在月夜泛舟，一定另换一副面目，风惊鹭鸣，月舞怒涛。

1．摘自王道编注《过云楼旧影录》，浙江大学出版社 2015 年版。

不要说在下这支拙笔，就是有声电影，也摄不出那样美。这里是出入要冲，不容你有这样雅兴。

明知诸位急欲知晓胥口是怎样的口子，所以在先就介绍口外风光，是这样伟大雄壮。想不到口以内却又风丽邃秀，仿佛是一位绝色美人儿，要用另外一副眼光去欣赏。这里没有古迹，不是名胜。没有伟大建筑，也没有要人别墅、先烈坟墓，供君仰慕。这里所有的，不过是竹间楼、柳边亭，一叶扁舟，排藻破萍，几个轻鸥，随波逐流。分明是渔樵故里，天然一幅大年水村图。有人过此，谁没有出尘之想。此行而有如此收获，实为始料不及。其余如胥山、香山，想当然都是很好的去处。恨为时间所限，不能畅所欲游，只好期诸他日。

春假中，如到苏州游灵岩山，不可不带游胥口。如为时间关系，二者不能兼得，那末不妨放弃灵岩，而专游胥口。

发表于《旅行杂志》第八卷第六号

漕运与苏州经济发展的关系（笔记）

漕运就是把江浙地区的粮食，北运至长安、开封、北京等以往帝都所在地区，供给北部人民的粮食。

漕运利用运河，现在人称隋炀皇帝开凿运河，其实不然，据史籍记载，远在二千四百多年前的春秋时代，吴王夫差为了与齐国争霸，就征调大批民兵，在现在的扬州附近开凿一条叫做“邗沟”的人工河，这条河把长江之水引入淮河。这是大运河最早完成的一段。第二次巨大工程，才是隋炀帝大业年间进行的。直到唐宋，这条运河都经过开封，以洛阳为中心而至北京。到元朝迁都北京，才第三次开凿，改道拉直，不绕开封而至北京，可以节省五千公里的路程，从杭州直通北京。

运河的沟通，不但交流货物，而且在文化艺术上都有极大的推动作用，同时也给沿河城市带来了繁荣。苏州是大运河上的集散码头，凡是杭州方面来的物资都要经过苏州运河北上，北方到南方的物资，也要经过苏州。苏州太仓浏河口又是出口贸易的一个口子。宋朝就有一只外国的货船漂流到苏州。

1957 年 1 月 2 日文管会工作会议记录

第一项：

1. 出土文物整理工作、编目、陈列、存库、组织鉴定小组，沈、黄
2. 整理登记一般文物，加强鉴定小组的理论，陈列、存库

大运河上的宝带桥

3. 整理图书、碑帖上架，图书编目

4. 家具什物清理

5. 继续整理曲园文物

6. 继续整理工商联档案

第二项：布置文物陈列室

第三项：输送图书出门

第四项：有计划地抄书

调查研究工作：

1. 在以前普查基础上，进一步深入调查，进行苏绣、园林、编辑文展目录。

2. 进一步宣传教育工作，表扬捐献。

1961 年 9 月 21 日上午文管会资料组会议

俞先生：目录已部分整理好，俞啸泉负病参加编目，拟请潘先生核对、编排。

1. 书画目，张先生编目，月底一定完成

2. 目录箱

3. 输送、审查

4. 管理，经常、定期开放

5. 突击清除虫蛀

6. 文通，无出入，张家目不详，半线装、半平装

10 月份工作事项：

目录开放，买一只箱子
补写笔画目录，争取买卡
输送
经济部分资料
捐献图书，输送而不能出卖
抢救来的书处理
新书要编目再上架
毕家书要专人管理

1961 年 11 月 2 日，上午座谈，北京历史博物馆馆长陈乔、南博陈列部梁白泉主任、中科院历史研究所王主任

干将莫邪铸剑问题
太浦湖兽骨与箭头同时出土　当时社会生活是游牧还是渔猎
孙恩
张士诚
丝织业始于何时　有记载无文物如何解决
六朝书画家，有记载无文物如何解决
六朝以后，苏州已大量种小麦？

唐伯虎与华鸿山“老不搭少”掌故

明朝唐伯虎的追舟访美故事，明末早已广泛流传，但女主角却非秋香一人。

如明杂剧中《花舫缘》的女主角是慵来，她是金陵沈家的一个使女。冯梦龙《警世通言》中《唐解元一笑缘》的女主角是秋香，她是无锡华学士家中的侍婢。而《六如居士外集》所引《蕉窗杂录》中的秋香，则又为吴兴某宦的丫头。此外，更有连男主角唐伯虎也变换的，如王行父[1]《耳谈》中所载陈元超与秋香的故事、清人黄蛟起《西神丛语》中的俞见安与吴门某氏青衣美娘的故事。另有一说，则把男主角指为江阴吉道人等。可能还有其他的记载，却没有看见。

以上这些资料中，除了《警世通言》中的《唐解元一笑缘》以外，都没有牵涉到华鸿山其人。可见现在通行的《三笑姻缘》弹词和剧本，都是从“一笑”演绎到“三笑”的。因为《三笑姻缘》故事的本身已很风趣，再加上我们苏州评弹艺人的形容，增加了

1. 王同轨，字行父，黄冈人。明代小说家、诗人。尝纂集异闻，著《耳谈》十五卷。

很多笑料。于是传布很广，几乎家喻户晓，仿佛真人真事，连清末史学家赵瓯北先生也信之不疑而引入一代名著《廿二史札记》之中。

其实，明代中叶才士的傲世放诞，有些越出所谓“名教”之外，这是事实，但把这一个故事纠缠在唐伯虎、华鸿山两人身上，未免可笑。因为唐伯虎生于明成化六年（1470），他中解元时为弘治戊午（1498），这时华鸿山刚刚出生了一年，后来华鸿山在嘉靖五年（1526）与应同年进士，那时唐伯虎早已死了三年，两人生卒有如此距离，唐伯虎断无卖身投靠到华府之理，即此一端，已足证《三笑姻缘》之全属虚构了。再如华鸿山从未做过宰相，他的儿子叔阳颇有文名，更无论矣。

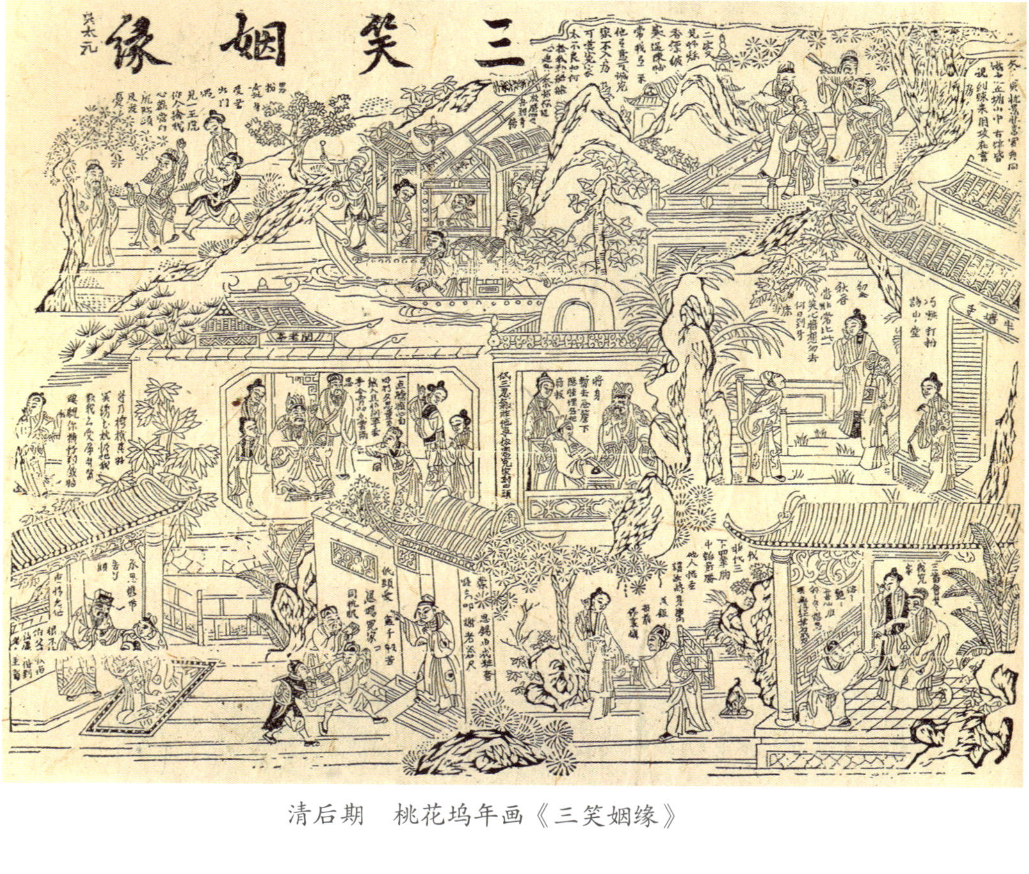

清后期　桃花坞年画《三笑姻缘》

十一　造园艺术卷

题解：本卷主要收录了顾公硕先生拟写的短文《苏州几大园林》《御窑金砖》以及研究园林的构园要素所收集的资料和撰写的笔记等。

造园艺术（笔记）

苏州几大园林

有人说，苏州园林好，好在哪里？我说，是智力劳动和体力劳动结合的杰作。确实有些地方很好，但也不完全好，本来好坏分界很难断定。据闻苏州园林修整时，干部与干部之间，有过不少的不同意见，有时各持已见，争辩得面红耳赤，甚至至今还没有统一。

江南园林多少带些画意，全部结构讲究章法，树石点缀，分明等于画的笔墨。苏州各园林的假山就多显身手而大有高低，譬如狮子林的假山，它的优点就是幅员不广，而中间曲折深幽，好像走入迷宫，看似近在咫尺，而走去却很遥远。这一座假山相传出于元代倪云林、朱德润之手，但事隔久远，已屡经修理，当非本来面目。这在结构上是成功的，这样可以增加游人的兴趣，尤其是孩子们，穿进穿出，特别赞成。拿艺术眼光分析，它的整个形象都不琐碎，占地不广而丘壑深邃，可以说是苏州园林诸山之冠。解放后新加修整，外表部分，又犯了琐碎之病，与内部混然巨叠，极不调和，希望在适当时间作适当修整。

苏州惠荫花园的小林屋假山是假山中的别格，洞内沿壁筑有石梁，中间积水（俗名水假山），这边黑暗莫辨，愈进愈深，最后摸索攀登，从另一洞而出，虽在洞中兜了一阵，出来却仍在洞门附近，足见堆砌人的巧思。

房屋建筑与屋内装饰都是园林主要结构部分，苏州园林的建筑，网师园的精致胜，惠荫花园的曲折胜，留园的华丽胜，怡园的古朴胜，都各有特点。

网师园的建筑要细看，可以配得上“细致勾勒”四字。它的装饰和室内陈设，都是清代红木细工的代表作，就是窗上的铜搭配，如关窗钩子，都是精致的铜细工，而每一搭配，没有一个相同，足见当时的别具匠心。惜乎现在破坏得相当厉害，如果不抢救，将要成木渎严家花园第二了。

惠荫花园不仅是水假山出名，而且它的建筑更是错综曲折，像迷宫一样，砖墙留夹可通不断之廊房，真所谓别壶之天地。在苏州园林建筑中无与伦比，可惜现为某中学，夷为平地，建筑平面图、示意图都没有保存下来，造成了不可弥补的损失。

留园的原有建筑仅是豪华，修整后，颇能保持原有特点。一些雕刻的装饰，可望而不可近，因为一细看，就觉得粗糙，人物花卉形象都甚恶俗，与网师园的装饰就不可同日而语了。

怡园的建筑，可以说是最简陋的，毫无雕琢，一向以古朴著称，像岁寒草堂的明式装饰，可自怡斋的石栏等等都有保存价值，可惜现已改为洋化配备。如果把怡园的水泥露台和一些洋化窗户拆除，那就成为真正的江南园林。

狮子林本来就嫌建筑多而空隙少，一点没有呼吸余地，自经贝氏重修，更增添了一些半殖民地文化。天井中有牛吃蟹。梁章钜坚拒重游新的狮子林（见《浪迹丛谈》)。张光宇同志不让懂艺术的外宾参观，先后同感，如出一辙。

提起堆假山，我就想起清代嘉道年间戈裕良（堆假山名手）的几句话，他说，狮子林的石洞都是先架上条石，这就不算好，要大石小石钩带连接，用造拱桥的方法，才像真的洞壑，方称能手，这简单的几句话不愧是堆假山的名言。我们根据他的主张与他遗留的作品，再与狮子林的假山相比较，就肯定了艺术性的高下了。把零碎的小石块堆出了小丘小壑，到处是洞，形成了千孔万疮，这是由于原主人是胸无丘壑，而特为丘壑园，固不深责。近代新建的名园，像无锡的蠡园、洞庭东山的席家花园，都犯这个毛病，尤其是堆出形象，在一个花园里堆成一座福禄寿三星的假山，更为可笑。戈裕良的遗作的确气势浩伟，与众不同，用大块的石头互叠成山，假山而真山的感觉。

苏州园林的特点

1. 曲折　景外有景。园内有园。平面与立体。廊、建筑物，山、水、桥。
2. 建筑装饰艺术
3. 室内布置
4. 四季花木、鱼、鸟
5. 湖石
6. 石刻补壁、室内书画匾对
7. 庭院、小景，揖峰轩之类

拙政园

王献臣自托潘岳“拙者之为政也”，因大弘寺废地营别墅，王死后归徐氏。清初归陈之遴，后入官为驻防将军府。后又为吴三桂婿王永宁得之……复入官，乾隆时归蒋诵先，改名复园。嘉庆海宁查世倓得之，后又归平湖吴姓。1860 年太平军入城，为忠王府之一部分。同治十年为八旗会馆。

沧浪亭

广陵王钱元璙池馆，或云为孙承祐所建。宋庆历间（1041—1048），苏舜钦子美别墅—章申公—韩世忠。元明间废为僧居，嘉靖间（1522—1566）知府胡缵宗复建。清康熙时，王新命建苏公祠，宋荦建亭。道光七年（1827）江苏布政使梁章钜重修，于园之隙地建五百名贤祠，内置江苏巡抚陶澍收集的贤人图像，刻石供人瞻仰。同治十二年（1873）张树声重修。

留园

明徐泰时东园故址，清寒碧山庄，刘恕—盛康。易名留园，寓乱世园林俱遭兵灾，是园独留之意。留园十二峰，今存冠云峰等。瑞云峰，太湖石奇峰，为迎接乾隆南巡时移至苏州织造府行宫内。峰位于水池中央，池周配置峰石洞壑，林木葱郁。与光福之清、奇、古、怪四古柏，拙政园文徵明之手植紫藤，并称苏州“三绝”。

狮子林

山用太湖佳石垒成，幅员不甚广而能使之幽深曲折，虽咫尺而有遥远之致，诚一绝境。

苏州拙政园

苏州沧浪亭

苏州留园

苏州狮子林

鸟瞰怡园

上世纪 50 年代初的怡园

上世纪 60 年代锁绿轩前云墙

上世纪 70 年代四时潇洒亭

藕香榭南侧湖石花坛

今日怡园

历代造园

茂陵富民袁广汉藏镪巨万，家僮八九百人，于北山下筑园，东西四里，南北五里，激流水注其中，叠石为山，高十余丈，连延数里。养白鹦鹉、紫鸳鸯、牦牛、青兕，奇兽珍禽，充积其间，积沙为洲屿，激水为波，致江涛海雀，孕雏产鷇，延漫林池，屋皆裴回连属，重阁修廊，行不能遍也。广汉后有罪诛，没入为官园，鸟兽花木，皆移入上林苑中。悲夫！广汉真愚人也已。夫以汉武之为人，百世之下，阅史册犹知其非能容物者，彼方修建宫苑，夸示四夷，一富民乃欲与之敌，帝岂能平邪？其取诛灭也。近代韩侂胄修圃甚丽，后亦没官，然事体却不同。

——刘埙（起潜）《隐居通议》卷二十九

梁孝王	兔园百灵山	《西京杂记》
魏文帝	芳林园	《西京杂记》
庾信《三月三日华林苑马射赋》，硕按：芳林园于北周时改名华林。		
隋炀帝	西苑	《续世说·海山记》
唐懿宗于苑中取石造山		《池北偶谈》
茂陵富人袁广汉筑园		《西京杂记》
梁冀	多规苑囿	张璠《汉记》
司农张伦	景阳山	《洛阳伽蓝记》

石崇：《思归行》，足见当时对造园之思想。

《梁书·昭明太子传》：“何必丝与竹，此中有清音。”

徐勉诫子崧书：“吾家世清廉，中年聊营小园，以娱休沐。”

庾信之小园

唐宋之间之蓝田别墅

唐王维之辋川别业

唐李德裕之平泉别墅

白居易“草堂记”所述过庐山草堂形胜

司马温公独乐园

元倪云林清閟阁

明米万钟漫园、勺园、湛园

清李渔半亩园

石涛万石园，园中有樾香楼、临漪槛、援松阁、梅舫，其叠山用太湖石以万计，故有万石之名。

好石

李赞皇好石

牛奇章好石

东坡得黑石，白脉如蜀孙知微所画石间奔流尽水之变，名之曰雪浪石

李正臣所蓄石九峰，名之曰壶中九华

东坡有仇池石，即今英石也

《苕溪渔隐丛话》后集卷十二，页505

石谱

纪映钟序　伯紫

张幼量　以三百头牛运巨石于长白山中

姚伯辅

谢彬仙曜　绘图

杭州诸九鼎　惕庵居士好石

黄裳云仙　癖砚

苏东坡怪石供

《禹贡》：“青州有铅松怪石。”解者曰：怪石，石似玉者。今齐安江上往往得美石，与玉无辨，多红黄白色。其文如人指上螺，精明可爱，虽巧者以意绘画，有不能及者。岂古所谓怪石者耶？凡物之丑好，生于相形，吾未知其果安在也。使世间石皆若此，则今之凡石复为怪矣。海外有形语之国，口不能言，而相喻以形。其以形语也，捷于口，使吾为之，不已难乎？故夫天机之动，忽焉而成，而人真以为巧也。虽然，自禹以来怪之矣。齐安小儿浴于江，时有得之者。戏以饼饵易之，既久，得二百九十有八枚。大者兼寸，小者如枣、栗、菱、芡，其一如虎豹，首有口、鼻、眼处，以为群石之长。又得古铜盆一枚，以盛石，挹水注之粲然，而庐山归宗佛印禅师适有使至，遂以为供。禅师尝以道眼观一切，世间混沦空洞，了无一物。虽夜光尺璧与瓦砾等，而况此石；虽然，愿受此供。灌以墨池水，强为一笑。使自今以往，山僧野人，欲供禅师，而力不能办衣服饮食卧具者，皆得以净水注石为供，盖自苏子瞻始。

李德裕《叠石诗》：潺湲桂水湍，漱石多奇状。鳞次冠烟霞，蝉联叠波浪。今来碧梧下，迥出秋潭上。岁晚苔藓滋，怀贤益惆怅。

我国昔日文人有爱石之癖，米癫之择石，为巨嶂。李笠翁所谓非贫士所能也。

案头置石

螺石 = 怪石录，宋荦《石谱》

石章 = 观砚

《野人闲话》：蜀文谷尝诣中书舍人刘光祚，有道士刘云出一白石，石圆如鸡子，其上有文采，隐出如画，乃二童子持节引仙人，眉目毛发、冠履衣帔纤悉皆具，云于麻姑洞石穴中得之。又一客沈默亦出一石，阔一寸余，长二寸五分，上隐出盘龙，鳞角爪鬣，无不周备，云于巫峡山中得之。

《旧唐书》曰：白乐天罢杭州，得天竺石一、华亭鹤二，苏州得太湖石五，折腰菱俱置于里第池上。

怡园假山

东安中峰

屏风三叠

承露茎

石听琴室西北老人峰

画堂藻井

画堂上有斗八藻井，五色彩画，花砖砌地衮砧，屏风画白泽图。

——《说郛》卷四十五，页 3，宋钱世昭《钱氏私志》

铺殿花衮堂花

——《图画见闻志》卷六

弄，即弄堂。

——祝允明《前闻记》页 80

西弄，宫中使道。

——《杨升庵集》卷六十七

绮井（即藻井）

——《通俗编》卷十二，页 142

藻井

——《说郛》卷八，页 21

屋上覆橑，古人谓之绮井，亦曰藻井，又谓之覆海。今令文中谓之“斗八”，吴人谓之“罳顶”，唯宫室祠观为之。

——《梦溪笔谈》卷十九，页 355

苏州全晋会馆戏台藻井

造砖

明时苏州造砖，窑户扰累，有自杀者。工部郎中张问之督役目见，乃以采炼烧造之艰，每事绘图贴说，曰造砖之图说，世以郑介夫绘流民图比之，其时工匠多锡山人，烧造既艰，伎亦称最。迄今大江南北，以无锡之砖为贵，砖窑相望，络绎不绝，在当时为秕政，在今日为利源。此又问之所不及料者也。

——《南滘楛语》卷四，页 62

盆景

占景盘，即插花艺术，《说郛》卷六十，页 483

盘景即盆景，《说郛》卷六十，页 483

凤老盆景，《四友斋丛说》卷四，页 265

张伯雨盆景，《六研斋笔记》卷四，页 108

堂花（烘花早放），《六研斋笔记》卷四，页 128

虎丘张豫园善艺植，一盆景剔牙松，结构古雅。昆山张维惠见之，议白金易得。交既成，将移松登舟，张老泫然泪下曰："培护几十年，今永别矣。"维惠慰之曰："痴老子，汝若思松，玉峰一棹可达也。"持归，以人参汁灌之，稍黄萎，建醮箓以祈佑。虽传笑一时，然清狂可以不朽。

——《坚瓠集·续集》卷三

邑中李长蘅客夏斗，叠宣州石，剪树作盆景。朱清父号小松，父松邻，子三松，雕竹根为文具，二物走四方，每贵重之。吴郡金阊多巧工，独此非嘉定人，不能传其法。余暇日各作诗一首，谱其事，亦微有托寄焉，以备修志乘者采掇云。

谁将百尺姿，攒蹙一指大。其树多枌榆，亦或用柏桧。下肿成轮囷，上乃扬旌旆。肤老藓剥蚀，根露水激汏。蟠屈意不伸，凌傲势无外。日月疑蔽亏，龙象恣狡狯。恍若陟岱宗，大夫肃冠带。又若历黄海，破石偃车盖（硕按：黄山有破石松，石罅横出数十丈）。不复知盆盎，乃郁此蓊霭。我嘉民朴陋，地权比曹郐。养树具神理，斯则吴中最。嵌石置岩壑，一一仿图绘。当其剪截时，瘢痍不为害。棕毛加束缚，时亦施钳釱。积久若生成，脱换蛇蝉蜕。要亦待天机，始与化工会。沿流失古初，密布杂丛荟。骨干罕奇杰，嫩茂等少艾。琢玉花瓷缸，货市走牙侩。崛强老风霜，不复人炙脍。斯岂俗尚浇，抑亦世眼昧。微物固有然，君子用深慨。

邑有隐君子，朱姓鹤其名。子孙三世嗣，曰缨曰稚征。操履皆完洁，炯炯玉屑清。生当隆万际，嘉运方休明。醞此神骨秀，旁涉艺事精。筋竹拳根须，魁垒比茯苓。斫削水苍玉，镂钵皆象形。笔斗口能受，臂搁腕可擎。藤树舞麟鬣，仙骨凸目睛。故作貌丑劣，虾蟆腹彭亨。以此试奇诡，精神若怒生。琐细一切物，其势皆飞鸣。画理及篆刻，刀法乃交并。气韵贵高古，不以智巧争。藏久莹琥珀，爪甲触有声。悬购置几案，白金一饼赢。后学偭大雅，又欲开门庭。玲珑众妙备，却失前典型。技固殊工拙，亦视人重轻。即看书画格，非其人不馨。倪黄孤高士，笔墨发精灵。未闻收碑碣，节录及蔡京。眷言念桑梓，穆然怀古情。

——赵俞《绀寒亭集》卷五

朱三松亦擅盆栽，见《潜研堂诗集》卷二

戈裕良世居东郭，以种树景石为业。见洪北江《更生斋集》卷七。

苏派盆景

苏州盆景历史可上溯唐代。至近代，经盆景艺术大师周瘦鹃等发扬光大，逐步形成古雅拙朴、潇洒隽秀的地方风格，使苏州盆景成为中国盆景艺术的主要流派之一。右图为圆柏“秦汉遗韵”，树龄五百年，高一百七十厘米，为典型雕干式桩景，古拙虬朴，枝叶繁茂。盆用明制紫砂大红袍炼化盆，几座配以元制青石九狮凳。

建筑语

门户低小曰“妨帽碍眉”，北周庾信赋

仰涂曰塈，扬雄

涂画匠曰设色之工，《考工记》

彩画
布藻垂文,《琴赋》
密采,《李尤景阳殿铭》
虬文,《李尤景阳殿铭》
缋橑藻栌,杜牧
画木匠曰“彩工梓匠”,杜牧
屋檐 = 抟风(《甘泉赋注》)
屋檐 = 拒鹊(《宋史·舆服志》)
屋檐 = 雀梠(《方言注》)
屋四角引出 = 阳马(《景福殿赋注》)
厅廊 = 步庑(《唐书·崔郾传》)
长廊有阑楯曰旱船(《湛渊静语》)
复阑 = 重栎(《史记注》)
小屏 = 防(《文选注》《尔雅·容谓之防》)
楼梯 = 丞道(《世说》)

唐代建筑人

俞师甫,造慧聚寺天王堂,师甫者或即后世所谓师傅也。见《全唐文》“王洮慧聚寺天王堂记”。

御窑金砖

苏州齐门外有个陆墓镇(编者按:今陆慕),这里不知因何渊源而这一个小镇独多工艺品,像名闻中外的缂丝,一向就集中于此,其余像高丽纱(木机织造的窗纱)、孩儿罐、蟋蟀盆、鸱尾天将等都是很早就出名的。再有建筑上所用的砖瓦,那更是一种规模不小的农村工艺,尤其是他们所造的“金砖”,亦作“京砖”,最为出名。金砖就是一种高级的六方砖,专用于宫廷建筑。每成一砖,要经过两年,因为要求泥坯要结实,所以越陈越好,从造坯到烧造要两年之久。即使这样的道地,而产品的正品率还是不高,常出次货。这些产品,既是专供当时的统治阶级所用,自然一点不能马虎,经手人别有用心地百般挑剔,客户就难于应付,苦不堪言。像明代贺仲轼的《冬官纪事》中记万历二十四年建造乾清、坤宁两宫时,对苏州方砖,就有查得苏州方砖“在厂见贮者一万余个,似不敷用,合无预行彼处抚按,选委广干府佐一员管理,务要坚莹透熟、(宽)狭中度……如解到方砖,间有色红泥粗不中旧式,该管理以侵渔重究”的记载。这里的“务要坚莹透熟、广狭中度”十个字中自然大有文章可做,而下文所谓“该管理以侵渔重究”的官话，自然也是普通的官样文章，他究竟重究的对象是“该管理”呢，还是“工人”呢？那就不问可知了。因此在清代蒋超伯[1]所辑的《南漘楛语》中有“明时苏州造砖，窑户扰累，有自杀者。工部郎中张问之督役目见，乃以采炼烧造之艰，每事绘图之贴说，曰造砖之图说，世以郑介夫绘流民图比之……”等语。这种秕政害民，甚至被逼自杀，可谓骇人听闻了。

现代建筑，考究的都用人造大理石或磨光水泥铺地，而金砖费时费用，面临淘汰的危险，早已停止生产了。

陆慕御窑，今仍在生产，窑火不熄
江苏省文保单位，现建成御窑金砖博物馆

工人们正在整理烧制出窑的金砖

现生产的金砖

1. 蒋超伯，字叔起，扬州人，有《通斋集》《南漘楛语》等笔记体小说。

古金砖外观

明清时的金砖边款

《天工开物》中的金砖制作场面

石刻石雕（笔记）

□作监（编者按：原稿破损，疑“将作监”，宋代负责朝廷营造工程的机构，《营造法式》编修者李诫，曾任将作监主簿、监丞、少监、监）

左校署：掌供营构、梓匠，凡宫室、乐悬、簨虡、兵仗、器械、丧葬所需皆供之。

甄官署：掌供琢石、陶土之事，凡石磬、碑碣、石人、兽马、碾硙、砖瓦、瓶缶之器，丧葬明器皆供之。

这种石、石像、明器等，与丧礼有关，根据死者的身分，有一定的制度。

石：五品以上的官吏，可定石，其形制、头部有龙饰，台石用龟的石雕，其台石之上高九尺。七品以上的官吏，则用碣的形式的，其头部用三角形，无龙饰，台石四角形，不用龟石，碣在台石以上高四尺。

石制人像、石兽，三品以上的用六个，五品以上用四个。

明器：三品以上官吏的葬礼，用九十事，五品以上六十事，九品以上四十事。神兽像、骆驼、马、人像，高一尺，音乐行列之列像，都七寸以上的规定。

1961 年 12 月 5 日上午怡园谈建筑雕刻

砖刻，必须京砖，京砖无砂眼，先由水作出好料子，然后交花作描绘图样。

打眼，打得七孔八孔，用条凿雕刻，凿有阔狭，俗称“条船”。狭的条凿用以打糙，阔凿平底，可扦不可凿。出细工具亦用条凿。

砖料顺序：买京砖，要先发眼，辨其生熟。

砖刻浮雕，旧称实地。

砖刻产地，旧称阴地。

砖刻凸出，旧称起地。

砖刻立体，旧时亦称立体。

石刻拓片

唐代昭陵六骏　钱荣初作　上世纪 70 年代　时忠德提供

印章石刻四大名园　张寒月　蔡谨士作
上世纪70年代

拙政园诗笺，1981 年

张晓飞《小飞虹》

庄素《塔影亭》

张晓飞《绣绮亭》

劳思《长廊》

王祖德提供

十二 东西山待访录卷

题解：东西山即苏州市西部太湖东、西洞庭山，现苏州市吴中区东山镇和金庭镇。

东洞庭山，简称东山。因隋莫釐将军曾居于此，故亦名莫釐山。其主峰亦以莫釐为名，高293.5米，与西山缥缈峰遥遥相对。东山系苏州楔入太湖的半岛，距苏城约四十公里。原先也是太湖中的岛屿，后与陆地相接，成为三面环水的半岛。翠峰岭旧有吴国望越之台，杨湾后埠有吴国演武之墩，社下里的“柳毅泉”又与“柳毅传书”的神话故事有关。旧时佛教兴盛，东山建有许多寺观，素有“九寺十三庵”之称。如东山轩辕宫、西茆坞的紫金庵。

西洞庭山，简称西山，旧称林屋山、又名包山，亦名夫椒山，太湖中最大的岛屿，距苏城西南四十六公里。全岛周长四十公里，港湾众多，素有“七村八巷九里十三湾”之称。相传夏禹曾在此治水，历代帝王、名人雅士均喜来此消夏、赏月、隐居，至今仍留有许多古迹和神奇传说。全岛风光秀丽，最著名的为西山八大景。旧称太湖七十二峰，西山据其大半。岛上峰峦起伏延绵，主峰缥缈峰海拔336.5米，巍然屹立于岛中央，而南部的石公山则更以奇峻见胜，东部林屋山麓的林屋洞名列天下第九洞天。

本卷为新中国成立初顾公硕先生在苏州市文管会供职期间的寻访笔记。2017年8月本书终稿前，编者分别约请苏州市吴中区东山镇、金庭镇文史专家调研，得知公硕先生所记的苏州市文管会对东西山文物调查的时间为1956年5月，翌年形成一份非常翔实仔细的报告给政府，现存苏州市吴中区档案馆。六十年来，东山镇和金庭镇东村、堂里大多数古迹、古建筑保存完好。2005年，苏州市首批公布十四个古村落保护名单，吴中区东山镇、金庭镇和太湖国家旅游度假区占十一个，现东山镇为中国历史文化名镇，东山镇陆巷、杨湾、三山岛，金庭镇明月湾、东村，上榜中国历史文化名村，金庭镇甪里、堂里、植里、后埠、东西蔡，上榜中国传统村落。前人的足迹，后人的路，历史文化融入了现代生活。

在走访之前，道听途说得来一些信息。东西山出土陶器很多，农民不知爱护。西山后堡有大批出土文物，内容未详，都散在农民手里，曾有武将墓被毁，五女墓有花砖很多，西蔡新厅上有明式家具被封，有白皮松。1956 年 3 月，东山发现尸蜡两具，被毁，查湾（又作楂湾、槎湾）庙内有铜佛。西山甪里有老法书，消夏湾里有老法书，有好建筑，涵村有四十多岁的妇女，拿旧书到合作社，但合作社未收。后堡蒋文乐，小名阿松，收有旧书。西山五峰顶有蝌蚪文石刻，名"禹祈（期）峰"，建大圩时曾破坏大龙山风景。两口宝剑送东山，但此行却未见。

缺点：

1. 事前了解不够，计划不够。

2. 时间不充分，工作不能细致，记录不够详尽。

3. 组织力量不够，譬如发现碑刻，不能及时拓印。

4. 遗漏很多。

5. 联系群众不够。

此次走访调查的主要目标有：铜器、纪念性建筑、家具、碑记、描金箱、印花包袱、旧衣冠、工艺品、福源寺、书籍。此次调查很有收获：铜器、封建文献、出土文物、明清建筑精品、部分线装书、明清插图本书籍、一箱印花布与绣品。另有一些古生物，在东山大浜村遂宜堂进士第发现有白牡丹一株，高五六尺，干有饭碗粗，紫金庵有玉兰、白皮松和古柏。

一、东山发现有以下古建筑

1. 文润堂，叶姓，位于东山人民街（明代）。有匾，有彩绘，中间屏门上有插角挂落，下嵌雕花。蝴蝶形插木雕刻甚精，而且少见。

2. 陆家墙门，明代建筑。二门及边屋窗格均已摄影，大厅无匾，中间屏门格式与文润堂相似而较文润堂古朴，彩绘尚鲜明，后楼东面一落已拆除，照壁分成两层（摄影）。

3. 翁巷双潭头寿萱堂，清初建筑，门前沼池（摄影）。

4. 亲仁堂葛家砖刻，清初（摄影），石库门（摄影），三角形方砖。

5. 容春堂，刘家有长形大理石屏风，形式特别（摄影）。

6. 慎余堂，席家河头，六角形方砖，后面有小花园，小楼一角，结构甚精，上有莫釐图，董邦达书莫釐图画篆字匾，花厅前图案甚精。后天井中有石湖两块，合皱、秀、透条件，沈颢书澄怀草堂匾（照片号码第二卷 11—15）。

7. 树德堂，后面花园已破坏，有白皮松一棵，据传已历二千年（16—18）。

8. 淮泽堂，王秋涛家，嘉庆建筑，就山建筑，忽上忽下，颇为曲折。梁同书书"水北花南"匾，楼装修精致。照墙背后。淮泽堂是否即隐梅庵？紫金庵（19—20）、古槎湾（21—23）。

9. 通安里，崇祯街道，形式完整（摄影 29 号）。

10. 余庆堂，范允临匾，近代建筑。

11. 大浜村遂宜堂，周而淳进士第，明代建筑，乾隆乙丑侄孙祖礼重修。白牡丹，明代家具。

12. 杨湾小学，明代建筑。

13. 石桥，惠迪堂，王世琛，明代建筑。现为乡行政公所。

14. 陆巷，遂高堂厅，大门后特摄影（第三卷 8 号照片）。

15. 王鏊三元碑坊（禁止勒索砖刻）

16. 粹和堂叶家，嘉庆代表性大建筑，砖刻特多，全部结构完整，应重点测绘（照片号码：第三卷 13—19）。

二、东山古墓

1. 王鏊坟

2. 雨花台（危险）

3. 郑家，有报条（陆润庠报条）

4. 叶乐天家红木椅两只已破，有代表性

三、西山行，发现以下：

1. 息舫，主人有《息舫合刻》一册。息舫，传萧梁大同二年（536）始建。

2. 徐天官府，头门坊仅存石柱，砖刻墙门已损。

3. 大批西山家谱

4. 劳家具庆堂，文徵明书，明代建筑，五开间。

5. 法华寺，祝允明匾，王鏊等题诗石刻，惠泉。

6. 长寿庵，古柏约两合半，据传已有千年左右。

7. 耕余斋，王良常书，庭中湖石四峰甚佳，木椅四只，形式古朴可爱，屋主姓徐，有新旧两宅，乾隆砖刻甚完整，旧厅三余堂，新厅名世德堂。

8. 南徐祠，清初豪华建筑。据称是西山两只半祠堂之半只，现已拆改，面目全非矣。康熙砖刻有款沈奕公造（摄影）。

9. 南徐关帝庙，王世琛书“垂流千古”，雍正四年，砖刻颇大方，天雨未摄影（原为魏忠贤生祠，崇祯初改为文义祠）。

10. 古天王寺山门，万历庚寅（十八年），吴县知事周应建庙，已毁，改为农场。

11. 植里小学，明建筑，康熙重修，规模不大（石础摄影）。

12. 东湾严家祠堂，道光三年，博古砖刻摄影（第三卷 36 号）。

13. 西山东村

东村，徐氏聚族而居，俗称东徐。据东村徐棣华老先生称：东村徐氏始祖为汴河公，为宋太学生徐揆之父，徐揆抗金被害，汴河即南归衢州（徐本衢州人），及南宋亡，徐氏不愿降金，隐居光福，贩席为生。其八世孙万一公偶至东村，遂居焉。至徐礼始筑街开港，繁荣东村。

14. 徐氏宗祠，乾隆豪华建筑（堂里徐氏，俗称西徐，亦有宗祠，南徐亦有宗祠，现已改建蚕室，俗谓西山两只半祠堂，即指此。三祠比较，以东村徐祠为最）。全部彩绘雕刻，后面家庙有塑像壁画，应设法保护。似应保存，以供历史教育。

15. 世德堂，全部彩绘，翁方纲匾贴，后未见。

16. 敬修堂，徐氏住宅，乾隆建筑，插木描金。

17. 敦和堂，顾光旭题，乾隆建筑。

18. 栖贤巷巷门

19. 芳桂堂，陈鹏年题。

20. 涵村陆家祠堂，须弥台浮雕古朴，相传即包山祠，栗主（编者按：古代练祭所立的神主，用栗木做成）被封，匾对全无，不能详细。涵村明建农家屋，破损不堪。

21. 堂里，徐家祠堂，乾隆豪华建筑，现大殿为合作社收购站，后为小学，左右券门，砖雕已为小学拆毁。

22. 徐家大厅、花厅，现为合作社，后面徐诵三借住，有道光丙午砖刻（摄影）。

23. 心远堂，乾隆豪华建筑。大厅砖刻精细，已破损（照片 38 号，三卷）。大厅上有王鸣盛书“心远堂”匾，四周均有精细木雕，尚完。惜光线不足，无法摄影，花厅及内室想当然也很精细，惜乎关门，无法进去。

24. 仁本堂，道光辛巳建，豪华之至。砖刻摄影（39 号）秋树读书堂，窗格完全雕刻有全部《西厢记》，惜乎人头全去，楼上谈师吉书“高枕乃吾庐”匾，中间有祝允明书“寒梅啸石”匾。左首新宅建于咸丰，后老宅百年，建筑华丽，与木渎柳宅同一风格，问询主人，果为一家。盖徐氏先得木渎之屋，后于家乡又仿造此屋，花好月圆人寿之室，天井中湖石（摄影）。

25. 福源寺，明代建筑，清道光十八年重修，头山门已毁，有罗汉十八尊，天启司礼太监王宗捐塑，大约明塑。铜钟，铁佛石门槛，大雄宝殿，文震孟书，又文震孟撰《重修福源寺记》（崇祯戊辰十月）。萧梁罗汉松（存疑），碑扑地，内容未详，疑即潘麐生（潘鐘瑞，字麐生，1822—1890），所见李印泉寻而未获之宋嘉定间王公振寺记碑也。

26. 承启堂，东宅河头徐氏住宅，乾隆建筑。

通知：

本会当于5月□日派员前往调查，在东山合作社收购站拣选铜器等十件，已交该县人民委员会文教科负责装运你会。后于5月□日转道西山该区文化站负责同志，曾面嘱该区合作社收购站留出部分铜器，但本会派员前往联系时，该部分铜器已为合作社不加重视，装运出境，并无收获。本会派员逗留东、西山共计八日，除拣选铜器外，曾附带调查名胜古迹及文物状况，兹将调查所得并附处理意见汇报你会，以供参考。

四、此次东西山行发现存在有以下问题

出土文物的处理问题：教育不够，对待农民粗暴，影响不小。书籍早已破坏，有继续破坏之可能。纪念性建筑的维护方法与调查工作如何继续进行？

五、历史文献

1. 顺治六年遗嘱
2. 康熙卅年禁伐坟树议单
3. 万历三十九年　待母千年借据
4. 咸丰九年　禁妹回家合同
5. 道光十二年悔过书
6. 万历通缉农奴告示
7. 乾隆推盘受盘议据
8. 万历契尾
9. 隆庆四年遗嘱附财产清单
10. 隆庆三年卖地契
11. 康熙移转“门图”契据
12. 文震孟《重修福源寺记》
13. 徐氏家谱
14. 东村徐氏家祠的塑像壁画
15. 南徐宗祠壁画

六、其他

<table>
<tr><td>印度造观世音像</td><td>碧螺峰灵源寺</td><td rowspan="11">东山</td></tr>
<tr><td>又铜佛像五尊各高尺余</td><td>碧螺峰灵源寺</td></tr>
<tr><td>缥缈楼</td><td>敬德里王氏宗祠</td></tr>
<tr><td>绿阶山庄</td><td>叶氏</td></tr>
<tr><td>浮碧亭</td><td></td></tr>
<tr><td>夏荷园</td><td>严氏　大约即严家花园</td></tr>
<tr><td>眠佛寺卧佛</td><td>传明初塑</td></tr>
<tr><td>吴季子祠</td><td>吴巷</td></tr>
<tr><td>依绿园废址</td><td>吴巷</td></tr>
<tr><td>古香室</td><td>杨湾</td></tr>
<tr><td>匏园</td><td>楂湾或槎湾</td></tr>
</table>

<table>
<tr><td>水月寺（堂里）　明正统十四年
龙渚山造像四躯
石佛寺观音洞造像　叶召臣、殷拱、王问言等造
共三十二尊在龙渚石佛寺摩崖
石造三官像、石造真武像　鼋山嘴屯山墩萧天君庙内
渡渚山候王寺　明正统十四年造</td><td>西山</td></tr>
</table>

<table>
<tr><td>古紫藤</td><td>罗汉寺</td><td rowspan="5">西山</td></tr>
<tr><td>山居留云堂</td><td></td></tr>
<tr><td>普济寺又名文化寺</td><td></td></tr>
<tr><td>蒋氏寺</td><td>蒋巷</td></tr>
<tr><td>萧天君庙</td><td>屯山</td></tr>
</table>

<table>
<tr><td>葛氏寺</td><td>祀葛翁</td><td rowspan="5">西山消夏湾</td></tr>
<tr><td>徐　祠</td><td>徐徵言裔</td></tr>
<tr><td>蔡　祠</td><td>蔡良瑞裔</td></tr>
<tr><td>秦　祠</td><td>秦观裔</td></tr>
<tr><td>西蔡祠</td><td>蔡源裔</td></tr>
</table>

<table>
<tr><td>邹　祠</td><td>慈里</td><td></td><td rowspan="5">西山</td></tr>
<tr><td>郑　祠</td><td>角里</td><td></td></tr>
<tr><td>禹王庙</td><td>塑像尊严</td><td>岿山</td></tr>
<tr><td>角菴</td><td>殿宇结构精极</td><td>角菴山</td></tr>
<tr><td>盘龙寺</td><td>旧阚泽别业后改为寺</td><td>横山</td></tr>
</table>

东西山文物保护图例：

东山轩辕宫

东山陆巷古村解元坊

东山紫金庵及彩塑

西山植里古道及桥

西山东村栖贤巷门

西山后埠井亭

木雕图例：

东山雕花楼厚德堂槛窗

东山雕花楼天香阁前部鹤颈轩卷棚顶雕花月梁

民居木雕“全家福”

苏州西山民宅敬修堂隔扇门绦环板
“琴棋书画”

苏州民居花罩绦环板
图案为过大年的热闹场面

封建文献

顺治六年遗嘱

康熙卅年禁伐坟树议单

萬历39年待母千年借据

咸丰九年禁妹田家合同

道光十二年悔退契

萬历通缉农奴告示

乾隆拼盘受盘议据

万历契尾

隆庆四年遗嘱附财产清单

隆庆三年卖地契

康熙移付"门图"契据

[illegible]

文震孟福济寺碑记

徐氏家谱

东村徐氏家祠的塑像图画

南徐宗祠图画

设帨弧

祝婚礼?

陈东 徐揆 丁特起

西山东村徐氏据传为宋徐揆之后裔，徐揆抗金被害，其父子
南迁，避居浙东衢州（徐本衢州人），后南宋亡，乃迁居西山东村
……、本会遣於五月 日派员前往调查，在东山合作社收购站检拣
选铜……、 等 十件，已与该站人员及本会文教科员负责装运
你会，后於五月 日特遣西山该区合作社收购站及文化站员黄同志
曾面嘱该区合作社收购站留出铜器，但本会派员前往联系时，该门市
作的铜器已为合作社职员送去拣选，同时拣选铜器，因
此等人拣选。（不加重视）并予收藏。现将本会所派员
东西共计九八件。苏阴拣选铜器外，曾附带调查名胜古迹及文物状
况，云将调查所得，宝抵作会，以供参考等。

①明清建筑的建文献 ③出土文物 ④名胜古迹及传说
书问题 ⑤石刻问题 历代石刻 ⑥塑像 ⑦石刻问题 工艺品
⑧存在问题

千尧翼 张家民 韩次 大墓 麻城若通路（东西蔡）

存在问题

[illegible]

出土文物的处理问题：教育不够，对待农民粗暴，常常不小心
书籍早已破坏，有能价破坏之可能
纪念性建筑的修护与调查工作如何能进行！

渔村 陆家祠堂 须弥台深雕古朴 相传印色山祠栗主被

封 匾额全无 不能详细

渔头村 明建农家 危破损不堪

唐墅 徐家祠堂 乾隆豪华建筑 现大殿为合作社收

购 让给小学 左右砖门砖雕已为中学拆毁

徐诵丹家 大厅花厅改为合作社、后面徐诵三借住有

道光丙午砖刻 拆了

心远堂 乾隆豪华建筑 大厅砖刻精细已破损 拆（四号三号）

了、大厅上有王鸣盛书心远堂匾 周均有精细木雕、尚

完 惜先前不足之处拆了、花厅及内宅恐更好也很精细

惜乎关门无法进去。

仁本堂 道光辛巳建、豪华之至 砖刻拆了（39号） 秋树

苏州市文物保管委员会

谈家堂 窗格、完全雕刻 有全部西厢记 惜乎木头全去 楼上

上高枕乃五虚（谈师吉书）匾 梁中间有乾元明书 寒梅啸石 匾 且

左首 新宅建于咸丰 后老宅百年建筑华丽、陈马与

木渎柳宅内一祠同 询之主人 果为一家 遂徐氏先得木渎之

屋 而於家乡仿建 花好月圆人寿之室 天井中湖石

拆了

福临寺 息舫 付刻梁内四二年 始款（536）

福济寺 明代建筑 清道光十八年重修、已改山门已毁

有罗汉 大约明塑 铸铁 铜钟 铸佛石门槛 大雄宝殿 文字匾

外、文字匾 重修福济寺记（崇祯戊辰十月） 叶梁 罗汉松 存

疑）碑作地、内容未详

永阳堂 东宅河 秋徐氏住宅 乾隆建筑 田

西山东村．

东村徐氏聚族而居，俗称东徐，据东村徐桂华老先生称：

东村是徐氏始祖为汴河公，为宋太学生徐揆之父。徐揆抗金被害

徐汴河即南归微山（徐本微山人）及南宋亡，徐氏不愿降金，隐居

先祖，始蒂为生，代廿八世祖第一公偶至东村，遂居焉。后徐

礼始率众修井院，繁荣东村。

徐氏宗祠

乾隆豪华建筑（據里徐氏，俗称西徐，井有宗祠，南徐山

有宗祠现已改建房舍，仅存西山西只半祠堂，即指此也。三祠

比较，以东村徐祠为最）全部彩绘雕刻，前后两宗庙有塑像，现

画、诗语保存之较，可修砌　　以示保存，以供历史教育

樂德堂　　　　　光宣　翰林

滕州市文物保管委員會

全部彩绘，前方门匾题字颇深远。　笑蕓堂横　王鸣盛

敬修堂　訥生錢塘書

徐氏住宅　乾隆建築，　　　　　　　　　　　　　　　　插木　楷全

敦和堂

颐光旭堂　乾隆建築

樓賢巷巷门

芳桂堂　徐鹏年　　　　清道光辛卯　孙云谿

西山

息舫（[redacted]）主人所 息舫合刻一册

徐天官村 头门石坊 倪行石柱 砖刻墙门已损

万历官契

周代明代——以上依手楷回契

康熙卖奴文契

大批 西山蔡家谱

明清精刻插图本传奇 俗文图本

[redacted]皇捌夜话十说

学宗 具庆堂 文徵明书 明代建筑 五开间·

法华寺 祝允明庵，王鏊书题诗石刻 惠泉、茗水。

長慈庵 古柏约两合半 据传已有千年左右

畊餘盦 王宠书 庭中湖石四季花伟 本移四只形式古

上 樸可处、屋主姓徐有新旧两宅 乾隆砖刻

世定想 旧所三余堂 新庭名世德堂

南徐祠 清初豪华建筑，据称是西山两只半祠堂之

并 现已拆改，面目全非矣

康熙碑刻 有款沈宾公造 移彩

南徐甪帝庙 王世琛书 垂派千古 雍正四年 砖刻 昭大方天

雨未移彩（原为魏忠贤生祠，崇祯初改为文义祠）

古天王寺山门 万历庚寅（十八年）吴县知事周应建庙

已毁改为农场

塘里小学 明建 康熙重修 规模不大 石礅 移彩

东湾 严家祠堂 道光三年 博古砖刻 移彩

淮澤堂里否
竹梅(隱)庵
安全庵 19-20
21 古積湾

(7) 樹德堂 以前花园破已破坏，有白皮松一棵，据传已历……

(8) 淮澤堂 王秋涛家 嘉庆建筑 歇山建筑 脊上雕刻……

「水北花南醉月楼」 装修精致（摘录）

男同书斋 回口照墙背后山间曲折（摘录）

(9) 通安里 崇祯御道 形式完整（摘录）……

(10) 餘慶堂 花久临匾（近代建筑）

(11) 大吴村 遂宜堂 进士第 周厅 明代建筑 乾隆……

白牡丹 明代家俱

(12) 楊湾小学 明代建筑

(13) 石桥 惠迪堂 王世琛 明代建筑 现为乡行政公所……

(14) 陆巷 遂高堂 厳 大门后轩 揭彩（第三卷8号照片）

(15) 王鏊三元牌坊（明万历禁止勒索碑刻）

苏州市文物保……

(16) 粹和堂 叶家 嘉庆代表性古建筑、碑刻精……

部份构家能见到附(照片 第三卷 13……

故居

(17) 王鏊坟

(18) 两花台（危险）

(19) 郑家 有明斋（陆润庠题斋）

(20) 叶氏宗仁本堂 两只已破，有代表性。

调查目标
铜器
纪念性建筑
像具
碑记
描金箱
印花色袱
旧衣冠
工艺品
裙簿等
书籍
调查收藏
铜器 ①

封建文献
出土文物
明清建筑精品 ②
部份缫丝书
一箱印花布与绣品
、个
③ ④ ⑤ ⑥
枫风阁 近代建筑

古生物

白牡丹 大溪村 遂宜堂 进士第 周而濂
高五六尺 干有碗饮碗粗
玉兰 紫金庵
白皮松
古柏

文物
印花布样子 明清旧线 ~~康熙…~~ 明式傢俱 震泽
文物 明清插图本书籍
古建筑
文润堂 叶姓 东山人民街（明代）
匾詹良常书。有缘绘。中向屏门上有插角

下嵌雕花。插木雕刻艺精，每旦り只（蝴蝶形）
陆家墙门，前面最高…匾，明代建筑 二门
后窗格均已损毁，大半…匾，中向屏门格式与文润堂
向称文润堂古朴 彩绘为鲜明，后楼已拆除，照壁（东一带）
檐（损影）
翁巷双潭头 寿萱堂 清初建筑 门前照壁 沼池（损影
砖刻（清初损影） 精毅仁堂翁家 石库门
容春堂刘家有长形照壁石屏风形式特别（损影
慎馀堂二席家河头 六角形方砖 后面有小花园 小楼一间
古松，上有真趣图等邦达书云莫愁图画家字画，花此亦
园旁古松，后轩天井中有石湖两块合皱秀透像件，沈
怀古堂草堂匾：（见原号码 第二卷 11—18 15

道聽途說

出土陶器很多，被農民不知處發，隨便搗毀

後堡保化有大批出土文物，內容未詳，都散在農民手裡

曾有武将墓被毀

五良女墓有花磚很多

西蔡新所上有明式傢具被封，有有白皮松

一九五六年三月東山發現尸體兩具被毀

查湾廟內有銅佛

舟里有老傳書

湾裡有老傳書有好建築

陸村有四十多歲的婦女說舊書已入合作社合作社未收

後堡蔣文樂，小名阿松，收有舊書

五峯頂有科斗文石刻，名"馬祈峯"

建大橋時曾破壞大龍山風景
西山宅鄉近(?)東山未見缺失(?)

① 事前瞭解不够，計劃不够

② 時間不够，工作不能細緻，紀錄不够詳盡

③ 但係力量不够，所以發現碑刻，不能及時拓本印

④ ~~[illegible]~~ 遺漏很多

⑤ 聯系群眾不够

⑥

不務繁细居一進墙门二面砖雕亦属厚朴素　照片　墙门砖雕二帧　大厅天井右边灵璧石一块

凝德堂　明代建筑

楔枋间彩画极精细花板插云等雕刻亦佳

照片　插木、山雾云、拱楔枋、墙门等

×××　钮家巷20号　明代建筑

外面房屋已拆去一进后边屋内楔垫雕折叶荷叶图案厚朴简单　照片楔垫三只，摄二帧

1961.12.15.

文确堂 — 東山人民街 明代建築
大厅边贴廊界看地填板做成树窗格式，朝
外房门一堂的抱柱上槛间缺嵌边缘一条
小光角嵌过门槛雕花插木雕飞禽走兽
照片 插木一帧
寿萱堂 翁巷 明代建築
墙门间棋盘宕填板彩画鎏金墙门大厅梁
枋间彩画鎏金大厅左边一间已拆花板插
木有一定特色 照片 墙门，插木，山雾云，
大梁枋等四帧
親仁堂 翁巷 不完全明代建築
長屏風？
右边备弄以三角形京砖铺成六角锦纹极
少见外面墙门间已拆大厅墙门砖雕图案
"英雄寻禄"中间四字像吴梅村写"惟世永圖"
(以長方形砖三块雕成包括上下款)后面建築
年代較近 照片 墙门砖雕
樂志堂 翁巷 明代建築
外面墙门间已拆大厅墙门砖雕雕琢纯熟

苏东坡怪石供：

禹贡青州有铅松怪石，解者曰怪石石似玉者。今齐安江上往往得美石与玉无辨，多红黄白色，其文如人指上螺，精明可爱，虽巧者以意绘画，有不能及者，岂古所谓怪石者耶。凡物之丑好，生于相形，吾未知其果安在也。使世间石皆如此，则今之凡石复为怪。海外有形语之国，口不能言而相谕以形，其以形语也，捷于口，使吾为之，不已难乎。故夫天机之动，忽焉而成，人真以为巧也。虽然，自禹以来怪之矣。齐安小儿浴于江，时有得之者，戏以饼饵易之，既而得二百九十有八枚，大者兼寸，小者如枣栗菱芡，其一如虎豹，首有口鼻眼处，以为群石之长。又得古铜盆一枚，以盛石，挹水注之，粲然。而庐山归宗佛印禅师适有使至，遂以为供。禅师尝以道眼观一切，世间混沌空洞，了无一物，虽夜光尺璧与瓦砾等，而况此石，虽然愿受此供，灌以墨池水，强为一笑，使自今以往，山僧野人，欲供禅师而力不能办衣服饮食卧具者，皆得以净水注石

806
平城天皇大同元年八月归朝……承和二年三月廿一日圆寂，年62岁，後太極天皇天安元年赠大僧正，醍醐天皇延喜21年赠弘法大师之敕号。著述甚多不胜枚举 —— 日百科 7—364页 ——

唐太宗贞观下敕禁卖佛像敕文（627左右）

敕旨，佛道形像，事极尊严，伎巧之家，多有铸造，供养之人，竞来买赎，品藻工拙，揣量轻重，买者不计因果，止求贱得，卖者本希利润，唯在高价，罪累特深，福报俱尽，违犯经教，並宜禁约，自今以後，工匠皆不得预造佛道形像卖鬻，其见成之像，亦不得销除，各令分送寺观，令寺观徒众酬其价值，仍仰所在州县官司检校，敕到后十日内使尽。

—— 广弘明集 ——

隋文帝时民户均備有经像。亦因奉文帝之记也

文帝開皇仁寿之间，造像极盛，後魏元之如

傅奕请减寺，旧唐书79.傅奕传

金涂塔

吴越国忠懿王钱弘俶铸八万四千之小塔，有铜铸两种，是谓宝箧印塔，中藏宝箧印经，分藏天下名山，塔内有铭「吴越国王钱弘俶敬造八万四千宝塔乙卯岁记」，又有人、保、仁、等字号，忠懿王受武肃之余烈，保有东南，愿征得祈长寿，由于崇尚佛事，因仿阿育王（二年）故事，铸佛塔之数极多，至今往往出土，在我国（日本）在铸造之当时，早已传入名山寺古写经题跋備考有宝箧印经记，其文云。

去应和元年春，游右扶风，于时肥前国刺史实相，称唐物出一基铜塔示我，高九寸余，四面铸镂佛菩萨像，德宇四角上有龛，之形如马耳，内亦有仙菩萨像，大如枣核，捧持瞻视之，顷自塔中一囊落，开见有一经，其端纸注云，天下都元帅吴越国王钱弘俶招本，宝箧印经八万四千卷之内

刘贞甫铜器

砀山刘贞甫造铜器精巧绝伦，尝为彭城万年寺造毕提像高二寸许，三年而成，像十八手中各有所持，一手擎七级浮图，每级四面各佛一尊，法象庄严，毫发毕备，所谓神工鬼斧也……

—— 筠廊偶笔 ——

螺甸器出休宁

扫晴娘

今每苦雨闺中兴女剪纸作妇人状，手持竹帚，悬于檐际以祈晴，俗云扫晴娘，王伯文有贺新郎词咏之，据元初泽州李俊民咏扫晴娘诗云卷袖搴裳手持帚，挂向阴空便摇手，则此名亦不自今日始也

—— 馀墨偶谈（孙枟）——

生殖器崇拜太石像的发现

……晋江（泉州）新门外浮桥边有一座石笋的古迹，方志称石笋来历不明——明代被富惠折成数段，邑绅史于光募捐重修，史著笋江集，笋江的名称便由石笋而来。笔者再探问附近的人有无其他名称，因据说因其形像男性生殖器，所以又称为「石生鸟」（按生鸟是土語字，音如廣州的陰毛，即Lan。生鸟便是陽具）。又問有無对它崇拜的事，回说没有，……泉州现在没有这种风俗，但却有这种遗物很是奇異……

——1950年厦门大学泉州考古队报告

檀龛宝相 (Shrine Portable Buddhist)

唐高宗 666 乾封之年相宋夫人韋氏造檀龛宝相盧照鄰讚云

相樂夫人檀龛宝相讚 并序

相樂夫人韋氏者，益州都督長史胡公之继親也，夫人窝迹蘭闺，栖情香岫，琢磨大行，与三明而並驱，驰骛四禅，将十訓而齐騖。粤以乾封纪岁流火司辰，敬造靈龛，奉备真相，青莲皓月，争华敛蝶之端，宝树天偈，竞爽鸿毛之际，納须弥于纖芥，尝谓徒言，置由旬于方丈，今過其实，重宣此義，敬为讚云

猗欤宝相，聪允神工，规模鹿苑，备写龍宫，分身諦听，列坐談空，飒缓众宝，玲珑周雕富，引月鏤网，约摇風，一窥妙境，玄谢塵蒙。

——古今图书集成神異典90。

847

宣宗大中元年，日本僧慧運（育）圓仁（秋）帰朝，……圓仁請帰之雕像，據見入唐新求法聖教目録如下

檀龛涅槃浄土一合

〃 西方净土一合

〃 僧伽誌公萬迴三聖像一合

鍮金瓦印佛一百佛

右（中略）於長安城興善青龍及諸寺求得者 亦枕本尊之一類

这种檀龛，细刻涅槃浄土等的形相，~~[illegible]~~於晚唐，按巡礼行记卷四云~~諸公像~~，是圓仁寓居的资聖寺中都维那僧法遇所贈，涅槃浄土二龛，是国子祭酒李元佐所贈。 誌公萬迴三聖像

鑑真行 在長安临行时

憲宗元和元年（806）海空付密宗 自唐帰国，他带回的目録中，有刻白檀佛菩薩等像一龛，王谓檀龛宝相，现存日本高野山金剛峯寺御影堂之宝庫，是日本国宝、所谓枕本尊，（左方の脇侍，頗に化佛あれば观音にして、本尊は弥陀なるべし，木をもて彫成し细巧を極む。高七寸九分。為732）於此得见唐代曾盛行的檀龛像製作之实例。此類龛像，又在高野山普门院（高五寸七分）及嚴島神社，盖亦同时代之製作也。

都有之 ——见大村西崖支那美术史雕塑篇——

~~枕本尊：~~

~~枕本为日本名词，即我国之巾箱本袖珍本之類，枕本尊，则谓巾箱之佛等，即檀龛宝相之俗称也~~ 详见日本百科事典24—117。

∞ 按巡礼行记卷四云，檀龛像一躯，是~~圓仁~~在長安临走时，他寓所居的资聖寺之都维那僧法遇之所贈。

付

天宝二載十二月，释鑑真戒律，因为至日本，其所備之物中有金泥像一躯，又有玉作人、画师、雕檀、刻鏤、铸写、绣师、修文、镌碑等工人百八十五人，因遇风浪而未果

—— 支那雕塑篇450页 —— 引东征传

天宝十二載十一月鑑真往日本，携物中有白檀千手像一躯……

圓仁（794—864）延曆寺第二世之座主（天長八年淳仁天皇赐謚慈觉大師。）生於下野都賀郡，年十五登叡山為最澄之弟子二十一岁剃度…… 承和二年拜入唐之詔五年到中国留居開元寺十四年帰朝。……仁寿四年主持天台座貞观六年圓寂，著作甚夥 ——详日百科3—417——

空海（774—825）真言宗之開祖，謚弘法大师 ~~[illegible]~~ 光仁天皇宝亀五年六月十五日生於讚岐国多度郡屏風浦。十五岁时上京入大学初修儒学，傍及佛学，~~[illegible]~~入石淵寺勤操之室，深々领到三輪之玄理，其得道之年，或云為十九岁或云廿岁，廿五岁，等異说，兹不定論，大抵既惜其高材，百端抑留，而空海~~[illegible]~~排斥众议而断然入道，从此精励数年，穷究经论之玄底，又因师勤操於是向朝廷斡旋，允其入唐求法，时為延历二十三年五月，彼时年31岁，与橘逸势、最澄等共行入唐，一行自福州入長安……

竹器

楊滙剔犀

古剔犀器以滑地紫犀为贵，底如仰瓦光滑而坚，漆色如胶枣，日枣儿犀。元时禾郡西塘楊滙所作 ——香祖筆記——

扇

金扇	李昭、李贊、蒋誠三人製扇
(仰侍川)金陵仰氏伊氏素扇	骨最精——香祖笔记引金
(伊莘野)青陽扇	陵瑣事—
夹纱扇	徐守素、蒋徽、李信修補古
曹氏蕲州扇	銅器如神 ——仝上—
溧陽歌扇	

——香祖筆記——

挈画

王秋山者工为挈画，凡人物楼台山水花木皆于纸上用指甲及细针挈出设色浓淡布景深浅一传古名画，按挈当作𢭏，音絜，字书以手挈物也。

織画

近闽中有织画，乃不假纸为条织成之者……亦奇技也

——以上两则亦香祖笔记——

銀槎

昔在京师从宋荔裳琬所见元朱碧山所製銀槎，乃太乙仙人，一时多为赋诗以为張騫事，非是。妮古録云曾见所作昭君像琵琶乘騎，眉髮衣领花纹鬚髮种种精细，馬腹上豆许一穴，穴中嵌空琵琶上刻碧山二字 ——香祖笔记 ——

温錦𫖯 }
水　嬉 } 玉熙宫 ——骨董瑣记卷六第11页—

打稻之戲 }
木傀儡戲 } 鐘鼓司執掌 ——酌中志卷十六第22页——
过錦之戲 }

黄道婆

棉布传入中国很早，南北朝时从南洋诸国输入，称谓吉贝、白叠（见張勃吴録地理志）。国内西北高昌产棉，唐灭高昌，置西州交河郡，土贡氎毛布，如即白叠。宋元间已有许多地区种棉，但是在全国规模内普遍种植和纺织技术的推广，则是明朝初年的事情（見大学衍義補）……棉布到宋末还是很珍贵的物品……宋代……琼州是纺织中心之一，妇女以吉贝织成为衣衾。……元代从西域输入种子，种于陕西，元灭宋后，浙東、江东、江西、湖廣诸地区也推廣种棉，生产量增加，棉布成为商品，服用的人日多。……

……元成宗元贞间（公元1295—1296）烏泥涇人黄道婆从琼州附海船回来，她从小就在琼州旅居，带回……纺织技术，教会家乡妇女以做造、捍、弹、纺、织之具，和错纱、配色、综线、絜花的技术，织成被褥带帨，其上折枝、团凤、棋局、字様，粲然若写。一时烏泥涇所製之被，成为畅销商品……，诗人歌咏：崖州布被五色缲，组雾紃云粲花草，片帆鲸海得风回，千柚烏涇奪天造。

——历史研究，1955，3，66页——

陀牟都宇 ═ 毛毯

琢玉幫口ニ

武陵帮	：	鐲 杯 碗 烟嘴
楊 帮	：	件頭 或一人完成
苏 帮	：	片子货
北 帮	：	翡翠 戒面 鬼福

天鹅绒 庆应年中日本京都织工仿製成功

甲骨文亦有作傷者，其人名藍宝光（见殷墟卜辭46页）

無姓氏字號

碧天無際　　捻劑　一丸

寫經墨篆書心經一卷　　方一丸

捻劑　　圓長　二丸

亭館

竹梧館製　篆書　神品　玄文如犀紫如漆陷于趙道子　下缺　方長一丸

香林館墨　隸書　　圓舌一丸

介福堂　萬历癸酉年製　　圓長一丸

鼎菴　篆書　　方長一丸

弘　秋水亭督製　二螭繞之　万历癸酉墨精贊　文不在茲

惟玄惟默　嗟尔茶卿　造詣精絕　　圓一丸

獻墨

玉池　水山文　　小圓一丸

恬愉館　守其黑為天下式　　瓜子三丸

無墨亦無邊其邑銘新都汪君理倣古　　長瓜子一丸

鳩硯　極品　　鳩一丸

蓮蓬　極品　　蓮藕一丸

竹胎　極品　　筍一丸

龍魚　　魚一丸

高麗

鰲山晚烟　竹梅文　　方長一丸

墨表終

附錄古今墨論

玉箸極星山陵而黑丹出
女床之山其陰多石墨
鄜延之川脂流出即延安石油也，以為烟墨松脂不及
懷化郡掘塹得石墨精好可寫書
上古書用漆，中古用石墨，後世用烟墨
漢有隃麋墨，東宮香墨，鄴中三台有曹公石墨，造墨有韋仲將墨法，冀公墨法，祖氏墨法，李超李廷珪墨法，潘谷墨法，廳子墨法，宋徽宗蘇合油墨法。
造墨之妙無過魏韋誕，所謂仲將之墨，一點如漆者也。
六朝無過張永，五季無過奚超，及其子廷珪，廷珪至南唐，賜國姓，置之水中三年不壞，宋有常和沈珪陳贍等皆妙品也，張遇以龍香劑進御，有隱君子王迪者，止用遠烟鹿膠而自有龍麝氣，當勝之，至潘谷而妙擬乎廷珪流亞矣，元朱万初又谷之流亞，蘇浩然澥自製墨，皆作松紋皴皮堅緻如玉，王迪流也，至金章宗乃以蘇合油搜烟為之，遂與黃金同價，蓋墨妖耳
六朝之後，後有李承晏，李文用，陳贇，盛皓，陳道盛，冉盛真，柴珣，宣道，宣德，朱君德，耿德真，皆類廷珪，為墨中神品，又猛順二州貢墨，光澤可愛，皆尊貴不易得，唐玄宗御案墨曰龍香劑，一日見墨上有小道士如蠅而行，上叱之，即呼萬歲曰臣墨之精，黑松使者也。
世人有文者其墨上皆有龍賓十二
燕人易玄光字處晦，封為松滋侯，蓋墨精也

薛稷為墨封九錫，拜玄香太守，兼亳州楮郡平章事
甫叫窗中墨吐異氣，結成樓台，鄰里來觀，食頃乃滅
宋太祖下南唐，得廷珪父子墨，同俘獲付主藏，籍入不為貴也，後有司造相國寺門，祖用墨漆，取墨於主藏，車載以給，費用都盡，嘉祐中，仁宗宴群臣於群玉殿，嘗以其墨賜之，曰新安香墨，其後翰林承旨亦得賜，皆墨脊雙龍，至宣和間黃金可得而李墨不可得也，
東坡捨輕煤，佛帳拂飾，辛勤破午夜，收此一寸玉，蓋言造墨之難也，山谷收小飾墨，有墨一丸，以示潘谷，谷隔囊探之，歎曰，今老矣不能為也，出之乃谷少所作墨，其精如此。
南中楊生製墨不用松烟，止燈煤為之，名玉泉墨，又金章宗宮中以張遇麝香小御團為畫眉墨
古墨法云，烟細膠新，杵熟蒸匀，色不染手，光可射人，又曰凡松取烟，鹿膠相揉，九蒸四澤，万杵力扣，光可炤人，色不染手，造墨惟膠為難，古之妙工皆自製膠，今所用皆曰廣膠，去古法遠甚，無怪乎墨品之下也，徽墨古今第一，若上比潘谷，蔡瑫中間，猶容十許人，況廷珪乎
古人用墨必擇精品，蓋不特藉美於今，更藉傳美於後，晉唐之書，宋元之畫，皆傳數百年，墨色如漆，神氣賴以全，若墨之下者，此用遺見水則泚

散，烟腈汙，用淡重措，則神氣索然，未及數年，墨跡如脫，此用墨之不可不精也，高濂甫云，墨之妙用，質取其輕，烟取其清，嗅之無香，磨之無聲，新研新水，磨若不勝，忌急則熱，熱則生沫，用則旋研，研無氣久停，塵埃汙墨，膠力泥凝，用過則濯，墨積勿盈，積久膠宿，墨用乃精
墨表一卷，万年少壽祺先生所輯，長興吳楷亭手抄本也，鮑氏知不足齋得此本，欲刊入叢書，未果，余從涂飲借得手錄副本藏之，嘉慶甲戌四月戴光曾記
萬年少墨論，余從徐州二遺民集鈔出，已刊入美術叢書二集第一輯內，今余友褚礼堂復貽余墨表一卷，亟為續刊，以補前書之不足，鄧實記

宋時製墨名家有潘谷　陳贍　張谷　猗常山張順　九華朱覲　嘉禾沈珪　金華潘衡，宣政間有關珪　關瑱　梅鼎　張滋　田守元　曾知唯　桐柏張浩　河東解子誠　韓偉昇，可與李氏父子相甲乙　——香祖筆記——
明織造太監孫隆，所造清謹堂墨，款製精巧，猶方于魯程君房，而劑料精細，尤殊勝焉

青蒲幽居 浮舟 太極八卦 中圓 一九

小華山中岩圖 五螭文兩面 小圓 一九

龍文 小華山人 草书 双螭兩面 玦 一九

小華山人 篆 双螭兩面 〃

金龍捧珠 頂芝 長柱 一九

華道人墨 草篆 雲文 圓長 二九

華道人製 隸 盤龍 小六角長方 一九

不二齋 八分 達摩像 方長 一九

龍文 梓蜷

汪海匡

極品荷花文 墨精 嘉靖戊子汪海匡監製

一 方長 一九

汪南石

墨精 南石子識 嘉靖乙卯汪南石造 对拱

金螭 方長 一九 折角

汪元一

神品 功圓烟閣瑞錫玄圭 海陽汪元一製 方長 一九

功圓烟閣瑞錫玄圭 隸書 玄神 海陽森林里製

八分书 方長 一九

文昌像 文昌星贊皇甫汸撰錢穀書 海陽汪

元一製 葡花 方長 一九

鹿蔭櫻封墨 九錫文 兩面頂方勝文 海陽汪

元一製 方長 一九

江啟思

大椿堂印玉筋篆 兩面水浪文 江啟思造 方長 一九

汪仲嘉

李洁 萬历丁未秋 汪仲嘉建隆復古法墨 方長 一九

李洁 行书 萬历丙午歙汪仲嘉造龍香劑墨宝藏 (香) 双螭文

歙景山堂藏墨 書宝 萬历丙午歙汪仲嘉監造 圓長 一九

不可磨 方長 一九

汪松菴

漢宮春詩 漢宮春圖 汪松菴製 大圓 一九

汪氏二仲

子墨客卿臨智永书汪氏二仲製墨 方長 一九

方晹泉

方氏晹泉 玉筋印记 盤螭 方長上有紐 一九

方季康

三台五雲 方季康宝藏 萬历癸丑年製 大方長 一九

孫瑞卿

墨精 新安玉泉孫瑞卿識 杏花燕子 方長折角上有紐 一九

孫隆洲

萬福攸同 双龍八分书 下面乃百字 | 万历己亥年製双凤

玄府璆琳 篆书 边梅花 頂孫玉泉 大方長 一九

孫氏

世掌丝綸 八分书 孫氏家藏 絲綸圖 大圓 一九

余双松

上上真烟 余双松製 捻劑 一九

潘家嘉客

(香) 長龍 紫極龍光 歙潘嘉客墨 小長 一九

潘方凱

歙潘方凱製双龍 大圓長 一九

項玄貞

碧霧樓 稚鋼 項氏藏 玄貞製 長 光上 凸下 一九

郝鳳高

六龍御天頌 六龍御天圖 不棄幽家藏 郝鳳高監

製 大圓 一九

吴奠明

萬历丁未岁 吴奠明監製 長方 一九

吴民望

紫金霜 兩面双螭 蒲石幽宝藏 万历壬寅年製

圓長 一九

蒲石幽藏墨 吴民望製 長 一九

吴孝甫

吴孝甫製 行书 松皮文 圓長 一九

吴仲輝

龍香 草篆 百年如石一点如漆萬历丙辰年 歙吴

仲輝按易水法造 笏 二九

吴元符

懿常幽藏 吴元符自製 捻劑 一九

胡玄貞

竹節 古犀昆 八分书 胡玄貞製 方長上斜折 一九

龍唇 八分书 胡玄貞製 兩面蝶束腰 蝶 一九

程丙叔

程丙林監製 天禄文 青雲合发 獸面雷文 方長 一九

程用修

世掌丝綸 篆 丝綸圖 大國香 程用修監製

大圓 一九

有字蹄金姑

華陽製 麟女送子 送子觀世音 以萧引凤 小圓 一九

常和墨法 立鶴步雲 圓 一九

鐵山道人采琢香國玄圭 篆书 方長圓頂 一九

伯瑛氏真賞 佛帳饒馥 方長 一九

西隱道人 瀟然幽玩藏 方長 一九

紫金霜 八分书 契蘭堂監製 仿壞民遺法 光堪

不浮清若金睛 靈源 長方上折角 一九

黑龍髓 篆书 廻文椢 御泉 騰龍翥凤 龍凤文

篆書 卍字文兩边 方稍長 一九

濮游子未 徐廣車服集注曰侍臣加 篆书 蟬形 一九

相如題 貂蟬着取其清高也 乾初氏 篆书 蟬形

墨戲　九種

徽外　高丽墨一

墨表

（宋朱熹）

正	背	左	右	式
升龍 淳熙年	升龍 朱熹製			圓長一丸

（葉　理）

正	背	左	右	式
小　像	上黨碧松烟夷陵丹砂末蘭麝凝珍墨精光乃堪掇黄頭奴子双鴉鬟錦囊持之懷袖间今日赠与蘭亭去兴来醉笔会稽山右谪仙訪州張司馬赠墨祁门石雪葉理识			圓大一丸

（明宣德御墨）

正	背	左	右	式
龍香御墨	大明宣德年製			圓長一丸

正	背	左	右	式
龍香御墨	宣德年造 八分书			圓長一丸
〃	宣德元年製			笏二丸
（方　正）				
新安振青坊	~~騰龍天氣~~			
紫天龍氣	麟鳳文			
八分书方正	頂荷叶			
造	底蓮花			長方一丸
紫天龍氣	金鳳鳴陽			牿一丸
極品青烟	新安方正			
电文				笏一丸
（方　寬）				
上品真烟	方正男寬印记 新安方正			捻刻圓長一丸
（方　激）				
墨精 方定男激监製	海水子母螭			笏一丸
（方　泳）				
絶品墨精	嘉靖丙辰新安方正泳製	始用根心中加百料磨驗清香写時光润		帶葉瓜方長一丸

方鳳岡

上品清煙 八分书　三方正曾孫鳳岡製　大圓一丸

文 八分飞白　宝方正曾孫鳳崗製　御芝螭　笏一丸

方鳳岐

極品墨精　嘉靖己未新安方正曾孫鳳岐製　行螭　笏一丸

絶品墨精　方正曾孫鳳岐　三仰螭　笏一丸

上品清煙　新安方正鳳岐监製　御芝螭　笏一丸

邵格之

至宝珍藏　邵格之监赏　長方一丸

御墨 小篆双龍　格之氏　〃

墨宝 四螭御尾　太上玄神 達摩渡芦像　邵格之　大圓一丸

神品 得隃麋之妙法 绍方墨之真传 分书　海陽雲岳　邵格之製 草书　大方長一丸

宣德年造　龍捧珠　格之邵氏珍藏　龍捧珠　長圓一丸

嘉靖庚子年臥蚕文　休邑邵格之精製　大圓長一丸

神品 邵格之製　格之小像 頂盤螭　萬历三年　小長方一丸

神品　玄文如犀质如玉 傳沿于超邁于谷　邵格之製　笏一丸

赤水玄珠　篆书　邵格之监製　松鹤画　上尖下方長一丸

邵青田

玉质犀文 八分书 双面雲角　邵青田正盛製　休邑东门人家 印記　長方一丸

邵青邱

~~昔裡青门今遗玄圃尔祖有侯　邵子曰乾南坤北离东坎西~~

昔裡青门今遗玄圃尔祖有侯俺其武　十歲壬寅为友人

邵青邱 銘　带葉瓜

邵子曰乾南坤北離东坎西震东北兑东南巽西南艮西北 自震至乾为順 自巽至坤为逆　内太極圈 外八卦　八角一丸

青门遗種　邵青丘製　瓜子一丸

宝藏 东陵侯家　篆書　青丘像 ~~[illegible]~~ 天和陰有字题

狀元　其堅若玉 其纹若螭 過陶公之妙 儗李趙之製　上螭下鬧　香重烟清方可是　邵青邱自製　青门種瓜人家　（方長一丸　長方一丸收角

邵瓊林

文昌星赞 维星有斗運帝中央次魁掲紀是曰文昌　瓊林小像　海陽邵　方二丸

啓以揆藻迪以含章垂耀金匱司禄玉堂 皇甫汸撰　神品　瓊林製　長

邵氏

雲台 小篆书　邵氏家藏　雲台图　大圓一丸

羅小華

儒芝　芝文　華衢人 小篆　大圓一丸

玄霜 小篆书　浪中游螭文　〃

五螭文兩面　〃

上海棉布　徐蔚南　中华书局

中国美术之藏　〃　〃　民国29年版

中国之藏代藁史略　日照许衍灼　商务民大版

古玩指南正续八卷　赵汝珍　北京出版

中国藏術史各論二冊　冯贯一　中国文化协会民30出版

沈全，是中国镀金漆的扒辅　详见日本资料17-45

缂譜　陈丁佩著　松江人

不摘裁纺而缂，穿纱

包打子用的簏廊纺两曰（综线）

程工：分　密　光　直　匀　薄　顺密　七种

盘切——辫子股？　盘切疑为常熟土名

斲琴名手

唐：雷霄　雷威　雷珏　郭亮　皆蜀人

沈镣　张越　皆江南人

宋：

庆历中：蔡献　僧智仁　卫中正

崇宁中：朱仁济　马希仁　马希先

以上见志雅堂什抄（周密）

鸱尾

炙毂子曰，汉柏梁殿災，取鸱尾鱼置殿上禳厭之今以瓦为之。

机聖庙

一名軒轅宫在祥符寺巷祀黄帝及元妃西陵氏，以其臣大撓氏伯余（始作机杼見淮南子）胡曹（始制衣服，見吕氏春秋）配。後益以唐褚遂良父子（吴门补乘引杭州府志云褚河南裔孙名載得机杼之巧於廣陵，帰教其里土人立祠祀之。按此当祀褚載不当祀河南父子也）元黄道婆。（始作振掉综线挈花踏棉弹棉，見松江府志

按吴门表隱所載两廡所祀之神又有：

东后方雷氏　（用苧麻造服）

西后彤鱼氏　（作丝线磨针刺成章作服）

馬頭聖母

宫氏公主

天駟星君

苑窳夫人

蠶花娘娘

發繭仙姑

佐染仙姑

纺練仙姑

造织仙姑

助福大姑

滋福二姑

崇福三姑

馬鳴菩薩

染色花缸仙姑（或云即晋葛洪）

天仙织女

賍底梭頭　（神姓欧陽有附馬稱或云即張士誠女婿也）

張平子

發花仙聖

梭頭方仙　等名稱不能殊多考證，始録[illegible]

墨表上　墨者寿道人撰

宋淳熙朝	朱熹一	葉理一	
明宣德朝	御墨四	方正三	邵格之十
成化朝	罗小華十三		
嘉靖朝	方正子晃二	方晃子激一	泳一
	方正曾孫鳳岡二	鳳岐三	邵青田一
	邵青邱二	邵瓊林一	邵氏一
	汪海厓一	汪南石一	
萬曆朝	汪元一五	汪啟恩一	汪仲嘉三
	汪松菴一	汪氏二仲一	方暘泉一
	方季康二	孫瑞卿一	孫繼游一
	孫玉泉一	孫　氏一	余双松一
	潘嘉客一	潘方凱一	項玄貞一
	郭胤高一	吴翼明一	吴民望三
	吴孝甫一	吴充符一	胡玄貞二
	程两林一	程用修一	
有字号無姓	華　陽一	常和一	鐵山道人一
	伯璞氏一	西隱道人一	靈源仰泉一
	乾初氏一		
無姓氏字号	碧天無際一	寫经墨一	捨剤二
室　名	專館竹格館一	香林館一	
	介福堂一	鼎菴一	秋水亭一

雜記

浙江武康銅官山出銅官石 詭紋殊色 若簇錦 若碎琴 若疊波…… 好事者載歸 因曰銅官石 ……湖州府志引前溪逸志——
石青 石綠 出武康銅官山

絹　重面絹　武康吉安絹　絹闊而長者為官絹
另絹有五色　絹有錦眾神飽等名目
杜生絹以粗絲為之 有冬生絹 夏生絹二種
燋絹　裱絹　燒灰絹　膠綾擣絹
（按王獻之書羊欣白練裙，練即絹也，梁武帝小名阿練因改練為絹）——湖州府志——

包頭絹　包頭綾　包頭紗
双林志 婦女用為首飾故名 明正嘉以前 祇有南潯沙帕 隆万以後巧變百出 名目甚繁

綾
吴綾今有二等 散絲而織者名紕綾 合絲而織者名綫綾
倪綾　裱綾以双林宋氏倪氏所織為佳 名倪綾 奏上面用綾上有二龍 倪氏所織龍睛突起而光亮 其法世傳媳不傳女 恐女子因傳女 女嫁他家 倪氏五姓而倪綾之名不改 ——双林志——

紗
双林志：素曰直紗　花曰軟紗　葵紗　巧紗　灯紗　夹織紗　最輕而利暑日 冰紗 每匹重不过一二两 花素皆備 是鎮所造 他處不及。
烏程縣志：無花而最白者 銀条紗，銀条紗即方孔紗。　胡志：今有素紗。

唐絹　细密圆双丝（晋絹亦双丝）
宋絹　宋絹有粗紋细紋两種 北宋多细紋 南宋多粗紋
明絹　细紋偏丝

宋趙希鵠洞天清錄云：河北絹經緯一等 故無背面 江南絹則經粗而緯絲 有背面。見輟耕錄

麻紙　東漢蔡倫始以布屑麻頭敝布魚网為紙、古所用麻紙 皆出蜀中、古人作紙 要自有法，以生布作紙名麻紙，以樹皮作紙 名穀紙。至黄蘗汁浸染然後搥造，則為經紙、自漢魏遺字 多作繭紙 晋宋多作麻紙 而隋唐用經紙 今世所見晋宋帖多作經紙 硬黄 此於真偽可不論也、据此数說 足証唐以前所用 麻紙為多 可想見晋宋以前作畫 亦多用麻紙也。

蜜香紙　晋嵇含南方草木狀云 以蜜香樹皮作之，微褐色 有紋如魚子，極香而堅韌 水漬之不潰
香皮紙 } 全紙 蜜香
魚子牋 }
海苔紙　即側理紙，陟釐紙
蠶繭紙
桑根紙
銀光紙
藤　紙　出浙江嵊
衍波牋
澄心堂紙　李後主所製
會府紙
麥光紙
竹　紙
繭　紙
藏經箋
硬　黄

磁青紙
蒲州白薄重抄　見唐國史補
臨川滑薄　"
松江紙
六合紙牋
絸紙
女兒青紙　即卿紙，鄱陽白，西山觀音簾紙，鵠白紙，鉛山紙，常山紙，英山紙，上虞紙，大内白牋
雁頭牋　（徐祥書畫跋記卷五十六頁）

不徹頭 錯到底　宣和末婦人鞋底尖以二色合成 名錯到底
竹骨扇以木為柄舊矣 忽變為短柄 止插扇之半 名不徹頭 皆服妖也 ——老學庵筆記——

待訪錄：漆器考　鄭師許
髹飾錄　明黄成
繡譜　諸陸丁佩

正如其妙，而衣带飘举其势圆转，有如……吴带当风之妙比

大佛开眼供会所列之具

金铜幡四旒

金铜杖幡镇铎

金铜镇铎

金铜杏叶裁文

〃 凤形 〃

〃 云花形裁文　铃铎上附属之饰品。

附录参考书目：

伊达弥助　正仓院御物古裂に就て，佛教美术第三

明石染人　天平时代の染织に就て　佛教美术第六册

久留春年　正仓院の古裂文様に就て　宁乐第4、5号

龙村平藏　织与天平の錦　同上第10

广濑都巽　奈良朝时代以前の刺绣に就て　同上第10号

明石染人　御物缥地莲花大文锦琵琶袋の裂地に就て

—正仓院の研究—东洋美术特辑

滨江(?)纯吉　その頃の染织美术　同上

南仓上

长柄香炉五具　即鹊尾香炉

漆皮金银绘八角镜箱

银平脱八角镜箱　参阅美术徐为[?]下第十三页

佐波理水瓶二具　佐波理（さはり）即铜锡合金之

响铜，一说本新罗语，今日本亦称响铜。

金铜水　以上三具均合密教法器色彩，盖为奈良时代从佛之器

镜鉴

黄金瑠璃钿背十二棱镜

山水八卦背八角镜

平螺钿背圆镜二面

十二支八卦圆镜

山水人物鸟兽背圆镜

叶文背圆镜

鸟兽葡萄背方镜（实即海马葡萄镜）

宗教品物

三钴　三柄　即三钴金刚杵，密教法器

金铜匣子

黄 〃

银匣子

佐波理匣子

依佐野真祥氏考，係香盒。其盖有作塔形者，有作圆顶者，

麈尾四柄

此即魏晋人清谈所挥之麈，形如羽扇，柄之左右傅以麈尾之毫，绝不似今之马尾拂麈

麈尾之见于造像者如：

(一)云冈石窟魏献文帝时代（466—470）造第五洞之内后室中央大塔二层四面中央之维摩

(二)龙门宾阳洞中洞正面上部右面之维摩

(三)天龙山第三洞东壁南端之维摩……　等诸石刻中维摩所持麈尾，几无不与正仓院所陈者同形，不过依时代关系，形式略有变化，然皆作扇形也

陈品中有

柿柄麈尾　　　太平御览703引语林，有晋时

漆柄 〃　　　　庾亮有诣唐(?)侍畅麈尾过丽之

金铜柄 〃　　　逸事。可见自晋以来麈尾已尚华

玳瑁柄 〃　　　丽，正仓院诸具，犹存其风。

如意

犀角黄金钿装如意

斑犀竹形如意

犀角银绘如意

斑犀钿装如意

鲸须金银绘如意

玳瑁如意

释氏要览卷中道具编：「如意，梵云阿那律(?)，秦言如意。指归云古之爪杖也，或骨角竹木，刻作人手指爪，柄可长三尺许，或背有痒，手所不到，如人之意故曰如意。试(?)尝问译经三藏通梵大师清沼，字学通慧大师云胜，皆云如意之制，盖心之表也，故菩萨皆执之，状如云叶……又云讲僧尚执之，多私记节文祝辞，备于忽忘，要时手执目对如人之意，故名如意。若俗官手版，备于忽忘名笏也。若齐高祖赐隐士明僧绍竹根如意，梁武帝赐昭明太子木犀如意，石季伦王敦皆执铁如意，此又爪杖也。国斯而论，则有二如意，盖名同而用异焉」日本刻本。

黑柿苏芳染金银山水绘箱

投壶　附矢二十三支

壶铜质涂金细刻山水人物花鸟云狮。魏邯郸淳投壶赋有「盘腹修颈，饰以金银，文以雕镂」之句，仿佛似之。

弹弓二柄

漆绘弹弓，弓背以漆描绘唐代散乐人物，已足欢赏，全弓约分七段

(一) 戴竿 ＝ 即汉代之都卢寻橦。见张衡西京赋

(二) 踏肩戏

(三) 弄丸

详　唐郑处诲明皇杂录卷上
　　唐苏鹗杜阳杂编卷中
　　唐段安节朝野佥载卷六
　　唐段安节乐府杂录鼓架部

玩赏小品

鱼形　黄绿色玻璃之小鱼形

紫檀金银绘小合子

〃　〃　小墨斗

绿牙紫牙之拨镂飞鸟形

彩绘水鸟形

小香袋

小尺(五)　有尾角者，黄绿玻璃者，皆长不逾二寸，~~[illegible]~~。按唐时中和节有赐红牙银寸尺故事，白氏长庆集有谢恩赐尺状(见卷十二)或即为小尺所由昉欤？

绘唐纸二卷

大形麻纸，两面均以飞白之笔描成浮云，间以奔兽飞鸟。

中仓上 →

兵器

梓弓

槻弓

黄金庄大刀　(唐)

金银钿庄大刀

金银庄横刀

金银钿庄大刀

金铜庄大刀

黑作大刀

铜漆竹大刀

黑竹大刀十二柄

无庄刀二十三柄

胡禄八具　胡禄箭室也

漆葛胡禄　赤漆葛胡禄　白葛平胡禄

箭

其羽有雉、雁、隼、雕、鹰之分

镞有铁、骨、竹、角之别

鞍

桑木金银绘鞍

鉾

鉾(ほこ)似与中国枪戈同之一种兵器，外有短鉾，乃短柄之鉾。

南仓下

乐器

牙横笛

斑竹横笛

牙尺八

尺八

吴竹笙

吴竹竽　吴竹竽之匏，并有银平脱之宝相华文及迦陵频迦，尤为希见之品

甘竹律 ＝ 实即排箫一十七管、一十九管

铁方磬残阙　即方响

桑木阮咸

磁鼓筒　参考旧唐书29音乐志

漆鼓筒

桧和琴

新罗琴残阙

桐木琴 〃

螺钿枫琵琶

木画紫檀琵琶

破阵乐大刀　旧唐书29音乐志：破阵乐太宗所造也……

子日手辛锄

子日目利箒

与中国帝后躬耕育蚕所用者意同。

目利(めとき)之义不明，一说为眷めとぎ之假借字云……其端贯以什玉，故亦称玉帚。

彩绘佛像幡

佛教物品

雕刻莲花佛座

漆佛龛扉

佛像型

开眼缕

墨画佛像

此幅系麻布墨画菩萨像，盖于方一米之麻布上白描趺坐菩萨一尊，墨线飞动，用笔

墨海所载唐奚廷珪「祖玑墨」及墨苑李惟慶「龍射墨」，表有陽文「華烟飞龍凤凰木燕貞家墨」十字，裡有朱书「開元四年丙辰秋作貞□□□□□」題識。盛唐製墨，保存至今，且猶完整，洵為宇內絕無之品，墨長幾尺（長 29.6mm 宽 5mm 厚 1.9mm）世所未见，则知南唐李廷珪墨有長逾尺餘之言尚非诬（麻三衡墨志）新罗墨存亡 新罗杨家上墨 新罗武家上墨，俱又见墨经墨志诸书，可录以补遗。

纸、 色麻纸

练金纸

纸面洒金，或謂唐代之銷金紙箋即此

吹绘纸

係於白麻纸上，施以各色吹染，現出白紋之蝶鳥花草。此种技巧，中国今尚存其法。

詩序

即王勃集残卷，卷中所收皆序類，凡41首，就中20首為今本王勃集所佚，餘20首亦与今传本間有異同云。羅振玉、雪轩为王子安集佚文一卷，刊稿九一卷。

梵網經

白麻纸本，紫麻纸装池。上有金银绘山水，以水晶为轴。

本

檜金银绘经筒

檜木质，上绘花蝶（即梵網经之经筒）

最勝王經帙

帙，紫地，黄色唐花草文錦边，左右作二国纹，中为迦陵频伽，缘以葡萄唐草图案，周缘又有织出之字，一为「依天平十四年岁在壬午春二月十四日勅」，次接「天下诸国每塔安置金字金光明最勝王經」。按唐人卷子本，往往有帙裹之，此犹具唐風，據正倉院御物图録第六辑第五十六篇说明，此帙乃织成之品，天平时代之染织艺术精美如此，洵足驚人。

瑠璃杯

绿瑠璃十二曲長杯

白瑠璃瓶

瑠璃壺

白瑠璃碗

以上诸物，为七一八世纪之交，东罗马帝国所製，波斯商賈传来中土，继又自唐輸入日本者。

玉器

玉長杯

瑪瑙杯

犀角杯

铜薰炉

柳箱

刀子 又60柄

最長者 37mm 最短者 5.6mm。多係合二柄为一双，亦有合三柄四柄为一双者。其柄有青石、斑犀、沈香、犀角、紫檀、象牙诸质，並有另加以華饰者，如沈香金银绘、紫檀螺鈿、白牙撥鏤、黄牙彩绘、水牛角金银绘诸饰，而鞘之装饰意匠，尤多变化，有木心樺纒镶以玉虫翅者，有木地塗以苏芳（即苏木）镶嵌白银珍珠者，有沈香金银彩绘者，有壓以金箔，張以琥珀者，有绿色紫色撥牙者，柄端鞘尾多为金银雕饰，嵌以瑟瑟之屬，無不小巧玲瓏，製作都雅，洵可謂集刀子之大观者矣。

玉虫（たまむし）

为吉丁虫种之一种，翅極绿而有光澤並帶红條，细巧美丽，历久不變，镶嵌中之珍品也。朝鲜慶州金冠塚發見之金冠，日本奈良法隆寺飛鳥时代之玉虫厨子，均利用此虫之翅以為装饰。按唐六典卷二二，中尚署掌岁时乘輿器玩服饰，廣东安南贡品有「紫檀、榴木、檀香、象牙……青虫、珍珠……」今廣东安南俱产吉丁虫，则六典所稱之青虫，蓋为玉虫無疑。

沈香金绘木画·水晶花箱

金银平脱漆皮箱

密陀彩绘箱

苏芳地金银绘箱

绿地彩绘箱

以刻文自别。……尺之以花纹别寸度，盖六朝以来之风尚矣。

~~木画紫檀双六局~~

百索缕轴

百索即风俗通所称五月五日造百索——一名長命縷者也，本繫臂避瘟之物，又名避兵

玉尺八

樺纒尺八

尺八

雕刻尺八

樺纒者，如今横笛纏线，盖用以防风吹破損也。

紫檀木画挟軾

挟軾殆即古人所稱凭軾之軾，今日人燕居，猶用斯物，所謂「脇息」者是也。按挟軾日音読为けふしよく，脇息读为けふそく，其音極近，汉字脇息或即挟軾之假借。

銀薰炉

人勝残闕雜張

考「人勝」，六朝有二，一以金箔鏤成，人日贴於屏风，一剪綵为之，戴於頭鬢（见荆楚岁时记）今观正倉院所存残片，可知乃屏风贴用之物。按李商隱人日詩有「鏤金作勝傳荆俗，剪綵为人起晋风」之句所詠與此正合。不意今千百年后乃得见其实物，洵为一最有兴味之事也。

晋宗懔荆楚岁时记「正月七日为人日……剪綵为人，或鏤金箔为人，以贴屏风，亦戴之头鬢」

繡線鞋

传圣武皇后遗物

漆胡瓶

瓶形本出自波斯薩珊朝，传入中国美而化之。

鏡鑑 及收容箱之画函共十八具

鏡之形多圆或八棱，其质则为青铜或白铜。鏡背除普通鑄造外，有螺甸，金银平脱。其文様，则有鳥獸，花草鳥獸，花鳥蝴蝶，飞仙雲鳥，山水鳥獸各種。

御袈裟九領

九条納刺樹皮色袈裟

七条织成樹皮色袈裟

金銀鈿莊大刀

日本刀剑鉴赏家関保之助氏云：唐大刀之特徵惟在其「鐔」（即剑鼻）。此式之大刀与我国固有之大刀，其相異處，主要即在鐔之不同。此盖係两国之民刀剑用法殊異所致。吾国用剑，专用以斬伐，互擊之际，为防敌刀下斬，故置大鐔。然華人刀剑，以刺殺为主，其鐔为用，与此为僅存，勿寧谓为刺殺之际，恐防手滑伤而设，華人因稱其名为剑鼻，盖刀身与刀柄之间，置设同樣之物，然两用不同，故其形亦異。~~此刀~~

末金鏤 → 此刀鮫皮柄，鞘身有「末金鏤」（まつきんる）文様。「末金鏤」者，於漆面播金屑成花纹，即今日本「蒔绘」（まきゑ）之所由昉。

瑟瑟 唐刀鞘柄均有金银鏤空之饰品，嵌以珠玉瑟瑟之属，最为名贵。

明方以智通雅卷48云「瑟瑟碧珠也」，……有三种。宝石如珠，其次透碧，番燒者圓而明」，瑟瑟唐代最流行，見明留什録，太真外传。

花氈

凡卅一床，有見，碧地二案長方氈，花卉人物长方氈。

伎樂面凡67具

伎樂之传入日本以用具最先，约在欽明朝（公元540—571）由吴国主照渊孙智聪携来一具，吴主照渊者，内藤之一郎氏以为梁武帝萧衍之同音误書也，演奏则在推古天皇20年（612）由百济归化人味摩之者传入，以为佛教祭仪……迫平安朝以降舞樂代兴伎樂始衰。

筆 凡十七支

其形与西北科学考察团若見之「居延筆」不同，毛鋒短促，意殆即向秀山所稱之「雞距筆」，盖其鋒之恰短如雞距也。毫内迫根處裹以麻纸，尤见古製。馬衡手曾謂天平笔之製作即本於筆經，因已引人注意，惜未言及此十七支唐式笔也。（馬衡文记漢居延笔，……正倉院所藏古物，多為唐製，天平笔之製作，与王羲之筆經所记，頗多相合……笔经言，先用人髮抄数十莖，什青羊毛并兎毳，惟令齊平，以麻纸裹柱根令治。次取上毫薄薄布柱上，令柱不見，然后安之。此天平笔被毫已脱，惟存其柱，根柱裹之，殆即麻纸也。）其管有梅羅竹，斑竹，彩文竹，篠竹，間施裝飾，有饰金者，饰银者，饰牙者，樺纒者。管端大率皆以象牙为之，尚有紫檀或银鑲者，笔帽如闭伞形，以竹为之，间有施银牙装饰者，亦有如今日竹笔帽式者。

墨 凡十四笏

以新羅墨为最多，唐墨仅一笏，两首竹锐，墨以

趙存北園　趙彥勤觀文，其子春谷文昭葺而居之
丁氏園

蓮花莊　今歸趙氏
趙氏菊圃坡園　新安郡王之園也
程氏園　程文簡尚書園
丁氏西園　丁葆光
~~倪文節~~
倪氏園　倪文節尚書所居
趙氏南園
葉氏園　石林右丞相族孫謙亭居思老所創
李氏南園　李鳳山參政
王氏園　王子壽使君
趙氏園　端肅和王之家
趙氏清華園　新安郡王之家
俞氏園　俞子清侍郎臨湖門所居，為俞氏，自己翁四世未及年告老……築園池之樂……
假山之奇，甲于天下
趙氏瑤阜　蘭坡都承旨之別業，……蒼翠如家傳書刊石為瑤阜帖
趙氏蘭澤園
趙氏繡谷園　趙忠惠家
〃　小隱園
〃　蟠洞　亦趙忠惠所有

趙氏菊隱園　菊坡所創
畢氏園　畢最遇承宣所葺

倪氏玉湖園　倪文節別墅
章氏水竹塢　章南卿北山別業一
韓氏園
葉氏石林　左丞葉少蘊之故居
黃龍洞
玲瓏山
賽玲瓏　沈氏
劉氏園　富氏劉思忠所葺后歸趙忠惠
錢氏園
程氏園　文簡公別業
孟氏園　孟氏卷弟二子既爲趙忠惠婿，居雲巖，創別業于此

假山　——見癸辛什識前集十二——

……工人特出於吳興，謂之山匠，或亦朱勔之遺風。蓋吳興北連洞庭，多產花石，而弁山所出，類亦奇秀，故四方之為山者，皆於此中取之。……所有假山最大者莫如衛清叔吳中之園，一山連亙二十畝，位置四十余亭，其大可知矣。然余平生所見秀拔有趣者，皆莫如俞子清侍郎家為奇絕。蓋子清胸中自有丘壑，又善畫，故能出心匠之巧

艮岳　——見癸辛什識——

艮岳之取石也，其大而穿透者，致遠必有損折之慮。近聞汴京耆父老云，其法乃先以膠泥實填眾竅，其外復以麻筋什泥固濟之，令圓混，日曬極堅實，始用大木為車，致於舟中……抵京，然后浸之水中，旋去泥土，則省人力而無他虞……

正倉院考古記　摘要
傅芸子著

~~校倉~~正倉院（しょうそういん）為森林地帶中之一种木倉

正倉院，迄今已閱1200余年，就其所藏器物品言之，举凡衣冠服飾，武備農工，日常器用，遊藝玩好諸品以迄佛具法物，無不賅備，凡二十种，二百四十類，五千六百四十五點。

……日本奈良朝——尤其是天平时代（724—781）為唐代文化輸入日本之極盛时期。原田淑人博士嘗謂，「當时自都城制度以至服飾，幾乎使人興起一种彼我如一致的感想」。而吾人~~若~~嘗觀傳隆寺藏付太子畫像，察其所冠漆紗冠，唐幞头也。其闕腋袍，唐缺骻袍也。恍如唐人造像，亦殊具此同一之感。

平脫與平文

廣瀨都巽氏云「凡所嵌之金銀片文漆後成為平面者為平脫，花紋浮出者為平文」。平文之目最散見於日本古記錄，尚未見之吾國載記，然漢时殊已有以金銀隱起為龍鳳人物之寶琴，見於西京什記，其技巧當早於平脫」。

禁平脫

唐書肅宗記：至德二載（757）十二月丙午，禁珠

玉宝钿、平脱、金泥、刺绣。[18]唐书・代宗记：「七年（772）六月诏诫薄葬，不得造假花果及手（查係平字之讹脱）宝钿等物」

古钞本五弦谱　日本近衛公爵藏

三倉之概觀

① 北倉下

金銀平脫文琴

螺鈿紫檀五弦琵琶

（捍撥：在琵琶面上，當弦，所以捍護其面者，今琵琶多有之。張籍宮詞：黃金捍撥紫檀槽。此具下部有「捍撥」）

附銀平脫合子

螺鈿紫檀阮咸

雕石橫笛 = 關尺八，按尺八一物，乃唐呂才所創。

金泥繪新羅琴

金薄押新羅琴　俱十二弦

吳竹笙

吳竹竽

螺鈿琵琶　四弦四柱

紅牙撥鏤撥

彈者向皆以木撥，賀懷智始用鐵撥（見唐段安節樂府雜錄）貞觀中（627—649）裴洛兒始廢撥用手，謂之搊琵琶。（見唐劉餗隋唐嘉話）

「撥鏤」亦唐代工藝美術之一，係以象牙染成紅綠諸色，表面鐫以花紋，所染諸色，層層現出。或更於上再傅他色者，尤形纖麗工巧。唐中尚署即掌造此種撥鏤物品。此種技巧，曾傳於天平時代惜后世久佚也。

鳥毛立女屏風

〃　帖成文書屏風

〃　篆書屏風

山水夾纈屏風

鹿草木夾纈屏風

鳥木石夾纈屏風

橡地象羊木臈纈屏風

木畫紫檀棊局

〃　〃　雙六

金銀龜甲龕

銀平脫合子

紅牙紺牙撥鏤棊子

白石棊子　黑石棊子

雙六頭　「頭」即骰子

什玉雙六子

翠鈿　敦煌發現之佛畫中，其下所繪之供養婦女，面上所施之花鈿，多作朱色，式樣亦多而複雜，如父母恩重經變相圖，女之眉間朱鈿四，兩紅頰上作鳥形各一。地藏亦通畫，女頰上之朱鈿共有十二個之多。惟勒柯克 ~~Le Coq~~ Le Coq 在新疆發現之貴女畫，額上之花鈿則為綠色。鳥毛美人雙眉間有綠色小點作心形最為簡單，其髻上左右各突一鈿，亦作綠色。

溫庭筠獻淮南王李僕射詩「歌愁斂翠鈿」及菩薩蠻云：「眉間翠鈿深」

紅粧　頰施紅粉，唇點紅脂，飾梅紅粉，唐人詩中常見之。

鳥毛美人　……余又以為此鳥毛美人乃仿唐中宗安樂公主所創「毛裙」的趣味而成，當時「毛裙」大為風行，山林鳥獸，網羅殺獲無數。（見唐書一七五行志，張鷟朝野僉載卷三）

夾纈　世傳唐玄宗時柳婕妤之妹創此，蓋據唐語林所載，實則隋煬帝大業（605—616）中煬帝已有「五色夾纈花羅裙」之賜（見馬縞中華古今注卷中）（見碎金採色編第20故）明代有檀纈，蜀纈，錦纈，猶因宮制

木畫　亦唐代美術工藝中尚署每年二月二日即進木畫紫檀尺（見唐六典卷22）

② 北倉上

一、天平勝寶八歲六月二十一日獻物帳，一卷，稱為東大寺獻物帳

二、奉為太上天皇捨國家珍寶等入東大寺願文

三、奉盧舍那佛種種藥

四、天平勝寶八歲七月廿六日獻物帳，（亦稱大小王真跡帳，真蹟惜今已不存）

四、天平寶字二年十月一日獻物帳。

御書三卷

（一）雜集　聖武天皇御筆，內容六朝隋唐人集中關于佛教詩文一百四十餘篇，皆為已不傳之作。

（二）樂毅論　光明皇后御筆臨書，卷末署天平十六年十月三日藤三娘。

（三）杜家立成雜書要略　光明皇后御筆，錄往復尺牘七十二通，內藤博士以為此書乃前人未著錄之書，觀所冠「杜家」二字，疑即唐志所云之杜有晉所撰者。

以上三卷俱用白麻紙書；與敦煌發現之古寫經用紙相同，「杜家立成雜書要略」尚間以五色麻紙也。

三合鞘御刀子

小三合水角（即水牛角）鞘御刀子，其制疑即唐代職官所佩鞊鞢七事中之刀子。（見玉海86）

十合鞘御刀子（乃一鞘含有刀六，錐一，鈍一，鑽一之物，尤為巧妙無匹）

紅牙撥鏤尺

綠牙　〃

白牙尺　各二

均鐫刻牙尺，表裡及兩側，皆有撥鏤文樣，不到付

楊雲妻龐氏 龐氏妾馬氏	美女人传引巾帼集续集
邢慈靜	画史彙传引珊瑚网 武定府志 闺绘宝鑑续纂 名声诗史 池北偶谈 明史 董其昌传.
薛太太	据梧子笔谈
黄幼藻	朱琰 黄汉宫传
柴　氏	图画集成引嘉兴府志
薛素素	玉台画史引珊瑚网
袁九淑	列朝诗集
安　微	秘殿珠林
钱塘某官侧室	书画同闻观
俞　穎	仝　上
淨業庵尼	扬州画舫录
董小宛	影梅庵忆语
王　月	余瑞紫 流贼张献忠陷庐州纪
曼　殊	毛龄奇 曼殊别志书砖
楊卯君 字雲和 沈関関(卯君女)字宮音	徐釚南州草堂词话
余韞珠	徐釚本事诗 池北偶谈
袁隨園姬人	郑逸梅:瓣集
陈淑蘭	袁枚陈淑兰女子诗序

~~裴~~裴回修母王氏	古杨陈列所书画目录
蒋溥妻王氏	〃
上官紫鳳	邵武府志
郑牧生母陳氏	节烈大槐楼奇传
李君問室萬氏	画史彙传引龍泉县志
盧元素 字靜香(淨)	隨园弟子诗选卷五附识 墨香居画识
陈花想	画林新咏
趙　墉	
趙慧君	墨林今话
曹一山继室	蘿窗小牍
錢佩瑜	蒋敦復 顊川节妇钱孺人传
程景鳳	画史彙传引耕砚田斋笔记
李倩輝	閨秀正始集
陈　芸	浮生六记
鄧漪妻趙氏	平原县志
徐貞女	史记徐贞女墓表
山塘女子	香苏山馆 虎邱新咏诗话
周湘花 刘松岚家姬	香苏山馆诗话
陸鳳池	嚴蘅女世说
惲　珠 蓉湖夫人	骨董琐记
丁　佩	蘿窗小牍
金星月	小山居诗稿

王　瓊	宋景梅奉新县志
俞韞玉	西泠閨咏
艾　默	画史彙传引槜李诗系
錢　蕙 凝香	国朝闺秀正始集
徐湘蘋	骨董琐记
金采蘭	〃
倪仁吉	〃
聊瑛妻	見聞隨筆
李娥綠	林纾畏廬漫录
左又宜	骨董琐记
邵　琨	江苏诗徵
錢　芬 佐才	骨董琐记
紀蕙蘭 纪馨姑	節紀大奎撰奇传
林青青	清稗类钞
沈　寿	
松江楊氏姑婦	葉渟翁中国美术织绣史
薛　方	天狼年记(按即薛胖子倪田室)
涼州婦人	吴真奇绝蔬见闻录
附	
胡僧慧罡	五什俎卷十六 事物部
朱　緵	列朝诗集小传
葛嗣禛 钞	今世说

徐履安	扬州画舫录
陸授诗	河汾诗传
楊健寀	葉渟翁中国美术史织绣史

湖南宁乡岁贡生楊健寀工绘事善雕刻,阮光则为其雕绘余技施之刺绣,依绘画晕色之法以染色丝,依雕绘图谱之式以造花样,故技特精妙,大家闺秀造门下者甚众。清季湘中风气大开,女学校设立甚多,女校中教刺绣之教员多楊氏女弟子,故派衍颇盛,成今湘绣之一系焉。上係吾友宁乡钱君石负甫所述,钱与楊为乡里而钱妻又为楊再传弟子,故其事为可信據云。

黄嗣嫱　　野乘叢钞

~~楊和　吴江人 沈宜之母,疑即上文所列之楊卯君~~

駱佩香　句容人 与盧元素齐名时号盧駱

~~夏　永　字明远~~

五　莆志載蘇绣

上海顾太学家工鍼绣八骏图景子昂用笔不能辨,亦当代一绝。董玄宰每劝太学令多绣大士像,以助生天作佛之因,正如绣铁面说法耳斑斑花炳然可观，故夫染斑之法莫猺人若也。——宋周去非《岭外代答》卷六——

绣面

宋范成大《桂海虞衡志》亦有绣面记载：女及笄，即黥颊为细花纹，谓之绣面……

海南黎女以绣面为饰，盖黎女多美，昔尝为外人所窃，黎女有节者涅面以砺俗，已今慕而效之，其绣面也，犹中州之笄也。女年及笄，置酒会亲旧，女伴自施针笔，为极细花卉飞蛾之形，绚之以遍地淡粟纹，有皙白而绣文翠青，花纹晓了，工致极佳者。惟其婢不绣，邕州溪峒使女惧其逃亡，则黥其面，与黎女异矣。

——《岭外代答》——

锦体社

南宋武林，二月八日为桐川张王生辰，霍山行宫朝拜极盛，百戏竞集，如……锦体社（花绣）……

——见《武林旧事》卷三——

锦体社，大约为当时自刺绣时的同业公会

面具锦睛　疑即假面具

舞判

哑杂剧

七圣刀　互相格斗

歇帐

抹跄

扳落

引马　（牵）导在前面的两匹马

开道

抛绣球

插柳枝

旋风旗

立马

骗马

跳马

献鞍　又曰弄鬃

倒立

拖马

飞仙膊马

镫里藏身

赶马

绰尘

顾韩希孟　张来妻顾氏　顾太学家

顾廷评家婢　顾会海妾兰玉　顾伯露母

顾氏刺绣得自内院，其劈丝配色别有秘传，故能点染成文，作山水人物花鸟无不精妙。（毛祥麟《对山书屋墨余录》）世称露香园顾氏绣，盖所谓绣画也（姜绍书《无声诗史》）。露香园明嘉靖间尚宝司丞顾名世字应夫所筑，穿池得赵文敏手篆露香园池三字石刻，因以名园。名世次孙寿潜字旅仙，又号绣佛主人，为董文敏弟子（同治《上海县志》）。其妇韩希孟工画花卉，所绣亦为世所珍，称为韩媛绣（郑之诚《骨董琐记》）。尝摹临宋元名迹，绣作方册，覃精运巧，寝寐经营，已穷数年之心力。崇祯甲戌，董宗伯见而心赏之，语曰：技至此乎？寿潜对以寒铦暑溽，风冥雨晦时弗敢从事，往往天晴日霁，鸟悦花芬，摄取眼前灵活之气，刺入吴绫。宗伯叹为非人力也（顾寿潜《宋元名迹方册识语》）。名世曾孙女适庠生张来，年二十四而寡，守节抚孤，出家传针黹以资衣食，而其神化更妙于前，顾绣之名遂以大噪（《对山书屋墨余录》）。又顾太学家工针绣《八骏图》，号子昂用笔不能勤，弃亦当代一绝，董文敏太学令多绣大士像，以助生天作佛之因，正如绣铁面说法耳（同治《上海县志》引《五茸志逸》）。又顾廷评家多姬侍，织衽刺绣冠绝天下。廷评婢绣停针图，穷态极妍，而劈丝了无痕迹，观者倾一邑，维扬大贾重币踵门，特请一见，以汉玉连环及周昉美人图易之（同治《上海县志》引《南吴旧话》）。又顾会海妾名兰玉，刺绣人物气韵生动，字亦有法（《无声诗史》）。设幔授徒，女弟子咸来就学，时人亦目之为顾绣（同治《上海县志》据《府志》补）。又有记自顾伯露母夫人者（震泽杨复吉《梦阑琐笔》引程墨仙纪事），露香园劈丝绣衣裙屏幛，女红独擅其胜（《梦阑琐笔》）。今顾氏已不传其艺，外此作者虽向有之，著名者亦罕（《无声诗史》）。

按顾韩希孟宋元名迹方册摹绣唐宋院本，董玄宰题赞，顾寿潜作跋，皆书于册，绣册希孟后于墨迹上加绣，现藏梧州关伯珩冕钧家，册中有朱绣小印曰希孟手制，曰韩氏女红，曰武林韩氏，曰韩氏希孟，又有一本有又村二函题识，现藏余家，已著录存素堂丝绣录。

王长卿内人　　胡应麟《甲乙剩言》

夜行未數里日已低，北望燕京在天末，朝來得令更可怜，落後行遲都砍殺。

④鵓鴣鵓鴣悽房偏楚帶前呼，阿姊含羞对阿妹，大嫂揮淚看小姑。一家不幸俱被虜，猶幸同処为妻孥。願言相憐莫相妒，这个不是親丈夫。

錄晉安倪綰繼綏甫群譚採餘

謝茂秦詩家直說載山房隨筆禽言云「鵓姑鵓姑」（詩同群談採餘不重錄）又載馬柳泉賣子嘆云「貧家有兒貧亦嬌，骨肉恩重那可抛，饑寒生死不相保，割腸賣兒為兒曹。臨行一別何時見，徧撫兒身舐兒面，有命丰年來贖兒，無命九泉長抱恋」

查翰璆查浦輯向者下

未生保

「旧册新供查对了，宁死只愁官折拷，一丁已作三丁报，谁为里正讹老。过堂官怪成丁少，丁丁研審尽同名，此理看来有难晓，抱屈含啼向官道，但恨儿孙生不早，大半成丁犹襁褓，在腹名为未生保，膏血不充官一饱。春日㬥霜迅杀草，前年民户损七分，官廪何曾到流殍」

嗟乎国家养兵，岁费廪禄钜万万，及至寇盗生发，则遣民兵及调边军土军剿之，而边军犹可，至如土军，狼子野心，总兵者，弗能钤制，任其劫掠屠戮，其尤有甚于盗贼之过也……

详见徐咸西园杂记上35页（丛书集成本）

四寓言词

金沙潘武子文虎四寓言词，因金兵南下宋室播迁而作。

㊀交交桑扈，交交桑扈，桑满墙阴三月暮，去年蚕时处深闺，今年蚕时涉远路，路傍忽问人采桑，恨不相与携倾筐，一身不蚕甘冻死，祇愧儿女无衣裳

㊁不如归去，不如归去，家在浙江东畔住，离家一程远一程，饮食不同言语异，今之眷聚皆冠盖，开口强笑心怀要家乡，欲归归未得，不如狐死犹首邱

㊂泥滑滑，泥滑滑，脱了绣鞋脱罗袜，前营上马忙起行，后队搭鞍疾催

俚语咏时事

建炎后俚语，有见当时之事者，如：「仕途捷径无过贼，上将奇谋只是招」又云：「欲得官，杀人放火受招安；欲得富，赶着行在卖酒醋」

（鸡肋编卷中53页）

花腿

车驾渡江，韩刘诸军皆征戍在外，独張俊一军常从行在，择卒之少壮長大者，自臀而下文刺至足，谓之花腿。京师旧日浮浪辈以此为夸，今既效之，又不使之逃于他军，用为验也。然既苦楚，又有费用，人皆怨之，加之营第宅房廊，作酒肆名太平楼，搬运花石，皆役军兵。众卒谣曰：「張家寨裡没来由，使他花腿抬石头，二圣犹自救不得，行在盖起太平楼」……

（鸡肋编卷下 69页）

寶相華

一种空想的植物，为古来的一种装饰纹样，属于唐草纹样的一种，所谓宝相花文样，实为一定之形式

其起源有谓系唐草式说，亦有一说是从蓮花、自忍冬、茛苕茛 加工者，其彩色，多用绘间色彩（アカンサス）

富陽茶魚歌 韓邦奇

富陽山之茶，富陽江之魚，茶香破我我家，鱼肥賣我兒，採茶婦，捕鱼夫，官府拷掠無完膚，皇天本至仁，此地独何辜，富陽山，何日頹，富陽江，何日枯，山頹茶亦死，江枯鱼亦無，山不頹，江不枯，吾民何以甦。

徐咸西园杂记下 （165页）

邑有隱君子，朱姓鶴其名，子孫三世嗣，曰纓曰稚征，操履皆完潔，炯炯玉雪清，生當隆萬際，嘉運方休明，醞此神骨秀，旁涉藝事精，筋竹拳根須，魁壘比茯苓，斲削水蒼玉，鏤鉥皆象形，筆斗口能受，臂閣腕可擎，藤樹舞鱗鬣，仙鬼具目睛，故作貌醜芳，蝦蟆腰彭亨，以此試奇詭，精神若怒生，瑣細一切物，其勢皆蜚鳴，畫理及篆刻，刀法乃交并，气韻貴高古，不以智巧爭，藏庋久瑩琥珀，爪甲觸有声，縣購置几案，白金一餅贏，後學徇大雅，又欲闚門庭，玲瓏眾妙備，却失前典刑，技固殊工拙，亦視人

盆景

衡邱張豫園善藝植，一盆景對牙松結構古雅，崑山張緯惠見之，議市金易得，交既成，持歸移於舟，張老憮然淚下曰，培護卅年，今永別矣，張緯惠慰之曰，癡老子，此若思松，玉峰一棹可達也，持歸以人參汁澆之，猶黄萎，建醮禱以祈佑，邑傳笑一時，然情雅可以不朽

堅瓠集續集卷之三

邑中李長蘅客夏斗疊宣州石剪樹作盆景，朱清父号小松父松鄰、子三松，刻竹根為文具，二物走四方，每貴重之。吳郡金阊多巧工，独此非嘉定人不能传其法。余暇日各作诗一首谱其事，亦微有托寄焉，以備修志乘者採掇云。

谁将百尺姿，攢蹙一指大。其樹多枌榆，亦或用柏檜。下腫成輪囷，上乃揚桎枿。膚老蘚剝蝕，根露水嚙汰。蟠屈意不伸，凌傲勢無外。日月疑蔽虧，龍象恣狡獪。恍若陟岱宗，大夫肅冠帶。又若歷黃海，破石偃車蓋（黃山有破石松，石罅橫出數十丈）

不復知盆盎，乃鬱此蔚薈。我嘉民朴陋，地僅比曹鄶。養樹具神理，斯則吳中最。嵌石置岩壑，一一仿图绘。童丱剪截时，瘢痍不为害。樱毛加束缚，时亦施钳钛。積久若生成，脱换蛇蝉蜕。要亦待天機，始与化工会。沿流失古初，繁布杂叢荟。骨幹斗奇傑，嫩茂争少艾。瑜玉花瓷缸，货布走牙侩。山居孫老风霜，不復人矣脸。斯豈俗尚浇，抑亦世眼昧。微物固有然，君子用深嘅。（右盆樹）

滬甌以宣州石疊作小山，旁植雜樹，青峭蓊鬱，幾忘為盆盎中物也。詩以索和，為賦長句

……林屋咫尺太狹窄，結構乃欲爭天工，我聞此法始吾邑，盆樹竹刻稱三絕，誰其擅者檀園翁（見趙蒙泉甘寒亭集）……

宝山周秋史诗，见叶调生感逝集卷六

易柱不闻斧凿声

僧怀丙……真定構木为浮屠十三级……中级大柱坏……以一介自从，闭户良久，易柱下，不闻斧凿声

宋史方技传

暑于役庐上，雨后办公室柱坏，请一木工，移四层的丝至，余怪其一人独来，而室中楼之上下皆有人工作，皆照常工作，而顷刻柱已换撑换就绪，室中人皆不知觉也。足见庐上多巧匠而姓名不传，亦有幸有不幸也　（以待修正）

苏州砖

一议苏州砖。查得苏州方砖，在厂见贮者一万余个，以不敷用。合无预行彼处抚按，选委廉干佐贰一员管理，务要坚莹细腻，广狭中度。其应用料价夫匠工食、装运舟工价，并于赃罚料银等项处出，具文申部，以凭查考。但不许分毫加派小民。此解到方砖，间有色红泥粗不中旧式，行该管理以凭查究。

明项梦原冬官纪事：鼎建两宫除事可径行并见于纪年与疏之外事不载外，其一切条陈奉有明旨者，胪具于左

画　古造像碑画人

巫尤勖
刘廷玉　唐百门陂碑阴　丹青生
張宏信　五代汉崇福寺重建恩道和尚塔　画人
任文钜　宋庆历五年法门寺重修九子母记　画人
張彦符　广川画跋中有广化城院造像记
刘从口　天禧四年郑景造经幢有画佛象
蘇　简　金陵灵岩寺大士梵相及观音圣像碑
皆永洛阳蘇简画　见续六艺之一录
傅祖昭　元光二年嵩山达摩像

道士周道明　唐渠水仙坛山铭　圣历三年
李奉珪　乾德六年袁正己书摩利支天经
翟守素　乾德六年阴符经
白廷璨　太平兴国五年陈仁顺书常清静等经
武宗孟　元符三年宋博书北方真武经
杜　移　姑真人祠记
宋道家所刻经多有画像亦多可见画人名氏。

造　砖

明时苏州造砖，实之扰累。有自杀者。工部郎中张向之督役日见~~[illegible]~~之，乃采烧造艰，每事绘图贴说，曰造砖之图说，世以郑侠夫绘流民比之。其时工匠多锡山人，烧造陆艰，传以称最。迄今大江南北，以无锡之砖为最贵。砖窑相望络绎不绝。在当时为秕政，在今日则利多，此又向之所不及料者也。

南廛楛语 62页

石　谱

纪映钟序　伯紫
張幼量　以三百头牛运巨石于长白山中
姚伯輔
謝彬仙曜　绘图
杭州诸九鼎　惕庵居士　好石
黄裳云仙　癖观

花木禽鸟

四生谱 鸲鹆 黄头 画眉 促织

康熙著者不详

画眉笔谈 陈均

鸲鹆谱 程石邻

相鹤诀
种梅养鹤图记 } 林洪山家清供

相鹤经 说郛本付 浮丘伯

鸽品 考槃馀事

金鱼

岳珂桯史卷十二

金鱼品 考槃馀事

司马相如：「子虚赋」：五色文鱼

假山 资料

诗经大雅：王在灵囿 麀鹿攸伏，王在灵沼 於牣鱼跃

司马相如長门赋：兰台

班固西都赋：渐台。瀛洲、方丈、蓬

張衡西京赋：莱三神山。

禁苑中 黄山、牛首、

張衡东都赋："西登少華亭侯修敕"

西京杂记：梁孝王 兔园百灵山

茂陵富人袁广汉 北邙山下筑园 構石为山

楊衒洛陽伽藍记：司农張倫之園林山池之美……

太湖石

平江府太湖石产洞庭水中，石性坚而润……一种色白，一种色青而黑，一种微青……谓之弹子窝……

云林石谱 宋杜季扬

太湖石

太湖石出平江太湖，土人取大材或高一二丈者先雕刻置急水中舂撞之，久久如天成，或用烟薰或染之色亦能黑，微有声，宜作假山

宋赵希鹄 洞天清禄集

石涛

XXXX→ 提起堆假山，我就想起清代戈裕良（叠假山名手）的几句话，他说狮子林的石洞都是先架上条石，这就不算好，要大石小石钩带联络，像造桥梁的方法，才像真的洞壑，方称能事，这简短的几句话，（可）算是堆假山的名言，我们根据他的主张与他所遗留的作（不愧是）品，再与狮子林的假山相比较，就肯定了艺术性的高下了。

○○○○ 苏州，把多碎的小石块堆出了~~千孔万~~小卯小塞，叫做是洞，~~好像经过一阵机关枪的扫射，~~成了千疮百孔，这是由于原主人是为胸无邱壑而匠人的邱壑固不甚深责，近代新建的名园像无锡的~~□~~、同里东面的蒋家花园，都犯着这个毛病，大大是……堆成（的花园）形象，在一个很小的花园中堆成一座猢狲拳之类的假山，（据说是……）更为可笑（怎样堆法？）

戈裕良的堆法，环秀山庄的假山，便是的几个名人不同，~~地不广，而邱壑深~~ 有山有水，~~主他用大块，~~大气 ~~最是园中假~~ 用大块的石头互叠成山（山而真山感觉

而　所谓

文章可做，[redacted]下文[redacted]《该管胜以侵渔官家》的货[redacted]

，自然也是普通的破格文章，他

说，究竟官家的是《该管》呢，还是工人呢，那就不问可

对象

知了。因此在清代蒋超[redacted]伯所撰的《南漘楛语》中有《明

时苏州造博，窑户椽累，有自杀者。工部郎中张问之督役

目见，乃以採炼烧造之艰，每事绘图贴说，曰造砖之图说

等语。这种

，比以郑侠流民图比之……》剥削害民，[redacted]甚

至[redacted]被逼[redacted]自杀

可谓

，[redacted]骇人听闻了。现代建筑，考究的都用人造大理石或

于

磨光水泥铺地，这种东西~~早已失却~~费财费工，自然归于淘

汰。~~所以是~~因此早已停止生产了。

陆墓京砖

苏州齐门外有个陆墓镇，不知因何关系而独多工艺品。像名闻中外的蟋蟀，就一向集中于此。其余像罗纱（木机织造的宽纱）、铁光罐、蟋蟀盆、鸭尾[redacted]天杆等，[redacted]都是很早就出名的。[redacted]

[redacted]再有建筑上所用的砖瓦，[redacted]那更是一种不小的[redacted]农村副业，[redacted]尤其是他们所造的"京砖"最为出名。京砖[redacted]就是一种专用于宫廷建筑的大方砖，它的制法[redacted]据说要经过两[redacted]年，因为[redacted]泥坯[redacted]，[redacted]要经过相当时间[redacted]才能进窑烧造，[redacted]但即使这样道地的泥坯，而[redacted]产品的正品率还是不高，常有次货。[redacted]这些产品，既是专供统治阶级所用，[redacted]经手人又百般挑剔，还是困难重重。像明代贺仲轼的《冬官纪事》中记万历二十四年建造乾清坤宁两宫时，对苏州的方砖，就有《查得苏州方砖，在厂见贮者，一万余个，似不敷用，合无行彼处抚按，造委廉干府佐一员管理，务要坚莹莹熟，广狭中度……此解到方砖，间有红泥粗，不中款式，该管理以侵渔坐赃》的记载。这所说的《务要坚莹莹熟，广狭中度》十个字中[redacted]有

留园的原有建筑，仅是整修、修复，必能保持原有特点
一些雕刻的装折，可望[illegible] ~~而如是清代末期~~
而不可接，因为一细看，就觉得粗糙，人物花卉形象都也累俗，
与网师园的装折就不可同日而语了。

怡园之建筑，可以说是最简陋，毫无雕琢，一向以古朴著称，像宋代建筑的明式装折，如果把怡园的水泥窗之拆除，那就成为~~最~~ ~~完整的民族风格最完整的~~真正的江南园林
和一些洋化窗户拆除

可自怡园的石刻栏，花等之都有保存价值，可惜现已改为洋化式而已修

狮子林~~[illegible]~~本来就嫌建筑多而空隙少，一点没有呼吸余地~~[illegible]~~
自从贝氏重修，更增添了半殖民地文化~~[illegible]~~之洋场气息，与低级趣味的结合，~~[illegible]~~
~~[illegible]~~，天井中有牛吃蟹，~~[illegible]~~门槛边何不加只乌龟~~[illegible]~~

旧的狮子林 吴辛铭坚拒重修一之后——新的狮子林
须来学园的要求，不~~[illegible]~~参观 先后同感，如今一辙。
不懂 实指艺术的外实

占地不广而邱壑深邃，可以说是苏州园林诸山之冠。开放后新加修整，外表部份，又犯了~~故意~~雕琢，与内部浑然石叠极不调和，（可以 琐碎之病）~~我建议当局~~……加研究

~~一旦开放~~ 希望在开放前夕作适当修整。

~~苏州~~惠荫花园的~~水~~假山（小林屋）~~（……）~~这是假山中的别格，~~设计……~~ 洞内沿壁筑有石渠，渠中~~这座假山建筑在鱼池上面中间开~~积水，洞里也异常暗，莫辨，愈进愈深，最后摸索着从两~~边~~另一洞口出来。在洞中兜了一阵，出来却仍在洞门附近，足见布置曲折人的巧思。（俗名水假山）

房屋建筑与屋内装折，都是园林主要结构部份。苏州园林的建筑，网师园的精致胜，惠荫花园的曲折胜，留园的华丽胜，~~怡园的古朴胜，狮子林的恶俗胜，都各有特点。~~

网师园~~是清代李鸿裔所建~~的建筑要细看它的装折和室内陈设，都是清代~~李鸿裔的遗物，紫~~红木细工的代表作，就是窗上的铜搭钮，（关窗钩子）都是精制的铜细工，而~~每扇~~每个搭钮，换一图案，没有一个相同，足见当时~~设计~~（每一）工人的~~用意~~的别具匠心，~~在园中又有一条走廊~~…… 惜乎现在破坏得相当厉害，如再不抢救，~~将来~~再下去就将要成为惠荫园第二了。

（可以补得上细微[illegible]四字）

惠荫花园不仅是水假山出名，而它的建筑布置，更是曲折（错综），真像迷宫一样，真所谓~~疑似无路还有路，柳暗花明又~~别壶之天地，在苏州园（砖墙留去，可通不断之廊房，极尽曲室隐屯）林中建筑中，堪罕与伦比，可惜现在其中字事已平地，连平面图和原图都没有保留下来，造成了不可弥补的损失。

[illegible]

有人问，苏州园林好，好在那里，我说，好不能说有些地方很好，但也不完全好，好坏之间很难断定，众之所好好之，……了群众路线，……据闻苏州园林修理时，专家之间，群众之间，都有过不少的不同意见，各自各持己见，……至今没有统一。

江南园林布置，多少带些画意，要讲究章法，树石点缀，分明等于画的笔墨。苏州园林的假山，就多显得大有高低……

狮子林的假山为例，好像走入迷宫，可望而不可接，它的优点就是幅员不广，而中间曲折深幽，看似近在眼前，而走去却很遥远。这一座假山相传出于元代倪云林（倪瓒）之手，但已屡经修理，……非本来面目）这在结构上是成功的，这样可以……的兴趣，尤其是孩子们，穿进穿出，……特别……，但除了艺术眼光……，它的整个形象都不像画

府学宫

宋平江图　南宋绍定二年(1229)郡守李寿朋所作

灵岩　灵岩寺　吴王馆娃宫遗址

灵岩塔　五代时孙承祐所建　明万历28年(1600)烧毁

双塔　宋太宗太平兴国七年(982)王文罕兄弟建双塔　一说西塔第二层绍兴五年之字——

高宗建炎四年(1130)金兀术破平江塔一部份被毁

绍兴五年(1135)比邱惠光等九人募修西塔

明世宗嘉靖元年(1522)西塔相轮吹折

……　……　卅九年(1560)马祖腾重修双塔

思宗崇祯六年(1633)双塔也毁

……　九年(1636)修双塔

清高宗乾隆中(1736—1795)东塔

相轮毁

~~清道光~~宣宗二年(1822)修理双塔

三清殿　宋孝宗淳熙二至四年(1175—1177)郡守陈岘、吴县尹黄伯中等奉敕重建大殿

六年(1179)殿毁于火，提刑赵伯骕摄郡重建

八年(1181)赐额金阙寥阳宝殿

理宗宝祐二年(1254)住持严守柔重葺屋

景定二年(1261)住持薛广仁重加修饰，施以栏循

元世祖至元廿六年至廿七年(1289—1290)住持严焕文、张善渊、左辖朱文清等重修

清世祖顺治间(1644—1661)三清殿圮

圣祖康熙十二年(1673)道士施道渊重修

康熙末　道士胡得古重加藻绘

仁宗嘉庆廿二年(1817)殿西北隅毁于雷火

廿三年至廿四年(1818—1819)韩崶荐~~教董封~~如兰等重修

报恩寺塔　梁正慧所建浮图十一层
北宋时不戒于火
元丰中　改筑九层
高宗建炎四年(1130)金人毁塔
绍兴间　僧大圆重建亦九层
元至顺，明弘治，隆庆，万历，
清康熙凡数度修治。[redacted]
太平天国后光绪廿六年僧绪和重修一新

灵岩山之大乘妙法莲华经　天启七年面明绫背旧锦　第二卷背　卷七背　卷四背皆旧锦

楠木大观世音立像六朝

丝线蒲鞋　光福东渚出产

余沈寿　同治十三年生　民国十年辛酉卒　5月初三子时
字雪君　光绪33年入都　年48岁
42岁绣耶苏像　46岁绣美女优像
20岁嫁　甲寅为张謇聘入南通

锑的物理性质

纯锑是银白色的，具有金属光泽的金属

锑矿　~~白锑，磁锑矿~~

磁锑矿　是氧化锑与硫化亚锑结合在一起的矿物，因它具有磁性，故名。(黑色)

赤锑矿　是含有氧化锑，叫赤锑矿。赤锑矿的粉末可做颜料。(灰黑～暗赤)

褐锑矿　氧化锑和氢氧化锑结合而成，制锑原料。(黄褐～黑褐)

菱锑矿　炭酸亚锑。

除此以外　黄锑矿＝制硫酸。(硫化锑)

我国已发现的锑矿

沈阳附近的鞍山，抚顺和本溪。察哈尔的宣化附近，河北的滦县附近，湖北的大冶附近，山东的临淄长山两县交界处，以及皖南的宁国、铜陵及繁昌等地。此外在福建和海南岛，又发现大量的富矿。

炼锑

从矿石中提炼出锑来，是一个非常复杂的过程。最简单的情形，是从锑的氧化物矿石中来炼锑，在这种情形下主要的问题，就是从矿石中把氧除去，在工业上，用炭来除去矿石中

刺绣针法　参差针

齐鍼
○搶〃　＝参差鍼法
○单套〃
双套〃
紥鍼
鋪〃　＝平鋪针
○刻鳞〃
内入〃　＝包鍼法
○打子〃
羼〃
接〃
綫〃
刺〃
摽〃
旋〃
施〃
散整〃
虚实〃　——（6）

雪宧绣谱

色
月
士
亿

擻

蘇州　沿革

揚州之域　大禹时代
勾吴　周泰伯虞仲
吴國　为越國所滅　再隔140年　越國又为楚國
秦所滅.
楚考烈王封春申君黄歇於吴.
秦滅楚　把吴地置为会稽郡
……

隋文帝開皇九年平定了陈，廢吴郡，改稱苏州，也稱胥州　十一年移州至横山东南，大業初年又稱吴州，三年仍为吴郡.

五代时楊行密佔据三吴，受唐封为吴王，後陷苏城，为吴越王錢鏐討平.

宋太宗太平兴國三年錢俶納土帰降，苏州便属两浙路，政和三年，升为平江府.

南宋时金兀术陷苏州，荼毒生霊，历古未有.

元始祖至元十三年改平江府为平江路设行省府
元顺帝至正十六年　張士诚佔据了，改为隆平府
明年復为平江路.
明太祖改为苏州府

城　池　周平王六年伍子胥造

閶门　又通閶闔風　又叫破楚门
胥门　又名姑胥门　以姑胥山得名

盤门　旧名蟠门，因门上曾刻蟠龍，鎮压越口，以因~~水陸萦回屈曲改稱盤门~~

蛇门　今廢.
婁门　本叫疁门，秦时崑山叫古疁縣，后为王莽改稱为婁縣，疁门因亦改为婁门.
匠门　又叫干将门　匠即干将鑄处　今廢.
齐门　吴破齐，齐王以女为質，配吴太子波，造此以望齐，故亦稱望齐门.
平门　子胥平齐大军自此门而去，故稱平门
葑门　古为封门，是取封禺二山为名，一说葑门本名鱄鲟门，当越兵，從羅城东门入吴，有鱄鲟隨濤而来，故名，葑字大概因和鲟字音相近而改的.

苏州城　自秦漢到隋初，都没有改变，到隋開皇年间楊素以苏城常被群盗包围，乃移建横山，唐武德九年再迁旧城.

元定江南，城池拆毁，到至正十一年重建，明初又從新建修

苏州城外古城遗蹟

（鱼城）横山下　（越城）横山下
（相城）城东北五里.　（搖城）城东南五十里
即名太女地　（酒城）城东南卅五里的壇壙旁边

古蹟待訪

唯亭　宋向潮館
婁门　歐冶庙　干将墓

滄浪亭　吴越廣陵王元璙池館，或云孫承佑（中吴军节度使）所作，宋慶歷间为苏舜卿所得　子美死後屢易其主，——章申公——韓蕲王——元明间廢为僧居——嘉靖间知府胡纘宗後建滄浪亭——清康熙王新命建苏公祠·宋犖建亭——道光七年梁章鉅重建——同治十二年張樹声重建.

√大雲庵——结草庵　元至正间僧善慶建——明沈石田楊君謙嘗棲息於此，——嘉靖间僧一峰嵩重修——嘉慶十三年罗僧達玲重建.

√瑞光寺塔　塔之沿革，或谓创於三國吴赤烏四年（241）或谓五代錢氏所建（920？）北宋朱缅改建，名今一路. 其後宋靖康　元至正燬于兵，经宋淳熙，元至元，明洪武，永樂，天顺，崇禎，清康熙次第重修，太平天國时被燬，至今未修

√今樓殿，南元来，唐末吴越錢氏自城北報恩寺徙建於此，今樓殿建於明萬曆四十六年（1618）

一

1959年苏州市在修理虎邱山云岩寺塔时曾发现过不少稀有文物，当时各报纸、文物参考资料中已有详细的记载，无容赘述。但其中有一部分稀有文物记载不详，补充说明如下：以供研究苏州工艺美术史料，特为美术者参考：

① 绞缬经袱：（经袱是包裹经卷用的）

在云岩塔第二层中曾发现丝织品的经袱，有绣花的，有绘画的，有印花的，有织绫的，有刺绣的，说明苏州丝织物的发达。有关印花技术的用"绞缬染的两块"应该特别提出的是经袱。

吾国染织工业，到了唐代有极大的发展，"蜡染""夹缬染""绞缬"已经普遍使用，但当时棉布还是稀有之物，这种印染花纹的方法，主要用于丝织品上面，多数是贵族享用的东西，这两块经袱的发现，可以证明远在五代末宋初的印染工业已很发达，也可纠正"县志"上所说的苏州药斑布出明初归嘉定之说不足信了。

在李德裕与李吉甫的谈话中有批评苏州"织维"的话

"五色夹缬花罗裙" 隋大业中（605—616）见马缟中华古今注卷中）

宋锦

小团菊　狮凤
鱼鱼蝶
八搭
富贵

帽
烊盘 ① 铜锡器 ② 头饰 ③ 童衣
绣花鞋 ④ 童鞋 绣花鞋 ⑤ 草帽 蒲包 麦扇 6-7 乐器 ⑧ 彩灯 9-10 玩具 ⑪ 木刷 ⑫ 铁锹 ⑬ 宫扇 ⑭ 折扇 ⑮ 香扇 ⑯ 小篮小扇 ⑰ 文房四宝 ⑱ 绣花手绢 ⑲ 农民花边 ⑳ 木玩具 ㉑ 象牙白店制品 ㉒ 花边 ㉓ 毛衫 ㉙ 宋锦 ㉚ 旗袍 ㉛ 绒毯子

毯子 ① 印花布 ② 靠垫枕头 ③ 全上 ④⑤ 戏帽 ⑥ 童装 ⑦ 市被 ⑧ 绸缎 9-10-11 绸缎 ⑫ 织锦被面 ⑬ 特种钢器 附抓匠 ⑭-⑰ 戏衣 ⑱ 加湖帽 ⑲ 乌箱 ⑳-㉑ 玉器 ㉒-㉓ 床饰 ㉔ 袍子 ㉕ 窗纱 ㉖ 毯子 ㉗ 绣花被面 ㉘ 加印花布

振亚厂 沈小兰 周

特种古香缎　74-75
神仙绸　73
双宫绸　70
织锦缎 龙凤
冰雪纱
映雪绉　必要

大中厂
织锦被面（十只花样）　3801 凤串牡丹
3803 百鸟
织锦缎
4-17 墨绿花卉古香缎
留香绉（39号）
15号 花卉古香缎 雪白秋菊
留香绉（福寿）
古香缎（古瓶）109号

农民思想保守
农业的社会主义改造……必然的发生怀疑，不习惯，甚至发生恐惧，排队抢粮是具体表现，在农民的意识深处，总考虑在其他方面，思想顾虑，主要在教育问题，一方面加强时政宣传，使农民认识祖国建设的成就，与美丽的远景，但农民看重现实，因此最好多树立实例。

~~1955/8/31.~~
~~统购统销的政策的积极意义是什么，是否是纯粹防荒？~~

东吴古刹　有石佛　南园榜鸭子桥
下半身在附近井中

徐洪咏
徐鸿道老向香山人 善雕镂著名能以象牙寸许凿出葫芦及桃实形光滑可爱，蜩翼凤趾其莖剑细链封寸葉生狲猴三五缀其上细如丝缀连属不断奚能
奚其凑合之痕殆鬼工也，将殆迹失其传
——久木斋小记——
朱圭字上如木雕人 擅刻书
民间
苏州的雕塑
泥人 10 绢人 8 塑像 2 佛像 8 木雕 4
砖雕 10 石雕 2 牙雕 1 竹刻 瓷印 1

泥人 10
剪绦贴绒
随园诗话云，如皋女子石氏学仙，成辰进士石公如杉之女，适沙，又文，工书画，善琴棋，皋邑剪绦贴绒花鸟自学仙始。
掬华亭王蔺孙字慧珠，适诸生程班，工制贴绒花卉为世所称，未知孰先孰后，后读诸勇堂荟小宛贴梅扇子歌，谓曾得为之，知其来已久，非石氏所创始也
也——背景琐记——

(1498)，这时老華鸿山刚刚出生了一年，后来華鸿山在嘉靖五年(1526)与应墩同年成进士，那时唐伯虎早已死了三年，两人生卒有如此距离，[redacted]唐伯虎哪会卖身投靠到華府之理，即此一端，已足[redacted]证"三笑姻缘"之[redacted]全属虚构了。

纵如[redacted]华鸿山的从弟做过宰相，他的兄叔陽颇有文名，更毋论矣。

唐伯虎与華鸿山"老不搭少"

明朝唐伯虎的追舟访美故事，早在明末已广泛流传，但女主角~~秋香与娇来两说~~却非秋香一人，如明杂剧中花舫缘的女主角是娇来，她是金陵沈家的一个侍女。冯梦龙警世通言中唐解元一笑缘的女主角是秋香，她是无锡华学士家中的侍婢。而六如居士外集所引蕉窗杂录中的秋香，则又为吴兴某宦的丫头。此外更有连男主角唐伯虎也掉换的，如王行父耳谈中所载是陈元超与秋香的故事，和黄蛟起的西神丛语中的为俞见安与吴门某氏青衣美娘的故事。[redacted] ~~娇来、秋香以外，又多出了一个美娘了~~另有一说[redacted]则把男主角指为江阴吉道人等，可能还有其他的记载我却没有看见。以上这些资料中除了[redacted]的"唐解元一笑缘"以外，都没有牵涉到華鸿山其人，可见现在通行的警世通言中"三笑姻缘"弹词和剧本，都是从一笑演绎到三笑的。因为三笑姻缘本事的本身已很风趣，再加上我们苏州评弹艺人的增加了很多资料，所以传布益广，于是家喻户晓[redacted]仿佛真人真事[redacted]连清末史学家赵瓯北先生也信[redacted]之不疑，而引入一代名著廿二史劄记之中。[redacted]明代中叶[redacted]才士的傲世放诞，[redacted]有些越出"名教"之外，这是事实，但把这一个故事所谓[redacted]缠在唐伯虎華鸿山两人身上，未免可笑。因为唐[redacted]伯虎生于明成化六年（1470）他[redacted]中解元时为弘治戊午

在普查基础总结经验，转入经常普查工作　月　日第6頁

除了各小组随时留意保护单位附近外，还要随时留意，如有传候发现文物，或发现线索，都要及时汇报本会。

郊区在基建中，如果发现墓葬和文化遗址，~~本会~~立报本会，本会有专搞田野工作的同志前往协助。

对城区的小组的要求——按单位进行复查，在复查基础上，提供新线索、通报和提供文物动态。

介绍各地普查的一些经验和体会

重点与一般

四勤和六不

虚心请教

尚不为迟　何不早来

（六）表格填写　　文物法令和奖惩办法

市文管会为各组撑腰，协助解决困难。

（七）相片、照相、办公费　伙食补贴。　重新公布单位名单。

各小组检查质量

文物外流

五 介绍全国各地普查的一些经验

①重点与一般

普查工作的展开，取得当地党委的支持，一般采用全面发动，掌握重点，注意一般的方法。但普查时重点可能已变成一般，而一般中可能发现了重点，因注意重点的同时不能忽略一般。

②四勤和六不

四勤：脚勤 嘴勤 眼勤 笔勤

六不：不随便给文物下结论 不粗枝大叶 不挫折群众积极性 不妨碍群众工作 不调查私人收藏 不强勉发动捐献

脚勤是指普查时有线索要寻到底，不怕费脚力

嘴勤是指在座谈会以外，要多做个别闲谈和访问工作。因为经验告诉我们，一般闲谈中的收获，往往反比座谈会多

眼勤是指东张西望，有时有意外发现

笔勤是指访问时，调查时，座谈会，都要详细记录，不管有用无用。

不随便下结论 避免引起对方反感

不进私人调查，避免引起群众不必要的误会，如果由于对方主动邀往鉴定，那是例外，但也不宜遽下结论。

艺术品：花样繁多，书画、[redacted]、刺绣、佛像、等不胜举，好在这些东西，[redacted]早已被人重视，损毁较少。

文献图书：就是一切用文字记录的材料，和一切[redacted]印刷出来的书籍、图片，种类更多，它是[redacted]科学、文化、政治、经济各方面的[redacted]具体记录，真是片纸只字，都不能放松，都[redacted]，旧社会各种契券、文约，和有历史意义的帐簿、等等，都要注意(收)集保存。

民[redacted]俗用品：旧社会民间风俗上的用品，过去注意不够，损毁很大，在研究民俗学的角度上看来，是个极大损失，同志们应该赶紧重视起来，（譬如婚丧喜庆的应用物品，已经现在[redacted]已保存得很少）

[redacted] ㊂ 我们心中无数，工作如何展开？如何鉴定

上面谈了不少的文物种类，也许有人要问，[redacted]这些文物在那里，[redacted]那些要保护，怎样保护法，[redacted]，怎样去鉴别那应该保护，那可以不保护，因此我在继续谈谈[redacted]体办法，避免心中无数，不知从何搞(和头)起，就是本会也经验不够，似可

㊃ 对文物保护工作的意见

提供一些 [redacted] [redacted]。

文物工作，是一项群众工作，单靠少数人是办不了，办不好的，因此首先必需发动群众，[redacted]首先对各区、乡举行一次宣传运动，说明[redacted]政府保护文物的[redacted]政策法令并宣传要在本区乡举行全面普查文物，这项宣传可用多种多样的方法，做到家喻户晓，才能形成群众性协助，不到突如其来，应当引起重视会

参考资料 这里专门学问 希望有新生力量

在宣传工作开展的同时，可做好普查准备工作，应该会同老人、适当知名人士 查文献资料（当地县会[redacted]可提供一些已经掌握的资料）录[redacted]一些线索

根据线索开始进行普查：那处有碑，那里有革命史迹，那里有古墓葬[redacted]，详细记录，汇报本会。

本会收到汇报以后，就开始研究，重点进行复查，作出结论，分别按照 到

入单位，再行办理由小组办理保养手续（如插示牌、订立保护之责）

据我们的考古
现在已发现了4块其中一块已运到北京……

5 [redacted]雕塑与壁画。雕塑雕刻，塑像是塑像，壁画，是指画在房子上和墓壁上面的画，从这些材料中，我们不仅可以学习一些艺术上的成就，而且还可以了解当时的社会情况。我们苏州，[redacted]现在壁画发现的很少，突出的有忠王府的壁画，[redacted]苏州绿绘，数量很多，洞庭东西山，壁画，壁画和彩绘，为之丰富的宝藏，有待于我们的善查。

至于雕塑，资料那是非常丰富，建筑上的砖刻，苏州自成系统，寺庙[redacted]塑像，也[redacted]有好的，有的已无名，有的还未被发现，附着在建筑上（纸）的装修，有的特别精致，画栋破坏情形严重，应该注意保护。[redacted]

6. 其他文物

前面所说的[redacted]，是指体积巨大，不易搬动的文物而言，其他文物是指体积较小，随时都可搬动的文物[redacted]，这种包括种类很多，①古代生产工具和兵器 ②生活用具 ③货币 ④陶瓷器 ⑤文献各方

生产工具：古代渔人民，渔猎和打仗的工具不分，如弓箭可以打仗，但同时也可以渔猎。这些东西，[redacted]我们已陈列出来，要的 这些和平年前的 可以会你们细细参观

生活用具：包括吃衣住三方面，材料太多，时间上不容许细谈，我们收集得很[redacted]不全面，主要是指陶[redacted]瓷器青铜器，和 这里陈列的[redacted]（一些明器 些东西，都是本市历年出土的一些饮食器方面生活用具

货币：是指历代货币而言。

铜器：破的也要，可以修复，宁可多留，不可错过

保护，因为这些人生前对祖国有过一定的贡献，[redacted]例如抵抗[redacted]异族侵略的民族英雄（韩世忠）。[redacted]反抗封建统治的英雄，史志上有这类的庙宇，诸如此类，我们要列入文物保护大单位，来加以保护[redacted]。

3、古建筑

古代劳动人民，化在[redacted]建筑上的劳动，真是神乎其技。苏州地方的宝塔、桥梁、园林、宫殿式的庙宇、华丽的住宅，[redacted]就是全国闻名，要好好保护。附着古建筑上的一些装修，雕刻，有不少（重点地）是很名贵的民间艺术，[redacted]要保护。

就拿苏州来说

4、碑[redacted]帖：是指刻有文字的各种[redacted]碑帖。碑是指[redacted]直立的碑石，帖一般是指横式的长条石面言。这些碑帖，在苏州特别多，它们直接记载着古今社会、经济、政治、[redacted]文化、宗教、宗族等许多方面的大小事情，一字一句，[redacted]差不多都[redacted]是当时的原始纪录，虽则中间也许夹杂统治阶级的成分，但研究历史的人们，是可以辨别出来的。我们现有的资料也经[redacted]说明了不少问题，有的[redacted]已[redacted]运到中央，[redacted]陈列在历史博物馆，成为全国性文物。但是我们的工作做得很不够，散在各地的碑帖，而我们没有发现的，还不知有多少，由于不重视而破坏了的和[redacted]倒在路旁或[redacted]当作阶沿而乘人践踏的也不知多少，[redacted]也有砌在墙内，涂上石灰，而无法认辨也不知多少。[redacted]必需及时抢救，我在这次普查工作中，对碑帖的调查，应该列为重点。

△△△有的记载反抗封建统治的，有的纪念[redacted]民族英雄的，有的[redacted]从记载中发现了农民革命的史料，在交通路口又往往发现[redacted]统治阶级剥削[redacted]和[redacted]私用的[redacted]记载，族正严禁叫骂欠碑，就是我们要查时发现的

2

随

二、古墓葬

[redacted]人类对尸体的安置方法，一般是用土埋。古代人类认为人死之后，还在另一世界活着，于是就把生前所需要的一切，在埋葬时，也放进墓里去，作为[redacted]葬品。商朝的大奴隶主死了，甚至把许多活的奴隶也埋在墓中，这就是"殉葬"，以此作为死后使用的奴隶。至于墓室自然也极尽奢华，有的墓壁上写着死者生平事迹的壁画，就是到了近代，厚葬之风，虽远不如前，但明清两代墓中金银珠宝，还[redacted]发现，至于穷苦人民的墓葬，当然谈不上这些。因此古墓葬的发掘，除了说明阶级对比以外，还可在较大的古墓葬中[redacted]

为这些文物，是随着死者埋入（发现文物）土中的，在考古上说来是最可靠的文物，没有人作伪。我们从这些文物上可以看出当时的生产、生活、文化、艺术，及以及当时的风俗习惯，都比书本上记（之类出土）的要现实得多，[redacted]是地下宝库，政府命令保护，不许乱掘，如果在基建工程（因此古墓葬）中发现古墓葬，要与当地文物机构取得联系，有计划，有技术地发掘，有规模较大的古墓葬，甚至还要上报中央，才好发掘。（避免损失）

另外对一些有名人物的墓葬，我们[redacted]列入保护单位予以

[redacted]

①文物工作，并不神秘

在座诸位，对文物工作，可能部分同志是一项陌生的工作，也许有人认为文物工作是一项神秘的学问，也就有些畏难情绪，其实并不怎样，兼平日没有接触，没有研究，自然感觉生疏，但说明了，也很平常，文物~~不是古~~古代的实用品，遗留下来变了文物

古时生产工具，玩具的生活工具，现在也是文物

②"文物"就是文化遗产的[redacted]实物

"苏州"谁都知道是个文化古城，苏州[redacted]古代的劳动人民，与全国各地的劳动人民一样，[redacted]勇敢而善于创造，因此留下不少"文物"，这些文物，大别可分成以下几类

（一）革命文物

根据[redacted]1950年政务院征集革命文物法令的规定：凡"以五四运动以来新民主主义革命为中心，远溯鸦片战争、太平天国、辛亥革命及同时期的其他革命运动史料"，都属于革命文物、革命文物的内容，包括遗迹、实物和文献三大类。遗迹是指革命斗争中的重要地址，例如当时的办公所在、领袖或先烈的住宅、[redacted]烈士被难的地点，坟墓等等。实物（根据地，苏司令的沙山）和文献，是指革命纪念物，包括旗帜、符号、武器、报纸、什志、小册子、布告、章程、档案、路条、[redacted]粮票、[redacted]当时的照片、货币、标语、宣传以及缴获的反面文物等都在其内。通过这些文物，我们[redacted]的子子孙孙，可以了（革命）解革命斗争的真实情况，[redacted]激发革命热情。太平天国时期的政治中心就是苏州，所以太平天国的文物也要注意。

（二）历史文物：

1、古文化遗址：就是古代人类居住生活遗留下来的地址，苏州地区，关于这类古文化遗址，就有好几处，例如虞山、金刘火散、太湖越城、光福虎山桥，都是属于新石器时，[redacted]。古文化（代的文化遗址）遗址，要列入第一等文物保护单位，任何机关不得任有使用，要永久保存。

文物保管小组如何展开工作

㈠ 文物工作并不神秘（是古代日常生活用品，并非另有一套文物），既不是玩古董，也不是老先生们的大权独揽

● 文物：就是文化遗产的实物。苏州是古老的文化城，苏州古代劳动人民，勇敢而善于创造，因此留下的文物遗产，特别丰富，各地专家，都重视苏州，因有些问题，在别处没有解决而苏州都为他们解决了。我们重视这些文物，就得发动群众，进行普查和保护。

㈡ 文物项目：

①革命文物

根据1950政务院征集革命文物法令的规定："凡以五四运动以来新民主主义革命为中心，远溯鸦片战争、太平天国、辛亥革命及同时期的其他革命运动史料"都属于革命文物。

革命文物的内容分为遗迹、实物、文献、三大类、"遗迹"：指革命斗争中的重要地址，例如当时的办公所、根据地（苏司令的冲山）领袖或先烈的住宅、烈士就义地、坟墓等等"实物和文献"是指革命纪念物。

所有形式。捍拨上绘的骑象图，纯为西域风尚。据宋乐府什录俳優条》云：『安国乐……蛇皮琵琶……其"捍拨"以象牙为之，画其国王骑象，极精妙也』可見这是一張属於安国式的琵琶。"拨"是指弹琵琶的工具。古代弹琵琶用"拨"，不用指爪。至唐貞观中裴洛兒始废拨用指，即所谓"搊琵琶"。又張籍宫词有：『黄金捍拨紫檀槽，弦索初張调更高』可見当时贵族豪华，甚至以黄金为"拨"。

（註二）此箱亦存正倉院，以黑柿木为箱，染以苏木，表面以金銀泥绘作山水，有群峯聳峙，皴法与保坚寺山石相同。

（註三）正倉院所藏八世纪绘画。

总之，这是全国重点保护的文物，是江南雕塑中的瑰宝，惜乎交通不便，参观困难，我久居苏州，迄今[redacted]亦祇两度瞻仰。最近一次是附乘苏州政协的[redacted]专轎前往，但仍限于时间，未观之[redacted]畅[redacted]。今后最好经定期开放，例如节日假期，[redacted]有专轮[redacted]衔接火車，直往直返，那末著名剧迹，不至晦而不显。此外另有几点建议，以供有关部门的参考：

㈠ 加强保护，应有专人负责，并订参观规则。

㈡ 严禁複製，我在参观时发现一个石膏翻模。(听说已不止一次)今后应加禁止，以免损坏原作。对临或对塑，当然不在此限。

㈢ 此屋原用筒瓦，今因漏雨，换用洋式红瓦，与古式[redacted]建築不统一，有损[redacted]风格，似应修正復原。

㈣ 屋内散置其他文物，可以另移他处，而屋内宜布置若干椅桌，以利[redacted]观众休息。

[redacted] 註解（四）

(註一)日本正倉院，並有聖武天王的遺物，亦有我国隋唐时代的工艺品。这一张琵琶亦唐代的工艺品。"枫"，是指琵琶的木质。"苏芳染"，是用苏木汁的一种染料。"捍撥"，是指琵琶上的"护弦"，[redacted]所谓捍护其撥。现代的琵琶已[redacted]不用"捍撥"，这是唐代的胡乐，所以还是証塑，我亦有同感。因此国务院公布的全国文物保护单位目录中，把甪直保圣寺的罗汉定为北宋文物，非常正确，以一定案，从此[redacted]纷纭可息[redacted]。

五、影壁 [redacted]

上面是谈塑，现在来谈一谈"影壁"。作为罗汉背景的"影壁"也是重要文物。我们不能祇知有塑，而不知有壁。因为这种"影壁"，据说也是杨惠之所发明的。在保圣寺大殿尚未坍塌以前，"影壁"还不止这些，现在是把残存的拼凑而成的。它的最大价值，就是具有唐代画风。大村西崖曾举"枫苏芳染螺鈿琵琶捍撥傍画騎象鼓樂图"（註一）"黑柿苏芳染金银泥绘箱"（註二）"鸟毛立女屏风"（註三）等唐画作证。我曾两相对照，确实相似。近人史岩同志的《东洋美术史》除了同意此说外，又多举了[redacted]无款的吴山行旅图为证。因为这些唐画的石法，都与保圣寺的"影壁"相同。而宋代以后出现的"披麻""雨点""斧劈"等皴法，这里是绝无相似之处。因此这些"影壁"，也许是唐物宋修，或者宋仿唐制，如认为是宋代新創，那末非但与宋画风尚不同，而且於皴法的发展，也不无抵触。所以它[redacted]的价值，恐还在罗汉之上。

[redacted]（三）几点建议

的一尊，作老僧入定之状，即俗传所谓梁武帝塑像。看去有骨肉，有生气，可能是面对着模特儿塑的。[redacted]，它的衣纹非常写实，[redacted]虽经修补，而质感[redacted]仍强，真是一尊"凡相"中的杰作。[redacted]但极降就的高古，时代当亦略后。其余几尊，虽略逊於上述之像，然亦各有特色，其一温颜端坐，双手按膝。其一俯首凝思，眉清目秀。其一貌甚瑰伟，举手欲语。真是尽妍极态，栩栩如生，都不失为写生的杰作，必出当时名手无疑。惜乎作者姓名，已没而不闻了。大村西崖（对此曾有[redacted]："相貌衣褶，較诸南宋罗汉画家西金居士[redacted]之作，实亦不分孰优孰劣[redacted]据我国佛教，宋时在南方颇之说，从而断为宋塑。盛。明州（今宁波）多佛画师，所作罗汉像，如同[redacted]画院，传为藝眠的支流。西金居士，名大受而不详其姓氏，当时为明州佛画师中的妙手[redacted]。[redacted]同时还有林庭珪、周季常、蔡山、赵璚、張思恭等人，亦以佛画出名。惜乎他们的作品，大都渡海东流，日人奉为至宝，而我[redacted]国画史，反不载其名。大村西崖以画证塑，[redacted]把保圣寺罗汉定为宋塑，不谓無見。又陈从周同志在文章上云："角直塑像，相传为唐杨惠之塑，以管见所及，证以山东長清县灵岩寺宋塑，重庆北温泉摩崖，几如同出一手，大约出於宋人之手……"这是以塑艺人的画师身份，师承，技艺，是[redacted]远接杨吴而一脉相传。因此[redacted]保圣寺罗汉，虽不知出於谁手，其[redacted]深受[redacted]惠之影响，则无异议。

四、宋塑之说[redacted]

[redacted]蒋金海同志又云：『罗汉[redacted]，本分"梵相"与"凡相"。"梵相"有一定的规格，是各师[redacted]授徒，[redacted]而作品大致彷佛。惟有"凡相"则以写实为主，艺人各呈神通而分[redacted]高低。』这里所谓"梵相"即书本上所谓的"胡貌梵相"，是指印度人面貌[redacted]而言。例如日本帝室[redacted]收藏的所谓贯休画的十六帧罗汉像，即属此类。另一种所谓"凡相"，是一种中国化的罗汉，[redacted]面貌[redacted]写实，与中国普通人相似，故称"凡相"。宋[redacted]画[redacted]罗汉，都属此类。例如为台湾劫去的李龙眠罗汉像，日本所藏传为李龙眠的罗汉[redacted]图轴，可以参考。

现存保圣寺的九尊罗汉，有梵相，也有凡相。[redacted]而且手法不同，决非一人所塑。其中向为人注意的是"仰"、"俯"的两尊。一尊仰的，俗称降龙，大额长眉、巨眼、隆鼻、阔口、肥耳，望而知为"梵相"。神态威而不猛，双目凝视有力。尤其值得注意的，为垂肩衣端的"卷云衣褶"，与其他九尊截然不同，即中国其他塑像和图像中亦未多见，无疑是现存保圣寺现存罗汉中最[redacted]早的一尊，也是[redacted]最有可能[redacted]为唐塑的一尊。那"俯"

(所以今日所)[redacted]存[redacted]，当为大中以后的[redacted]作品，与杨惠之可谓风马牛之不相及。

三、杨吴之师 [redacted]

进行调查研究，不妨先就地取材。我为了研究所谓"杨塑"曾向苏州的几位绘塑(老)艺人请教。据薛金海同志说："(从前)苏州的绘绘与泥塑，本是一行。[redacted]家有黑漆墙门，上挂"×××成佛处"招牌，而不设店面。从业成员，人称画师，学徒对老师也不叫师父而称"先生"。有时出外营生，则提一考篮，中贮应用工具。若有熟[redacted](悉的)主顾，送上门去。寺庙(的"主持")[redacted]，也以师礼待之。供奉之殷，远较一般工匠为优。[redacted]我国的"绘""塑"[redacted]本[redacted](为)一家，張彦远《历代名画记》中[redacted]傑出的"画家""塑手"，多数来自民间，吴道子何尝不是(劳动人民)[redacted]出身，所以这种"画师"身份，可谓由来已久。(同时)他又为我[redacted]念了一首"开光笔赞"，虽属迷信，却有资料可寻。全赞共126字，其中有一段：（据口述翻译，可能有出入）

"此笔非为笔，来自殿前王母宝香之笔……第二枝笔，杨吴之師，之师付我老师，老师付我徒弟，弟子今日拿在手中，大要装金画佛，小要描[redacted]就画虎。画山山更青，画鬼鬼更灭……"

赞中所谓杨吴，当指杨惠之吴道子而言。由以可見苏(州绘塑)[redacted]

其后又经宋大中祥符六年（1013）、熙宁六年（1073）、元统二年（1335）……等重修。如果根据甲说，认为始建于梁天监二年，那末当时杨惠之还未出世。如根据乙说，所谓唐大中间，虽不明指何年，但大中先后共十二年，即公元847—859，[redacted]而这一段时间内杨惠之恐已早离人世。杨惠之的生卒年月，虽已无考，但他与吴道子既并称杨吴，[redacted]则在开元间决非童孩。就称他是个开元间的神童，至少也在廿岁左右，那末即以开元末年（741）称起，到大中元年（847），又[redacted]隔了106年，那时的杨惠之，至少也要一百二十多岁，试问能有几人这样长寿，[redacted]此也"杨塑"[redacted]不可靠的又一证据。也许有人要问，此寺院始建于梁，初建之时，杨惠之还没有出生，当然不会[redacted]参加工作，但建成以后，到了唐开元天宝间，安知没有增添"杨塑"？此[redacted]亦言之有理。但）

唐武宗会昌四年（845）曾诏[redacted]毁佛寺四万余所，世称会昌灭法。其后二年，即宣宗大中元年（847）又敕复废寺。这样一翻一覆，佛教艺术，受损严重。苏州当不例外，因此志乘所载，城乡的古代寺庙，往往建于天监、大中。前者因梁武帝的佞佛，后者由于会昌灭法后的复法，保圣寺即为一例。因此寺内[redacted]"杨塑"，岂亦难逃会昌之厄。[redacted]即使果有南方[redacted]乾隆（等常）（作塑）气候[redacted]，容易风化，因此不能保存。现[redacted]传说中的"杨塑"虽很多，然信而有征的，至今还没发现。即如甪直"杨塑"虽名望甚大，其实并不可靠，如细加分析，可谓漏洞百出，[redacted]今就管见所及和亡友黄颂尧先生前提供的一些资料，试掌述如下。

一、文献不足征

现存的苏州地方志，以北宋朱长文（1041—1100）的《吴郡图经续记》为最古，其次是南宋范成大（1126—1193）的《吴郡志》，再次则有卢熊的《苏州府志》，王鏊的《姑苏志》……等。在这些志乘中，都没有关于甪直"杨塑"的记载。[redacted]明嘉靖四十三[redacted]年，归有光[redacted]曾至甪直[redacted]访古，著有《保圣寺安隐堂记》，[redacted]有『将行寺中寻古碑刻，殆无存者』之说，但[redacted]亦不提"杨塑"。直至康熙陈维中的《甫里志》，才开始有"杨塑"之说，[redacted]康熙去唐已远，岂有康熙以前之人不知，而以后之人反言之凿凿？所以说[redacted]文献之不足征也。足见此说並无根据。

二、时代的矛盾

关于保圣寺的始建[redacted]年月，根据志乘所载不外[redacted]下列两[redacted]说：

甲、梁天监二年（503）[redacted]

乙、唐大中间（847—859）

文物的群众，[redacted]主动地[redacted]就保圣寺原址重建殿宇，把残存的"罗汉与影[redacted]塑"，一起搬入陈列，并请专家作适当的修正，总算告一段落。谁知[redacted]它们的厄运还没结束，19 年日本帝国主义大举侵华，苏州沦陷，敌军一到甪直，就有意识的在保圣寺养起马来，陈列在下面的几尊罗汉，又遭到挖眼穿鼻等酷刑，弄得惨不忍睹。而罗汉腹内经卷，亦于此时被盗（见江苏文献第七八期合刊）。

1949年红军渡江南下，四月二十九日苏州解放，万民称庆，而这群饱经沧桑的罗汉，才欣幸地结束了它们的不幸遭遇，[redacted]而得到党政当局的关怀，已先后列[redacted]为县、市、省级的文物保护单位。1961年 月 日，国务院又公布列入全国重点文物保护单位。从此这一项祖国文化遗产，有了保障，可以传诸子孙万代而不朽了。

(二)"杨塑"之谜

[redacted]唐代杨惠之吴道子两人，据说本来同道学画，都是私[redacted]淑张僧繇的。但惠之画艺较差，自知难与道子抗衡，于是专门学塑。[redacted]但也不甘落后，[redacted]他不懈地学习钻研，终于成为我国历史上第一[redacted]塑手而与道子并称"杨吴"。当时有"道子画，惠之塑，夺得僧繇神笔路"之说，洵非偶然。关于他们的作品，屡见记载。但时代过远，[redacted]不免损毁，尤其是

甪直"杨塑"之谜

顾公硕

（一）不幸的遭遇

甪直镇，在苏州昆山之间。镇上有所保圣寺，寺中有几尊很出名泥塑罗汉，相传是唐代杨惠之的作品。但由于镇小，[redacted]交通又不[redacted]便，因此一向就少人注意。自从1918年有顾陈两位同志偶去游览，眼看着这几尊罗汉的破坏情况，归来后就撰文宣扬，呼吁抢救。但当时[redacted]的反映，很为冷淡。谁想在日本却引起了大村西崖的重视，就在1926年远涉重洋，来到我国作实地调查，得到当地人士的同意，饱看了五个足天，带去的摄影师，又拍了廿多张照片，真是随心所欲，满载而归。他回国不久，就写了本《塑壁残影》，对甪直罗汉作了详尽的介绍。听说此书[redacted]很受欢迎，曾一版再版地发行。而回顾我们的保圣寺却就在那时一而再的坍塌下来。先是大殿塌了，后来居中的"本尊""阿难""迦叶"也毁了。九尊幸免于难的罗汉，大约还是靠了"唐塑[redacted]头衔"的关系，才经[redacted]人抢搬进了附近的学校。[redacted]从此"保圣寺"是名存实亡了。大村西崖的"塑壁残影"中曾恍乎言之，说什么"再越数年，恐除此影片以外，将无复若何形状可观矣"[redacted]虽是恶意讽刺，然而几乎不幸而言中。后来我国爱好

15

檀龛宝相——秋本写

洛山矶纳尔森博物馆藏的唐代的檀龛宝相，不同日本高野山藏的那座"秋本写而带些土耳其成分居多

秋本写本是为旅行和商用的，构造简单实用，但并不是没有趣味，而是重点鲜明，也没有空洞的装饰。底面可以取下来，两翼的兽头装饰和底盘与中央部分，都不联在一起，可以拆散。佛像表情各个不同，雕刻者运思甚巧。左首佛像有冷静肃穆另一方高贵的人，有表露……

以上语堂一先生据捷克出版的中国艺术品图录说明书口译

中行也。又于葡桃殻上鏤出草橋驚夢一段，居宇人物精绝无论。间以疎柳芦荻柴门卧犬，悠然夜景，亦思路之最妙者。又有用橄榄核上雕碧云天一段，描写出园夫[redacted]持鞭便登鞍，崔张两人作徘徊顾盼之態，奇幻出於意表矣。其景即車兒投东、馬兒向西两句也。又用文犀雕百花篮为酒杯，种种花草具備，纖微尤極。又橄榄核上鏤出贡宝波斯四人，窭鼻挟髮，襪子裲襠，形神无不畢肖焉。然刻之妙，能于灯月下成之，皆若自然巧夺造化。二子之技今古罕焉

见钱泳言履园第十六

鬆樯桅无不历历分明。

又曾见一橄榄花篮是小章所造也、形制精工、丝缕若析其盖可开合、上有提当孔之中穿绦与真者无异

又见小顾圆一胡桃壳之色摩刷作橘皮文、光泽可鉴、揭开中间有象牙壁门双扇、绕壁之则红勾栏内安紫檀床一张罗帐小开男女秘戏其中眉目毕现形体毕露宛如人间横陈之状施关发机皆能摇动如生、虽古棘刺沐猴无以过此巧岂物之妖者乎

沈生又取桃核作竞渡龙舟、爪牙鱼鬣鬐状欲飞举龙口衔夜光珠一人执小旗立于龙首一人挥大刀立于龙尾、两旁据舱而坐者各四人、细桨轻撑、运动如驶其舟像冰

吴中雕工

吴中雕工凡数十家，余所见者有陸子語，一名小賀；今有顧師雲之子小顧，名未详。沈其材子宗彝，字子序，两人并有巧思，皆名工也。其所刻檀梨乌木象齿犀角，以为匜盂簋缶诸器，备极精巧，有得心应手之妙矣，此不足奇也。尝见沈生刻桃核作小舫子，大可二寸许，篷樯舵橹纤索莫不毕具。一人岸帻卸衣，盘礴于船头，衔杯自若；一人脱帽袒卧船头，横笛而吹。其旁有覆笠一人，蹲于船尾，相对风炉扇火温酒，作收舵不行状。船中壶觞钉案，左右皆格子窗眼，玲珑相通。窗楣两边有春帖子曰一联，是：好风能自至、明月不须期十字。其人物之细眉

怎样搜集工艺美术的资料

书本上的记载太少，艺人的传记更少，帝皇宰相子孙都有记载而艺人能有几个幸运儿，不比现代艺人，都搞了头。

① 书本上偶然提及，不能马上信以为真，要冷静地分析一下，更不许误解"雕虫小技"的意思，有些地方太夸张，事实上不可能，一粒芝麻刻一篇滕王阁序，也许可能，但据说是在袖子管中刻的，也许有，我都勿信，因为我们都这样的在竹骨上刻不过，骗人是用扩大镜放大刻的。（放大刻不足为奇，奇在可以放大了看。）这就是所谓尽信书，不如无书。但由于资料少，一鳞半爪还是要搜集，积少成多，互相印证，可能会决一些问题。

② 实物是最可靠的资料：事实上也太少，过往不注意，假的更当宝贝，民间真艺术，看不起，外国人注意，反而搜集了不少去，尤其是日本人，有研究，但美国人也不少，新近北京来人说，也在德国博物馆中就看见桃花坞，向来在伦敦图书馆中找发现苏州桃花坞木刻，和东方的……

刻石人　　或曰镌、刊、镌人、镌文　刊石人　刻石人

邯郸公修　岳　汉西华山碑
　　颍川

程彦思　汉中新修堰记

安永年　宋绍圣安陵重修县学记

刘　深　崇宁三年五台山静应庙记

梁清闰
　　唐广明二年记上谷郡陇西公幢
刘居泰

丁处约　唐宁思道墓塔铭

张　镛　金明月山大明禅院记

李崇绚　王屋山刘若水碑铭

武□仁　魏石门铭题石师河南郡□阳县武□仁凿字

杜隆义　南诏关公塔铭题金司杜隆义刻字

张　道　唐大历二年重刻扶风夫子庙记　题张道刻丹

僖应璲　宋嘉祐二年龙川白云岩陈偁题名题僖应璲
　　　　开石刻丹

杜养子　宋爨龙颜碑后书近碑存主簿道州杜养子
　　　　近即匠字。此亦刻匠而倒其文。曰道碑义未详

曹征新　元大德甲辰嘉兴路儒人免役碑后题嘉禾曹征
　　　　新样夫样木工也刻石称样恐失其义矣

④ ~~工匠皆来自民间~~ 番匠制度

~~凡系官匠户之地位皆世袭~~

历史上的匠役制度，即轮流应差，集工艺匠，世袭，子孙不许脱籍，这些工匠皆来自民间。~~苏州既为历代帝王榨取的主要地方，手工~~匠户、~~特多~~、番匠

唐番匠——无偿劳动——宋代 轮差（亦称差行）

唐明资匠——偏佣——宋代 雇匠。

元代对汉人是残酷统治，但对生产工人稍为~~优待~~客气，所谓"系官匠户"是也。明代匠户地位较低，不准应考。

苏州既为榨取主要对象匠户一定很多，有的就地应差，有的还要到皇城应差，所谓"天下良工，群集京师"起交流作用，这是有利的一面，也有促进作用。~~元代刑法~~ 元之好尚停于精致领回向古，但保守 ⑤中对于膝灯——

⑤ 地主官僚的富商的享受 居室之美，造成奢侈风气

⑥ 工人不得北，苏州人一般向无以，苏州的厂商多籍苏北，广东如今从北至上海到苏州，就有反帮了手业向踱街头之人 宜乎做轻手工业。

因此 苏州不是消费城市

工艺美术发达不能为了地主官僚。

我在一次德国工艺品中展览会中找有中国代的青花瓷器

苏州工艺品不少，地位不低，但实物留存不多。

③ 传说：

民间传说，有时可信，有时不可信。他的价值有时在文字之上，也有不及的地方。

是贵重的资料 但也

"苏州青阳地设立租界后日本才有丝织业" 见新苏州报。

"苏州出太平天国之后……那时海运初开" 见工艺美术资料。

以上所述是根据历史资料，研究现代的工艺美术，那有实物可见问题不大，~~而且分为~~而且要注意怎样发展，但研究发展，脱离不了传统。

苏州工艺美术发达的原因何在？

这是个重要问题，凭我的水平，恐不能解决，现根据个人看法，试为叙述

① 历史上经济中心南迁、苏州地理条件好 蚕丝之利…… 适于发展为纺织中心 鱼米之乡

①

东晋南朝时代，南中国的经济获得了进一步的开发与发展。

~~长江流域向来人口稀少，经济文化落后。~~西晋末年西北各族进入内地，中原和关陇的人民与士族大量南迁，造成了南中国人口激增的现象（参阅中史第91页）

…… 十万夫家供课税 五千子弟守封疆。

白居易诗—— ~~十万夫家供课税~~ 处处楼前飘管吹 家家门外泊舟航

唐代：唐诗中描写当时虎邱一带的胜景，以阊门为中心，作为繁华的胜地，吸收了不少的游人。

唐末苏州归吴越钱镠的统治 尚安繁荣。

② 苏州向为南北货物转运集散之区，米市位为全国之首、对外有航运，商品经济发达，促进工艺美术的发展

③ 帝王家的提倡，从丝织品到其他 设造工坊 宫师

北宋统治者 苏杭造作局 每日服役局内的诸色匠人为数几千、 元明清都有类此机构。

造琴

明 高 騰

朱 致 遠

惠 桐 岡

祝 公 望

祝 海 鶴　　蕉叶琴 [illegible]

唐

雷

張

越

樊

路

宋 范連州　[illegible] 百衲琴　[illegible]

琴記

琴

唐

郭亮　冰清琴

諸國 修冰清琴　[illegible]

衛中正　道士 大历 斷瓊響琴　清秘藏

李希先　修瓊響琴 [illegible]

唐 三慧

沈鐐　寒玉琴

雷威　奔雷　百衲

李勉　響泉

金儒　大中進士

孫枝

雷迅士

苏州漆器

乾隆前后(十八世纪)北京、苏州、广州、福州、等漆器、向欧洲输出。

中国漆器历史很古、其种类也不少。明初与日本交通贸易甚畅达、自日本传入漆技、倭漆身价甚高、始有到日方民、传其技、天顺间(1457—1464)苏州杨埙擅倭漆、有杨倭漆之称、草花游蝶尤工。(至日本 世界20—文88插图206)据其所大约说是他的遗作。

日本美全120

苏州的民间画家

b 金鹤泉　香山木工　嘉庆
b 胡　桂　梨园子弟
b 周　躦
b 钦　氏　父子作伪
b 沈　氏　双生子作伪
b 吴廷立　作
b 郑老会　伪　履园丛话
b 张　環　蟠桃会　梅花草堂

b 明 钱贡　仿文唐
b 沈完　学仇英
b 朱生
b 周官

术品合併陈列，長期开放，以供众览，给[redacted]全市人民以有益的启示，使从業人员[redacted]有观摩的机会。（同时在新旧对比下，也可鼓舞今后努力的方向）但筹備匆促，内容还[redacted]不够充实，遗漏和缺点，必然很多，[redacted]诸广大观众，大力支援和不吝[redacted]指教，使本馆有所改善，无任感荷。

苏州博物馆筹備处[redacted]启

苏州市工艺美术陈列室计划（草案）

前言

苏州的工艺美术，是有悠久的历史和优良的传统。花色品种之多，几乎应有尽有[redacted]，这是自古劳动人民的智慧结晶。[redacted]它不仅美化[redacted]了人民的生活，也提高了[redacted]苏州的经济地位。但由于过去[redacted]反动统治的长期摧残和迫害，使工艺美术的发展，受着严重的阻碍。很多艺人，怀才不遇，吃不饱、穿不暖，结果人亡艺绝。苏州有不少工艺美术品，就这样地失传了[redacted]。解放后，由于党的领导的重视和扶植，把残存的苏州民间艺人组织起来，把久已不生产的工艺美术品恢复起来，同时又动员[redacted]文艺界[redacted]的青年[redacted]成员向民间艺人学习，用[redacted]先进带落后，师傅带徒弟的方法，互助合作，从原有基础，逐步提高，使苏州工艺美术在短短十年内[redacted]呈现着史无前例的繁荣景象。现在产品的种类，日新月异，[redacted]质量精益求精，成为苏州主要出口贸易之一，不但载誉国外而且换回[redacted]大量外汇，间接支援了国家建设，不是在[redacted]党的英明领导[redacted]决不会有今日的成果。

本馆为了介绍本市工艺美术的沿革过程和解放后的辉煌成就，特[redacted]辟专室，[redacted]，将市文管会所存旧的工艺美术和本市[redacted]工艺美术各系统下的新的工艺美以艺人姓名~~的问题~~为例，就够了。

工艺美术不比字画、金石，它本身没有~~也很少~~附有
姓名是刻不加以
文字，~~关系~~艺人的姓名，那就无从考证，再加上工艺品
的保存和收藏，往往可~~毁于天~~风化、竹木虫蛀受朽
霉变、蚀，因而有

民间艺人 无可奈何，将作大匠……
才占了天下良工，他们的命运
前人著录艺人姓名比与……了什么系、印人传，还
士大夫着眼
后队"~~文~~人雅士"的范围，能有几位民间艺人挤上大
所谓
雅之门，而"荣登"地榜上有名呢，除非你有
或者 他 头衔
意攀附，才给你个"列身士林"的机会，收播项目以义
行著录，~~能这样~~不是为劳动人民说话，
但
（直接的说，倒像跪着写字的故事查出文句）

×××同志，有志于为艺人写列传记，替了缺乏
化了×年功夫
材料（《××××》）一点，去能与原来的想有距离，但
以一个人力量，又利用的业余时间。

最初是辑编的工作，能为前人没有做过、
（所材料~~出处~~方面） 最初还存在一定的缺点。

但以照
但限于个人业余力量，另条件的限制，也还能苛求、

我们不讳言，我们的工艺，精制还没有走上时代历史上的中国这种与我与生活需要还有脱节。把再之我但我们的手工艺一向是已经一向是现在还是手工艺（人多手多）（我们的手工艺）特别发达

北京 美术人类自从有了文化以后，物质生活的提高不断地提高，更丰富更完全，自然进一步要求生活美化，这是众所周知的事实，不用多说。（手工艺工艺美术的起源与发展）

我们的祖先既然创造了这样丰富的工艺品，却没有一部完整地工艺美术史料。远的不必说，就是近百年来的人事先说的情形，也模糊不清，连同前面出名的艺人，他们的姓名有几位被记录，有几位能把自己的姓名留在作品上面，我认为这是遗憾，事实说明不能理想地不去做，而是做得也不够多。

关于这方面的著作已经不是没有，而是极少，他们又说回来，太少，详，著作的人又不够认真，喜欢抄袭拼凑，片段资料往往多少互见，而且写错又往往将错就错，把张三依到李四，把前朝改为后代，其是无从知晓，关于这方面的问题为出，一时也不容易搞清楚，别的不谈，所

著者说 希望批评指引录。意见有　　　　出说。这些
都是说的老实话，不是一般的敷衍门面话，同学们有
同感！

万年少来了们

缺点：仅摘载了一些前人之书
没有注意到表像中去 搜集于各家笔
记中的资料，特别要注意其他的旧材料，就
说是第一手材料（注意）
方志没有史，各学校教案，都有记载资
料作者限于时间没有注意到而未做
发动群众，大家动手，就来了。
对士大夫阶级没有批评而也批评
根据个人主观而对翻译，而语气好像自
都失好。
改用白话，而文言词藻太多，翻译文来白
不能通俗

杨俊夫梦甸项笔记

七代表稿 戴谨编名画（纸线）

其後忽有少年能於衣袖中翦字及花朵之类，更精於二人，於是独擅一时。诚斋集：翦字吴道人。翦李义山往年别远公诗用青纸翦字作米元章体逼真。

东坡作石 全墙脱而龛之

游林玉露：东坡谪儋耳，道经南安，於一寺壁间作丛竹醜石甚奇。韩平原当国，劄下本军取之，守臣以纸糊壁，全墙脱而龛之，以献平原，置之阅古堂中。既败，籍其家，没入秘书省著作之庭。

此宋时移壁画之法

莽将

驱蝗会学老农嗟，穲稏风香稻试花。赛社不须向祠莽将，满塍斜水聒鸣蛙。

晞发集：朝廷禁捕蛙，以其能食蝗也。居易録：南宋刘漫塘宰为蝗神，刘金坛人，有专祠祀之，刘蝗不为灾，俗呼莽将 ——南宋杂事诗卷七——

苏州农村於桥头建小屋祀猛将，即莽将之转称欤。

黄果戏

花街贵宅弄春幡，小家装成风景繁。一十三层黄果戏，娇民争入杏花园。

霞外集：娇民，技艺也。天生鬥巧争奇事事能，稚子土宜偏剧戏，浪说黄果十三层。宋稗类钞：湧金门外有杏花园，时人所耍黄土戏，捏为人形。

——南宋杂事诗卷六——

蟹批

随隐漫录：姑苏守臣进蟹，忽制程奎草批答云：新酒菊天，维其时矣。上曰：第酒店酒旗语，岂五言耶。令陈藏一拟，闻先臣援笔立成，略曰：内则黄中通理，外则戈甲森然，此卿出将入相之象也。上乃悦。

不肯红

老学庵笔记：绍兴末缣帛有一等似皁而淡者，谓之不肯红，亦退红之类也。

剪花样

志雅堂杂抄：向旧都天街有剪诸色花样者，极精妙，随所欲而成。又中瓦有俞敬之者，每剪诸家书字，皆专门。

① 玉与玉之别

② ~~玉的什么是玉的~~什么是玉（关于玉）

玉，我国~~视对玉视为宝贵的东西~~分玉为两大类，一种是水产，外国人叫它软玉（Nephrite），就是现在叶尔羌玉河所产的所谓水料的子儿玉。它所含有铁质，由于其含量的多寡不等，因而颜色也深浅不同，有的是灰绿色，有的是海水绿色，又有一种不含铁质的纯白玉，这就是所谓羊脂白玉，那是我们（向来）认为玉中~~最高贵的一种~~的贵之品。另一种产自山中开採的所谓山料的宝盖玉、新山玉，这是硬玉，Jadeite（Jadeite），它的硬度比软玉硬（翡翠也是硬玉的一种）。硬玉的色泽较软玉更为光泽鲜艳，内行一看就是，其体质亦较软玉更为透明，若已成为结品，俗此为硬玉的特征。

~~我国的玉来自新疆和阗、莎车境内的山中或者河中~~。

③ 玉的器~~的历史~~的演变。

~~把玉琢成器~~，最初的玉器与石器是"玉石不分"的，就是后来某些礼器的~~一些~~形像，基本上与石斧石刀石镰都是相同的，因此考古家们认为最初的玉器是属于生产工具和武器，到了商代用玉已逐渐脱离实用，而是一种珍贵之品了。在贵族们的墓葬中发现的那种玉斧、玉刀、玉剑，它的形制很小而且装饰精细，分明不是实用的东西，有的玉刀（玉矛）用铜柄，~~也有铜武器~~这种武器已不能用于疆场，或为当时仪仗所用之物。其次又发现过不少的小件巧玲珑的玉件，如玉鸟、玉蝉、玉虎、玉兔、玉鱼等形象生动的~~佩玉~~玉件。

但（自从）1950年武官村出土了殷商石器（石磬）而刻饕餮纹，线条圆浑刚劲，此说也不正确。

关于殷末周初玉器的花纹，多用直线（李有才），还没有曲线发现，大约还受技术的限制，到春秋战国时期，玉器完全脱离了石器时代的痕迹而全归于佩玩。

这时期的~~玉器~~佩玉，不但有组合排列，而且也有形相色泽的对称，也有用金线串连成为一组完备的佩玉，例如河南省金村出土的用黄金连续串连的一首饰，它是用透雕的人物、龙纹等小件玉饰件用黄金线串联的一组完备的首饰，左下垂的三块龙纹佩玉上

④ 玉的衰退时期（器）

⑤ 今数前的苏州的玉器 已有谷纹、蒲纹，说明琢玉技术已到完整的程度——透雕 华盛顿夫利亚美

丝鞋

丝鞵供御唤莊生，雪藕抽鍼莹縷成，一尺绣茵塵不動，退朝鸾步寂无声。

老学庵笔记：禁中旧有丝鞋局，专挑供御丝鞋，不知其数，尝见蜀将吴珙被赐数百緉，皆经奉御者，寿皇即位，惟临朝服丝鞋，退即以罗鞋易之，遂废此局。……按莊生盖当时供奉者

——南宋杂事诗卷一 第五页——

毕骨董

得遇天家毕骨董，虔将萱架供郊園，金龟已苦多尸氣，彝鼎输他列玘軒

三朝北盟会编：毕良史字少董，以买卖古器书画趋行在，思陵方搜访古玩，恨未有辨其真伪者，得良史，甚悦，月给俸二百千，而食客满门，时号贫孟尝，后权知东明县，搜求古器书画，復载以達行在。人又号之毕骨董。癸辛杂志：景定中向若水墨为贼所劫，其根上为一楅，先贼平日所爱传书名画，时董正翁得其兰亭一卷，正定武刻也，后有名士跋语甚多，其精神炯炯透出纸背，外正翁极珍之，然尸气所侵，其臭殆不可近，或教以檀香能去尸气，遂作檀香函贮之，然付之庸工装潢，致为裁損，所谓金龟八字云　研北杂志：毕少董命所

长明寺看书画

梦粱录：仲春十五日为花朝节，崇新门外长明寺建佛涅槃胜会，罗列幡幢种种香花异果供养，挂名贤书画，设珍异玩具，观者纷集，竟日不绝。

此为宋寺庙已有文物陈列之证

盆花

梦粱录：钱塘门外东西马塍诸园皆植怪松异桧，奇花巧果，多为龙蟠凤舞之状，每日市于都城

绣褶

金陀粹编：先臣刺绣为袍，有擐出中兴功臣。

屋角印葫芦

清河书画舫：贾师宪所藏书画，皆有古玉一字印，相传是封字，又谓之屋角封，乃长字也，印大，仅及二寸，其篆法用李叔阳冰笔意，盘屈成文，前无此体，李光庵时所作。又有悦生堂葫芦印，悦生，贾堂名也。

宋京金门神

枫窗小牍：靖康已前汴中门神多番样，戴虎头盔，而王公之门至以浑金饰之，识者谓：虎头男金饰便是金人在门也

王秩宜借銀券

立票人王履吉央文壽承作中借到袁与之白銀五十兩，按月起利二分，期至十二月一日併納還，不致有負，恐後無憑，故此為證。嘉靖七年四月日立票人王履吉押　作中人文壽承押

此帖為吳中馬上舍紹基所藏，乞錢宮詹竹汀詩，詩載潛研堂詩集卷十（詩待錄）

同里戈裕良世居东郭以种树累石为业近为余营西圃泉石饶有奇趣暇日出素笺索书因题三绝句赠之

奇石胸中百万堆时时出手见心裁错疑未判鸿濛日五岳经君信置来

知道袁迁欲掩关为营泉石养清闲一峰出水离奇甚此是仙人劫外山

三百年来两轶群山灵都复畏施斤张南垣与戈东郭移尽天空片片云

——洪北江集更生斋诗卷七——

洪北江於嘉庆五年自伊犁谪所释归回籍。旋八年在里於宅西营西圃有记并诗具载集中德國從前係向德商禮和洋行定購現在有些困難目下上海方面尚有幾所出品他們正在設法購進，"尖嫩月黃"（即藤黃）產于暹羅現在缺貨暫以"鉻黃"代替（它的缺點需用膠）"藤黃"則不需用膠，"胭脂"尚夠用兩年目前沒有困難

（二）質地粗糙色彩易退原因：

1. 該店出品顏料的等級如下：（可參閱該店一覽表）

甲.「頂上」和「上」——都為國產原料價格較貴，不退色．

乙.「天」——中國顏料與西洋顏料各半價格較便宜，退色．

丙.「頭」「二」「三」——西洋原料價格最便宜，質劣，退色．

如「輕膏花青」「胭脂膏」「天字胭脂膏」等係植物質較易退色（礦物質則不易退色）

2. 現在多數畫家貪價格便宜不買好顏料他們認為一般地普通畫不需用好顏料．另方面以前畫家着色較厚有的要畫幾遍而且顏料中膠質重故不容易退色現在有些畫家則與此相反他們繪畫時着色份量稀薄替成膠質輕故容易退色

姜思序堂"美術顏料問題"瞭解经過情况

姜思序堂開設迄今已有几百年歷史現該店由資方薛庚耀经营（他已经营卅年）目前該店有職工三人會計一人資方一人。營業最發達時期共有職工十八人有的在抗战時期因戰事回家有的是臨時工其中有老年工人二人因病故世）它们的產品行銷全國各地（北京、天津、河北、濟南、山東、青島、山西、安徽、河南開封、廣東、廣西、浙江、湖南、湖北、東北各省、四川、上海、江蘇、以及邊遠地區和香港）。

(一)營業情况：

1. 業務方面：該店在抗戰前营业比較發達营业最好的時候是在距今廿年之前。介放後的兩年中中國畫創作活動較少，故营业情况曾一度欠佳從一九五三年起因北京榮寶齋（國营）及香港等地紛紛向他们購買故营业情况逐漸好轉去年該店全年的营业額为玖仟壹百拾叁萬元，（净利弍仟餘萬元）今年比去年更好（去年一月至七月計四千壹百萬元今年一月至七月計陸仟五百萬元）若以解放後的兩年营业欠佳的時期相較約相差一倍以上但較之以前营业最好時期現在仍然不如往昔至于該店目前情况尚能維持並無多大困難現該店產銷平衡。

2. 原料問題："金""銀"先由金箔店接洽再由金箔店獲得金監審准許後買進"青"（較"綠"不易買到）"綠"現在陸續向存户收進"青"缺貨較難買到推該二種原料收來不至發生困難（因為它是國產"青"產于西藏"綠"產于雲南）洋红係意

增補

四神：青龍、朱雀、白虎、玄武，為四方、四象，及陰陽、金水之精瑞動物

象征

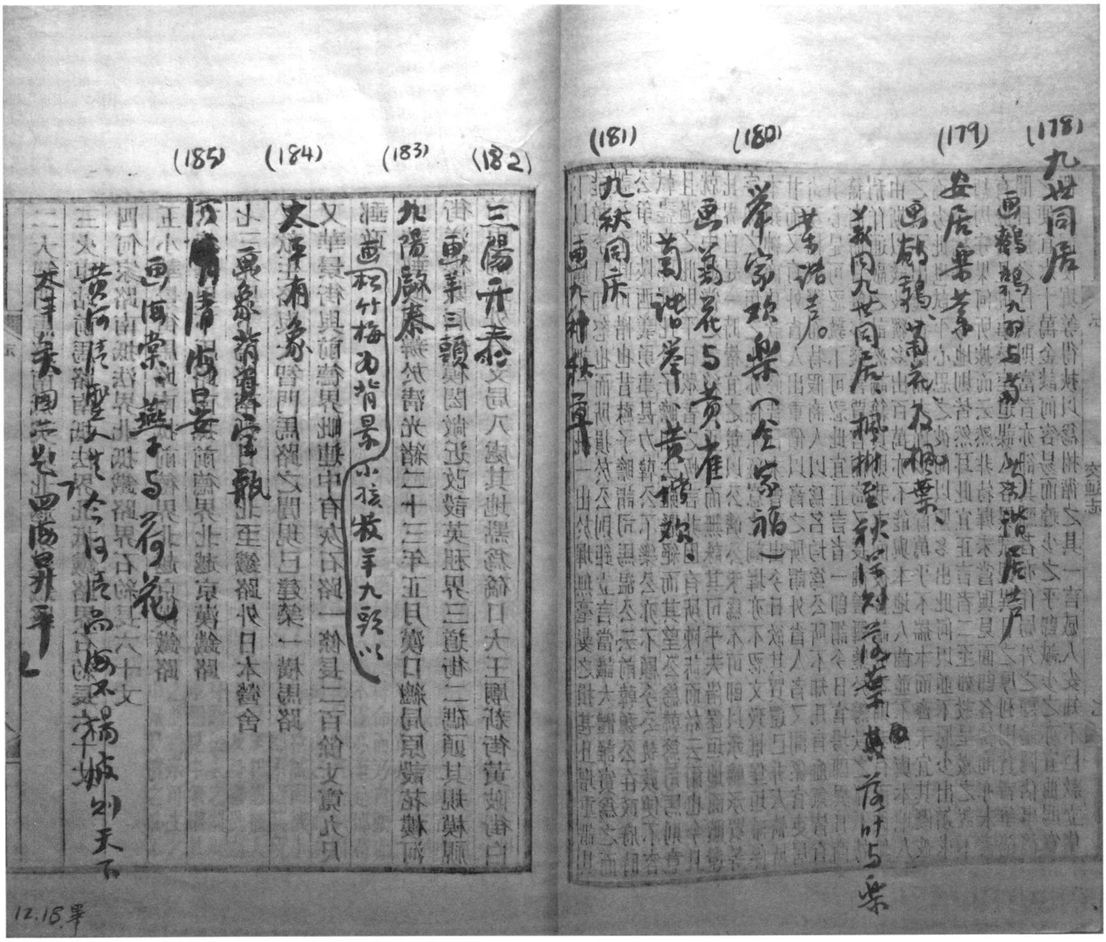

(178)
九世同居
(179)
安居乐业
(180)
举家欢乐（全家福）
画菊花与黄雀
(181)
九秋同庆
(182)
三阳开泰
画羊三头
(183)
九阳启泰
画松竹梅为背景，小孩牧羊九头
(184)
太平有象
画象背着宝瓶
(185)
海晏河清
画海棠、燕子与荷花
12.18毕

(174)

天中集瑞（且天中瑞结黄金果）

画一蜘蛛自网中悬垂而下，其中画枇杷、蒜、樱桃、及菖蒲

谓蛛与蒲、枇杷、天、蒜、樱桃……有满树皆金之喻

俗称……

漢口電話局

漢口之有電話，始於清光緒二十六年，由商……

民國仍舊，歷年以來均租民房辦公

光緒十一年初所設招商局內由官督

(175)

百事大吉

画百合、柿（或柏树）、橘，称为大吉

蒜除百毒

(176)

杭俗，元日签柏枝柿饼以大橘承之，谓之百事大吉

画柿与大橘亦称事事大吉，皆元旦吉祥画也

大吉

蟋蟀之顺

画蝙蝠名

江浙元旦吃大橘……称……利，亦称进元宝

(177)

室上大吉

画大鸡立于石上

因鸡之音，与吉同音，……今都门……以插首，中州画以……

县堂，中出……立于石上，元日张之，……北地……

吉为难，俗云室上大吉一字兼……

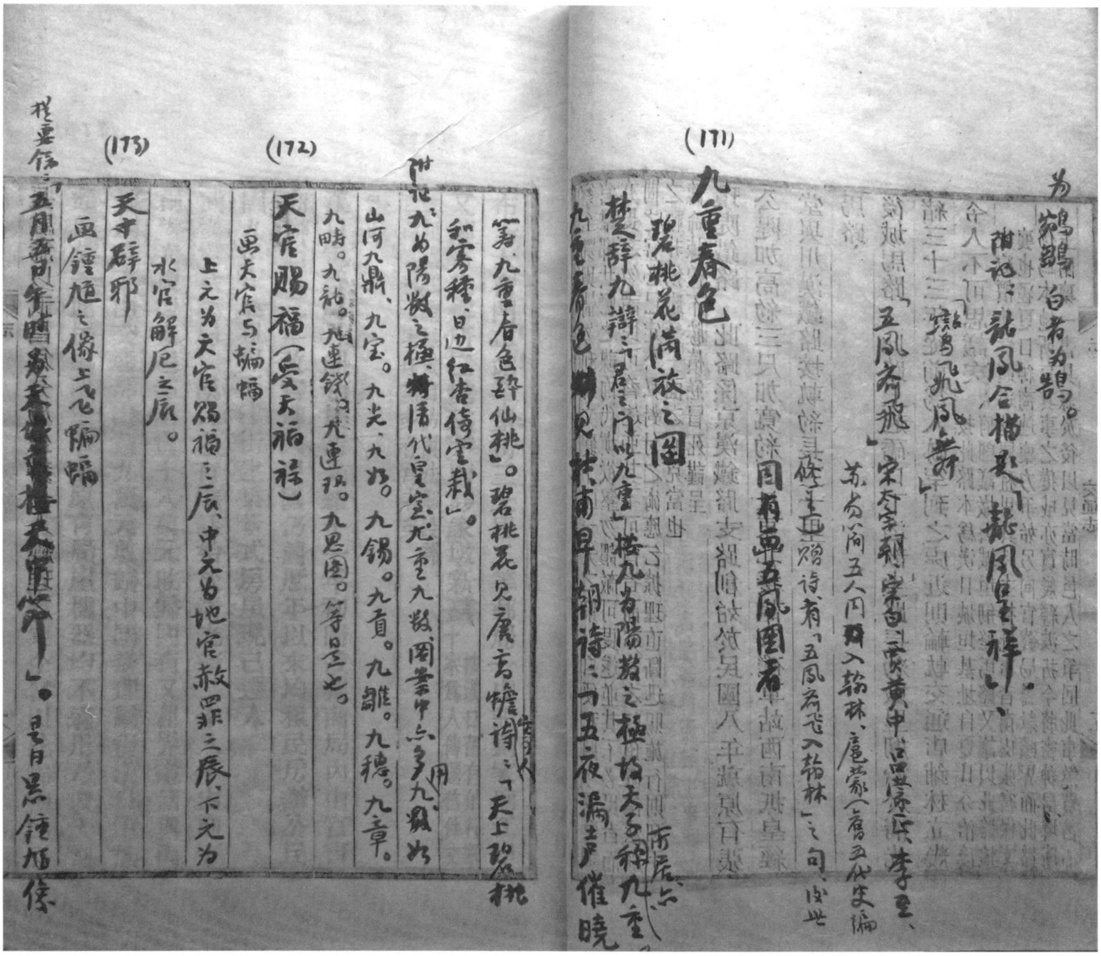
为鹤鹊白者为鹊。
附记：龙凤合描是「龙凤呈祥」、「鸾飞凤舞」、「五凤齐飞」。宋李宗谔、宋白、贾黄中、吕蒙正、李至、苏易简五人同时入翰林，扈蒙（着五代史编）赠诗有「五凤齐飞入翰林」之句，后世因有画五凤图者。

(171)
九重春色
碧桃花满枝之图
楚辞九辩云「君之门以九重」，按九为阳数之极，故天子称九重，所居处。
九重春色，如见杜甫早朝诗云「五夜漏声催晓箭，九重春色醉仙桃」。碧桃花见唐高蟾诗云「天上碧桃和露种，日边红杏倚云栽」。
附记：九为阳数之极，清代皇室尤重九数，图案中亦多用九，如九狮、山河九鼎、九宝、九光、九如、九锡、九贡、九离、九穗、九章、九畴、九龙、九连钱、九连环、九思图，等是也。

(172)
天官赐福（受天福禄）
画天官与蝙蝠
上元为天官赐福之辰，中元为地官赦罪之辰，下元为水官解厄之辰。

(173)
天中辟邪
画钟馗之像上飞蝙蝠
程垂伦云「五月五日午时书[illegible]」。是日画钟馗像。

(168)

画松与菊，即陶渊明之归去来辞中「三径就荒，松菊犹存」之意，用于祝寿。

八骏马

周穆王有良马八匹，乘之周游天下，名八骏马。八骏马之名，玉堂丛书称：骅骝、绿耳、白义、赤骥、渠黄、逾轮、盗骊、山子，而拾遗记则称之：绝地、翻羽、奔霄、超影、逾辉、超光、腾雾、挟翼。

(169)

黄鹤楼图安而在用甚广，建筑图案上亦有应用者，也不夜到入吉祥图案。

福禄绵善庆

画老人持杖，上系香橼，另一手持扇子，背负锦纱，七手持一磬，另一手执一童子，作击磬之状，上空飞一蝙蝠。

千字文之「福因恶积，福缘善庆」

橼谐缘、扇谐善、磬谐庆、蝠谐福。

(170)

百鸟朝王（仪凤图）

画凤凰居中，周围群鸟

仰凤凰为百鸟之长，仰呼鸟王，其雄者为凤，雌者为凰。能知天下之治乱，明君出则凤凰现，为四灵之一、

又

凤凰分五种，赤者为凤凰、紫者为鸑鷟、青者为鸾鸟、黄者

之之鼻祖。秦以後之詩也。然自宋以後今之壽詞則著以
媚世作之風。

(163) 洞天一品

畫太湖石

米元章有一拳石，最珍重者名洞天一品，蓋石供表表

意此壽詞用於米氏祝壽。

(164) 尚書紅杏

畫書猪与杏花

尚書今稱侍郎，為官名。紅杏寫進士及

第之意。古今詞話："宋景文過張子野家，

將命者曰：尚書欲見'雲破月來花弄影'郎中。子

野內應曰：'得非"紅杏枝頭春意鬧"尚書郎'。

宋景文名祁，官至工部尚書，景文為其謚。

（張子野名先，官郎中）

此圖似与吉祥無涉

(165) 牧童遙指

畫牧童遙指杏花村

畫牧童遙指杏花村詩之意

(166) 玉樹臨風

畫玉樹開花

杜甫詩飲中八仙歌："皎如玉樹臨風前"之意

(167) 松菊猶存（松菊延年）

(162)

有恩于此者，老撕之函書，海蠕由是大悦，曾服八道八

歷海名山，所至有遺跡，宋初于滁州嘗客觀題詩，乃自

寫真於僊山，今則海闕全之說所記

陝西通志載其事，并繡江西錄。

羲之愛鵝，與存宋豪鵝

右鵝之圖

晉書王羲之傳：山陰道士好養鵝，羲之往觀甚悦，固求

為寫道德經畢，籠鵝而歸，甚以為樂，鵝縱横

右名運動以狀貴宗選筆，亦自在故筆勢上代

此外圖甚多矣

又鵝與華鴨、山雉、野鴨、鷺鵝、山鷓、善

鑾圖畫 [redacted]

因會徑之

鳩杖而食

南北交典

共工方鳩僝功，常咬食有安静，緊身和平之樂

又鳩經：

書祖与頂翔，進于前中，鳩止其上，追者以為無人

遂得脱，既登位，作鳩杖以扶老。

後漢書：

年七十者授之以玉杖，端以鳩鳥為飾，鳩者不噎之

(158)

画渔翁钓鱼之图

鎓合万年

画百合根二個（或百合根与胡芦）与万年青

又画橘中插万年青，题曰「一统万年」

又画一南天竹与万年青，题曰「天子万年」

又画一葵，题「归心向日」。司马温公诗：「唯有葵花向日倾」，盖

广布民心归一之意

(159)

吉庆有余

画瓶中插三戟，中戟上悬一磬，磬之两侧各悬一鱼

又有画一童子击磬，一童子持鱼灯而起舞

汉代之洗，而器之底每画双鱼，刻侧为大吉羊三字，后人因有

晋砖五鹿宜孙子、汉洗双鱼大吉羊」之对。又有以鱼鳞

相交锁而成鱼鳞锦图案者，称为连年有余，有用之。

(160)

本固枝荣

画荷花丛生之图

(161)

刘海戏钱（刘海戏金钱）

画刘海蟾戏钱之图

刘海蟾，据翟灏风俗编云：「湖广通志云，刘元

英，号海蟾子，广陵人，仕燕主刘守光为相，一日有道

人谒，索鸡子十枚，金钱十数置机上，累卵于钱，状浮图。

海蟾惊叹曰：危哉！道人曰：居荣禄之地，其危

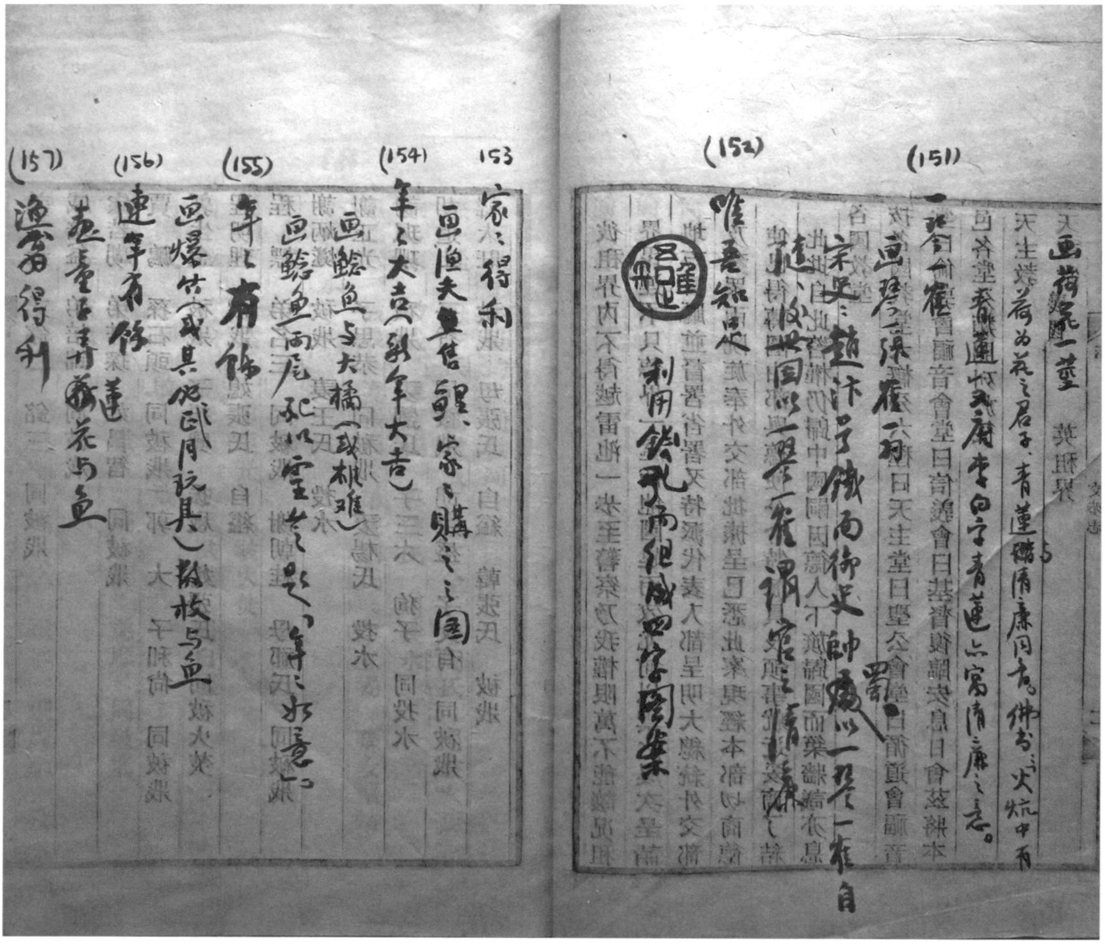

(151)

画荷花一茎

荷为花之君子，青莲谐清廉同音。佛寺之火炕中有

李白字青莲，亦寓清廉之意。

一琴一鹤

画琴与鹤六羽

宋史之赵抃为铁面御史，帅蜀以一琴一鹤自

随，后世因以一琴一鹤谓官之清廉

(152)

唯吾知足

利用钱孔而组成四字图案

153

家家得利

画渔夫售鲤，家家购之之图

(154)

年年大吉（或年年大吉）

画鲶鱼与大橘（或桃难）

(155)

年年有余

画鲶鱼两尾，取以空气之年年有余之意

画爆竹（或其他正月玩具）数枝与鱼

(156)

连年有余

画莲蓬并莲花与鱼

(157)

渔翁得利

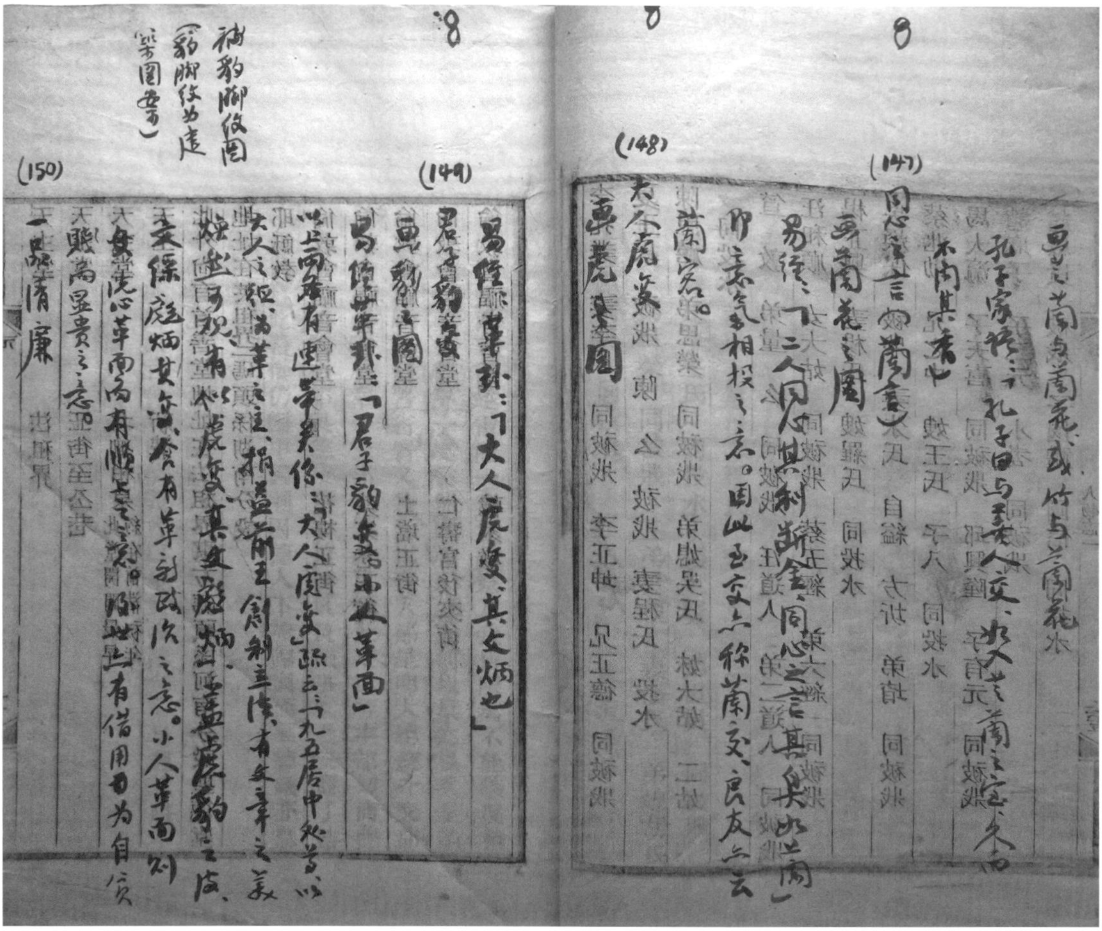

(147)

画蘭：蘭花、或竹与蘭花 水

孔子家語ニ「孔子曰与善人交、如入芝蘭之室、久而不聞其香」

同心之言（蘭言）

画蘭花図

易経ニ「二人同心、其利断金、同心之言、其臭如蘭」

即意気相投之意。因此互交亦称蘭交、良友亦云

(148)

蘭室

太平鹿篆

蕉鹿夢図

(149)

補豹脚紋図

（豹脚紋為走紫図要）

易経革卦ニ「大人虎変、其文炳也」

君子豹変堂

画豹図堂

易経革卦ニ「君子豹変、小人革面」

以上両者有連帯関係。「大人虎変」疏云「九五居中処尊、以大人之姫、為革之主、損益前王、創制立法、有文章之美、煥然可観、有似虎変、其文彪炳」。

王采條庭炳其文、亦有革新改過之意。小人革面則

大要洗心革面而有順上之意、明照世上有借用而為自負

(150)

一塵清廉

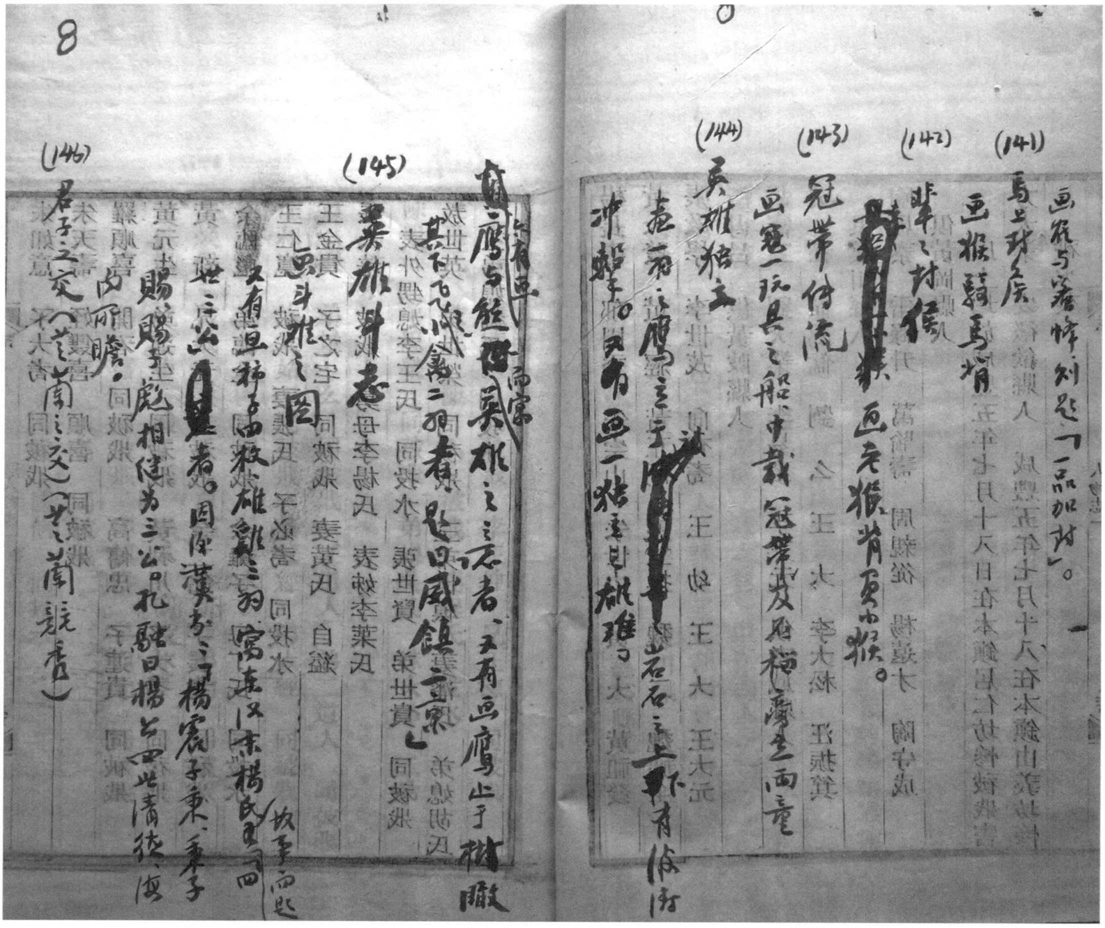

8

画猴与蜂猴,刻意「一品加封」。

(141) 马上封侯 画猴骑马背

(142) 辈辈封侯 画老猴背负小猴。

(143) 冠带传流 画冠一玩具之船,中载(冠带及风帆)高竖而竟

(144) 英雄独立 画一羽之鹰立于山石之上,下有波涛冲击。又有画一猫举足捕蝴蝶

(又有画)鹰与熊,谓英雄之之意者;又有画鹰止于树巅,其下飞鸟离二羽者,题曰「威镇三宗」

(145) 英雄斗志 画斗雄之图。又有画雉于鸟牧雄鸡二羽,宫中又来杨氏四回

世三公……者。因后汉杨震、子秉、秉子赐、赐子彪相继为三公。孔融曰杨公四世清德,海内所瞻。(故事而起)

(146) 君子之交 (芝兰之交)(芝兰竞香)

(135)
官上加官
画雄鸡冠花上画一蝈蝈。或雄鸡冠花与蟹(或雄鸡)之图者。
鸡冠花(鸡冠谐官)。蝈蝈与官音近。蟹为有甲之介,诸
未加官。雄鸡有冠亦谐官字,故为官上加官。

(136)
加官晋爵(开隆恩光)
画戏台上童子献爵于天官

(137)
指日高陞
画天官手指太阳之图。又画日出时有花鸟飞之图。
又画太阳与海浪,题曰「海上浴日」,又「指日之升」,「旭日东升」、
又有将画蝙蝠与蝙蝠而称「福如东海」云。

(138)
翎顶辉煌(红顶花翎)
画孔雀之尾与珊瑚枝插入瓶中
清朝正一品戴珊瑚顶子,戴孔雀花翎,谓官居最高位也。
有为孔雀为文官之称,故单画孔雀高飞,题「天下文明」。
又画鹭鸶、雉、孔雀三禽,题曰「位列三台」,因清代省一二三品官所
上之补子,即以画孔雀、雉与孔雀三禽者,盖其品位也。

(139)
加官受禄(加官进禄)
画束带戴冠之官吏手抚一鹿

(140)
封侯挂印
画猴挂印于枫树之枝(又有画蜂与猴者),又有
六爵封侯。

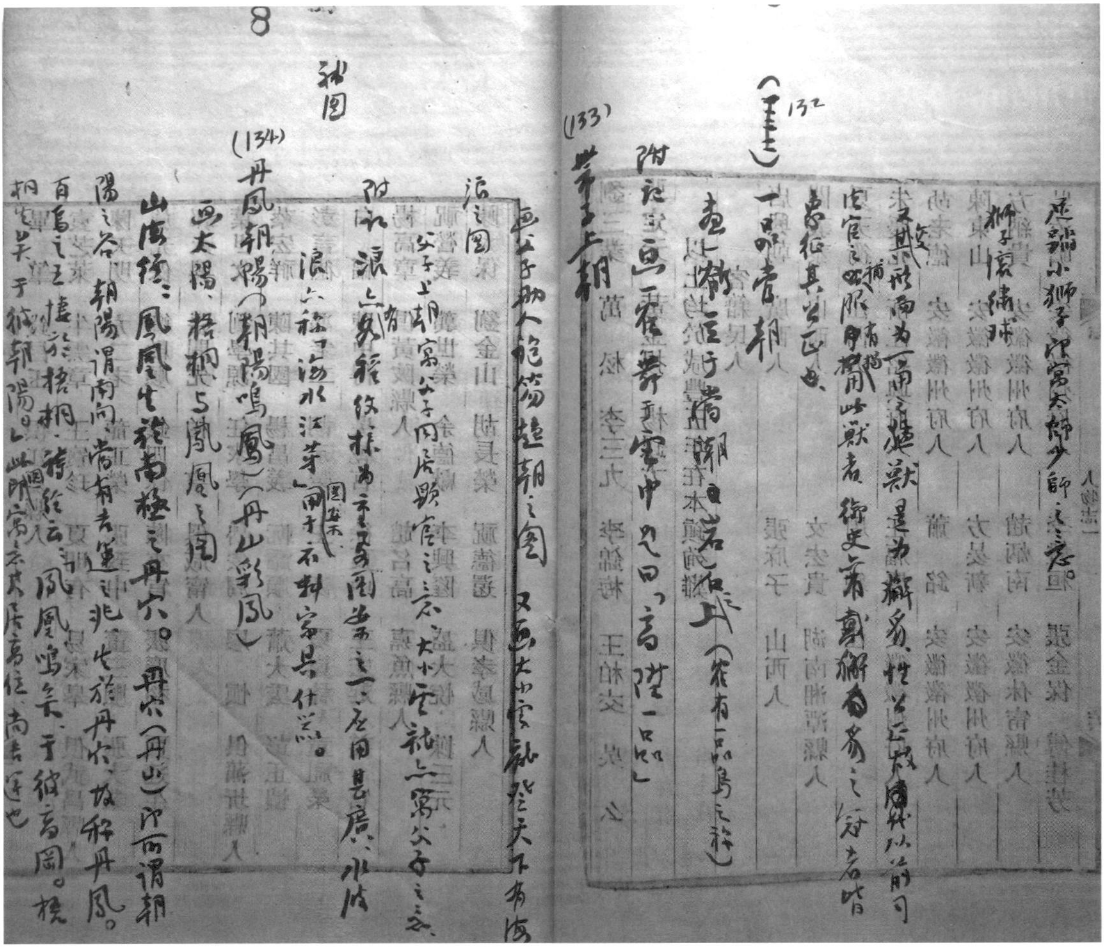

(132)

庄諭小獅子，謂富太師少師之之意。

獅子滾繡球

[illegible]獸形而為一角之獬獸，是為獬豸，性公正，故漢以前司

法官之冠服用（補）此獸者，御史常戴獬豸冠之，冠者皆

象征其公正也。

一品當朝

畫一鶴立於潮頭岩石之上（示有一品鳥之稱）

附記：鶴為一品鳥，寓意官中地位之高，階一品。

(133)

帶子上朝

畫公子騎大龍為趕朝之圖　又畫大如雲龍於天下有海

浪之圖

公子上朝，富公子同居顯官之意，大小不一，称之富公子之意。

附記　浪上為波紋，樣為示之家圖案之一，應用甚廣，水波

浪上称之海水江牙，（圖案）用于衣料官服什器。

8

補圖

(134)

丹鳳朝陽（朝陽鳴鳳）（丹山彩鳳）

畫太陽、梧桐与鳳凰之圖

山海經：鳳凰生於南極之丹穴。丹穴（丹山）即所謂朝

陽之谷，朝陽謂南向，常有吉運，北與丹穴，故稱丹鳳。

百鳥之王，棲於梧桐，詩經云：鳳凰鳴矣，于彼高岡。梧

桐生矣，于彼朝陽。山東之東居高位、尚吉運也

画山童放风筝扶云直上之图
宽青云之士得其路则衡霄而上。
附记：云为「瑞云丰年」，星为「吉星高照」，「一路福星」俱有吉祥之义。
附记：云能生雨，其为万物赖以滋润，皆有祥云瑞日之称。图案中画云者特别多，其纹样有云头、云纹，浮动者有流云，相连锁者有叠云拐子，加蝙蝠则称福运，各种图案皆可应用。

(129) 春风得意
画童子骑牛放风筝，或画走马于杏林之中。杏花富丽，试及第详前。孟东野登科后诗云：「春风得意马蹄疾，一日看尽长安花。」得意亦风光。

8

附记
走骏马之图。或有题「骅骝开道」者，取杜工部奉赠鲜于京兆诗「骅骝开道路，鹏鹗出风尘」之意也。

130 平升三级
画花瓶插戟三枚，傍配一笙。

131 太狮少狮
画大狮子与小狮子。狮与师同音，太与大、小与少皆音类似。
周之官制，太师、太傅、太保称三公，少师、少傅、少保称三孤（孤者次于公而上于卿）。太师、少师为公孤之首，寓最高官位之意。
官衙之门左右有石狮一对，左雌右雄，雄狮足踏绣球，雌狮

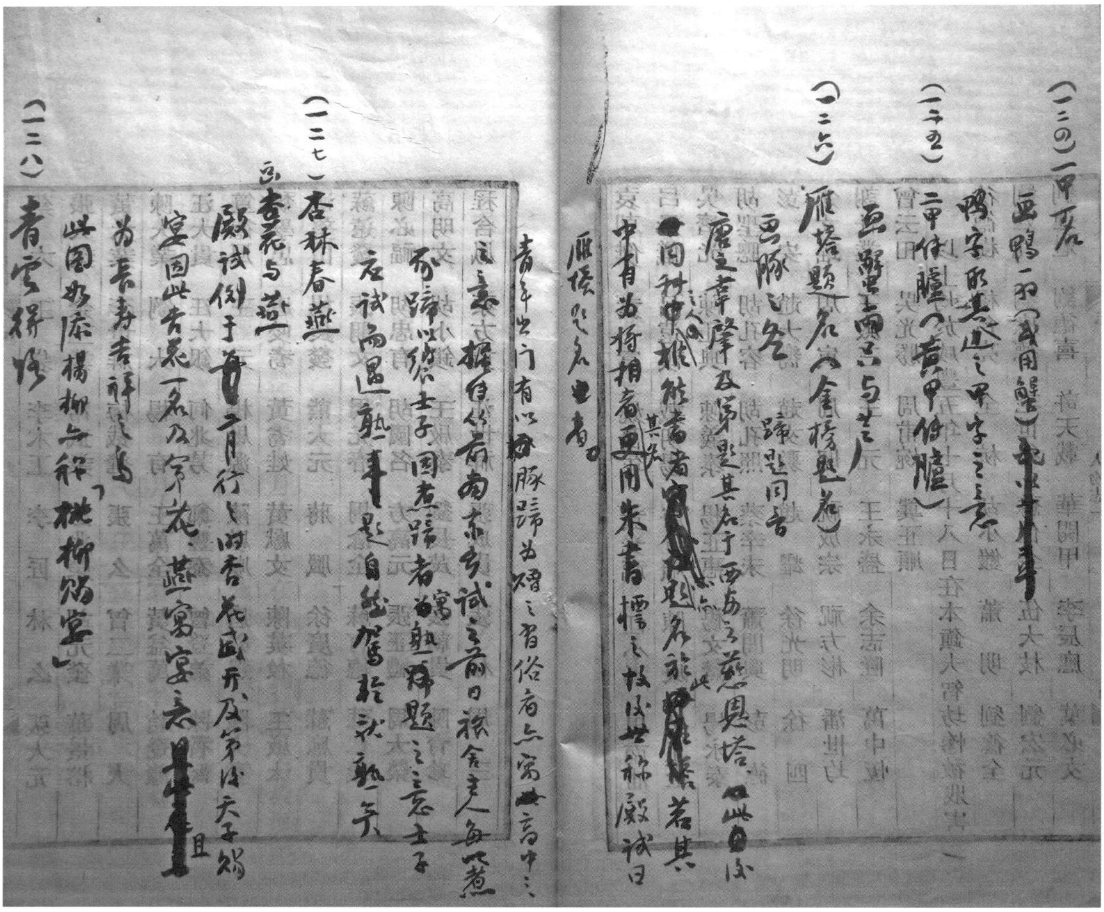

（一二〇）一甲ヲ云フ
画鴨一羽（或用蟹）[illegible]
鴨字取其甲之甲字之意

（一二五）二甲伝臚（黄甲伝臚）
画蟹与両只与之[illegible]

（一二六）雁塔題名（金榜題名）
画豚之名 帰題同音
唐之韋肇及第題其名于西安之慈恩塔 [illegible]
[illegible]中[illegible]者[illegible]題名於[illegible] 若其
中有為将相者更用朱書標之故後世称殿試曰
雁塔題名也
青年出行有以[illegible]豚贈為贈之習俗有之寓[illegible]言中之
意[illegible]自於府南京之郷試之前日旅舎主人毎以煮
豚贈於士子。因煮豚者為熟豚，取題之意，士子
応試而遇熟豚，題自然容易於試熟矣

（一二七）杏林春燕
画杏花与燕
殿試例于毎年二月行之，時杏花盛開，及第後天子賜
宴，因此杏花一名及第花。燕寓宴之意[illegible]且
為長寿吉祥之鳥

（一二八）青雲得路
此図如添楊柳亦称「桃柳得路」

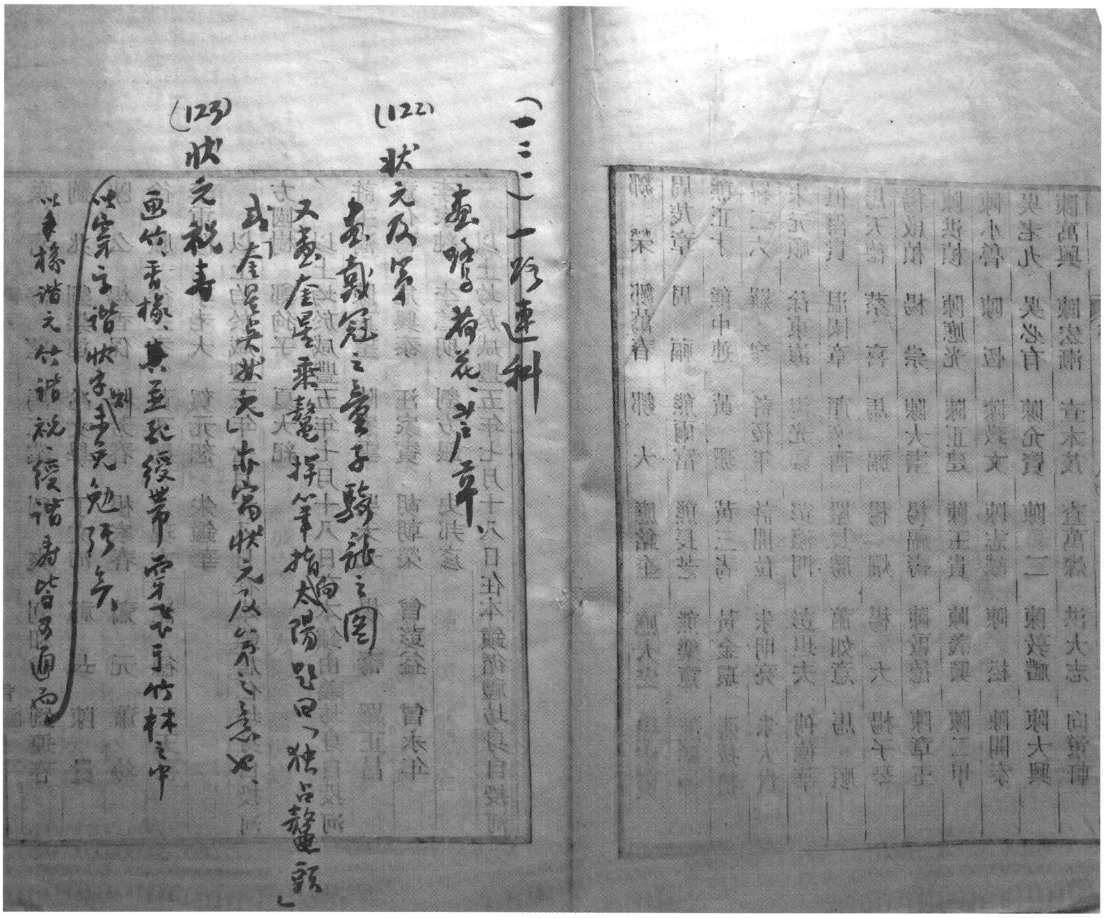
（一二二）一路連科
(122)
狀元及第
畫鷺鷥、荷花、蘆葦
畫戴冠之童子騎龍之圖
又畫奎星乘鰲，揮筆指向太陽，題曰「獨占鰲頭」
或「奎星點狀元」，亦寫狀元及第之意也、
(123)
狀元祝壽
畫竹、香櫞，其上紅綬帶鳥飛于竹林之中
竹字之諧狀字，未免勉強矣、
以香櫞諧元、竹諧祝、綬諧壽，皆可通而

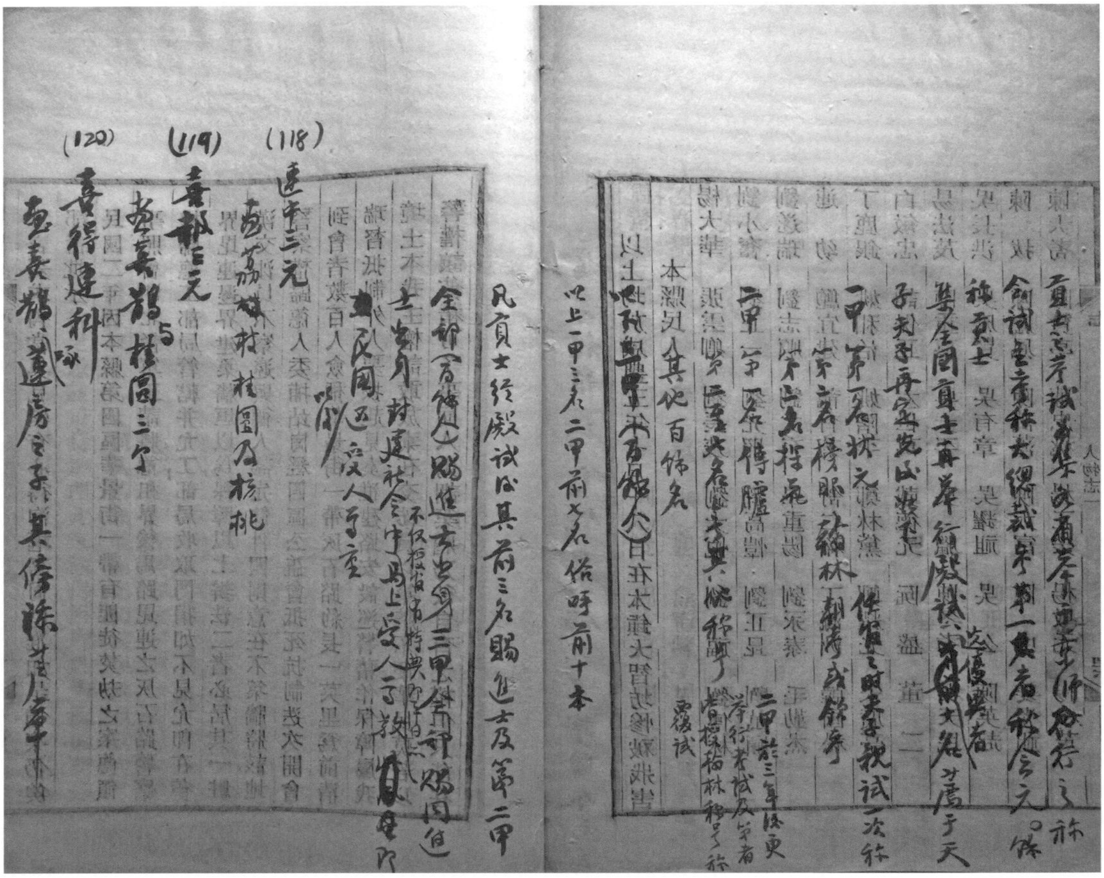

贡士应考试集京师，有若干名中（作）会试之称

会试每三年秋季集京师，第一者称会元。○條

称贡士

集全国贡士再举行殿试，选优異者考于天

子，天子再亲临考试

一甲第一名称状元……保和殿之时来举殿试一次称

第二名称榜眼 翰林……成称第

第三名称探花

二甲第一名称传胪

……

本縣以上其他百餘名

覆试

以上一甲三名 二甲前七名 俗呼前十本

凡贡士经殿试后，其前三名赐进士及第，二甲

全部（有倘若）赐进士出身，三甲全部赐同进

不仅授官，有特典……

士出身，封建社会中马上受人尊敬……即

民國……受人尊重

(118)

遴中三元

……荔枝村 桂圓及核桃

(119)

喜報三元

……桂圓三个 5

(120)

喜得連科

……連房之子，其後……

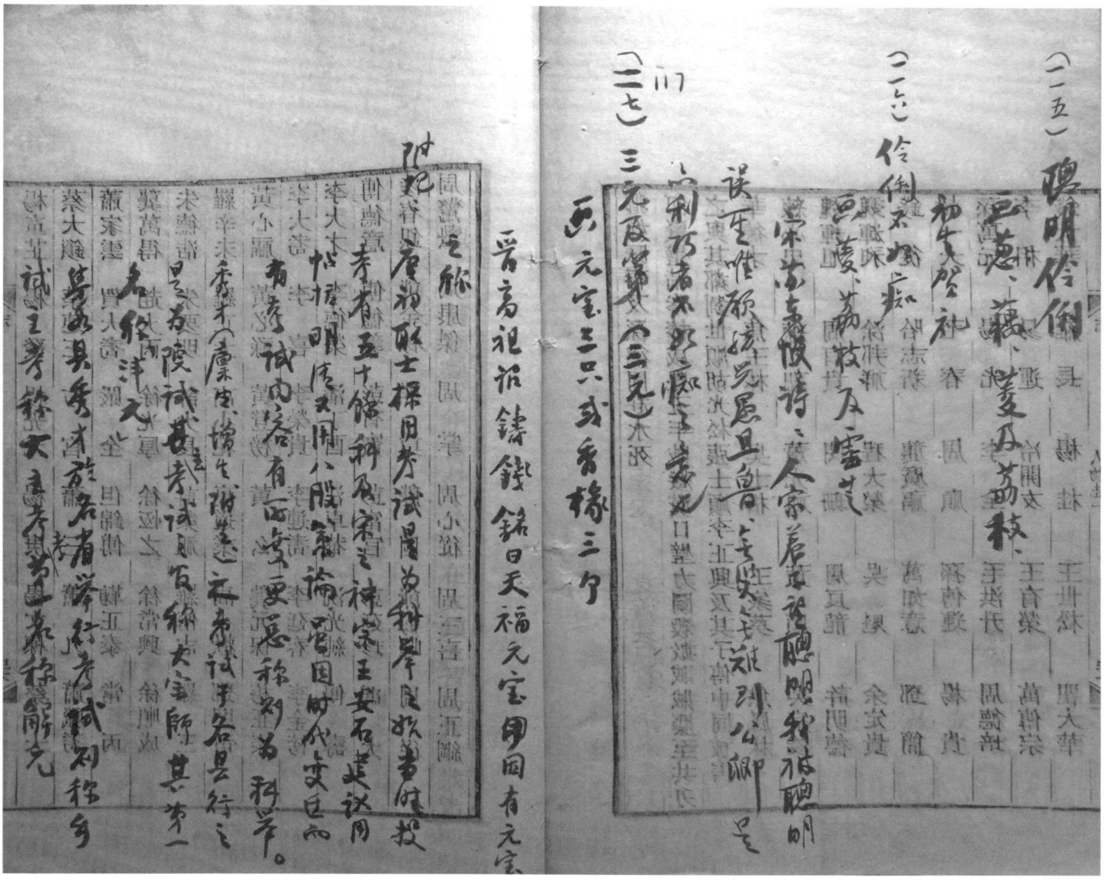

(一五)聰明伶俐
以蔥、藕、菱及荔枝、祀神
(一六)伶俐不如痴
以蔥、荔枝及蜜糖
宋蘇東坡詩："人家養子愛聰明，我被聰明誤一生。惟願孩兒愚且魯，無災無難到公卿。"
意謂利巧者不如痴者
(一七)三元及第(三元見注)
以元寶三只或香橼三个
晉高祖詔鑄錢，銘曰天福元寶，因有元寶……
附記：隋唐取士，采用考試，是爲科舉。然當時投考者有五十餘科。及宋之神宗王安石建議用帖括明經，明清更用八股、策論，因時代變遷而考試内容有所變更，總稱爲科舉。
是爲縣試，其考試及格者稱爲秀才(庠生、增生、附生之總稱)，秀才試於各省，行之……其第一名稱……
……

蜥蜴者蝘蜓，頸罗之与蔓文，全然不同，而俗称之為四腳蛇、守宫、蝎虎、壁虎、蜥龍及石龍蛇者，（又）蛙蛇、蜈蚣、蜘蛛、（又蝎）等相互相克耶，各怕其一，而蜘蛛可敌百虫而独怕蜥蜴，因而謂此吉祥徽號為石龍蛇，守宫[illegible]陰害之之。又有添入灵芝而云蜥蜴能開雲，以示吉祥者也。

其后又有以蔓龍拱壁与纏枝拱壁等相混而変化，（文数）百种之多者，用于建築、家具、什器、衣料等，而用極広，不一列举。

龍之開化图案，依據拐子龍，拐子龍而（龍体之延伸）描绘成連鎖不斷之紋，含有長久不斷之意，如与花草拐

子相連続則云草龍拐子，亦有將螭吻、狴犴、饕餮、蚣蝮、狻猊、椒図等之西部極端，漸简化而成為「獸面拐子」者，建築、家具、什器、衣料等皆応用甚广。

北斉王昕之母、清河崔氏生九子，皆聡明俊俐，世称王氏九龍。又漢文帝有良馬九匹，名曰飛龍，[illegible]九龍厩。五代之九龍帳、九龍冠、九龍輿等，皆因龍為神靈之物，且龍生九子，及魚龍之诸傳說而来之所由来也。

又傳說龍好淫，與宇宙間動物而生鳳凰、麒麟，野交馬而生龍馬，[illegible]神[illegible]化人智[illegible]狻猊之龍，[illegible]子之[illegible]獅子之龍[illegible]

靈不寧，故用鎮之。

螭虎 形似龍，好文彩，立于石碑兩旁。

鰲魚 形似龍，好吞火，故立屋脊。一名交蛤，好風雨，背負蓬萊，生海中，其根用於寺廟宮殿之屋脊。所謂「五脊六獸」（正棟排列五獸、垂棟排列六獸），構成多以其特長而向有年多神場，所在屋脊。（蓋通所因有謂龍最多，且由龍出龍，故龍子右龍。虎從云，「雲從龍，風從虎」，又輯文云：「龍噓氣成雲」，及魚跳龍門等傳說故事之傳說，故因雲中從之，雲或水很相把

合。又有畫成圖形之所謂囷龍者，最合見于右料。

又有古之名物圖案有所謂「蟠龍」者。龍經中云：「蟠龍為群龍之主，飲食有節，不游濁土，不飲濁泉」，所謂飲於清，游於清者。以此託辟，則稱「蟠龍拱璧」。又此之變形而成繩狀者，則云「繩索拱璧」。又有置中間珠而左右畫料龍或蛟龍，則稱「二龍戲珠」。什器與宗具等花用甚廣，舉家具之腳亦有用龍爪抓珠者。

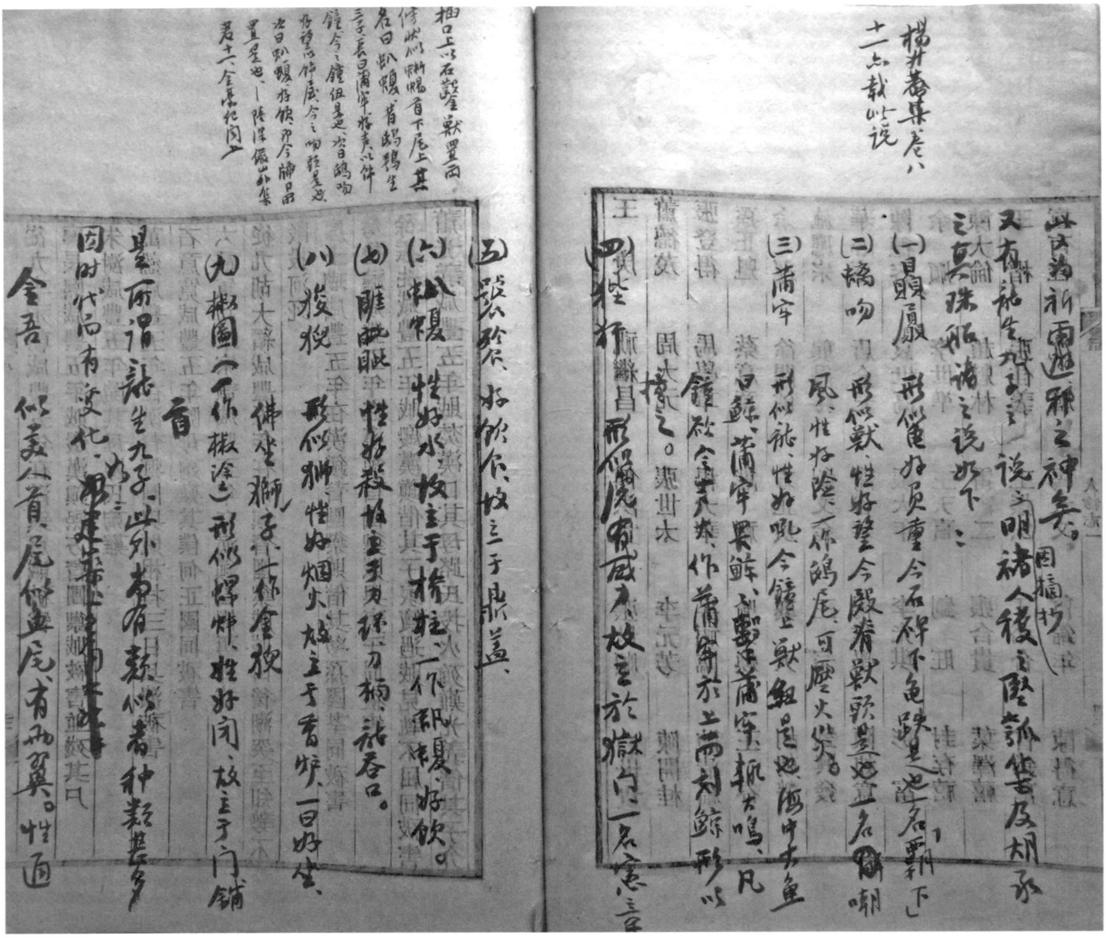

楊升菴集卷八
十一亦載此說

然戌為祈雨避邪之神矣。（因摘抄）
又有龍生九子之說。明諸人從之。陸容菽園雜記及胡承之真珠船諸之說如下：
（一）贔屭 形似龜，好負重，今石碑下龜趺是也。一名霸下。
（二）螭吻 形似獸，性好望，今殿脊獸頭是也。一名嘲風，性好險，一作鴟尾，可壓火災。
（三）蒲牢 形似龍，性好吼，今鐘上獸鈕是也。海中大魚曰鯨，蒲牢畏鯨，鯨一擊蒲牢輒大鳴，凡鐘欲令其聲大者，作蒲牢於上而刻鯨形以撞之。
（四）狴犴 形似虎，有威力，故立於獄門。一名憲章

椒口上以石鑿獸置兩傍，狀似螺螄，首下尾上，其名曰趴蝮，首踞鴉生三子，長曰蒲牢，好聲，以作鐘，今之鐘鈕是也，次曰鴟吻，好望，以作屋，今之吻獸是也，次曰趴蝮，好飲，今橋上者置星也。陸深儼山外集卷十六 全集作同上

（五）饕餮 好飲食，故立于鼎蓋。
（六）蚣蝮 性好水，故立于橋柱。一作趴蝮，好飲。
（七）睚眦 性好殺，故立于刀環、刀柄、龍吞口。
（八）狻猊 形似獅，性好烟火，故立于香爐，一曰好坐。佛坐獅子，一作金猊
（九）椒圖（一作椒塗） 形似螺蚌，性好閉，故立于門鋪首。
是所謂龍生九子。此外尚有數似者種類甚多，因時代而有變化。[illegible]
金吾 似美人首，魚尾，有兩翼。性通

按東國明朝科舉試易書詩禮春秋五項科目各從
每試皆列魁首，是為五經魁首，於之五子應魁也
（一三）五子登科（五子高陞）
画一雄雞與五雛雞游于巢上
雞巢俗名雞窩，窩諧科，餘同參閱上頁
（一四）蒼龍教子（教子昇天）
画大小二龍共昇天之圖
三秦記云：江海魚集龍門下，登者化龍，不登者點額暴鰓
後漢之李膺有威名，士與之容接者稱登龍門，士子之殿
試及第者稱登龍門，古諺所謂舉子成龍，即由
此而來
蒼龍為春，與眾龍，一說春分昇天，秋分入淵，大小二
龍相為父子之意
附記俗傳
龍為神靈之精，四靈之長。有鱗者為蛟龍，有
翼者為應龍，有角者為虬龍，無角者為螭
龍。未昇天者為蟠龍，好水者為精龍，好火
者為火龍，好鳴者為鳴龍，好鬥者為蟒龍，中以
龍為群龍之長。蒼龍經云：龍之為物，陸食虎豹，
水啖蛟螭，去瘟除邪。歎曰：龍經云：凡龍為群
龍之長，能進退群龍，乘雲降雨以濟蒼生。因

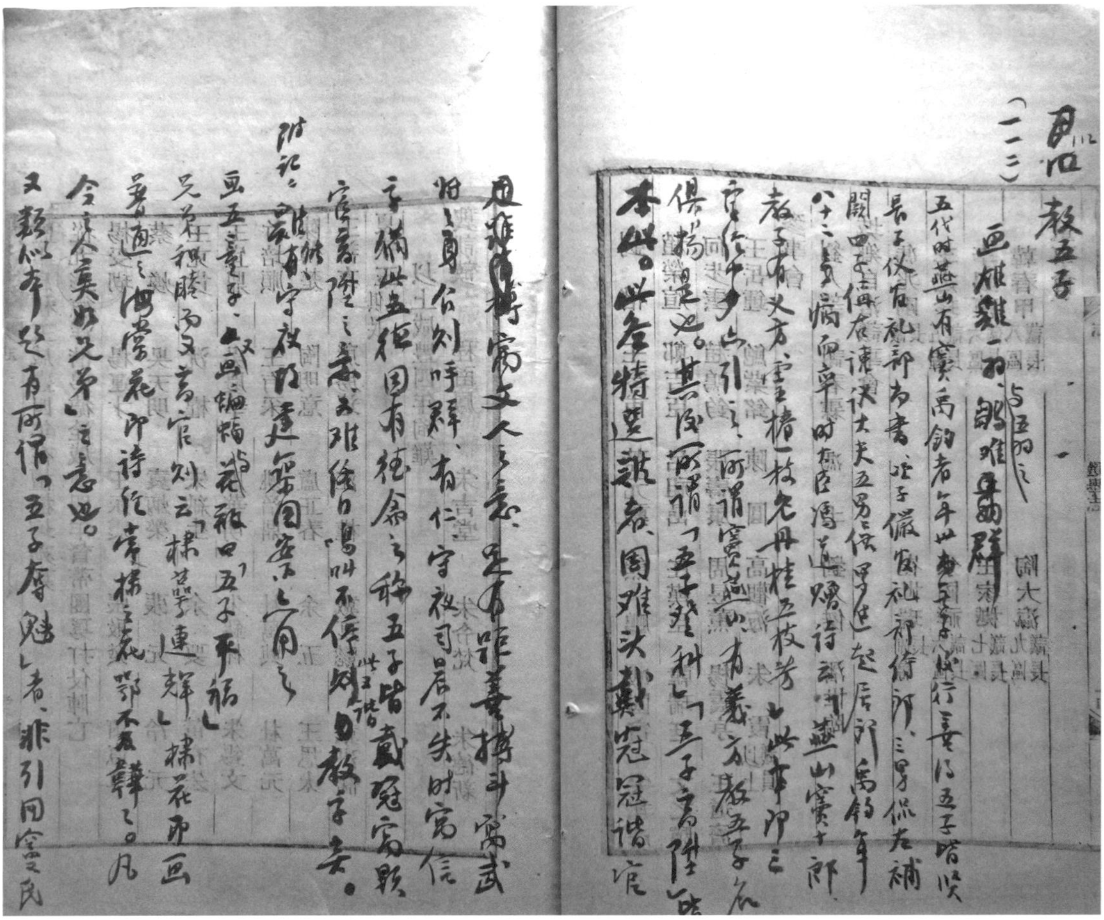

君臣 112
（一一三） 教五子

画雄雞一羽、与五羽之鶏雛群

五代時燕山有竇禹鈞者、年卅無子、……行善、乃五子皆登
長子儀官禮部尚書、次子儼官禮部侍郎、三男侃左補
闕、四子偁右諫議大夫、五男僖起居郎、禹鈞年
八十二無病而卒、時宰臣馮道贈詩、謂燕山竇十郎、
教子有义方、霊椿一枝老、丹桂五枝芳、此事即三
字經所謂「竇燕山、有義方、教五子、名
俱揚」是也。其後所謂「五子登科」、「五子高陞」皆
本此。此各特選雞者、因雞頭戴冠、冠諧官

且雄雞有博寫文人之意、足有距善搏斗、寫武
將之勇、見食則呼群、有仁、守夜司晨不失時寫信
之備此五德、因有德禽之稱。五子皆戴冠寫顯
宦高陞之意。又雞雛日鶵、叫不停、諧「教子」矣。
附記之、雄雞有守夜職、進一步因寓之一有之
画五雞子、又畫蝙蝠與花、稱曰「五子平福」
兄弟在稱勝而又高官、則云「棣萼連輝」。棣花即画
兄弟通之、棠棣花、即詩經常棣之花、鄂不韡韡之。凡
今之人莫如兄弟之意也。
又類似者有所謂「五子奪魁」者、非引用竇氏

抄合寓祖孙之之意。

（一〇）三纲五常

画三只缸、五文人尝酒味之名

三纲：君臣、父子、夫妇之道

五常：仁义礼智信

（一一）伦叙图（五伦图）

画凤凰、仙鹤、鸳鸯、鹡鸰、莺、

凤凰：晋张华之禽经「鸟之属三百六十，凤为之长，又飞则群鸟从，出则王政平，国有道」。用以表君臣之道。

仙鹤：易经「鸣鹤在阴，其子和之」。引用以表父子之道。

鸳鸯：表夫妇之道。

鹡鸰：诗经「鹡鸰在原，兄弟急难」。表兄弟之道。

莺：诗经「嘤其鸣矣，求其友声」。表朋友之道。

附记：宋李昉有人畜五禽、白鹇为闲客、白鹭为雪客、孔雀为南客、鹦鹉为陇客，又曰「五客图」

又「五清图」：画松竹梅月水

又「五瑞图」：画松竹萱兰、寿石 [illegible]

萱草有安眠作用常服每得酣睡则其忧自忘矣

萱草为萱花草、又名金针菜、紫萱、博物志：

「萱草食之令人好欢乐忘忧思，故谓忘忧草。

妇人有孕，佩其花则生男，亦名宜男草。」庄子：

「萱令人忘忧草也」

（一〇五）宜男益寿（宜男萱寿）（萱寿延龄）

画寿石与萱草

（一〇六）宜男多子

画石榴与萱草

（一〇七）兰桂齐芳（兰桂腾芳）（桂子兰孙）

画兰与桂花

晋之谢安喻子侄为芝兰，又五代窦禹钧之五子

称五桂，因称子孙曰兰桂，兰桂齐芳即谓子孙皆

贤而有高誉也。

（一〇八）福增贵子

画蝙蝠与桂花

（一〇九）寿献兰孙

画兰

花镜：「兰之一种其叶稍兰稍阔而柔，花开

紫白，有名「荪」」此荪与孙同音同声。又兰为香祖，孙与

梅早離了，寫早離子，榛子，校之之志

臘　南宋時，大學生齋祭，用棗子、荔枝、蓮花曰早離了，殊可據

（一〇〇）早生貴子

畫棗與桂圓

（一〇一）連生貴子

畫蓮花與桂花

（一〇二）鴛鴦貴子

畫鴛鴦與蓮花（或蓮葉、蓮子）

晉張華禽經云：「鴛鴦匹鳥也，朝倚而暮偶，愛其類也」。鴛鴦圖案用於被面、枕稱「鴛鴦被」，加上春花即寓「鴛鴦長春」、「鴛鴦長樂」之意。一藕兩莖雙葉雙花，則為「並蒂同心」。

（一〇三）麒麟送子（玉麒天錫）

畫童子騎麒麟，手持蓮花與笙（笙諧生，與蓮合則寓連生貴子之意）

麒麟世傳為四靈之一，有仁德之君始有麒麟出現，麒麟與送子有何關係待考。

（一〇四）宜子孫

畫萱草之圖

补遗

（九五）同偕到老

画铜镜（或铜洗）与鞋

铜谐同，鞋谐偕，寓偕老同穴之意。

又劳动人民嫁粧中以便桶纳入红棉包之鞋子，亦寓同偕到老之意

（九六）夫荣妻贵

画芙蓉花与桂花

仪礼之「夫尊于朝，妻贵于室」白虎通之「妇人无爵，而嫁从夫，故夫尊于朝，妻荣于室」

（九七）子孙万代

画蔓延之葫芦

蔓与万声谐。蔓带谐万代。

又画石榴与笋，亦称子孙万代」

（九八）瓜瓞绵绵

画瓜与胡蝶

（九九）早立子

画枣与栗（或荔枝）

王士禛池北偶谈之「白虎通义曰：妇人之贽，以枣栗腶脩。枣，取其朝早起；栗，战慄自正也。今齐鲁之俗，娶妇必用枣栗，谓云'早立子'也。」义本白虎通之义而稍讹。

画金鱼数尾

老子之「金玉满堂，莫之能守」

（九三）和合二圣

画寒山拾得之像

寒山拾得为二人，为唐之高僧，俗称和合，为结婚之神。

其为人及经历详唐闾丘胤之寒山拾得诗序。（文长待录）

据《显道俗编》之「雍正十一年，敕封天台寒山大士为和圣，拾得大士为合圣」，称此为

又婚礼均之铸鼎锦闹，上有画「欢天喜地」之

后世以和圣与合圣并称为和合二圣

宋以后和合二字成为结婚之神，描成蓬头笑面之二人，其一持荷花，其一持盒子（盒字与和合二字皆为谐音，荷

盖因同音，皆寓谐生贵子之意）。于是本为枯木寒山石之高僧，遂讹为结婚之神）

以和合神画成圆形者，称为「团圆和气」

补图

（九四）因何得耦

画荷花、莲房与藕，

寓祈婚姻而偶遇之良缘及早生贵子之意。

又有画荷花而配以慈姑之叶，谓曰「慈善祥云」，亦示吉祥之意

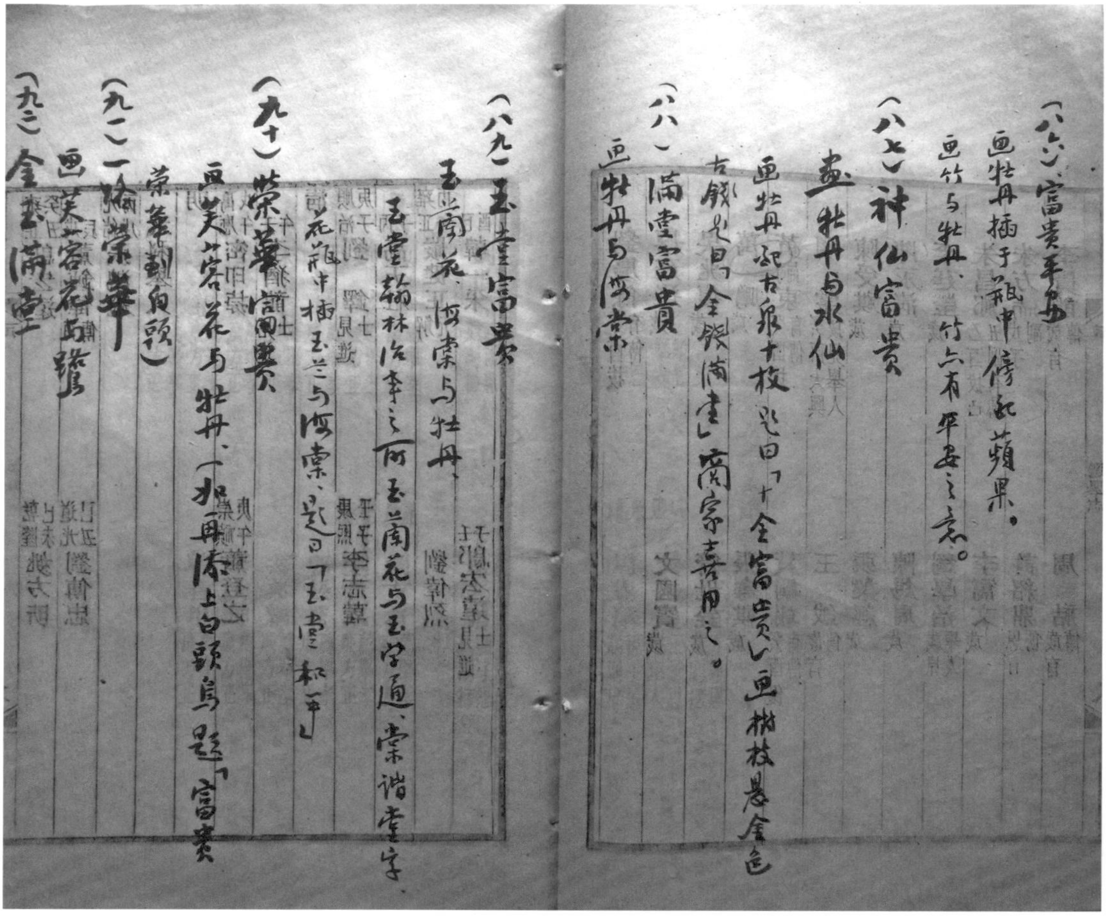
（八六）富贵平安
画牡丹插于瓶中，傍配苹果。
画竹与牡丹，竹亦有平安之意。
（八七）神仙富贵
画牡丹与水仙
画牡丹配古瓶十枚，题曰「十全富贵」。画树枝悬金色
古钱，题曰「金钱满堂」，商家喜用之。
（八八）满堂富贵
画牡丹与海棠
（八九）玉堂富贵
玉兰花、海棠与牡丹。
玉堂，翰林院之称。玉兰花与玉字通，棠谐堂字。
画花瓶中插玉兰与海棠，题曰「玉堂和平」。
（九十）荣华富贵
画芙蓉花与牡丹，（一作牡丹添上白头鸟，题「富贵
荣华到白头」）
（九一）一路荣华
画芙蓉花与鹭鸶
（九二）金玉满堂

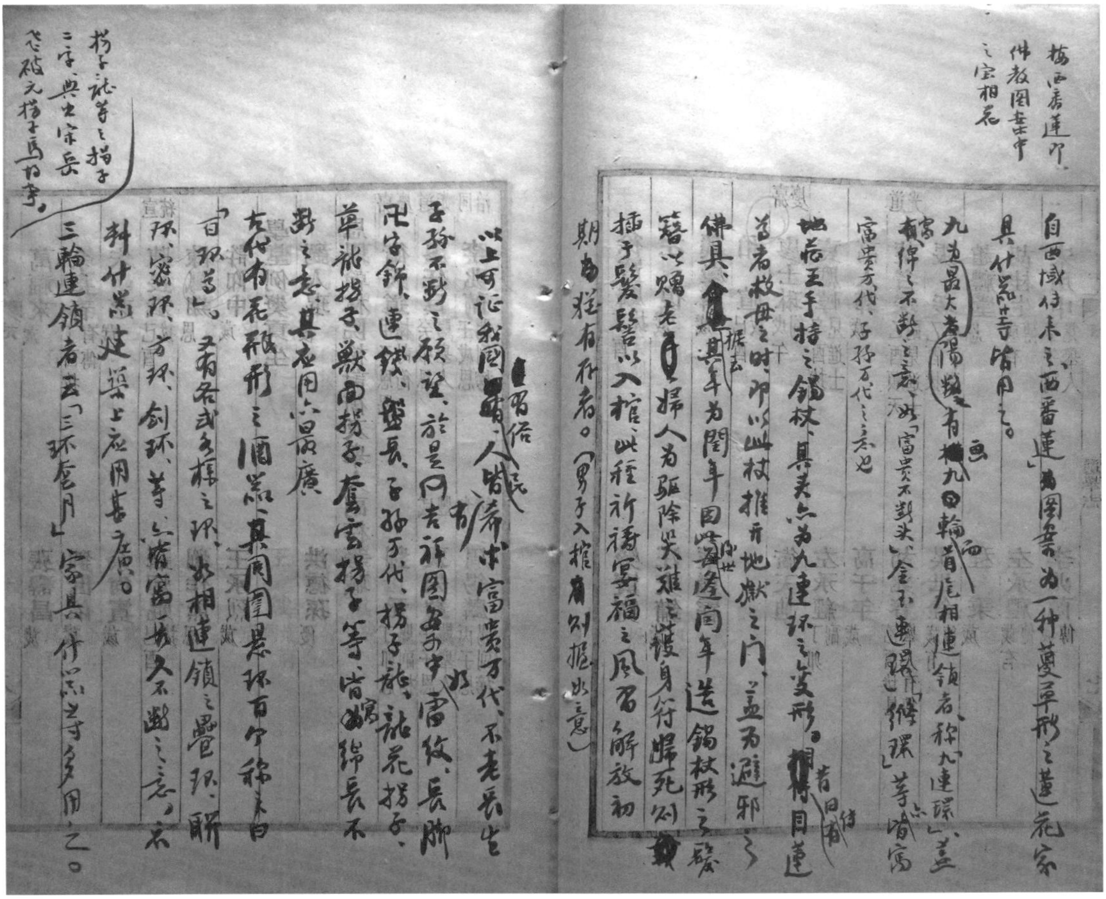

梅西房蓮印
佛教图案中
之宝相花

自西域传来之西番莲，为图案为一种蔓草形之莲花，家具什器等皆用之。

九为最大之阳数，有九个轮首尾相连锁者，称"九连环"，盖寓富贵不断之意，如"富贵不断头"、"金玉连环"、"缠环"等，亦皆寓富贵万代、好孙万代之意也。

地藏王手持之锡杖，其头亦为九连环之交形。相传目连昔日为救母之时，即以此杖推开地狱之门，盖为避邪之佛具，据云其年为闰年，四世逢闰年造锡杖形之发簪以赠老妇人，为驱除灾难护身符，归死后插于发髻以入棺，此种祈祷寡福之风习，解放初期尚犹有行者。（男子入棺者则握此意）

以上可证我国习俗人皆喜希求富贵万代、不老长生、子孙不断之愿望。于是凡吉祥图案中，如雷纹、长脚卍字锦、连锁、盘长、子孙万代、拐子龙、龙花拐子、草龙拐子、兽面拐子、夔云拐子等，皆寓绵长不断之意，其应用亦最广。

古代有花瓶形之酒器，其周围悬环百个，称"百环尊"。又有各式多样之环，如相连锁之叠环、联环、密环、方环、剑环等，亦皆寓长久不断之意，在家具什器建筑上应用甚广。

三轮连锁者谓"三环套月"，家具什器之中多用之。

拐子龙等之拐子二字，与北宋岳飞破元拐子马相牵。

如牡丹和鲤鱼则题「富贵有馀」

宋以前以鲤为吉鱼之风，至宋始有红鱼畜之玩赏，金鱼益加人工繁殖而种类及数十种之多，今日更多（金鱼种数今日更多）

（八一）富贵寿考（大富贵亦寿考）

画牡丹、寿石、（或松、或寿字）或添柏树则题「富贵百龄」「百年富贵」

（八二）白头富贵

画牡丹与白头鸟。又画白头鸟二羽栖于桐枝，题曰「堂上双白」，为（说）夫妇双寿。因同桐谐同也。

（八三）正午牡丹

画牡丹与猫

猫目睛旦暮圆及正午竖敛如线。故正午牡丹为牡丹开之时，即寓富贵全盛之意

（八四）富贵耄耋

画牡丹、猫、蝴蝶

（八五）富贵万代

画牡丹之株，蔓如蔓草之延。

牡丹寓富贵，蔓草之蔓谐万蔓

凡吉祥之草花，其形如蔓草之延长者，称「而草指字」富贵万代之图案应用最广

六合者謂天地与四方而成宇宙、而六諸府合諸花之

（七六）國色天香

画牡丹之圖

唐玄宗賞牡丹、陳修己奏李正封之詩「國色朝酣酒、天香夜染衣」、盖牡丹之艷麗称國色天香（國色者其女姿色也（國之選）美女、美夫人美夫

（七七）官居一品

牡丹之圖或画菊花与鷄之冠

唐皮日休詩：「落尽殘紅始吐芳，佳名喚作百花王」。牡丹有花王之称，因借用于一品官，寓其居最高之位也。鷄之冠諧官冠、菊諧居

（七八）富貴長春

画牡丹与長春花（或用白頭鳥）加

周濂溪愛蓮說：「牡丹花之富貴者也」

画牡丹与香櫞，題曰「富貴因緣」

（七九）長命富貴（富貴神仙）

画壽石、牡丹、桃花

碧桃花称神仙花，故用碧桃刻題「富貴神仙」

（八十）功名富貴

画牡丹与雄鷄

牡丹寓富貴、雄鷄俗称公鷄、公功同音。且雄鷄报曉啼鳴（諧名字）

墨影
嘉量

一、宝鼎四、

龟有神龟、灵龟、摄龟、宝龟、文龟、筮龟、山龟、泽龟、水龟、文龟等十种，其甲纹俗称龟纹、龟锦纹、龟甲纹，其变体多至数十种，依其描绘组织而有罗地龟纹、文中龟文、交脚龟文等，衣料、家具、什器、建筑等应用最为广。

（七三）松鹤长春（松鹤同春）（松鹤遐龄）用寓寿松龄

与松柏配合则曰「松柏同春」以祝夫妇同寿为主。

（七四）百禄（受天百禄）

画百头之鹿

抱朴子：鹿寿千岁，满五百岁则色白
述异记曰：鹿千岁为苍，又五百岁为白，又五百岁而黑

鹿千年为苍鹿，又五百年为白鹿，又五百年化为玄鹿，付以极长寿之兽。

又鹿与禄同音

吉祥对联有：晋封五鹿百禄之路，汉洗双鱼大吉羊。

又有画鹿二匹，题曰「路路顺利」，盖鹿谐路也。与柏树同画则题「百龄百禄」，画蝙蝠与鹿则题「福禄双全」，「福禄长久」

[redacted]

（七五）鹤鹿同春

画松、鹤、鹿，又画鹤与二鹿亦称「六合同春」

沈宗畸东华琐录云：「故刻王府賜邸皆有园林，蓄鹤、鹿，盖取六合同春之意。」

八品之盤長，俗称八吉為全体之代表。盤長不但為連绵不断
之象征，且与腸字音同，亦綿長之意，图案中常用最廣，或几
字連鎖，或双重盤長。或梅花盤長。方勝盤長，套方勝盤長。
四合盤長、万代盤長等变体，是日用品中應用極廣
道教中暗八仙為八仙之符号，亦擬八宝之数。又有珠、
钱、磬、祥雲、方勝、犀角杯、书、画、红葉、艾葉、蕉
葉、鼎、靈芝、元宝、錠、青宝、选画八种亦称八宝。
又以佛具金剛杵（由印度之武器演化而為佛具）图案連鎖化或简
化而成卍而成之除魔纹様者，最多用於宫殿寺庙之窗。
（俗称菱花窗）

又有以鐘、磬、琴、箫、笙、埙、鼓、柷、圉八种乐器為图
案者，此為「八音图」非八宝也。

（七二）龟鶴齐龄

画龟与鶴之意

六朝之压勝钱見有铸龟鶴齐寿四字者，所谓龟
经万年之靈龄，鹤亦以長寿而為吉瑞祥之仙禽。
中略
因朝宫中之「太和殿」，皇朝之正殿也，前為露台，列龟鹤
彝器各二，日晷、嘉量各一。「乾清宫」帝皇召对臣工
引見庶寮，皆御焉，殿前露台列龟鶴各二，日晷、嘉量各

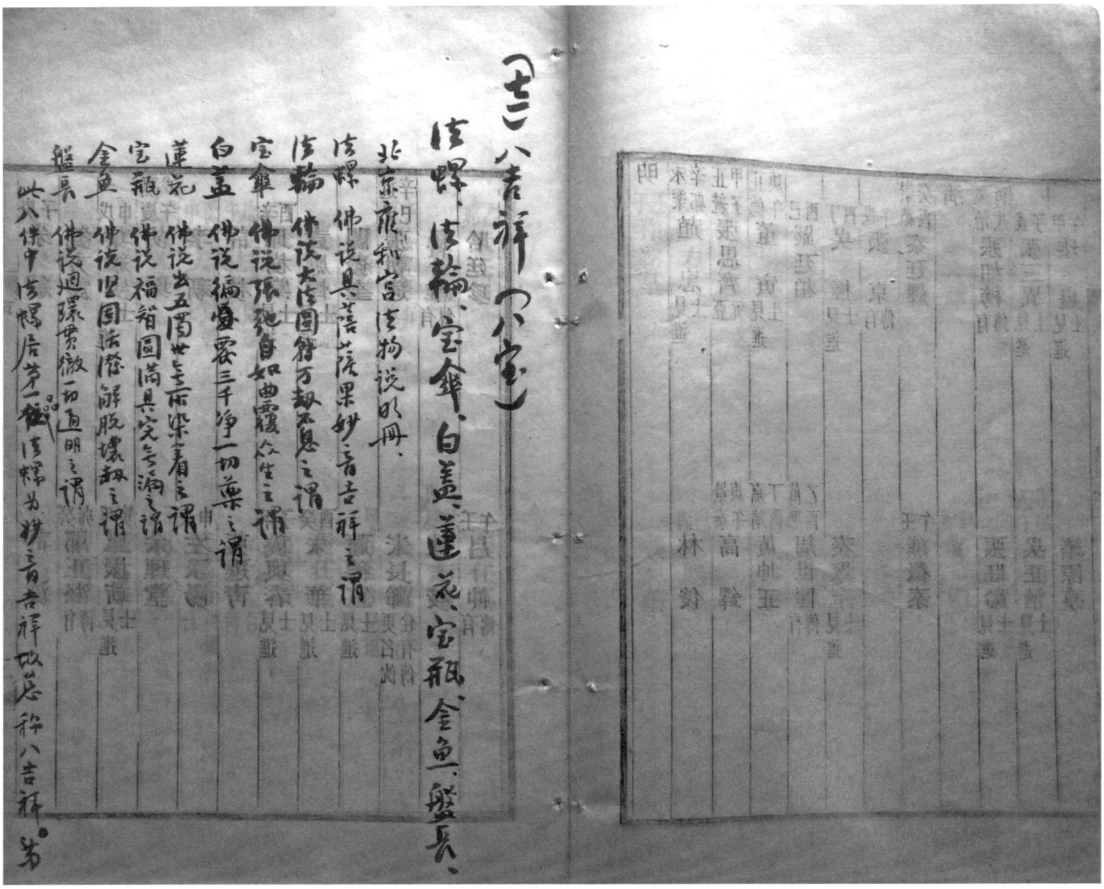

（十二）八吉祥（八宝）

法螺、法輪、宝伞、白盖、蓮花、宝瓶、金鱼、盤長、

北京雍和宫法物说明册、

法螺 佛说具菩萨果妙音吉祥之谓

法輪 佛说大法圆转万劫不息之谓

宝伞 佛说张弛自如曲覆众生之谓

白盖 佛说遍覆三千净一切药之谓

蓮花 佛说出五浊世无所染着之谓

宝瓶 佛说福智圆满具完无漏之谓

金鱼 佛说坚固活泼解脱坏劫之谓

盤長 佛说回環贯彻一切通明之谓

此八件中法螺居第一品，法螺为妙音吉祥，故总称八吉祥。第

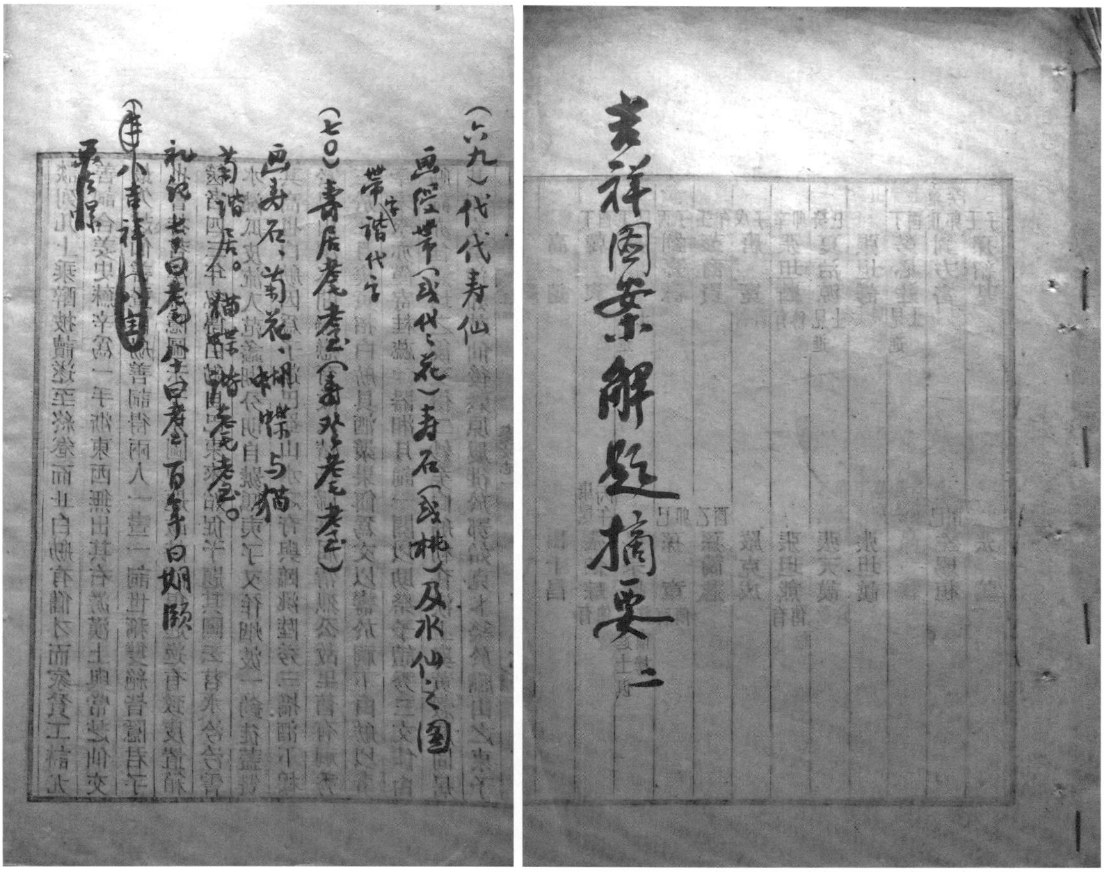

（六九）代代寿仙

画瓷带（或代代花）寿石（或桃）及水仙之图

带字谐代之

（七〇）寿居耄耋（寿登耄耋）

画寿石、菊花、蝴蝶与猫

菊谐居。猫蝶谐耄耋。

礼记曰七十曰耄，八十曰耋，百年曰期颐

（七一）八吉祥（图）

[illegible]

吉祥圖案解題摘要 二

（六四）寿山福海

画海中之岩石上有蝙蝠。

明刻本之寿山福海图，款曰："寿比南山，海如东山"。

（六五）必得其寿

画寿石与玉兰（或竿）

玉兰花为木莲花，亦称木笔花。"笔"与"必"同音

（六六）贵寿无极

画桂花与桃（或桃花）

贵谐桂、

（六七）春光长寿

画山茶花与绶带鸟

山茶花寓春光，长尾之绶带鸟，"绶"谐寿。

画绶带二羽，寓以双数，若是，则称"双寿"

祝夫妇和寿用之。又或画菊花，菊也曰

延寿年长四字。[illegible]皆寓寿之意。新

[illegible]一颗果[illegible]是矣。

（六八）万寿长春

卍字系字、寿字于长春花中

记文云侍者、麻姑者为仙女子，而王母之大人物也。

(六二)东方朔偷桃(东方朔窃桃)(东方朔偷桃)

故事习见

解释从略

(六三)海屋添寿

画蓬岛、瑶台、卿云(或飘海、华屋、祥云)

一鹤衔筹飞来。

列子：「渤海东有大壑，中有五山：岱舆、圆峤、方壶、瀛州、蓬莱。台观皆金玉，所居皆仙圣之种。」

史记：「蓬莱、方丈、瀛洲，此三神山者，在渤海中。」

唐巴丘郑诗：「海屋银为栋，云车电作鞭。」海屋，仙人之居。

太平御览：「有三老相遇，问年，其一曰：海水变桑田，吾辄下一筹矣。」

韵府：「海上老人曰：沧海变桑田，吾辄下一筹记之，吾目见沧海又变一筹记之。」

(六三)山高百寿

画太湖石、桃、萱草、松柏之图

嵩山为五岳中之中岳，传为仙人所栖之灵场，松与嵩同声，柏与百同音

画天竹、水仙、靈芝、壽石之名
由「学仙学佛」画水仙、佛手之
「方寿不如积在手」画佛手柑、酒杯、柿、
「着手成春」草書佛手見
(五七)仙壺集慶(仙壺淑景)
画花瓶、松、靈芝、梅、水仙，傍加吉祥之瑞草及萊菔(蘿蔔)
或画松、桃、鶴、鹿、
方壺圓嶠乃仙子所居，仙壺即仙人之所居也。

(五八)蟠桃獻寿
画桃樹下仙人持桃而立
(五九)瑤池集慶
画群仙祝西王母之誕生、
集仙來之「西王母一名金母」
「瑤池進釀」画女仙乘槎載酒而渡海
(六〇)麻姑獻寿
画麻姑仙捧桃伴双童女仙之名
麻姑之記載，最有名者為顏真卿之麻姑仙壇記恭州文首今所存群仙祝寿西王母[redacted]即乘鹤而不乘鸾。

画寿石[redacted]竹头及水仙数株。

又寿石、万年青并和竹称万年祝寿。

（五二）群仙拱寿（群仙献寿）

画寿星骑鹤从空飞来，（亦有画西王母乘鸾驾者）八仙拱手而仰视

或画松与水仙之图，

鸾，为凤之一种，春秋孔演图云：「天子官家以明堂，举则鸾鸟至野，为世嘉祥。」

（五三）群芳祝寿

画松、寿石、竹、灵芝，题曰「松龄拱寿」。

画桃、月季花、灵芝及翠竹。

（五三）芝仙祝寿

画灵芝、水仙、竹及寿石（或桃）之名

（五四）齐眉祝寿

画梅、竹，及绶带之图

梅谐眉，寓举案齐眉之义。

（五五）天仙拱寿

画绶带鸟、腊梅、天竹及水仙之名

绶与寿同声

（五六）天仙寿芝

何仙姑：刘贡父诗话谓永州人，续通考则谓广东增城人，独醒杂志谓宋仁宗时人，续通考则谓唐武后时人。

蓝采和：续仙传采和不知何许人也。每行乞歌于城市乞索，人有为儿童时及斑白见之，颜状如故。后踏歌濠梁酒楼间，乘醉有云鹤笙箫声，忽然轻举于云中，冉冉而去。

吕洞宾：宋史陈抟传谓关西逸人吕年百余岁

步履轻捷，顷刻百里，数来抟斋中。

（四八）八仙过海

画八仙乘槎渡海之图　谓八仙渡海往祝西王母寿

又传说在此旅行中，曹国舅手持之阴阳板有一枚坠于海，于是今戏剧中之曹国舅，手中阴阳板仅有一枚。

（四九）八仙仰寿（八仙拱寿）

画老寿星乘仙鹤飞于云中，八仙仰视而祝寿之图

（五〇）群仙祝寿

八仙中除張果老、鍾離、呂洞賓三人外，正史無其人，究為何時人，如何因緣而集此八人，已無可考之據，疑為元代全真陽教之全盛時代，按其教義編造者。元曲中有八仙慶壽之劇，可以略窺其概也。

據續列仙傳、史料皆穿鑿附會，此摘其要者如下：

鍾離　宋史陳摶傳，陳堯咨謁摶，有髯者、碧道人先在坐，堯咨私問摶，摶曰，鍾離子也。又王老志傳，有丐者自言鍾離先生，以丹授老志，服之而狂，遂棄妻子去。

張果老　舊唐書開元二十二年，徵恆州張果老先生，授銀青光祿大夫，號通元先生。

韓湘子　相傳為韓愈之從孫，唐書宰相世系表湘乃老成之子，老成為愈之姪，登長慶三年進士，官大理丞。

李鐵拐　隋人，名洪水，字拐兒，又名鐵拐，常行乞于市，以鐵杖擲空化為龍，乘龍而去。一說鐵拐本偉丈夫，遇老君得道而仙去。

曹國舅　宋史慈聖光獻太后弟曹佾，年七十二而卒。

又有将雁於鸿雁上添「延年」二字而構成瓦當之樣、宫月令季秋之月鸿雁来宾之意而作「飞鸿延年」之信笺封者。

（四五）寿图

画群仙颂祝南极老人于瑞云之中，或群仙颂祝西王母于瑞云之中。

（四六）百寿图

百体之寿字排列成寿字之图

清钱曾之读书敏求记中载有百寿字图一卷，盖细要各种之字体。

（四七）八仙庆寿

画八仙之图

八仙有上八洞仙、八仙人、暗八仙（俗称上八仙、中八仙、下八仙）等三种。八仙人为張果老、吕洞賓、韓湘子、何仙姑、李鐵拐、鍾離、曹国舅、藍采和等八人。上八洞仙为王母、楊戩、寒山、拾得、刘海、白猿、太白、寿星。暗八仙即画八仙各持之物以代之，因不画人物故称之为暗八仙。其中以上八洞仙为图案者稀见。

不甚多見

〈漢瓦〉

漢并天下　長生未央

長樂未央　未央長生

長樂万岁　延壽万岁

長生無極　萬安万世

延年　平樂阿宮

延年益壽　永奉無疆

千秋万岁　億年無疆

駘蕩万年　美物咸成

千秋長安　狼千万延

万岁　長毋相忘

仁義自成

八風壽存當

大万樂當

宜富當貴

百萬石倉

上高蕃昌

万有喜憂

万岁冢當

此等瓦當，國中最普通應用者為延年益壽、千秋万岁、千秋未央、長生無極、長生未央、千秋長安、長毋相忘等。

又有秦瓦當圖之外，而……遺存，拓印者亦多。

菊又称長壽之花。俗說酈縣之北有小溪，芳菊叢生，其水
頗香。胡廣云，有人久患風疾，常飲此水，病遂全愈
而保百岁之之命。又有朱孺子飲以甘菊之花与桐子共服
後即仙化云。又太平廣記之「荊州菊潭，其源傍芳菊被
涯澳，其滋液極甘，深谷中有三十餘家，不得穿井，仰
飲此水，上壽二三百，中壽百餘，其七十八十猶以为夭。」
菊能輕身益壽氣，令人久壽有徵」
故与枸杞俱称為長壽延命之花。
晋书文苑傳之羅含致仕還家，階前忽蘭菊叢生
（以为德行之感應）
中國從古國畫中常有描菊花，藉为國画名。
（四四）延年益壽
以延年益壽四字，用篆文描成瓦當圖案，
現存古代瓦當文甚多，其中共安者如
（秦瓦）
維天降靈延元萬年天下康寧
永受嘉福　衛屯
蘭池宮當　与天無極
衛　延年

清以此日为千秋节。天宝七年又改称天长节

（卅九）天地長春（天地不老）

画天竹、地瓜、与長春花。

（四十）長生不老

画萱花生之丛

~~以松柏長春~~

以松柏長春花題（不老長春）。再添壽帶

則兆萬年春帶

（四十一）長春白頭

画長春花、壽石及白頭鳥。

白头鸟亦名長春鳥。

壽石为石之雅称，古语有山静似太古，壽同金石。

均画石有所寓寿意，壽石亦称太古石

（四十二）萬代長春

画萱草、長春花。或于瓦字飾上散置長春花。

（四十三）杞菊延年

画菊与枸杞。

枸杞之子为壮阳剂，本草綱目有：出家千里，勿食枸杞之語。

文與可畫市云：「梅寒而秀、竹瘦而壽、石醜而文，是三益之友」。松竹梅自能於冬季萬木凋落之時而各守其節，喻友情年年歲歲相為而友情不渝，故稱三友。至于以世稱松為長青不老。松以靜延年。歲寒然後知松柏。稱竹則有竹稱君子、竹有君子之道四焉、竹因虛受益。稱梅則有冰肌玉骨乃梅尊之清奇。瓊姿玉骨、物外佳人、群芳領袖諸說。皆為吉祥頌祝之語也。

「綠竹生筍、紅梅結實」結婚日能以此為門聯。

明薛文清稱竹梅蘭菊蓮為五友圖。

（卅八）天長地久

畫天竹地瓜

天為天竺之第一字，竹又有諧祝字。地瓜取詩經綿綿瓜瓞，寓久長之意。老子云：「天長地久，天地所以能長且久者，以其不自生，故能長生。」極言其長久矣。

唐玄宗垂拱元年八月五日生於東都，開元十七年一日宸又昔日母子遠別、久不相見、其母衣下見蜘蛛、喜曰、喜子念我特遠、對日作果然、相抱而喜。因蜘蛛因称喜子、亦称喜母。爾雅疏云「俗呼喜子、荊州河南人謂之喜母。此出未有人衣、古有親客至。幽州人謂之親客」。西京雜記有蜘蛛集百事喜。劉歆新論亦云畫見蟢子為喜樂之瑞。後世因見此蟲出為吉兆。故~~喜蛛~~ 捕蜘蛛下墜即喜從天降

又「門庭蜘蛛」之畧、傍飛喜鵲、題曰「喜气盈門」と

門庭、

（歳寒三友

畫松、竹、梅。或梅、竹、石

論語云「益者三友、損者三友。友直、友諒、友多聞、益矣。友便辟、友善柔、友便佞、損矣」と

白居易詩云「親帷三友、三友為誰、琴罷輒飲酒、酒罷輒吟詩。」と

趙翼陔餘叢考四十三云「元次山丐論云、古之人多無君子、則与山水為友。里無君子、則以松竹為友。坐無君子、則以琴酒為友。東坡詩風流兩部樂、松竹三益友。」と

清高宗御製詩三集云「南宋馬遠有歳寒三友図、所作為松竹梅」云々。是三友各画松竹梅、至元進自宋已然。又梅竹石三友之說見東坡題其路

梅竹寓夫妇之意

（卅）补喜图

画豹与喜鹊　又有画鹊十二只、题曰「十二时报喜」

（卅一）喜在眼前

画鹊与古钱、与前述之福在眼前画数同

（卅二）喜相逢

画童子二人相对而笑，或画两鹊相对。

又有画八鹊者，题曰「八百长春」

（卅三）喜上眉梢

画鹊棲梅梢

（卅四）喜报春先（喜报早春）（喜报平安）

画鹊鸣于梅梢

又画童子于梅下弄爆竹，名「开春报喜」

（卅五）欢天喜地

画獾与喜鹊　又和合二圣亦称「欢天喜地」

（卅六）喜从天降

画蜘蛛自其巢悬一丝而下之图

蜘蛛止于屋间，唐宫人见其形而称壁钱，见蜘之夜

当崇帝上窗，欣见吉兆，因呼喜子。

、硇、喆、囍、萬、方、卍、寿、禧、富、寿等，皆因其用處而変
其形，如圓形壽字、長方形之長壽字、正方形之方福字、
六角以及万、工、天、香、丁、已（蝙蝠紋）等字，画成同字相連或相
背連鎖，構成图案，称之謂曲水万字、工字、天字、香字、丁
字等，每用諸于建築、衣料。
曲水紋字及雷紋、回回錦、菊花紋、花草拐子、龍拐子、草龍
拐子、獸面拐子、夔龍拐子、纏枝拱壓、套環拐子、
水波紋、竹節等俗名紋樣為漢文式
拐子紋，明（延用）宋岳飞大破花軍拐子馬，故亦凡花紋之

連鎖不断者，称拐子，花草拐子者，花与草相連結不断也。
龍紋之草化者，以龍身作曲線代表，亦称龍拐子或
拐子龍。如附有纏枝之草則又称草龍拐子，餘類推。
（廿八）同喜
画桐与喜鵲
又画四鵲則名四喜图，亦有画两喜相連（胸腹）成四方者
称四喜图。
（廿九）竹梅双喜
画竹梅及喜鵲二羽

「镇纹」「镇錡」，亦广吉祥之意。

又有纹饰桃[illegible]，亦谓「方胜」「彩胜」之菱形图案、

亦用诸于孩子首饰。其他方面。（胜亦首饰之名，

斜方形者为方胜，华丽者为彩胜。）（小儿佩戴方胜）

胜之二）

（廿六）福禄寿三星（画南极老人骑鹿，一童子持寿桃随侍，或蝙蝠）

老寿星为南极老人星，现则天下太平、

史记天官书：「……狼比地有大星，曰南极老人，老人见，

治安；不见，兵起。常以秋分时，候之于南郊。」

福财宝、禄高位、寿长命、

星寿，寿星中画其寿星头，从家升官拜此

像称白拜寿。

（廿七）双喜

画鹊二羽相并之名

又有书作囍者

鹊为报喜之鸟，俗称喜鹊，晨起闻鹊噪（广州造信）

必对是日有喜事。

凡此字变成图案，用处甚广，俗称「花字」。例如

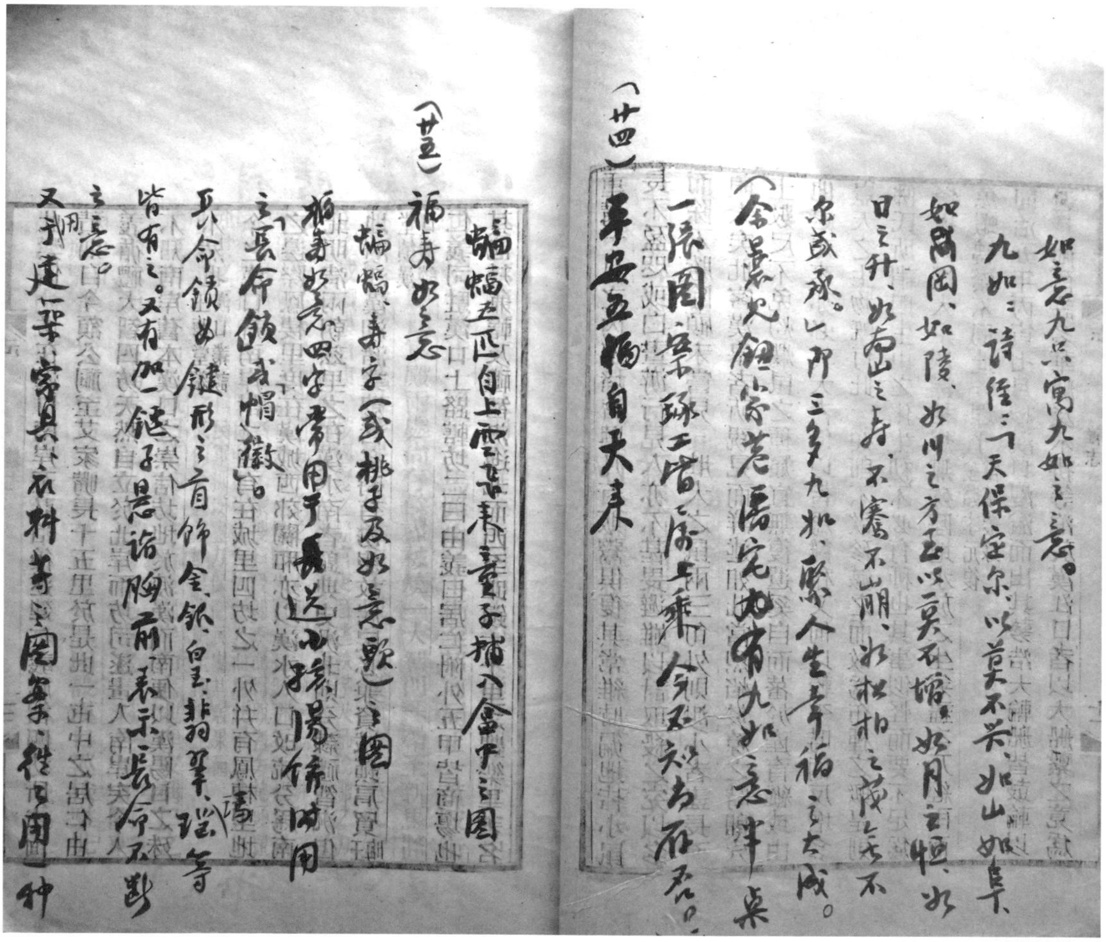

如意九只，寓九如之意。

九如之詩經之「天保定尔，以莫不興，如山如阜，如岡如陵，如川之方至，以莫不增，如月之恒，如日之升，如南山之壽，不騫不崩，如松柏之茂，無不尔或承。」即三多九如，象人生幸福之大成。

（今景泰銅器常見此九如意半桌一張，圖案雕工皆上乘，今不知去向矣。）

（廿四）平安五福自天來

蝙蝠五匹自上雲中飛來，童子捕入盒中之圖

（廿五）福壽如意

蝙蝠、壽字（或桃子及如意頭）之圖

福壽如意四字常用于長送小孩賜飾時用之長命鎖或帽徽。

長命鎖如鍵形之首飾，金、銀、白玉、翡翠、瑠等皆有之。又有加一鏈子懸諸胸前，表示長命不斷之意。

又用于建築、家具、衣料等之圖案，種[illegible]種又相连锁之古庙钱套（一称套钱）。九个钱之孔相贯者称「连钱」（九为阳数之极而吉祥）又有画十字古钱而为吉祥语于钱中，称之曰「十全图」

「锭」有一定之重量与形式。今有「一定」往々借为「定」字之意，如「一定如意」「一定高中」等吉祥语之类，有种々之变体，用诸于各种图案。

〔廿一〕福寿双全

蝙蝠寿字与穿绳之古钱两个，蝙蝠衔之之图案。

又蝙蝠、桃子、及古钱两个之图

又寿星持桃，伴随小童，其空之有蝙蝠飞来之图

蝠桃等有寓寿意。钱谐全。穿与全其音亦类似。

即穿两个古钱寓双全之意。

又有寿字（或桃子）与蝙蝠连锁而作长字之图案，广用长庆，称之谓「福寿绵长」。

〔廿二〕翘盼福音

童子仰视蝙蝠飞来之图（此图亦题「接福」）

〔廿三〕三多九如

蝙蝠（或佛手柑）、桃、石榴及如意九个环绕

蝙蝠桃石榴表示三多。

竹、或南天竹、再配以所述之吉祥花卉二种。
華子天地篇華封人祝堯帝之語曰：使聖人富、
使聖人壽、使聖人多男子。

（十八）多福多壽多男子（三多）

佛手柑（或蝙蝠）桃、及石榴。

王母蟠桃三千年結子、故以祝壽。
佛手之佛与福諧音。桃、

（十九）多福多壽

多數之蝙蝠与桃（或用壽字）之名

（廿）福在眼前

蝙蝠古錢之名（或置古錢于小鳥之亦）
蝠福同音。錢前同音。錢之孔曰眼。
錢為古今上下通用之寶。故圖案中有用古代錢幣之形。
於錢中並成為人愛好之吉祥語、如吉祥如意、富貴滿堂、子
孫吉慶、長命富貴、如意、有十二生肖、鶴鹿、南極老人、五男
二女等圖案者之厭勝錢者。厭勝為巫蠱之術、等統
稱田所用壓歲錢、亦壓勝也。

男重生女之詩、此因詠楊妃之「門富貴而致寵、刺古來輕女之諺、有〻盜不入五女之家」。生活困難時又有〻「先生女是仙家、多男多女是冤家、一男一女一枝花」之諺。

又〻鐵圍叢談有記嘉慶帝命兩淮鹽運使承福建荣荔枝所有相于百子圖案、可見當時流行之一斑般、此長待采。

張華博物誌：「張騫使西域還得石榴、胡桃、蒲桃種、歸植之」。

宋沈立海棠記：「凡今之草木以海為名者、酉陽雜俎云、

唐贊皇李德裕花木記、花名中之帶海者悉從海外來、故知海棠、海柳、海石榴、海木瓜之類、俱無聞于記述、豈以多而為稀耶、又非多也、誠恐近代得之于海外耳。又杜子美海棠行云：「欲栽北苑香日、惟有西域胡僧識」、若然則贊皇之言不誣矣。

百子圖為百子游戲之圖、始用於禮、廣榮林吉年。

（十七）華封三祝

蝙蝠二足（或兩童子各持蝙蝠对立）图

福蝠同音

（十三）五福捧壽

圓形壽字（或桃實）其周圍排列五蝙蝠

五福：尚書洪範：「一曰壽，二曰富，三曰康寧，四曰攸好德，五曰考終命。」

（十四）五福和合　亦云五福來朝

自盒內飞出五蝙蝠

（十五）納福迎祥

自上空飞來數蝙蝠，一童子仰視，一童子生捕入缸之名

（十六）榴开百子

石榴之图

北史：「齊安德王延宗納趙郡李祖收女為妃，後帝幸李宅宴，而妃母宋氏薦二石榴于帝前，問諸人，莫知其意，帝投之。收曰：石榴房中多子，王新婚，妃母欲其子孫眾多，帝大喜，詔收卿還將來，仍賜美錦二匹。」

中國重男輕女自古已然。榴莫逆令天下父母心，不重生

亦有用梅花者。为一枝春信报平安之意。

(九)岁岁平安

花瓶与爆竹数个（或其他正月玩具制作）图

又

麦穗九茎之图

前述爆竹之起源正宋东京梦华录则云：

驾前呈百戏，每一齣毕、作霹雳一声。谓之爆仗。凡御

前供奉皆曰仗。故爆亦仗也。武邑元旦启户放爆仗三声。

市金钱为兆，并置五色纸钱于爆中发之。谓满地照

金钱。满城连响。如崩瓦裂石也。

穗岁同音。九为数之极大。

(十)四季平安

花瓶、月季。（庚申蔷薇）

又四个花瓶插四季之花。

(二)马上平安（马报平安）

一人骑马而跑

马上相逢无纸笔　凭君传语报平安

十(二)双福

跑之诸报字

（五）新韶如意

花瓶插山茶花、松、梅，旁配灵芝、柿、百合瓶，[illegible]高岳庆，取其美之意。唐太宗诗云：韶光开令序，淑气动芳年。故新韶犹新年同意。

（六）吉庆如意

童子（或美人）持如意骑象之图。吉祥，易经：吉事有祥，骑象为吉祥之谐声。

（七）和合如意

盒子、荷花乃如意，取合成合。

（八）竹报平安（家信平安）

童子弄爆竹之图（爆谐报字）

竹与鹌鹑之图（鹌谐安字）

谈闻录云：西方之山中，有长丈余，名山魈。人若遇之必病，[illegible]李畋者，非常畏之。为免逃避，朝夕投竹于火中，使之爆裂，其响山魈亦惊骇而逃避，尔后渐渐逃窜。后世束纸纳火药以代竹者，盖其遗俗也，是为爆竹之起源。

竹之图案，信笺、信封多用之，象征平安之意。

此[illegible]我日文[illegible]课字。未对原书，恐有出入。

四无虫蠹、五霜叶可玩、六嘉实、七落叶肥大。
柿、事之谐声
常有以柿之蒂作图案者，尤於建筑图案多用之。尔
雅翼：木中根固者，惟柿为最。係须之柿蒂，建筑
用此寓坚固平安之意。營造法式中有不少柿蒂纹
图案
三 百事如意
百合花（或百合根）、柿（或狮子）及灵芝之图
柏树盆景，配以柿子、灵芝

（四）萬事如意（万年如意）
萬（卍）字与灵芝（或卍字与如意）
卍字，原为梵文，並非中国字。則天武后長壽二年採
用於我国汉文之中
又有与此相似而象徵内容之所谓雷纹者（俗称回纹）青铜
器上装饰多应用。雷纹与卍字，均为主要要素。又其形状
寓意本不断而长久，颇有吉祥之意。故其各种
变体之广为应用。卍字与拐子龙相连锁之各种图案。
拐子龙
又有並列多数回字之所谓回回锦，其形与雷纹
似，为回回教徒特有喜爱之图案。

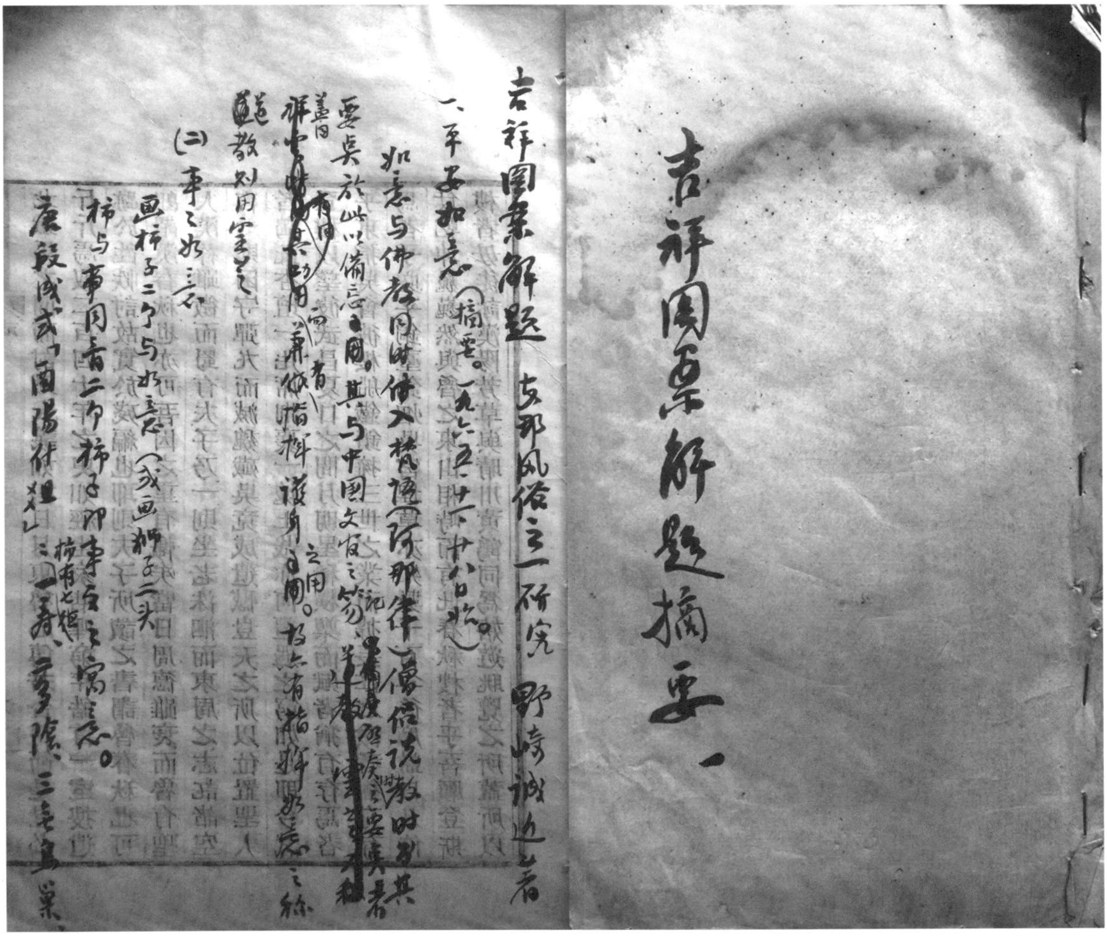

吉祥图案解题摘要 一

吉祥图案解题 支那风俗之一研究 野崎诚近著

一、平安如意（摘要。一九六五年十一月廿八日於。）

如意与佛教同时传入，梵语阿那律，僧侣说教时手执其……

要具於此以備忘之用。其与中国文官之笏……

（二）事事如意

画柿子二个与如意（或画狮子二头）

柿与事同音，二个柿子即事事之寓意。

唐段成式《酉阳杂俎》：柿有七绝，一寿，二多阴，三无鸟巢……

纨绣

晋书石崇传：後房百数皆曳纨绣、珥金翠，丝竹尽当时之选。庖膳穷水陆之珍。……

藻绣

后汉班固传：昭阳特盛，隆于孝成。屋不呈材，墙不露形，裛以一一络以纶连

此藻绣大约指藻饰

附页

波斯图案影响

……中国为了满足西方市场的需要，在隋代和初唐，中国丝织品花样有些便采用波斯的风格。在织锦的技术方面，有时也受到波斯锦的影响。

1959年新疆……吐鲁番附近的六至八世纪阿斯塔那墓地的发掘中，发现了大批的丝织品……这时期中也发现了一些带有典型的波斯萨珊朝式纹锦的中国丝织品以及一些可能是波斯或中亚的丝织品

绣市

徽妃龙瑞娇贪而且妬，宫人少有不如意，笞挞至死，有不欲置之死地者则百计防，致其苦楚……帝尝赐赉金帛，比他妃有加，麒麟鸾凤白兔灵芝双角五爪龙、万寿福寿字赭黄等段以巨万数。娇乃开市于左掖门内，发卖诸色锦段，如有买者，仍给一帖，令不相禁，宦官牛大辅掌之。由是京师官族富民及四方商贾争相来买，其价增倍，岁得钞数万，时呼为绣市，又呼为色春之市。陶宗仪元氏掖庭记

霞光绣

元鼎元年起招仙阁于甘泉宫西，编翠羽麟毛为帘，青琉璃为扇，悬黎火齐为床，其上悬浮金轻玉之磬，有霞光绣，有藻龙绣，有连烟绣，有走龙锦，有云凤锦，翻鸿锦……

汉郭宪汉武帝别国洞冥记

刺绣不如倚市门

……今夫贫求富，农不如工，工不如商，刺绣不如倚市门，此言末业，贫者之资也

史记货殖列传

① 千佛绣像（用锁绣法）敦煌出土

② 绣佛 残片（西田佐 锁绣的云网绣）トヨク发现

③ 劝修寺绣佛

④ 敦煌绣佛 斯坦因盗走现藏伦敦博物院

胡僧绣佛

杜甫饮中八仙歌：苏晋长斋绣佛前，醉中往往爱逃禅

（注）苏晋学浮屠术，尝得胡僧绣弥勒佛一本，宝之曰是佛好饮米汁，正与吾性合

五杂俎卷十六事物部称：胡僧慧澄。苏晋题之字也。

用複製……（删去）

要以说这一种高度艺术人人佩服的方法，在这方面的改进，已有一段谈谈，限于篇幅，不能详述（製作的过程当择另文介绍）

中也有複製油画像（领袖）的方法，用两三百种颜色的丝线，相互配合，根据原画色彩绣製，因此必需具有高度调色技術，才能成功（笔触），技术比較差的，就会浮表僵一

苏绣本来有一种专绣人物的男工，俗稱開相工人，他们用的方法，是用直針平铺满面，再用墨（深色）线在上面加出眉毛五官，鼻头部份稍稍隆起，这种方法一直沿用到现在，还在继续生產，资本主义国家还欣赏这一類作品。 刺绣人像，始创于沈寿，她的著名傑作，像……

在另一方面，以沈寿为首，开始用刺绣複製人像（着都是）先用鉛笔画插笔画的鉛照，並不加色，仅是黑白的照相像，先用在绷子上（七…）画一幅插笔画，（俗名鉛画照）就是用九宫格放大的一种，然后按照着深浅，用色的深浅刺绣，有时运用虚实針法，就是深的地方绣起，淡的地方断断加法，到浅的地方，就借用绷子底，本简直不绣，虚而不绣（加稀（俗名稀针））

在当时的摄影技术与器材，都是很落后，根本没有（人像镜头）也没有修整（人像底片）又不能用灯光照射摄影，因此照相的层次（ ）表現有限，仅仅表（达）现了面部的黑白光暗，但与现代人像艺术照相，完全不同，因此用沈寿的方法，表现当时的黑白照相是成功的，如果要表现现代的彩色油画照人像，那就非另起炉灶不可了。

等

中文稿紙（20×25）横直兩用

中文稿紙（20×25）横直兩用

×××首先决定了画稿，画稿的好坏是画稿问题，不属本文范围，这里假定画稿（前面已谈过）
都由画家负责，却直接影响一幅刺绣的。

苏绣的针法，种类很多，运用得当，的确变
化多端。运用失当，~~如果要不可收拾~~（技术也大有高低）。为
了便于欣赏起见，姑在此谈一些肤浅的体会，
以供参考。（我们要欣赏一幅刺绣，本人可以归纳以下的几点）
×××其次关于针法的大意
（一）和色无迹：平心这是艺术绣最基本的要求
，就是~~调色~~深浅调色要融合无迹，如出者手，
就深一块，淡一块，显然留着分界线。~~否则要~~
（二）平匀贴帖：~~劈线~~劈线，（劈）也是基本技巧，
要劈得粗细匀称，绣成平服的一片，如果线劈有
粗细，侧视就显高低。不知落针之法，就会满
留针眼。有的用力不匀，绣线有了松紧，落棚后就显出了皱纹。
（三）丝缕分明：针脚丝缕，要根据脉络方向施展。
如花瓣转折向背，除了用颜色分出深浅外，就
针脚丝缕也要分清转折。初学之人，往往搞不清
楚。随着向背 丝缕一乱，就背了道理。
（四）撕毛轻松：~~[illegible]~~ 翎毛往往是绣幅的主题
，在技术上也比较难绣。为了要求翎毛的有生动
体感，特别重视撕毛技术高的，有~~[illegible]~~轻松活泼，
而立体感 有的撕毛片如绣成平薄一片，虽光泽有余，而体感灵活不足
，技术差的~~那就称不上好手~~。这里就分别了优劣 就是
我们的工艺品的艺人们，另有种癖好，喜欢
好弄玄虚 李代桃僵而显其技能。譬如江西景德镇的瓷器
影红，~~明明是瓷器，但有意做成漆器~~，宜兴的
陶器，~~却偏偏涂上釉彩，好仿佛成了珐琅~~，都（玻璃）
诸如此类，花色甚多，刺绣也不例外，在苏绣
都是故弄玄虚一致行

（这些都不符合平匀贴帖的条件，）

中文稿紙（20×25）橫直兩用

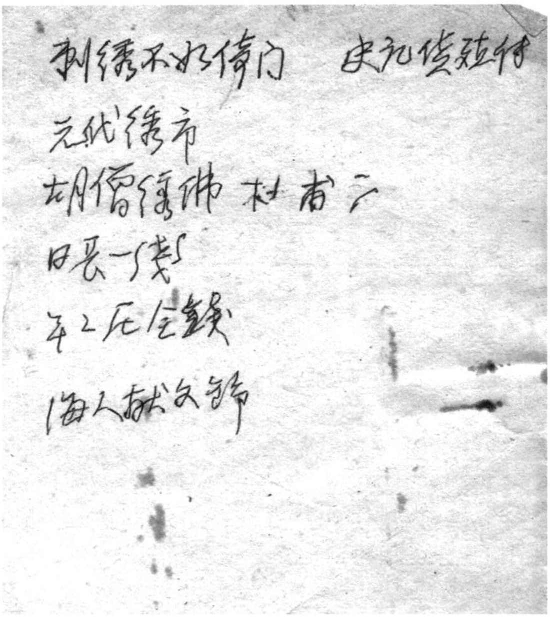
刺绣不以传门　史无传姓氏
元代绣帝
胡僧绣佛　杜甫云
日长一线
年年压金线
海人献文锦

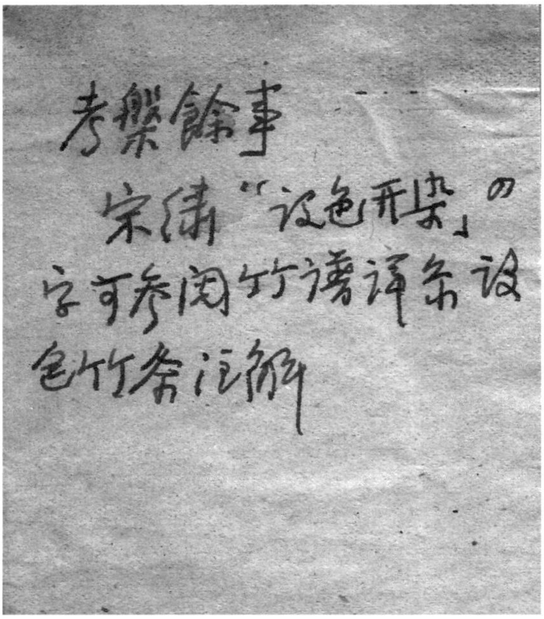
考槃餘事
宋绣"设色开染"の
字可参阅竹谱详录设
色竹备注解

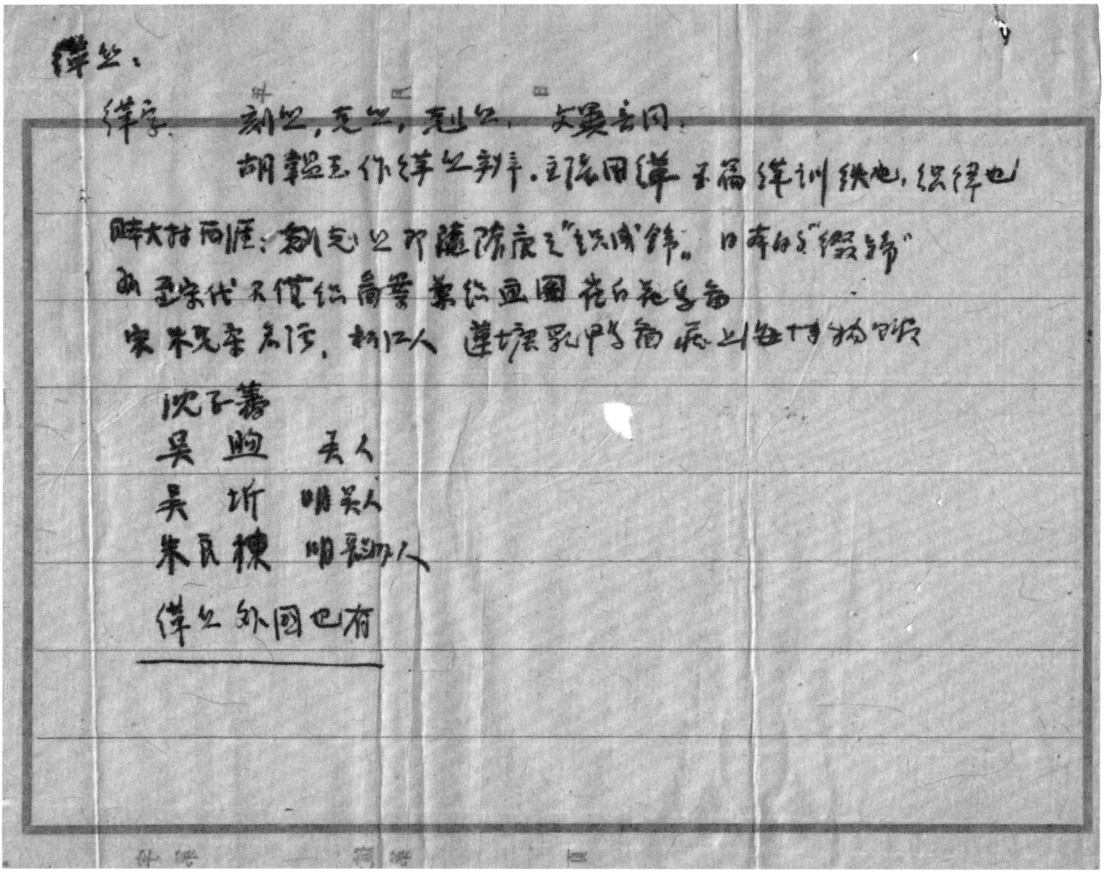
缂丝：
缂字　刻丝，克丝，尅丝，　义异音同。
胡韫玉作缂丝考释。玉篇用缂 玉篇缂训紩也，紩缝也
日本大村西崖：刻丝即隋唐之"织成锦"。日本称"缀锦"
至宋代不仅织商票 兼织画图花鸟花卉
宋朱克柔名刚，松江人　莲塘乳鸭图藏上海博物馆
沈子蕃
吴煦　吴人
吴圻　明吴人
朱良栋　明吴郡人
缂丝外国也有

漢唐织錦名案

东汉

（万世如意錦）

1959年新疆民丰县北大沙漠东汉墓出土

（延年益寿大宜子孙錦）

1959年 仝上出土

（双马纹錦）即（球路对马）

1959年新疆吐鲁番阿斯塔那北区302号墓出土（同墓出唐永徽四年（公元653年）墓志

（斜方格錦）

1959年新疆民丰县北大沙漠东汉墓出土

（方胜纹染缬）（公元384年）

（鸟兽纹錦之一之二）（公元541.551）

1959年新疆吐鲁番阿斯塔那出土

刺绣亭

令丞刘侯日于此，亭边有一绣竿，竿下为绣衣室，丞日令宫人把刺以验一绣之功

元氏掖庭记

日長一綫

唐雜錄：「唐宫中以女工揆日之長短，冬至後，日晷漸長，比常日增一綫之工」

荊楚岁时记：「魏晋间，宫中以红线量日影，冬至後，日影添長一綫」

杜甫诗：「何人却忆穷愁日，日日愁随一线長」

西凉画稿 宴乐图

新疆吐鲁番出土 阿斯塔那古墓

升平八年（364）时作品

纸本 ● 47.5×42.5厘米

这幅画为斯坦因盗往英国倫敦博物館

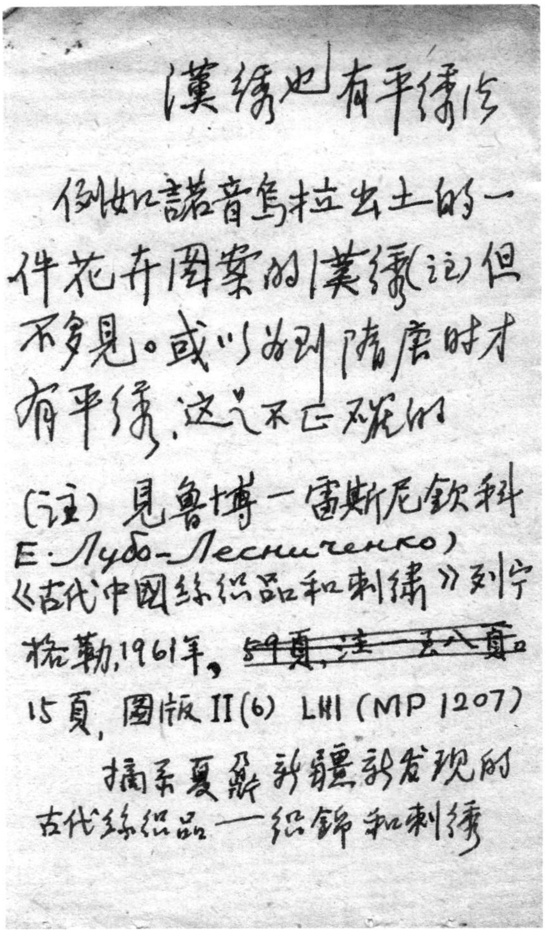
漢绣也有平绣的

例如諾音烏拉出土的一件花卉图案的漢绣(註)但不多見。或以为到隋唐时才有平绣，这是不正確的

(註) 見魯博—雷斯尼欽科 Е. Лубо-Лесниченко
《古代中國絲织品和刺绣》列宁格勒，1961年，~~59頁，注一五八頁~~
15頁，图版II(6) LHI (MP 1207)

摘录夏鼐新疆新发现的古代丝织品—绮錦和刺绣

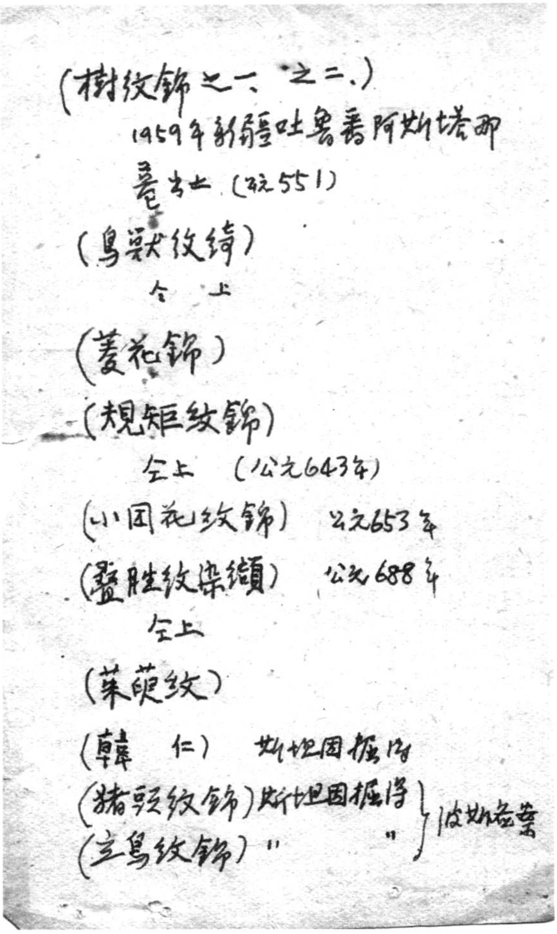
(樹纹錦之一 之二.)
1959年新疆吐魯番阿斯塔那墓出土（公元551）
(鳥獸纹錦)
仝上
(菱花錦)
(規矩纹錦)
仝上 （公元643年）
(小团花纹錦) 公元653年
(疊胜纹染纈) 公元688年
仝上
(茱萸纹)
(韓 仁) 斯坦因掘得
(猪頭纹錦) 斯坦因掘得 } 波斯图案
(立鳥纹錦) " "

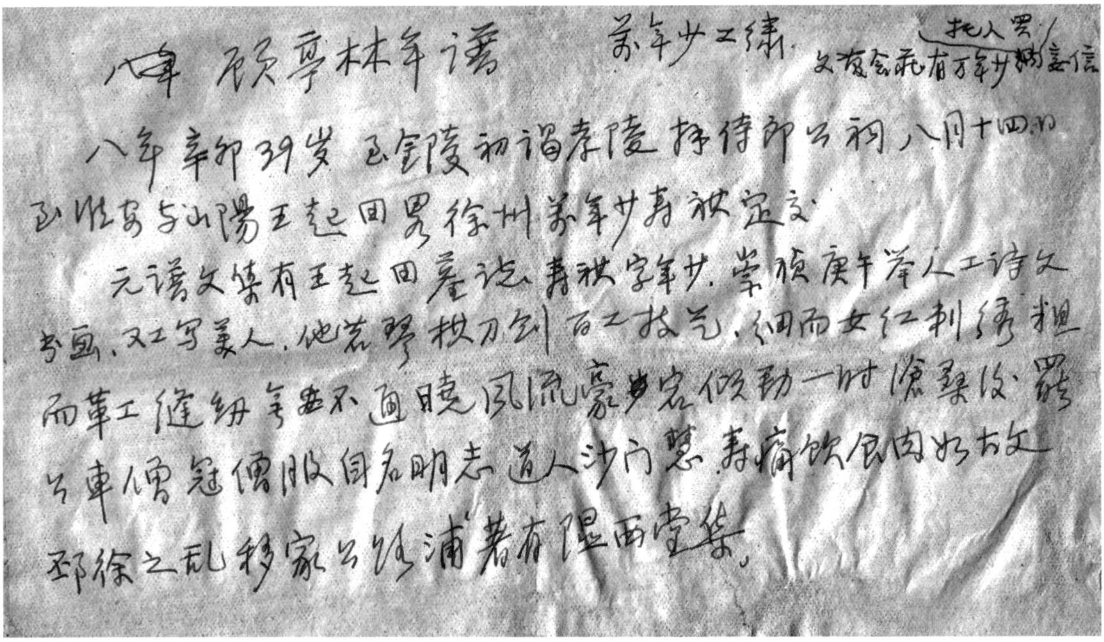
八年 顾亭林年谱　苏年少工绣　托人买　又有金禾有万年少树畫信

八年辛卯39岁 至金陵初謁孝陵 拜侍郎公祠 八月十四日 至淮安与山陽王起田晤徐州萬年少壽祺定交

元谱文集有王起田墓誌 壽祺字年少 崇禎庚午举人 工诗文书画 又工写美人 他若琴棋刀剑百工技艺 细而女红刺绣 粗而革工缝纫 无不通晓 風流豪宕 傾動一时 滄桑後罷公車僧冠僧服自名明志道人沙门慧壽 痛飲食肉如故 邳徐之乱移家公淮浦 著有隰西草堂集

[redacted]

[redacted]

国[redacted]已经作一完整的翻译著作

口译与笔译的特点介绍

民间译的各案与色彩问题

今后怎样为国际贸易服务？

综合经济与翻译的好处

也有另译之

三 和亲对宋的影响
四 汉将降敌——帝要面子，失败即杀战将（韩信 李陵降敌）

⑤ 公元四世纪到六世纪（即东晋南北朝时代）

南中国经济获得进一步的开发

当时 阶级
[redacted]士大夫[redacted]

穷奢极欲 刺绣自然相应发展
[redacted]荒僻之风[redacted]

⑥ 隋唐时代，[redacted]

苏州织纸，名闻长安，

唐绣实物为炳地国防方

唐刺绣特[redacted]征，[redacted] 发明平绣，广用"晕铜色彩"，制作巨幅佛象。

⑦ 虎邱塔中的宋绣，

[redacted]吴越偏安。

宋代花石纲。

南宋苏杭[redacted]设锦院以[redacted]绣及绣。

宋绣特点 [redacted]、清新洒脱（存素堂宋绣不可靠？）
以画入绣、精密细致

⑧ 顾绣与苏绣
明清以来刺绣行 加上史记"绣不如倚门"，"刺绣文"

[redacted]

韩希孟能画能绣，"文人"捧场，其名大著。

沈寿继承顾绣遗法，又有新的贡献。雪宦绣谱是中

提三

人练系列

④锦上添花

锦上添花，[redacted]至迟在汉代已发达，始于何时不详，但无疑它的发明的目的是代替刺绣，这是古代的技术革新，

汉代帝室有东西织室，陈留襄邑（今河南睢县）是当时锦绣最发达的地方，在公元前这里已在研究挑花机，（原来是完全手工）

1924年库伦[redacted]以北的古墓中，曾发现过汉代的丝织品毛织品和刺绣。[redacted]其他西北地区也发现不少。最近新疆又发现了夫妇同棺的"木乃伊"是当地[redacted]汉化[redacted]的贵族。

汉绣特点：订线、拉锁子，咱的苏绣传统的传统.

西北丝绣的来源[redacted]和原因

一 丝路，对外贸易，文化交流（绢和漆器 四川漆器→乐浪）

二 塞种人[redacted]等少数民族的吸收[redacted]文化，进步

是半绘半绣，或者绣绘合一。这是从"画衣"发展来的

古时劳动人民也可能在自己的衣裳上加上一些刺绣

。~~[illegible]~~

③中国是世界上发明蚕丝最早的国家

远在殷商时代，已有完整的丝织技术，[redacted]甲骨（卜辞）全文以及殷墟铜器发现丝织花纹遗迹，证明远在商代（公元前1563？—1066？）我们不但有丝织品，而且已很考究，同时也可能有绣。

春秋：吴楚争桑，引起战事

吾平子伐楚内之吴……吴大亡事。

（"吴"也包括苏州在内）[redacted]，这当然是刺绣的发展，[redacted]（在此以前应该还有一段不知岁月的创始过程）[redacted]

[redacted]

苏绣历史的初步研究

① [redacted]「吴国赵妃创造苏绣」[redacted]不足信

介放日报：中国刺绣始创于三国时的东吴

文物：[redacted]三国时，东吴孙权夫人赵氏，绣有山川地[redacted]势图，称为针绝，苏州的"苏绣"（受她的影响而苏绣）就这样的发展起来

拾遗记：祇说她能绣，并不说她始创刺绣。"这样发展"[redacted]，~~也令根~~不知"何"指，孙权时已建都南京，与苏州已远离数百里，此吴字不能代表苏州解

拾遗记本身是伪书，所载与史传不合，四库列入子部小说家。

即使有此[redacted]赵氏，总不过"后宫佳丽"，不管"何称夫人"

刺绣是劳动人民辛勤的成果，[redacted]不会由一个养尊处优的皇妃之类的人物所创造。

② 彩陶与画皮　褐衣与麻枲

[redacted]人类有爱美天性，因此陶器上加彩，这是图案的滥觞。

古代人民的衣服，不外乎兽皮、褐、麻，上面也可能加彩，至今大洋洲的原始人民，尚有画皮身的习惯，

[redacted]中国[redacted]上古[redacted]亦有画衣绣裳的传说，十二章图案是帝皇"垂衣而治"的一种愚民"法宝"，直到清代，还用这种图案。

古代绘绣不分，同称"设色之工"因此古代的绣、

的染织和刺绣技术，已有惊人的发展，这些事实，都在三国以前。据邵同志的论点，把中国一种特种手工艺的创始者，忽略了劳动人民的创造力，归功于一位养尊处优的某某王妃之流，似乎不合乎客观发展的规律，[redacted]

这一段三国故事的来源，始见于王嘉的拾遗记。在拾遗记的原文中，祇说她能绣，根本没有说她创始刺绣。不知邵同志的见解，从何根据。拾遗记原文说她绣的是"五岳列国地形"，而邵同志说她绣的是吴国地图，那末邵同志下文引的那句"绣万国于一帛"，[redacted]有[redacted]矛盾而接不上了。这段故事，一般都说是吴王赵夫人，而邵同志又说她姓曹，不知有何[redacted]根据。其实拾遗记本身是部伪书，[redacted]所搜集的史料，前人早已说过[redacted]荒诞。不可靠[redacted]譬如拾遗记原文说赵夫人是[redacted]丞相赵达之[redacted]妹。而[redacted]三国志赵达[redacted]传，就没有说他做过丞相，孙权的几个夫人中也没有姓赵的。[redacted]因此即使确有这样一位赵夫人的话，那也不过是一个孙权[redacted]的「后宫佳[redacted]丽」[redacted]所以邵同志称之为王妃，很对。但邵同志[redacted]说称她是孙权夫人，又称她是曹王妃，那末大容易引起误会，连篇读"孙权夫人曹王妃"[redacted]孙权的夫人是榜来的什么曹王的妃子了好像，这已牵涉到题外了。[redacted]就此不谈。

[redacted]

中文稿紙（20×25）横直兩用

中文稿紙（20×25）横直兩用

读邵琮同志「瑰丽多采的苏绣」后

八[redacted]

[redacted]月十一日解放日报[redacted]刊登了邵琮同志的「瑰丽[redacted]多采的苏绣」一文，中间有一段"中国刺绣始创于三国时代的东吴，孙权夫人赵王妃用刺绣绘制吴国地图，后人因有绣万国于一帛之说"。这[redacted]说法[redacted]有问题。

中国是世界上最先发明蚕丝的国家，[redacted]从卜辞和金文看来，[redacted]至迟在商代（公元前1563？—1066年？）[redacted]已经有了养蚕和丝帛[redacted]古代劳动人民[redacted]爱美[redacted]出发，在丝织成的帛上，加一些丝线的花纹，作为一种[redacted]饰纹[redacted]是轻而易举的[redacted]，再进而发展到完整的刺绣，也是很可能的。当然这不过是一种猜想而已，截至现在为止，[redacted]尚无法肯定中国的刺绣[redacted]究始于何时。[redacted]

根据我国的文献记载，远在秦汉时代，丝织品与刺绣，已很发达，但遗物早已不传。直至十九世纪[redacted]后半期以来，在外蒙古和新疆沙漠中几次发掘的结果，才发现了当时的丝绣和带文字的织锦，特别俄国[redacted]科斯洛夫为首的探险队，在库伦以北的古墓葬中，发现了不少彩色鲜丽的丝毛织品和完整的刺绣，从此证明了汉代

中文稿纸（20×25）横直两用

中文稿纸（20×25）横直两用

片绣得轻松活泼，要求有立体感，技术差的，虽刻意求工而绣成平薄一片，笔法有余，而灵活不足，那就称不上好手。

（五）其余为山水人物，要求更高，至少要有一定的艺术修养，才能动手，否则很难表现原作的笔墨精神。现在的湘绣，除绣制民族形式的画稿外，还有复制西洋油画的刺绣技术虽有独到之处，但有人提出不同意见，认为中国刺绣应发挥固有特点，不中不西，並非正途，聊备一格，当然也未尝不可，如大力提倡，则尚待研究。

湘绣中的日用品，有被面、枕套、靠垫、鞋面、戏衣之类，为农村主要副业之一。解放前，由于剥削严重，产品质量不高，销路曾一蹶不振，解放后党和政府化了不少力量，把她们组织起来，无论画稿，绣工，都有显著进步，打开了国内外的销路，几次出国展览中，和国际交谊中，湘绣也佔着不轻的比重，这种驰誉世界的光荣，要是没有党的领导是梦想不到的。

25×20＝500　　31×53二十开横直两用小稿纸　20—493

有如下述：

（一）和色无迹：这是苏绣最基本的要求，就是在深浅色调衔接的地方要泯然无迹。绣得不好，就深一块，浅一块，中间显然露着分界线。苏绣承袭顾绣多增中间色的传统，本有合色线的方法（即针眼中同时穿深浅次第的绣线）。苏州解放以后，由于刺绣技术的提高，色线深浅层次比前增加了好几倍，有时一针穿上四五色，因此和色效能，又大大迈进了一步。

（二）平匀熨贴：刺绣的另一种技巧，就是劈线（最细的一线可劈成十二丝，苏绣艺人曾在伦敦当众表演，英国人都惊为仙女下凡）要劈得粗细匀称，才能绣得平伏，如劈线不匀，从侧面看去，就起伏不平。不知运针之法，就满幅"针眼"。绣针起落，拉力不匀，就有松紧，绣品落绷，绣面皱缩，凹凸不平，这些都不合平匀熨贴的条件。

（三）丝缕分明：丝缕就是针脚施展的方向，无论花卉翎毛，要一丝不乱。譬如花瓣的方向背转折，除了用颜色分出深浅以外，针脚的丝缕，也要随着向背转折，若搞错了，便成杂乱无章，即成次品。

（四）毛片轻松：现代苏绣既以花鸟为主，那末鸟又比花重要，是主题中的主题，也是比较难绣的部分，特别要求毛往开来之功，为了更接近于画的色彩渲染而增加中间色线是完全可以理解的，甚至在中间色线不够应用之时，尚采用色线上加色的方法（即补色法）力求逼真原稿，这也是顾绣特点之一。

（七）另有一种所谓"发绣"这是以人发用"骑针"钉成轮廓的绣法，适用于白描画，笔之顿挫转折，都能表现，亦顾绣之别格。

（八）顾绣有时不用绣线，譬如南京博物院所藏观音像，他的"蒲团"用"真草"搭刻，上加细线编绣而成，看去颇有"真"的感觉，与存素堂所藏顾绣弥勒佛像用"网绣"作蒲团，就大异其趣了。又据纂组英华解释云"顾绣用料之奇，不仅用发，如前述花卉鸟兽册中，发现其所用之暹逻斗鸡尾毛，铸切金等，亦为顾绣之特点"足见顾氏不拘成法，时创新意，可以随意取材入绣。

现代苏绣

现代苏绣挂屏，一般以花鸟为主，花鸟本身就是自然界美的东西，经过刺绣艺术加工，增上一层丝色之光，自然更为绚烂，因此往往胜过原稿，雅俗共赏，特别受人欢迎。但技术上，也颇分高低，为从针法技术上分析苏绣优劣，居于主题而为一般的衬景的部位，那就直接绘画着而成，根本不再加绣，这种"以画代绣"的方法，真大胆地省工，也是顾绣特征之一。

在苏绣中有时也用此法，尤其对水墨山水，如原稿画在生纸上面，水墨渗入宣纸，发生墨晕，用刺绣表现就有困难。[redacted]倘此就对临原稿，利用绢缎的渗透作用，也有墨晕，画好后就干脆不加绣，即使要绣，也不过用细黑丝在上面用"滚针"虚制几[redacted]条横丝而已，效果也很好。

（五）绣字顺笔，亦顾绣特征之一，南京博物院藏有顾绣草字大屏条一堂，上附南通张謇的题跋，大意是：张謇偶得此屏，适沈寿在侧，展开一看，沈寿即断定是顾绣，张问她何以知之，沈答从针法知之，因顾绣文字必顺笔划方向而绣，张细加审视，果然不错，两人以此订交。存素堂丝绣录著录的"宋绣金刚般若波罗密经"据闻亦顺笔而绣，而"纂组英华解释"的意见，认为这是明绣，我虽没有看见原物，怀疑这也是顾绣。

绣字顺笔的方法，在苏绣沈寿的一个系统中，至今还是用此法，这也是顾绣与苏绣相承的线索之一。

（六）据纂组英华解释载"明绣所用之种种色线，亦[redacted]有为宋绣所未见之正色外之中间色线"顾绣对古代绣法，有继苏绣究竟始于何时尚无定论，但远在公元前518年既有吴楚争桑的故事，苏绣的传统针法中又有汉绣遗传，那末想来应有悠久的历史。惜乎文献不足祇有悬拟而已，至于明代流行的绣画挂幅，则无疑是顾绣的继承，苏州顾实刺绣的商行都称"顾绣庄"，和同行奉祀的绣祖又是顾韩二人，都为有力的证据。至于顾绣的特点以及与苏绣的关係约有下列几点：

(一)顾绣劈线余绣，韩希孟又精画理，因此劈丝配色，有独到之处，以画入绣，无不精妙。所以人称露香园顾氏绣为"画绣"。

(二)顾绣针法较杂，极尽变化之能事，苏州文保会所藏群仙祝寿图，所用针法的複杂，与存素堂丝绣录著录的许多件仅用十种绣法，有过之无不及。

(三)借色与补色，即所谓半绘半绣，亦我国古绣传统之一，但顾绣与画理结合，运用得当，既省工又美艳，独具巧思，如上述苏州文保会所藏群仙祝寿图，他在人物所穿的锦裳上面先加一层底色然后再加网绣作锦纹图案，质感就特别强烈，这是属于借色的一例。也有在绣后加色以补绣之不足叫做"补色"。

(四)顾绣凡遇画面和过大的粗枝大叶和大块的土坡顽石，不烟光亮，"織綵奇目"之语，正是该时成就。

(九) 元绣特点

中国在金元之际，是落后的游牧民族武装的一时胜利，整个中国文化的形势有后退现象，这种只识弯弓射大雕的统治者，就要讲究事增华，特别爱用黄金，当时不仅丝织物加金，连毛织物也用金，所以这时的丝绣不再以色彩综合为主而以金为主了。因此元代刺绣的特点，大约就在多用"金彩"而已。

(十) 露香园顾绣

刺绣本以实用为主，本来不过供给统治阶级服御妆饰而已，前人描写绣工苦情的诗歌是不胜枚举，她们工资低，工时长，穷年忙忙，为人作嫁，因此过去很流传有"刺绣不如倚门"之谚，其惨可想而知。至于如明代上海露香园的"顾绣"，那是所谓"士大夫阶级"的玩意儿。露香园是顾名世的花园，韩希孟是名世的孙媳，她本人精画，临摹宋元名作入绣，又经董其昌之流的捧场，於是其名大著，一时间一般范围扩广了，后来顾氏一门妇女，都加入刺绣，又设幔授徒，顾绣遂自成一家，从此成为我国刺绣的正统。

"月华锦"。足见唐诗林中推崇苏州织锦之说，是信而有证了。

（註一）"晕色"为唐代流行的一种装饰色彩，它是受了[redacted]日月之[redacted]晕的影响，把深浅不同之色，染成类似日月[redacted]晕时的光轮之象。

（八）绒绣的开始

宋代的丝织业，官营工场、民间作坊，都有发展，苏杭设立了锦院，对苏州的手工业起着一定的推进作用，尤其在宋室南渡以后，由于苏杭近在咫尺，苏州的丝绣定为搜刮的主要对象，现存可靠的实物，祇有195 年虎丘塔中发现一块宋代苏绣经袱，这是一般性的装饰刺绣。欣赏[redacted]刺绣[redacted]罢已大为发展，[redacted]，当时[redacted]接受了院画影响，作品一反唐代的与壁画风致的大幅绣像[redacted]而转为清新洒脱的艺术品，在技术改进方面是开始用绒，与唐绣的用线，有显著的不同，明季其昌的清轩秘录称："宋人之绣，针细密，用绒止一二丝……光彩射目……"项子京[redacted]蕉窗九录也称："宋之闺绣……其用[redacted]绒一二丝……绒彩夺目而丰神宛然，设色开染，较画更佳……"这里所谓"用绒止一二丝"是一种劈线的方法，就是把捻紧的绣线劈成细丝，（广东的绣线、根本就是绒，并不捻紧成线）今被后苏州的刺绣艺人，力求工细，劈线记录，已提高到一线劈成十二丝，用这样细丝绣成的绣品，自然显统，当盛唐之时，自然不会落后，否则远在长安的名彩，[redacted]怎为这样推崇呢？

"晕锦"与"晕色"，本盛行於唐代，[redacted]唐宋人著作中常有提及，如"八达晕"、"霞光锦"之类，[redacted]"晕"字的意义，本指"日晕"、"月晕"时四周的彩色环轮而言，这是一种自然界的变幻，非常美丽，人们就描绘在装饰图案，例如古代建筑彩绘、锦绣纹样，常用此种晕色方法[redacted]在宋代李诫的营造法式卷十四彩画作制度中又分为叠晕与合晕两类，叠晕之法："自浅色起，先以青华，次以三青，次以二青，次以大青，大青之内，用深墨压心"。这种方法就是现在北方工人行话中的所谓退晕，据[redacted]说[redacted]最好的技工自深而浅或自浅而深可以退至十余层之多，而苏州一般彩画之工的行话叫做[redacted]"推开"技术也较差，仅能退四五层而已。所谓"合晕"，是以不同之色[redacted]晕染，如营造法式插图所示，那是最接近於日月之晕的一种彩色了。至於唐代的锦绣，也盛行这种晕色，因有晕锦、晕绣之称。例如敦煌石室中发现的唐绣"灵鹫山释迦说法图"就有很多地方运用了"晕色绣"（原件已为斯坦因盗往伦敦，现藏英国博物馆）现在这种"晕色绣"祇有苏州还原封不动地保存着，（行话叫做"正反抢针"）而[redacted]"晕色锦"苏州至今还照常生产，就是俗名所谓

25×20＝500　　31×53二十开横直两用小稿纸　20—493

（七） 平绣与晕色绣的运用

唐代是我国历史上曾一度呈现空前的强盛，由於当时国际贸易的发展、佛教的盛行、外国人就来了不少，散居在長安、扬州、广州各地，因此无论文学艺术，互相交流，都有影响和发展，刺绣工艺，也不例外。尤其在盛唐时代，除了装飾性的刺绣畸形发展[redacted]外，更盛行宗教绣像，文献记载，就不乏其例[redacted]可惜这些实物，传世已不多，好些在敦煌千佛洞中发现的唐绣佛像，又早被斯坦因等盗去了。我们祇能从影本中略窥面貌，令人怅恨，根据影本和一些文字介绍，说明盛唐时代的刺绣已盛行"平绣"；一扫汉代以来祇限于"钉线"、"拉锁子"的风气，等于绘画从线发展到面一样是刺绣史上一个大转变，因为平绣比着从来的"拉锁子""钉线"要光亮而平伏得多，同时由于唐代"晕锦"的盛行，影响所及，刺绣上也运用了"晕色"（註一 ）对佛像的衣褶，背光等调色，都有独到之处，无疑为后来纯观赏性的艺术刺绣开了一条新的途径。

唐代苏州的丝织发展的情况，唐人著作中没有详细记载，唐語林中有一段记载当时高僧名躬与李吉甫的谈话中有推崇苏州"织络"的话（註二 ）苏州的丝绣幸有历史传继丝绣业的发达，那是可想而知的。惜乎缺乏具体材料，尤其关于苏州的资料，有待于将来的补充了。

（六）两晋南北朝的丝绣

我国历史上南方经济的兴起，是远远落后于中原，但是另一方面是兴起虽然较晚，而流[redacted]繁荣，都是迅速的，到后来南方的发展不但已经赶上北方，并且进一步大大地超过了，就形成一个南方文化的鼎盛时期。在东晋政权被迫南迁之时，是历史上空前规模的人民大流徙，安禄山史思明的变乱之时，北方人口又一次南迁，从而带来了不少先进的生产技术，促进了南方工农业的发展，技术工人的强迫迁移，对工艺美术的促进作用更大，如刘裕（南朝刘宋）灭姚秦（后秦）以后，迁关中锦工到江南成立锦署，（见太平御览815引丹阳记）六朝事迹类编卷下亦称：“锦径云，在县东南十里宋迁百工于此也杨修诗云人亦缢缕地衣红不念家××××，××织女应贵贡，更翻新样集机工。”这种以胜利者的身份，掠夺百工，为少数统治阶级服役，历史上不乏其例，但对江南比较落后的生产技术，无疑是有很大的帮助。

公元四世纪到六世纪，即我国东晋南北朝时期，江南地区的经济虽有一定的发展，而统治阶级的堕落腐朽，尤其是宋[redacted]齐的几个皇帝，他们的荒行令人难以相信[redacted]，所谓“士大夫”阶级，也随着搞得奢侈，过着狂[redacted]的生活，上面所说的这种类似绳索这样搓捻而成的线，苏绣中叫做"包梗线"，（包梗线是较粗的，用细线盘钉成出各种图案）这种链绣，苏绣中叫做"拉锁子"，都是苏绣特有的传统的针法，至今有不少农村妇女还能熟练运用，即此一端，可是苏绣来渊源之久了。

（註：）长沙楚墓中出土的"龙凤树枝"的刺绣的时代问题，虽言人人殊，迄无结论，但就称是晚楚的文物，也当在公元前二三百年。当时吴楚是邻邦，吴地文盛于秦晋，他们两国的纺织与刺绣工艺，当也必是相互影响而有同等地位，惜乎此间地处卑湿，即使有当时古墓发现，丝绣作品，殊难完好保存。

出嫁，自然带去了不少名贵的丝绣。有时西域方面的使者到中国来，为了笼络他们，也以"锦绣缯帛"为赠。此外向大宛楼兰诸国换马也用锦绣，所以这地区贵族的墓葬中出土着中国锦绣，是不难理解的。

匈奴塞种（注）等西域的游牧民族，由于文化的落后，常喜欢吸收文化较高诸民族的物质文明，所以当地自制的工艺美术品，也往往夹杂了欧亚各民族的风格，如1924年出土的一块用贴绣而加盘线方法制成的地毯，就被认为是匈奴塞种、西伯利亚、萨美细亚、以及中国风格的衍绣地毯，另一块绣幕则被认为是由中国和西伯利亚两种风格的混合产品。（图见日本平凡社世界美术全集卷四第102—104页文物版世界美术全集卷二古代初期图192）而巴泽雷克第五号墓出土的"凤樓图"则苏联已故的B.M.阿列克谢耶夫院士认为是中国制造的（详见考古学报1957年2月第39页）

我虽没有看到这些丝绣的原物而仅从图片上看到一些影像，但它的针法都是用锁绣、盘线等针法组成的，所用的线是类似绳索这样搓捻而成的，由于这种方法的统一，可以认明这是汉绣的特征。与故宫藏汉代五鹿充墓出土的刺绣残片，所用的"辫绣"，也是同一类型的。（参见文物参考资料1958.9）

(五) 汉代丝绣

近数十年来，中亚一隅成为考古学上的宝藏。这里出土的文物中有不少属于我国汉代的锦绣。例如帝俄时代科斯洛夫等在1924年发掘了的外蒙古库伦以北土谢图汗境内古墓中所发现的织绣和苏联C.И.鲁金科博士"论中国与阿尔泰部落的古代关系"一文中所附刊的巴泽雷克第五号墓出土的刺绣提供了研究我国汉代织绣的具体资料。

据范文澜的中国通史简编称「中国的丝和丝织品早在战国时期，已成世界著名的特产。公元前四、五世纪，希腊人称中国为塞里斯（Seres），意思是丝国。」汉代横贯欧亚的一条"丝路"本是众所周知的东西经济文化交流的大道。中国的锦绣商品，就从此路输出，而入当地富贵人手中。由于这一地区的乾旱寒冷，从而埋葬在地下的文物能经久不变，据C.И.鲁金科博士说他们曾多次在古墓中发现乾的乳酪，不仅没有变质，甚至连香味都还保存着，那末丝绣的完整保存，自然不足为奇了。

汉代时的匈奴，是我国的强敌，西汉前期一直採用睦邻的"和亲政策"。忍让講和，从汉高祖九年（前198年）冬使刘敬奉宗室女翁主嫁给单于阏氏开始，就一直断断续续地与匈奴、乌孙等进行"和亲之盟"这种公主、翁主的国时代的吴国服用丝绣的范围，就不仅限于贵族，而普及到各个阶层。所谓"转相仿效，耻独无有"，"家无担石之储，而出有绫绮之服"，足见当时社会风气的虚荣，奢靡到了严重的地步，不怕饭少吃，而身上却非华服不可了。不是解放前苏州还有句俗语，叫做"身上绸披披，夜间无饭米"么？这种风气可谓由来已久，要是那时丝绣工艺不十分发达的话，也不可能出现这种现象。[redacted]这些[redacted]料虽[redacted]与苏州没有直接有关，然[redacted]作为苏绣发展的有力旁证，是比较可信的。

（註一）郭沫若：中国古代社会研究

（註二）毛公鼎、曶公盘等铭文中有"丝"字

（註三）汉刘向说苑卷九

（註四）三国志华覈传

春秋时吴楚是接壤的鄰邦，在公元前518年两国为了两女争夺桑树，曾引起了战事，这是历史上少見的事例，其实如果仅为争夺几棵桑树，何至一怒而以兵戎[redacted]相見，中间必然还有其他隱情，当时吴楚都是蚕桑发达的国家，两国之间很可能在丝织业经济上发生矛盾於是一觸即发，为了几棵桑树，引起一场战争。因此我们今天看了楚墓出土的丝绸和刺绣，它的技巧已甚完整，愈足证明当时这场战争，是有它的重大意义了。苏州在当时是吴国重城，又是个蚕桑发達之区，丝织刺绣的发達也是可以想像的，虽没有发現过当时的实物但汉刘向说苑上曾记載晋平公的使者叔向到吴国访问，吴国曾了一队穿绣衣狗皮和錦衣狐皮的大约是仪仗队性质的队伍去欢迎他。（註三）。

又三国时吴郡的华覈目覩国内"倉廩無储，世俗滋侈"，曾上疏说："……今事多而役繁，民贫而俗奢。百工作無用之器，婦人為綺靡之飾。不勤麻枲，並繡文黼黻。轉相倣效，恥獨无有。兵戎之家，猶復逐俗，内無擔石之儲，而出有綾綺之服，至于富賈商贩之家，重以金銀，奢恣尤甚。……"（註四）[redacted]

看了上面两段记載，都足以反映吴国丝绣之盛，不仅统治阶级惯用丝绣，連他们的侍从们也是緤衣轻裘。而到三

（四）中国是世界上最先发明蚕丝的国家

我汉族先民，本来蟠踞在黄河流域上的草原地带，这是利於畜牧的地区，所以古代一般劳动人民的日常便服，以毛织品为主。诗经有"無衣無褐"。褐，就是毛布衣，孟子称劳动人民叫"褐夫"因为畜牧业的发展，于是就地取材，才呈现这种现象，不穿毛织品，就穿麻条製品了。

古代劳动人民在生活实践中，不知经过多少岁月，逐逐渐从结茧抽丝的野蚕变成家蚕，从抽丝捻线到丝的织物，但总的说来中国是世界上最早发明蚕丝的国家，向来传说的黄帝妃子嫘祖是首創蚕丝的人，这与上述的东吴赵夫人始創刺绣，同样不可靠，但我国的史学家从卜辞看来，商代已有树桑和丝帛（註一），金文中也有"丝"字（註二）。又在安阳商墓中出土的铜钺上发现的残留着带雷纹的绢痕，都说明中国在殷代[redacted]已有丝的织物，因此可以证明我国蚕丝业历史之早了。随着丝织物的发展，衣裳上的绘绣，必也同时发展，惜乎刺绣实物，不易保存时代过远，就没有实物可资证明，刺绣之源，究於何时，还是个谜，现在掌握的刺绣实物资料，在国内要称长沙楚墓中出土的龍鳳树枝纹的刺绣为最早，它的时代，虽人言人殊，还没有统一，但就称是晚楚的文物，也当在公元前二三百年左右，关禁止社会奢侈风尚的一些诏令中就有绘绣更换的史料，例如：[redacted]陈永定元年(557)武帝即位，……帝曰天下初定，务[redacted]从前绘座用绣织并可彩画——文献通考——

宋乾德三年(1965)又令卤簿改画为绣

我无暇详细收集这方面的资料，上面不过举其一二例而已，然已说明当时"帝室御用"的东西也随着社会经济的盛衰，而有时用绣有时用绘，愈可证明古代绘绣同工之说的可靠。即使至今日，不是有时还用補笔、補色等方法来弥補刺绣的不足么？

[redacted]

诗涂绘他的服装。在"虞书益稷"中不是有「舜命禹曰……

……予欲观古人之象日月、星辰、山龍、华虫"作绘"宗彝

藻火、粉米、黼黻"絺绣"，以五彩彰施於五色作服……」

的传说么？这里的所谓"作绘"，所谓"絺绣"是装饰图

案的一种发展，就是指它某些图案绘於衣，某些绣於裳。

"绘"与"绣"在现代虽然是两回事，但在当时，统称之

为"设色之工"（见考工记）[redacted]根本不分彼此而是二而一者。也许是技术

经济条件的限制，虽贵为"天子"之服，还不能完全用"绣"

而不能不借助于"绘"。但至少已从完全涂绘进而为半绘

半绣，当然是一种极大的进步。[redacted]

有人从这一则资料，就说我国"绣始于舜"（见丝绣笔

记）当然不可信，但在物质条件极端困难之时只有统治阶

级才能穿着绘绣的一种特定的公服（当时称十二章服）这

是可信的，而且这种十二章服还一直被延用到清代末年，

甚至袁世凯想做洪宪皇帝，还最后用过一次。它的作用可

不小，易经系辞上有句"垂衣裳而治"可是御用的十二章

"公服"，从尧舜以来，就是[redacted]愚民的法宝（把公服文采的多寡，去分别阶级的尊卑？）[redacted]与上述巫师的画皮诸衣

不是[redacted]异曲同工[redacted]么？

后来随着社会经济的盛衰，我国统治阶级的御用衣饰图

谱之类的绘和绣，也随着变化，看了历代的舆服制度和有

25×20=500　　31×53二十开横直两用小稿纸

20—493

而邓同志的论点，把中国特种工艺的刺绣，抹煞了一代劳动人民的辛勤成果，而归功于一位后宫佳丽如赵夫人之流，则不符合事物的发展规律，邓同志的原文中"孙权夫人贵王妃"句，修辞上也值得推敲好象她先当什么贵王之妃后来又做了孙权夫人。又说什么"刺绣绘制吴国地图，天人国有绣万国于一帛之说"那末究竟绣的是吴国地图呢还是绣万国的地图于一帛呢？这些地方，都令人费解，但我也不免有吹毛求疵之嫌罢

（二）爱美是人类的天性

原始社会的人民，很早就懂得陶器加彩，这是图案的滥觞。爱美本是人类的天性，既掌握了彩陶技术，那末推而广之在当时的原始衣着、如兽皮、麻纺品、毛织品之类涂上些图案，想当然是轻而易举。可惜这是易朽的东西，时隔太远，现代人已不能再见了。但据说二次大战以前[redacted]大洋洲和北太平洋的岛屿上原住居民的巫师，[redacted]还有画皮的习尚[redacted]，这分明是一种有力的旁证。再从画皮进一步，用原始的粗纺纤维，在麻布，兽皮衣服上，作为标帜，或者装饰而缝上若干图案，这也很有可能，这就是从绘到绣的一种萌芽。

（三）绘绣同工

根据上述的设想，那末我国上古人民，必然也很早就懂

州的"苏绣"就逐渐的发展起来……"。吴赵妃发明的。又在　年八月十一日上海解放日报上有一篇邵同志的"瑰丽多采的苏绣"，这位作者竟直捷了当地说中国的刺绣就是三国东吴时发明的，他是这样写的"中国刺绣始創於三国时候的东吴，孙权夫人赵玉妃（原文如此）用刺绣绘制吴国地图，后人因有绣万国于一帛之说"。关于这一段东吴绣山川地势故事的来源，始见于王嘉的拾遗记。它的原文是："孙权尝叹魏蜀未夷，军旅之隙，思得善画者使图作山川地势军阵之象，赵达乃进其妹，权使写九州江湖方岳之势，夫人曰丹青之色甚易歇灭，不可久宝，妾能刺绣列万国於方帛之上，写以五岳河海城邑行阵之形，乃进於吴主，时人谓之针绝。"我们看了原文，显然祇说她能绣，根本没有说她创始刺绣，大家知道在孙权时代，东吴的首都，已在南京，与苏州已远离数百里，她如何影响了苏州，如何促使苏绣的发展，拾遗记上并无记载，可见都是这两位作者想当然的说法，是不科学的。

拾遗记本身是部伪书，所载往往与史传不合，前人早已斥为荒诞，四库把它列入小说家，并不为过。三国志中孙权的几位夫人中也没有姓赵的，因此我们即使相信有这样一位赵夫人的话，也不过是一位孙权的"后宫佳丽"而已，

1

[redacted] 苏绣发展 [redacted]

[redacted]想了

介一下苏州的工艺美术，[redacted]及想接触到苏绣。苏绣[redacted]过去已有[redacted]些名望，可是现在，与前大不相同，名望[redacted]更大了[redacted]自四面八方来的人，都一致赞扬苏绣。报纸杂志上也不断出现介绍的文章，声势浩大，誉满中外。其实苏绣是肯定是大有进步，但也免不了存在[redacted]缺点，[redacted]有待於各界的帮助指教，如果有一味赞而不贬，就容易飘飘然了。

有人问苏绣的发展过程，问什么时候开始有苏绣？苏绣的特点在那里？苏绣的传统针法有多少？与湘绣有什么分别？这些问题提得很好！提得很具体。每个问题都可以作为专题讨论。我认为要介绍苏绣的发展过程，先要研究一下整个刺绣的发展过程，这问题不大也不小，完全介绍，也不简单，至少以我的水平而论，就不敢自信。

（一）先争鸣一下

近年来关於苏绣的报道中，谈及苏绣的历史时，往往推崇一位三国时代东吴的一位赵妃（有的称之为孙夫人）例如“文物”1958，9期“江苏省博的刺绣展览”一文中说：“三国时，东吴孙夫人赵氏，绣有山川地势图，称为针绝，苏

25×20＝500　　31×53二十开横直两用小稿纸 20—493

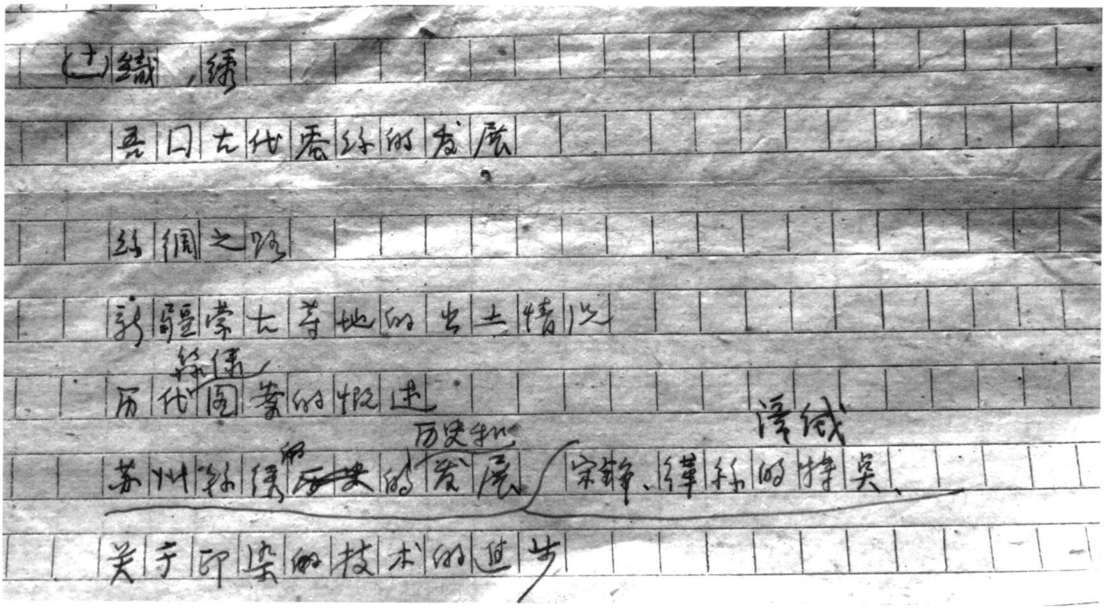
(十)織、绣

吾国古代丝织的发展

丝绸之路

新疆蒙古等地的出土情况

历代(丝绣)图案的概述

苏州丝绣的历史和发展、宋锦、缂丝的特点、漳绒

关于印染的技术的进步

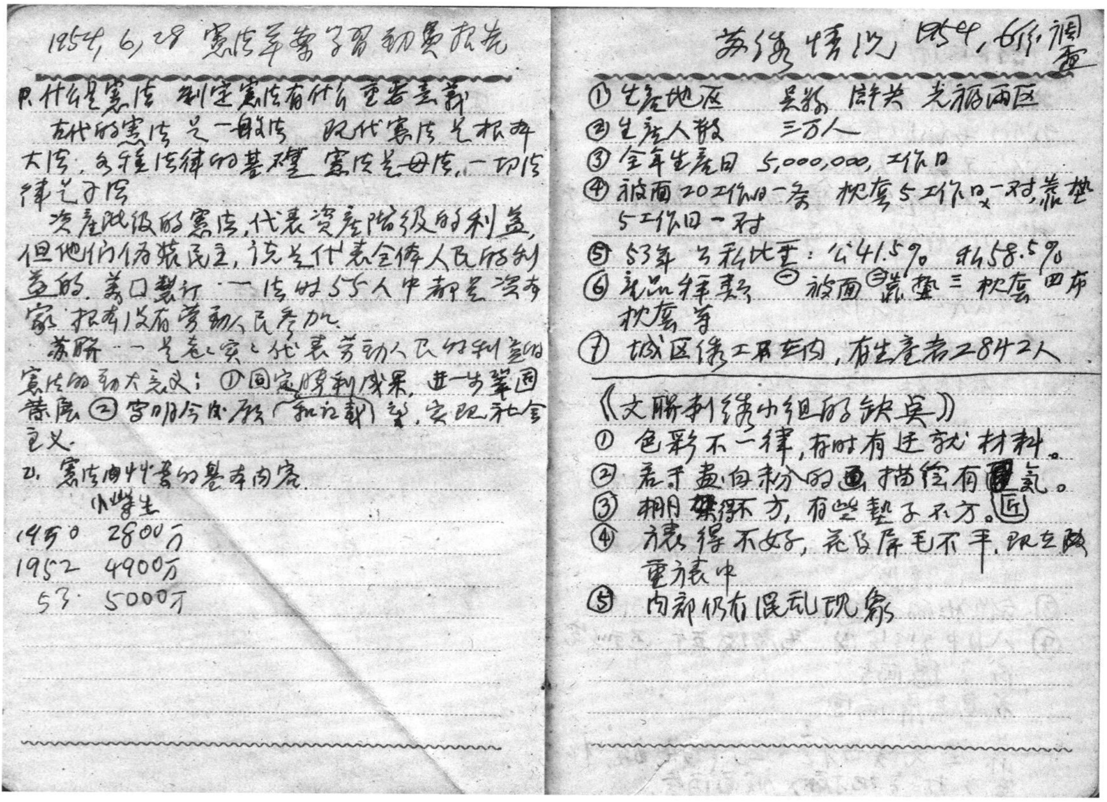
1954,6,28 宪法草案学习动员报告

1.什么是宪法 制定宪法有什么重要意义

古代的宪法是一般法 现代宪法是根本大法,各种法律的基础 宪法是母法,一切法律是子法

资产阶级的宪法,代表资产阶级的利益,但他们伪装民主,说是代表全体人民的利益的。美国制订一法时55人中都是资本家,根本没有劳动人民参加。

苏联——是名副其实代表劳动人民的利益的宪法的重大意义:①巩固胜利成果,进一步巩固发展 ②写明今后发展(和计划)方向,实现社会主义。

2.宪法内草案的基本内容

小学生

1950 2800万

1952 4900万

53 5000万

苏绣情况 1954,6月调查

①生产地区 吴县 浒关 光福两区

②生产人数 三万人

③全年生产日 5,000,000,工作日

④被面20工作日一条 枕套5工作日一对,靠垫5工作日一对

⑤53年公私比重:公41.5% 私58.5%

⑥产品种类 (一)被面(二)靠垫(三)枕套(四)布枕套等

⑦城区绣工不在内,有生产者2842人

《文联刺绣小组的缺点》

① 色彩不一律,有时有迁就材料。

② 看手画白粉的画描绘有匠气。

③ 绷架得不方,有些垫子不方。(匠)

④ 裱得不好,花后毛不平,跟主要重裱中

⑤ 内部仍有混乱现象

摩睺羅 苏州志上叫塑婴孩

摩睺羅惟苏州者極巧，木渎袁家所製益精（見夢華録）按摩睺羅为婴孩形之土偶。睺一作睺，七夕俗以蜡製婴兒形浮水以为戲，为婦人宜子之祥，谓之化生，本出西域，谓之摩睺羅。袁遇家，为袁遇昌，以塑婴孩傳名，袁死，其藝遂絕。泥孩兒亦名土耕，宋时鄜州田氏作泥孩兒名天下，態度無窮，雖京师工效莫能及，陸务觀家蓄一对卧者，有一行小字之云鄜时田玘製，虞学士伯生亦有记，言其精絕古今。今杭州至今有孩兒巷，以善塑泥孩兒得名，蓋仍南渡之俗，後人不知其傳自鄜州者也。

脫沙人物

趙濬，能脫沙为人物，今城隍庙三官神像其手製也，極其工巧，信一时之絕藝也（苏州府志149卷）

磨喝樂

東京夢华録七月七夕京城潘楼街东宋门外瓦子……

……皆賣磨喝乐乃小塑土偶耳……南人目为巧兒，今行在中瓦子後市街众安橋賣磨喝乐最为旺盛，惟苏州極巧为天下第一，进入内庭者以金銀为之，谑词云

天上佳期，九衢灯月交辉，摩睺孩兒，斗巧争奇，戴短簏珠子帽，披小缕金衣，嗔眉笑眼，百般地斂手相宜。轉睛底，工夫不少，引得人愛，後如痴，快輸錢，須要撲，不问归遲。归来猛醒，争如我活底孩兒。

以上録自宋陈元靓岁时广记卷26

居之室曰死轩，凡所服用皆上古圹中之物，玉如彼含蝉是也。

——南宋杂事诗卷一——

土偶

回首中原長草莱，金门土稚费疑猜。纷纷小脚船中客，争买西湖黄胖来。

渭南集：嵩山景迂鄜畤排闷诗：莫言无妙丽，土稚动金门。鄜夫善作土偶，見宫禁及贵戚家，争以高价取之为玩，丧乱阻隔，南人不復知此句，遂亦难解。梦粱録：小脚船，专载贾客小妓女荒鼓板烧香婆嫂。自犹储迎春黄胖起於涌金门外，地有杏花园，游人多取其黄土搓捏为人形尔。

——南宋杂事诗卷一——

股间戏雕摩睺罗

三朝政要：贾相患举人猥众，御史请置士籍覆试之日，露索怀挟。辛未榜李钫孙者，少时戏雕摩睺罗於股间，搜者视之，骇曰此文身者，事闻被黜。

虎邱要货，~~大别为三类，(一)泥货：在上塘清节堂之后面的泥~~

~~土~~ 塑真，一名捏像。（但技术比较有高低。

~~在光绪嘉道间以后~~ 相当盛行，不止一家

虎邱的塑真，不止一家，项春江最为著名，~~太平天国革命以后，项氏迁居城内，~~ 现已失传，~~……~~ 的样，~~项九之子项～……后人项四项九，以能塑但后来改竹木业，其艺遂佚~~。

在虎邱清节堂后面田中之泥，最为适用，俗称滋泥，先用清水淘洗澄清，晒干后掺半乾，然后加色，做成一粒粒的泥丸，有人（顾客来）~~要捏相~~，他就照~~来客的~~着（各种肉）面色选一合色的泥丸，放入袖中捏之，一方面与~~来客~~谈笑自若，等来客起身告辞之态，不一会像~~捏成~~而相已捏成，~~等客来取去一看，如惟妙肖~~ 随手~~展於面上~~

~~这种~~袖裡捏像的故事与天津张明山袖内捏像方法如同一辙，~~而虎邱的~~ 张明山生於1826年（即清道光丙戌）那末张~~所~~ 现在这种方法是很可能是当时的一种传说，~~而不一定像~~ 究竟~~始于此~~，还是~~始于南~~，由北而南，那就很难说了。

但张映雪的泥人张的生平及其艺术中所介绍的说这种办法始创于张明山，似乎尚待进一步的研究。

~~关于项春成的作品，传已见在已很~~

~~多丹捏塑仅有头部和手足，它的肢体，是用~~

素棕木用~~搭~~架做的，手足都能活动，谓之"肩膀猴"，衣着衣服与真人相同，可以随时更换，~~这是与天津泥人张不同的地~~方，位置之法谓之相堂，相堂等于商店或商店中的供奉财神堂，其中添设家人妇子以及应用器具之类。

「××泥人」这个名词是较为古远的名称

江苏省无锡泥人（惠山）名闻遐迩，殊未知素来苏州虎邱的泥人却默默无闻，这也难怪，因为苏州虎邱早已为自然而然淘汰殆尽完了。现在仅是个历史上传说的历史（遗迹）

苏州虎邱泥人的历史是与摩睺罗有关系，摩睺罗，这个名词是梵语的音译，华语作磨喝乐，元曲作魔合罗，本是佛经中的神名，何以借用，宋已不详其原意，宋时习俗，在七夕用土木雕塑泥孩，儿完叫做摩睺罗，进香用（？），据说是宜男之祥，后来发展成为小孩的玩具，这一种风俗随宋南渡到杭，江南也同样风行，梦粱录中也有同样的记载，至于何以用种种为摩睺罗，那末梦粱录许也不得其要，可见早已失却其意义了

摩合罗原

虚憩……苏州府志载……木渎袁家……其艺遂绝，查袁氏云

云：苏州府志查时不甚，其实元早有传，然效其步，其形象如何不得而知，但在梦华录与梦粱录都有……之记载，我们可以想像当时的摩睺罗是一个或其他的小孩，手持新荷叶

我在冷摊买得虎邱制泥娃娃之一个也是或其持荷叶

可能就是摩睺罗的遗制

清初绍有名 江桂荣

虎邱的捏像的方法与天津泥人张某代的方法相同，都是在袖中暗里摸索[illegible]时代苏州还在天津之前，但据这人了张映雪的调查据说，好像同出一源，天津的这种袖中捏塑的方法，那样只是不谋而合罢了，南北两地，毫不相连，惜乎苏州文献记载仅有师承王姓再传之后王[illegible]何师等并无记载，否则可以追溯渊源，岂不——

虎邱头件、俑人：

在虎邱泥塑中，有一行专销泥头的，叫做头件，主要是戏文，每出通常是两个头，另外附加手足，成为一套。虎邱头，畅销全国各地做的，他们将这些头运往各地顾客，就这就成批的把这些虎邱头，批销买回去，在虎邱去地加工的，叫做泥人，就是著名的虎邱俑人了。种类有喜事用的礼盒，说唐用的王公卿，是手钟戏文，更有用于斗蟋蟀、黄沙用戏彩，走会时记得的上的戏文，那是更加华丽，价值也就不同寻常了。加彩装金

虎邱俑人头部有模子印制的，是用泥塑的，也要用[illegible]，服装，身段有的很逼真，就是戏台上也是个好角色。也有做得呆板、直立的两个呆像，那就是呆得呆板了。服装也精粗不一，有的用最考究的用料，精细的剌绣，这一般有的做成出于家庭妇女之手，与商品，另有不同。至如附备？即用料縩细装的一例。

苏州虎邱要货，名目繁多，在小时当看见有…… 其中最受孩子欢迎的，也是价钱最贵的一种，叫做摇丝娘娘，也是利用转动原理，拉动纸轴转动，一个摇丝姑娘就能操作摇丝工作，当时也没有发条，就能做成活动的玩具，足见艺人的巧思

布置得应有尽有，而且大小比例相称，这与天津泥人张所捏的有些不[illegible]完全用泥塑，是不同的。

虎邱捏塑，流传已很久，经多方搜集，发现所见皆不够精美，恐怕是一般的作品，仅有费姓一家，此人名[illegible]（可参见附图一）这个像，却是有性格，有生命的作品，[illegible]一个，就要得手化了。

~~太平天国革命时期~~ 说在虎邱捏塑已绝然，咸同以后，到了光绪时期，这种衰落，光绪之子琴舫生得失术，但不久便告失落，~~就更~~果掉了，从此人亡艺绝。虎邱捏塑，就成为历史上不[illegible]的（不能[illegible]也不能说没有）作人 这种泥头畅销全国各地，依稀比的情况，同部前面[illegible]前后

在虎邱泥塑中有一种行当叫做泥头的叫做 除了五人捏相以外，另有一种~~专门捏塑一行~~，~~专门~~泥作，因为这是专做泥头的。~~[illegible]~~泥头出售，叫做虎邱头，~~据说这销山西一带~~[illegible]给人[illegible]做个身，戏曲人物，婚丧喜庆，神如和合，仙童，寿星，戏曲文之类，~~各国都~~都需要泥人，所以当时需要泥人的[illegible]，因此泥人有很大的销路，他要能在木头上有头，这种工作[illegible]是比较好的。

蘇州泥人

蘇檀　工作人住虎，泥细如麪，顏色不一，有求像者，照面色取一丸泥，手弄之，談笑自若，如不介意，少焉而像成矣，出視之，即其人也——見常輝衣雲蘭舫筆记——

塑真　俗名捏相，其法創于唐時楊惠之，前明王氏竹林，亦工于塑作，今虎邱習此業者，不止一家，而山门内项春江稱能手，虎邱有一處泥土，最滋润，俗稱滋泥，凡为上细泥人，大小絹人，塑頭必此處之泥，謂之虎邱頭，塑真尤必用此泥，然一工之劳者，亦如传神之妙手，不能頰上添豪也，肢体以香樟木为之，手足皆活動，谓之落膝骱，冬夏衣服，可以随时更换，位置之區，谓之相堂，多以紫檀，鑲嵌玻璃，其中或陈设家人婦子或美婢侍童，其榻椅几杌，以及盃碁陈设，大小悉稱。—桐桥倚棹錄—

虎邱耍貨　……頭等泥貨，在山门以内，其法始于宋時袁遇昌，専做泥美人，泥嬰孩，及人物故事，以十六齣为一堂，高祇三五寸，彩畫鮮妍，備居人供神檯盒之用，即顾竹嶠诗所云，明知不是真脂粉，也费嶐西山蕩子錢是也，他如泥神，泥佛，泥鬼，泥花，泥樹，泥果，泥禽，泥獸，泥虫，泥鳞，泥介，皮老虎，堆羅漢，蕩千秋，游水童，精粗不等，……—桐桥倚棹錄—

摩睺羅　一稱塑嬰孩

摩睺羅惟蘇州者極巧，木瀆袁家所製益精（見夢華錄）按摩睺羅为嬰孩形之土偶，睺一作睺，七夕俗以蠟製嬰兒形浮水以为戲为婦人宜子之祥，谓之化生，本出西域谓之摩睺羅，薛詩：水泊証蟹弄化生（岁时记事）袁家为袁遇昌，以塑嬰孩傳名，袁死其藝遂绝

白獺髓
黄胖，皆捏泥為人之權輿—吹畫舫錄谈—16页
元曲作魔合羅

泥孩兒亦名土稱，宋时鄜州田氏

鄜州在郏西

摩睺羅
磨喝樂　磨喝樂本佛經摩睺羅今通俗而書之—東京夢华錄—

作泥孩兒名天下，態度無窮，雖京师工效，莫之能及，陸務觀家藏一對卧者，有一行小字云鄜州田玘製，虞學士伯生亦有《泥孩兒》詩，今杭州已今有孩兒巷，以善塑泥孩兒得名，蓋仍南渡之俗，後人不知其法傳自鄜州也。

老學庵筆記作
鄜畤田玘製
卷五

脱沙人物　趙渚，能脱沙人物，今城隍庙三官神像其手製也，極其工巧，信一时之絶藝也——苏州府志149页——

昆山泥　此泥最细膩，遇燥不裂，塑像及造摩睺羅者必用之—湖州府志物産篇—

另一則錄在后面

磨喝樂乃小塑土偶耳，悉以彫木彩装，欄座，或用红纱碧籠，或飾以金珠牙翠有一対直数千者……又以黄蠟鑄为凫雁鸳鸯鸡鹅龟魚之類，彩画金鏤，谓之水上浮

桃板

齐书五行志：永明中，京师人家忽生火，赤于常火，热小微，贵贱争取以治病，法以此火炙——七炷，皆差，敕禁之，不能断。

荆楚岁时记：正月一日造——著户，谓之仙木。

岁华纪丽：元日桃板著门，而纳庆；苇索罗户，以祛灾。

东京梦华录：近岁节，市井皆印卖门神、钟馗、桃板、桃符……

桃符

宋史五行志：西川孟昶每岁除日命翰林为词题——正旦置寝门左右。末年学士辛寅逊撰词，昶以其非工，自命笔题云：新年纳馀庆，嘉节号长春。昶以其年正月降王师，即命吕馀庆知成都府，而长春乃太祖诞圣节名也。

范成大新正书怀诗：不问桃符徒画鸡，身心安处是天倪

何师

云仙杂记通借丝条（未见）

桃茢：周官记戎右之职云：「监赞桃茢」

礼记檀弓：「君临臣丧，以巫祝桃茢执戈」

埤雅：「礼曰王吊则巫祝以桃茢前王，桃，鬼所恶，而茢以拔除不祥，所以异於生也……」

桃弧：左传昭四年「桃弧棘矢，以除其災」

中华古今注考「辟恶车」之制并言桃弓云「辟恶车，秦制也，桃弓苇矢，以除其災，所谓辟恶也」

桃殳：见韩诗外传

以上皆为辟恶禳災的法物（桃木兵器）

桃梗：先秦典籍桃梗即桃枝。

莊子：「有挂鸡於户，悬苇於其上，插桃其旁，而鬼畏之」（据太平御览卷29所引）

欧阳询艺文类聚引莊子之言：「插桃枝於户，连灰其下，童子不畏而鬼畏之，是鬼智不若童子也」今本莊子无此句，当是佚文。

春秋内事：「夏后氏金行，初作苇茭言~~桐更也，今人元日以苇插户，螺~~气交也，殷人木德，以螺首慎其闭塞，使如螺也。周人木德，以桃为梗，言气相更也。今人元日以苇插户，螺则今之门镮也，桃梗今之桃符也」

杜佑通典：「周人木德，以桃为梗，今之桃符，其其遗制」

桃人　见战国策齐策

汉应劭风俗通义卷八：「上古之时有荼与郁垒昆弟二人，性能执鬼……」详见原书不录。

晋郭氏玄中记：「今人正朝作两桃人立门旁，以雄鸡毛置索中，盖遗像也」

桃印　续汉书礼仪志：「正旦为桃印，长六寸，方三寸，施门户」

刚卯　详见汉书礼仪志，陆凤藻小知录，娱真子（马永卿）

介紹蘇州桃花塢木刻年畫選集

蘇州市文聯民間藝術組創作研究組合編寫

『桃花塢』是蘇州一條市街，這美麗的『桃花塢』事實上早沒了桃花，蘇州市的近於美術的一些手工業，如銅器、角骨、加工書畫裝，都集中在桃花塢，而桃花塢的木刻年畫，尤其名聞全國，它發源於何時，已無從稽考，因為年畫是一年一換的，而且都是粘貼牆間，歷久即破，所以遺蹟也絕少，加以一些文人雅士們一向輕視民間藝術，沒有好好保存，現在桃花塢遺留的一些版片，已是沒落時期的作品，它在清代雍正乾嘉時代那些精緻的作品，早已失傳，國內也很少收藏，我們現在只能看到日本和英收藏的早期的桃花塢木刻的影本，它的構畫線條和色彩，都有高度技巧，堪與明晚明彩刻工媲美，鄭振鐸中國版畫史上說：「這中諸錄從江南各地刊印之徒極盡細微派版畫式樣以後吳中刻工起而代之矣」，並非過譽，它的所以為廣大勞動人民熱愛，因為它是與廣大勞動人民日常生活聯系在一起，它的本身也即是勞動人民所創造的，它在一定程度上表現了勞動人民的理想，可是由于時代的限制，它還有很多是落後的甚至是反動的東西，我們今天的任務就是要把可以吸收的東西揀出來，去其糟粕，吸其精華，這對我們今天為廣大人民群眾喜聞樂見的形式來講，是有着極大的幫助的，在桃花塢現存木板中的內容，約可分成如下的九類，可能是不完全的：

（一）門神

門神是貼在門上的年畫，一年一換，是表示新年中除舊更新的意思，同時又含有驅邪逐妖的迷信意識，這是過去社會中最暢銷的年畫，

（二）春牛畫

這一類年畫與農民日常工作發生密切關係，譬如春牛畫就是指示農事的耕作過程，包括一年的季節氣節，又如蠶室用的蠶貓像，是表示防鼠的，有提高警惕的副作用，

（三）迷信用紙

這一類比較複雜，內容不外乎敬神，祭祖先，驅鬼邪，頌吉利等類，各種有它們的用途，

（四）裝飾畫

內容有糊牆，糊花燈，糊中秋香斗等用的花紙，這些都是很美的富有民族形式的畫面，

（五）故事與戲劇

為了時代的關係，它所介紹的故事與戲劇，很多是歌頌封建道德的，未能說是有害的，這裡所选的是較好的幾張，

（六）風俗畫與風景畫

內容有介紹名勝古蹟的，像西湖十八景之類，也有介紹一些風俗習慣的，

（七）人物畫

這也是一種裝飾畫，有大幅的，尤其畫美女，數量最多，

（八）玩具畫

如陞官圖，走馬灯之類，

（九）連環画

現在全國盛行的連環画，其實起始于桃花塢，它是將一幅年画劃成十多格，將故事順序的画在每一格中，簡單的一張一個故事，長篇的分給二三張，据傳從前有一種帶唱帶賣的商人，一面唱快板，一面賣年画，最受農民欢迎，因為農民可從這些賣唱的口中，听到一些新鮮的故事与新聞，

目前的桃花塢木刻，由于營叶不振工人大都要转業，這是因為土改後農民水平的提高不復需要迷信用紙，而且今天的非常粗糙的潦草的形式，也不能滿足農民要求，又早為五彩石印的年画与連環画起而代之，但桃花塢木刻，有其粗壯健美的独特的風格，既不同於天津楊柳青，也不同於北京的栄宝斋幾百年来，它風行了長江流域，甚至洛陽北上，南至舟山，到處擁有廣大的群众，真有其不可磨滅的光荣的歷史，趁着它的材料還可以搜集的時候我们特编选了這一部份的材料，作為美術工作者在研究我们偉大的民族藝術遺產時的資料，能够对今天進行普及工作能有所借鑑這就是我们选印這一本画集的真正願望。

『附註』木刻年画計九十四帧因尺寸大小現统拟作為乙百帧

『十三五』国家重点图书

『过眼烟云——过云楼历代主人手书精粹』丛书

过云楼梦——大变革时代江南文脉之一隅（总册）
顾公硕残稿拾影
顾公柔日记
鹤庐画赞
鹤庐画趣
读书随笔
顾承信札
过云楼书画录初笔
过云楼书画录再笔
顾文彬日记
宦游鸿雪
艮庵手稿

顧公碩殘稿拾影

过云楼第一代主人顾文彬云：“书画之于人，子瞻氏目为烟云过眼者也。”

苏轼，字子瞻。

烟云过眼，意出自苏轼著《宝绘堂记》“烟云之过眼，百鸟之感耳”之句。

又，南宋周公谨著《云烟过眼录》。

过云楼由此得名。

"十三五"国家重点图书

"过眼烟云——过云楼历代主人手书精粹"丛书

顧公碩殘稿拾影（下）

主　编 / 高福民

副主编 / 陶莉　高晴　高翔

文匯出版社

目录

十三　苏式彩画卷

题解：此稿是1963年8月30日署名“苏州市建设局”的油印稿，是在顾公硕先生遗稿中发现的，编者曾与苏州市住建局有关处室联系，据说其又向相关研究会查询，因事隔五十余年，均不知出处。作者未直接署名，但显然作者对国画、颜料、古建筑极有研究。文中述及调研考查文物实迹，访问彩画艺人、开座谈会。苏州市文管会1956年进行古建筑普查，发现申时行祠堂、惠荫花园、忠王府等处都有彩绘遗存，于是请艺人描绘实迹，在1959年曾编《苏州彩画》。编者在公硕先生笔记中发现有大量彩画研究文字，尚不能完全确定作者就是在苏州市文管会供职的公硕先生，也可能是合作编撰、公硕先生执笔，因文字风格酷似他。2017年春，编者寻访至木渎一家相关建筑业民企，业主说起他老父亲曾有一本彩画书。说者无心，听者有意，后追溯下去，未果。待证。

前记

中国彩画是一种独特的装饰艺术，对于材料的采选、制炼和操作的规格、要求，通过几千年来匠工艺人的不断创造、不断革新，早已逐渐形成了一整套的传统制度。宋代李明仲《营造法式》中彩画作制度，便是集其大成的经典著作，取材精审，规格严密，实为当时官式彩画的典范。其后金都北移，宋室南迁，一源二流分别发展。元、明、清继金之后建都北京，形成京式一支。南宋迁都后，苏州地居要冲，一切媲美临安（杭州），随又别成苏杭一支。

由于苏州香山派[1]的独特建筑技巧和艺术风格，苏派建筑逐渐占南方建筑的领导地

1．香山派，又名香山帮。明代杰出的建筑工匠蒯祥（1397—1481），苏州吴县人。明永乐十五年（1417），成祖朱棣迁都北京，召蒯祥前往主持宫殿的设计和施工。正统

位，因而苏式彩画在全国范围内也就形成了独树一帜的规模，与京式并驾齐驱。

苏式彩画在用料、设色、风格、操作等方面绝大部分是与宋代法式古制有着息息相通的关系。这次我们组织人员到苏州专区内之杨舍、常熟、顾山镇、木渎、光福、冲山、东山、金墅镇及苏州市内等处，对有经验的彩画艺工进行个别访问，并考察实迹。从我们收集到的实迹可以很清楚地看出：尽管是内容十分丰富多彩，变化不一，绝少类同，但基本上还处处保留着古制的精华，而与京式的和玺、旋子彩画显然有别。因此，我们也可以说：苏式彩画的图案色调等是特别富有传统风味的。

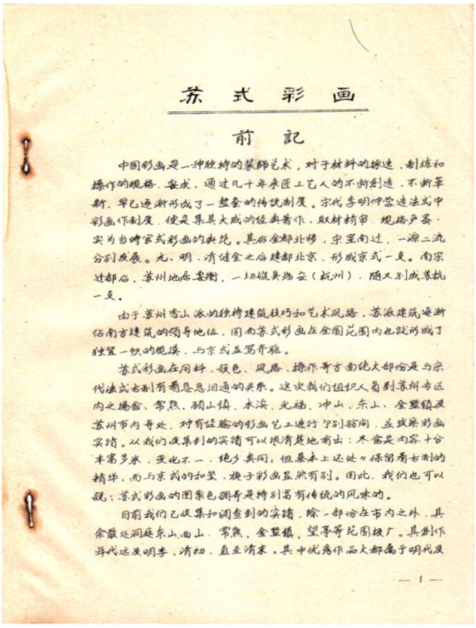
苏式彩画

前記

中国彩画是一种独特的装饰艺术，对于材料的拣选、制炼和操作的规格、要求，通过几千年来匠工艺人的不断创造、不断革新，早已逐渐形成了一整套的传统制度。宋代李明仲营造法式中彩画作制度，便是集其大成的经典著作，取材精审，规格严密，实为当时官式彩画的典范。其后金都北移，宋室南迁，一源二流分别发展。元、明、清继金之后建都北京，形成京式一支。南宋迁都后，苏州地居要冲，一切仰其临安（杭州），随又别成苏杭一支。

由于苏州香山派的独特建筑技巧和艺术风格，苏派建筑逐渐占南方建筑的领导地位，因而苏式彩画在全国范围内也就形成了独竖一帜的规模，与京式并驾齐驱。

苏式彩画在用料、设色、风格、操作等方面绝大部份是与宋代法式古制有着息息相通的关系。这次我们组织人员到苏州专区内之杨舍、常熟、顾山镇、木渎、光福、冲山、东山、金墅镇及苏州市内等处，对有经验的彩画艺工进行个别访问，并考察彩画实迹。从我们收集到的实迹可以很清楚地看出：尽管是内容十分丰富多彩，变化不一，绝少类同，但基本上还处处保留着古制的精华，而与京式的和玺、旋子彩画显然有别。因此，我们也可以说：苏式彩画的图案色调等是特别富有传统的风味的。

目前我们已收集和调查到的实迹，除一部份在市内之外，其余散处洞庭东山、西山、常熟、金墅镇，望亭等范围极广。其创作年代远及明季、清初，直至清末。其中优秀作品大都属于明代及

— 1 —

《苏式彩画》影印件

目前我们已收集和调查到的实迹，除一部分在市内之外，其余散处洞庭东山、西山、常熟、金墅镇、望亭等，范围极广。其创作年代久远及明代、清初，直至清末。其中优秀作品大都属于明代及清乾隆、嘉庆以前，而太平天国以后则逐渐衰落，至于辛亥革命以后更不足道。如果没有党及领导的重视，将现有资料及时加以调查整理的话，这一份宝贵的祖国艺术遗产，势将湮没无闻了。

所遗憾的是：目前最老的艺工，在辛亥革命时最多不过二十岁左右，当时尚在学徒时代，技艺知识不够丰富，年轻些的那时还在童年。我们收到的资料大都已受到近代因陋就简和外来因素的严重影响，例如基层打底不用灰漆而用猪血灰、颜料多采用进口成品之类，逐渐脱离古法，质量逐渐降低。其有关古制，艺工等往往只能回忆过去从师傅处耳闻的传说，而未经实践，不能作肯定结论。因此，我们在某些地方不能不作一些必要的改正以供比较，不少不够明确的地方也只能存疑待证，其调查研究尚未深入的更只得暂付阙如。

所有这些问题，由于力量和时间的限制，目前均未能及时解决，尚有待于今后的继

年间（1436—1449），又负责重建故宫三大殿和文武诸司。天顺末年（1464），规划建造裕陵，深得朝廷赞赏，皇帝“每以蒯鲁班呼之”，累官至工部左侍郎，“食从一品俸”。由于蒯祥的影响，香山匠人名声大振，木工和建筑业成了香山人世代祖袭的职业。五百多年来，香山匠人一直奉蒯祥为香山帮祖师。据《皇明纪略》载：“今江南木工，巧工皆出于香山。”蒯祥之墓在今苏州市吴中区香山渔帆村。

续深入。

我们收集资料的来源，主要由现留苏州的彩画艺人薛金海、薛仁生所提供，其余散处乡镇的还有姜和尚、鲍满四、鲍振雄、赵金根、滕阿根等，通过采访座谈会，亦供给了不少宝贵的资料。关于颜料方面则大都由姜思序堂薛庚耀同志所叙述。文献资料则由于条件限制，不够丰富，仅从宋李明仲《营造法式》、清李斗《工段营造录》、古代建筑修整所《中国建筑彩画图案》、中国建筑史编缉委员会《中国建筑简史》、苏州市文管会《苏州彩画》以及明宋应星《天工开物》、明李时珍《本草纲目》、明邹德中《绘事指蒙》、于非闇《中国画颜色的研究》等参考引证尚属不够全面，遗漏错误实属难免。

至于苏州方面彩画艺人的师傅系统，经调查所得列于下表：

（1）薛金山（宝和）→（儿）薛兆坤
徒（二十四人）
- （弟）薛金海
- （大儿）薛仁泉（二儿）薛仁生
- （三儿）薛仁元
- （徒）周德生（冯阿二）
- （徒）沈阿四
- （徒）童福林
- （徒）钱水根→（徒）夏金兴（香山）

（2）陈灏→周惪堂（徒）→周德泰、范小泉、吴小胖、鲍子良

（3）姜云祥（姜金宝）→（儿）姜永生（姜和尚）
（徒）顾琴香→（徒）颜根大

（4）周龙生→滕阿根（婿）
王关仁→赵金根（徒）

（5）鲍元四（兄）鲍满四（弟）鲍振雄（侄）

注：凡名字下有“__”者表示已过世

我们采访所及的则有：

姜和尚（七十岁）住址：木渎东街 30 号（塑佛像兼彩画）

薛金海（六十二岁）住址：苏州市临顿路温家岸麒麟弄 8 号（彩画工）

薛仁生（五十岁）住址：苏州市石炮头 13 号（彩画工）

颜根大（六十一岁）住址：木渎木器生产合作社（彩画工）

鲍满四（七十二岁）住址：顾山镇（顾山公社九大队四小队）（塑物像兼彩画）

鲍振雄（五十六岁）住址：顾山镇（顾山公社九大队四小队）（塑物像兼彩画）

赵金根（三十四岁）住址：无锡荡口镇做竺角（华侨大队第十小队）（塑物像兼彩画）

滕阿根住址：无锡荡口镇（塑物像兼彩画）

其中颜根大则曾在辛亥革命后，参照新法于混凝土基层上采用油色彩画，但采用面不广，效果如何未能肯定，且在苏州地区并无实迹，故只能聊备一格，不在传统彩画之列。

第一章　沿革和发展概况

中国彩画的历史几与中国画同样悠久。其施于建筑结构之见诸歌赋记载者，如后汉张衡《西都赋》所载，“绣栭云楣，镂槛文槐。故其馆室次舍，采饰纤缛，裛以藻绣，文以朱绿”[1]；又如晋左思《吴都赋》所载，“青琐丹楹，图以云气，画以仙灵”[2]，均描述得十分具体，足证远在汉代彩画早已广泛采用宫殿馆舍之上，作为艺术装饰的组成部分。其次，自佛教流入中国，寺庙建筑又多模拟宫殿，极尽壮丽。宋朱长文《吴郡图经续记》云：“自佛教及于中土，旁及东南，吴赤乌中（238—250），已立寺于吴矣。其后梁武帝（502—549）事佛，吴中名山胜境多立精舍。因于陈隋，浸盛于唐。唐武宗（841—846）一旦毁之，宣宗稍复之。唐季盗起，吴门之内寺宇多遭焚剽。钱氏帅吴，崇向尤至。于是修旧图新，百堵皆作，竭其力趋之，惟恐不及。郡之内外，胜刹相望……寺院凡百三十九，其名已列《图经》，今有增焉……”可证建筑艺术流入吴郡尚远在孙吴时代，至北宋而盛极一时。

宋范成大《吴郡志》云：“吴中佳丽，自昔有闻。建炎（1127—1130）兵烬，所存惟觉报小寺及子城角天王祠。今州宅、官廨、学舍、仓庾、亭馆之类皆中兴后随事草创，不能悉如旧观。”据此北宋以前旧物已全为兵火毁尽，目前所存遗迹皆南宋以后所创。

其制度规格一方面虽已不如北宋之严密，另一方面老年匠工，亦必然在实践中发挥其固有的传统，不致全部丧失。按宋李明仲《营造法式》系北宋官式建筑的经典著作，

1. 绣——《周礼考工记》：画缋之事，五彩备之为绣。

栭——音而。即料。《尔雅·释宫》：栭即栌也。

楣——音眉。《尔雅·释宫》：楣谓之梁。谓门上横梁也。一作，音皮。即檐。声类：屋连绵也。

缛——音辱。《说文》：繁采色也。

裛——音邑。缠也。

2. 青琐：天子门制也。师古曰，青琐者刻为连锁文而以青涂之也。楹—音盈。《说文》：柱也。

于崇宁二年（1103）刻版颁行海内，后于绍兴十五年（1145）由平江知府王唤校勘重刊。其时苏杭一带正在大兴土木，法式重刊当然是为了适应当时的需要。因此法式古制也必然随之流传于苏地，彩画自不例外。《吴郡志》云：“姑苏馆绍兴十四年（1144）郡守王唤建，体势宏丽为浙西客馆之最。又作台于城上，以姑苏名之，制度尤瑰特，为吴中伟观。”又云：“齐云楼绍兴十四年重建，轮奂雄特，不唯甲于二浙，虽蜀之西楼，鄂之南楼、岳阳楼、庾楼皆在下风。”西楼淳祐中（1241—1252）魏峻始大修之后及黄万石（1267—1268）改作，如临安丰乐之制[1]绘事一新，邦人为之改观。又卢志[2]云：“东南寺观之胜，莫盛于吴郡，栋宇森严，绘画藻丽，足以壮观城邑。岁月荐更重，罹焚毁，古迹多废，鞠为茂草者有焉。”可见南宋以后建筑彩画，又已广泛流行于官宇寺庙。又考法式彩画制度，对于配料施彩以及操作工序，花式规格，记载极为周密，与苏式匠工艺人所采用者大都符合。可证苏式彩画实沿法式古制发展而来，尤以五彩遍装，叠晕施彩之制，更为明显，基本上可称完全一致。

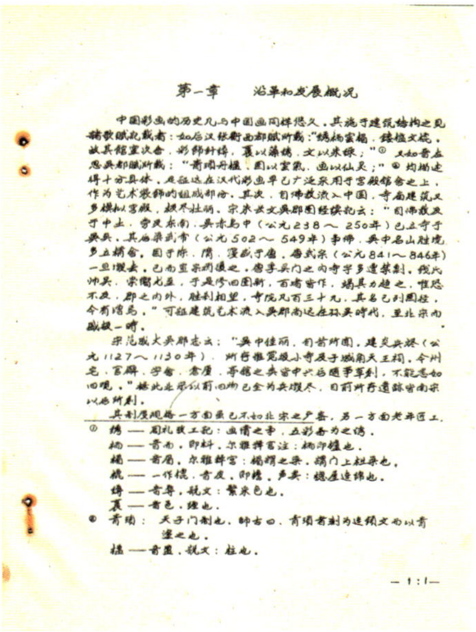
第一章　沿革和发展概况

中国彩画的历史几与中国画同样悠久。其施于建筑结构之见诸歌赋记载者：如后汉张衡西都赋所载：“绣栭云楣，镂槛文棍，故其馆室次舍，彩饰纤缛，裛以藻绣，文以朱绿；”① 又如晋左思吴都赋所载：“青琐丹楹，图以云气，画以仙灵；”② 均描述得十分具体，足征远在汉代彩画早已广泛采用于宫殿馆舍之上，作为艺术装饰的组成部份。其次，自佛教流入中国，寺庙建筑又多模拟宫殿，极尽壮丽。宋朱长文吴郡图经续记云：“自佛教被于中土，旁及东南，吴赤乌中（公元238～250年）已立寺于吴矣，其后梁武帝（公元502～549年）事佛，吴中名山胜境多立精舍，因于陈、隋，浸盛于唐。唐武宗（公元841～846年）一旦毁去，已而宣宗稍复之，唐季吴门之内寺宇多遭焚剠。钱氏帅吴，崇尚尤至，于是修旧图新，百堵皆作，竭其力趋之，惟恐不及，郡之内外，胜刹相望，寺院凡百三十九，其名已列图经，今所增焉。”可征建筑艺术流入吴郡尚远在孙吴时代，至北宋而盛极一时。

宋范成大吴郡志云：“吴中佳丽，自昔所闻，建炎兵烬（公元1127～1130年），所存惟觉报小寺及子城角天王祠，今州宅、官廨、学舍、仓庾、亭馆之类皆中兴后随事草创，不能悉如旧观。”据此北宋以前旧物已全为兵燹尽，目前所存遗迹皆南宋以后所创。

其制度规格一方面虽已不如北宋之广备，另一方面老年匠工，

① 绣——周礼考工记：画缋之事，五彩备为之绣。
栭——音而，即枓，尔雅释宫注：栭即栌也。
楣——音眉，尔雅释宫：楣谓之梁，谓门上横梁也。
棍——一作梍，音皮，即梍，声类：梍屋连绵也。
缛——音辱，说文：繁采色也。
裛——音邑，缠也。
② 青琐：天子门制也，师古曰，青琐者刻为连环文而以青涂之也。
楹——音盈，说文：柱也。

— 1:1 —

元代统治者轻视文艺，在建筑方面无所发展，在卢志及明王鏊《正德姑苏志》中极少记载。明太祖建都南京，苏州在建筑方面兴建不多，至永乐时迁都北京，召苏州香山木工蒯祥至京，初任职营缮，后任至工部左侍郎。自永乐至天顺（1403—1464）前后六十年间宫中营缮均出蒯手，并能双手绘龙，合而如一。建筑和彩画的由南至北流亦势所必然。沿及清代，苏式彩画遂独恃一帜，与京式彩画并驾齐驱。清李斗《工段营造录》编著在乾隆甲申至乙卯之间（1764—1795），其论画作云：“画作以墨金为主，诸色辅之。次论地仗、方心、线路、岔口，箍头诸花色。墨有金琢、烟琢、细雅、五墨之用（参阅《中国建筑史》第六章第七节二）。地仗、方心、沥粉及各式花样之用。线路、岔口、箍头贴金及诸彩色，随其花式所宜称。花式以苏式彩画为上，苏式有集锦、花锦、博古、云秋木、寿山福海、五福庆寿、福如东海、锦上添花、百蝠流云、年年如意、福缘喜庆、福禄绵绵、群仙捧

1. 临安：即今杭州，南宋建都于此。丰乐，酒楼名，见《武林旧事》。
2. 卢熊所撰洪武《苏州府志》。

寿、花草方心、春光明媚、地搭锦袱、海墁、天花聚会诸式。”可见当时苏式彩画已臻极盛时代。

在北京宫殿府第，主要取京式，园林名胜则主要取苏式；但在苏州地区，则彩画主要用于官署、寺院、祠庙等建筑，而住宅园林中彩画则比较少见。

由于彩画是一种豪华富丽的艺术装饰，在清代后期，鸦片战争以后，苏州地区受着政治经济的限制，其发展范围已远远落后于北京，以致在制度上、质量上已渐趋停滞状态，在操作规格上且有衰退现象。到了辛亥革命以后，除民间祠堂家庙偶一施彩外，彩画艺工几于无事可做，纷纷转业。目前硕果仅存的少数老艺工对于某些古制，亦只能就早年耳闻所得回忆追述，而无从肯定其实践评价，这是帝国主义侵入中国后在我国建筑艺术上所造成的严重损失。

解放前，彩画艺术仍处于停滞状态。少数建筑偶施彩画者，如上海市政府、航空学会、南京王陆一住宅，则系在混凝土基层面上的油色彩画。虽属苏州艺工作品，但仅模拟形式，不足代表苏式传统。

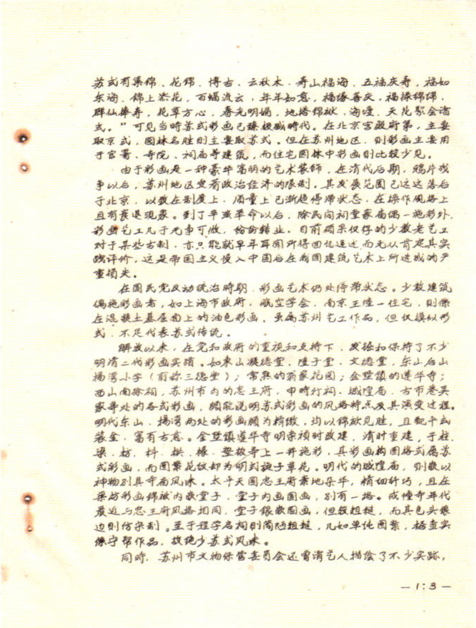
苏式有集锦、花锦、博古、云秋木、寿山福海、五福庆寿、福如东海、锦上添花、百蝠流云、年年如意、福缘善庆、福禄绵绵、群仙捧寿、花草方心、春光明媚、地搭锦袱、海墁、天花聚会诸式。”可见当时苏式彩画已臻极盛时代。在北京宫殿府第，主要取京式，园林名胜则主要取苏式。但在苏州地区，则彩画主要用于官署、寺院、祠庙等建筑，而住宅园林中彩画则比较少见。

由于彩画是一种豪华富丽的艺术装饰，在清代后期，鸦片战争以后，苏州地区受着政治经济的限制，其发展范围已远远落后于北京，以致在制度上、质量上已渐趋停滞状态，在操作规格上且有衰退现象。到了辛亥革命以后，除民间祠堂家庙偶一施彩外，彩画艺工几于无事可做，纷纷转业。目前硕果仅存的少数老艺工对于某些古制，亦只能就早年耳闻所得回忆追述，而无从肯定其实践评价，这是帝国主义侵入中国后在我国建筑艺术上所造成的严重损失。

在国民党反动统治时期，彩画艺术仍处停滞状态。少数建筑偶施彩画者，如上海市政府、航空学会、南京王陆一住宅，则系在混凝土基层面上的油色彩画，虽属苏州艺工作品，但仅模拟形式，不足代表苏式传统。

解放以来，在党和政府的重视和支持下，发掘和保持了不少明清二代彩画实迹。如东山凝德堂、陆子堂、文德堂，东山后山杨湾小学（前称三德堂）；常熟的翁家花园；金墅镇的莲华寺；西山南徐祠，苏州市内的忠王府，申时行祠、城隍庙、古市巷吴家等处的各式彩画，颇能说明苏式彩画的风格特点及其演变过程。明代东山、杨湾两处的彩画颇为精致，均以锦袱见胜，且配平式装金，富有古意。金墅镇莲华寺明崇祯时改建，清时重建，于柱、梁、枋、斗、拱、椽、垫板等上一并施彩，其彩画构图格式属苏式彩画，而图案花纹却为明式旋子草花。明代的城隍庙，则嵌以神物别具寺庙风味。太平天国忠王府素地杂华，精细纤巧，且在梁枋彩画锦袱内嵌堂子，堂子内画国画，别有一格。戒幢寺年代最近与忠王府风格相同，堂子镶嵌国画，但较粗糙，而其包头银边则仿宋制。至于程学启祠则简陋粗糙，几如单纯图案，据查实系宁帮作品，故绝少苏式风味。

同时，苏州市文物保管委员会还曾请艺人描绘了不少实迹，

— 1:3 —

解放以来，在党和政府的重视和支持下，发掘和保持了不少明清两代彩画实迹。如东山凝德堂、陆子堂、文德堂，东山后山杨湾小学（前称三德堂），常熟的翁家花园，金墅镇的莲华寺，西山南徐祠，苏州市内的忠王府、申时行祠、城隍庙、古市巷吴家等处的各式彩画，颇能说明苏式彩画的风格特点及其演变过程。明代东山、杨湾两处的彩画颇为精致，均以锦袱见胜，且配平式装金，富有古意。金墅镇莲华寺明崇祯时改建，清时重建，于柱、梁、枋、拱、椽、垫板等上一并施彩，其彩画构图格式属苏式彩画，而图案花纹却为明式旋子草花。明代的城隍庙，则嵌以神物别具寺庙风味。太平天国忠王府素地杂华，精细纤巧，且在梁枋彩画锦袱内嵌堂子，堂子内画国画，别具一格。戒幢律寺年代最近，与忠王府风格相同，堂子镶嵌国画，但较粗糙，而其包头银边则仿宋制。至于程学启祠则简陋粗糙，几如单纯图案，据查实系宁帮作品，故绝少苏式风味。

同时，苏州市文物保管委员会还曾请艺人描绘了不少实迹，并选印了《苏州彩画》一册，在保存古代艺术上起了一定的作用。至于用料、选料、操作技术等，苏式彩画自有一套传统规格，尽管有些地方已不免有所失传，但如加以进一步的调查、发掘、研

究、核实，还不难整理完善，在全中国整个彩画史料中占有一定的位置，并且为今后中国彩画的发扬光大，提供了良好的基础。

第二章　总制度

苏式彩画继承宋代古制，历代艺工均有所创造和发展。在花式方面变化多端，极为丰富。《营造法式》彩画作有五彩遍装、碾玉装、青绿叠晕棱间装、三晕带红棱间、介绿装、介绿结华装以及诸色杂间装等制度，而苏式彩画则主要属于五彩遍装一类的发展变化，而碾玉间装之类均所不取。设色间装亦不尽依古制，在彩画等级分类，梁枋彩画构图格式上、用料上、操作上都具有一定的传统特色。

第一节　苏式彩画的风格特点

苏式彩画的构图设色，基本上遵循法式古制，但图案花式则以四出、六出、八出及毬文的细锦琐文为主，而杂花比较少见。尤其是东山、杨湾的几处彩画中锦纹花式就有近二十种之多，苏州老艺人腹稿更有七十二锦之说，足见历代艺人的创造性是十分丰富多彩的。

梁枋彩画用锦袱是苏式彩画的主要特色，它不同于和玺彩画和旋子彩画，而独具一格。锦袱（亦称包袱锦）其形式有方形、圆弧形两种。绝大多数系在包袱内画花式各异的锦纹，锦纹之间相互贯穿，图案错综复杂。个别袱内设置杂花，配上鲜艳的彩色。袱的四周常镶花边或回纹边，较精致的则在锦纹上装金，图案秀丽宛如织锦。

苏式彩画施于建筑上者，一般均在上、中、下梁内分别绘画锦袱。它不同于北京的苏式彩画，在上、中、下梁侧面统一画锦袱，而统一构图。

梁枋上用堂子是南北一致的，但苏画堂子变化灵活，类型较多。类型一，在堂子内镶嵌国画，内容有山水、人物、花卉、鱼龙飞走等；类型二，清水堂子，本色地不施彩画；类型三，在堂子内布置锦袱。

由于苏式彩画主要施于民间住宅、祠堂，彩画构图比较灵活，疏落可喜，色调特点比较柔和，不用强烈的单色，而常用浅蓝、浅黄、浅红作画。花纹用云纹、花卉及几何纹样，它与宫式建筑色调采用大红大绿是迥然不同的。

苏式彩画装金虽少，但仍以装金为贵。西山有全部装金的，东山凝德堂等几处也是装金的。多数采用平式装金，个别精致的还做到沥粉装金。平式装金法有金地五彩花（即法式留底子）和金花五彩地（即法式挖底子）两种做法。装金图案内容，大多含有吉庆意思，如笔锭如意（必定如意）、一锭如意（一定如意）、金双钱、二龙抢珠、金装聚宝盆、金钱双斧（富贵双全）、瓶升三戟（平升三级）。

东山某住宅在边贴山花垫板上施用彩画，系黑地金花，甚为别致，可称独创一格。

在金墅镇莲华寺中的彩画系在柱、梁、枋、花板、垫板、斗拱、角梁、檐檩、雀替等部件上一并施彩，符合法式所载，其构图设色模拟苏式彩画，而其他花纹则属明代旋子花样。为这一次调查中仅见之一例。

此外，另有一种隐起花纹的彩画，据云在常熟翁家墙门綵衣堂中翻轩梁上狮子及蝴蝶就是这一类。其隐起花纹系用漆面堆塑而成白色，其上再施彩装金，花纹突出，亦别具风格。

棋盘顶彩画：棋盘顶花式一般有团鹤、团凤、云蝠、云鹤、梵文等。彩画绘制一般小的是画了装上去的，但大的构件只能在上面画（朝天画）。其彩画程序与着色用料和梁枋彩画同。

第二节　苏式彩画的等级

苏式彩画主要属于五彩遍装，依其花式之简繁、用料之优劣、操作之精粗，分为：上五彩、中五彩、下五彩三等。

上五彩：花式复杂多样，以锦纹为主，着色退晕，沥粉少，装金少。

中五彩：花式较简（以花草为主），着色退晕，不沥粉，不装金。

下五彩：花纹图案框线，均用墨线拉黑边，彩色，一般不画轮廓外棱线，退晕简单（一般退二色）。

第三节　梁、枋彩画格式

苏式彩画施于建筑上者，一般均在上、中、下梁枋上分别绘画。在整个构图上，按各个梁枋的全长等分为三段，当中一段叫堂子或袱（北方称枋心），左右两段的外端叫包头（即北方称箍头），靠近堂子的一端叫地（有时亦称锦地，北方叫藻头）。

袱：好似用绣好锦纹之包袱，从梁底沿梁两侧裹起，故称锦袱。袱内多数画锦纹，个别画花草。袱按外形分方形、圆弧形两种。袱的大小依梁的高和宽的尺寸而定，通常袱的尖端在梁侧边缘，袱的尖角多数向上，个别向下。亦有一根梁上画两个包袱的，而圆弧袱常包裹梁的全长。锦袱常镶花边（包括黑地金花）或回纹边，轮廓大线则用浅青，绿色退晕。

堂子有直线形、圆弧形两种。堂子内所施画题不论山水、人物、花卉、鱼龙、飞走、锦纹等都可应用，等于在有规则的锦纹图案中嵌上一幅国画。堂子依所施画题的不同而定名，例如花锦堂子、景物堂子、人物堂子等，而且上梁通常画各式锦纹，下梁画各式云蝠、云鹤等图案。中梁锦袱内画人物、山水、花卉等各式图案。

地：（画锦纹的称锦地），北方俗称藻头部分。地通常不施彩色者称素地，或称清水地。其施彩的简单者仅刷青绿，不画花纹；较精致的，则画各式锦纹，其锦纹与袱不同，而又相互调和，亦有画折枝花、香草等。

包头：花式不一，亦无定例。有画各种几何花纹的如阴阳回纹、寿字、联珠、箭绢、水绢式等，还有画花卉的（如荷花等）。比较精细的彩画，则画西番莲、汉瓦等。

衬边隔线：衬边花式亦多。有素地杂花、平式装金（如笔锭如意等）。席纹式衬边、套六角衬边，等等。

第四节　操作概况

彩画是一项复杂而细致的工作。本节先略谈一点操作的概念，其操作方法和质量要求等将于第四章详述之。通常梁、柱料拱凡施彩之前原有木基层必先抄底，亦称打底。抄底分生漆灰底、猪血灰底两种，而以生漆底为上品。猪血灰底较差，因其价廉故近代彩画常用之。亦有在退光漆面上做彩画者。其用贵重木料（如楠木）的清水堂子或清水地则用本色。灰底类别之选定，主要决定于建筑物性质与要求。苏俗打底，例由漆工负责，彩画工就漆工打好的灰底上进行彩画工作。

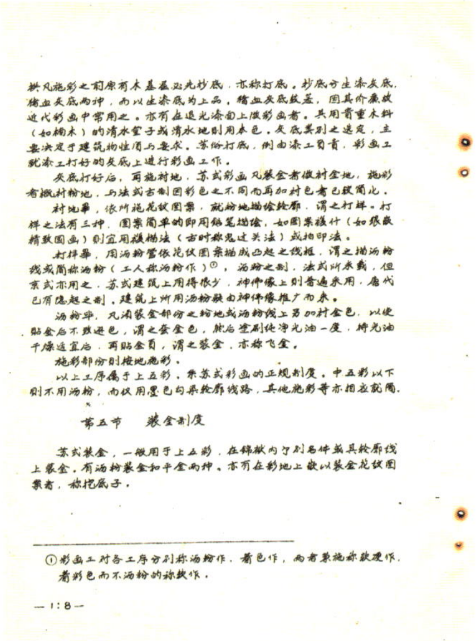
拱凡施彩之前原有木基层必先抄底，亦称打底。抄底分生漆灰底，猪血灰底两种，而以生漆底为上品，猪血灰底较差，因其价廉故近代彩画中常用之。亦有在退光漆面上做彩画者。其用贵重木料（如楠木）的清水堂子或清水地则用本色。灰底类别之选定，主要决定于建筑物性质与要求。苏俗打底，例由漆工负责，彩画工就漆工打好的灰底上进行彩画工作。

灰底打好后，再施衬地，苏式彩画凡装金者做衬金地，施彩者概衬粉地，与法式古制因彩色之不同而再加衬色者已较简化。

衬地毕，依所施花纹图案，就粉地描绘轮廓，谓之打样。打样之法有三种，图案简单的即用铅笔描绘，如图案复什（如镶嵌精致国画）则宜用复描法（古时称鬼过关法）或拍印法。

打样毕，用沥粉管依花纹图案描成凸起之线框，谓之描沥粉线或简称沥粉（工人称沥粉作）①，沥粉之制，法式所未载，但京式亦用之，苏式建筑上用得很少，神佛像上则普遍采用，唐代已有隐起之制，建筑上所用沥粉疑由神佛像推广而来。

沥粉毕，凡須装金部份之粉地或沥粉线上另加衬金色，以使贴金后不致走色，谓之套金色，然后涂刷纯净光油一度，俟光油干燥适宜后，再贴金頁，谓之装金，亦称飞金。

施彩部份則按地施彩。

以上工序属于上五彩，系苏式彩画的正规制度。中五彩以下則不用沥粉，而仅用墨色勾条轮廓线路，其他施彩等亦相应就简。

第五节　装金制度

苏式装金，一般用于上五彩，在锦袱内分别各件或其轮廓线上装金，有沥粉装金和平金两种。亦有在彩地上嵌以装金花纹图案者，称挖底子。

①彩画工对各工序分别称沥粉作，着色作，两者兼施称软硬作，着彩色而不沥粉的称软作。

—1:8—

灰底打好后，再施衬地，苏式彩画凡装金者做衬金地，施彩者概衬粉地，与法式古制因彩色之不同而再加以衬色者已较简化。

衬地毕，依所施花纹图案，就粉地描绘轮廓，谓之打样。打样之法有三种，图案简单的即用铅笔描绘，如图案复杂（如镶嵌精致国画）则宜用复描法（古时称鬼过关法）或拍印法。

打样毕，用沥粉管依花纹图案描成凸起之线框，谓之描沥粉线或简称沥粉（工人称沥粉作）[1]，沥粉之制，法式所未载，但京式亦用之，苏式建筑上用的很少，神佛像上则普遍采用，唐代已有。建筑上所用沥粉疑由神佛像推广而来。

沥粉毕，凡须装金部分之粉地或沥粉线上另

1．画工对各工序分别称沥粉作、着色作，两者兼施称软硬作，着彩色而不沥粉的称软作。

加衬金色，以使贴金后不致逊色，谓之套金色，然后涂刷纯净光油一度，待光油干燥适宜后，再贴金页，谓之装金，亦称飞金。

施彩部分则按地施彩。

以上工序属于五彩，系苏式彩画的正规制度。中五彩以下则不用沥粉，而仅用墨色勾梁轮廓线路，其他施彩等亦相应就简。

第五节　装金制度

苏式装金，一般用于上五彩，在锦袱内个别名件或其轮廓线上装金。有沥粉装金和平金两种。亦有在彩地上嵌以装金花纹图案者，称挖底子。

第六节　着色制度

一、退开

法式叠晕间装均有定制[1]，苏式则灵活运用，随宜变化，绝少定则。

苏制着色制度，施彩（着色）上等者（上五彩、中五彩），着色用退开方法。即从粉地起由浅至深，逐层加深描画，亦即法式叠晕之制。其边棱成直线者谓之直开，依花纹曲线者谓之弯开。

苏式彩画退开，一般三至四道，包括装金五道。多数以黑线压边或拉金边。苏制边线退开通常外浅里深，与古制相反。在中五彩以下着色程序，先深后浅，逐条描画，最后着粉以资烘托者谓之烘色，亦称晕色。

二、配色

五彩取色及深浅配合法式古制极为详备，以朱、绿、青、赤黄、紫为五彩，每彩由

---

1. 法式间装制度及叠晕制度：

“间装之法：青地上华文，以赤黄、红、绿相间，外棱用红叠晕。红地上华文、青绿，心内以红相间，外棱用青或绿叠晕。绿地华文，以赤黄、红、青相间，外棱用青、红、赤黄叠晕。”

“叠晕之法，自浅色起，先以青华（绿以绿华，红以朱华粉），次以三青（绿以三绿，红以三朱），次以二青（绿以二绿，红以二朱），次以大青（绿以大绿，红以深朱），大青之内，深墨压心。（绿以深色草汁压心，朱以深色紫矿晕心），青华之外留粉地一晕。（红绿准此）凡染赤黄，先布粉地，次以朱华合粉压晕，次用藤黄通罩，次以深朱压心。”

“叠晕之法，凡枓、拱、昂及梁额之类，应外棱椽道并令深色在外，其华内剔地色，并浅色在外，与外棱对晕，令浅色相对。其花叶等晕并浅色在外，以深色压心。”又依华文形式，由四周向中心叠晕者称合晕，单向叠晕者称偏晕，两向之间有粉地者称退晕。

浅及深各取四色。其所用颜料除藤黄外，均用石色原色（仅衬地时取用合色料），规格极为严密。苏式五彩定为红、绿、青、黄、紫。明清以后每彩颜料漂研后仅分三色，较之宋制已趋简化。目前苏州姜思序堂恢复古制，仍可分成四色。至于选料旧制本用石色。唯自鸦片战争以后，进口颜料均属成品，不劳制炼，匠工贪其便宜价廉，遂多选取调和，以致质量降低，渐失古意。今将法式古制及苏式新旧各制列表如下。

至于各色调和变化多端，旧说有五彩配二十七色之说。今录《中国画颜色的研究》（于非闇著）所载列于附表以供参考。

附图

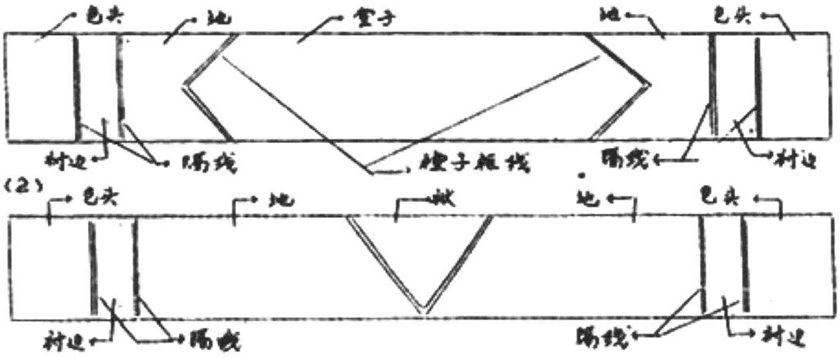

名称对照表

苏州俗称	北方俗称
包头、衬边、隔线	箍头、藻头
地	地仗
堂子框线	岔口线
堂子、袱	枋心

表（一）

彩色	法式古制	苏式旧制	苏式新制
红	朱华 三朱 二朱 深朱	— 三硃 二硃 头硃	广丹 银朱 } 各取原色 胭脂
绿	绿华 三绿 二绿 大绿	— 三绿 二绿 头绿	— 粉绿（铅粉加洋绿）洋绿（原色） 赭绿（藤黄加群青）
青	青华 三青 二青 大青	— 三青 二青 头青	— 粉青（铅粉加群青）二青（铅粉少量加群青） 头青（原色）

彩色	法式古制	苏式旧制	苏式新制
黄	先布粉地上以朱华合粉压晕，次用藤黄通罩	未详	先以粉黄（铅粉加藤黄）衬底再加藤黄（原色）、广丹（原色）、银朱（原色）
			粉黄（同上） 藤黄（原色） 秋香色（藤黄加墨）
紫	取紫铆淘漂熬煮，令深浅得所。用以压心，不作叠晕	用胭脂与铅粉调和，欲浅则多加铅粉	粉紫（铅粉加银朱加微量群青） 二紫（铅粉减量加银朱加少量群青） 胭脂（原色）

表（二）配合众色表

单色 比例 间数色	花青	藤黄	赭石	墨	胭脂	洋红	朱磦	朱砂	粉
草绿	五	五							
老绿	六	四							
嫩绿	三	七							
芽绿	二	八							
油绿	五	四		一					
苍绿	四	五	一						
莲青	二				四	四			
藕合	二				三	三			二
金红		四					六		
肉红			三		三				四
银红					三		三		四
殷红					四			六	
粉红						四			六
金黄		五			五				
苍黄		四	六						
老红			四					六	
深紫	三				二	五			
铁色		七		三					
酱色		六		二	二				
檀香色		五	五	二					
秋香色		八		二					
鹅黄		八							

本表录自《中国画颜色的研究》（于非闇著）

表（三）合色表

绯红	银朱、紫花
桃红	银朱、胭脂
玉红	粉为主、胭脂
柳绿	枝条绿入槐花
月下白	用粉入青标合
柳黄	用粉入三绿标并少量藤黄合
鹅黄	用粉入槐花合
砖褐	用粉入烟合
荆褐	用粉入槐花、螺青、土黄标合
艾褐	用粉入槐花、螺青、土黄、檀子合
鹰背褐	用粉入檀子、烟墨、土黄合
银褐	用粉入藤黄合
珠子褐	用粉入藤黄、胭脂合
藕丝褐	用粉入螺青、胭脂合
露褐	用粉入少土黄，檀子合
麝香褐	用土黄、檀子入烟墨合
檀褐	用土黄入紫花合
山谷褐	用粉入土黄标合
枯竹褐	用粉、土黄、银朱合
秋茶褐	用土黄入三绿、槐花合
湖水褐	用粉入三绿合
葱白褐	用粉入三绿标合
棠梨褐	用粉入土黄、银朱合
玉色	用粉入高三绿合
蓝青	用三青入高三绿合
鼠毛褐	用土黄、粉入墨合
不老红	用紫花、银朱合
葡萄褐	用粉入三绿、紫花合
丁香褐	用玉红为主，入少槐花合
杏子绒	用粉、墨、螺青入檀子合
番皮	用土黄、银朱合
紫袍	用三青、胭脂合
其余不详述	

本表录自《中国画颜色的研究》（于非闇著）

附录：

神佛像彩画

神佛像衣着全部施彩，折纹叠绉，宛如丝绸，并常在胄甲上用缀金处理，完全模拟苏式金绣，效果极好。既纤巧秀丽，灿烂醒目，且富立体感，缀金之制，法式所未载，系苏式所创。建筑上彩画很少用缀金之法。

缀金制度：用纯净鸡蛋黄（须先用纸吸去蛋白水分）调和所用颜料，依所施花纹图案，匀涂一层，候干后再用各式缀金棒依小尺将多余色料剔除，留出金底，在涂色时四周酌留边框一道，使完成后即成金边一道，此种做法称为晕缀金。其次者，则用普通颜料按图描绘，以成花纹者，谓之素缀金。

苏州附近现存神佛像彩画实迹有东山紫金庵（清代建）、金墅镇莲华寺（明崇祯元年改建，清时修建）、灵岩山正山门（四大金刚）等处。

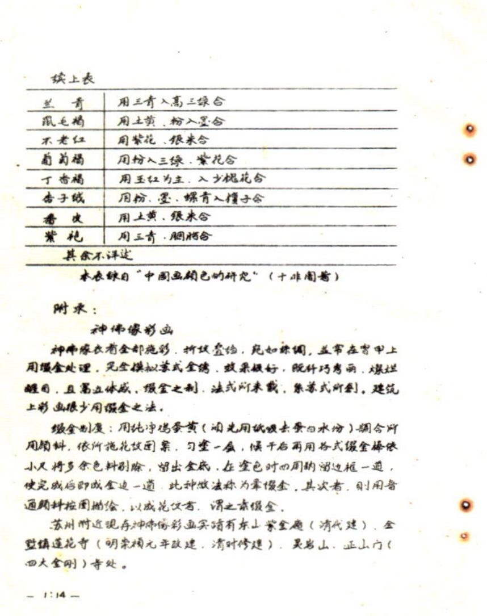
续上表

兰　青	用三青入高三绿合
鼠毛褐	用土黄、粉入墨合
不老红	用紫花、银朱合
葡萄褐	用粉入三绿、紫花合
丁香褐	用玉红为主，入少槐花合
杏子绒	用粉、墨、螺青入槐子合
香　皮	用土黄、银朱合
紫　袍	用三青、胭脂合
其余不详述	

本表录自"中国画颜色的研究"（于非闇著）

附录：

神佛像彩画

神佛像衣着全部施彩，折纹叠绉，宛如锦绸，並常在当中上用缀金处理，完全模拟苏式金绣，效果极好，既纤巧秀丽，复灿烂醒目，且富立体感。缀金之制，法式所未载，系苏式所创。建筑上彩画很少用缀金之法。

缀金制度：用纯净鸡蛋黄（须先用纸吸去蛋白水分）调合所用颜料，依所施花纹图案，匀涂一层，候干后再用各式缀金棒依小尺将多余色料剔除，留出金底，在涂色时四周酌留边框一道，使完成后即成金边一道，此种做法称为晕缀金。其次者，则用普通颜料按图描绘，以成花纹者，谓之素缀金。

苏州附近现存神佛像彩画实迹有东山紫金庵（清代建）、金墅镇莲花寺（明崇祯元年改建，清时修建）、灵岩山、正山门（四大金刚）等处。

— 1:14 —

第三章　选料与配料

第一节　颜料

一、天然石色颜料

天然石色以红、绿、青为主，红用朱砂，绿用石绿，青用石青。

（一）朱砂：一名丹砂，为天然矿石。其化学成分为硫化汞（HgS 或 Hg_3S_3）。产于湖南、四川、云南、贵州诸山中，色红带棕。最佳者产湖南辰州，成晶状，面有光泽，称为镜面砂，俗称辰砂。研漂加工后分深浅四色（头硃、二硃、三硃、四硃）。

（二）石绿：产于武昌、韶州、信州阴穴中，铜矿附近。其化学成分为 $CuCO_3 \cdot Cu(OH)_2$。其成块石者即孔雀石。产于云南、广西等地。研漂加工后亦分深浅四色（头绿、二绿、三绿、四绿），其由人工制造者为铜绿，不畏日光，为极好的绿色颜料。

（三）石青：即蓝铜矿。主要化学成分为 $2CuCO_3 \cdot Cu(OH)_2$，种类甚多，有空青、扁青、白青、砂青等。产于云南、贵州、四川、西藏、湖南等诸山中。日本统称绀青石。研漂加工后亦分深浅四色。

（四）雄黄：系一种矿石结晶，其成分为三硫化二砷（As_2S_3）。产云南、贵州、武都山谷、敦煌山之阳。最佳者称雄精。色带黯者称腰黄。再次者有臭气，称臭黄。

（五）雌黄、石黄：成分与雄黄同。《本草纲目》称产于山之阴者为雌黄，色金黄。明宋应星《天工开物》："石黄，中黄色。外紫色，石皮内黄。一名石中黄子。"日本称石雌黄。雌黄入药，物稀价贵。而石黄则价廉易得，用作颜料。

（六）赭石：成分为含三氧化二铁 Fe_2O_3 之不溶性硒酸盐，产于山西代州及江苏常熟、无锡等山中，为赭石本色。可供调和用，亦研细漂淘取用，但只取其轻浮者，不再分色。

（七）老粉：即白土粉，亦称白墡，系白垩或石灰石等磨细之细粉末。其成分为碳酸钙 $CaCO_3$。用胶调和后，主要作白色打底之用。

二、人造无机颜料

人造无机颜料，主要为金属化合物，通过制炼得之，色泽比较耐久，但与空气或日光接触后，往往易起作用，渐渐变色。

（一）银朱：系用水银锻炼而得，其制造方法据明李时珍《本草纲目》："用石亭脂二斤[1]，新锅内熔化，次下水银一斤，炒作青砂头。至不见星时，研末，置罐中。覆以石板，铁丝缚定，盐泥固紧。用火煅之。待冷取出，贴罐底者为银朱，贴罐口为丹砂。"丹砂之成分为硫化汞（HgS），即人造朱砂，但据明宋应星《天工开物》称："朱砂加热即升汞（即水银），水银再升朱，故名银朱；但银朱不能再升汞。又，在药中朱砂无毒，可服用，而银朱有剧毒。成分虽近，实有区别，未可混为一谈。"

银朱色朱红，合漆或油，色最鲜艳，为朱漆上品。丹砂经漂淘后，色带红者称硃膘，亦称红标朱；带黄者称黄膘，亦称黄标朱。

（二）密陀僧：色淡黄。其成分为氧化铅（PbO）。其天然者产福建、广东等地银坑中，极为难得。今自炼金、银炉中取得之，称金炉底或银炉底。主要作炼油中催化剂之用。今亦称黄丹，以与铅丹为别。

（三）广丹：古称铅丹，药用称东丹。其主要成分为四氧化三铅（Pb_3O_4），亦杂有氧化铅（PbO）在内。因含量之不同而其色由橙黄至红，深浅不一，今通称红丹。我国古代则称黄丹，以与密陀僧为别。

（四）铅粉：古法从铅矿炼得，其成分为碱性碳酸铅［$2PbCO_3 \cdot Pb(OH)_2$］，为粉色主要原料。亦称胡粉，又称韶粉，法式并称定粉[2]，今称铅白。在空气中因还原作用易变黑暗，故近已普遍采用其他化合物代用，但习俗仍用铅粉之名。

1、锌白：成分为氧化锌（ZnO），不易变色，价廉，多作合油漆之用。

1．石亭脂：《本草纲目》"石硫赤即石亭脂、石硫丹、石硫芝"。又"即硫质之多赤者名石亭脂"。

2．于非闇《中国画颜色的研究》："铅粉因把它制成银锭形，所以又叫锭粉。"清王概《芥子园画传二集》："傅粉用杭州回铅定粉。播细，再入胶，细研，以水洗入碟。少定片时，另过一碟。将下面沉重者不用。置微火上，俟其上浮起墨皮，此乃铅性未尽，以纸拖去，再起再拖，墨尽乃止，加轻胶和研微火炽干。画时滚水洗用。"

2、锌钡白：成分为硫酸钡（$BaSO_4$）与硫化锌（ZnS）之混合物。商品名称之为立德粉。耐光性不高，故不宜多曝日光。主要亦作合油漆之用。

3、钛白：主要成分为二氧化钛（TiO_2），为白色上品。色纯白，耐光，耐热，耐性均高，但价昂贵，故多掺杂硫酸钡或硫酸钙（$CaSO_4$）而用。过去进口之钛乙粉即系钛白之一种。

（五）铜绿：又称铜青，不畏日光。

人工做法：把黄铜打成板片，用好醋泡一夜，放在糠内，微火烤熏，刮取铜绿。古法最早的化学颜料。近代用胆矾溶液加碳酸钠，取其沉淀。

（六）蛤粉：北京制法系选海中壳体紧厚之蛤（壳上微带紫红色），用微火煅成的石灰质，研到极细，即成白粉。注水后，就由生石灰（贝灰）变成消石灰。总胶使用，永久不变。苏州制蛤粉，则蛤壳粉研细而得。

（七）其他矿物质颜料，如群青、铁蓝、铅铬黄、铅铬石绿、铅铬红等人造颜料，过去皆系进口成品，近已有国产可供选用，唯对于彩画效果，尚待试验研究，以定去取。

三、动植物颜料

动植物颜料系采取天然植物或虫类之甲壳彩色液汁，提取精华而得。虽然在大量生产的要求上不免有所限制，但在色彩和光泽方面都各有其特点，还不是一概可以用近代化学颜料所能代替的。

（一）胭脂：本系一种紫红颜料的总称。古时用红花、茜草根等捣汁蘸于绵上者通称为紫铆，亦称胭脂。其收干成粉末者称紫粉或胭脂粉[1]，又称紫梗或紫草耳。其后从印度、缅甸等进口之胭脂成品，则有二种。一种系从胭脂虫之甲壳取得，近云南、贵州亦有生产。另一种系一种蚁类分泌之虫胶，古称蚁铆，即所谓洋红的原料。故日本洋红胭脂互相混称。

（二）靛青、青黛、花青：均系从蓝草捣汁取得，为我国最古的青色颜料及染料的来源。《本草纲目》："蓝质浮水面者为靛花[2]，此法至今未变。靛即淀法式称淀。青黛色

1.明宋应星《天工开物》："燕脂古造法以紫铆染绵者为上，红花汁及山榴花汁者次之。其滓干者称紫粉。"（日本三枝博音介说："紫铆：由集于木上的蚁群所分泌的脂类堆积而成。紫铆汁染绵。"）又："红花：染家得法，我朱孔杨所谓猩红也。"

2.《通志》："蓝三种：蓼蓝，染绿，大蓝如苛、浅、碧，槐蓝如槐，染青。三蓝，均可作淀，色成胜母。"《天工开物》："凡蓝五种，皆可为淀，茶蓝（即松蓝），蓼蓝、马蓝、吴蓝及蓼蓝小叶者，俗名苋蓝更佳。"又："其掠浮沫晒干者，曰靛花。"

较深而带黑[1]。花青色更青而鲜明，法式称螺青[2]。皆以靛花漂淘而得。”

（三）藤黄：又名月黄。产于热带山崖之间，系从海藤树树皮凿孔流出的树脂，集于竹管凝结而成，为黄色主要颜料。近来采购不易，多用碓黄或石黄代替。又，古法用黄栀子捣碎去皮熬汁，亦可代替藤黄，称为栀黄。

（四）槐华：法式古制用槐华合色，系用未开的槐花蕊捣汁取得者，色嫩绿。用已开的槐花者色，黄绿。

（五）烟煤：为黑色主要原料。彩画中取上细菜油或豆油灯煤用之。松烟更佳，但价贵，仅供制墨之用。

四、金、银

金箔俗称金页子，系用不同成色之黄金用锤打成。成张者为金箔，其生产规格有连九、连六、连四、小连四等。其细碎者供洒金、泥金之用，金箔依其成分之不同，而有赤金、青金之别[3]。

银箔制法与金箔相同，因易变黑，直接使用者极少。用雄黄和香末熏黄泥细，可代金箔用，但日久退色。又据画家经验，用银后罩栀黄亦成金黄色，可以不变色。

金、银箔的生产是苏州特产。

第二节　颜料一般要求

颜料之着色力依颜料粒子之大小而差异，即细度愈小，而着色力亦愈增加。颜料的粒子形状应尽量避免针状，以免引起颜色“走丝”现象的发生。颜料应保持纯净不含杂质，颜色鲜明为佳，色泽应经久不变。其他技术指标应符合规定。

第三节　调和用材料及其要求

一、胶

胶为彩画中调和颜料的主要材料。苏式彩画用胶一般由黄牛皮和水煎煮后经三次漂提得之。其头漂色淡黄而纯净透明者，称黄明胶，为上品，彩画中因价贵不常用。二漂

1.《本草纲目》：“青黛从蓝草叶制出。真者从波斯国来，不可得也。今用于华取娇碧者，每斤淘取一两亦佳。”又《康熙字典》：“青黛似空青而色深。”则有疑是石青一属。姑并存之，以待续考。

2.螺青即花青：宋、元、明画家调色均称螺青。清代著作则改称花青。是否同质，尚待续证。

3.雍和宫捶造金箔例：捶造红金（即赤金），每两掺浑铜二分。捶造黄金（即青金），每两掺银二钱。

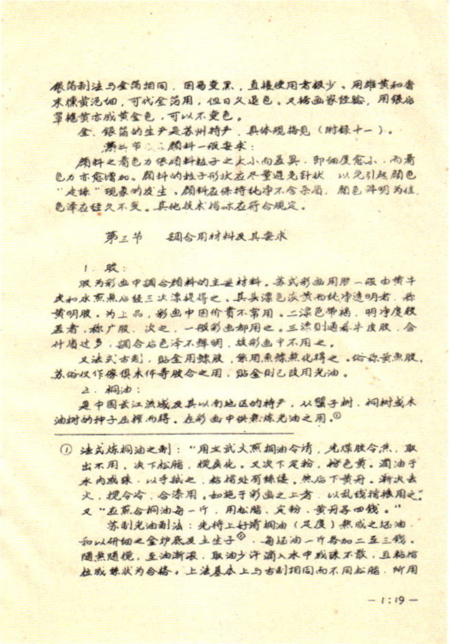
银箔制法与金箔相同，因易变黑，直接使用者极少。用雌黄和香木燻黄泥细，可代金箔用，但日久退色。又据画家经验，用银箔罩槐黄亦成黄金色，可以不变色。

金、银箔的生产是苏州特产，其体规格见（附录十一）。

第二节 颜料一般要求：

颜料之着色力依颜料粒子之大小而差异，即细度愈小，而着色力亦愈增加。颜料的粒子形状应尽量避免针状，以免引起颜色"走珠"现象的发生。颜料应保持纯净不含杂质，颜色鲜明为佳，色泽应经久不变。其他技术指标应符合规定。

第三节 调合用材料及其要求

1. 胶：

胶为彩画中调合颜料的主要材料。苏式彩画用胶一般由黄牛皮和水煎熬后经三次漂提得之。其头漂色淡黄而纯净透明者，称黄明胶，为上品，彩画中因价贵不常用。二漂色带褐，明净度较差者，称广胶，次之，一般彩画都用之。三漂则通称牛皮胶，含杂质过多，调合后色泽不鲜明，故彩画中不用之。

又法式古制，贴金用鳔胶，系用鱼鳔熬化得之。俗称黄鱼胶，苏俗仅作家俱木件等胶合之用，贴金则已改用光油。

2. 桐油：

是中国长江流域及其以南地区的特产，从罂子树、桐树或木油树的种子压榨而得。在彩画中供熬炼光油之用。①

① 法式炼桐油之制："用文武火煎桐油令清，先煠胶令焦，取出不用，次下松脂，搅展化。又次下定粉，粉色黄。滴油于水内成珠，以手试之，粘指处有丝缕，然后下黄丹。渐次去火，搅令冷，合漆用。如施于彩画之上者，以乱线揩搌用之。"又"应煎合桐油每一斤，用松脂、定粉、黄丹各四钱。"

苏制光油制法：先将上好清桐油（足度）熬成之坯油，和以研细之金炉底及土生子②，每坯油一斤各加二至三钱，随熬随搅，至油渐浓，取油少许滴入水中成珠不散，且粘指拉成丝状为合格。上法基本上与古制相同而不用松脂，所用

— 1:19 —

色带褐，明净度较差者，称广胶，次之，一般彩画都用之。三漂则通称牛皮胶，含杂质过多，调和后色泽不鲜明，故彩画中不用之。

又法式古制，贴金用鳔胶，系用鱼鳔熬化得之。俗称黄鱼胶，苏俗仅作家具木件等胶合之用，贴金则已改用光油。

二、桐油

是中国长江流域及其以南地区的特产，从罂子树、桐树或木油树的种子压榨而得。在彩画中供熬炼光油之用[1]。

三、明矾

又名白矾，化学成分为$K_2SO_4 \cdot Al(SO_4)_3 \cdot 24H_2O$。在彩画上加一层略和轻胶的淡矾水，可使色泽稳定，即使复加他色，原色并不动摇。

第四节 选料研漂及其他注意事项

一、颜料的选择

（一）朱砂：

形状成块状、板状，表面有光泽，即为好朱砂。

（二）胭脂：

根据古代书上记载，以杭州雀舌为最。其色厚而鲜者为佳。

（三）赭石：

用手抚摩时有滑腻的感觉为佳。

1. 法式炼桐油之制："用文武火煎桐油令清，先炼胶令焦，取出不用。次下松脂，搅展化。又次下定粉，粉色黄。滴油于水内成珠，以手试之，粘指处有丝缕。然后下黄丹。渐次去火，搅令冷，合漆用。如施于彩画之上者，以乱线揩搌用之。"又，"应煎合桐油每一斤，用松脂、定粉、黄丹各四钱。"苏制光油制法：先将上好清桐油（足度）熬成之坯油，和以研细之金炉底及土生子【土生子：一名土子，药名无名异。系产于川、广、湖南山中的小黑石子。其成分为二氧化锰（MnO_2），即软锰矿】，美坯油一斤各加二至三钱。随熬随搅，至油渐浓，取油少许滴入水中，成珠不散，且粘指拉成丝状为合格。上法基本上与古制相同而不用松脂所用催化剂亦略有出入。锰矿，又苏俗亦称无名土，疑即无名异之误。

（四）雌黄：

“雌黄一块，重四两，拆得千重软如烂金者佳”，“青者尤佳，叶子者为上”。可知最好的雌黄形状成片状，似云母状为上品。色鲜，有光泽为佳。

（五）雄黄：

据《芥子园画传》：“雄黄拣上号通明鸡冠黄”，又“雄黄选明净者细研”。杂质少，色鲜，有光泽为佳。

（六）石青：

含泥沙量少，色鲜丽为佳。

（七）石绿：

据《小山画谱》：“石绿取狮子绿”，色鲜为佳。

二、颜料的研漂

颜料古代研漂方法，石色颜料淘研、漂、澄之法，法式记录甚详。

“取石色之法”，生青、石绿、朱砂并各先捣，令略细（若浮淘青但研令细），用汤淘出向上土石恶水不用，收取下水内浅色（入别器中）。然后研令极细，以汤淘澄，分色轻重，各入别器中。先取水内色淡者谓之青华（石绿者谓之绿华，朱砂者谓之朱华），次色稍深者谓之三青（石绿谓之二绿，朱砂谓之二朱），其下色最重者谓之大青（石绿谓之大绿，朱砂谓之深朱），澄定倾去清水，候干收之。如用时量度入胶水用之（原注：汤指薄胶汤）。

苏制研漂之法依古制，画家则待分器后，另加滚水（法式称热汤）泡淘，令胶上浮撇净，然后收干待用，能保持色彩不变。

另，竹筒分色方法：先将石色颜料干研，倒入直径二寸多的竹筒内，竹筒下节留底，洗净，缠上铅丝防裂。另熬广胶（黄明胶水）要浓稠，用上面清轻的液灌入竹筒，均匀地捣拌，随捣拌兑入清水，放置一个钟头待用。小砂锅里放入大半锅水，把竹筒平放在锅里，用微火去煮，不要使水煮沸，随煮随添冷水。最后煮到竹筒里的颜料将干，把锅端下来，等到水冷，再把竹筒取出，这样一直等到竹筒里的颜料干透，把竹筒外的铅丝解去，不要使竹筒自裂，然后用刀轻轻地劈开成为两半，再依深、浅、淡三部分分别截断。放在大盆里，用滚开的水去沏，泡过几个钟头，等它澄清。这时胶全浮起，将水撇出，晒干或用火烘干，放在能防潮湿的地方，预备临时兑胶使用（见于非闇《中国画颜色的研究》）。

三、注意事项

（一）钛白是白色颜料，易风化、变色黄的弊病。

（二）朱砂存放不宜用铁器。

（三）颜料除藤黄可用瓷贮放外，其他颜料宜于干燥，尽量避免与空气或酸质接触。否则将变色。

（四）藤黄和动物性的胭脂内不必加胶。

（五）颜料内的胶水分量，应适宜，过浓则干后要发生脱皮翘裂、开坼等毛病，一般先试验一次，用手指在表面来回擦拭，以不脱粉之颜料为佳。

（六）普通用的梅花格、六角格等的瓷碟，对于存放石青、石绿、朱砂、蛤粉、铁朱是不大相宜的。

（七）银朱、漳丹（又叫黄丹）不宜与白垩粉调，因易变黑。

（八）使用石绿时，必须用槐花汁罩染才行。

（九）石青、石绿，不宜与其他颜料调和。

（十）胭脂日久易变色。

（十一）雌黄得胡粉而失色。胡粉得雌黄而色黑。

附录（1）

银箔

（一）生产过程

1. 成色配料（掺入二种辅助材料，白银、紫铜）。
2. 熔后成金块。
3. 火炼捶打成金叶。
4. 金叶裁成小方。
5. 裁成小方，放在小的乌金纸里，用铁锤敲打（约四至五小时）成，俗称打开子。
6. 打开子告成，再放在大乌金纸，经过火坑，然后再敲打，称为“打金箔”。

（二）金箔质量标准及检验和保管方法

1. 切正规格，无洞眼。
2. 不粘纸（检验方法，用嘴轻吹金箔，动者为合格）。
3. 不宜重压，储贮金箔须直放。
4. 储贮处，须选择干燥地方为宜。

（三）金箔产品规格

类别		产品名称	金箔 含金成分	规格	
				原来	现在
佣字	1	赤上佣	96% 4.5 色	43×4.6	11.8×12
	2	杭上佣	96% 4 色	43×4.6	11.8×12
	3	净佣	96% 无色	43×4.6	11.8×12
官字	1	赤官	90% 无色	43×4.6	11.8×12
	2	净官	88% 无色	43×4.6	11.8×12
	3	中官	85% 无色	43×4.6	11.8×12
	4	洋官	83% 无色	43×4.6	11.8×12
张字	1	市张	79%	43×4.6	11.8×12
	2	加张	74%	43×4.6	11.8×12
	3	赤张	69%	43×4.6	11.8×12
	4	次张	62%	43×4.6	11.8×12
	5	正张	50%	43×4.6	11.8×12
	6	洋张	48%	43×4.6	11.8×12
	7	淡□	44%	43×4.6	11.8×12
8方字	1	皮金	98% 2 色	方 3.2	9×9
	2	佛金	95% 1 色	2.6	7.2×7.2
	3	佛金	95% 1 色	1.8	5×5
	4	大扇子金	85% 无色	4.3	11.8×11.8
	5	74 号金箔	74% 无色	3.6	10×10
	6	连九	95% 1 色	3.2	9×9
	1	大连品	95% 1 色	断 9	3.2×4
	2	中连品	95% 1 色	断 12	2.9×3.7
	3	小连品	95% 1 色	断 16	2.8×3.2
	4	长佛金	95% 1 色	断 10	2.5×5.5
	5	料半	95% 1 色		3.7×4.2
		对线金箔	70 ~ 95%	4.3×4.6	11.8×12.8
		金箔	95 ~ 98%		
		小扇子金	85% 无色	3.45×4.1	9.5×11.5

“色以紫铜代号以分为单位，原规格以行业传统的码尺。”

附录（2）

颜料不同别名

名称	又名
胭脂	燕支、燕脂、□□，臙脂、紫铆、紫梗、紫粉、紫草茸
雌黄	昆仑黄
雄黄	黄金石、熏黄、雄精、腰黄
密陀僧	没多僧、炉底、金生粉（商业）
定粉	粉锡、铅粉、铅华、胡粉、瓦粉、光粉、白粉、水粉、介粉、官粉、韶粉、亚铅粉

名称	又名
朱砂	丹砂、马齿砂、辰砂、越砂、巴砂、真朱、光明砂、马牙砂、妙硫砂、无重砂
铅丹	黄丹、漳丹、丹粉、朱粉
空青	杨梅青
绿青	石绿、大绿
扁青	石青、大青、滇青、甸青
白青	碧青、鱼目青
沙青	佛青、回青
老粉	白土粉、白墡、画粉、白垩
银朱	紫粉霜、猩红
赭石	土朱、须丸

第四章　操作方法

第一节　抄底

抄底的基本要求，是为了获得平整、光洁、耐久、不裂的基层，使彩画完成后附着牢固，不致脱壳、皱皮，常处于完好状态，苏俗抄底工作由漆作负责，其操作程序如下：

去垢——挖缝——捉缝——抄底（生漆灰头、猪血灰头）

1. 捉缝：应先将木材表面上灰尘、污垢、油渍、树脂等清除干净，并将原有木材上的裂缝、节疤等挖去腐朽及活动部分，嵌以面漆或猪血灰[1]，其缝宽而深者则用竹片榫入，使之坚实，表面务求平整，候干，用砂皮打磨磨平。

2. 抄底（抄灰头）：将猪血灰或生漆全面批嵌一度，候干，用砂皮打磨磨平[2]。

1. 漆面：苏俗用上好生漆和石膏或干面得之，为上等嵌填材料。其用坯油代漆者称油面，其用桐油和生石灰捣细而成者，称油灰，均属次品。

漆面亦即古之法漆。明黄成《髹饰录》：“捎当，凡器物先刬缝会之处，而法漆嵌之。”《辍耕录》：“捲素刀刳胶缝，却大易牛皮胶和生漆微嵌缝中，名曰捎当。”又注：“器面窳缺，节眼等深者，法漆中加木屑断絮嵌之。”

2.《髹饰录》：“垸漆一名灰漆，用角灰、磁屑为上；骨灰、蛤灰次之，砖灰、坯屑、砥灰为下。”又杨明注：“用坯屑枯炭末加以厚糊猪血、藕泥、胶汁等者，今贱工所为，何足道。又有鳗水者胜之。鳗水即灰膏子也。”《辍耕录》：“如髹工自家造卖低歹之物不用胶漆，止用猪血厚糊之类。”又“鳗水：好桐油煎沸如蜜状，即取砖灰石细面和匀”。鳗水即今之油浆灰，猪血厚糊即今之猪血灰。可证皆属下品，不足为法。

第二节 衬地

法式古制：对于衬地制度细致严密。今摘录于后，以供比较：

衬地之法：

“凡枓、拱、梁、柱及画壁皆先以胶水遍刷，其贴金地以鳔胶水。”

“贴真金地，候鳔胶水干，刷白铅粉，候干，又刷，凡五遍。次又刷土、朱铅粉，亦五遍。”

“五彩地（其碾玉装若用青绿叠晕者同）候胶水干，先以白土遍刷，候干，又以铅粉刷之。”

“碾玉装或青绿棱间者，刷雄黄（合绿者同），候胶水干，用青淀（二分）和茶土（一分）刷之。”

衬色之法：

“青以螺青（一分）后铅粉（二分）为地。”

“绿以槐华汁（槐华一钱熬汁）合螺青，铅粉为地，粉青同上。”

“红以紫粉合黄丹为地（或只以黄丹）。”

苏式制度：不论粉地五彩或装金，一律先施衬地。

衬地工序为：

批二粉——复二粉——罩立德粉

批二粉：抄底毕，砂皮打磨，候干透，全面批老粉一度，再细砂皮打磨[1]。

复二粉：复粉二粉，复磨。

罩立德粉：最好用上好的立德粉或钛乙粉复罩一度，使表面洁白光滑，以备着色。

凡装金处则在粉地上加衬金色。其法在已完成之粉地上，以纯胶水调和广丹及藤黄成黄色遍刷之，使装金后金色灿烂，不减光泽，谓之套金色。具施五彩者，则不再衬色，已比古法从简。

第三节 打样

在衬地上进行打样。先由彩画师测量木材的面积和长短尺寸，参照建筑物的特性、用途，来设计彩画图案，谓之起样。定稿后即描绘于衬地上，谓之打样。打样一般采用三种方法：

1. 用伏炭条依直尺划出图案线框、边框，用铅笔照底样放样，绘制花纹图案。

2. 拍印法：先用铅条或软铅笔依直尺划出所需之图案线框及四周边框，后用打好眼

1. 二粉系将老粉先用水调开，再加胶水，用火煎熬至稠性，能用排笔涂刷即可。

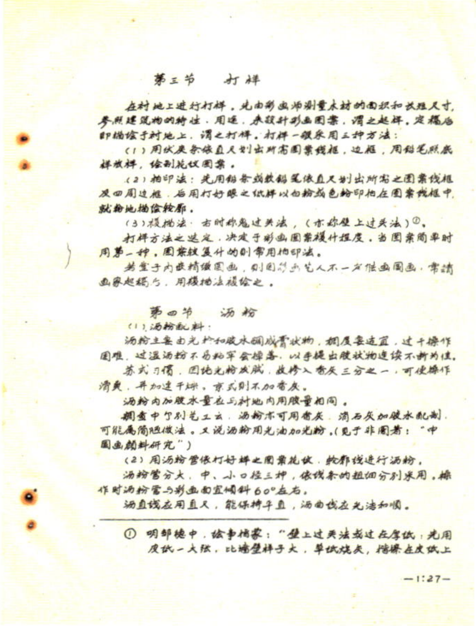

第三节　打样

在衬地上进行打样，先由彩画师测量木材的面积和长短尺寸，参照建筑物的特性、用途，来设计彩画图案，谓之起样。定稿后印描绘于衬地上，谓之打样。打样一般采用三种方法：

（1）用状灰条依直尺划出所需图案线框，边框，用铅笔照底样放样，绘制花纹图案。

（2）拍印法：先用铅条或软铅笔依直尺划出所需之图案线框及四周边框，后用打好眼之纸样以白粉或色粉印拍在图案线框中，就粉地描绘轮廓。

（3）複描法：古时称鬼过关法，（亦称壁上过关法）①。

打样方法之选定，决定于彩画图案複什程度。当图案简单时用第一种。图案较复什的则常用拍印法。

若堂子内嵌精致国画，则因彩画艺人不一定能画国画，常请画家起稿后，用複描法複绘之。

第四节　沥粉

（1）沥粉配料：

沥粉主要由光粉和胶水调成膏状物，稠度要适宜，过干操作困难，过湿沥粉不易粘牢会掉落，以手提出胶状物连续不断为佳。

苏式习惯，因纯光粉发腻，故掺入香灰三分之一，可使操作滑爽，并加速干燥。京式则不加香灰。

沥粉内加胶水量应与衬地内用胶量相同。

调查中个别艺工云，沥粉亦可用香灰、消石灰加胶水配制，可能属简陋做法。又说沥粉用光油加光粉。（见于非闇著：“中国画颜料研究”）

（2）用沥粉管依打好样之图案花纹、轮廓线进行沥粉。

沥粉管分大、中、小口径三种，依线条的粗细分别采用。操作时沥粉管与彩画面宜倾斜60°左右。

沥直线应用直尺，能保持平直，沥曲线应光洁和顺。

① 明邹德中，绘事指蒙：“壁上过关法或过在厚纸：先用皮纸一大张，比墙壁样子大，草纸烧灰，揩擦在皮纸上

—1:27—

之纸样，以白粉或色粉印拍在图案线框中，就粉地描绘轮廓。

3. 复描法：古时称“鬼过关法”（亦称壁上过关法）[1]。

打样方法之选定，决定于彩画图案复杂程度。当图案简单时用第一种。图案较复杂的则常用拍印法。

若堂子内嵌精致国画，则因彩画艺人不一定能画国画，常请画家起稿后，用复描法复绘之。

第四节　沥粉

一、沥粉配料

沥粉主要由光粉和胶水调成膏状物，稠度要适宜，过干操作困难，过湿沥粉不易粘牢会掉落，以手提出胶状物连续不断为佳。

苏式习惯，因纯光粉发腻，故掺入香灰三分之一，可使操作滑爽，并加速干燥。京式则不加香灰。

沥粉内加胶水量应与衬地内用胶量相同。

调查中个别艺工云，沥粉亦可用香灰、消石灰加胶水配制，可能属简陋做法。又说沥粉用光油加光粉（见于非闇著《中国画颜色的研究》）。

二、用沥粉管依次打好样之图案花纹、轮廓线进行沥粉

沥粉管分大中小口径三种，依线条的粗细分别采用。操作时沥粉管与彩画面宜倾斜六十度左右。

沥直线应用直尺，能保持平直，沥曲线应光洁和顺。

三、沥粉应连续不断，平滑光洁，各处粗细一律，线条应饱满无瘪进、断裂、下塌、接痕等现象。如遇沥粉线上有断裂、细坼等弊病，则须全部铲去重做

1. 明邹德中《绘事指蒙》：“壁上过关法或过在厚纸：先用皮纸一大张，比墙壁样子大，草纸烧灰，揩擦在皮纸上了，却因糨糊沾灰纸四角，面朝向壁粘定了。灰纸上再粘样子，在上用骨簪或银簪，依描法画在壁上。画遍了，取去样子并灰纸，依他描成为妙。或用紫粉揩纸，或用低土黄揩纸。”与现今用复写纸描之意相同。

第五节 装金

装金即法式所称贴真金。法式古制在衬地完成后，“上用熟薄胶水贴金，以绵按令着实。候干，以玉或玛瑙或生狗牙斫令光”。其法较简。

苏制装金，在衬地上金色套好后，遍刷纯净光油一度，谓之打油底，待光油将干未干时（即干燥度适宜，指触发粘），用装金夹夹取金页，以装金捻子，将金页贴于油面，再以退金笔退开，使贴金均匀平整，即谓之装金或贴金，亦称飞金。又建筑彩画上装金，常是高空操作，常在毛太纸反面细喷唾沫或揩发油、菜油，使金页粘于毛太纸上，不易飞散。苏制用油不用胶，是与法式不同处，亦是有所改进处。

蟠金线与落槽线：凡用沥粉线装金而线外施彩地者，沥粉线上衬地毕，苏俗以指蘸光油仔细打油底（不用笔，以免延及彩地），然后贴金，谓之蟠金线。

其粉线或彩线而线外贴金地者，则先用笔蘸光油，沿沥粉线根脚，仔细打好油底，描涂务使正齐平直，随即装金，谓之落槽线。落槽线完毕，然后再贴金地。

第六节 着彩色

一、彩画着色，必须深浅得所，施彩以退开为贵。苏式通常每彩各取三色，取四色者很少。由浅及深，每一色全部完毕后，再施另一色，以免深浅光泽有所不一致

退开执法，每一彩从粉地起，先以浅色满涂（或涂过一道），后以深色罩浅色，逐层加深后退。例如着红色者，先满涂广丹，次罩银朱，再罩胭脂，最后拉黑线或描金边。一般各条色带宽相等，但老艺工每喜使深色者比浅色者略为做狭，以得更好的效果。

至于色带宽度，则视花纹图案繁简大小而异，并无一定规则。

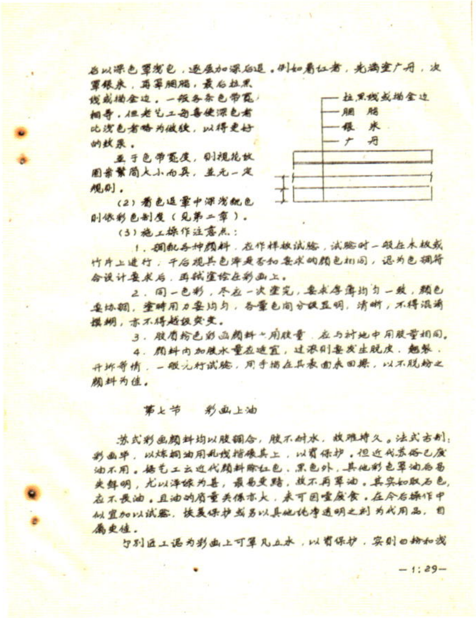
后以深色罩浅色，逐层加深后退。例如着红者，先满涂广丹，次罩银朱，再罩胭脂，最后拉黑线或描金边。一般各条色带宽相等，但老艺工每喜使深色者比浅色者略为做狭，以得更好的效果。

至于色带宽度，则视花纹图案繁简大小而异，并无一定规则。

(2) 着色退晕中深浅配色则依彩色制度（见第二章）。

(3) 施工操作注意点：

1. 调配各种颜料，应作样板试验，试验时一般在木板或竹片上进行，干后视其色泽是否和要求的颜色相同，认为色调符合设计要求后，再试涂绘在彩画上。

2. 同一色彩，应一次涂完，要求厚薄均匀一致，颜色要协调，涂时用力要均匀，各晕色间分级显明，清晰，不得混淆模糊，亦不得越级突变。

3. 胶质粉色彩画颜料之用胶量，应与衬地中用胶量相同。

4. 颜料内加胶水量应适宜，过浓则要发生脱皮、龟裂、开坼等情，一般先行试验，用手指在其表面来回擦，以不脱粉之颜料为佳。

第七节 彩画上油

苏式彩画颜料均以胶调合，胶不耐水，故难持久。法式古制：彩画毕，以炼桐油用乱线揩擦其上，以资保护。但近代苏俗已废油不用。据老工云近代颜料除红色、黑色外，其他彩色罩油后易失鲜明，尤以洋绿为甚，最易变暗，故不再罩油。其实如取石色，应不畏油，且油的质量关系亦大，未可因噎废食。在今后操作中似宜加以试验，[illegible]保护或另以其他纯净透明之剂为代用品，自属更佳。

个别匠工谓为彩画上可罩凡立水，以资保护，实则[illegible]

—1:29—

二、着色退晕中深浅配色则依彩色制度（见第二章）

三、施工操作注意点

（一）调配各种颜料，应做样板试验。试验时一般在木板或竹片上进行，干后视其色泽是否和要求的颜色相同，认为色调符合设计要求后，再试涂绘在彩画上。

（二）同一色彩，应一次涂完。要求厚薄均匀一致，颜色要协调，涂时用力要均匀。各晕色间分级鲜明、清晰，不得混淆模糊，亦不得越级突变。

（三）胶质粉色彩画颜料之用胶量，应与衬地中用胶量相同。

（四）颜料内加胶水量应适宜，过浓则要发生脱皮、翘裂、干坼等情况。一般先行试验，用手指在其表面来回擦，以不脱粉之颜料为佳。

第七节　彩画上油

苏式彩画颜料均以胶调和，胶不耐水，故难持久。法式古制：彩画毕，以炼桐油用乱线揩碾其上，以资保护，但近代苏俗已废油不用。据艺工云，近代颜料除红色、黑色外，其他彩画罩油后易失鲜明，尤以洋绿为甚，最易变黯，故不再罩油。其实如取石色，应不畏油。且油的质量关系亦大，未可因噎废食。在今后操作中似宜加以试验，恢复保护或另以其他纯净透明之剂为代用品，自属更佳。

个别匠工认为彩画上可罩凡立水，以资保护。实则白粉和浅色，如三绿、三青等罩凡立水后，色泽不能不有所改变，并非善法。

又有一说，可于彩画上刷淡矾水一度，以资保护，似极合理，但是否能完全耐久不变，尚待试验研究。

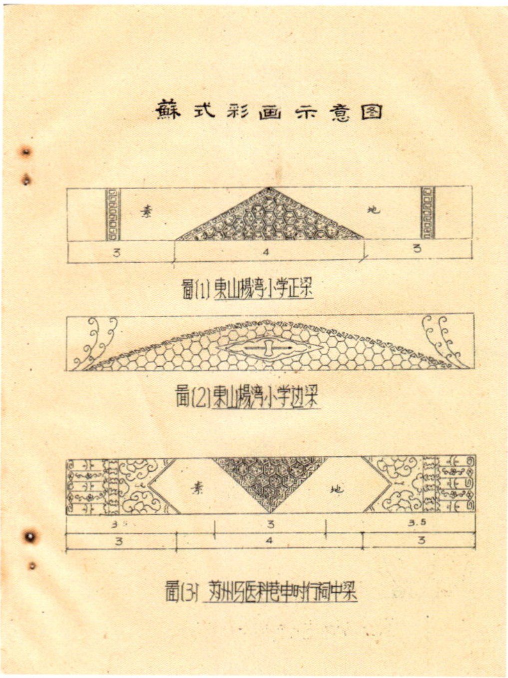

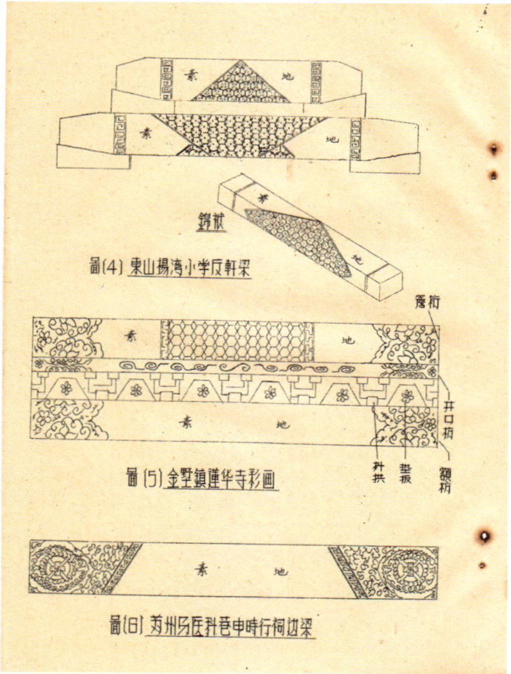

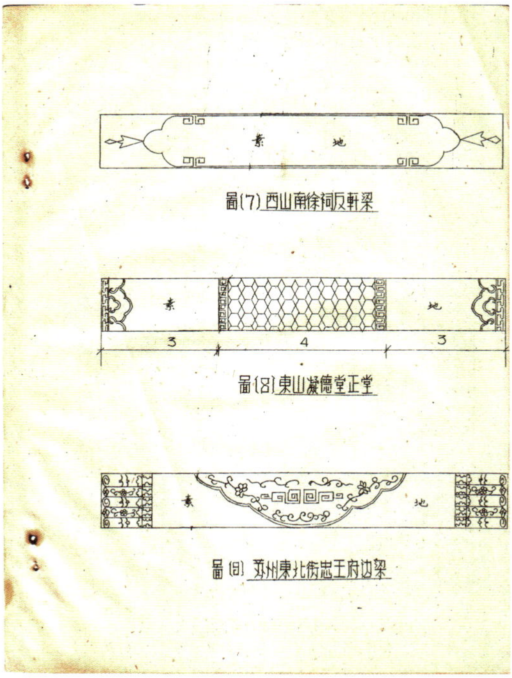

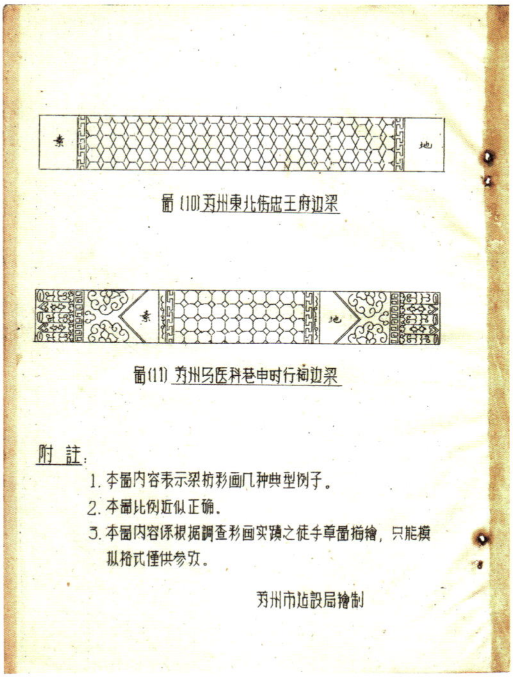
素 地
圖(10) 蘇州東北街忠王府边梁
素 地
圖(11) 蘇州乌医科巷申时行祠边梁
附註:
1. 本圖内容表示梁枋彩画几种典型例子。
2. 本圖比例近似正确。
3. 本圖内容係根據調查彩画实蹟之徒手草圖描繪，只能模拟格式僅供参攷。
蘇州市建設局繪制

附注：
1. 本图内容表示梁枋彩画几种典型例子。
2. 本图比例近似正（准）确。
3. 本图内容系根据调查彩画实迹之徒手草图描绘，只能模拟格式，仅供参考。

苏州市建设局绘制

1961年12月1日　上午八时漆作座谈会议记录

材料
工具
装备
操作顺序
验收质量
广漆：初用三兴珠，后用洋钉珠，最后用双飞燕红。
糙漆干后用水磨
东南风、西南风起，宜漆广漆。
豆油、火油——人造油
豆腐浆吃色——要出漆，否则加漆不久

光油加火油，以往是拆烂糊（编者按：苏州话，做事马虎），现在类此无之。

天潮湿，三分生漆七分熟漆

天燥，六分生漆四分熟漆

光油能干，坯油不干

坯油加 3% 生漆 = 熟油

熟油加生漆 = 广漆

光油一百斤煎至 100—180℃时，加入。

无名土二斤、金灶底二斤加入光油，即能干燥。煎油质量无底，一滴油滴入水中，凝结成块，温度已够，倘仍浮散水中，则尚未煎好，煎油要备锅盖，以防失火。

麦粉加浆 = 浆脚地（偷工方法）（无漆操）

豆腐脚地 = 加揩干

猪血没有，以牛血、鹅血代，效果不好。

白木磨光——加豆腐浆揩、出清——满批麦漆、复嵌——磨——广漆——水磨——复嵌——广漆

明光，黑色漆，向漆店调查。

土朱，即氧化铁

灰布：挖缝、嵌灰、背夏布、统灰，用皮兜圆，磨，麻涂底，麻丝贴匀底漆之上，干，麻丝面上再加灰，纸上灰中、细，各一次浆灰，水磨，将干时擦油，批麦漆，草漆，水磨，退光或银珠、头发丝磨退。

螺钿嵌金漆盘图例

1961 年 12 月 2 日　彩绘座谈会议记录

彩绘：嵌灰——磨光——批光——打样——临铅粉——上色

上上五彩：

红：打样之后，沥粉、金线——□白——广丹——银朱——胭脂——黑

绿：金线——白——粉绿——禅臣绿，汁绿，黑

紫：金线——白——粉紫——紫——胭脂——黑

黄：金线——白——藤黄——广丹——胭脂——黑

青：金线——白——粉青——二青——云青——黑

花样沥粉后——刷金色（即上胶）——打油地——隔一天装金（气候要干燥），落槽金线，步金线。

斩金：金堂子面上涂蛋黄，和色平涂，候干，以栅木棰棒直尺捶出花样（紫金庵罗

汉全部捶金），俗名刻丝。

上五彩退开，少一道白线。

中五彩：沥粉去金、白。末一道黑，最后着粉，全部勾到。

下五彩：拉黑作法，先勾黑色图案，然后上色，红仍三道、绿二道、青二色、紫二色、黄三色。

烘，以一色分出深浅。

红搭紫，一笃屎。

工具：单描、双描、小着色、中着色、大着色、大小通天、排笔。

骨匙、砂皮

洋皮纸

錾，捶金棒要用栅木削成。

沥粉管子上用铜管，下用猪尿泡。

直尺

装金用具（捻子）用羊须自制，平头堂子形式不同。

画堂子称软笔头，有时请名家画书房体，不一定出艺人之手。

北寺观音殿彩画由六个和尚所画。

梁，两头画包头。

三类（青绿白），彩绘用青绿白三色者曰“三类”。

弯嵌，加花纹。

直嵌，直线退开。

间色，《营造法式》叫青绿间。

正梁，太平天国忠王府薛绍坤所画，不能用龙，改画聚宝盆。

檐口，六根头，薛仁金所画。

颜料：

红：东丹即广丹，银朱（三兴）。

（广东货）飞鹰朱来，三兴失败。

绿：禅臣绿，禅臣以前用何绿。宋代用石绿。

紫：铅粉、银朱加少量云青成紫。

黄：藤黄、月黄、洋黄。

青：云青，顺金隆进口。

胶水用广胶，从前用黄明胶。

飞金用糖胶（扇子上用）。

装金用光油打地。

有此式而不知名。

彩画用胶，画好后不能水洗。

门神著甲，画甲，沥粉甲，线坯印。

膜装甲叫做“钻甲”，有膜印板，贴牢，干后装金。

沥粉原料：胶水、光粉、香灰。

拉线坯用：酒甏泥、麦粉。

彩画业，本来无店。家居黑色门上悬“成佛处”招牌，从业之人称画师，南路提考篮到各乡就业，学生称老师，也不叫师傅，而称先生。后来与漆作合并，始有店面。

（一丈高，勿见糙）术语。

漆：广漆用色，初用三兴朱（广东货），后因货缺，改用洋银朱，最近用双漂胭红（即土朱）。

常熟朱雨乙是木雕好手，出地平伏，民国初年故去。——赵子康口述

金华帮花作，糙作与细作分开，苏作出一手。

砖作用具：寸凿、作斧、靠锤。

刨 = 一糙、一光、线方。

锯，必须用苏锯务。色锯，最小的叫“修清”。水作工具，考究者远较木作为多。砖刨铁不宜用钢，反而要铁。

外跨荡农村迎娶用的荡船有苏式木雕。

松江道教庄严，有苏式木雕。

谶牌特别考究。

金华胡阿狗雕刻精品都为外国人买去。

吃鸦片，不肯做生活（编者按：苏州话，干活儿）。

陈甫卿的徒弟有赵子康、唐金生。

夏金福子夏杏生 = 木雕白木花作。

陈天生的徒弟陆德根

木雕：山河云 = 雀云　蝠云

　　　抱梁云 = 雀云　蝠云

画，打眼、拉工、打糙、铲细。

大梁雕堂子，实地。

梁垫雕花

插木

连基、插基、廊基（最起码）、果子基、花基

1963年7月8日上午　苏式彩画座谈会会议笔记

漆分生熟，生即生漆，加油之后即成熟漆。漂黑退光，放铁屑浸醋（铁屑要除去），此法传自福州，苏州加灯煤，泛黄退光；退去生漆的“性”，福州能磨退而苏州不能，福州用油磨，苏州用水磨，现在油磨已学会了。

福州用洋干石磨。

天潮湿之日，不宜用好生漆，反而要一些大木漆，使其干得慢些，快干则光亮不佳。大木漆不如小木漆，四川生漆，山前山后亦有分别（向阳与向阴的关系）。

四川修理黄河，急于用木，因而砍及漆树，生漆产量从此大减，追求产量，划皮过度，漆树大量死亡。

笼罩漆即宁波漆，又名黄广漆。

白熟、紫熟，皆桐油煎熟。

退光可做黄、绿、白、青等色。

太乙粉与太白粉有别。

苏州雕刻厂以太白粉当光粉用。

徽漆店技术向不外传，学徒亦限徽人，生漆好坏，根据适度随时调节，其技不传，老师傅非有二十年以上之工龄不能合漆，合漆要从漆之生产地，山之前后、采集之时间、漆之质量合时之天气干湿而定（现在苏州是否有此种老师傅，待考）。

银朱、土朱，皆有鳖性，用烧酒漂净。光油加土朱即成红油，现在加松香水，火油、汽油皆不宜用。

做退光漆要放一只猪苦胆。

编者按：

一、与北京的苏式彩画作比较

方心式苏式彩画，其构图方法与旋子彩画基本一致。中间三分之一部分为方心，两边的各三分之一部分为找头。其纹饰细部分别画在方心、找头。

海墁式苏式彩画，其特点为不画方心，不画包袱，免去线框的约束，这种全开放式的构图，回旋性非常大。因此，海墁式苏式彩画的主题纹饰内容非常广泛和丰富。

包袱式苏式彩画，彩画的居中部位有一类似包袱图案的装饰纹饰，称包袱式苏式彩画。由于包袱位于构件中央，又占整个构件二分之一的面积，便于表现各类主题。尤其是表现人物画，因此包袱式彩画极具观赏性。

北京颐和园万寿山德辉殿西侧爬山廊，梁枋为苏式方心彩画。（左）
北京故宫延辉阁檐下苏式方心彩画，宋锦找头龙方心。（右）

北京颐和园长廊苏式包袱彩画《红楼梦》故事“寒塘鹤影”，描绘《红楼梦》第七十六回，史湘云与林黛玉玉池畔赏月联句的优美画面。（左）

北京颐和园长廊彩画民间传说“画龙点睛”，讲述南北朝著名大画家张僧繇画龙点上眼睛后，龙瞬间破壁而出，直飞云天的神话故事。（右）

北京颐和园长廊苏式包袱彩画历史典故“苏武牧羊”，表现汉武帝时苏武出使匈奴十九载，保持气节，不辱使命的可贵精神。（左）

北京颐和园长廊彩画“喜鹊”。（右）

二、苏州太平天国忠王府彩画图例

忠王府

忠王府山墙脊柱雕饰及彩绘

忠王府“天与揽胜”殿前檐梁、枋彩画

忠王府“天与揽胜”殿金楣焦点透视彩绘

鹤鹿图

鹤鹿图局部

狮象图

狮象图局部

彩画艺人名单（笔记）

姓名	年龄（岁）	住址	特长
姜和尚	70	木渎东街 30 号	塑物像兼彩画
颜根大	61	木渎木器生产合作社	彩画
李奎泉	43	光福冲山	木雕刻
鲍满四	72	顾山镇顾山公社九大队四小队	塑物像兼彩画
鲍正荣	56	顾山镇顾山公社九大队四小队	塑物像兼彩画
赵金根	34	荡口镇做竺角（华桥大队第十小队）	塑物像兼彩画
周阿小		荡口镇大□门口	漆工
周德生		虎丘（柳上村）	塑物像兼彩画
邢桂祥	70	光福镇上	木工，专做亭子、屋石戗角

周凤亭，象山人，擅彩绘。民国以后死。

姚仁山，画忠王府壁画，光福人，光绪十六年约六十岁。

周惠堂

姜云祥之师吴小胖子，顾琴香系云祥之徒。

孙金山、玉山、水泉，三人皆木渎人，光绪时出名。

顾琴香、鲍子云学阿根，住木渎（可访问）。

陆墓艺人

葛子荣宝，其徒弟鲍阿水，画西园彩画。

薛晏山之子薛宝和，光绪末年死。

薛宝和之子北坤、金海。

北坤徒弟有仲杏生、钟柱生、贾增隆。

北坤之子有仁生、仁泉、仁源。

姚仁山、薛景山、陈名山，系结拜弟兄，号称三座山。

小辫子阿海塑西园罗汉，并画彩绘。

陈浩，常熟人。

周惠堂的徒弟有张亭鹤（绍兴人，住常熟）、张亭彪（绍兴人）、张友梅（绍兴人）。

十四　陶瓷卷

题解：本卷选取顾公硕先生上世纪60年代初在苏州美专讲课的稿件《我国陶瓷的发展》。

我国陶瓷的发展

一、陶瓷工业是我国突出的工艺美术

陶瓷工业是我国最值得夸耀的一种工艺美术，从纯艺术的角度来看，以宋末之时，发展已至高峰。到了明清，技术上更复杂，技巧更为进步，但清代末年到解放以前，中国陶瓷有一段衰落时间。到了解放以后，我国美术瓷器又有新的发展。陶瓷工人发挥了创造的积极性，在生产上有了很大的革新，全国工艺美术界的投入生产、帮助设计，近年来在国际市场上一马当先，出现了空前的荣誉，正是社会主义的新中国的荣誉。诸位毕业后，势将投入陶瓷生产中去，我想你们将来的工作，正是既光荣又艰巨。我这里略微介绍一些陶瓷发展的常识，对你们将来工作或不无小补。我主要介绍陶瓷的一些常识，造型图案请教你们的老师。限于水平，限于时间，讲得一定不够要求，请原谅。

二、新石器时代的陶器

石器时代＝原始社会。旧石器时代约于五六十万年前开始，到一万年前结束。中石器时代约在公元前一万年至六千年左右。

我国新石器时代，各地区的发展不平衡，开始时期的早晚，也没有肯定，但结束时期，黄河流域要比其他地区早一些。在长江中下游和东南沿海地区，不仅要比黄河流域晚一些，而且其中最晚的可能延至西汉初年（前206—？）。

人类饮水或容器——陶器——最初用粘土制成器皿，利用日光晒干。

（一）陶器的发明和发展

1. 制法：

泥条盘筑法，以泥条圈成，用手抹平。

模制法：在模子中附有篮子条（用泥土涂在篮的内部）、绳子（用绳子编起包在外面）。

捏塑法：小品。

轮制法：比较进步。

2. 制陶土：

细土：清洗，精细陶器。

和土，掺杂细砂、粗砂、蚌壳末、滑石粉等，含有耐火、坚固等作用，如炊器。

3. 火候：当时利用随地取得的赤土（即含有铁分的粘土）作为坯土，大概用500—600℃的高温烧成，还原成赤褐色。

4. 陶器的美化

（1）着色 = 陶衣：用较细的陶土，用水调成泥浆，涂在器坯上，有红有白。

（2）磨光或平抹。

（3）纹饰主要有篮纹（编制物如篮子的印痕）、绳纹、划纹、印纹、篦纹、席纹等。

彩陶是仰韶文化的特点，一般细、光、加彩。彩是先用红墨色画好再烧，不会脱落，但偶有烧好后加彩的。因此后加彩陶，一般不是仰韶文化，要特别注意（关于仰韶文化的定义，很多人搞不清楚，不论在任何遗址中发现了所谓“彩陶”，统称为仰韶文化而认为和仰韶村是同时代的文化遗存。也有人因为仰韶文化中有彩陶，称之为彩陶文化，这也不妥当。因为仰韶文化中包括有各种文化因素，彩陶不过其中之一，决不能将彩陶看成仰韶文化，也不能将凡是出土彩陶的遗址统称为彩陶文化）。1921年在河南渑池县仰韶村最初发现了画着红黑花纹的彩陶片，与磨制石器共存一处，后来在各地又陆续发现了许多同样性质的遗存，就把它们定名为仰韶文化。它的分布是以黄河流域为中心，当是黄河流域经过长期发展的一种土著文化，至如东北、长江流域（江苏、湖北）以及新疆维吾尔族等地的遗址，虽都有彩陶，但与仰韶文化显有区别，不能混为一谈。

（4）至于彩陶图案，约分如下：几何纹为主，其他如带状方格纹、弧线粗条纹、弧线三角纹、平行条纹、圆点纹、S形、X形、锯齿纹等，不列举了。还有人面纹、鱼纹，这是比较罕见的。在处理上，几何纹样特别成功，从具体器物上不难看出作者对客观事物有着深刻的理解和体会，这是通过集中概况、艺术加工创造出来的。因此表现在图案最基本的素材——点、线、面的处理方法上，是惊人的。有很多陶器，处理黑白对比关系、纹饰和空间的宾主层次关系、粗细线条的穿插排列，都是大胆而富于变化的，说明上古的工艺美术家，早就懂得“统一与变化”的规律。

（5）黑陶：是龙山文化的特点（山东历城县龙山镇附近的遗址而得名，它距现在约三四千年，它的分布地区，大体上是在山东、安徽、河南、河北、山西、陕西，在辽东半岛、浙江杭州附近也发现过，苏州也有黑陶发现）。它的特点是表面漆黑光亮，陶壁很薄，最薄的像蛋壳一样，证明是用快转轮制造的，这是陶器工艺的大进步。陶器的类型多种多样，很多与青铜器一式无二（龙山文化当然也有其他颜色的陶器，但没有彩陶所有的划纹、印纹等）。

（6）东南地区新石器文化中的陶器

长江下游及东南沿海地区，过去在考古学上是空白点，解放后有不断发现，陶器以细泥红陶及夹砂红陶为主，也有少量的泥质黑陶。广东、台湾、福建、湖南、湖北、江西、浙江、江苏等地发现过不少印纹陶。

我国的辽阔土地上，分布着丰富的旧石器文化和新石器文化，新石器文化是从旧石器文化发展来的。龙山文化是从仰韶文化发展来的，其余多种文化都受它们的直接和间接影响。也有各个文化的陶器，这里不谈了。龙山文化再发展成为辉煌灿烂的商代文化。这时黄河流域的居民已结束了原始社会而进入有阶级的奴隶社会了。

（二）从彩陶到釉陶

关于商代的确实年代不可考，今天也是研究的课题，大体上是从公元前16世纪到公元前11世纪。商代的青铜器，影响生产很大，这时必然已有“坩锅”一类的耐高温陶制容器，不然不可能炼青铜，所以证明陶器已进了一步。青铜器价高，除非统治阶级，而且是最高级的，才有可能用青铜器，一般人当然还是以陶器为主。

这时期的特产有白陶和彩陶。白陶是用高岭土为原料，表面刻着云雷纹和兽面纹（亦称饕餮纹）是贵族用品，出土很少而且不完整。釉陶也用高岭土作原料，表面涂一层灰黄色釉，这是我国瓷器的前驱。它的图案之不同于彩陶之点是分段明确、规律显著，形成了整齐严肃的格调，与青铜器图案相似。

西周陶器主要是灰陶，红陶比较少，也有青釉陶，表面纹饰以细绳纹为主。

战国：制陶工业规模较大，较集中，花纹以暗纹和彩绘纹两种图案最复杂。暗纹是趁陶坯半干时，先光其面，然后用钝锋的竹木片划出花纹，然后再烧，叫做暗纹。彩绘是在烧好后，外涂白粉，再施墨绘，也有直接于陶面上施朱绘者。这种施绘之陶，不实用，都为随葬品。

另外还有划文字，或印有戳印。

于上面所讲的彩绘陶流行于战国到汉代这一时期。战国时期工艺品图案的特点，就是在于等分面积和各种线条的精确，大约已借助于仪器，这时的彩绘陶也有相同之处（可参阅《文物》，新中国图版56）。

三、我国究竟何时始有瓷器

我国究竟何时始有瓷器，至今成谜，各说各的。有人据《西京杂记》（魏晋间人伪记）引证西汉人邹阳的《酒赋》中有“醪醴既成，绿瓷是启”，因而推断汉代始发明瓷器。有人认为三国时才有瓷器，有人认为近代的瓷器是“半瓷半陶”，而真正的瓷器应从唐代开始。根据以上的说法，那么最早也不过汉代，有两千年历史，但近年来在郑州商代遗址中，发现了很多釉瓷罍、瓷尊和瓷罐，经化验，证明是用高岭土烧制的。因此有人根据这次发现在今年 3 月 18 日《河南日报》上发表的文章，说明我国早在三千五百年前的商代就开始烧制瓷器，把我国的瓷史推前了十三个世纪。当然是新的论点，我们这里就不加讨论了；但有实物出土，可以把我国文化推前总是件好事。

中国地区之大，瓷器发明之早，种类之多，分布各地，如果每一地区的瓷器都要研究介绍，不是件容易的事。只能把历史上著名的瓷器谈一谈，现在先介绍一些必要的常识。

瓷器是我国伟大发明之一，从陶到瓷，从粗到细，成为日常生活中不可缺少的东西，我们的祖先在这方面花的劳动不知多少，才有今天既完美又实用的中国瓷器。

（一）瓷器的几个定义

时间划分：汉代、晋代。晋代是半陶半瓷，是过渡时代。

条件划分：半透明的胎、光泽之釉、有坚硬之胎而声音清脆，断面入水不吸水。

上面所说中国瓷器始于商代之说，是广义的瓷器论，即把早期的瓷器也包括在内，后者之说，则为狭义的瓷器论者。

（二）土

高岭土——白瓷

含杂质之土，特别是含铁质——紫红色、乌黑色

（三）胎

因土质不同，烧成后的胎子亦不同。

缸胎，指土粗而厚重，如辽瓷和山西、陕西一带的黑釉厚胎瓶之类。

铁胎，指含铁较多，如宋建窑兔毫盏之类。

砂胎，宜兴紫砂器，山西法华器。

浆胎，明清两代澄浆成形的一种瓷器，胎薄体轻。康熙时白釉印花及青花碗、印盒等为多。

瓦胎，汉代单色釉陶器，唐三彩也归入瓦胎。

脱胎，明永乐白釉薄胎盘碗而言。

（四）釉，俗称釉药，涂器面，塞其气孔，且使有光泽而美观之物也。釉药与玻璃相似而熔点较坯为低，其膨胀系数与坯相等，成分因制品而异，普通用石英、长石、硼砂、白垩、陶土等，研成浆（清瓷有用宝石者），熔如玻璃。

原始釉，古代的原始釉有坯土的长石成分和坯土或灰中的铁分结合而成，赤褐色。

青釉，两晋时代，出土陶瓷中三国时已有青瓷。

白釉，唐代，如邢窑、定窑、磁州窑白瓷，可能是化妆。唐三彩，是在用化妆法的上面，再用铜和铁的釉造成。

红釉、黑釉，宋代。

明清更有各色釉，下面再谈。

釉，是一种釉药，施于胎面，烧后即有光亮，瓷面即不会污染，在釉药中加上某种氧化金属即呈某种颜色，例如含有一定分量的氧化铁，即成青釉器，加铜成红釉等等，制成多种多样的色釉。

凡瓷器上施一色釉，叫做单色釉，但我国手工生产，单凭经验，误杂其他物质，往往发生窑变，有意外收获，现在科学发展，完全可以控制。

（五）陶衣，俗称护胎釉，等于漆器的“底子”。

（六）彩，瓷器上加彩，本称始于宋，现有实物证据，唐代瓦渣坪窑已有。唐末“赤绘器”“唐吴须”的含钴颜料，是一种白釉加红绿彩绘花卉的盘。明宣德成化相继出现各种彩绘，清康熙、雍正出现粉彩、珐琅彩。

（七）斗彩，通行之说：釉内用青花勾出纹饰轮廓，然后在釉外按着轮廓填加彩色的一种瓷器，也称填彩。

（八）五彩，多种色，浓艳，俗称硬彩。

（九）粉彩，先在纹下施一层铅粉，然后加色，变成粉红、淡绿等，给人以柔和的感觉，俗称软彩。

（十）珐琅彩 = 料彩。专仿珐琅器的一种瓷器。康熙制多用胭脂水及蓝色双栏楷书四字料款。堆料款。

（十一）墨彩

（十二）素三彩，专以三种色素彩绘的一种瓷器。蓝绿紫，一般称为“法华”。

四、历代重要瓷器

（一）魏晋南北朝和隋

南方多青瓷，解放后出土的很多。现在知道的最早青瓷器是黄武六年（227）墓中出土的。南京附近古墓中曾发现三国时代吴太元元年（251）的青瓷虎子，证明东汉末年在南方已出现青瓷器。南北朝时代更有大的发展，在浙江绍兴、萧山、杭州、江西浮梁（江西新平窑）等各地都有当时的窑址。北方以白瓷为主，六朝时北方邢州（茶都河北顺德）始制。隋朝烧绿瓷和琉璃的场所是江西的浮梁，还有西安、洛阳、河北磁县，故有“南青北白”之说。

对青瓷器的生产窑址，到了解放以后，陆续有所发现，1959 年宜兴发现了均山窑址

（《文物参考资料》1959年第七期），说明江苏境内也有生产青瓷器。

河北景县封氏墓中出土的“青瓷莲花壶”，有堆贴花纹，这是造型上的进步（《新中国考古》107图堆花、《谈魏晋至五代瓷器的装饰特征》、《文物》1959年第六期）。

（二）唐、五代

唐代与外国交通频繁，在工艺美术中有着浓厚的外来影响，唐三彩即为一例。它是一种软质陶器，加三色彩釉，用低温烧制的陶器。论理不应列入此处，它的造型也有西方风格，如长颈瓶、胡俑，有的简直是外国人，有挂彩、混彩等现象，其质亦不如硬瓷坚固。

唐代瓷器（日用品）出土不多，却有很精致的作品（《新中国考古》104图、106图）。也有堆花的。

湖南唐代窑址有湘阴的岳州窑，豆绿色釉最多，制作粗。还有长沙的铜官镇的瓦渣坪窑（《文物》1960年第三期）

瓦渣坪窑的特点：能在青釉下烧出褐绿色彩的划纹，白釉或青黄釉下画绿彩。这是瓷器技术上的一项突出成就，还可否定以往釉下彩始于宋之说。

划花和印花：它是以印花和划花的技法，将唐代漆器或金银器上的图案，应用于瓷器之上，成为我国古代装饰图案重要遗产之一。这种青瓷器在浙江余姚上林湖窑址出土最多，都是些残片，陈万里[1]说过“要是能在上林湖方面出土越器及碎片中尽量收集的话，真可以编辑一本材料丰富的图案画集”。

江西景德镇也发现唐代的青瓷，这是我国瓷史上的新发现，说明早期景德镇的瓷器是青白兼有的。

总之，唐代经济文化都有一度空前发达的时期，所谓“贞观之治”。对外贸易发达，需要大量的铜用以铸钱，所以日用品以瓷代替。唐人嗜茶，茶具兴盛，诗人、文人关于青瓷的词句太多了。当时对越器评价最高，陆龟蒙“九秋风露越窑开，夺得千峰翠色来”，所以世称“千峰翠色”。虎丘塔瓷碗是最好的标本（越窑故事可参考《考古基础》页234）。

虎丘塔瓷碗是吴越秘色窑的杰作，世界少见的精品，吴越钱氏的秘色窑大量制造贡献宋朝的最高统治者，起码万件至十四万件。

1.陈万里（1892—1969），江苏吴县人，近现代享誉世界的陶瓷专家，故宫博物院研究员。他早年从医，平生多才多艺，研究过昆曲，能唱能演，还是摄影家。他是我国近代第一位走出书斋，运用考古学的方法对古窑址进行实地考察的学者，为考察浙江龙泉青瓷，自1928年，曾“八去龙泉”，“七访绍兴”，收集了大量瓷片标志，进行排比研究，开辟了一条瓷器考古的新途径，为现代陶瓷学研究奠定了科学的基础。

柴窑，柴荣即后周世宗，在位六年，未必能建御窑，“雨过天青”之说，可能即越窑。

（三）宋元

宋代瓷器对外输出，至今欧亚南洋一带有存者，西人呼瓷器为 china。

俗以定、汝、官、哥、钧为宋时五大名窑，其实当时不止这些。

宋代官窑有：

1. 越窑，自晋造瓷。

2. 景德镇，在真宗时，改名。划花——模印——自由绘描——釉下红青色——开后多彩之先声。

3. 官窑，汴京，含铁黑釉护胎足者，釉薄现冰裂蟹爪又者。

4. 汝窑，北宋时洛阳临汝县附近一带窑之总称。宋人以定州之白瓷有“芒”故，遂于临汝建青瓷窑，其器有厚薄两种，淡青为主，有“棕眼”“蟹爪纹”（裂纹），底有芝麻花细小者挣钉者为佳。汝器之用釉厚，多凝于器上，如蜡泪痕，其土多含铁分，故烧成坚牢的半瓷质。汝窑多印花器，釉中和以玛瑙汁，汁凝器上，似蜡胶之痕（堆脂），汁中露蟹爪、鱼子纹、芝麻细小钉。

5. 钧窑，与定窑并为世界名窑。在河南禹县神垕镇，钧窑专造彩色、玫瑰紫、海棠红、茄色紫、梅子色、驴肝与马肺混色、深紫、米色、天蓝、胭脂红、朱砂红、葱翠青（即鹦哥绿）、猪肝红即窑变之各种颜色，多海棠形花盆，底有数字。明代霁红即受其影响。

6. 修内司，杭州，紫口铁足。南宋官窑。

7. 郊坛下，杭州，多灰青。南宋官窑。

这些官窑，都是青釉为主。元枢府官窑（景德镇）外，当时统治者还向民间窑订造瓷器。宋元民间窑很多，今按釉色略分如下：

白瓷：（1）定窑——河北曲阳，定窑非官窑而专为皇室服务，它是宋代手工业中心，纹样有划花（刀浅刻）、绣花（浅浮雕）、印花（押印），多属牡丹、萱草、飞凤、孩儿图样，镶口，还有金花、青花、黑釉。

（2）吉州窑——江西吉州永和镇，以舒翁者为最佳。其余有萧（江苏萧州）、宿（安徽凤阳）、泗（安徽）、平阳（山西临汾）、霍州（山西）、平定（山西）等窑。

青瓷：（1）钧窑（河南禹县神垕山），悬烧，底有支钉痕，有窑变，配釉用调和法，不用研乳法，颜料与釉汁不能十分相溶，经火现游离状态，显出蚯蚓文，或作密点菟丝子文。底有刻数字者。

宋五窑（民间）：

书公 = 舒翁之误

舒翁，其女能烧仿汝，称舒娇窑

象窑，宁波象山 = 仿定

东窑

建窑

（2）东窑（河南陈留），紫口铁足，类似官窑青瓷，色淡绿淡青。

（3）耀窑（山西黄堡镇），仿秘色窑。

（4）哥窑（浙江龙泉），章生一烧制，百圾碎。弟窑（龙泉）章生二造，胎厚，无文片，光润如玉。

（5）湘湖窑（在浮梁附近）

（6）邛窑（四川邛崃），也有黑白二彩。

黑瓷：南北都有。著名者为建窑（福建水吉），兔毫、鹧鸪斑等盏。茶具，日本人最爱收藏，号天目釉。

杂彩瓷：黄河南北一代如河南修武当阳峪、安阳、河北磁州都烧制，剔花、划花、凸花，施以黑白等彩器。德州、汝州扒村有红绿彩瓷。1954 年广州发现宋已酉青花莲瓣缠枝牡丹盖罐，证实宋代已有了釉里青的花瓷（即青花）了。

此下可谈定瓷的装饰艺术（参阅《文物》1959 年第六期）：

民间窑：以上所列虽为民间之窑，然其产品，仍属高贵。此外更有其民间窑者，一向不重视，认为粗窑。其窑有高度的艺术性，北方瓷器还有一个卓越的贡献“白釉黑花”，也有用赭色、茶色等画花，粗壮健康，强烈对比，明朗之感，国画开始用在瓷器之上。这种题材，在唐末也有过，但用色不同。有了新的发展，开明瓷途径，写生的折纸花和蜂蝶鸟雀一直流行到现在。

这种宋代的民间窑，在中原地区黄河南北各地，可见是当时民间用磁的主流。窑名有磁州窑（河北省邯郸）、修武窑（河南修武的当阳峪）、耀州窑（陕西铜川的黄堡窑）等。

景德镇是我国最大的瓷都，在江西浮梁县，原名昌南镇，北宋之景德年间（1004—1007）改称今名。它的起源有汉代、六朝两说。唐代时窑在东山里、博易。宋则移于墩口、湘湖、勤工。元代移于湖田、南山。明以后才集中在景德镇。南宋以来，有大量输出海外。

元代的瓷器。元代异族统治时间不长。重要的为景德镇、龙泉、磁州，其釉厚而垂，深处或起条纹，浅处仍见水浪。青花是白地青花瓷器的专门名称。它是景德镇制瓷工匠的重要发明之一。青花瓷器的重要着色剂是钴矿，由于各矿产钴含有不同的杂质，元明清各代瓷器采用不同地区的钴矿，因之也呈现出不同的深浅蓝色（青花起源于宋之说可靠）。元代混乱，北方瓷凋落，南方青花却发达，大量输出海外，特别是青地白花效果胜过白地青花。因此元代青花可谓是成熟时期，对明清两代有奠定基础的作用。

（四）明清：明代二百八十年，瓷继承传统又有新成就。青花——五彩。颜色釉方面：鲜红、宝石红、孔雀蓝、孔雀绿、甜白、五彩、填彩、斗彩、三彩。

14 世纪朱元璋重建了统一的封建王朝，中国历史走上一个新的发展时代。随着工农业的恢复和发展，手工业也日趋繁荣。

那时景德镇一方面继承宋元传统，一方面有新的创造，特别是官窑，不惜工本，呈现着空前的成就。

明代瓷种：

1. 景德镇官窑：永乐、宣德、成化、正德、嘉靖、隆庆、万历

2. 景德以外的官窑：钧、磁、曲阳

3. 景德民窑：崔公、周窑、壶公、小南窑

4. 景德以外的民窑：龙泉、德化、石湾、宜兴、山西法华器（明器）

青花是明代瓷器的主流，有人分析青花发展的原因：一、宋代抹茶用建窑天目，明代用冲茶，宜白地绘画之杯。二、景德居中心，运输便利。三、北宋灭亡，北瓷衰微。四、北方工人南迁。五、龙泉粗制滥造，名望下跌。

因而景德瓷远销欧亚，明时法人登退泉科尔驻景德镇，曾云“景德镇者，周围十万里之大，工业人口近百万，窑约三千，昼间白烟掩盖太空，夜则红焰烧天”，可想而知，明末被毁，清初复兴。

明瓷，官窑最精，民窑丰富。

洪武：青黑二色之纯素器，纯素为佳。段廷珪：不惜工本，精制瓷器。

永乐：半脱胎，甜白为主。花纹锥拱之法始于此时。釉里红的稳定阶段。原始翠青、影青，薄如纸，传说可映见指纹，不可信（可参考《新人民画报》彩色照片）。青花用苏麻离青，砷钴矿。压手杯（故宫院刊第一期页 61），传世仅有三只。

宣德：霁红，空前之发明，一说创于永乐，澄泥蟋蟀盆。宝石霁青、霁红始于此时。一说始于永乐时（由窑变而来），五彩、镂空，青花用苏泥、勃青。

成化：五彩乐精，描工考究。画手极高，苏泥勃青已用完，改用土青，呈色淡雅。开片（初因收缩力不匀而偶然发生）。五彩更精。

正德：有宦官镇云南运来回青，世传由郑和运来之说，恐误，时郑和早死。

嘉靖：改制矾红，祭器有精品。《陶说》：“嘉靖用回青，非不佳，然产地太远，可得而不可继。”

隆庆至万历：苏州周丹泉至景德镇，作伪能手。壶隐道人，善制薄胎，人称壶公窑。万历景德人民反抗矿监潘相的斗争，人民禁卖食物于潘相。万历二十五年（1597）巡抚方河督监御厂，因鞭打工人，激起民变，火烧厂门（参阅《廿二史札记）卷三十五）。

几个专门名词

釉：从土器到陶器尚不知上釉，所以都是“素烧”，后来窑内的灰自然散落下来，出现了自然釉（也称原始釉），从此以后就想到进一步上釉，再进而用各种方法显出美丽的色彩。汉代的自然釉，是有坯土的长石成分和坯土或灰中的铁分结合而成，是赤褐色的。

唐三彩：是在釉【大约 30% 石英、70% 氧化铅（铅丹），加一些碳酸钠造成的】里，稍加一些氧化铁，就成黄色，再多一些，就成橙色，更多，就成褐色等颜色。绿色和青色是把铜熔在釉里造成的颜色，也就是把铜屑、绿青（碳酸铜）或是胆矾等生成氧化铜，用 2—3% 混在釉里，用了这种釉在氧化焰 700—800℃上烧成。

窑变：在窑里由于高温度的火焰使釉发生化学变化，造成种种新奇的颜色和花样。

宣红：宣德窑中偶然由带着铜的成分的釉在还原焰中现出美丽的红色，于是创始了宣红。宣红和日本的“辰砂釉”相同，是在长石釉中含铜（氧化铜）0.3—0.5% 时所现出的还原铜的美丽的红色。铜的胶体极细的时候，呈黄色，胶体稍大，呈红色，更大时，出现青色，再增多时，颜色就浑浊起来，加到 10% 以上，就成为黑色。

回青：是从伊斯兰系的波斯和阿拉伯方面得来的青料，西域的大青，即是钴石，是很纯粹的。吾国所有钴石，《天工开物》所谓“无名异”，系含锰为主，但也含有铁和钴，用作青料，叫做“吴须”，即含有钴、铁等的氧化锰矿，把它放进铅釉里，如烧得温度高，就显出钴的青色，如温度低，锰的颜色就超过了钴，混在普通的釉里，显出褐色，而在碱成分多的釉里才显出美丽的紫色。赭石是叫做“红壳”的氧化铁的不纯的矿石，把它磨成细粉作釉，在石英占 30%，氧化铅约占 70%，再加一些碱的釉里，由于它的铁量多少，造成黄、橙、褐等烧成的颜色。所以用“无名异”造成绿色，是出于误传。普通要造成绿色，就是要涂上一种在铅釉里加 2—3% 的氧化铜的东西，用氧化焰烧成。

清康熙时臧应选发明用氧化铁放进釉里，烧成漂亮的黄色，再调剂一下铁分，就显出橙色，或其他中间色。

五代　虎丘塔秘色瓷莲花碗
苏州博物馆藏

瓷器图例：

宋　定窑白釉印花盘

宋　钧窑鼓钉三足洗

宋　龙泉窑梅子青菊瓣纹洗

宋　磁州窑白瓷孩儿枕

元　釉里红
云龙瓷盖罐

元　影青瓷狮象烛台

明　缠枝菊花菱花口盏托

明　青花八仙大碗

清　洒蓝反口石榴尊

清　青花釉里红桃子天球大瓶

苏州博物馆藏

十五　彩陶图案卷

题解：本卷选取顾公硕先生上世纪60年代初在苏州美专讲课的稿件《彩陶图案》。

彩陶图案

彩陶图案，是我们先民的劳动创造，也是我们已发现许多图案资料中最早的资料。只要仔细地观察一下，这些数量众多的原始文化中的杰出的造型艺术和想象力丰富的熟练图案，真是我国艺术史上值得骄傲的一页。

彩陶图案，主要是以各种几何纹线所组成。它的含义，比较难以理解，一般可分为四类：1. 编织纹；2. 植物图案；3. 动物图案；4. 自然界现象图案。

根据西方国家的论点，把我国彩陶图案说成原始宗教信仰的象征，而我们认为，正如艺术起源于劳动，它是跟着社会生活的需要而出现的。因此，彩陶艺术也是通过人们的劳动实践，观察着客观事物形态性能，了解了客观世界所具有的完美和谐的性质，从而逐渐获得了对客观事物的审美观念。人们的审美观念，本是从劳动中培养出来的。彩陶图案主要就是反映了当时人们在劳动中对于美的认识，而以艺术的形式把它记录下来。

一、在仰韶、马家窑、半山、马厂等彩陶图案中，编织图案一直广泛地流行，从较原始的彩陶到式样很新颖的彩陶上都有。这种编织纹，大约是从当时各种各样的编织物和编制的藤竹器上的纹样模拟而成的。无疑的，在新石器时代的早期或更早，编织物已广泛地流行，这种编织物都具有交织而有规律的线条。这种有规律的线条很容易被人们发现是装饰性的图案。人们采取编织纹作为彩陶图案，不是没有理由的。当时的编织，因不易保存而早已消失，但在许多出土的陶器上，往往留有这种编织物的印痕。通常在陶器上所见的绳纹、篮纹和一些彩陶底下清楚地印嵌着编织物的遗痕等，即为明证。这种编织物如以线条形象地表现出来，就是绳纹、网格纹。当时的陶工们并不只将编织物纹单纯地描摹到彩陶上去，而是依据意愿巧妙地用线条表现编织纹图案。有的彩陶全身描着优美的编织纹，有的作为主要的图面，有的只是衬地。也有人说，彩陶之所以用编织纹图案，可能为象征保护，因为先民常以藤竹编制以护其日用器皿。

二、彩陶的图案设计者，又喜把植物的形象以极简练的手法组成图案。当然毫无疑问，这是因为农业种植是人们生活的主要来源，当时的劳动人们天天与植物接触，热爱自己的劳动果实，于是把植物的形象也用简练手法描绘下来，这也是劳动的再现。在河南、山西、陕西出土的彩陶上，有许多植物纹，或简称为叶纹的图案。在甘肃省马家窑的彩陶片上，还发现了生动的植物形象，这有趣的植物形象中的某些图案和国画上的丛树的笔意相似。在半山和马家窑的彩陶上，常描着植物的叶子、豆荚以及种子的图案，安排得疏落得宜。

在黄河流域新时期时代的各式彩陶图案上，还有描绘着人像的图案。在甘肃发现的彩陶上，还发现了描彩的人头形陶塑（大约是容器的盖头）。其中有一个脸部上圆下尖，头上有三个饰物，满脸胡须，表情十足，是一个男性的面部塑像；另一个脸部很胖，额上有两个圆形的装饰，两眼向前凝视，嘴微张，颌下有胡须，在严肃的神情中略带微笑，也是个很生动的彩绘塑像。在原始社会中描写人的形象，并不稀见。我国新石器时代人头描彩的塑像，则是少见的。

在陕西省半坡村发现的陶片中，也有非常真实的人首图形，人头的顶上按着装饰物，在脸的两旁也似乎有饰物，神态很逼真。在马家窑式的彩陶中也有人头的形象。由此可知，人的形象及人的活动，在任何时候，都是艺术的题材，而新石器时代陶工们不仅能够描绘各种美丽的图案，而且能够生动而写实地塑描人们自身的形象。

在当时，人们的活动不能不和动物相接触，于是有趣的动物形象就出现在陶工们的画笔之下了。被描绘在彩陶上的动物是形形色色的，有鱼，有蛙形动物，有龟形动物等。在彩陶图案中动物纹笔数虽少，然形象却很生动、奇特而有趣。西安半坡彩陶的图案中还发现过相当写实的鱼形和鹿形动物纹样。

人们在劳动实践中培养了对客观事物的审美观念，这种认识就反映到彩陶的图案上。在彩陶图案的制作过程中，获得了更多的知识和技巧，使彩陶艺术达到高度的成就。

彩陶艺术并不是一种幼稚的艺术，它完善地具备着装饰图案的特点，陶工们已发现了制造装饰图案的基本规律，这些规律在任何时候都要为装饰艺术家所遵奉。

当然，我们不能说每一件彩陶都是优秀卓越的作品，但是大部分的彩陶图案都非常适应于器物的造型，有着高度的统一性，这一点不论在大型或小型彩陶图案上，它所表现出来的和谐而引人注目的装饰作用，非常显著。一般地说，大型彩陶瓮在腹部以上都很膨圆。这种彩陶多是甘肃、青海出土的。在这类彩陶腹部的中线以上膨圆部分，描着图案，图案的画面，一直要到颈口为止。这种图案无论从哪一个角度去看，全是很别致而调和的。我们如果把它平放在地上，从彩陶的上部俯视，可以发现颈口内圈的花纹向腹部的最大处放射，成为一个浑圆的纹饰，在这个圆形图案中的各组线条都配合得自然和协调，例如菱形编织纹、螺旋纹等；或者从侧面去观察，同样可以发现自器腹的中线以上直到颈口，又称为另一种式样的图案，这种图案自颈部到腹部的各种线条，也是有机地相适应的，看上去也相当和谐。图案的每一个面，都与膨圆的器形相适应，具有古典、朴实、壮丽的作风。

在小型彩陶钵、盆上，也表现了实用装饰图案的特点。小型彩陶钵、盆大都为饮食用具，在钵、盆的外面或内部描着图案。陶工们根据器物的造型，在适当的地位上画着图案。如果图案在陶钵、盆的内部，那么这些图案往往是一个旋转的放射形圆形或格子形；如果图案在陶钵、盆的外面，则无论从器形的哪一个侧面去观察，大都是一系列美丽的连续图案。属于前者的典型，有甘肃的马家窑式和半山式的彩陶，属于后者的有山西省万荣县荆村出土和陕西等地出土的彩陶。

所有各种的彩陶图案，是在不断实践中得到逐渐改进和完善起来的。彩陶图案的艺术上的成就，并不是一下子就能达到的，在许多形式相同的图案上，可以看出当时陶工们如何刻意求精的设计，努力使图案尽善尽美。例如半山的五瓶形或六瓶形的编织纹图案，这种图案是最简单的式样，是在陶壁的空间填上一些网格纹和粗糙的线条，图案并不十分明显。在较为精致的式样上，瓶形网格纹的主题渐渐地显得突出，线的对称、比例也调和了，而在最精美的式样上则显得非常鲜明、匀称和纤丽，成功地表现了编织纹的美丽的线条。这些图案很多构思得相当巧妙，它的布局非常适应器物的造型。所有的瓶形图案，自然不可能是一下子出现的，中间必然有一个发展过程，这个过程的细节如何，我们还不大清楚。不过这些精美的作品，反映了陶工们认真而细致地从事于彩陶艺术的创作，不断地改进内容和技巧，使图案更加完善。这种情况，还可在许多图案上看出来。例如半山式的斜方格纹，在较为简单的式样上，是以单线的十字交叉线组织起来的，没有其他的附带装饰，只有网格纹的线条。在较为精细的作品上，线条表现了多样化，而附饰部分也被添上漂亮的弧纹。在最精巧的方格纹彩陶上，出现了现在看起来很是绚烂夺目、和谐动人的图案。又例如马厂式彩陶的四圈纹图案，其中有极简单的四个圆圈，但也有很复杂的装饰，从这一类图案中，发现了一些极有创造性的图案。

在河南、山西、陕西等省出土彩陶上描着的植物图案也是富于变化的，这类图案所用的线条是极简单而有限的，但颇有轻舒漫卷、形姿生动的特点。陶工们以熟练的技巧、明快的色彩、刚柔得宜的线条，描出了各种很优美的图案。

一般地说，彩陶图案都是用很简单的几何形线条所描绘的。施用的色彩，至多不超过三种，陶工们的作用，却具有相当高的实用艺术的价值，并且作品不在少数，图案的式样多至数十种（只就已发现的计算，相似者不算），这是因为彩陶艺术发达的这种情形和大多数原始氏族的原始艺术相当盛行一般，都是由于社会的生活实用的需要。虽然当时的经验必然是传统的和局限的，但是人们在长期的劳动实践中，逐渐提高了观察力，也学会了表现思想情绪的艺术形式，往往突破旧的形式，创作新的图案。在图案中添进了许多新的内容，如方格纹图案原来是编织纹，在漂亮的方格纹中却不是画着编织纹，而画着叶纹或其他的纹样。

在目前的条件下，我们对当时的知识应该承认是贫乏的，彩陶的图案复杂而多变化，某些几何形的图案之间，还无法了解它的意义，但彩陶有一共同的风格，就是造型稳实、浑厚，构图复杂、和谐，线条匀称、有力，色彩简单、明快。当然各地彩陶也各有其特殊风格，就陶工们丰富的劳动智慧、充沛的创造力、熟练的技巧来说，我们是可以充分体会的。

彩陶图例：

仰韶文化半坡类型编织纹彩陶船形壶

马家窑文化蛙纹彩陶钵

仰韶文化半坡类型鱼纹彩陶盆

鹳鱼石斧图陶缸

陶寺文化龙纹彩绘陶盘

半坡类型鸟纹彩陶瓶　　宗日文化舞蹈纹彩陶盆

马家窑文化人形彩陶壶　　仰韶文化人头彩陶瓶　　马家窑文化人头彩陶壶

选自《美源：中国古代艺术之旅》

十六　古籍及中国印刷卷

题解：本卷收录顾公硕先生研究藏书家、刻书、各代钞本等重要文人的资料以及中国印刷术、活字本、木刻画与彩色套印术的笔记资料。

一、宋私家

福建

人物	斋名	地点
王氏	世翰堂	建邑
蔡子文	东塾	建安
刘仲吉		麻沙
虞千里		麻沙
陈彦甫		建安
黄善夫宗仁		建安
刘元起		建安
魏仲举		建安
魏仲立		建安
刘日新		建安
刘叔刚		建安
王懋甫桂堂		建安
曾氏		建安
虞氏		建安

建安余氏

余静庵　勤有堂

余志安

余仁仲　万卷堂

余恭礼

唐卿

余夏渊　明经堂

临安陈氏

陈起 = 芸居楼 = 陈宗之 = 陈道人 = 陈彦才

二、苏州明刻本

刻书之人	斋名	时代	备注
沈辨之	野竹斋		
金李	泽远堂	嘉靖	《国语韦氏解》廿一卷
龚雷			雷字民威
袁褧	嘉趣堂	嘉靖	
郭云鹏	济美堂	嘉靖	
徐氏		嘉靖	
徐时泰	东雅堂		
吴元恭	太素斋		刻《尔雅注》三卷
顾元庆	大石山房		
沈启南			
徐守铭	宁寿堂	万历	
沈氏	碧梧亭	嘉靖	《图注八十一难经》
王世贞	世德堂	万历	家刻四部稿
陈仁锡	阅帆堂	万历	陈旸、沈石田
顾春（元卿）	世德堂	嘉靖	《六子全书》
黄姬水		嘉靖	《前汉纪□》
赵凡夫	宛委堂	嘉靖	
许自昌			《分类李太白诗》
徐焴	万竹山房	嘉靖	《重校唐文粹》
黄省曾	前山书屋	嘉靖	《水经注》四卷、《山海经》一种
顾凝远	诗瘦阁	崇祯	
王延喆	恩褒四世之堂	嘉靖	《史记》
孙凤			铜活字本

三、明以来钞本

		版心
吴钞	苏州吴匏庵	丛书堂钞本
叶钞	昆山叶文庄	赐书楼
文钞	苏州文徵明	玉兰堂
王钞	金坛王宇泰肯堂	郁园斋
沈钞	苏州沈辨之	野竹斋
杨钞	常熟杨梦羽仪	七桧山房或万卷楼杂录

姚钞	无锡姚舜咨	茶梦斋
秦钞	常熟秦西岩四麟	致爽阁或玄览中区，或又玄斋、玄斋
祁钞	山阴祁尔光承煠	澹生堂
毛钞	常熟毛子晋	汲古阁
谢钞	长兴谢肇淛，在杭	小草斋钞本
冯钞	常熟冯巳苍舒（居守老人）	
定远班		
彦渊知	十兄弟一家钞本	
钱钞	常熟钱牧斋谦益	
常熟钱遵王曾		
常熟钱履之谦贞	绛云楼钞本	
述古堂钞本皆曰钱钞		
竹深堂钞本		

四、道光苏州书坊

坊名	坊主	地点	
经义斋	胡立群	胥门	能识古书
五柳居	陶廷学、子蕴辉	城隍庙前	
莘古斋	钱景凯	山塘	
学余堂		玄妙观前	
学山堂		玄妙观前	
敏求堂		府东	
闵师德堂		玄妙观东	
玉照堂		臬署前	
文瑞堂		臬署前	
中有堂		臬辕西	
崇善堂		醋坊桥	
墨古堂	周姓	王府基	
留耕堂		阊门横街	
书业堂		阊门	
文秀堂		阊门	
芸芬堂		桐泾桥头	
墨林居		玄妙观前	
紫阳阁	朱秀成		
大观局	彭宋两家所开，彭朗峰、宋晓岩	葑门	
遗经堂			
西山堂			
本立堂			

坊名	坊主	地点	
书摊	高姓	王府基	
胡苇州书肆			
滂喜园书籍铺	黄荛圃	玄妙观西	

黄荛圃晚年自开滂喜园书籍铺于玄妙观西，是年八月病卒，时道光五年，六十三岁。

五、清代钞本

叶石君树廉	模学斋
秀水曹洁躬溶	倦圃
昆山徐健庵乾学	传是楼
秀水朱竹垞彝尊	潜采堂
吴县惠定宇栋	红豆斋
杭州赵功千昱	小山堂
杭州吴尺凫焯	绣谷亭
海昌吴槎客骞　子虞臣寿赐	拜经楼
歙县鲍以文廷博	知不足斋
钱塘汪小米远孙	振绮堂
金坛何元锡	梦华馆
文瑞楼	
王宗炎	十万卷楼

六、近代钞本

金山钱熙祚	守山阁
归安姚觐元	咫进斋
厉樊榭鹗	
钮匪石树玉	

七、书友

吕邦惟

郁某

郑益偕

胡益谦

邵钟麐

沈斐云

吴东亭

吴立方

郑云枝

八、估人（编者按：此指书贾）

吴东白

华阳桥顾听玉

常熟苏姓书估

平湖王徵麟

无锡浦姓

湖人施锦章

湖人陶士秀

买古董人沈鸿绍

九、明以来平日以抄书为课程者

华亭孙明叔道明

元末明初　映雪老人

吴县柳大中佥

钱叔宝穀　子功甫、允治

吴方山岫

叶林宗奕

金孝章俊明　子亦陶、侃

常熟赵清常琦美

陆敕先贻典

曹彬侯炎

江阴李贯之如一

周研农荣起　毛子晋刻校古书，多其勘正

昆山叶德荣国华

石门吕无党葆中

长洲顾云美苓

张青芝位　子充之、德荣

吴枚庵翌凤

十、旧钞无考者：

	版心字样
怡颜堂钞本	
退翁书院	
笃素居	

吴兴陶氏	笃素好斋藏书
太原祝氏	

十一、阊门义海堂书坊

《书林清话》载苏州书肆盛衰甚详，然不及义海堂，今为补之。按洞庭东山有王鎏，字亮生者，早岁从族兄惕甫学，工散文，著有《蠡舟园古文》《四书地理考》《乡党正义》等书，以诸生游幕皖浙，晚岁设义海堂书坊于阊门，喜汇刻明末野史，卒于道光二十三年癸卯。

十二、王穉登著述[1]

《松檀集》《晋陵集》一
《全闾集》二 《燕市集》二
《青雀》二 《客越》二
《越吟》二 《荆溪疏》
《延令集》二 《梅花什》一
《明月编》二 《雨航记》一
《清苕》二 《竹箭》二
《采真集》二 《法因集》四
《广场庵疏志》《虎苑》二
《苦言》一 《谋野集》四
《题跋》一 《奕史》一
《长物编》
《生圹志》《吴社编》《丹青志》

中国印刷术、活字本、木刻画与彩色套印术（1951年笔记）

中国印刷术

公元前十二年已有纸张出现，《汉书 · 赵皇后传》中有“赫蹏”。6世纪末年刻的一张残片，为我国现存最早的印刷品，但事实上可比这个再早已有。16世纪的中叶时候，我国就有彩色套印，用朱墨两色套印在14世纪中叶已产生了。饾板套印法，拱花即印

1. 摘自王道编注《过云楼旧影录》，浙江大学出版社2015年版。

凸纹花法。

1951年楚墓中竹木简，写在丝绢上的战国“缯书”，是硬黄纸用黄蘖汁染色，可防蠹。五色花笺河北胶东之纸，南朝末徐陵《玉台新咏》并不夸大，远在6世纪中叶江南各地已有五色笺纸。新疆出土延昌卅四年残文两行，现存英国，即公元594年的印刷品。中国唐历最古刻本是乾符四年（877）和中和二年（882），敦煌出土，现存法国。唐刻本《金刚经》第一张扉画《佛在给孤独园说法图》末，咸通九年四月十五日王玠为二亲敬造普施（即公元868年，距今1083年）（编者按：从此句可看出该笔记当在1951年），现在英国。

唐末蜀中雕版甚盛，大都印刷人民常用的书籍。

五代监本为官书之有规模者。北宋监本由国子监校勘后，都在杭州刻版，字体方整，刀法圆滑，在宋本中实居首位。北宋南渡后，北监本入金手，成金监本的底本。南宋监本集各地刻版，成分复杂。宋亡，这些版入西湖书院，元时余谦等修补重印。明洪武八年版移南京，后遭火，版遂毁净。

南宋浙东西各地方政府和管理部门，也都提倡刻书，大都杭州刻工，只有金华坊刻南丰文粹等字体瘦劲，别具一格，世称“婺本”。南宋中期直到元明之间，杭州刻民间文学书不少，元时杭州刻书盛况比之宋代，有过之无不及。福建建阳刻书力求迎合时代，面向读者，如黄善夫刻《史记》合《集解》《索隐》《正义》为一书，同时又出了一些獭祭书的新型类书，如《事文类聚》《翰墨全书》之类。

四川成都，唐咸通六年即有《唐韵》和《玉篇》，五代时已有熟练工人，因蜀相毋昭裔在成都叫人写刻《文选》《初学记》《白氏六帖》，从11世纪初叶起，这个中心区逐渐向西南眉山发展，眉山出版事业一面走监本路线，翻印大字本经注和小字本史书等中央印的书，一方面走大众路线，刻唐人集和类书。宋末元兵焚掠，眉山文化区全毁，其后传本较少。

金代刻版中心在平水，即今山西临汾，大概北宋亡后，汴梁刻工迁移过去，逐步发展，到12世纪中叶才形成的，以《金藏》《玄都宝藏》为代表作，平水书肆又盛刻诸宫调唱本和招贴画。俄国科兹洛夫曾在甘肃甘州古塔内发现王昭君、赵飞燕木刻画和《刘知远传》残本，确系金元之间平水坊本。

宋元时地方官吏和儒学书院师生都提倡刻书，有所诏漕司本、茶监司本、公使库本、郡斋本、儒学本、书院本。

活字本

宋仁宗庆历年间毕昇发明活字本。宋活字本现已失传。元延祐元年前后，东平人王桢发明木活字印刷术。15世纪中叶，苏州、无锡盛行铜活字印书，最出名的（一）

安国；（二）华坚、华镜的兰雪堂，华煜的会通馆，华燧、华珵。苏州孙凤印《小字录》、建康张氏印《开元天宝遗事》、五云溪馆印《玉台新咏》、五川精舍（疑是常熟人杨仪）印《王岐公宫词》、金兰馆印《范石湖诗集》、孙蕡印《西庵集》、芝城印《墨子》。

明时常州人用铅字印书（见明人笔记《陆深铭纪闻》）。

雍正四年（1726），陈梦雷用新制铜活字排印《古今图书集成》。

乾隆三十八年（1773），武英殿木活字。

木刻画与彩色套印术

建阳风格，世德堂、富春堂所刻小说插图

徽州派，黄、汪两姓

黄鏻、黄应泰	《程氏墨苑》
黄应瑞	《女范篇》《大雅堂杂剧》
黄应光	《琵琶记》《昆仑奴》《元曲选》
黄一楷	《北西厢》
黄一彬	《青楼韵语》《西厢五剧》
黄应组	《坐隐图》《人镜阳秋》

汪忠信	《海内奇观》
汪文宦	《仙佛奇踪》
汪士珩	《唐诗画谱》

套色术

吴兴凌濛初、闵齐伋两家创五色套印。明末天启七年，胡正言，字曰从，原籍徽州，寄寓南京，编刻《十竹斋画谱》。

十七　看戏评戏卷

题解：本卷收录顾公硕先生上世纪50年代末观看各类剧目后所撰写的评议以及在政协谈苏昆剧发展的会议记录。

苏州专区现代剧汇演评议

苏州专区现代剧汇演评议表（1958年10月）

剧目名称	比干劲	演出单位	昆山锡剧团
评议意见	剧目方面： 今天（七日）《新苏州报》对《比干劲》的好评，完全赞同，我亦是如此看法。		
	演出方面： 用旧剧的动作演新戏，居然融合一起，不觉生硬，真是难能可贵。		

剧目名称	幸福的路	演出单位	南汇县沪剧团
评议意见	剧目方面： 1. 这出戏对农民的教育意义很大，很及时，是出好戏。现在思想比较落后的农民，对人民公社是有怀疑，卖家具的现象很普遍，希望能下乡巡回演出，效果一定不小。 2. 第一章嫌散漫，描写方书记的人物性格，易起误解，好像他的官僚主义很严重。譬如风车装了没有，他是不清楚的，其余如田的分散、人力的缺乏、风车的不能起作用等问题，方书记之前都不了解的，都是别人提出以后，他才顺口说“对”，“对”，但结果也没有与群众商量如何解决，反而在临走时说“两位大叔，你们明天想办法去装”，这样就看见方书记的缺点了。没有说明他在社中所起的作用，希望于下次演出，再加研究。我对戏剧是外行，所提意见是否妥当，请你们自己做主。		
	演出方面：		

剧目名称	为了炼铁	演出单位	太仓县锡剧团
评议意见	剧目方面： 剧情紧凑，叙事分明。		
	演出方面：		
剧目名称	礼拜六	演出单位	震泽县锡剧团
评议意见	剧目方面：此剧是根据程小青同志的小说《她为什么被杀》改编的，由于剧情曲折，始终抓住观众，是出反特的好戏。		
	演出方面：演员都能称职，尤其是演沈科长的浦文良同志，沉着机智，最为突出。		

剧目名称	深夜的喜剧	演出单位	苏州市越剧一团
评议意见	剧目方面：这一出反映革命干劲的小戏，很轻松愉快，对白也风趣。不喊口号而照样说明主题，即此一端，已胜人一筹。		
	演出方面：演戏剧而能不用夸张手法，真是恰到好处，足见功力老到。		

剧目名称	红色小战士	演出单位	常熟县锡剧团
评议意见	剧目方面：刻画小战士的智勇和坚强不屈的革命斗志，非常成功。		
	演出方面：演小战士的演员非常聪明，演技很好，是可造之材，与风雨搏斗的一场，演得还不够造势，要多练功。 方洪元演得出色，恕我不知演员的大名。		

1961 年 8 月 30 日　关汉卿《窦娥冤》，在政协谈苏昆剧

凡来告状的，就是我衣食父母（双关）。

今日无事，将马来，后宅去吃酒（未突出）。

明万历时叶宪祖改编为《金锁记》。

1. 党对苏昆剧的培养，不遗余力，省市重视，成员努力，克服种种困难，没有竹衫用席片，没有行头，用龙头细布自己动手，教师不固定。

2. 这次赴沪公演等于公开汇报，为上北京作准备，关系不小。

3. 不耻下问，向我们外行请教，足见虚心，几次彩排，没有看全。

4. 苏剧：

《送子出猎》好极，兴旺最好换人演。

《快嘴李翠莲》有趣，有神来之笔，洞房太扭捏，不像李翠莲个性，唱词太马虎，要改。

《墙头马上》演员调派不当，休书一场不一定带水发上场，李无戏。结合感觉突然，原作早有订婚之意。

5. 昆剧

《翠娘盗令》很好，细腻，烛光明否？

《佳期》唱词改了，减少了黄色唱词。

《拷红》末段多余，仅突出“红娘是清白身”。

《思凡》若干身段甚美，有人反对提脚。

《断桥》，昔日小彩金如此演法，末有啊呀完了，放大阳调，白娘子嗓音好极，功力不够，不能体会剧情。

《杀惜》脱节。

《窦娥冤》是重点戏，听说意见不统一。

当夜有以下看法：

1. 搭配水平不齐整，使整体松懈，扣不紧，虽有几个火爆身段，但连不上，一闪即沉。

2. 七分道白三分唱，不能发挥道白的作用，演员犯此病者甚多，伍子胥。

今日无事，将马来，后宅去吃酒，未闻。

刽子手无力（麻木不仁的样子），戏就沉下去。

第一场唱词用下四，恐非旦角所宜，如表演哀怨，应用长腔，但此是北曲，不能拖长。

3. 原作有两本，一本《审堂出鬼》，其实窦天章掌握了鬼的规律，是内行，恐是后补。一本至《托梦》为止，大快人心，莫如窦娥不死。

4. 突出色目人寄养民居，但恐伤民族政策。

十八　中华传统手工艺卷

题解：本卷大多为顾公硕先生在担任苏州市工艺美术研究所所长期间的研究成果。包括与他人合作撰写的《苏州仿古铜器》一文，研究全国各地工艺品和中华传统手工艺的各类笔记资料以及他遍访民间所拍摄的红木家具、玉器雕刻和刺绣的照片。此外，还附录了段炳果先生搜集整理的《苏州工艺美术口诀选注》和《美术工艺图录》摘记。《美术工艺图录》系《支那骨董》上册摘录，为研究工艺美术，公硕先生曾自学日语、俄语，在摘录过程中，加有一些自己的观点和见解。

全国各地工艺品

全国各地工艺品

上海：绒线编织、灯影、麦塑、竹刻、象牙细刻、象牙玉石雕刻、剪纸、绒绣

江苏：无锡彩塑，南京剪纸，扬州漆器、剪纸，宜兴紫砂陶器，苏州刺绣、缂丝

安徽：芜湖铁画、通草画，界首陶器，歙县木雕

山东：淄博琉璃、陶瓷，梁平竹帘，潍坊色纸年画、刺绣、嵌金银丝、窗花、通草画，胶县牙刻（细工），烟台麻布、花边，博山陶瓷

四川：自贡竹扇，成都蜀锦、竹编、泥塑、银丝品，广元石刻，剑阁手杖，荣昌陶器（铁千刻花），重庆北碚玻璃、竹雕，中江花石业、棕丝编织，邦都色鸾竹席，长宁竹扇

福建：青石雕刻，漳州木偶，古田竹编，泉州刻纸，福州脱胎漆、漆器

湖北：剪纸、泥人、竹器、象牙浅刻、风筝、刺绣、砖刻、天门蓝印花布

辽宁：抚顺煤精雕刻、大连玻璃、永陵桦木雕刻

陕西：榆林地毯、汉中棕箱、宝鸡石刻、西安嵌漆

广西：梧州樟木箱、刺绣

广东：石湾陶瓷，汕头抽纱，广州檀香扇、刺绣

湖南：邵阳竹雕，长沙织花、湘绣，浏阳菊花石雕

海口：椰雕

北京：画壶、刻瓷、烧瓷、文物艺术品复制加工、雕漆、挑花、京绣、金漆镶嵌、绒绢纸花、地毯、绒花绒鸟、麦塑、景泰蓝、玉器、象牙

河南：钧瓷、南阳烙花

河北：房山石刻、杨柳青年画

贵州：台江苗族刺绣，大定漆器，贵州雕果核、玉屏箫

山西：长治堆花、晋城皮金（始于唐代）

云南：大理大理石，昆明象牙人像，建水陶器，腾冲藤篾、玉器

江西：画瓷（人像）、陶器刁削

浙江：温岭、黄岩等地麻帽，温州黄杨木雕、瓯绣，东阳木雕，黄岩翻簧竹刻，乐清黄杨木雕

内蒙：察哈尔盟金银首饰、呼和浩特地毯

吉林：长春制毯

新疆：维吾尔自治区库车县民族花帽、民族乐器

甘肃：银川贺兰石雕

青海：湟中县银器

中华传统手工艺

铁器

我国最早的铁器可上溯到春秋战国之际。当然实际使用时，可能较此稍早。战国中期以后，铁制生产工具在生产上已占主导地位。铁农具使用已经相当普遍，即铁器的开始使用在列国变法之前，而铁农具的普遍使用则在列国变法以后。从燕国遗址出土的一件铁范作金相学和化学考查，证明此件是用“高温液体还原法”制造。

战国晚期铁范已用“金属型芯”，从秦墓出土的一件铁凿，证明此时已能掌握锻造技术。

上述发明证明，我国用铸铁的时间比欧洲早一千六百多年。

铜器、银器

（一）铜器、银器历史演变

东周手工业分工，东周官工业已有专业分工，1957 年以来在山西侯马晋城遗址发掘了好几处东周的铸铜作坊，有的专做礼器，有的专做钱币，有的专做带钩。刑徒被大量地驱使于官工业中从事奴隶性质的劳动。漆器亦在这时发展起来，玻璃制造业新兴起

来。陶器、玉石器、丝麻织品、皮革等行业有很大的发展。

春秋战国之际的青铜技术，直至春秋中叶，一般青铜器的本身和耳足钮等附件，还是一起铸成的。春秋战国之际，采用分别铸法，或合金焊接法。春秋晚期兴起了金银错工艺（表面嵌入红铜薄片和金银丝），包括鎏金。

汉代社会经济部门中，冶铜已不重要。铜制饮食器，多为漆器所代替。铜兵器已改为铁兵器。铜则大量用于铸泉和镜鉴。

工艺美术方面的铜器主要有：建武铜斛、鎏金铜尺、擎双灯铜俑、金马书刀。

魏晋南北朝，宜兴周处墓中的铜器和金银器，据说有铝制品。

隋唐时期，李静训墓：金盏杯、金项链（受西方艺术影响，西安出土）、七枚鎏金茶托子（有铭记）、鎏金盘（盘底有突起的狮子纹）、鎏金莲瓣鸾凤纹银盘、鎏金花草人物纹的小银盒。

五代两宋的银器主要有：四川德阳孝泉镇发现瓶、注子、注碗、托子、杯、壶、盒（北宋四川地区银细工，观其铭记，知为德阳孝泉镇周家所造）。

辽金元明时期，鎏金银铜器（辽驸马卫国王墓出土，为官工业产品）、与宗教有关的鎏金银冠和银面具、汉文刻铸的鎏金“破地真言”胸牌。

合肥孔庙内发现窖藏，共金银器一百零二件，底部刻有“至顺癸酉纪年”，又有“章仲英造”“庐州丁铺造”字样。吕师孟墓出土有银果盒（底有“闻宣造”三字）、捶蹀金带饰。

元大德年间范文虎墓中出土有镂雕金花。

（二）铜器花纹

铜器花纹七十七种，约分为三类：

动物纹：饕餮、牛头、羊头、鹿头、夔、龙、凤、蟠螭、虯、虺、象、蝉、鹤、人面纹。

自然气象纹：云雷、波浪、漩涡。

器物和几何纹：珠、方格、三角、平行、瓦、沙粒、绳、菱形、环、垂幛。

（三）铜器花纹的时代分类

商代：饕餮、夔龙、蝉、蚕等。

西周前期：鸟、凤、象等。

西周后期：龙、瓦、重环、环带、窃曲等，也有质朴无纹者。

春秋战国：蟠螭、兽带、鸟兽、象鼻、绳、贝等。生活图景、镶嵌金银。

宣德炉款式

宣德年制　篆文款

宣　一字篆文款

宣德

大明宣德年制

内坛郊社等即以所用之场所为款者。

以制造时监督为款者，例如“工部员外臣李澄德监造”“宣德五年吴邦佐造”。

亦有以御制诗词为款者，例如宣德七年之方铜盘，有阳文御制《锦堂春词》全文六十余字为款者。

折扇

折扇，世谓始于明成化间，不知北宋已有之矣。东坡云：“高丽白松扇，展之广尺余，合之止二指许”，正谓此也。

折扇骨

翻轮　翻轮竹节贴梁

竹节

圆头

团扇发展历史

1. 约公元 364 年东晋

西凉画稿《宴乐图》，新疆出土，现藏英国伦敦博物馆

2. 北魏巩县第二洞，供养者列像，有团扇浮雕

3. 汉彩箧之《孝子传图》

4. 贯休《十六罗汉》中的一幅有扇子

《唐宋元明支那名画宝鉴》页 13

《唐宋元明支那名画宝鉴》页 85，有羽扇

《唐宋元明支那名画宝鉴》页 122，有团扇

《唐宋元明支那名画宝鉴》页 132，有绢扇

唐人《纨扇仕女图》

《清明上河图》有苏式团扇

金银泥画与密陀绘

唐代以金银箔或金银泥混入漆或密陀油，涂漆面而画者，称之泥画。

密陀画之名，何时发现，不详，这是一种混入密陀僧而煮成的一种油色，画时纯然是油画，与漆工艺不同，在唐代盛行一种油漆。

密陀僧亦称没多僧、密多僧，今之化学名为氧化铅，为油之干燥剂的重要药品。晋代当贵重药品使用，其名为波斯语，《本草纲目》有关于密多僧的记载。

纸

南北纸：南北朝时代，纸分南北。南朝漉纸用竖帘，故其纹竖，晋王羲之父子之真迹，多用之。会稽之竖纸曰竹纸。北朝用横帘，故其纹横，质松而厚，称侧理纸。

唐纸：其种类甚多，硬黄纸，染以黄蘗可以防蠹，光泽莹润，最宜于写经。

宋纸：称澄心堂纸者为最上品，淳化帖即用此纸，宋之名家亦多用之。

乌丝栏、歙纸、匹纸（亦称鄱阳白）、彩色粉纸、黄白经笺、碧云春樵纸、龙凤笺、团花笺、金花笺、藤白纸、观音帘纸、鹄白纸、蚕茧纸、竹纸、大笺纸。

元纸：黄纸、花笺、彩色、粉纸、蜡纸、罗纹纸（以上为绍兴出产）、白竹录纸、观音纸、青江纸（以上为江西出产）。

明纸：连七、观音纸（江西西山设官局制造）、榜纸（浙江常山、直隶、庐州、英山等产）、奏本纸（江西铅山制造）、小笺纸（江西临川）、大笺纸（浙江上虞）、细密洒金五色粉笺、五色大帘笺、洒金笺、滋青纸、无纹洒金笺纸、松花潭纸、荆州连纸（类宋纸，用蜡打各色花鸟）、白笺（坚厚、白光泽而坚白）。

——译自《大日本骨董全书》

戏面

桂林人以木刻人面，穷极工巧，一枚或值万钱。

——宋范成大《桂海虞衡志》

1960 年 6 月，吴晓邦率歌舞团来苏表演，中有所谓“傩舞”者，戴面具一人独舞，殊单调，据云学自桂林。范成大所见之戏面，殆即“傩舞”所戴之面具也，足见桂林“傩舞”自宋已然。

押葫芦

陈淏子《花镜》云：“秋风萧瑟之际，若无蝉噪夕阳，蛩吟晓夜，园林寂寞，秋兴何来？”我亦有同感，秋野虫吟，虽与春天的鸟语异趣，然声长清远，却能振奋心腑，因此饲养秋虫，亦为民间娱乐之一。每年薰风初拂，外地农民将聒聒儿千筐百篓地担市入城，品种有蛐蛉、金钟、马铃等等，其中聒聒儿颇受儿童欢迎，据说悬诸檐下，还有驱小儿“惊风”的作用；但这种玩意儿，一入有闲阶级之手，就踵事增华，在笼子上要起花样来了。这种养聒聒儿的笼子，一般都以葫芦为之，有的精雕细琢，镶以金鱼之盖。一到深秋，就罩以锦囊，终日纳诸怀中，以保护虫温，于是一缕清韵，突胸而出，不知声从何来，每引为笑乐。如果保温得法，可以过冬不僵，那时聒聒儿通体透明，色是碧翠，而价亦倍增。

据《燕京岁时记》云：“京师五月以后，则有聒聒儿沿街叫卖，每枚不过一二文。至十月，则燃煴者生，每枚可值数千矣……”足见前人的癖好，可谓无所不有。

饲养秋虫的笼子，是一种传统的工艺品，其制不一，最通行者用竹蔑编制。我现在介绍的就是上面所讲的那种专养聒聒儿的“葫芦”，它分南北两派。北派的制法，一般在葫芦成长的时候，外面包上木范（这种木范是用硬木做的，范的里面，刻有阴文的图案），等葫芦成长，再把木范卸下，葫芦外表就长着一层浮雕的阳文图案，然后截口挖空，上

清　陈锦堂刻
苏州博物馆藏

面再加牙玉雕盖。另一种是透雕的葫芦，也很精细。此外，在山东、陕西一带，更有一种皮雕的葫芦，朴素大方，这才是民间艺术。至于南派，则以押葫芦为主，它的织造方法，既不用范，也不透雕，而专以玛瑙厚刀，就葫芦表面押出浅浮雕的花纹，以苏州道光中叶的“徐某”最为著名。他的作品，我仅见一件，半截葫芦，上押湖石萱花，三个小孩，伏地掷色，生动活泼，衣裙雅净，真是一幅宋人院画。听说徐某性情高傲，不肯轻易动手，因而遗迹不多。《前尘梦影录》说他“非至金尽，不肯动手”云云，当是信史。然如此绝艺，岂能湮而无闻，特为表而出之。

木雕泥塑

元代风格特点：1. 承袭宋代风格；2. 印度巴拉王朝时期密教影响。

元代的所谓梵相的特征是腰细、肉髻高。

明代一扫元代之风，元代是外来情调。

遗迹：北京隆福寺方善殿中塑像
护国寺吉祥天母
圣安寺二天王和木雕供养人
五塔寺印度式浮雕
故宫慈宁宫十八罗汉
房山县韩维村香光寺十八罗汉
山西平遥双林寺塑像
赵城广胜寺下寺之文殊、普贤木雕

道教：山西晋城玉皇庙的二十八宿像
北京朝阳门外东岳庙文武侍臣及男女侍者

江阴砌墙用竹钉

江阴砌墙用竹钉，竹钉先用桐油煎过，插入墙缝，防其下坐。因江阴、宜兴等地砌墙灰多砂少，容易下坐，故加竹钉支持。

——朱师傅口述

脱砂像

木架用麻线扎紧，偶用小洋钉。

背洞着水

麻绳扎架，干后加灰麻布生漆，共做三道。

生漆刮在夏布上，然后贴在泥身之上，干后用生漆灰压在夏布上，如是者几。三次约七八分厚，用瓦灰。

——薛金海同志口述

漆瓦与碧瓦

汉代宫殿侈者用漆瓦（《武汉故事》），至魏晋以后犹然（《晋书·后赵载记》）。

唐代用碧瓦矣。

宋《营造法式》有烧造黄色琉璃瓦之制度，物料功限，附于青棍瓦窑中，青棍瓦即澄泥瓦，不上渤药者。

宋人使金，见其琉璃瓦，深为惊叹，故知琉璃瓦，必自金始。

碧瓦与琉璃瓦何别？待考。

绿沉

绿沉 = 绿漆，非精铁也。

杜甫诗“雨抛金锁甲，苔卧绿沉枪”，薛苍舒注引车频《秦书》云“苻坚造金银绿沉细铠，以绿沉为精铁”。按《北史》：“隋文帝赐张渊绿沉甲，兽文具装。”《武库赋》云：“绿沉之枪。”唐郑概联句有“亭亭孤笋绿沉枪”之句。《续齐谐记》云：“王敬伯夜见一女，命婢取酒，提一绿沉漆盒。”王羲之《笔经》：“有人以绿沉漆竹管见遗，亦可爱玩。”萧子云诗云：“绿沉弓项纵，紫艾刀横拔。”恐绿沉如今以漆调雌黄之类，若调绿漆之，其色深沉，故谓之绿沉，非精铁也。

象嵌

象嵌亦书：相嵌、商嵌、杂嵌、杂眼。

象嵌方法：置纹、平象嵌、肉取象嵌、布目象嵌、针金象嵌、切象嵌、屈轮雕等。

中国象嵌之起源已不详，周器重青铜地嵌入纯铜者已屡有发现；但入汉代，已发展为嵌金银线条，亦有嵌入金银薄片者。汉代的象嵌纹样，多规整的涡卷纹，其间嵌入细的走兽、鸟形等图案，屡屡描出狩猎图，用象嵌的器物种类不少，特别值得注意的是精巧的小金具（带钩车金具等）。象嵌究竟是否中国固有的文化，尚是疑问，今日学者怀疑是从希腊经西伯利亚而入中国。

药斑布印染手续

李灿亭、广兴、福生，东海岛太平里 3 号，作品分发各地，用各地图案。

棉料纸裱七层（用柿漆），经日晒三四天，候干，四张叠起凿花。花样由客户点，销往福建（爱博古）、东北、安徽、上海、本地，每份一式四张，价七元，生意清淡。花样在肚里，并无学徒，以画绢扇贴补生活费。灿亭从皋桥头学五彩印花老法，已不传。

范庄前有绷印坊，可印五彩，已不传。

印花手续：1. 上浆；2. 晒干；3. 印花（石灰和豆粉）；4. 染；5. 刮；6. 洗；7. 晒。

硫化蓝染一次，锭青染一二次。

硫化蓝易退易渗，不耐久，一定要用靛青，至少要用60—70%，过去用进口货靛青。

印花：用细灰和豆粉，加水拌和。

染料：靛青、酒糟、石灰，加热。

洗清：用稀酸。

印花布：染色的目的是求美观。上古彩陶，染料泥土有黄土、红土，草木之汁，但古代人民都穿白色衣服。据传至夏代政服用黑衣，周代是黑白的复色，秦再采用黑色，汉用绛色，真红色是朝廷的规定色。天地玄黄，天子服黄，现代朝鲜人民仍是白衣民族，中国变了青衣民族。

吾国染织工业，至唐代大进步，“蜡染”“夹缬染”“纐缬”，这种方法现在少数民族尚保存，如贵州的蜡染。

苏州朱家庄有，苏州是从嘉定学的，嘉定可能是从印度或者南洋方面学来的，因为黄道婆在那一带起了作用。现在生产情况不正常。

彩画颜色

清末至抗战，红用三兴硃（产于广东，明清两朝都用此色），白用太乙粉（德国货），黄用月黄，即藤黄。绿的用禅臣绿（德国货），青用顺全隆云青（德国货）。禅臣、顺全隆为洋行名（待查其开设年代）。在忠王府现存彩画中，所用青色都不是顺全隆云青，因顺全隆云青加入胶水，一重要发黑，一轻又要脱。现在大殿前檐和挑檐梁上重要的大小十八幅彩画上所用的青色，就是顺全隆云青，绿色就是禅臣绿，除掉这块之外，所有太平天国时代的原画，都不用这种牌子之色。

——录自徐沄秋所记资料

三、关于工艺美术研究所搜集资料的一些具体建议

（一）刺绣

绣品实物，刺绣研究所、市博物馆、工艺美术学校等单位已有基础。研究所的收购范围应限于高精尖的，一般的可以不收。将来正式陈列时或可调拨。

刺绣画稿，刺绣厂各有设计人员，本所可以不管。

刺绣图案，来自民间，本所曾有两位女同志对临一批，可否拿还或者再复制一份，作为本所资料。另一方面可以广为搜集各种刺绣图案，辑成刺绣资料汇编。

（二）编结

有专门杂志，不仅要中国的，也可适当订阅外国的。

（三）童装

可以订阅外国的童装杂志，以利外销。凡是服装，都有时代性，不宜搜购外国的旧杂志。

（四）扇子

扇子种类很多，可以广为搜集，以造型为主，积累成套，以供将来陈列之用。旧的向上海、苏州两地文物商店收购，新的可通过苏州市工艺美术局，向各生产单位征求。

苏州博物馆曾在古文物中摄制一些古代扇子资料，但数量不多，要逐步扩充。

（五）红木家具

关于家居，本所已做过一些调查研究工作，曾摄制明清家居三百余张，可以先编一份资料档案，如再有发现，可以择其精者补充之。北京对于这方面的潜力是大的。

各种古代人物画与木刻插图中，当有各式各样的家具，可用拷贝方法，把它记录下来，补照片之不足。

红木小件是苏州著名产品，现在也是重要的商品之一。关于这方面的实物资料在南京博物院、苏州博物馆都有收藏。散在北京、上海民间的更多。倘下定决心，搜罗一下，是丰富多彩的。如果限于经济而不能买下来，那么用照片记录一下，也是空前创举。

（六）琢玉

苏州琢玉，造型是关键，应广为收罗造型参考图片，尤其是“京琢”。

（七）桃花坞木刻

郑振铎辑《中国版画史图录》。

（八）玩具

收集苏州旧的玩具，新的将来自然会有，商品目录、广告等。

（九）装潢设计

（十）民间工艺

都要进一步了解他们的需要。

（十一）饰品

北京、四川、广州、上海都比苏州好。

（十二）铜器

传世品很多，照样复制，是技术问题，而资料是不会缺乏的。

工具书（字典之类）、参考书（美术丛书之类）、日本艺术书内容丰富者很多，购时请注意。铜镜图案、吉祥图案、支那文化大系，要完整的。文史、文物精华、故宫院刊等。

马上可编写的资料集有：明清苏式家具汇编、苏绣图案选辑、苏式红木小件、苏州建筑上的工艺美术。

顾公硕遍访民间拍摄的红木家具、玉器雕刻、刺绣等图例选：

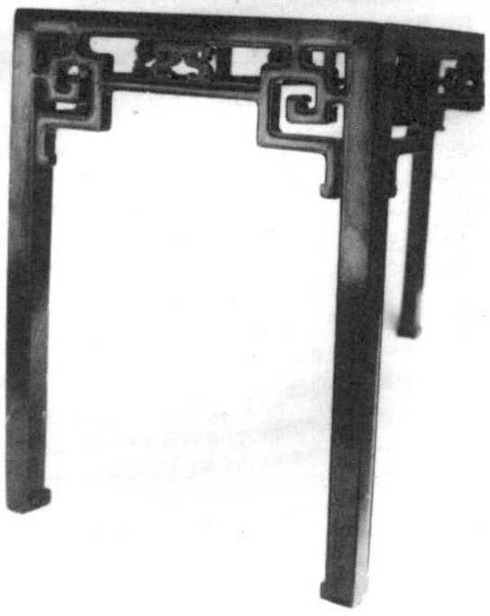

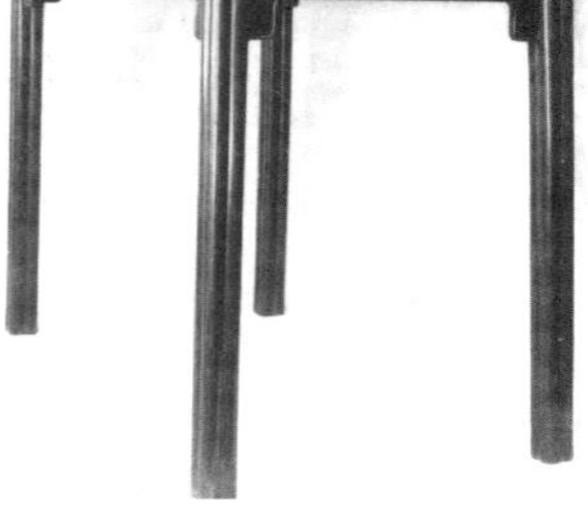

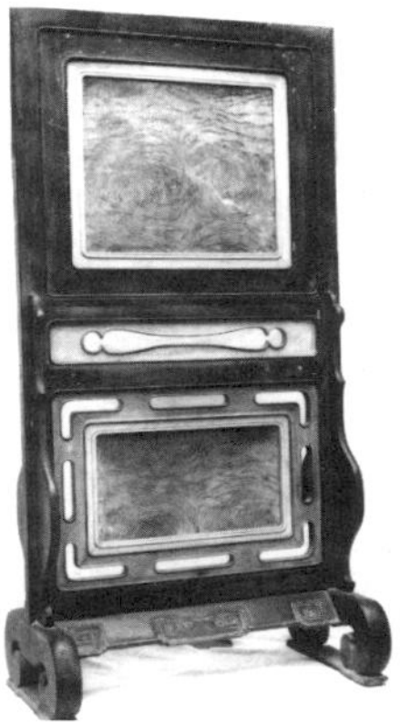

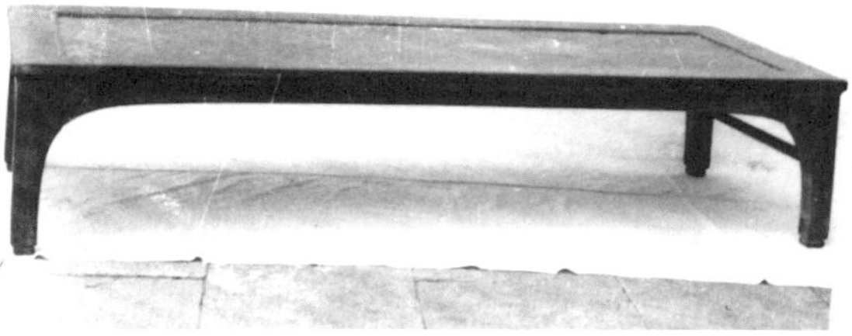

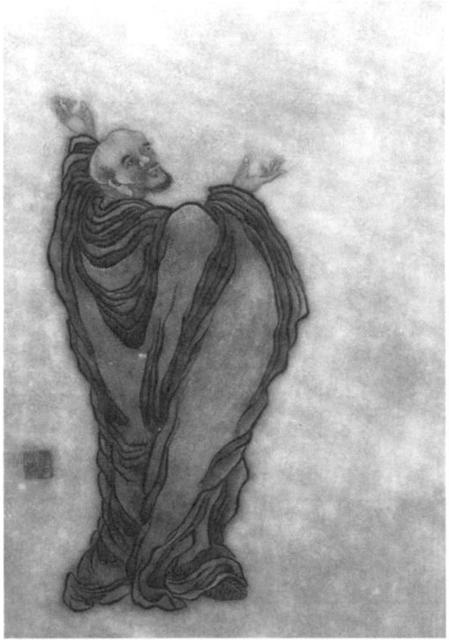

可参考外地的工艺品表：

玻璃器皿	江苏宿迁、山东博山	
龙泉宝剑	浙江龙泉	
夏布泥器	江西宜春	各种文具绘以山水人物
芦花皮枕	江西瑞金	油漆绘画
白铜剪刀	江西余干县	全部用铜，经久耐用
竹帘	江西宜丰、崇义等县	分门帘、窗帘及造纸用帘
柳木器	江西铅山河口镇	以柳木制成各种家具或装饰品，加油绘
皮制箱枕	江西赣县	以牛皮制成各种大小箱枕，并加油绘
贡墨	江西瑞金、铅山两县	
明矾狮子、石山水、笔筒、笔架	安徽庐江、无为两县	
曲阳县石刻品	河北曲阳，远销国外	
雄精器具	贵州思南、郎岱等县	雄精即鸡冠石
贵州沙器	贵州织金县沙器精细可爱，炎暑气候，盛物可数日不变味	
织金墨石砚	贵州织金县宜制砚及玩具	
三七皮器	贵阳大定县出品	
三七皮隐花器	贵阳大定县出品，尤为特色	
玉屏洞箫	贵州玉屏县产有紊竹，清末郑芝山取以制箫，形式秀雅，发音纯正，固有郑箫之名。对发音不同、刚柔并济，有悠然出尘之慨	
猪纸	贵州郎岱、都匀、印江等县皆产猪纸，质薄而韧，百折不伤，经久不腐	
宁夏栽绒毯艺	图案精美	
宁夏砚石	贺兰山介于宁蒙之间山中产石，质细而有章，可以制砚	
青岛王剑白象牙细刻	王君枚制	

北京：料器

珐琅　天新成、中兴，得兴城制品为最佳

乐器　声音齐

雕刻　吴南愚之刻牙瓶、张志鱼刻竹、朱友麟刻瓷、寿石工刻印

雕漆　和合工厂

花灯　华英、华美、文盛

玩具　都一斋白广成“鬃人”，哈记风筝，陈万喜皮影戏，郎双喜、赵润明面人，松竹梅玩具工厂。

1965 年 9 月 18 日

1961 年 9 月 9 日工艺美术座谈会记录

日本用化学方法烫花？

仿古铜器与物理学如何结合？

历史部分要细研究，要踏实不附会。

浮夸部分要避免，要从全国角度出发，避免公式化，散文体例写得活泼些。

《苏州工艺美术图录》，文字要为图片服务。

仿古铜器培养学徒的思想，最后目的：铜像、铜置件、美术铸工，学徒至少三个人，而且要求多面手。一切铸刻，要求先做泥模型，避免浪费。

苏州工艺美术的旧的制作方法，例如银器涂金、包金等种种方法不同，要详细记载，有的可能已失传。

白铜器技术也应保存。

染色技术，土法可历久不退，其法早已失传，可惜。

蓝印花布生产亦不正常。

苏州仿古铜器

一

青铜器的制作，在我国殷商时代即已创始。当时都为大奴隶主所占有，视为国家瑞宝。历史上记载诸侯争夺鼎彝之事，屡见不鲜，甚或酿成一场战争，可以想见当时人们对铜器的重视程度。也有不懂事的统治者，为了搜刮金属，制造兵器，竟然把代表我国古文化灿烂一页的青铜器，融铸化炉。清代金石家潘祖荫在所著的《攀古楼彝器款识》中说：“铜器自秦至今，曾经六厄，而随时洗霾毁弃铸改者，尚不与焉。”由此可见后世仅存的古铜器之可贵。自鸦片战争以后，帝国主义者又进而在中国巧取豪夺，我国的古铜器被劫运外流者又复不少，于是“六厄”之外则又多了一大厄矣。

古铜器既是稀世珍贵之物，后世作伪者遂有仿造牟利之举。在汉文帝时，史书上就有方士许垣平仿造古鼎，谋求富贵的记载。即此一例，已可概见仿古铜器由来之久。其后唐有刘蜕《辨钱盎之非齐桓器》之考，见诸《阙史》，而南唐句容的仿古铜器，则又开江苏境内仿造古铜器之先声。在当时从事此种伪器，从主使作伪者的意图来看，原是唯利是图，不足齿及的；但劳动者在揣摩古制、精心仿造中，却也积累了不少秘方妙法。解放后恢复生产仿古铜器，在目的上则和解放前截然不同。现在我们复制古文物，主要是对内用以普及历史文化知识，对外用以宣扬祖国古代文化，而保护这种特种工艺对原器又有补残修缺之功，可谓有利而无害矣。

仿制古铜器的技术，在北宋已具很高水平。当时因发掘古墓之风大盛，青铜器有大量出土，不但学术界掀起了考古研究之风，而且伪造者亦有了依样仿造之据。宋张世南的《游宦纪闻》和赵希鹄的《洞天清禄集》都有关于铜器作伪和辨伪的详细记载。到了元代，苏州则有王吉能修补和伪铸古铜器，与当时杭州的姜娘子齐名。明代铸造仿古铜器之技巧，更形成了南北两派。万历、天启年间，施姓称“北铸”，甘为堂则称“南铸”，同时在苏州也有蔡姓称为“苏铸”，此外尚有徐守素、蒋彻、李信、邹英等，也都擅修补和作伪之技。

清代，考据之学大兴，作伪者为了蒙过金石家的眼睛，伪造的方法也更加精进。在乾嘉年间有很多作伪能手，他们的特点是：有考据、有规模、有计划。其中如山东潍县的陈簠斋，苏州的顾湘舟、钱梅溪等，他们对钟彝都有研究，因此仿铸的铜器从形制、铭文、纹饰以至于厚薄重量，都与原器相同，自然更能乱真了。清末到解放之前，苏州有周梅谷[1]招收工人设置作坊，专替古董出口商承铸仿古的伪铜器出口牟利。据曾经参与铸作的老艺人谈，周梅谷开始仿铸宣德炉和修补古鼎彝，以后逐渐扩展而铸鼎、彝、卣、盘等各种古器，艺人蒋圣宝长于接色，陶善甫善于浇铸，李汉亭工于刻铜，黄桂伦擅木范。此外如吴麟昆、朱金海、唐友玉、刘有富等集体钻研，彼此合作，技术得到了空前的提高。据说他们铸的仿古铜器，即使是精于鉴别的行家，也难辨其真假。周梅谷开的作坊，以后因无利可图，便闭歇不搞了，艺人散伙，流离失所，此艺几乎失传。解放后，苏州工艺主管部门把在苏州的艺人集中起来，又到南京找回了外流艺人，从无到有，重起炉灶。现在这个工艺行业，又在为社会主义服务的坚定方向下，恢复、发展了起来。

二

仿古铜器的铸法，约分两种：一为合模法，一为剥蜡法。合模法即先将铜器翻成两

1. 周梅谷（1881—1951），名容，以字行，金石篆刻家、画家。1921 年自设作坊制仿古铜器，由仿制宣德炉进而仿造三代铜器，雕刻木范、剥蜡、浇铸、刻铜、接色各工序均聘能工巧匠各司其事。所制仿古铜器令人难辨真伪。在熔铜时加入银元，是周氏仿古铜器的特点。周还是碑刻名家。

片，然后焊接而成，与古代铸法不同，可以望而知伪。苏州的仿古铜器，一般采用剥蜡法，根据老艺人的口述，剥蜡法工序，大致如下：

（一）刻样版。我国研究金石的人不少，著作也多，凡是历史上著名的铜器几乎都有文字记载和图录。现在陆续出土的铜器，也均有详细的记录和考证。苏州仿古铜器其优点在于有根有据，并非杜撰，所以造型、花纹、铭文都有来源。一般用原器拓片上板，没有拓片的，也从印本摹勒镌刻。这一道工序关系到全器的成败，因而要求很高，与原器不能有毫厘之差。苏州的刻书业本来发达，从刻书转化为刻铜器的板版（即木范），自然驾轻就熟。像已故的王桂宝就是此中能手。技术革新以后，改用了石膏翻模，但只限于原器，一般从拓片或影印本翻刻，还是不能适用的。

（二）捏坯形。根据原器外廓形状，捏成泥坯。其此例较原样略小一圈，所用的泥土，必须熟土。先粗后细，逐层敷上，随敷随捏。再经过十多天的反复修补，等到干而不裂之时，再敷一层极细腻的泥，以润其表。

（三）贴蜡或叫剥蜡。先取刻好的样版，浸入水中，使湿；一面将熔化的松香和蜡，捣成胶状，放置湿板上，碾成两三分厚的薄片，随机合印在样版上。稍冷，即从样版上剥下，贴在泥坯上，紧紧包着坯形，这时外形宛若古铜器，所不同者是蜡，而不是铜而已。

（四）敷泥型。在蜡型上敷以细泥浆，干后，再敷以稻草泥，紧紧包着蜡型。包成后，上下留出一或两个浇口和出气口，放在阴处十多天，使之里外干透。

（五）浇铸。浇铸的工作比较繁重，分两部分：一部分是烧坯型，一部分是熔铜。烧坯型是把泥型放在木材上烧，外围烂草鞋，使它透气而不冒火，约经三四小时，烧到里外透红。这时模里的蜡壳已被烧去，就开始浇铸。其法式将烧红的泥型取出埋在泥坑中，仅露出浇口和气口，稍冷，从炉中取出铜罐，将已熔化的铜水向浇口倾入。这时蜡层已受热熔化，从下面小孔漏出，原蜡层地位由铜替代。浇满后，用冷水洒在浇口上，促使铸件冷却。大约一夜的时间，所浇的铜，内外已全部凝结起来，就可开模了。

（六）修整。开模后将附泥洗净。把毛坯上的浇口和出气口上的铜，凿光锉平。再细细凿深其上纹样，打磨得平滑光亮，洗刷得清莹如镜，以待接色。

（七）接色。上道工序虽完成了古铜器的造型，但色泽如新，没有腐烂的斑驳。需加以接色仿古，始能像真。

接色有化学的和着色的两种方法。一件古铜器的完成，多至接色十几次的，每道工序都很费时，甚至花几年工夫完成一器也并不为奇。接色的效果要求既有多年腐蚀的颜色，又要有极其精细的花纹，始能表现出古铜器的美质。

（八）装潢。经过接色以后，古铜器的仿制大体完成，最后还要装潢。装潢分两行：一行是由红木小件业，用红木或黄杨木为铜器配架座，要求式样美观，古色古香，

1956 年苏州工艺美术研究所恢复仿古铜器生产
图为老艺人在制作

与铜器本身相配。另一行是锦装业，依式制木盒，内加裱锦。由此可知，仿古铜器制成之不易，不但铜器本身要求精工细雕、巧妙无比，即是装配一事，亦须精心设计，始能相得益彰。

此文由顾公硕、李文华合作，录自《苏州工艺美术》1962 年 2 月

附：苏州工艺美术口诀选注

搜集、整理者　段炳果
苏州市工艺美术研究所编印

前言

苏州工艺美术历史久，行业多，历代艺人在生产制作中，曾积累了许多宝贵的经验，“口诀”只是这些经验中的一部分。

它的特点在于言简意赅、富有哲理，为此在生产中或生活中都经常运用，借以说明问题。

这里辑录的，主要是由老艺人陆涵生（红木雕刻）、梁肖友（象牙雕刻）、赵子康（木雕）三位师傅的口述，而后由笔者分类整理的，其中有前人的，也有他们自己的，不过都是苏州地区的。

在注释中，笔者力求表达原话意义，但由于笔者业务和理论水平的限制，对其意义精深之处，说明得还嫌不够，甚或有不够正确的地方，希望能得到同志们的指正、补充。

一、工具技术类：

十个榫头九个空，十个木匠九个穷

是指技术本领而言，要求艺人作工要精细准确，榫头相接恰到好处，不留空洞，才是好手。若留有空洞的话，那么这位艺人师傅一定不是好手，既不是好手，就不会有人请他做，因而就会遭到失业之苦。

同一格式的苏州谚语："十个黄猫九个雄，十个先生九个穷"，都反映了旧社会的情况。

三分本领，七分家什

说明工具的重要性，与"工欲善其事，必先利其器"的精神意义相同；但是工具是"死"的，人的本领是"活"的，工具依靠人的本领（即艺术水平）去掌握，去驾驭。好的工具，加上好的本领就会产生好的工艺品。

一年换仔十八家，送灶汤团吃不着（着，读乍音）

说明某个师傅的本领如果不好的话，一年到头不受欢迎，做一家，一家不满意，结果弄到过年送灶时连汤团都吃不上。

东家抄饭食，西家闻到饭米香

在张家认为这个师傅技术不好，不给生活做了，但并非他的本领真的不好，往往是由于张家的偏见，而李家早已闻名了，因此，当张家不让这位师傅做生活的时候，李家已经准备请他来做了。

荒年饿不死手艺人

有一技之长者总有饭吃。在旧社会里，这句话包含反抗斗争的意义。这句话新的意义，应当是只要为人民群众做工作，有一定的贡献，人民总不会亏待你。

方圆之角一把抓，线工撒啦啦

师傅应当是什么都能做，全面手的师傅是了不起的好师傅。

生活用尖刀，吃力不讨好

什么货色，用什么工具，有客观标准，杀鸡是用不着牛刀的。同样的道理，粗的生活（即工作）也用不上尖刀，若一定用尖刀去做，既费工，质量又差。所以，无论作什么样的生活（粗或细），工具要用之得当，否则，效果不好。

学刻不易，磨刀更难

牙刻、木雕都是易学难精的手艺，因此说，学会一般的刻工，倒也容易，要学得好、精就不容易了。磨刀这一本领，与刻相比，也不简单，甚而至于比刻还要难些。因为内行人单看磨刀的本领就能看出刻的水平。磨刀之难，在于用力平匀，一前一后磨来磨去，全在自己掌握分寸，要求能够使刀的各面（刻刀有二面、四面两种），面面相等相同，而且同样锋利，不是容易的事。

要知本领高不高，一见工具知分晓

木雕、牙刻行业中的工具，主要的是刀，它的好、丑、利、钝等在一定程度上反映师傅本领的高低，所以由工具可以想见其师傅的本领。

凿子不出清，一世不出名

起线不挺，技术不灵

二、师徒的教与学

十个女儿十个嫁，十个徒弟十样教

因材施教，因人施教。每个徒弟的思想意识、文化水平、个性爱好，都各不相同，师傅们应当善于根据学生的特点指教。

情愿在凤凰中做小鸟，不要在小鸡中做凤凰

向群众中的先进分子学习，而不要炫耀自己

三年出将易，三年出匠难

初学三年，天下通行；再学三年，寸步难行

与“学，然后知不足”论点相同。谚语中有“粒饱的谷穗必低头，盛满水的瓶子摇不出声来”，也有“一瓶不响，半瓶咣当”等等，都是以瓶盛水比喻人学知识的道理，学得越多就越虚心，越虚心就越能进步。

满饭好吃，满话难说

“满”是足，到顶的意思，饭可以这样吃，对自己的技术本领可不能满足，应当不断提高，精益求精。

学徒不吃苦，本领不上步；只怕不吃亏，不怕不上步

工艺技能是靠勤学苦练而来，在学习过程中，若没有刻苦钻研学习的精神，就难以进步，只有勤学苦练，刻苦用心学习，就一定能够获得进步。

做一行，怨一行；去一行，悔一行

学习技术，要有雄心大志，不可“这山望着那山高”，不要不专心，不要三心二意地工作。

划线唱徽调，上胶扮鬼（音举）叫

“唱徽调”是指地方戏的调子，“扮鬼叫”是指出差错。这里泛指若工作时不专心一致，而胡思乱想、乱唱一气的话，一定会出偏差。

胆大心细，切记切记

在牙刻中，胆不大，不敢动手，动手后要全神贯注，细心地精雕细刻，所以既要大胆又要细心，二者统一起来，特别在细心方面，要求极严，要求能在即令极细微的变动中都能随时发觉才好。

三、艺术造型

关于红木的造型有：

四喜：方直圆润，平正相称，简繁连气，内外一体。

四法：方中见圆，圆中见棱，能伸能缩，能大能小。

四忌：方圆不舒，互不通气，相配不称，歪裂不齐。

四喜，主要是提倡这种作法和作工。四忌，意味着忌讳。四法，更显其红木雕刻技术中的辩证原理，都是对立面的矛盾统一，要具体掌握才能收到良好的效果。

关于狮子图案的造型：

九头一尾：在图案中，狮子的头部要大，若以十斤相比，头占九斤，尾占一斤。

七斤身子，八斤头：也是指狮子的形象，应当是头大于身才好。

远看造型，近看层次分明。

蓝配绿，愁得哭；红配紫，不如死（指配色）。

四、其他（综合类）

三个巧木匠，好抵一个诸葛亮

榫头硬梆梆，榔头三七响

酱缸打碎，架子尚在

牡丹虽好，绿叶相补

三步留一步，免得徒弟打师傅（旧社会如此）

千学不如一见，千量不如一验

笨作不如巧力，死做不如活作

千磨不及一刮

秀才底子，叫化行业

人穷眼光大

裁缝师傅无纽襻，木匠屋里无门槛

一分榫头，一分眼

粗点宜浅不宜深，细点疏密要匀称（牙刻）

湿湿燥燥，非裂即翘（牙质需要保护，不能过干、过湿）

破是破，苏州货

看看货色点头，听听价钱摇头

苏州工艺美术口诀
选註
搜集·整理者 段炳果
苏州市工艺美术研究所 翻印

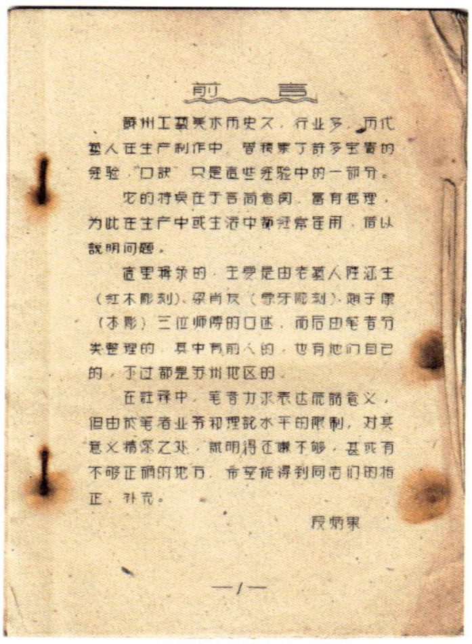

前 言

苏州工艺美术历史久，行业多，历代艺人在生产制作中，曾积累了许多宝贵的经验，"口诀"只是这些经验中的一部分。

它的特点在于言简意赅，富有哲理，为此在生产中或生活中都经常运用，借以说明问题。

这里辑录的，主要是由老艺人陆泓生（红木雕刻）、梁尚友（象牙雕刻）、胡子康（木雕）三位师傅的口述，而后由笔者分类整理的，其中有前人的，也有他们自己的，不过都是苏州地区的。

在註释中，笔者力求表达原前意义，但由于笔者业务和理论水平的限制，对其意义精深之处，説明得还嫌不够，甚或有不够正确的地方，希望能得到同志们的指正、补充。

段炳果

—1—

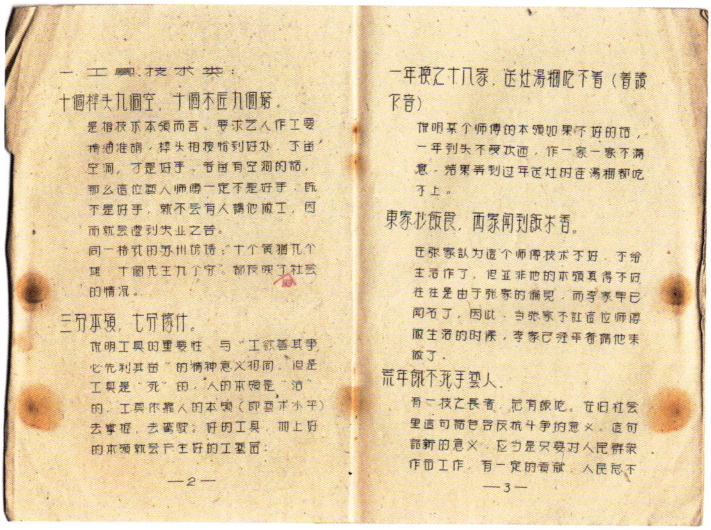

一、工具、技术类：

十個榫头九個空，十個木匠九個窮。

是指技术本领而言。要求艺人作工要精细准确，榫头和榫恰到好处，不留空洞，才是好手。要留有空洞的话，那么这位艺人师傅一定不是好手。既不是好手，就不会有人请他做工，因而就会遭到失业之苦。

同一格式的苏州俗语："十个黄猫九个雄，十個先生九个穷"，都反映了社会的情况。

三分本领，七分傢什。

说明工具的重要性，与"工欲善其事，必先利其器"的精神意义相同。但是工具是"死"的，人的本领是"活"的，工具依靠人的本领（即艺术水平）去掌握，去驾驭；好的工具，加上好的本领就会产生好的工艺品。

—2—

一年换了十八家，送灶湯糰吃不着（着读下音）

说明某个师傅的本领如果不好的话，一年到头不受欢迎，作一家一家不满意，结果弄到过年送灶时连湯糰都吃不上。

東家炒飯焦，西家闻到飯米香。

在张家认为这个师傅技术不好，不给生活作了，但并非他的本领真得不好，往往是由于张家的偏见，而李家早已闻名了，因此，当张家不让这位师傅做生活的时候，李家已经早备请他来做了。

荒年餓不死手艺人。

有一技之長者，总有飯吃。在旧社会里这句話包含反抗斗争的意义。这句話新的意义，应当是只要对人民群众作出工作，有一定的贡献，人民忘不

—3—

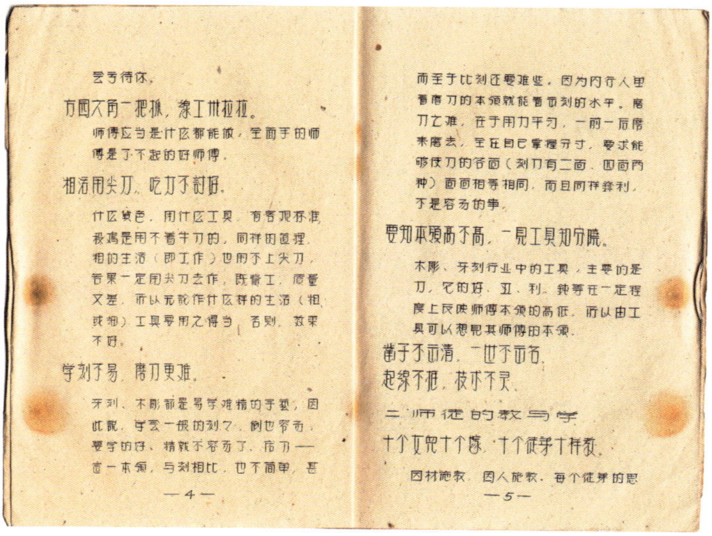

会亏待你。

方圓大角一把抓，缐工细拉拉。

师傅应当是什么都能做，全面手的师傅是了不起的好师傅。

粗活用尖刀，吃力不討好。

什么货色，用什么工具。有句现存谁杀鸡是用不着牛刀的，同样的道理，粗的生活（即工作）也用不上尖刀，若果一定用尖刀去作，既費工，质量又差。所以无論作什么样的生活（粗或细）工具要用之得当，否则，效果不好。

学刻不易，磨刀更难。

牙刻、木雕都是易学难精的手艺，因此說，学会一般的刻了，倒也容易，要学的好、精就不容易了。磨刀——这一本领，与刻相比，也不简单，甚

—4—

而至于比刻还要难些。因为内行人里看磨刀的本领就能看出刻的水平。磨刀之难，在于用力平匀，一前一后磨来磨去，全在自己掌握分寸，要求能够使刀的各面（刻刀有二面、四面两种）面面相等相同，而且同样锋利，不是容易的事。

要知本领高不高，一見工具知分曉。

木雕、牙刻行业中的工具，主要的是刀，它的好、丑、利、钝等在一定程度上反映师傅本领的高低，所以由工具可以想見其师傅的本領。

凿子不磨清，一世不出名，
起線不挺，技术不灵。

二、师徒的教与学

十个女兒十个嫁，十个徒弟十样教。

因材施教，因人施教，每个徒弟的思

—5—

《苏州工艺美术口诀》
印刷本

《美术工艺图录》摘记

《美术工艺图录》系《支那骨董》书的上册摘录，内容丰富，顾公硕先生遗稿的笔记本中有近三分之二是这一部分的内容。结合大量调研，搜集民间资料，公硕先生拟编撰《苏州工艺美术图录》。

金银器图例：

元　银槎杯　木渎银作名匠朱碧山制
苏州博物馆藏

明　金蝉玉叶饰片，1954 年吴县五峰山出土
南京博物院藏

硕按：ドルメン　メンヒル为 Dolmen menhil 石棚 / 史前巨石阵。

为史前学之用语，巨石坟之一种，大概是用三个以上的巨石周围放在地上（侧石），其上覆一巨石（盖石），其中埋骨并置石器、土器等陪葬物，为旧石器时代终了、新石器时代开始时墓葬形式。メンヒル日语译为“立石”为一种巨石建造物，在旧石器时代之末期、新石器时代乃至更进而为金石文化时期，人类逐渐能搬动巨大的石头，认为能搬动天然不动的巨石，是一种足以炫耀的喜悦的工作，因此就建立巨石的构筑。这类巨大立石，现在还有不少遗存，今日未开化的民族间，仍有沿用此风者（《日百科》卷十九，页 327—328）。

セントーヒン羡道坟　《日百科》卷十五，页 247

ドルメン卓石坟　《日百科》卷十九，页 327—328

メンヒル＝タテイシ立石

十九　读书札记卷

题解：本卷收录顾公硕先生研究古代异名异物、文物资料的笔记,《隋唐工艺文化》一文以及研究中国山水画的笔记资料。

1960年12月30日开始（笔记）

异名异物

绮井（即藻井）《通俗编》卷十二，页142
茶托　《通俗编》卷十四，页164
虎子　《通俗编》卷十四，页166
火不思（直颈琵琶）《癸巳存稿》卷十一
窟礌了（即木偶戏）《鸡肋编》下，页97
刮锈（即夹带）《戏瑕》卷一，页14
怀挟（即夹带）《通俗编》卷廿五，页280
挂罳（屏风）《爱日斋丛钞》，页7
不借（草履）《茶余客话》卷廿，页590
隐背（爬背）《茶余客话》卷廿，页590
藕覆（妇人膝袜）《茶余客话》卷廿，页590
袜膝裤　《陔余丛考》卌三
春秋时以隐疾为名论　洪北江《更生斋集》卷二，页999

器用别名

刁斗（行军炊具），今世所见乃王莽威斗　《洞天清禄集》
铜犀牛、天禄、蟾蜍，皆古人贮油点灯之物，今误以为水滴　《洞天清禄集》

饮章飞书，匿名书也 《通雅》卷卅一
漏泽园，义塚也 《群谈采余》
幂，古女子出门蔽面之物 《扬州广集》卷六十九
绣裾，半臂服 《后汉书·光武帝纪》
对君坐（修脚者所摇折叠凳）
唤头（剃头担所持响铁）
虎撑（医家所摇铜铁圈）
报君知（星家所敲小铜锣）
惊闺（磨镜者所持铁片）
闹街（锡匠所持铁器）
厨房晓（卖油者所鸣小锣）
击馋（卖熟食者所敲小木棒）
唤娇娘（卖闺房杂货者所摇）
引孩儿（卖耍货者所持）
以上所列，皆苏州小商贩和小手工业者上街时所持器具之名称。

工艺美术资料及文物资料

宋前折扇 《无事为福斋随笔》上
三代鼎彝 《双尘谈》上
玩古三说 《双尘谈》上
古砚 《双尘谈》上
石辨 《双尘谈》上
澄心堂纸 《双尘谈》续，页 4
印章 《双尘谈》上，页 14
十四种金 《唐六典》、《通俗编》卷十二
头面 《通俗编》卷十二，页 145
假髻 《通俗编》卷十二，页 149
步摇 《通俗编》卷十二，页 149
通草花 《通俗编》卷十二，页 149
蒲鞋苏州土产 《通俗编》卷十二，页 151
名帖 《癸巳存稿》卷十，页 300
公卿刺纸 《茶余客话》卷四
漳州织画 《茶余客话》卷六

笔工姓氏 《茶余客话》卷八
银工 《茶余客话》卷八
扇 《通俗编》卷十四，页 163
刻丝 《西清笔记》卷二
葫芦器 《西清笔记》卷二
阿克苏人善攻玉 《异域竹枝词》卷一
薄玉盘碗 《西清笔记》卷二
薄玉盘碗 《异域竹枝词》卷二
刘元塑像 《金鳌退食笔记》下
剔红 《金鳌退食笔记》下
彩妆，即撑门炭 《金鳌退食笔记》下
占景盘（插花艺术）《说郛》卷六一，页 483
盘景即盆景 《说郛》卷六一，页 483
磁仿铜器 《西清笔记》卷二
羊脑笺 《西清笔记》卷一
羊脑笺制法 《西清笔记》卷二
安南扇 《西清笔记》卷二
油烟墨 《癸巳存稿》卷十，页 301
定州刻丝 《鸡肋编》上，页 27
灵璧石 《鸡肋编》中，页 60
旗物画 《癸巳存稿》卷二，页 52
刺纸 《留青日札摘抄》卷二
名刺 《通俗编》卷三，页 34
百子帐 《通俗编》卷八，页 86
百寿图、寿烛、祝寿图 《通俗编》卷八，页 87
装潢 《通俗编》卷十，页 117
吴钩 《梦溪笔谈》卷十九，页 122
透光鉴 《梦溪笔谈》卷十九，页 123
阳燧照物皆倒（按即今日之凹球面镜）《梦溪笔谈》卷三
丝灯记略（料丝灯）《韵石斋笔谈》下，页 30
宋砚 《韵石斋笔谈》下，页 30
墨考 《韵石斋笔谈》下，页 31
墨考绪言 《韵石斋笔谈》下，页 32

五色石子 《秋园杂佩》页 5
折叠扇 《秋园杂佩》页 5
书砚 《秋园杂佩》页 3
鹦鹉啄金杯 《秋园杂佩》页 3
时大斌壶 《秋园杂佩》页 3
虾须帘 《西清笔记》卷二，页 21
辨博书画古器 《游宦纪闻》卷五，页 27
品砚（眼之种）《游宦纪闻》卷五，页 30
玉出蓝田昆冈 《游宦纪闻》卷五，页 31
米元晖小端砚 《游宦纪闻》卷六，页 35
沙随先生歙砚 《游宦纪闻》卷六，页 37
高丽伎人状 《游宦纪闻》卷六，页 37
黎溪砚 《游宦纪闻》卷七，页 39
古物未名 《游宦纪闻》卷七，页 40
阶州产石 《游宦纪闻》卷九，页 55
杨琏僧琢像（西湖飞来峰）《四友斋丛说》卷五，页 334
纸鸢 《通俗编》卷廿二，页 250
鬼面 《通俗编》卷廿二，页 248
走马灯 《通俗编》卷廿二，页 249
陀罗 《通俗编》卷廿二，页 251
不倒翁 《通俗编》卷廿二，页 253
款阴识阳 《广阳杂记》卷五，页 252
通草花 《霞外捃屑》卷十，页 696
赵忠毅公砚铁如意 《霞外捃屑》卷五，页 303
五画 铁 磁 火笔 织纸 《茶余客话》卷十七，页 522
绢 《茶余客话》卷十七，页 522
绢素光纸 《茶余客话》卷十七，页 522
历代名纸 《茶余客话》卷十七，页 522
真古纸 《茶余客话》卷十七，页 522
制笔名手 《茶余客话》卷十九，页 530
铜器 《茶余客话》卷十九，页 576
五色鸡蛋 《茶余客话》卷廿，页 615
彩画鸭蛋 《梦粱录》

造笔不始于蒙恬 《陔余丛考》卷十九
古兵器不皆用铁 《陔余丛考》卷廿一
塑像 《陔余丛考》卷卅二
不倒翁 《陔余丛考》卷卅三
假面 《陔余丛考》卷卅三
螺填 《陔余丛考》卷卅三，页 710
竹夫人 《陔余丛考》卷卅三，页 710
折扇 《陔余丛考》卷卅三，页 710
料丝 《陔余丛考》卷卅三，页 716
扇的资料 《在园杂志》卷四
捏塑 《在园杂志》卷四
小葫芦耳坠 《在园杂志》卷四
服饰器用 《在园杂志》卷四
闽人刻木为小像 《五杂俎》卷七，页 294
释玺 洪亮吉《更生斋集》卷一，页 982
释珠 洪亮吉《更生斋集》卷一，页 983
王叔远雕核桃 《六研斋笔记》卷一，页 8
影壁 《六研斋笔记》卷三，页 68
张伯雨盆景 《六研斋笔记》卷四，页 108
唐人用纸有生熟二种，非丧中不敢用生纸 《六研斋笔记》卷四，页 108
闺阁画衣 《六研斋笔记》二笔卷一，页 9
堂花 烘花早放 《六研斋笔记》二笔卷四，页 128
王晋卿造墨用金 《六研斋笔记》二笔卷四，页 134
蔡瑫用煤烟 《六研斋笔记》二笔卷四，页 134
论砚十四则 《五杂俎》卷十二，页 148—152
宣州陈氏作笔 《五杂俎》卷十二，页 145
论笔十三则 《五杂俎》卷十二，页 143—148
论墨十一则 《五杂俎》卷十二
论纸十则 《五杂俎》卷十二
藏佛 《金川琐记》卷六，页 59
笔之匠 《笔史》，页 207—223
张希黄竹刻 《前尘梦影录》下，页 232
曹公剔齿鉴 《妮古录》卷一，页 206

沙神芝（笔筒）内刻书画 《前尘梦影录》下，页 233

方絜刻人物肖像 《前尘梦影录》下，页 234

马传岩拓全形 《前尘梦影录》下，页 234

凡镜皆透说 《云烟过眼录》上

古镜藏簧 《云烟过眼录》上

妆域 即转陀螺

团扇之名甚古 《履园丛话》卷八，页 116

吴门孙生造春膏纸 《负暄野录》下，页 262

停云牙章 钮雕二小儿 《云烟过眼录》页 73

河间善造篦刀子 以水晶美玉为靶 《鸡肋篇》卷上

单州薄缣望之如雾 《鸡肋篇》上

长笺造法 《新安志》卷十

明墨图案出丁南羽、吴左千、李维贞、汪伯玉、焦炫等手，《文物》1958 年 12 月，页 12

订书十约 《艺林月刊》39 期

钉线装书的程序 《古今秘苑》

眼镜 《艺林月刊》31 期

景德镇陶业纪事 平江向焯撰 《艺林月刊》页 47—84

砚林 《艺林月刊》页 51—59 莆田余怀澹心

影壁，郭熙以手抢泥或凹或凸，干后随形赋色，谓之影壁。《杨升庵集》卷七十三

隐囊，大约即今软靠垫。《颜氏家训》“斑丝隐囊”。王右丞诗：隐囊纱帽坐弹棋。《三国志》：曹公作歌案卧视。《杨升庵集》卷六十七

赭绳 匠人用墨斗也。

瓶匙插图 《元曲选》第十九册“王粲登楼”

宝素珠资料：“其国人商贩京师自云能铸石为五色琉璃，于是采矿山中，于京师铸之”等语。《魏书·大月氏国传》《天工开物论文集》

织成十景图 厉鹗《东城杂记》下

掌故及风俗

缠脚始于南唐宫中 《南唐拾遗记》页 12

婚丧礼俗 《通俗编》卷三，页 35—40

纸马 《通俗编》卷五，页 63

绿头巾，谓人妻有淫行为为绿头巾 《通俗编》卷十二，页 147

乌龟缩头 《通俗编》卷十六，页 182

缠脚 《通俗编》卷十八，页 208

米芾作伪 《鸡肋编》上

帕蒙新妇首 《通俗编》卷三，页 35

隋唐工艺文化（部分）

一

隋唐的工艺可谓冠绝世界，为今日工艺界所向往并希望再现的高度的手工业技术的工艺，但在感叹它技术的精巧以前，有必要熟视一下作为工艺发达的历史背景。隋唐工艺的发达与当时贵族的生活、嗜好有关系。他们的贵族生活，有的是为了展开政治舞台的活动，有的是炫耀自己门庭，自身就是几代官吏出身的名望家庭的生活。

因此，名望家阶级形成为社会中心，其他弱小的贵族都是名望家的追从者，多数人民都是毫无关系而为贵族生活支配，他们生活的舞台上的舞台装置、大道具、小道具或者登场人物的服饰、化妆，就是这时代的工艺文化。今日我们所见的那些华丽的贵金属细工、染织品、漆工品、金银平脱细工，都不外是当时贵族生活的舞台装置，或者登场人物的扮饰行动的道具。工艺，本来是装饰历史社会的道具和装置，而那时的工艺家地位是低的，他们的艺术意识是没有个性的，彻头彻尾地处于被动的地位，而以贵族的意旨、嗜好为根据。

二

今考隋唐朝廷的职官制度与服饰制度，皇帝作为顶点，而百官居职官之制度，正好像整然的一座光塔一样。唐之皇帝有十三种类之冠，因各种用途而有区别。

大裘冕 = 祭天地之神用之

衮冕 = 其他祭祀时用之，接位、纳后时亦用之

其冠有一定之型，冠与被服亦有一定之型。假定用衮冕，那么用黑色之衣，淡红色之裳。衣，八通之纹样，即日、月、星、龙、山雉、火、宗、彝之纹样；裳，用四通之纹样，即藻火、粉米、黼黻、絺绣，此十二章为自古帝王通用之章服纹样。

皇帝以下、皇太子以下全诸王公及百官的服制：

皇太子的衮冕与皇帝的衮冕有区别，冠之垂漏有白珠十二与九之别，有玉制与犀制之别，衣裳之纹样，皇太子衣五通，裳四通，共九通，织成之技法与帝同。

侍臣自其阶位（从一品到九品）而各有其形式，衮冕之漏，亦一品之高官，垂青珠九流，衣青色，裳淡赤色，衣裳之纹样为九通。

这种公式的生活的礼制、服制，都是维持了皇帝与贵族、诸官吏之间的秩序，作为应用美术的工艺，成为表征国家秩序的不可缺的道具，工艺的历史意义为礼制服务是第一义。

为皇帝服务为目的而供给一切工艺生产的机构，唐代称“少府监”，其制始于汉，至隋大业五年（609）分割大府为少府。唐龙朔年间（661—663）改称为“内府”，光宅年间（684）改称“尚方”，神龙年间（705—707）复称“少府监”，它共有五个分署，即：

1. 中尚署：掌管祭祀之圭璧器玩之物，中官之服饰、周纹、错彩之制皆供之。

2. 左尚署：管理制造御用乘车，唐之皇帝乘车用马牵引，有五种类：玉辂、金辂、象辂、革辂、木辂，其他还要提供辇、舆用华盖。

3. 右尚署：制造皇帝乘马用的鞍、辔及其他革制品、绫绢类、贵金属、玉类等并用。

4. 染织署：掌供天子、太子、群臣之冠冕，辨其制度而供其职。

5. 掌冶署：制造铜、铁器物，凡天下出铜、铁，州府听人私产，官收其税。

绘画笔记

中国山水画

中国画的山水，无论如何，占中国画的重要部分。山水画似乎唯缺点就是散点透视，不符合透视，但唯其不合透视，而它的画面就因而雄伟广阔，实为西洋画所不可比拟。这点应该保存，但远近法，用色的明暗应加改革。章法应该写实，用现实题材，这地早已通了火车，而画面还是孔子时的牛车。吾认为山水画能取现实的题材，尽不妨用□形式来表现。

退而寄情山水，即文人画之所以产生，把士大夫阶级高遁思想反映在山水画中，这就是山水画的中心内容。绘画是业余的，专业的画工不入雅鉴。

文人画

画，本无文人与非文人之别，明董其昌始创文人画，陈旧的审美观点，首先要严格批评此画有无士大夫气息，无论在主观（作家）、客观（鉴赏家）都有一种士大夫的意识，所有毁誉都与此分不开。王摩诘是文人画的始祖，是事实。他是受佛教影响甚深的画家，一生又遭厄运，他的诗画都是超凡绝俗的，他用水墨作山水，确是李将军对立的画家，确是中国画的大转变，而且开后世文人画与所谓南宗画的风气之先。王摩诘的画，传世者皆存疑之作，据传也有与李思训类似的作品。南北宗鲜明的对立当在唐代以后，北宗以斧劈皴系为中心画法，南宗以雨点皴系及其发展的披麻系为中心画法，然右丞间用斧劈皴，故其分立，不确定于唐代，不过王摩诘在唐已有了转变。王右丞的画品在唐朝地位不高，在《唐朝名画录》中神品分上中下，俱无王摩诘，妙品上中王右丞居第四位，直到后世王右丞地位提高，与画人物的吴道子并称，又与李思训互领南北宗的首领地位。从这里就很明显看出旧国画的内容、对象、为法的发展变化过程，因为唐以前的画，壁画居多，内容普及，才好为群众接受。李思训的金壁画也是装饰画之一种，为群众所接受，所以地位在王维之上。

南宗 = 渴笔与点之交响乐（文人外行或得绘物之形）

北宗 = 一条之线（不得瞒人）

关于中国旧画的线条

人物画的十八描可分为三大类：第一类以顾恺之为代表，为六朝时的线条，以持续无变化的铁线描为中心。第二类乃唐朝的线，比第一类落笔快而有变化，以吴道子为中心，但其变化的中心，为速度而非压擦，视第一类虽加粗，但以线的速度为主，吴道子作兴善寺中门佛的圆光时，长安人民竞集观之，道子当众挥毫，运转如风（见《唐朝名画录》），即道子柳叶描。第三类宋代线，马远、夏珪、梁楷等皆是，线的速度与线的形态变化之外，压擦上亦有变化，吴带当风，曹衣出水。

山水几大种线条：1. 披麻皴；2. 乱麻；3. 芝麻；4. 大斧劈；5. 小斧劈；6. 云头；7. 雨点；8. 弹涡；9. 荷叶；10. 矾头；11. 骷髅；12. 鬼皮；13. 解索；14. 乱柴；15. 牛毛；16. 马牙。

日人高岛北海《写山要诀》从科学及地质学说明国画皴法的来源。中国论画书上往往有某人发明某皴，没有明了。这是对山描写而并非“以篆、籀入手”等主张所能说得通的，古人流动性较少，久居一地，就画定一地之山，遂有了一定的皴法。

我们今后的创作内容，是包罗万象的，再要专学一家，是吃不开的。所以不能专学一种线条，我们要应物象形地活用线条，最重要的应重视质感，要有骨有肉，就是六法中的骨法用笔。

读书心语[1]

编者按：在公硕先生早期的笔记中有几段读书心语，其中“不忘书之法”是丙寅年

1. 摘自王道编注《过云楼旧影录》，浙江大学出版社 2015 年版。

的日记，丙寅年与公历年的对应为1926年，公硕先生时年二十三岁。

不忘书之法（丙寅四月初四日记）

书为身以外物，欲其久留心中，必自己去求之。读书即求书，然非一求即至者，须诚恳求之，始能求到。譬如有人焉，其读书之时，其中义理已了于胸中，即可谓书已经求到，但能否久留不去，仍当视求之者能否保留而定，然则保留之法为何，曰“思”耳，盖时时思之则其义可不忘，不忘则不留而自留矣。

读书与阅书

孩童之读书决非本愿，勉强而行之，虽背读如流水仍不能久留乎脑中。待至年长，已有求学之欲，则不必数度而其理自见。

速写与留声筒

速写发明及应用至广，然差误甚多，近有留声筒继起，法以人口对喇叭说话，话即留于筒中，打字者或抄录者将留声筒开唱，即可从事工作，较速写更速而无差误，其便利可谓至矣。故速写已成过去之物，不复适用于今之世矣，而国人尚有习学速写者，可哂也。

廿　题跋古今卷

题解：本卷收录顾公硕先生的《题跋古今》著作，自公硕先生遗稿。按尊重遗稿的原则进行整理。

题跋古今

前言

“题跋”是文体之一，段玉裁云：“题者标其前，跋者系其后也。”这就是说附加于书画前面的称之曰“题”，在后面的称之曰“跋”，一般通称“题跋”。古人在这方面花的劳动不小，有的用韵文，有的用散文，形式不一，内容也包罗万象，现在流传下来的文献，不知多少，有的已加著录，有的还没有记载，有的还没发现，可以说还是块待耕的沃土。这里有珍贵的史料、文艺的源泉，当然也不免精芜杂呈，应加甄别，要有计划地进行研究和整理。我不揣简陋，把平日学习所得先介绍一下关于国画题跋演变沿革和古为今用的一些体会，以供同好参考，但限于水平，是希望抛砖引玉，竭诚接受批评指教。

1961 年 10 月

一、画赞

“画赞”是很早的一种题画形式。据《晋书 · 束晳传》称：从汲郡发掘的魏襄王坟墓中所发现的七十五篇“竹书”中有“图诗一篇，画赞之属也”[1]。这一发现，可以证明

1. 晋武帝（司马炎），咸宁五年（279 年），一说是太康元年（280 年），此从《晋书 · 武帝本纪》)。汲郡（今河南省汲县）人发掘了战国魏襄王的坟墓，得到大批竹简，

战国时代已通行画赞，它的所以称“图诗”，大约在当时还没有把“赞”认为一种独立的文体，而凡是四言的韵文都称之曰“诗”，因之称“图诗一篇，画赞之属也”。

到了后汉的王逸，在他所作的《楚辞·天问序》上说：“屈原放逐，彷徨山泽，见楚有先王之庙及公卿祠堂，图画天地山川神灵，及古贤寺怪物行事，因书其壁，呵而问之，以泄愤懑，舒泄愁思。”关于《天问》的真实性，历来学者颇有怀疑，有着种种不同的猜测。其实王逸的“……因书其壁，呵而问之”之说，虽未可遽信，但也不妨存此一说，《天问》中所列举的也许正是画的题材，它所用的文体是四言句法，与《楚辞》不同，而却与画赞之体相合。由于上面所说的图诗的发现，因而证明当时的题画之风，或已风行。

到了汉代的统治阶级为了笼络他的左右，往往在宫殿的粉壁画上所谓“功臣烈士”之像，如汉宣帝时最著名的麒麟阁则仅“法其形貌，署其名爵”[1]。可见此时还是有像而无赞，到了后汉，在蔡质的“汉官典职仪式选用”中有“尚书奏事于明光殿，省中画古烈士，重行书赞”，“省中皆以胡粉涂壁，紫素界之，画古贤烈士”[2]，这可为后汉明光殿的壁画已有“像赞”的明证。又后汉蔡邕奉了灵帝的命，在宫中画赤泉侯五代将相之像[3]，兼“作赞而题之”，见唐张彦远《历代名画记》而著闻于世。以上都是宫殿以内的像赞，当时也有宫殿以外的，如后汉的赵岐，他自营生圹，在圹壁上刻上季札、子产、晏婴、叔向等四人之像，分居宾位，而把自己的像刻在中间，居于主位，并都有“颂赞”[4]。这是我国石刻之有题赞而属于宫殿以外者。当然当时这种墓葬是很多的。如《后汉书·应劭传》，就有：“初，父奉为司隶时（硕按：劭父奉，桓帝延熹中为司隶校尉），并下诸官府郡国，各上前人像赞，劭乃连缀其名，录为《状人纪》。”这分明是像赞的专集，可见汉代画像“题赞”之盛了，惜乎仅见记事，而不见像赞的原文。这些文字传流至今的，当以曹植为最古了。《隋书·经籍志》云：“画赞五卷，汉明帝殿阁画，魏陈思王赞。梁五十卷……亡。”《历代名画记》卷三云：“汉明帝画宫图五十卷，第一起庖牺，五十杂画赞。汉明帝雅好画图，别立画官，诏博洽之士班固、贾逵等，取诸经史事，命尚方画工画图，谓之画赞，至陈思王曹植为赞传。”

经过当时学者荀勖、和峤、卫恒等整理，写定成书的有七十五篇，凡十余万字，图诗一篇，即其中之一，但可惜得很，这样珍贵的资料，大都到了宋代已不知去向，可算是古代文化史上的一大损失，就是现在流行的《竹书纪年》也是后来辑补的。

1.《汉书·孙武传》

2.《初学记·职官部·居处部》

3.汉高祖时封杨喜为赤泉侯，八世之后震、秉、赐、彪，四人皆相继官至太尉。

4.《后汉书·赵岐传》

上述所谓梁朝存的五十卷本，是一种壁画的摹本，有图有赞。五卷本则仅录画赞。这些书可惜已失传，清代严可均辑《全三国文》中，他从各种书类中辑得曹植画赞遗文有三十一篇之多，文体都是四言八韵，例如：

"庖牺：木德风姓，八卦创焉。龙瑞名官，法地象天。庖厨祭祀，罟网渔畋。瑟以像时，神德通玄。"

"景帝：景帝明德，继文之则。肃清王室，克灭七国。省役薄赋，百姓殷昌。风移俗易，齐美成康。"

以此类推，大约汉代的像赞，大都也是这种体例，此后遗文的存于今者就多了。到了魏晋之际，傅玄有《古今画赞》一书，清严可均所辑的《全晋文》中收傅玄的赞有六首、序二首，他的文体与曹植所作相同。稍后又有夏侯湛的《东方朔画赞》(见《文选》)，同时的《陆云集》中则有《荣启期赞》，序曰："友人有图其像者，命为之赞。"这些画赞，在前面有长的序文，赞也不限于四言八韵，比曹植所作的要长得多，可见文体又有发展了。

东晋之初，郭璞[1]有《尔雅图赞》《山海经图赞》各二卷，见隋志著录；而《全晋文》所辑，前者有四十八首，后者有二百六十六首，大抵都是四言八韵，上面所谈的画赞，都局限于人物肖像的画赞，而此则为动植物、器皿等图像作赞，可见这种变化，也是一种发展。

宋齐梁陈间的画赞保存下来很少，它与前代不同之点，就是开始有了佛像之赞。此时是佛教昌盛的时代，随着时势的发展，因而有此现象；但所赞的像，是画像还是雕塑，那就很难判断，也有可以判断的，如沈约的《绣像赞并序》(见《广弘明集》卷十二)，那就显然是画赞。

此外，更有于画赞发展上最堪注目的为梁时江淹的《雪山赞》四首并序（见《江文通集》)，这四首的内容是：王太子乔、阴长生、秦三仙女、和白云。下面举其一例并序：

"壁上有杂画，皆作山水好势，仙者五六，云气生焉。怅然会意，题为小赞云。"

王太子乔："子乔好轻举，不待炼银丹。控鹤去窈窕，学凤对巑岏。山无一春草，谷有千年兰。云衣不踟蹰，龙驾何时还。"

这是《雪山赞》四首之一，其余三首大体相同，这里称"小赞"，其实与古来的赞体是不同的，这是一种五言诗，是从历来四言八韵的画赞过渡到"题画诗"的一例。这种发展意义是重大的。

---

1. 郭璞（276—324），字景纯，东晋学者。好古文奇字，精天文、历算、卜筮，擅长诗赋。与王隐共撰《晋史》，为《尔雅》《方言》《山海经》《穆天子传》作注，传于世。

二、题画诗

清沈德潜[1]《说诗晬语》曾说唐以前没有见过题画诗，题画诗的开创者是老杜。我们检查一下丁福保[2]所辑的《全汉三国晋南北朝诗》，这句话是可信的；但也有实际已是"诗"而题目仍称为"赞"的，像上述江淹的《雪山赞》即为一例。这种例是不多的，因为六朝间还是固守着"赞"的体例，可能是一种传统势力关系，所以尽管实际是五言诗而文体名义还是称"赞"。

至于题画诗的内容，要比画赞广泛得多。它已不限于像赞，也不限于咏物，像上述的《雪山赞》，像齐梁间著名的北周庾信的《咏画屏风诗》等都是唐以前题画诗的萌芽。

唐人题画诗之传至现在的，大约要算卢鸿《草堂十咏》了。卢鸿是《新唐书·隐逸传》中的人物（《旧唐书》作鸿一），玄宗开元间曾征调他到长安，叫他做谏议大夫的官，他坚决不肯，就放他回去，还送给他一所叫做"蒿山草堂"的房子。卢鸿本来能诗能画，他就画了十幅草堂左右的风景，并且每幅题诗并序，这就是举世闻名的《草堂十志图》。关于此图，宋《东坡题跋》《画史》都有记载。李伯时、林彦祥曾有摹本，《云烟过眼录》《说郛》《大观录》，都详载其辞。下面举其《金碧潭》一首为例：

"金碧潭者，盖水洁石鲜，光涵金碧，岩葩林茑，有助芳阴，鉴空洞虚，道斯胜矣，而世生缠乎利害，则未暇游之。词曰：水碧色兮石金光，滟熠熠兮濙湟湟，泉葩映兮烟茑临，红灼灼，翠阴阴，翠相鲜兮金碧潭，霜天洞兮烟景涵，有幽人兮好冥绝，炳其焕兮凝其洁，悠悠千古兮长不灭。"

这种式样，是仿的《楚辞》，也是一种题画诗，基本上是咏草堂的真景，而同时又是一种叙景抒情之诗。这是一种亦诗亦画的创作，自一元分而为二的一种艺术，但中间并无"主""客"之别，完全是自画自诗，与题他人的画就不同了。

唐代的题画诗属于题别人画的也不少，而以老杜为最多，所以沈德潜有"此体始于老杜"之说。关于老杜题画诗的作法，沈氏有："其法全不粘画上发论，如题画马画鹰，必说到真马真鹰，复从真马真鹰开出议论，后人可以为式。"我们看了这一则，就

---

1. 沈德潜（1673—1769），号归愚，长洲（今江苏苏州）人，清代诗人。乾隆元年（1736）荐举博学鸿词科，乾隆四年（1739）成进士，曾任内阁学士兼礼部侍郎。所著有《沈归愚诗文全集》。又选有《古诗源》《唐诗别裁》《明诗别裁》《清诗别裁》等，流传甚广。

2. 丁福保（1874—1952），近代藏书家、书目专家，原籍江苏常州，生于无锡。1918年编有《历代医学书目提要》，后又与人合编《四部总录医药编》，兼收中外医学书籍。辛亥革命前后，编辑刊印有《全汉三国晋南北朝诗》《历代诗语续编》《清诗话》等数部丛书。

可以明白题画诗与画赞不同的地方。老杜的作品显然夹杂了他自己的思想感情，发表了自己的想法。后人的题画诗，当然也离不了他的路子；但概观魏晋间的画赞、人物像赞、以叙事为主的咏物之赞，不过说画的主题。到了江淹的《雪山赞》，那就不同了，不但它的体例变了五言诗，而且叙事写景之外还夹杂了议论，真好似老杜等题画诗的先声。

现在再举杜甫题画诗为例，杜甫《戏题王宰画山水图歌》：

“十日画一水，五日画一石。能事不受相促迫，王宰始肯流真迹。壮哉昆仑方壶图，挂君高堂之素壁。……尤工远势古莫比，咫尺应须论万里。焉得并州快剪刀，剪取吴淞半江水。”

这种题画诗，当然是一大转变，比了画赞，也是大大迈进了一步。因为画赞的叙述，不过是对画题的一种说明，即使有一些赞美之辞，也不过公式化地赞美画面人物的美德之类，这是缺乏精神实质的东西。唐以后的题画诗就不单是画题的说明，而是加了议论，往往对画家的艺术所褒贬，这样就扩张了题画的作用和增进了它的性能，上面所引老杜的题画诗，即为明证。当然也有不少主观的想法，譬如老杜的《丹青引》中的“画肉不画骨”句就有人批评过，这是由于老杜的不懂画，才把好画说成了“有肉无骨”。

杜甫之后，题画诗渐渐发展，但唐代还不算是隆盛时代，题画诗的盛行，还在宋代以后。而四言的画赞并不就此消灭，这种古代体例的画赞，它的用途只限于像赞，一直到解放前夕的上海，一些讣闻喜欢这调调儿。至于画像题诗，唐以后就逐渐多了。例如白居易的《香山居士写真诗》《自题写真诗》等，很多。到了宋以后，此风更盛，举不胜举，留在下面再谈。

三、题画记

题画记，往往是说明创作的动机，好像书籍的序言，如晋代顾恺之有《画云台山记》(《历代名画记》卷五引原文）就是详述构图时的腹稿，盖未画而先记，以现代语介绍，就是创作提纲。在晋末宋初时，宗炳[1]有《狮子击象图序》(硕按:《历代名画记》卷六“宗炳”项下原注传世的宗炳画迹七本,《狮子击象图》亦在其中，可见是宗炳自画自序）。其文节录如下：

1. 宗炳（375—443），南朝宋画家，字少文，一生不仕。擅长书法、绘画和弹琴。信仰佛教，作有《明佛论》。曾将游历所见景物，绘于居室之壁，自称：“澄怀观道，卧以游之。”著有《画山水序》。

“梁伯玉说，沙门释僧吉云：尝从天竺欲向大秦，其间忽闻数十里外，哮哮槛槛，惊天怖地。顷之，但见百兽率走，跄地至绝。而四巨象虓焉而至，以鼻卷泥自辱涂数尺，数数喷鼻，隅立，俄有狮子三头，见于山下，直搏四象，崩血若滥泉，巨树草偃。”

这是宗炳根据梁伯玉口述的奇景而记此图的缘起。原作虽早已不传，然画幅上惊天怖地的场面不难从这题记中想象得之。六朝间题画记类此者必然还多，有机会能搜集一下，也许有珍贵资料的发现。

寻至唐代，像王维、张璪等，都好为题记。如唐朱景玄[1]的《唐朝名画录》[2]云：

“王维……故庾右丞宅中有壁画山水兼题记。”

“张璪……所画图障，人间至多，今宝应寺西院，山水松石之壁，亦有题记。”

“题记”本来不是尽人皆能，必须善于属文，又要能写好字，才有此条件，这不是偶然的。

这种信手拈来的题画记，以小品散文为主，当时也不一定会留什么稿，因此留下来的就不多了，即以王维而论，他的诗文集中，就只有题画诗而不见题画记。在宋代葛立方[3]的《韵语阳秋》[4]中曾记载一则王维画《孟浩然马上吟诗图》的自题云：

“维尝见孟公吟曰：‘日暮马行疾，城荒人住稀。’又吟云：‘挂席数千里，名山都未逢。泊舟浔阳郭，始见香炉峰。’余因美其风调，至所舍，图于素轴。”

葛立方去唐不远，他所见的即使是摹本，然这一则题记当有所本而可信其真，可惜这种资料已不易搜集了。

四、画跋

跋就是足后跟的意思，所以题在画的后面的叫做跋，这都是题别人的作品。六朝时

1. 朱景玄（生卒年不详），吴郡（今江苏苏州）人，元和初应进士举，曾任咨议，历翰林学士，官至太子谕德。诗一卷，今存十五首。编撰有《唐朝名画录》。

2.《唐朝名画录》是一部以分品列传体编写的断代画史，开创历代画史编写的先河，对后代产生了深远影响。编者以“神、妙、能、逸”四品品评诸家，其中“神、妙、能”又分上、中、下三等。“画格不拘常法”的画家则入逸品。其本文则各为略叙事实，据其所亲见立论，神品诸人较详，妙品诸人次之，能品诸人更略，逸品三人又较详。

3. 葛立方（？—1164），南宋诗论家、词人。字常之，自号懒真子。江苏丹阳人，后定居湖州吴兴（今浙江湖州）。“博极群书，以文章名一世”，著述除现存《归愚集》《韵语阳秋》外，还有失传的《西畴笔耕》《万舆别志》等书。

4.《韵语阳秋》二十卷，又名《葛立方诗话》，主要是评论自汉魏至宋代诸家诗歌创作意旨之是非。

尚未见其例，虽《历代名画记》[1]卷三自古跋尾押署所载，押署自刘宋始，跋尾则隋薛道衡始；但这仅是备列当时鉴定和监装人的姓名而已，具体的画跋，恐还自唐代开始。今举一唐代之例，即宋叶梦得《避暑录话卷》上所载《卢鸿草堂》的跋是也。叶氏所藏的是庆历间的摹本，下附跋云：

"相国邹平段公家藏图书，并用所历方镇印记，咸通初，余为荆州从事，与柯古同在兰陵公幕下阅此轴。今所历岁祀，倏逾二纪，洊罹多难，编轴尚存，物在时迁，所宜兴叹。丁未年驾在岐山，涿郡子谟记。又书己酉岁重九日专谒大仪，遂载览阅，累经多难，顿释愁襟，子谟再题。"（叶氏曰：邹平公者，段文公也。柯古者，其子成式也。子谟则不知何人。……兰陵公，或云即萧邺，其罢相后出为荆南节度使，咸通初，成式终太常少卿，则所谓大仪也。丁未，僖宗之光启二年，己酉为昭宗之龙纪元年。）

这是晚唐人的画跋，后面一段是叶梦得的考据。像这一类的画跋所见有限，大约唐代此风还未盛行。此外在《佩文斋书画谱·画跋》[2]卷一中引《文苑英华》梁张僧繇《画僧录》云：

"天竺僧画像者，梁直阁将军张僧繇之真迹也。张公绘事之始，厥有二僧，后属侯景师至金陵，江南丧乱，此画流离散落，多历年所，遂遭剖割，分而为二，其一在唐故右常侍陆坚处，即此僧也。陆……尝……梦……僧，谓……曰，我有同侣一人……今在洛阳李君家。……陆公既痦，遂以求访……以俸钱十万赎而合焉。……陆没后，子孙不守……今为刘氏之宝藏矣。"

此跋没有具名，也没有批评画的好坏，不过记载离合传流之绪而已，但为唐人之画，跋则无疑。

五、宋以来题跋的盛行

书画的题跋，自北宋中期至末期，出现了苏东坡、黄山谷[3]一流文人的提倡、鼓

1.《历代名画记》，中国第一部绘画通史著作。唐代张彦远著。全书共十卷，可分为对绘画历史发展的评述与绘画理论的阐述、有关鉴识收藏方面的叙述、三百七十余名画家传记三部分，具有当时绘画"百科全书"的性质。

2.《佩文斋书画谱》，一百卷，中国清代书画类书。王原祁、孙岳颁、宋骏业、吴暻、王铨等纂辑，康熙四十七年（1708）成书。分论书、论画、帝王书、帝王画、书家传、画家传、历代无名氏书、康熙皇帝御制书画跋、历代名人书跋、历代名人画跋、书辨证、画辨证、历代鉴藏等，是中国第一部集书画著作之大成的工具书。

3.即黄庭坚（1045—1105），字鲁直，自号山谷道人，晚号涪翁，又称豫章黄先生。北宋诗人、词人、书法家。诗歌方面，他与苏轼并称为"苏黄"；书法方面，他则与苏轼、米芾、蔡襄并称为"宋代四大家"；词作方面，曾与秦观并称"秦黄"。

吹，就飞跃进展。先研究一下题画诗，它之所以隆盛，是由于提倡“诗画一致”的原因，即思想上认为诗趣与画趣是类似的，因此就很显著地题诗事例愈来愈多了。唐张彦远的《历代名画记》卷二“论顾陆张吴用笔”之条，主张“书画用笔同法”，为书画同源论的先声，但尚未见“诗画一致”之说。直到苏东坡等提倡诗画并称，遂成风气。东坡《书鄢陵王主簿折枝诗》云：

“论画以形似，见与儿童邻。赋诗必此诗，定非知诗人。诗画本一律，天工与清新。”

又东坡《题王维兰田烟雨图》(《东坡题跋》卷五)：

“味摩诘之诗，诗中有画，观摩诘之画，画中有诗。”

可见在东坡目中，王维的艺术，为诗画一致的最好标本；而就从这时开始流行“画为无声诗，诗为有声画”的说法。更有“有形无形”的说法，如郭熙《林泉高致》“画意”条：

“前人言诗是无形画，画是有形诗。哲人多谈此言，吾人所师。余因暇日阅晋唐古今诗什，其中佳句，有道尽人腹中之事，有装出目前之景。”

又《声画集》卷二，苏东坡、李公麟[1]合作《憩寂图》，黄山谷题诗云：

“李侯有句不肯吐，淡墨写出无声诗。”

又《声画集》卷三，宋迪作《潇湘八景图》，慧洪题诗之序云：

“宋迪作八景，绝妙，人谓之无声诗，演上人戏余，道人能作有声画乎？因为之各赋一诗。”

这里所谓的无形有形、无声有声，其语法虽稍有变化，而所谓诗画一致的思想则是一致的。由于这种思想的抬头，题画诗日趋昌盛，自是必然的现象。及南宋中叶，遂出现了孙绍远专辑的题画诗集《声画集》[2]八卷（此时为苏东坡殁后的八十年），其后经元明而题画诗益盛。清康熙四十六年撰的《御定题画诗》一百二十卷，为宋以来集题画诗的大成。可见在题跋中以题画诗为最早、最盛而最多。

其次是画跋，它也是从东坡以来而逐渐发展的。自从欧阳修编辑金石题跋而成的《集古录》出现以后，此风大开，东坡、山谷等好为题跋，恐亦受此影响。自此而至南

1.李公麟（1049—1106），字伯时，号龙眠居士。汉族，舒州（今安徽桐城）人，北宋著名画家。好古博学，长于诗，精于鉴别古器物。尤以画著名，凡人物、释道、鞍马、山水、花鸟，无所不精，时推为宋画中第一人。后归居龙眠山庄，自作《山庄图》。传世作品有《五马图》等。

2.《声画集》，宋孙绍远编，所录皆唐、宋人题画之诗。

宋，作者不乏其人，明末毛子晋[1]的《津逮秘书》[2]中所收自欧阳修以下的宋人题跋，就有二十家七十六卷之多，可见其盛；而其中的画跋，以东坡、慧洪、山谷三家为最多。文笔之妙，首推东坡，慧洪次之，山谷又其次也，但都到达了小品文学的高峰。此外北宋末宣和间的董逌[3]，他精于鉴定，所著《广川画跋》[4]六卷，亦传世的名作，但考据文字居多，与苏、黄之作不同，不能以文学目之。

此后到了明代中叶以后，有一批"好事"之人，他们把古人名迹上的赞、题诗、题记、题跋等抄录下来，汇成一篇，其目的在于供给鉴定真迹时的参考，或者题画时"獭祭"之用。当然这种著作，并不困难，而且受人欢迎，因此风起云涌，举不胜举。始作俑者，为宋末元初周密的《云烟过眼录》。

这种书起初不过是一种备忘录性质，记他一生所见，还没有留意到题跋，其后明弘治正德间朱存理的《珊瑚木难》八卷，这才是专辑书画的题跋、题咏，可谓"书画录"的"矫始"。其后又有托名朱存理的《铁网珊瑚》十六卷出现，内容反比前者整洁，但并非朱存理所辑，《四库提要》已辨之甚详，而为万历以前人所辑则无疑。万历末年有张丑的《清河书画舫》十二卷，崇祯间有郁逢庆的《郁氏书画题跋记》二十四卷、汪珂玉《珊瑚网》四十八卷，并行于世，内容亦日见丰富。

到了清代，此风益盛，种类之多，不遑枚举。最有系统的当推康熙间卞永誉的《式古堂书画汇考》六十卷、乾隆时的《石渠宝笈》，体例之备则为康熙间吴昇《大观录》（《大观录》向无印本，民国十年间武进李氏有排印本，纸版存前江苏博物馆仓库，现苏州博物馆于废品中发现，已有损毁）。这些著述，比万历末年的《清河书画舫》要精密得多，它的目的，已不单为鉴定之用，而更进一步有尊重题跋文学为主的倾向。

关于这方面的资料，以近人余绍宋所著《书画书录解题》十二卷，最为详尽，可以参考。

---

1. 毛晋，字子晋，明万历年间常熟人。喜藏书，有藏书楼汲古阁，名重一时，是历代私家藏书最多，最大的藏书家。

2.《津逮秘书》收录了许多罕见而又有实用价值的笔记杂录，尤以宋人之笔记为多。

3. 董逌（生卒年不详），字彦远。东平（今属山东）人，著有《广川藏书志》《广川诗故》《广川书跋》。

4.《广川画跋》全书六卷，共收题跋一百三十四篇，包括宫廷及私人收藏，其中以历史故事及风俗人物占多数。画跋偏重于考证评议，对作品之题材内容及物象制度多方论证，引经据典，对作品辨识也时出独特见地。

六、自题

《历代名画记》卷四：

“灵帝诏邕，画赤泉侯五代将相于省，兼命为赞及书，邕书画与赞，皆擅名于代，时称三美。”

又《南史·梁本纪》：

“元帝工书善画，自图宣尼之像，为赞而书之，时称三绝。”

这种自题赞自画必兼三美三绝之技者，始能为之。自题诗、自题记亦然。如上面所引《狮子击象图序》的作者宗炳，以画著名，同时又是书家，为慧远白莲社中的文人，他的《明佛论》等，至今传于世。他的书法，在唐李嗣真的《书品后》中列入中品，亦可谓三绝。《草堂十志图》的作者卢鸿，在《旧唐书》本传中亦称“少有学业，颇善籀篆楷隶”，亦诗画之外兼擅书法的人。因此自画自题是从文人画开始的。北宋时代文人画还未盛行自题，南宋以后就逐渐增多，至元明清而极盛。像苏东坡因善诗文，书法亦自成一家，又是个文人画的提倡者，然而证之明清人编著的画录，他的画仅落一款而不加题者也很多，也有等待山谷去题的。又如文与可，东坡称他有四绝，即诗一、楚辞二、草书三、画四，他的画当然也是文人画，然他的画竹往往等待东坡去题的。甚至文与可死了八年始由东坡加题的[1]，成为艺苑的一段佳话。当时所谓专等某人来题，大约有一些知己之感的意思，也是一种合作，所谓“相得益彰”。

当然也有一时兴到而自题诗文者，东坡即不乏其例，如：

“余归自道场何山，遇大风，因憩耘老溪亭，命官奴秉烛捧砚，写风竹一枝，题诗云：‘更将掀舞势，把竹画风篆。美人为破颜，怜此腰肢袅。’”（《声画集》卷五）

附录：元吴镇《墨竹题记》云：“东坡先生守湖州，日游河道两山，遇风雨，回憩贾耘老（名收，乌程人）溪上澄晖亭，命官奴执烛，画风竹一枝于壁间。后好事者刻于石，置郡庠。余游雪上，因摩挲断碑，不忍舍去，常忆此本，每临池辄为摹，而求仿佛万一，遂为作此枝，以识岁月也。梅道人时年七十一，至正十年庚寅岁夏五月十三日竹醉中书也。”（《中国名画》第一集）

又如同时代的米芾，他是以书法为第二生命的，所以他的作品，往往题着长篇的诗文，如所作《壮观图》，就题有《壮观赋》，《净名斋图》题自作的《净名斋记》（并见

1. 东坡题文与可《墨竹诗》序曰：“故人文与可，为道师王执中作墨竹，且谓执中，勿使他人书字，待苏子瞻来，令作诗其侧。与可既殁八年，而轼始还朝见之，乃赋诗一首。”（见《声画集》卷五）

《式古堂书画汇考》[1]），又如《东山朝阳岩海岳庵图》[2]。在清朝人的画录中，虽只记录了他的画，而南宋周密的《云烟过眼录》[3]中，却说后面还有自题的《海岳庵赋》和诗五首，这些都足以说明宋代自题书画之盛。总之，这种作品与其说它是画，无宁说是以诗文为主而以图画为辅了。

再后一些时候，扬无咎[4]以《墨梅》出名，兼工填词，往往在他的《墨梅》上题一阕词。南宋之初，至米友仁，他的山水画上题记、题诗就很多。再降而至宋末元初间，如赵孟坚、赵孟頫、龚开、钱舜举等，自题更多。元四家中，特别如倪瓒、吴镇，此风愈盛。明初的王孟端等，中叶的沈周、文徵明、唐寅，皆擅自题。此后凡是"文人画家"，无有不能自题者，甚至编辑自题诗文出版，例如明万历间李日华[5]的《竹懒画賸》、李流芳[6]的《西湖卧游图题跋》、清初康熙间王原祁[7]的《麓台题画稿》、乾隆间金农[8]的《冬心

1.《式古堂书画汇考》，卞永誉编。上溯魏晋，下迄元明，是书画著录、著作的集大成者。该书六十卷，成书于康熙二十一年（1682），采录前人著录书画之作与本人所见所闻者汇辑而成。前三十卷为书法，后三十卷为绘画，以年代为序，分门别类进行著录。每条标明年代、尺寸、质地，叙述作品内容、题跋印记、流传经过，且加以评论。此书对书画鉴定著录的体例已臻完备，并成为后世的典范。

2.海岳庵者，为米芾在镇江的住宅，净名斋是他的书斋。

3.《云烟过眼录》，周密著。中国第一部以著录私家藏画为主要内容兼录南宋皇室部分藏品的著录著作。周密（1232—1298），南宋著名词人、笔记大家。字公谨，号草窗，祖籍山东济南，精鉴赏，富收藏。该书全书共著录四十三家藏品，分别标出作者、画名、收藏印记、题跋及流传经过，并附简明的鉴别论断，开创了著录私家收藏名画的新体裁。

4.扬无咎（1097—1171），字补之，宋代词人、书画家。绘画尤擅墨梅，水墨人物画师法李公麟。书学欧阳询，笔势劲利。今存《逃禅词》一卷，词多题画之作，风格婉丽。

5.李日华（1565—1635），字君实，号竹懒、痴居士等，浙江嘉兴人。所作笔记，内容亦多评论书画，笔调清隽，富有小品意致。工书画，精鉴赏，与董其昌、王惟俭齐名，并称"三大博物君子"。其画用笔矜贵，格韵兼胜。著有《紫桃轩杂缀》《六研斋笔记》《竹懒画賸》等。

6.李流芳（1575—1629），明代诗人、书画家。字长蘅，号檀园、香海。诗文多写景酬赠之作，风格清新自然。与唐时升、娄坚、程嘉燧合称"嘉定四先生"。擅画山水，学吴镇、黄公望，峻爽流畅，为"画中九友"之一。亦工书法。

7.王原祁（1642—1715），字茂京，号麓台、石师道人，江苏太仓人，王时敏孙。以画供奉内廷，康熙四十四年奉旨与孙岳颁、宋骏业等编《佩文斋书画谱》。擅画山水，继承家法，既承董其昌及王时敏之学，山水格局面目影响后世，弟子颇多，形成娄东派，与王时敏、王鉴、王翚合称"四王"，加上吴历、恽寿平又称"清六家"。

8.金农（1687—1763），清代书画家，扬州八怪之首，布衣终身。嗜奇好学，工于诗文书法，诗文古奥奇特，并精于鉴别。书法创扁笔书体，兼有楷、隶体势，时称"漆

题画五种》《冬心题画杂记》、郑燮[1]的《板桥题画》一卷，道光戴熙[2]的《习苦斋画絮》等。种类太多，恕不列举。这些专集，是仅记文字，与画已分离，而读者还是十分欢迎。冬心、板桥的题记，妙语解析，可谓首屈一指。明清之际，自题之风如何盛昌，读者如何欢迎，不难于此窥见一斑。

七、他人之题

所谓“他人之题”，是指作者知友所题和收藏家的自题或者请他的知己名家所题而言。

一类是作者知友所题。这一类作品，唐、宋人题画诗中就很多，例如杜甫《题壁上韦偃画马图》《戏题王宰画山水图歌》等，都属此类。

又如李龙眠的《山庄图卷》(见《珊瑚网》[3]卷二、《大观录》卷十二)是自画所居二十景，当时请苏颍滨[4]作《图咏》二十首，一景一题，文请颍滨之兄东坡题跋(此卷分上下二卷，下卷不知何时遗失，因此明清之际的书画著录已不载东坡题跋，其文今见《东坡题跋》卷五)。其他李龙眠的画，也往往有东坡、山谷等题跋。当时像这种第一流画家往往与第一流文人交往，不无有相互标榜、彼此利用的地方。当然，也有是感情作用而表达相互之间的友谊，因此也不能一概而论。

至于那些所谓“收藏家”的题跋，或者请人加题的风气，自宋以后就逐渐发展。比较以卷册为多，往往一幅画而题上几十家，文体也没有限制诗词歌赋，长论短文，无一不可。内容以捧场文字居多，特别是对作者评论，对收藏者的风雅的恭维，往往言过其

书”。其画造型奇古，善用淡墨干笔作花卉小品，尤工画梅。

1. 郑燮(1693—1765)，字克柔，号板桥。自称板桥居士，清代画家、文学家。“扬州八怪”之一。其诗、书、画均旷世独立，世称“三绝”，擅画兰、竹、石、松、菊等植物，其中画竹成就最为突出。他的诗清新脱俗，朴实泼辣。著有《板桥全集》。

2. 戴熙(1801—1860)，清代画家。钱塘(今浙江杭州)人。工诗书，善绘事。四王以后的山水画大家，被誉为“四王后劲”，与清代画家汤贻汾齐名。又能画花鸟、人物以及梅竹石，笔墨皆隽妙。著有《习苦斋画絮》，于画理多有论述。

3.《珊瑚网》，汪珂玉著。汪珂玉(1587—？)，能诗文，善书画，家富收藏。《珊瑚网》全书四十八卷，分两部分：前二十四卷为古今法书题跋，包括钟繇以后的法书名迹、款识、碑帖石刻、丛帖及《书凭》《书旨》《书品》等；后二十四卷为顾恺之《洛神赋图》以后的古今名画著录及《画据》《画继》《画法》等。同时录编各家书画史、论有关部分，但对其真伪缺乏考证。

4. 即苏辙(1039—1112)，字子由，北宋文学家、诗人、唐宋八大家之一。苏洵次子、苏轼之弟。自号颍滨遗老，故人称“苏颍滨”。

实。其真有价值的，如考订作品来历、批评真伪等文字是比较少的。例如元初高克恭[1]的《夜山图》(《大观录》卷十八)，因为作者位居高官(刑部尚书)，时人题者二十八家，不是说他德行好，就是赞他艺术高，这是属于评论作者的一种。又如高克恭另一件作品《山村隐居图》，这是为仇远(号山村)画他的隐居之图，题者五人，又在“高隐”二字上大做文章。这是恭维收藏者的一例。这种风气一直到解放前夕为止，真是每况愈下到不堪问闻的地步。

当元初之顷，由于满清统治了中国，高蹈的隐居者特别多，所以像《山村隐居图》一类的作品也不少。那些所谓“优游自适”之徒，就请人画他的隐居之景，又请友好、名家题咏，这种自鸣风雅的风气，很为显著，属于这一类的图卷，如赵子昂为钱德钧画的《水村图》(《大观录》卷十六)，当时题者就有四十家之多，倪云林为徐良辅画的《耕渔轩图》(《大观录》卷十七)，时人题者二十家，宛然在纸上举行之酒会。元明间更不乏其例，稍一留意，随时可见；但这是题画的一种变态，因为形式上虽是题画，而实质是赠诗赠序的性质，内容也不过描写某些人的生活而已。今日看来，多数是些无聊之作。

这种形式到了清初又有新的面貌出现，就是不再以居处为主题，以肖像为主题，而描写他的生活情况。始作俑者已不知是谁，较早者有康熙十四年谢彬、童声为徐釚画的《枫江渔夫图》题者七十余家，都是当时的知名之士，其中有《长生殿传奇》作者洪昇题的一套北曲，这是题画中的珍品。专门搜辑这类肖像画的好事家，在乾嘉时还有顾修，他曾把康熙间十一卷肖像画并各家题跋摹刻行世。计有：王渔洋(士祯)的《载书图》、朱竹垞(彝尊)的《烟雨归耕图》《小长芦图》《竹垞图》《豆棚消夏图》、尤西侗的《竹林晏坐图》、陈迦陵(维崧)的《填词图》、李秋锦(良年)的《灌园图》、田山雯的《大通秋泛图》、李分符的《庐山行脚图》、朱西峻(昆田)的《月波吹笛图》。同时顾修又请人为自己画像二十幅，成《读画斋题画诗》十九卷。

这种风气虽则是从古代像赞演绎而来，可惜范围太滥，只要他有一定的社会关系，就吹捧一番，成为一种沽名钓誉的工具，未免太无聊了。

八、去芜存菁　古为今用

以往的题跋，像上述的这种以人为对象的投赠之作，比重很高，以清代为尤甚，尽管诗好、字好，它的价值不大。解放以后，我们已明确了文艺为谁服务的问题，指

1. 高克恭(1248—1310)，曾官至刑部尚书。善画山水，墨竹。初学米芾父子，晚年糅合李成、董源、巨然等多家风格而自成一家，尤以烟雨林峦的描绘最为精绝。

出了以政治第一的方向，那末对题跋的作用和估价，自然有新的要求。譬如文徵明的《劝农图》，这是屡见著录的名迹，后面附有祝枝山、姚虚谷的题跋，到了清朝又加上彭启丰一跋。可笑历来的鉴赏家都盛赞他的画好、字好，如王弇州[1]就说：“文待诏作《劝农图》，潇洒冲玄……祝京兆文吾所不敢论，其书绝类褚河南[2]，而老健过之，是平生最合作者。噫，二百年无此笔矣。”而内容却一字不提，这等于听戏只研究唱腔而不问剧情一样舍本逐末。其实这些跋文却详细记载了明代弘治以来，苏州遭受严重水灾和农民集体抗灾抢救的情形。彭启丰的题跋中又补充了清雍正兴修水利后，苏州免于水灾的记载。

附录：节录祝枝山等跋文：

“……弘治壬子吴兴大水，方春腐麦及菜，谷苗始萌，溺湖涨中，众惕号，不知所以救之。处士帅畯氓负土筑防，桔槔雷运，不舍昼夜，越五日，水杀二尺，然而苗腐者半矣。间未败者，卧巨浸与败者，拥积将同归于坏处。士教人络竹为大栉，疏而立之，去其斁，抉其良，苗复长，乃得以莳，终少获焉。他非力所及者，人不能效，为之遂归，荡然……正德庚午，吴又大水，倏忽若神鬼至，势狞甚，人益不得治之方。处士趋众急从水底掇苗瘗之，它坩壤将俟潦怒洩而种之。俄而水益泽，加壬子者二尺，狂白渺然，不辨牛马，众益自懈，分今年无复穑事已耳。处士曰：‘宁若是。’教多泛小艇，取坻京之土，循岸趾覆益之。日劳百人，力不能成寻丈，而风浪又去之矣。众愈瘁，必且委弃。处士厉声遍呼：‘尔等毋惮为瘁人，犹可免作馁鬼’。众问计，乃令编苇卷土，复投趾上，力既速，趾渐隆，稍出水外，即复以白茅苫其两旁，以拒风浪，堤卒用成。因集少壮……并力排水，补缺塞漏，益增土培且筑，日夕毋少懈，堤愈固，乃不溃。禾则尽实，竟全稔。”

又彭启丰跋云：“……因念吾生数十年来，雍正四年大水，浸山圹之半堤。十年，松江、福山多淹没。乾隆十二年崇明沿海之滨，潮灾特甚。乃吾乡负郭之田，堤岸无圮，犹得收岁租之半，盖由水利兴修，旱涝有备……”

1. 即王世贞（1526—1590），字元美，号凤洲，又号弇州山人，太仓（今江苏太仓）人，明代文学家、史学家，“后七子”领袖之一，力主诗必盛唐。有《弇山堂别集》《嘉靖以来首辅传》《觚不觚录》《弇州山人四部稿》等。

2. 即褚遂良（596—659），字登善，号希明公子。太宗、高宗朝均为大臣，封河南郡公，人称“褚河南”。工书法，尤长楷书，初学虞世南，后取法王羲之，与欧阳询、虞世南、薛稷并称“初唐四大家”。书风铅华绰约，韵致婉逸，影响后人。有佛教书法《孟法师碑》和《慈恩寺圣教序》石刻等传世。

这些都是珍贵的苏州史料，足补地方志的不足，但以往的鉴赏家却见不及此，而只字不提。

又如《式古堂书画汇考》著录宋刻丝《香橼秋鸟图》的吴门张习志题跋，记载了唐宋刻丝之盛。又附在朱克柔刻丝《山茶图》的文从简[1]跋，却记载了朱克柔的生平。虽则仅是个片段，然在工艺美术史料极端缺乏的我国，已经难能可贵了。这种资料在题跋中猜想是不少的，有待于进一步的搜辑，实现古为今用，这里不过偶举其例而已（编者按：这一部分，遗稿的文序与海豚出版社《题跋古今》有异，今从海豚出版社改之）。

历来书画的作伪伎俩，层出不穷，从而题跋的作伪也防不胜防。有的割裂添补，居然天衣无缝，不易识破。也有因技术拙劣而欲盖弥彰的。明代沈石田的假画特多，假题跋的笑话也最多。今举一例，以博一笑：有一个《沈启南记游卷》著录，陈焯的《湘管斋寓赏编》[2]卷六中有一段题跋："辛亥之四月余至枝山之居……枝山今年六十有一……"硕按，沈石田[3]生于宣德二年丁未（1427），此处的辛亥，应该是弘治四年（1491），那时石田为六十四岁；而祝枝山生于天顺四年（1460），这时才三十一岁，到枝山六十一岁，石田已死了十一年，但笑话还不止此，它末了还有石田成化乙未的重跋一则，说："……余老矣，追念旧游，恍如隔世……"云云。成化乙未（1475）尚在辛亥之前十六年，岂有先重题而后作画之理？而成化乙未，石田才四十八岁，也说不上老。前人著录中这种笑话是很多的，所以尽信书不如无书。

也有明知其伪，而有些情面观点，不便扫主人的兴，题跋中虽不实说，却言外有音。这种题跋，识者自能会心微笑。较诸有意识的说假为真的要高明一些。

有一种题跋，注重个人的学习心得，或者讨论书画方法。在明末遗民中，更多故国之思，而发挥了爱国主义精神，也是精华之所在，惜乎分散在各个角落中，可遇不可求，未免遗憾。

至于其他方面的题跋，如关于书籍、金石、文物，以考订史实居多，专辑成书的也不少，尤其是清代的几位考据专家，都是原原本本、凿凿有据，资料更为丰富，但与书画题跋的偏重文学者不同，此处略而不论。

解放以后，我国的国画出现了新的气氛，创作事业也蓬勃发展，但题跋文学并不同

---

1. 文从简（1574—1648），明末画家，字彦可，号枕烟老人，文徵明曾孙。

2.《湘管斋寓赏编》，清陈焯编。陈焯，博雅善赏鉴，工山水画，辑录唐、宋、元、明四朝有关墨迹记录而成《湘管斋寓赏编》六卷。

3. 即沈周（1427—1509），明代杰出书画家。字启南，号石田、白石翁等，长洲（今江苏苏州）人。不应科举，专事诗文、书画，是明代中期文人画"吴派"的开创者，与文徵明、唐寅、仇英并称"明四家"。

步前进。有些画面往往仅签姓名，或者仅仅题上一个画题，如万古长春、庆丰收、菜根香之类。这是平稳有余，而发挥不足（当然也有画龙点睛，二三字已足够说明的）。现在正当我国社会主义建设的伟大时代，可以描写的题材太多了，但画面有一定的限制，而题跋可以通过文字以补画面之不足。古人主张画中有诗，诗中有画，这是一种文学眼光的要求。今日的国画既以反映现实为主，那么应该用史学眼光来要求国画，今日的题跋也应该是史的诗篇，或者大手笔的史的文章。画与题跋，相互表里，各有千秋，日积月累，将来修史时，这些国画不就成为第一手资料么？

但也不必为题跋而题跋，因为标语式的一首绝诗，恐不能符合今后的要求。本来题得好是锦上添花，题得不好是画蛇添足，项子京“免题钱”的故事，不是至今传为笑话么？

参照题跋图例说明：

宋徽宗赵佶在画作《腊梅山禽图》上用其独特的“瘦金体”题字，并用一个特殊的符号“天下一人”落署名款。赵佶常以硬毫新笔作书，因此他的“瘦金书”笔道瘦劲精美，线条健挺，富有弹性。他在画作上的题诗是：“山禽矜逸态，梅粉弄轻柔。已有丹青约，千秋指白头。”

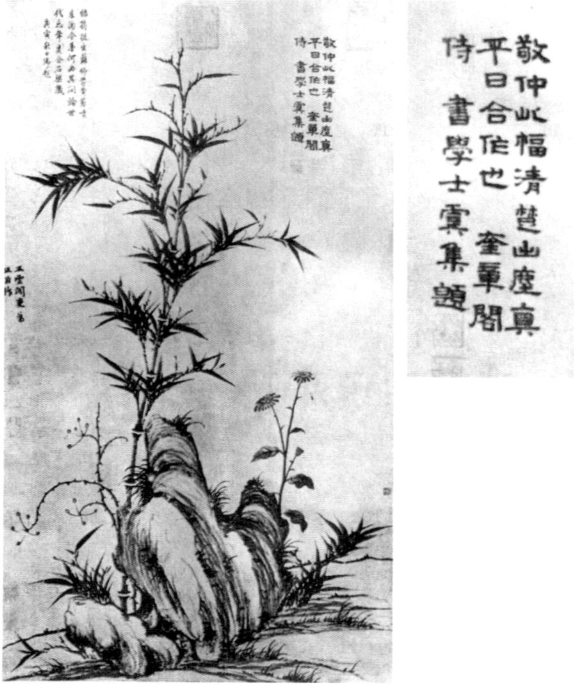

元代文学家虞集在柯久思的《晚香高节图》上题道：“敬仲此幅，清楚出尘，真平日合作也。”称赞此幅画作发挥了作者平日最高水平，是其最好的作品之一。此属对他人画作进行的评论。

明画家唐寅在《秋风纨扇图》上抒情题诗：“秋来纨扇合收藏，何事佳人重感伤。请把世情详细看，大都谁不逐炎凉。”这首诗从仕女的落寞玩扇写到世态炎凉，可体会到作者感叹自己身世的寓意。题款通过诗文更直接、更强烈地抒发了作者的主观情感，增强画作以情感人的力量。

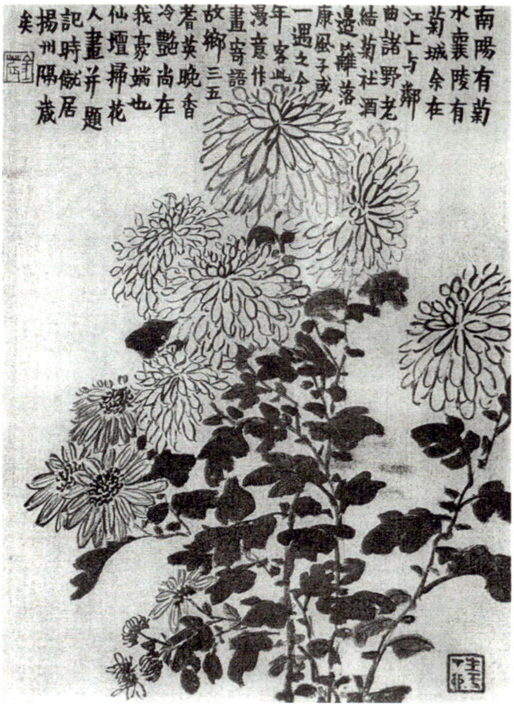

清代画家金农特好作记，每画必题记。他在《菊花图》中记道：“南阳有菊水，襄陵有菊城。余在江上与邻曲诸野老结菊社，酒边篱落康风子或一遇之。今年客此，漫意作画，寄语故乡三五耆英，晚香冷艳尚在我豪端也。仙坛扫花人画并题记。时僦居扬州隔岁矣。”记是记载，描写事物的文章。记多用作“记得”，有“忆”的意思。

《题跋古今》油印本选：

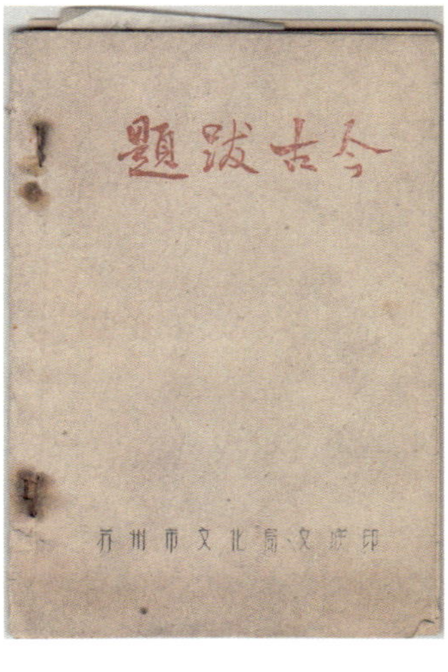

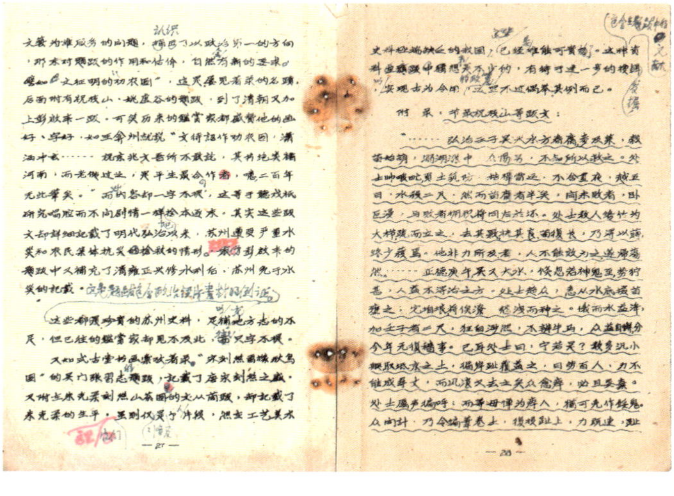

廿一　图咏汇抄卷

题解：具有姊妹性质的书、画艺术以其互补性释读了中国传统文化的内涵，《历代名画记》中谈论文字、绘画的起源时说："是时也，书画同体而未分，象制肇创而犹略。无以传其意，故有书；无以见其形，故有画。天地，圣人之意也。"绘画、文字体现了万事万物的"对立统一"这个规律，又反映了人作为主体的精神、气质、学识和修养。此卷系顾公硕先生精心整理明清书画如文徵明《东山图咏卷》、王翚《渔庄烟雨图》、石涛《山水册》等其中的图咏，让其四子顾笃琪抄写。顾笃琪曾离职一段时间，帮助父亲整理手稿。原稿中印章采用括号形式，并加"/"与图咏文字隔开。因据抄写稿整理，难免有误差，望读者见谅。

◎文待诏　东山图咏卷

成弘纸本，高八寸余，长三尺余，设色。诗另纸，高同，长一丈。徵明为子昭写。/（文徵明印）/（悟言室印）

游洞庭东山六首

太湖

沙渚依依云不动，风烟漠漠鸟飞回。横空暝色翻波去，绝鸟秋声绕树来。古今奔腾疑地尽，东南伟丽自天开。眼中浩荡扁舟在，欲唤鸱夷酹一杯。

百街岭

遥街百磴转嵚崎，落日扶舆下岭迟。与树蔽亏湖冉冉，因山高下屋累累。勤俭成俗从知富，灵秀钟人信有奇。十载一行殊恨晚，分金不见橘黄时。

宿静观楼

抱被何缘三宿恋，烧灯一笑两人俱。秋山破梦风生树，夜水明楼月在湖。尽占物华知地胜，时闻人语觉村孤。不烦诗句追清赏，太史楣间记是图。

游能仁、弥勒二寺

郁然台殿锁芙蓉，见客山僧自打钟。山槛浮空秋水阁，虚亭堕影夕阳松。泗州名在池无塔（寺有泗州池，相传能照僧伽塔影，今废），饭石师归寺有峰（饭石禅师曾住此，山寺有饭石峰）。欲扫南墙留片偈，白云回首愧尘踪。

宿灵源寺

夜随钟梵入灵源，一笑虚堂解带眠。旋接僧谈多旧识，偶依禅榻岂前缘。离离松桧摇山月，兀兀楼台宿暝烟。尘句何年传到此，篝灯试读已茫然。

翠峰寺雪窦禅师道场中有降龙悟道泉

空翠夹舆松十里，断碑横路寺千年。遗踪见说降龙井，裹茗来尝悟道泉。伏腊满山收橘柚，蒲团倚户泊云烟。书生分愿无过此，悔不曾参雪窦禅。

西山六首

渡太湖

岛屿纵横一镜中，湿银盘紫浸芙蓉。谁能胸贮三万顷，我欲身游七十峰。天远洪涛翻日月，春寒泽国隐鱼龙。中流仿佛闻鸡犬，何处堪追范蠡踪。

夜行山中

薄云笼月夜微茫，十里松萝一径长。草涧伏流时送响，野梅藏影暗吹香。寒烟突兀苍山色，远火依微破壁光。十五年前旧游地，重来踪迹已都忘。

消夏湾

消夏湾前宿雨晴，新波摇采日盈盈。镜中匹练玻璃净，天际修眉翠黛横。避暑谁应追往事，买舟吾欲老余生。沙洲日暮凉风起，吹送渔歌四五声。

宿华山寺

山穷湖尽得招提，一径深松万个齐。红压平林花烂漫，翠围亭阁树低迷。时闻吠犬疑云外，却坐横冈到日西。斜月灵窗清不寐，恍然疑在武陵溪。

涵村道中

宛转层冈带远岑，梅花粲粲竹深深。人家尽住苍云坞，拄杖时穿玉雪林。风磬声传千涧雨，晚山青落半湖阴。刚怜百里城闉隔，终岁不闻车马音。

登缥缈峰有怀蔡九逵

万顷玻璃震泽隈，眼中图尽自天开。春分烂漫难忘酒，斜日登临更有台。百叠苍螺湖上岛，千林香雪崦边梅。故人何在空留诺，缥缈峰前独自来。

徵明为子昭传君书，癸卯四月七日也。/（徵明印）/（悟言室印）

◎王履吉　楷书金刚经

纸本，高七寸，阔七寸余，廿六页，生丝□，十洲设色，佛像一页，眉公题跋一页，高阔同。

吴门仇英敬写 /（仇英之印）

经不录 /（雅宜山人）

嘉靖壬辰秋日，余养痾白雀寺，诵读之暇，漫书是经，以遣时日，竟不自知其妍媸也。九月廿七日，雅宜子王宠识 /（王宠私印）/（履吉之印）。

雅宜写《金刚经》仿黄庭东方字，字如摩尼宝珠，照入摄身光内，当与虞山白鹊碑并传。眉道人陈继儒题 /（眉公）/（继儒）

◎董文敏　周忠毅告身

纸本，高七寸，长二丈一尺四寸。

福建道监察御史周宗建并妻敕命一道。奉天承运皇帝敕曰：昔我孝庙扶养言官，开受谠论兼之，后忠厚正直蔚然成风。朕嗣服以来，追怀先正，选建忠贤，慨然有典刑之思焉。尔福建道监察御史周宗建，得南方文学之华，抱厥祖先忧之志。膏雨之政浸灌浙西，冰玉之声掩映江左。令闻滋茂，洊陟内堂。尔既博通经术，贯穿世务，而又本诸忧国之心，发以便时之策，筹边缴而悉要害，辨贤奸以涣群小。朕顾瞻周行，省览封事，庶几于有先正之望焉。乃以覃恩，授尔阶文林郎，锡之敕命尔。乃祖起家孝庙著声南垣。恭肃之名于今为烈。唯恭与肃，忠厚正直之表也。尔尚只一，乃心绍衣先德。朕将以前烈肆尔，尔其念哉。敕曰：二南之风，闺门之细事，皆所咏歌而罕可指述。此王化之最盛也，今安得而见之。尔福建道监察御史周宗建妻封孺人申氏，淑茂柔明休有华，问学于舅姑，以事夫子，以尔学殖之勤，服官之毖，则尔之儆于旭旦而治业于寝门者，其亦可想见矣乎。兹加封尔为孺人，其益相尔夫，效而绩用，以章明王化，亦唯而之休。福建道监察御史周宗建父母敕命一道。奉天承运皇帝敕曰：朕唯人材之难长育有素风流之来弥远，则弓冶之传滋大，岂可诬哉。尔封文林郎，浙江杭州府仁和县周辑符乃福建道监察御史周宗建之父，恭肃之孙，孝秀之子。慨然有大志，似其先人结绳掌故，富有腹笥，水利兵农，烂如指掌。非唯有名士之风，盖亦抱通儒之器而不尽其施以诒其子，今尔子竟尔志吴，於戏，魏公之疑笏代著清风，王氏之青箱世谙旧事，风流弘长非尔其谁，是用封尔为文林郎福建道监察御史。尔尚传述祖德，磨切后贤，使尔子之风绩克媲乃祖顾不休与。敕曰：吾闻之敬姜曰君子能劳，后世有继，然则古之贤母所以媷贤而教忠者，其必繇于此矣。尔封孺人顾氏，乃福建道监察御史周宗建之母，家风绵邈，仪法肃明，言称先姑，眼习珩璜之训，无违夫子辛勤簪笏之遗。至于断机之教，益勤于学，殖而备官之训，不替于宦成。式谷有人，诰诫弥若，则古之母师无以加矣，是仍封尔为孺人。尔子风猷未艾，尔之优游象眼，往来雕轩，固有日矣。能劳之报顾不著与。天启元年二月□日。

唐世告身皆出当世名家手，如朱巨川告颜鲁公书，是已今朝制唯中书舍人为之，非是不得用玺，顾其字形端重于五言体亦雅，称季侯侍御安取而以鲁公之事相望也，以存两家世亲之谊可耳。太常寺少卿兼翰林院侍读学士董其昌 /（董元宰）/（董其昌）

右董文敏书《周忠毅告身》，公为尚书用曾孙，初除武康知县，调繁仁和有异政，故敕中有抱厥祖，先忧之志及膏雨之政浸灌浙西语。迨入为御史当天启元年，首为顾存仁、王世贞、陶望龄、顾宪成请谥追论神宗朝小人，历数钱梦皋、康丕、杨开诗教赵兴邦乱政罪时，边事方棘上书责备辅臣，请破格用人，召还熊廷弼，故敕中有本诸忧国之心，发为便时之策筹边徼而悉要害、辨贤奸以涣小群语。当是时客氏已封奉圣夫人，与魏忠贤并有宠，然熹宗大昏。御史毕佐周、刘兰，大学士刘爆，先后请谴客氏出外，忠贤虽导，帝淫乐而执政及言路诸臣多正人在列，未敢遽逞。是冬客氏复入宫，明年而廷臣有阴附忠贤者，其势遂炽。公皆首发其奸，易日履霜坚冰至，公盖决之豫矣。尝叹熹宗在外不过七年，年不过二十三，而一时正人死亡窜逐，纷纷若振槁，使如庆陵短祚，清流之祸何至如是之烈。善类既空，宫车亦随之晏驾，殆有天主其间。公与诸君子甘蹈危机，百折不悔，是知其不可而为之者。与按明史文敏本传在光宗朝为太常寺少卿，掌国子司业事。天启二年擢本寺卿兼侍读学士。今结衔云太常寺少卿兼翰林院侍读学士，自当以此为正。乃知史传所载官阶未可尽为据依也。乾隆五十六年五月十七日同窗武进后学赵怀玉跋并书 /（怀玉私印）/（亿孙父）

文敏是宪纯法颜行，隐然以平原自命，故后跋云季侯侍御安取而以鲁公之事相望也。用笔遒润，纸光墨色奕奕生动。重以忠毅其人所谓两美必合，尤足增人爱护。董书中第一希有宝之宝之。是岁八月二十八日又识 /（怀玉）/（亿孙）

《明史本传》载，董文敏擢太常卿侍读学士在天启二年，而此书则不详手书之月日，未知书于元年或二年也。盖擢本寺卿之前，尝以少卿兼侍读学士，而其月日则不可考据。此手迹正足以补史所未备耳。此在其南归采辑邸报之前，六十七八岁时也。

董书早岁即从颜入，而后来亦尚追摹颜法如此，然董作颜书以能追晋法者为上乘，犹之鲁公书以宋广平碑侧为上乘耳。味辛此卷见出，因书其后。北平翁方纲 /（内阁学士、内阁侍读、学士翰林、侍读学士）

◎明四贤　写生卷

纸本，高六寸，长一丈九尺，八接。一段王西园，二段孙汉阳，三段宋石门，四段周少谷，俱墨笔董跋。高同，长二尺九寸余，陈跋高同，长八寸余。是卷载容莹集《佩文斋书画谱》。

葵花向日，赤心孤忠，不忘君也。/（西园）

萱花一名宜男，见之思母氏之劬劳，人子之孝也。/（西园）

棠棣之花，载诸圣经言，凡今之人莫如兄弟也，此写其意。/（西园）

金兰之契，喻朋友也，易曰同心之言，其气如兰。/（西园）

吾郡先辈王西园翁，博学多艺，写怀俱有逸思，字仿山谷而不羁之趣。常闻一舟二侍姬逍遥往来峰泖间。每与相知聚首，索笔不吝，寓意优游。吾慕若人，岂有昔人所谓当吾世而失相逢也。今世人日逐劳劳，一唯营利自图，求如能以尘氛自外，放情绘绘泉石之间者有几。岂清福果造物所勒耶。偶剑墟携示此卷，喜而效颦三种于后，觉我形秽。西园令子梅村往，余亦睹其眉宇恂恂古质，庶不减乃公遗风云。庚子春暮书于敦复堂。汉阳长孙克弘纪事/（雪居）/（汉阳长印）

庚子初冬，偶阅先辈王西园先生所写墨花四种，颇有古意，而雪居太守复继以梅竹蒲石。余不觉笔之跃跃然也，遂为仿宋人马远用笔亦颦效不揣多矣，一笑。石门山人宋旭时年七十有六/（宋旭之印）/（石门山人）

剑墟先生出示王西园、孙汉阳诸公之作，即命余补之于后。所谓貂不足续之以狗尾，观□□玉石为诮。万历壬寅初夏戏墨。吴门周之冕/（周之冕）/（字服卿）/（一梦道人）

王西园为吾郡先辈名流，盖与钱鹤滩同时，酬倡有高韵。余得其日记数册，每遇书画题咏随手记录，如周密《云烟过眼录》之类，想见其人。绝去俗事，山水画亦老笔纷披似启南本色，此写生四种，拙中有巧，非时师所能辏泊也。后有孙汉阳、周山人、宋居士各为写生，似欲与争席，恐非野老所堪。然古质今研各有独诣，未可抹杀前人草创之力。余不工花草画以意定之如此。董其昌观因题。戊申四月十八日。/（知制诰日讲官）/（董其昌印）

余筑高斋于东佘曰石山，偶展此卷如西园老子与周、宋两公布席老圃中，孙汉阳太守歌舞垂老不废，亦复与蔬食人作队，此岂肉食钝汉所敢望也。眉公陈继儒题。

◎王石谷　渔庄烟雨图

纸本，高一尺八分，长三尺六寸，设色。吴梦白题本义尾上。

《渔庄烟雨图》，丙辰正月既望为东令先生。虞山王翚/（王翚之印）

疏林一带映平川，收拾纶竿好放船。最是迷离烟雨外，浅深山色由人传。题东令年道翁《渔庄烟雨图》并正槁李。弟吴梦白/（吴梦白印）/（华厓）

《渔庄烟雨图》王时敏书/（王时敏印）/（西庐老人）

题石谷画《渔庄烟雨图》为东令年道兄政。苍茫村径半蒹葭，积雨溪流汎白沙。一带轻烟遮不尽，疏林落叶见渔家。虞山本芝孙朝让具草/（光甫）

人家一半在烟萝，渔艇归来衣绿蓑。住近湖山寒气早，茅茨风雨入秋多。题石谷《渔庄烟雨图》为东令年道兄正。西庐八十五叟王时敏/（王时敏印）/（烟客）

水田漠漠垂阳径，春社萋萋积谷花。钓得白鱼刚在手，都忘风雨乱邻家。题画为东令年社翁正。三山陈骝 / （晋安陈骝）/（伯驺）

数里垂杨漠漠天，柴扉昼掩是何年。水车轱辘不知处，只有沧波一钓船。题为东令年道翁。黄与坚 / （黄与坚印）/（忍庵）

溪堂西榭缭云屏，一片春畴照座青。不必京华重入梦，暮烟平楚看鸿溟。题石谷《渔庄烟雨图》为东令年词宗交芦钱朝鼎 / （钱朝鼎印）/（号曰黍谷）

渔舟蓑笠渡寒河，江畔茅茨隐薜萝。远岫半从云里出，疏烟收向柳边多。为东令年道翁题石谷画《渔庄烟雨图》。娄水王撲 / （王撲端士）/（芝廛）

桥外烟村隔几塍，蒹葭杨柳挂渔罾。晚来放艇惊群鸟，一度西风唱采菱。丙辰九秋下浣为东令年道长题石谷画卷。蒙谷陈帆 / （陈帆之印）/（南浦）

落叶萧疏林影空，荻芦有径山桥通。渔人蓑笠归来晚，隐隐柴扉烟雨中。题石谷画似东令先生正。娄东王撰 / （王撰之印）/（異公）

水云漠漠野烟浓，鼓棹平湖任好风。归去渔舟随意泊，不妨长卧月明中。题石谷画似东令先生正之。下邳张斌具草 / （我思古人）

寒溪暝色鸟飞回，隐隐柴扉竹里开。渔父惯经波浪险，斜风细雨渡溪来。石谷为东令年道翁图《渔庄烟雨》敬题呈政。何畋 / （何畋私印）/（学山）

图画楼台似辋川，溪桥杨柳绿于烟。若教移向此中住，便与红尘各一天。丙辰阳月题似东令年道翁正。娄东许旭 / （许旭之印）/（落帽参军）

万缘寒玉一溪烟，鸟弄歌声杂管弦。山出尽如鸣凰岭，悬知此地即神仙。丙辰腊月集唐似东令年道翁正。吴门宋实颖 / （广平宋颖）/（字既庭）

远水平畴漠漠烟，绿杨斜系钓鱼船。为君指出渔庄乐，不减王维画辋川。为东令年道长题并正。昆山叶奕苞 / （叶奕苞印）/（二泉）

卜筑江村野寺间，千松万竹护柴关。不知何处风浪恶，无数渔船入柳湾。渔庄风景是真图，又画渔庄酷似无。何日共君图画里，晴光万顷对平湖。题《渔庄烟雨图》兼寄东令先生正之。柏庐朱用纯 / （朱用纯印）/（致一）

修竹疏杨屋数椽，一溪沉绿雨拖烟。短蓑两两寻鱼出，网得湖鲜载满船。丙辰十月下浣为东令年道翁题并正。古虞丘园 / （丘园之印）/（鹤巢）

田舍园廛生事微，何如此地稳渔矶。蘋花芦穗多萧飒，也胜人间破浪飞。题似东令先生笑正。葑溪吴蔼 / （吴蔼之印）/（虞升）

通津十里柳塘烟，桥外春秄养鹤田。犹有旧人同伏胜，诵书堪老钓鱼天。题似东令年道兄笑正。处安黄晋良 / （黄晋良印）/（处庵）

尘飞应不到江乡，秋水无言意自长。白发扁舟人老矣，披图宛在此中央。题似东令年道兄正。毗陵许之渐（许之渐号青屿，近称自笑老人）/（绣衲头陀）

复馆围墙曲曲廊，画图方识是渔庄。轻烟细雨悬罾处，知有高人迹隐藏。题似东令先生教正。锡山刘雷恒 /（刘雷恒印）/（殿闻）

虎溪北望半模糊，雨笠烟蓑入画图。恰似桃花源上路，好凭一棹问渔夫。题似东令年道翁正。瞜水金献士 /（彭城治文）/（一字臣可）

鱼村蟹舍朦胧处，掀蓬对面不闻语。怪他云楼不分明，且待月明理钓去。题为东老年道翁正。醒庵曹基 /（曹基之印）/（德培氏）

轻烟漠漠雨霏霏，绿野平畴麦正肥。白发溪翁垂钓晚，蓬窗遥趁柳荫归。题为东令道翁笑正。京口寓人潘镠 /（潘镠私印）/（双南）

长日轻阴雨暗霏，半篙新涨鳜鱼肥。烟中隐隐一帆到，知是先生载鹤归。步韵为东令道翁笑正。松陵潘耒 /（潘耒私印）/（次畊）

疏疏细雨没苔矶，杳杳寒烟护板扉。赢得渔翁愁拍手，一春难晒绿蓑衣。丁巳正月二十三日偕蝾庵史子过访重其老社翁，齐留饮，出示此卷，索诗漫题一绝，呈东令先生教正。阳羡陈维崧具草 /（陈维崧印）/（其年）

藕丝菱蔓趁波流，日暮溪庄渔网收。贪看鹭鹚飞一只，不知细雨湿船头。题《渔庄烟雨图》似东令先生教正。荆水史惟圆草。/（史惟圆印）/（蝾庵）

结茅溪上藕花红，岂有浮名误钓筒。新买渔舠轻似叶，烟波从子画图中。东令先生正。锡山严绳荪 /（藕荡渔人）/（严绳荪印）

此地分明好避秦，风光犹似汉时春。无端烟雨迷人路，逢着渔郎须问津。题《渔庄烟雨图》似东令先生道长教正。梁溪钱肃润 /（肃润）/（础日）

百花潭上渔竿密，五柳门前鹤径通。尽日市氛吹不到，满湖烟雨尽濛濛。东令先生正。锡山秦保寅 /（秦保寅）/（乐天）

桃源有路在人间，达者悠然自领闲。频访羲皇通鹤梦，乍回俗驾掩云关。风飘仙乐歌声合，影错庭花舞袖斑。我望园令生逸兴，春融载酒咏南山。东令年亲台博粲。高菖生 /（高菖生印）/（字茆培畲）

云压平林湿雾浓，渡头狂雨又狂风。谁人换却湖山去，错怪来时路不同。题《渔庄烟雨图》为东令先生教正。锡山华长发 /（长发之印）/（商原）

一湾烟景媚晴丝，钓艇纵横日未迟。欲得图中风浪意，急流把舵几人知。题《渔庄烟雨图》。婆娑久之，名图引人胜境，如入山阴道上。东令先生展卷之时，不知置身此中也。拙句博笑。娄水钱广居 /（钱广居印）/（大可）

去年大水禾大无，田家大半化为渔。安得多收十斛麦，饱看渔庄烟雨图。丁巳三月题似东令道翁正。悔庵尤侗 /（尤侗之印）/（展成）

老鹤叫清晓，萧萧松影寒。烟江堪放艇，莫作画图看。毗陵赵熼 /（赵熼之印）/（旦公一字天醒）

赋归三经未成坡，羡学持竿挂钓蓑。老友携图来索句，移身宛在此中过。疏竹萧萧数顷田，碧云深处有清涟。风波未稳渔庄静，何日从君问隐仙。题东令先生《渔庄烟雨图》。余水金渫 /（荣笔）

竹木周遭路不知，笭箵家具拟天随。蓑衣箬笠相从好，依是烟波踏浪儿。丁巳春仲题似东令先生清笑。汝阳吴之振 /（吴之振字孟与）

翩翩鹤舞近柴扉，寂寂渔舟系柳堤。淡雨疏烟人不见，时闻幽啸竹林西。丁巳四月朔似东令先生正。临溪金渐雝 /（渐雝私印）/（西崖）

杨柳春深半带烟，波光草色远相连。此中有客常呼饮，认取天随舴艋船。题似东令道翁先生正。鹿牀俞南史 /（俞无殊）

舍南舍北绕溪流，杨柳湾头泊钓舟。羡煞主人真得地，一竿烟雨尽教收。题似东令先生正之。休阳汪森 /（命名森）/（晋贤）

蓑笠滩前好问津，爱从耕钓事沉沦。不须洞口桃千棵，应识人间有避秦。题似东令先生并正。长水岳淮 /（岳淮之印）/（伯氏鲁山）

江南五月熟梅天，几度轻云弄碧烟。茆屋数家深树里，湖边好泊钓鱼船。篔公陆之垓具草 /（之垓）

波光澹荡水云空，细雨寒烟失数峰。最爱山庄登阁望，渔舠乱集绿杨东。题似东令先生粲正。石庄曹林 /（臣林私印）/（云村）

水树浮郁共淼弥，烟蓑雨笠转船时。菰芦中有人闲在，却待天晴理钓丝。题似东令翁先生并正。雪井唐瑀 /（唐瑀印）/（雪井）

苇花蒿麦白皑皑，有个幽人守钓台。波面唧鱼小翡翠，一双飞去又飞来。题似东翁先生博粲。汪琬 /（汪琬之印）/（钝翁）

深柳新蒲宿雨余，小塘几折护幽居。不知甲子今何代，莫把闲情问老渔。题为东令先生粲正。非庵陈匡国 /（陈匡国印）/（均宁氏）

饶他世上足风波，较却渔庄更若何。远水断桥人不见，棹声和雨漾轻蓑。题似东令先生政。竹里彭行先 /（彭行先印）/（竹里老人）

极目云山一半遮，溪回路转有人家。渔舟欸乃唱歌去，一阵腥风起浪花。题似东令先生正之。德园高简 /（高简）/（澹游）

疏柳平川隐钓船，清歌一曲夕阳天。不须更羡陶彭泽，分得官家种秫田。口占似东令先生正。处州曾燦 /（曾燦）/（青藜）

五湖争长是渔家，系艇柴门暮霭斜。莫问太康年底事，一蓑烟水卧芦花。西陵丁澎 /（药园）/（丁澎私印）

何处桃花只乱烟，荻风吹泊打渔船。将鱼换酒兼完税，输尽沿村放鸭田。竹树溟濛水绕庐，居停休著子云书。前林风雨谁相访，人鹤双闲笑食鱼。柳舍芦汀画几层，不须

风价说严陵。繇他钓碣无名字，老我烟波恐未能。题《渔庄烟雨图》，为东令先生博笑。南园张季琪 /（季琪）/（渔闇）

杨柳垂垂映绿堤，鱼吹细浪小桥西。濛濛烟雨浑无事，一片疏林鹤欲栖。题《渔庄烟雨图》，东令先生正之。荆南潘崇礼 /（潘崇礼印）（元履氏）

一曲柴荆伴钓竿，数家云楼晚风寒。人间是处烽烟隔，只合从君画里看。题《渔庄烟雨图》似东令先生政。娄水周聚 /（冀敖）

谁向良禾一笑开，柳塘烟雨足莓苔。欲知渔棹飞归意，乞得官舟鲙具来。书似东令先生正。中川李仙根 /（仙根）/（子静）

隐隐渔庄竹楼丛，扁舟垂钓绿蓑翁。江南五月多风雨，一半茅茨烟柳中。题为东令先生正。松陵顾樵 /（顾樵之印）/（樵水）

不是桃源学避秦，深溪修竹绿苗新。云封雨隔红尘断，只许渔郎来问津。题为东令先生正。默斋唐景宋 /（景宋）/（默斋）

谁向金鸟识生人，野烟山雨画图新。一时骚客多题遍，自是渔庄有化身。题《渔庄烟雨图》为东令先生正。吴江徐崧。

溪山新霁泛浮槎，路入云林渡若邪。隔浦芦花秋水外，白鸥飞处是渔家。题为东令道翁正。云间吴懋谦 /（吴懋谦印）/（卞益）

鲈鱼莼菜五湖东，水国霜飞枫叶红。雨过沙洲新涨满，秋江放艇任樵风。题为东令先生正。松陵吴应辰 /（应辰）/（友洼）

◎尤凤丘　汉双燕图卷

纸本，高七寸，阔二尺九寸至三尺六寸。白描，文彭隶书引首。

隆庆戊辰孟夏十日，长洲尤求补图。

《赵飞燕外传》，伶玄自叙，纸本，高六寸余，长三尺一寸余，乌丝阑百二十一行。衡山小楷书，无款，有衡山朱文，印文不录，约二千八百字。

《赵飞燕合德列传》，纸本，高七寸，长三尺，乌丝阑五十八行，文不录，约一千四百字。

隆庆壬申四月，俞元文写。

《赵飞燕遗事》，纸本，乌丝阑三十九行，约八百字。

戊辰四月廿日，六止生周天球录。

文太史小楷书《赵飞燕外传》，初看之若椽史笔，草草不经意者而入法自具，是真迹也，余乃丐尤子求作小图凡九段，系其后。尤于此图有精思，颇得龙眠松雪遗意。周公暇复为书《西京杂记》十余则。俞仲蔚书外传，皆小楷工绝之甚，往往有踞太史上坐意，外传文芜杂，盖稍为之笔削之耳。飞燕合德事不足论，第伶玄此文与国色并绝代，为千载风流断案，太史铁石心肠而寄托乃尔。毋亦靖节间情赋故事耶。王元美跋。

◎陆包山　画卷

纸本，高八寸，长三尺二寸余，淡青绿。

青云谁不属通家，灯影星光灿九华。今夜斗文因奏聚，词人摛藻笔生花。马踏银花动柴埃，高轩停处绿亭开。清蟾光吐星桥艳，百夜城中醉里回。上元陪涵峰诸君宴集衡翁太史宅，各有名笔见遗。不佞治叨居末席，不能自禁巴人之语，敬和原韵二绝。元洲学士先生命图，其胜于群玉之首，并录前作，请政。自愧形秽不伦耳，教之幸甚。嘉靖丁未陆治识。

◎石涛僧　山水册

纸本，高八寸余，阔七寸，十二帧。

钟声松寺发，粥破报黄昏。鹤鹿同归处，烟霞未闭门。一枝阁下山僧涛。

险越藏奇胜，森冥几度林。路通天一线，山涌月千寻。碧梵空中构，翠微屋里深。逢僧今夜话，谈却许多心。避暑枝下写，清湘石涛济道人。

花雨侵帘湿，烟光入座明。蒲团今独坐，长此学无生。石涛济山僧。

我学磻溪钓鰋鲤，道人高风人不识。他年携手寻真兴，唯许支公逸少知。清湘大涤子石涛。

花光凉月江城遍，云起帆飞万仞山。清江后人石涛济。

江村探梅，清湘大涤子。

云烟随我渡，一竿起清江。时客书带草堂写此。清湘大涤子纪事。

红叶满林飞不尽，白云流壑听无声。阿涛。

道人兴不尽，有鹤竹潇潇。清湘石涛济山僧枝下作。

云石崔巍奇未已，百尺何来虬旖旎。满溪苍翠惊高风，古道遥心谁得拟。苦瓜和尚。

过庭尊孔父，家世一经传。风雅傲昔贤，坐看人如玉。春水爱鹰船，秋仲来江上。伊人中心觊，俯仰区湖旁。道气自氤氲，云汉开天章。阿涛。

兰若山之阳，读书遵秦汉。型夙取树典，高深钦有同。策杖去冲寒，悠悠度石梁。水冻千层结，雪鸿为谁翔。吾道欣有附，孤锡自比堂。见闻符厥旨，敛声栖化城。家风寡所惧，喝棒应当栈。豁然开觉路，万物齐光芒。时丙寅七月，枝下阁清湘石涛济。

◎王石谷　仿云林狮子林图卷

纸本，高七寸余，长八尺四寸，水墨。

江上先生尝与余论《狮子林图》，笔墨之外自有逸气，横绝今古，所以学步者难为

倪瓒《狮子林图》

工，余从先生得其仿佛，因拟为图，不必似狮林，未识于狮林。用笔惊绝处略有合否。幸先生讥正所不逮。乌目山下人石谷子王翚。壬子九月既望，时在毗陵杨氏之秋水轩。

◎周东村　听秋图卷

纸本，高九寸，长一尺七寸，水墨。东村周臣。

亲没比当谷未登，每逢秧到百忧增。候虫唧唧三更月，风木萧萧半堃灯。泣比皋鱼还自慰，赋如欧子是谁能。太行立马悠悠者，却动孤怀望眼凝。逸史书于云东之紫霞碧月山堂。弘治庚戌二月八日。

倾耳高堂感慨深，屋梁落月静沉沉。数声雁唳（原作淚）频增恨，几度鸡鸣每触心。椿叶满庭空有迹，萱花委地宁无音。伤哉孝子思情切，欢息如闻泪满襟。慈溪王汝南。

半夜西风两耳悲，二人奄弃九秋时。纸屏掩蔼鸟惊梦，玉露凋伤木下枝。白发镜容存山障，清商琴调感孤儿。永思何物堪凭据，满袖啼痕满鬓丝。唐寅。

秋气发灵籁，恍疑金石音。只缘亲不在，因致身难禁。暗雨还来屋，悲风复满林。凄凉情莫尽，空抱百年心。黎阳都穆。

一片商音起枝头，思亲孝子独伤秋。都来耳畔凄凉籁，总是心中感暮愁。门掩疏砧禾黍地，月明长笛雁红楼。西风岁岁催黄落，不管沧江日夜流。顾君吾交厚，宗器之子

能孝而听秋，实追慕二亲而号也。余特表而出，则其听而感于秋也。岂有声音笑貌为哉！庚戌夏吉时，乡人蒋昂识。

◎文徵明　柏石图卷

纸本，高七寸余，长一尺三寸余，水墨。

雪厉霜凌岁月更，枝虬盖偃势峥嵘。老夫记得杜陵语，未露文章世已惊。徵明写寄伯起茂才。

柯叶苍苍不改更，良材待用气峥嵘。文翁善写少陵句，落笔应教风雨惊。穀祥。

抱病禅栖节已更，空山古柏对峥嵘。月窗风动蛟龙形，蕙帐翻愁鹤梦惊。周天球。

书法翩翩近率更，诗才未拟让钟嵘。郑公三绝亲题赠，一日声名艺苑惊。陆师道。

偃蹇霜姿岁月更，沉沦容谷自峥嵘。他年会有凌霄势，一顾先教匠石惊。袁尊尼。

卧病青山岁月更，豹文养就气峥嵘。虬枝写记王摩诘，疑有风雷夜壑惊。姬水。

翠柏星霜阅变更，仇池风骨自峥嵘。文翁为爱张衡赋，片纸图成满座惊。袁褧。

公子才名月旦更，偶侵微病瘦峥嵘。玉堂太史劳相问，为有新诗四座惊。陆安道。

秉烛挥毫仆屡更，虬枝香叶斗峥嵘。知君卧病无聊赖，寄向空山神鬼惊。文彭。

老笔纷披晚自更，乔柯偃蹇石峥嵘。孔明气节少陵句，未用按图神已惊。文嘉。

太史年耆汉五更，丹青笔法转峥嵘。题诗远贻山中客，雷雨蛟龙奋壑惊。嘉靖庚戌初夏，偶过衡翁玉磬山房，问讯伯起。伯起时卧病楞伽僧阁，翁怅然久之，剪烛作此为寄，诗意郑重，不惟欲起其疾云耳。翁寿已八十有一，于后进惓惓如此，咏叹数回，谨题识之。彭年。

老去仙翁甲子更，桑皮遗墨尚峥嵘。自从绝迹西洲路，六十三年一梦惊。予春秋二十有三，病疡石湖僧舍，辱太史公作图寄讯，系诗寓意，一时群贤先后和题，遂成家宝，迩来所藏名笔，散逸殆尽，而此图独存，愧许可之莫酬，感典刑之具在，追和一绝，用纪岁月云，时壬子嘉平月十一日，凤翼年八十六矣。

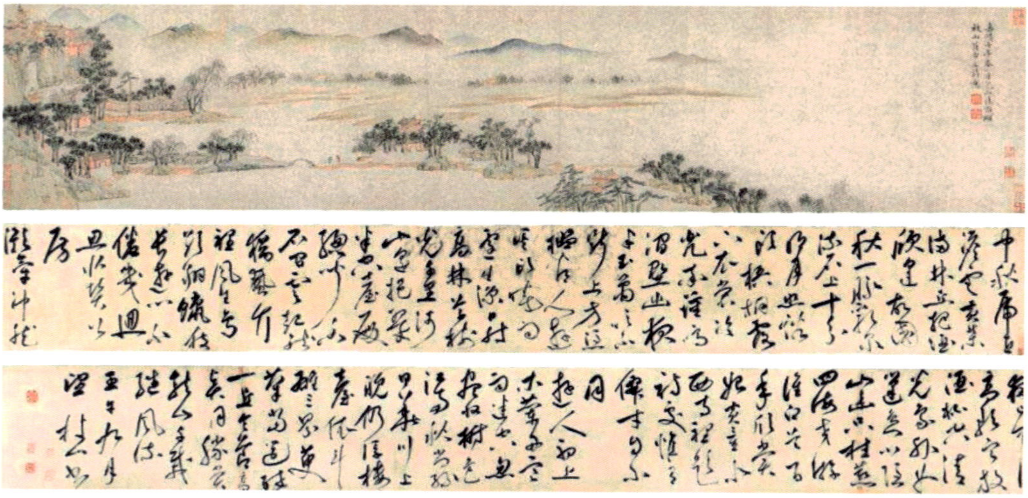

陆包山《虎丘诗意卷》　民间资料搜集

◎陆包山　虎丘诗意卷

纸本，高八寸，长三尺八寸余，设色。

嘉靖七年春二月，包山陆治补枝山翁虎丘诗意。

中秋虎丘

澹云黄叶满林丘，把酒欣逢故国秋。一脉乳泉流石上，十分明月照溪头。梧桐露下衣裳冷，兜率钟鸣涧墅幽。夜半玉箫吹不断，上方凭栏看人游。溪头晓雨遽生凉，日射高林草树光。千里河山遥挹翠，半空台殿总闻香。石间云起龙犹蛰，竹里风生鸟欲翔。蜡屐长游心不倦，几回思卧赞公房。灏气冲然夜已中，高歌宁放酒杯空。清光象外如蓬岛，小隐山幽只桂丛。四海交游谁白首，百年欣赏始黄童。水西寺里题诗处，唯有仙才自不同。

游人初上木兰舟，寒雨迷空忽尽收。树色江南秋尚绿，日华川上晚仍浮。楼台依丰雄三界，黄笔当筵醉一丘。令节高贤同胜赏，龙山千载继风流。壬子九月望，枝山书。

◎陆子传　桧峰山房图卷

绫本，高八寸，长五尺四寸余，设色。

嘉靖丙寅十月十八日为桧峰作师道，桧峰山房。文彭。

老桧蔚苍翠，群峰插玉林。常含霜雪操，自保岁寒心。黛色千寻雨，寒云十里阴。他年须大用，清庙奏元音。陈鎏。

高峰千丈碧巉岏，古桧森森翠郁蟠。琐影半空摇落日，凉声中夜响风湍。美材自合充梁栋，高韵还堪记岁寒。春雨翘然见头角，只应人作卧龙看。五芝冯符。

千仞高峰玉削成，峰头古桧翠峥嵘。蛟龙蟠舞空摇影，鸾鹤回翔时一鸣。云气常将香叶护，月华偏照偃枝明。老夫为诵少陵语，未露文章世已惊。三桥文彭。

南山矗岧尧，高桧何森森。孤根托千仞，苍翠蔚以荫。纠枝作虬龙，时为风雨吟。岩壑不改色，岁寒长此心。终期任梁栋，宁老碧山岑。茂苑徐时行。

古桧崔嵬千尺奇，风云反走虬龙姿。真人自致神仙药，骚客翻吟梁栋诗。汝爱清荫为世用，我耽深荫济当时。文章未可辞材大，大厦原因造化资。戊辰三月廿八日作画，在丙寅年也，陆师道。

我爱南山桧，亭亭傲霜雪。不作春姿妍，而存岁寒节。我爱南山峰，巍然独凌空。不落尘埃里，而与霄汉通。题品属高人，绘染鲛绡幅。我寄悬榻情，亦步阳春曲。戊辰夏六月，余将南还题此。顾梁材。

翳翳苍桧阴，氤氲蔼空碧。层峰天际开，芙蓉削奇石。上有仙人游，凌风骋朱舄。虬枝构云栖，标岩接灵宅。昆仑称帝居，兹焉可登适。白榆间瑶花，星区绕缠画。函情夙所钦，市朝聊寄迹。不见东方生，金门试辟戟。不见安石公，再蹑东山屐。相期岁寒心，为君招隐客。古娄王锡爵。

君家古桧何苍苍，问谁移之千仞岗。孤峰老干两相当，冰雪之操摧群芳。风吼铜柯龙欲狂，天连黛色鹤初翔。亳州元宫昇仙光，汉家玉台赋绮梁。主人愿保岁寒霜，不愿春风桃李香。主人愿献天子堂，不愿平泉树石庄。同邑曹子朝。

衡南芙蓉石，华西莲花巅。谁将苍云桧，植之吴峰前。郁郁老九泉，森森半左钮。声激风雨寒，影摇龙蛇走。翠岩托孤根，白雪凝千尺。坚可徂徕松，贞莲新甫柏。愿君勿小用，行奏清庙音。愿君不改色，长存岁寒心。同邑曹子登。

山之秀兮眇焉不可即上，有崒嵂之群峰。桧隐隐兮云烟常薄，恍疑潜化变幻之虬龙。矗立苍霭兮幽花野草生其下，使人对此开心胸。君何为兮孤高，独寤寐兮欣逢中。何似兮负岁寒之劲节，挺特立之铦锋，良朋高车有时而萃兮，何拘吴侬。或邀华月或引清风君之度兮，春容兴有余兮，非墉嗟，余走笔为君赋，安得脱去樊笼而相从。里人韩国桢。

亭亭山上桧，郁郁含奇姿。孤根得所植，凌寒翠不移。哲士怀贞心，因之托远思。

结庐高峰下，林莽相蔽亏。苍翠日在眼，静啸烦襟被。放情凌霄外，顾步瞩五芝。但保函独操，市朝非縶縻。勿为桃李顾，坐叹芳菲时。定宇赵用贤。

苍然君家桧，偃蹇百尺余。聊荷真宰培，移从素王植。玄飚时流响，白日为改色。虽复干云霄，一生恒孤直。咄哉清庙器，毋从不材息。吴郡王世贞。

◎**钱叔宝　山水卷**

绢本，高八寸余，长三尺八寸余，青绿。

丙子二月为见川先生写，钱穀。

难禁风雨意萧萧，新涨俄看抽小桥。碧水绕堤来窈窕，绿榆当户伴逍遥。比邻鹅鸭宁教恼，入望舟航觉轩高。江鲚推盘新酒热，南村有伴不须招。雨中漫吟一首，为见川书之。茂苑文嘉。

苍然秋色白云俱，独向天涯慰索居。匣匠千金缑民剑，怀中十载鲁连书。青山对酒烟霞里，白发当歌感慨余。世路宜教容易到，西风落日更踌躇。逢沈君典作汪显节。

宿雨开新霁，轻风飏薄空。每怜相见晚，转觉别离难。杨柳知愁折，桃花隔泪开。明朝过梨水，宁惜此盘桓。送友人之黎川作书似见川先生毛传。

饮罢青枫兴未阑，相期更探碧云弯。苍藤处垂幽涧（编者按：此处缺一字），老柏枝枝舞削岩。桃酿热处猿啼寐，松果看清鹤梦间。归路长歌看月起，云迷三十六峰寒。书似见川先生正，天都吴著。

晓涉探奇象，孤亭如望开。涛声无日夕，山色隐楼台。雪浪兼天起，云帆何处来。萧条江浦树，徙倚一兴哀。金山作袁福徽。

入山心暂寂，不觉在神州。竹外红埃隔，檐前紫气浮。策鸠惭我到，驰骥羡君游。竟日追随处，高台宜素秋。同应试诸君登鸡鸣寺禹期山樵叶崐为见川先生书。

钱公画清新俊逸，秀色可餐，意其徵仲后身乎。壬申腊月书于邗上，天都长胡文。

◎**陈白阳　山水卷**

纸本，高七寸余，长三尺。

白阳山人道复

钟鼓高城夜到山，醉留真爱石堂间。傍龛灯伴吟猿宿，渡涧风吹急雨还。坐笑菊花供短鬓，卧愁云雾满尘寰。朝晴更拟诸峰赏，万仞丹梯合共攀。三桥文彭。

云梯天畔喜同跻，面面烟峦秀可题。山静画闲僧倚仗，窗虚春暖燕争泥。遥空列岫千重出，极浦平湖万顷低。最是游人醉游处，隔林犹有鹧鸪啼。

嘉靖壬戌秋七月既望，见白阳陈君山景，余亦兴至，倩枯管题于卷尾，字之丑劣，无暇计也。雅宜子王宠。

◎**沈石田　虎丘记游卷**

纸本，高八寸余，长一尺九寸余，设色，无款，左下角有启南印。虎丘诗另纸，高同，长一丈一尺五寸，凡三接，有寒碧庄藏印十五方。

虎丘篆 /（李印）/（鼎伯父）

雨中与客从灵岩东麓而归，甚败兴，明日开朗，复为虎丘之游以记此诗

已向灵岩雨里行，云岩天肯放新晴。且从昨日论今日，道是无情还有情。花下总非生酒伴，泉头多是旧题名。人生无地休轻别，况此春明与太平。

和周桐村虎丘四绝

登登石路高缘塔，橘刺藤梢恼客衣。千顷白云诗百咏，澄江一语唉玄晖。

剑池百丈劳深壑，陵墓沉沉向此岁。千载自瞒谁不识，游人个个说吴王。

龙山何事独宜秋，可爱云岩日日游。士女出城多似雨，何须太守作遨头。

凭君莫问真娘墓，春草萋萋不可寻。只有落花如笑靥，年年恨与绿波沉。

与李兵部史西村陪秦武昌游虎丘，次武昌韵一首

青山最近城西路，城市山林向此分。流水鸣禽真作乐，落花芳草总成文。年深陵墓金应化，却换楼台火自焚。好劝使君须一宿，老僧先扫石林云。

雨中与客经虎丘望而有作

沉舟出西阊，零雨散密踪。拉拕当武丘，掀窗突孤峰。湿翠如有情，拂面来相从。岂为过不入，而顾酬礼容。行行转侧随，所向媚芙蓉。身滞意却往，旧径耳万松。题诗谢山灵，返棹须振筇。

明月雨霁复经虎丘始践昨期

天晴风息好返棹，昨日许山须到山。且因扫路一乘便，未必逢僧才得闲。泥留鹿迹片石上，云露鹤巢群木间。飘然兴尽我自去，岂为暮钟催却还。

宿虎丘松庵次张廷采韵

莲宇依山足，松溪转涧坳。风泉清互答，云月淡相交。榻始今宵借，门曾两度敲。莫言频到此，缘近郭西郊。

陪程谕德李武选吴修撰游虎丘次谕德韵，时谁人追送豆酒至

送别寻常到武丘，斯文何以此回游。峰头春阁临飞鸟，天际云帆见远舟。美酒试尝淮市豆，新诗聊戏薛公油。座中词客皆豪俊，不数当时赵倚楼。

虎丘送唐半隐归吴兴次韵

城外寻山风日清，好山原不离江城。真娘墓上花无主，短簿祠前莺有声。乌帽也宜筇竹瘦，白头还恶酒波明。羡君又向苕溪去，我话苕溪梦亦生。

虎丘寻简上不遇

老友今何出，青萝半掩门。闲嫌山近市，别住水为村。稗稏云连地，梧桐月在轩。

残径知自遣，心会不开言。和徐仲山游虎丘韵，时仲山治泉还，因以赠别。

虎丘送客地，设饯五台杪。凭高梯往路，千里空荡涤。使君都水郎，德朴文思巧。鸣之则惊人，何异丹穴鸟。导泉有鲁役，汶泗探历杳。上下务通流，百雍成电扫。三年身始归，山水苦缠绕。劝君为泉记，先意说在草。人物要相当，非君追造谁。此丘亦有泉，名赖陆羽好。饮君重乡味，勿谓杯勺小。

四月九日往西山薄暮不及行，舣舟虎丘东趾。月渐明，遂登千人座，徘徊缓步登，山空人静，此景特异，乃记是作。

一山有此座，胜处无胜此。群类尽硗出，夷旷特如砥。其脚插灵湫，敷霞面深紫。我谓玻璃坡，但是名差美。城中士与女，数到不知几。列酒即为席，歌舞日喧市。今我作夜游，千载当隗始。澄怀出清逸，瓶罍真足耻。亦莫费秉烛，岁月良可喜。月皎光泼地，措足畏踏水。所广无百步，旋绕千步起。一步照一影，千影千人比。一我欲该千，其意亦妄矣。譬佛现千界，出自一毫尔。及爱林木杪，玲珑殿阁倚。僧窗或映火，总在珠网里。阒阒万响灭，独度跫然履。恐有窃观人，明朝以仙拟。千人座之作，杨君谦仪部见和，复用韵答之。

狭径穿山腹，盘盘雄历此。吴王三千剑，意以是为砥。铁髓积广面，岁久色尚紫。山概奇窾窍，此以平为美。坐列今古人，当不知千几。集坐毕一时，僔僔嫌如市。况及实不及，千名何以始。准彼释氏诞，万亿未为耻。俗惊少摄多，走观信而喜。我登纪夜游，其面月如水。杨子时莫偕，清篇触倡起。历历到以意，不游与游比。语语尽括石，石举在诗矣。使石尚化玉，倏忽鬼入耳。玩之灵光生，戛之雅音倚。气复蒸春云，诗又在石里。瑟缩愧我辞，荆棘碍步履。自叹邯郸人，明为强追拟。

再次韵答仪部

子才五色石，补天曾以此。余才散为诗，或突或如砥。今赋千人座，秀句尚含紫。谁谓丈人丑，贵有幼妇美。一篇似难又，连篇不觉几。谓即事深刻，打搨满城市。先时漫无文，增重信伊始。我如呼风鸥，悲鸣自堪耻。子如稀有鸟，九华借风喜。上掣层霄云，下掠沧溟水。余力播此石，久静当碣起。点头有公案，悟诗与禅比。不然只冥顽，一石而已矣。我言子无答，一言而已耳。尚容答千人，琅玕杂然倚。还招旧时月，总照新象里。我复就盘陀，箕踞脱双履。咏言证千人，使石无妄拟。

夜汲虎丘第三泉煮茗月下啜

夜扣僧房觅涧腴，山童道我吝村沽。未传卢氏煎茶法，先执苏公调水符。石鼎沸风怜碧绉，磁瓯盛月看金铺。细吟满啜长松下，若使无诗味亦枯。

雪中登虎丘

月色风光知几到，好奇今补雪中缘。急排岩树开高阁，生怕溪山又少年。城郭万家群玉府，塔檐千溜半空泉。杳茶美酒殊酬酢，似此登临亦可传。

弘治癸丑岁沈周录 /（启南）

◎**陈白阳　墨华卷**

纸本，高一尺，长一丈五尺三寸，有朱卧庵、毕涧飞藏印。

嘉靖辛丑腊月望后，偶泛鹅湖，晴光可爱，有客具笔研漫写此卷，以纪胜游。白阳山人道复 /（复父）/（白阳山人）/（陈氏道复）

白阳山人善水墨写生，其传世者甚多，如此卷点染间意态逸出，墨晕如新，则仅仅一二见者，卷为邑中杨氏所藏，余六十年乃入吾手，始知物之遇合，亦自有数也。崇祯丁丑王永吉识（王永吉字曼修）/（忠纫）

谈之玮书 /（伟玉）

◎**项孔彰　五牛图卷**

纸本，高八寸，长六尺七寸余，五接，无款。接缝处有项伯子自玩、项圣谟画，孔彰、项氏孔彰等印，跋高同，长一尺九寸，此亦寒碧庄旧物。

唐德宗时关中饥困，韩晋公滉节镇东南，运江淮米十万斛以济。德宗甚德之，其翰墨游戏每喜画中，是亦渤海卖刀卖剑之意，非徒然也。吾友项孔彰临《五牛图》，毫末毕肖，深足尚也，顾孔彰名家子，铦材伟度，出而宣力国家，为天子绘九章法眼，斟酌楷定太常礼品乃所优为，是荒波断陇中物，何足留意哉。崇祯辛未初秋。竹懒李日华识 /（李日华印）/（竹间懒人）/（书趣）

◎**沈石田　仿梅道人山水卷**

纸本，高八寸余，长一丈五尺三寸余，四接，水墨。左下角有张文敏印。

沈周 /（沈氏启南）/（息翁）

川流岳峙，万历庚寅夏月周天球书 /（凝碧堂）/（周氏公暇）/（群玉山人）

石田山人画中史，盘礴青山乎石止。屋开□云漫漫（编者按：此处缺一字），涧凿山根石齿齿。两翁钓艇水中央，山花乱落浮云香。平堤十里烧痕湿，高阁一榻秋阴凉。方丈蓬壶才咫尺，瑶草琪花乱晴色。凭谁借我荆州刀，剪取烟霞半空碧。成化三年九月既望。延陵吴宽 /（吴宽）/（原博）

吴门何处墨淋漓，最是西山雨后奇。一段胜情谁会得，千年摩诘画中诗。当年诗律号精诚，晚岁还怜画掩名。世事悠悠谁识得，白头惭愧老门生。高人不见沈休文，渔子沙头几夕晖。断墨残缣和泪看，碧云千叠锁愁云。石田先生人品既高，文章敏赡，而学力尤深，出其绪余以供游戏，要非一时庸工俗匠所能及也。先生早师叔明、子久，既而无所不学，学皆逼真。晚岁喜仿吴仲圭，苍劲浑融，深得其趣，间有所作，不啻过之，

若此是也，是岂可以艺言哉！嘉靖乙巳三月十有三日，题于停云馆。长洲文徵明 /（停云）/（文徵明印）/（衡山）

米襄阳父子作画，一扫画之谬习，元则高彦敬，我朝则沈启南先生时时烂熳写之。此卷笔法纵逸，深得吴仲圭三昧，若有元气淋漓在毫楮间，宜先待诏之嗟赏也。崇祯癸未重阳识于煮字窝。雁门文从简 /（文从简）/（彦可）

◎张东海　草书自著诗卷

纸本，高五寸，长八尺四寸余，跋高同，长二尺四寸，有项墨林、张则之、刘蓉峰藏印。

假髻曲一首

东家美人发委地，辛苦朝朝理高髻。西家美人发及肩，买妆假髻亦峨然。金钗宝钿围珠翠，眼底何人辨真伪。天桃窗下来春风，假髻美人归上公。/（天趣轩）/（汝弼）

寄太常翟卿一首

报恩寺里同年会，又过莺花十四番。荣辱升沉浑似梦，死生契阔不须论。孤鸿吊月音书断，老马嘶风意气存。寄语清卿休袖手，淡云疏雨未黄昏。/（丙戌进士）

泉石问谢安石

我登东山顶，酹酒问谢公。公有调马路，我有下马松。公有白云明月两窈窕，我有蒙川醉石双玲珑。公当偏霸坐江左，我当全盛从飞龙。我生伊洛后，不敢恣倩声妓颓□风，我无边檄寄，未识淮淝一捣苻秦空。公之能事，我若不可及，公之风流，我亦不苟从，东山同各地隔数千里。我言曾入公之耳，青天望断一飞鸿，章江滔滔自流水。

安石之东山本在今之会稽，后居金陵，遂以金陵之山拟之，今以南安之东山，各随其事而戏问之，不知安石有灵将何如也，更为拟其答语，此不能记悉。东海东翁 /（天趣轩）/（东海翁）

东海翁张君汝弼为农部郎官，学问文艺为世所重，著述等身，书法入古，其奇情逸思，矫健不群，有怒猊抉石、渴骥奔泉之势。求诸古刻中，亦不一二觏也，此卷自书已作，兴会淋漓不可遏抑，高仅半尺许，而精神结湛如此，岂易为哉！予从云间张氏族人处购得之，为箧中永存珍秘。墨林子项元汴识 /（子京）/（项元汴印）

◎文三桥　忠孝节义卷

纸本，高八寸余，长七尺四寸。乌丝格，隶书，亦寒碧庄旧物。

《出师表》，文不录。

《陈情表》，文不录。

《归去来兮辞》，文不录。

《义田记》，文不录。

嘉靖戊午秋九月朔日，雁门文彭书于嘉禾学舍 /（文彭之印）/（三桥居士）

明五贤朱竹卷，纸本，高六寸，长一丈二尺余，五接，一段孙克弘，二段张忠，三段孙枝，四段蓝瑛，五段许仪。亦寒碧庄旧藏。

红竹出峡川宜都县飞鱼口大者不过寸许，鲜明可爱。/（汉易太守）

万历戊寅苏郡张忠写于佘山之翠微处 /（原孝氏）

万历壬辰中秋既望吴苑孙枝写 /（孙枝）/（泉石养间）

丁未夏日画于东皋雪堂，呈上雪居老先生教正。钱唐蓝瑛 /（蓝瑛之印）/（田叔）

竹之为种，匪一摇拽于幽林静壑间，有名黄金碧玉者，其色青黄错杂，则知人世间非无绛衣朱体，洎然而箨龙也明矣。国朝汉阳守孙公雪居，我明之吴生顾虎也。尝绘朱竹数竿，电光绰约，霞气蒸腾。时人宝之，等于彝鼎。相传者有年，识者不爱金缯以致之，云间顾元庆什袭而藏缥囊，将俟朗鉴于是吾锡祝君宗皋，一旦得之于风尘扰攘之时，烟火兵燹之际，宗皋豪迈绝伦，当干戈战争代迁鼎革，高古人之遗迹将与荆山宝璞并存于荒凉茂草间，而殷殷于片纸赭林，若相见恨晚者，此其志气在云霞碧落表矣。余自金陵归，宗皋下榻见招，出其藏中法书名绘，种种夺目，以为洵美且好矣。而君曰此犹孟浪也，吾实有钟爱者在，其在斯竹乎，在斯竹乎！诸名贤之鉴赏题赠者盛矣，予无庸赘，虽然予亦善竹者，余之竹虽不及孙，亦聊抹一枝以附骥尾可乎。明乙酉端月，一止道人许仪并题 / □□ /（正真）

万历戊寅五月既望获观于苍雪庵，雁州孙得原志 /（孙得原印）

君侯爱种竹，岁岁成清痴。竹感主人爱，化作珊瑚枝。传神入图画，照眼红参差。夜来一雨过，俨若丹霞池。芳标动伶官，截为玄管吹。置列庙乐中，雅韵和埙篪。余株慎葆护，莫遣萧君知。等闲幻赤凤，弄玉同乘骑。留看共品藻，万古扬清奇。万历丁亥岁清和月之九日，汉阳公出朱竹卷示余，把玩悦甚，爰作此以续貂并纪岁月云。江都小亭山人马应房识 /（小亭居士）/（三社僭长）

永道方先生校艺南省文章之暇，清兴遄发，几间纸笔具在，硃满石砚遂写此，君好事者，传为清玩。/（雪居）

◎文文水　烟江绿树图卷

绢本，高七寸余，长四尺三寸余，青绿，亦寒碧庄旧藏。

茂苑文嘉制图 /（文水道人）

漫游尘土古扬州，渐见繁华逐水流。烟净不迷隋帝树，珠帘犹卷杜公楼。锦帆落落邗江口，斜日荒荒古渡头。一宿琼花尘梦醒，不堪征雁动归愁。宿扬州琼花寺重题。茂苑文嘉 /（文嘉之印）

雨过烟生琪树林，殿岩丹臒带剑曛。空中高阁千峰立，桥外垂杨两岸分。积藓渐磨银榜字，摄衣时拂采霞文。玄心未遂寻真处，独向巉岩礼白云。文肇祉 /（肇祉之印）/（卷西楼）

风景江南第一州，雪塘歌曲水空流。香销月魄三千黛，烟锁花宫十二楼。远树残阳收雨脚，嫩晴浓绿满山头。题诗更会图中意，玉笛乡关何处愁。松圆老人次韵 /（孟阳）

◎姚云东　仿子久山水卷

纸本，高六寸余，长一丈二尺一寸余，四接，设色，亦寒碧山庄旧藏。

深山斜谷路纡回，排闼晴岚入座来。却忆井西精健笔，秋风落日一登台。子久画在今日已作无李论，丙申秋奉召入都，过刘佥宪邸舍出真迹见示，因摹其意遗诮东家姝，殊可绝倒。云东逸史绶 /（赐进士）/（公绶）/（古柱下史）

余与侍御姚公别几岁月矣，每展阅所图画，如对故人，昨夜半不寐，披衣静坐，抽架上卷视之，即云东仿黄子久笔也。此卷从京师邮寄来禾，每欲题识，倦怱未成，清夜焚香览之神往，他日逸史佳制，自远驾前贤，岂仅以临摹视之耶。辛丑八月望日，桐村老友周鼎手跋 /（周鼎）

夙有山水癖，烟霞笑人忙。展图得静妙，永言愿珍藏。次日又题 /（伯器）

妙手临摹不可无，后生何幸见斯图。也知擘素追前辈，但仰高风奉楷模。后学魏之璜。

罗浮山人曹义观于红竹山庄 /（曹义之印）/（罗浮山人）

◎文文水　前赤壁图卷

纸本，高六寸余，长一尺九寸余，青绿，无款，左下角有文水道人印，赋高同，长一尺七寸余，乌丝格。

《赤壁赋》，不录。

壬辰闰二月十有二日，灯前乘醉书此。文嘉 /（文嘉之印）

◎陆包山　后赤壁赋图卷

纸本，高六寸余，长三尺余，设色，赋高同，长三尺五寸，乌丝阑。

山高月小，水落石出。嘉靖戊午秋暮，作于松陵道中。包山陆治 /（陆治之印）/（陆氏叔平）

赤壁后游。三桥文彭 /（文彭之印）/（文寿泉氏）

《后赤壁赋》，不录。

万历丙子秋，书于荫白堂之南轩。文嘉 /（停云）/（文氏休泉）/（文嘉）

◎赵子昂　青骢图卷

绢本，高五寸余，长六寸，无款，左下角有赵氏子昂印。

骨立毛疏弃道旁，故人曾识望腾骧。房郎本是坐谈客，六□空题比案黄。铁龙仙伯在杜类楼书 /（东维室）/（铁笛道人）/（杨廉夫）/（铁史藏宝）

尘昏龙剑脊嶙峋，梦醒东风渥佳春。莫恨华阳斜日薄，□首犹有采薇人。南阳徐天翼 /（秋云）

惆怅东郊两秉黄，皮乾毛暗老风霜。神龙底事尫羸甚，曾轫盐车上太行。云叟。

吴兴画马天下闻，笔势不减曹将军。等闲一尺尚神异，雄姿矫矫生风云。奚官牵来不敢跨，画趋无刷幽并夜。鱼目尤疑夹镜悬，龙文宛若腾空化。丹青爱此夸雄才，制功曾历沙场来。百金谁复顾騕褭，千里自己轻驽骀。今逢天子真神圣，霆驱电扫妖氛静。斯图留与作珍藏，肯使骐驎出边境。胡穜 /（永齐）/（庐陵世家）

◎周汝南　写生卷

纸本，高八寸，长一丈三尺七寸余，四接，古拙设色，明三家题诗，缀本身亦寒碧庄旧藏。

万历壬寅孟夏写。汝南周之冕 /（服卿）/（周之冕）

一树珑璁玉刻成，飘廊点地色轻轻。女冠夜觅香来处，唯见嘴前碎羽明。大中 /（子庸）

冷香消尽晚风吹，点点无言对落晖。旧日郊西千树雪，今随蝴蝶作团飞。王穉登 /（穉登）

佐酒资文兴，催诗借羽觞。素娥乘月去，遣下紫罗裳。大中 /（子庸）

红开西子妆楼晚，翠揭麻姑水殿寒。三月莫辞千度醉，一生能得几回看。/（穉登）

脸腻垂薰似有情，世间何物比轻盈。湘妃雨后来池看，碧玉盘中弄水晶。大中 /（子庸）

江南池馆厌浮红，零落山烟山雨中。却是此人偏爱惜，数枝和雪上屏风。杜大绶 /（子行）

梅花开雪中，相看对奇绝。常教雪似花，莫遣花如雪。王穉登 /（穉登）

三秋犹解强颜红，绝好清晨风露中。不许涉江人错认，凌波着土两家风。杜大绶 /（子行）

◎王雅宜　游包山诗卷

高丽纸本，高六寸余，长九尺四寸，乌丝阑，楷书。跋高同，长三尺一寸余，亦寒碧庄旧藏。

《游包山集·旦发胥口经湖中瞻眺》三首

一

瀛壖委萑薮，地险隘山川。混沌自太古，泱漭开昊天。仰饮咸池津，俯灌东南偏。龙宫嵑瑰丽，鲛室閟幽玄。孕化晨阳吐，涵虚霄象悬。洪流既湔沛，列嶂亦回延。云标海上阙，石秀镜中莲。开冬眷肃气，落木浩无边。黄鹄有奇翼，八表恣周旋。傥遇浮丘公，欻忽蓬莱巅。

二

夙有丘壑尚，缅怀鸾鹤踪。扬帆忽夭矫，赤水骖虬龙。五湖泻松掌，三州荡云胸。金屏迎地轴，玉镜开天容。秩则四渎亚，浸维百谷空。丹丘驻日月，瑶草连春冬。绛气忽萦薄，青霞何复重。仙人蜕化处，千载空芙蓉。咄哉委腐鼠，绝顶巢孤松。

三

游子恋清晖，舟师谑高浪。水宿济前湍，蓐食凌穷嶂。云帆诧多奇，霞石非一状。龙性已难驯，鸥机弥恍荡。灵妃曳翠旗，川后褰绡帐。苍茫天地殊，倾洞风涛壮。安流伯禹功，长啸鸱夷放。昔人已摧颓，宇宙空俯仰。感德不复朝，追来胡弗畅。总绕万壑巅，振衣三岛上。彼美战胜贤，薜萝遥在望。

过石公山

岛屿屡崩奔，石林突参错。朝云正吐秀，冬水亦渐涸。槎牙熊豹蹲，蜷曲蛟龙蠖。波涛激中洞，岚霭纷上薄。金膏赤日流，石镜青天霩。表灵徵名图，延赏谐幽诺。苍鼠不惊人，丹枫时自落。兹焉可投纶，毕志甘场藿。

入消夏湾

千山玩回转，双阙开嶙峋。围作玉镜潭，流水桃花春。鸡犬自甲子，衣冠乃秦民。表里重湖阻，丹青四望匀。孤峰表日观，群峰摩天垠。波光别骀荡，霞彩相鲜新。疑觞西王池，误攀织女津。海鸥戏兰薄，游鲦莹心神。牙樯悲昔幸，玉辇罢今巡。荣华无常玩，山水有天真。尘缨聊以濯，惭而櫂歌人。

登缥缈峰

宵梦升天行，明登缥缈岭。圜海涌鲸脊，大漠冠鳌簪。吴粤倦周览，乾坤漭浮沉。千岩迁拱带，万顷逼侵澄。敲蒸塞灵濑，气候异阳阴。寥寥蹑云磴，落落扪河参。鹏霄迩灵岳，凤野开烦襟。偓佺宫中语，苍虬烟际吟。天衢非阡术，超驾有遐音。览化自靡足，怀仙伤我心。临风寄瑶草，迟而昆山林。

入林屋洞

白鹤已仙去，碧山遗宝符。齐心扣灵阙，企石窥青都。云堂袅撑柱，百人可跏趺。白玉斫隆栋，青莲缓流苏。昔人炼液处，床笫郁金铺。石乳累而长，交错如珊瑚。蛇行屡迴互，磬折穷有无。恨乏嵇生识，鸟篆空模糊。时闻神钲鸣，地底越江湖。冥濛翳日月，窅窕通蓬壶。悠然逐云卧，心将天与徒。羽毛如可就，千载有龙徂。

丙洞

天倾云日开，日映云门敞。芙蓉秀绝壁，菡萏排仙掌。下窥黯无垠，侧眺纷有象。丹藤蔓冰甃，苍苔蚀银傍。野鹿浥飞泉，寒兔逃平莽。攀萝眷仙灵，折麻私向往。访道空名山，前途浩漭漭。谁令浊世忧，拍我凌云想。

曲岩

秉云欻先登，攀崖纷广眺。孤峰上寒日，平楚腾余烧。天高风物紧，地回山川窍。饥鼯下陆梁，哀鸿相叫啸。企石揖云帆，披霞迎海峤。空水共泛澜，虚无自参照。林深养谷神，壁天团景曜。光风烂芝苓，玉髓滋萝茑。樵隐自夷犹，末路多奔峭。怀哉甪里公，千春可同调。

毛公坛

石门有遗营，涧道时屡揭。山回谷阙长，地迥琳宫閟。近峰郁交青，遥岑荡虚翠。丹井周前除，云堂俨昔位。毛公飒羽翼，白日翔鸾辔。自非山水灵，胡为异人至。石髓不盈握，图经灭余字。樵人引蔓行，鹿子御花戏。蜉蝣不崇朝，浮生漭如寄。荷莕劚黄精，终矣丘园贲。蔡师玄秀楼与诸友燕集。

人龙未逢时，林卧观元化。抗馆碧山隈，伏槛沧浪泻。连岩象云构，嵌空纷石驾。明霞丽壁珰，溅瀑翻甍瓦。其阴负缥缈，其阳展销夏。山川恣凝流，乾坤漭高下。滞居慰营愧，散帙丰逸暇。觚管闲时掺，觞酌巡时迓。我公坐时疲，乐客穷玄夜。时哉秉烛欢，合坐同所藉。

第四峰登眺

绝壁已天半，回峰犹翠微。磴危寻藓迹，风行曳云衣。野烧孤烟直，川光落日霏。樵歌浑自好，应饱北山薇。

月

半暝坐西岭，青天搏月华。长林轻卷雾，叠浪迴生霞。落落山河影，飘飘星汉槎。渔师下前濑，吹笛遍天涯。

酌胡道泉

名泉真乳穴，滴滴渗云肤。白石支丹鼎，青山调水符。灵仙餐玉法，人世独醒徒。长啸千林竹，清风来五湖。

望下山怀刘元瑞

落日赋招隐，怀哉刘伯伶。下山云不断，苕水色相新。鸾鹤偕真赏，瑶华赠美人。樵风吹未稳，空隔武陵春。

上方山

山水云门会，林篁石道微。毫光空翠落，花雨瀑泉飞。麋鹿参金镜，莓苔积宝衣。

浮沉竟何益，转觉此生非。

岩上人房

岩栖三岛隔，林卧五湖流。吐纳云霞迴，空濛天地浮。镜机纷入象，宝思漭穷幽。万事如龙蠖，无生安所求。

鹿饮泉

山似屏风叠，溪流鹿饮泉。缘源疲磴滑，扫石爱云鲜。香雨诸天洒，旃林百道穿。清风激天籁，心赏忽泠然。

玄秀楼

山川览不极，日夕庾公楼。贞观虚中谒，玄心物外游。十洲何处所，七泽迴同流。把酒浑忘我，飘飘只海鸥。

毛公坛往包山寺茂林曲坞山水回互

吾慕餐霞子，高高卧翠微。五云翻石壁，三秀郁金扉。禹穴藏符近，包山拥锡依。氤氲亘十里，牵叶挂萝衣。

包山寺

百岭自回合，天开宝树林。古幢灵影曳，风竹涧泉吟。白石参龙象，青山习道心。网罗空绻恋，吾意在高深。

蔡师西山草堂

震泽波涛天地回，百花潭水草堂开。即同康乐披云卧，时许侯芭问字来。南极客星浮禹穴，中宵海日见徂徕。山林钟鼎浑何碍，白石长歌空自哀。

林屋道中

海峤云霞虚翠屏，阆风吹袂采真行。壶中楼阁天齐动，石上瑶华冬自荣。遂有浮丘来驭鹤，似闻子晋解吹笙。金庭玉柱千年閟，日月峥嵘愧此生。

湾中览古

帝子楼船天上来，诸宫峦殿海中回。山河锦绣千年观，歌舞风尘万壑哀。泽国鱼龙吟落日，荆蛮云物怅登台。茫茫今古浑无赖，直北长安首重回。

缥缈绝顶

绝顶亲攀日月行，五湖如带自回萦。山川历历分南眼，今古茫茫混太清。万里风烟临海峤，百年身世怆浮萍。未骖鸾鹤云车远，兀坐松杉浊酒倾。

庚辰岁游包山，有《包山集》，距今丁亥八年矣。追忆胜事，历历犹在耳目间，为之怃然，今补庵先生见索，复录一遍殊足愧也。雅宜山人王宠识于石湖禅院 /（王宠私印）/（履吉之印）/（莫近溪）

丙戌之冬雅宜过余梁鸿溪上，坐剑光阁，促膝寒窗，啜茗谈心，盘桓竟日，因赴约毗陵，不能为平原十日之饮。因此佳笺，乞为楷书，以作枕中鸿宝阅。明年二月一函远寄，破箧展玩，喜极欲狂，是不特书法之精工，其览胜诸作，读之恍若卧游此卷，不几成双璧哉。古来天壤之间，全才最难，若我雅宜真不愧矣。补庵居士自题于剑光阁 /（长宜子孙）/（华氏补庵）

雅宜先生天才妙绝，荦卓不群。尝读书楞伽、石湖之间，经年不一归，每披其室，则万卷缥缃数函之画而已，其书姿诗艺皆高出汉魏之表，而楷法尤精工，自乐毅黄庭之外，虞褚诸家无不毕罗胸中，运诸腕下，即古人莫能逾之。此卷乃其游包山诸仆生平所作，行草小楷散落人间，不下数本，然而精工超诣，莫过于此，盖补庵先生于兹道颇深三昧，故雅宜极力用意者耳，展阅之余，不胜神往，漫笔识之。三桥文彭 /（文彭之印）/（文寿泉印）

◎莫云卿　书画卷

纸本，高四寸余，长一丈五尺，四接，画在中间一段，三尺余水墨极冷隽，画上有裕甫、敏仲两家题《泛秋水赋》。/（思玄亭）/（宝勤堂书画记）

澹兮澄秋，江平自流。天光渺渺，波容悠悠。扬双舲以沿泛，倚飞庐而夷犹。遵曲渚以回望，引明沙而纡眸。

触爽气于下濑，趁轻烟于长洲。而其丹枫濯锦，青苹沸凉，芙蓉映秀，兰芷搴芳，榜人奏歌，渊客停觞。罗裾荡兮溪风远，明珰解兮川月光，结汉女兮意难绝，邀湘娥兮欢未央。将容与兮忘返，讵迷津之我妨。

云舞影

伊太虚之寥廓，播玄阴之轻盈。翳贞明于万象，迈神景于八纮。或联绵以郁起，或分窜而孤行。若衔枚而搏战，似拥盖而相迎。既山移而石运，复兽骇而鸟惊。遥林暝而含秀，澄川黯而沉明。霏霏纷纷，郁郁英英，触危不陷，就高不倾。欲追之而灭迹，亦听之霏声。翕散何凭，往来难量，厚薄无心，卷舒谁当。更幻化于须臾，会鬼神之情状，混乾坤于鸿濛，郘寰区于块漭。愿巨灵之作嗔，驱长风而扫荡。

隆庆元年四月十二日漫录旧作二赋于吴门舟中是龙 /（贞一道人）/（莫生）

后朋为如野作 /（莫伯子）/（后朋云卿）

暮色倚柴扉，苍茫入翠微。山深宜避俗，久坐顿忘归。裕甫 /（画隐）

千岩万壑水潺溪，竹树渟渟带远山。行到绿荫聊对坐，绝胜车马市朝间。丁卯夏日敏仲为如野题。

巫山高

巫山高入青冥端，十二峰头云雨寒。谁作朝云谁暮雨，参差谓是阳台女。翩然丽质下风头，来侍荆王梦里游。绮缋罗纨光错落，敛容心结空绸缪。欢情未终忽称遽，蕙帐魂销不知处。只今云雨自萧萧，千古荒祠竟寂寥。

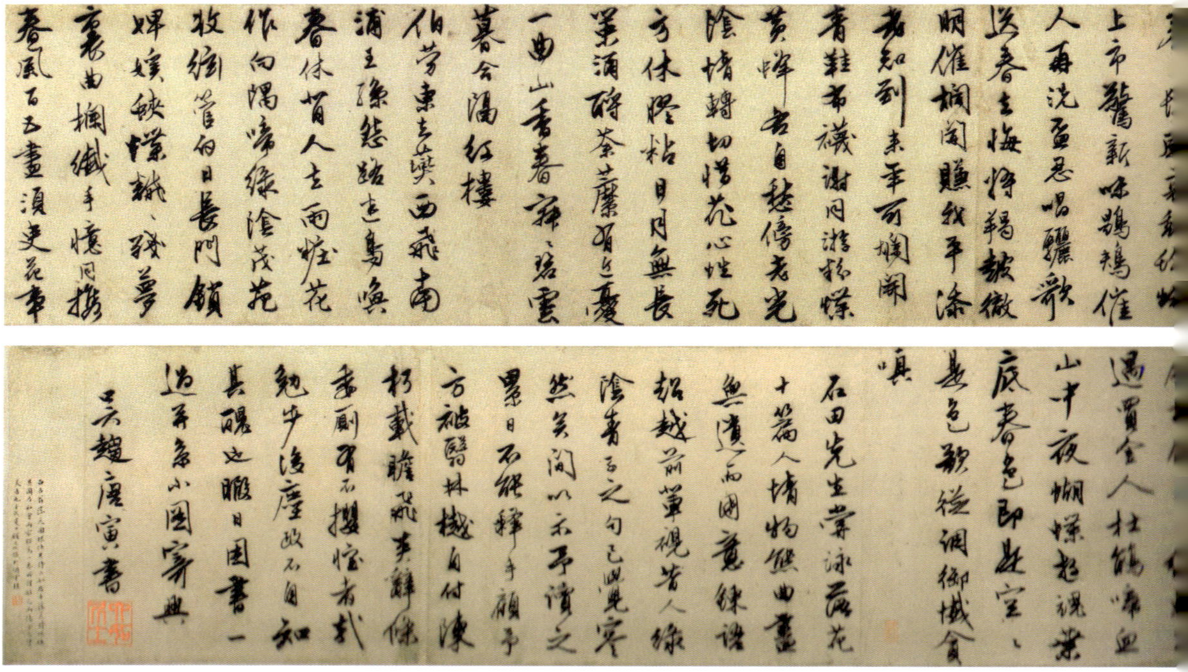

沈周、唐寅合璧《落花诗画卷》　辽宁博物馆藏

战城南

战城南，战士苦城南，啼儿北郭哭父。白骨嶟嶟，黄沙日昏。野死不葬，腐肉饥鸟吞。生为男子，饮冰万里。战场虽云苦，功名安可已。奋身当劲敌，徒手搏猛兕。谁复顾家室，但知轻生死。战城南，无伤悲，战败一身灭，功成万方威。遏乱扬王灵，征尘息边陲。丈夫意气横，四海少壮悬，弧宁尔为。四月望日，漫书于毗陵道中。云卿似如野 /（莫子是龙）/（莫生）/（蔗林珍赏）/（富春董氏考藏书画记）

◎沈唐合璧　落花诗画卷

纸本，高八寸余，长四尺五寸。诗高八寸，长一丈六尺。沈周 /（启南）/（石田）

刹那断送十分春，富贵园林一洗贫。借问牧童应没酒，试尝梅子又生仁。若为软舞欺花旦，难保余香笑树神。料得青鞋携手伴，日高都做晏眠人。

夕阳黯黯笛悠悠，一霎春风又转头。控诉欲呼天北极，胭脂都付水东流。倾盆怪雨泥三尺，绕树佳人绣半钩。颜色自来皆梦幻，一番添得镜中愁。

李态樊香忆旧游，蓬飞萍转不胜愁。一身憔悴茅柴酒，三月光阴燕子楼。爱惜难将穷袴赠，凋零似把睡鞋留。红颜春树今非昨，青草空埋土一丘。

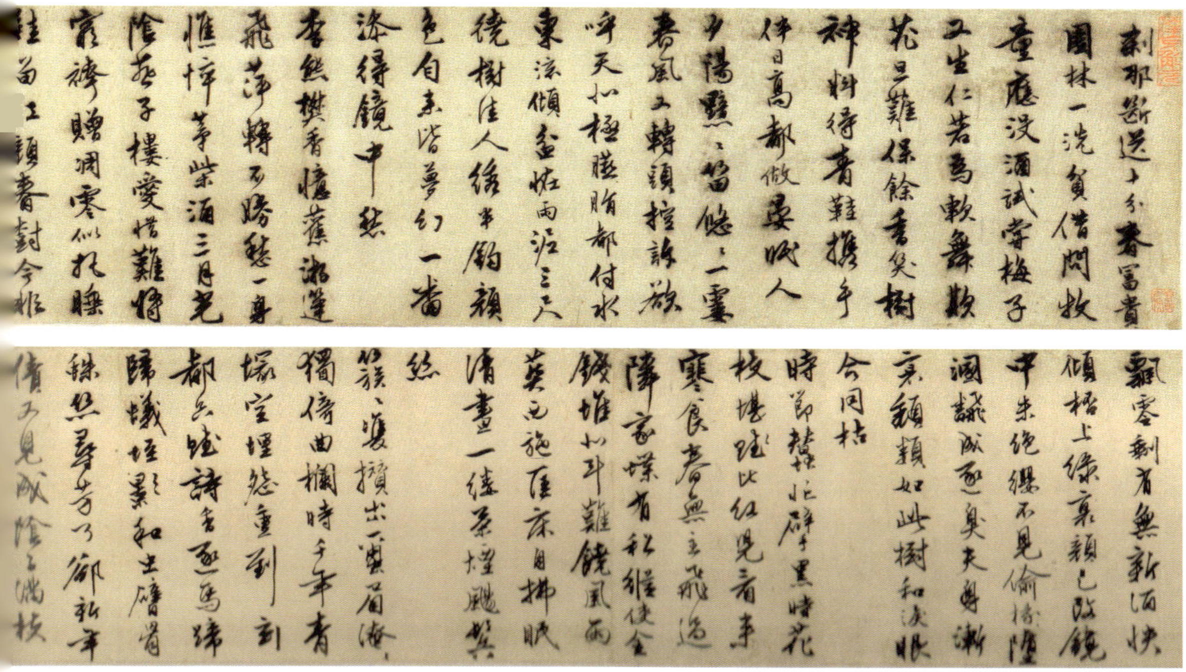

杏瓣桃须扫作堆，青春白发感衰颓。蛤蜊上市惊新味，鹍鸠催人再洗杯。忍唱骊歌送春去，悔将羯鼓彻明催。斓开赚我平添老，知到来年可斓开。

青鞋布袜谢同游，粉蝶黄蜂各自愁。傍老光阴情转切，惜花心性死方休。胶粘日月无长策，酒酹荼靡有近忧。一曲山香春寂寂，碧云暮合隔红楼。

伯劳东去西飞燕，南浦王孙怨路迷。鸟唤春休背人去，雨妆花作向隅啼。绿荫花苑收弦管，白日长门锁婢傒。蛱蝶翻翻残梦里，曲栏纤手忆同携。

春风百五尽须臾，花事飘零剩有无。新酒快倾杯上绿，衰颜已改镜中朱。绝缨不见偷香椽，堕溷翻成逐臭夫。身渐衰颓类如此，树和泪眼合同枯。

时节蚕忙擘黑时，花枝堪赋比红儿。看来寒食春无主，飞过邻家蝶有私。纵使金钱堆北斗，难饶风雨葬西施。匡床自拂眠清昼，一缕茶烟飏鬓丝。

簇簇双攒出茧眉，淹淹独倚曲栏时。千年青冢空埋怨，重到玄都只赋诗。香逐马蹄归蚁垤，影和虫臂罥蛛丝。寻芳了却新年债，又见成荫子满枝。

芳菲又谢一年新，能赋今无八斗陈。情薄错抛倾国色，缘轻不遇买金人。杜鹃啼血山中夜，蝴蝶游魂叶底春。色即是空空即色，欲从调御忏贪嗔。

◎文衡山　重阳风雨画诗卷

纸本，高七寸余，长三尺三寸余，设色，无款，有徵仲玉兰堂印，“唯庚寅吾以降”三诗，高同，长五尺二寸余。

词翰三绝，潘纬题 /（象安）/（潘纬）/（金门大隐）

追和匏庵先生，续潘邠老满城风雨近重阳之作四首

满城风雨近重阳，暝色寒声漫绕堂。明日阴晴难自料，一时牢落已先尝。衰颅偏映乌纱白，病脸何如野菊黄。四美难并何用叹，但令有酒荐桑郎。

满城风雨近重阳，迁辙何人顾草堂？此日衣成聊自授，明朝酒熟共谁尝？秋深泽国莼空紫，霜薄洞庭柑未黄。怪底白头多寂寞，子云曾是校书郎。

满城风雨近重阳，嬴得经时懒下堂。郭外登高空有约，篱边把菊若为尝。水乡切玉羹菰米，野艇流膏擘蟹黄。自笑素居空健羡，一时风味属何郎。

满城风雨近重阳，狼藉苔痕欲上堂。空拟萸囊修故事，多应秫酒负新尝。吹香刚爱江苹白，栖亩还怜晚稻黄。税足闲门无吏扰，诗成终自愧潘郎。

九日雨晴再叠二首

满城风雨近重阳，雨歇呼儿净扫堂。短发不羞纱帽落，新篘拟对菊花尝。香生老圃秋容淡，鸟语风檐旭日黄。便倒一樽酬令节，山僮会唱贺新郎。

满城风雨近重阳，一日雨晴秋满堂。通籍曾叨供奉列，赐糕亲拜御筵尝。宫壶泻露金茎碧，禁署含辉琐闼黄。此日江湖回白首，龙钟谁识紫薇郎？

辛丑七月三日书徵明 /（停云）/（文徵明印）/（悟言室印）

诗字画三家，颛一家者不易，文待诏盖兼之。今观卷中诗真率，字遒劲，画古雅，足称三绝矣，其诗六章皆续予家邠老“满城风雨近重阳”之句。余于字画无所知，独于诗童习之，迄今白首，安得邠老语，使如待诏者续而和之展玩，因以自哂。丙申春新安潘纬书 /（潘纬之印）/（潘安篆印）

◎赵文敏　墨君图轴

纸本，高二尺三寸余，阔八寸余，有笪江上刘寒碧藏印。

子昂为伯庸试绣吮墨作此 /（赵氏子昂）

忆昔吴兴写竹枝，满堂宾客动秋思。诸公老去风流尽，相对茶烟飏鬓丝。文信 /（文信）

晴梢初放叶可数，新粉才消露未干。大似美人无俗韵，清风徐洒碧琅玕。河东李倜。

挺挺琅玕玉涧边，半含春雨半含烟。怪年笔底清如许，老子胸中有渭川。敏 /（吕志学印）

松雪斋前见此君，白鸥波令翠纷纷。萧骚不是湘江雨，要眇还成楚峡云。惟善 /（曲江老人）

冰轮西转玉绳横，何处紫鸾嘶玉笙。却似宫女烧烛熊，石龙风雨作秋声。老铁桢在云间舒眉处试铁心颖 /（杨维桢印）/（铁笛道人）

以上五家题本义。

湖州逸法共东坡，友石于今不可过。一段天机真假际，赵公妙手即文苏。铁冠道人詹僖题 /（詹仲和）

赵文敏《墨君图》真迹为神品第一，近得于邗江张氏与天球拱壁并室，宜什袭藏之，江上外史笪重光。辛未夏六月廿七日重装记 /（笪重光印）/（始青道人）

以上二家题绫边。

◎萧尺木　山水卷

纸本，高九寸余，长二丈四尺二寸余，设色。

画亦戏事也，而感慨系之，少时习业之暇，笃志绘事，寒暑不废，迁流离迁播，齿落眼朦，年五十而谆谆然若八九十者，遂握笔艰涩，间有索者，则假手犹子一芸。芸年才廿余，即游雪，溯湘衡，以画著声。复归余，益加精励而门已铁限矣。见余愀僝郁郁，不复读书，灯荧茗瀹，忽作悲吟之余，乃申纸研墨，冀一见猎生喜。余亦破涕为欢，下笔刺刺不休。自秋叶藏红，冬雪肤白，代谢未几而群芳恣艳，为己丑之春。今日也尝忆《竹林图》，晋遗民南北之阮，窃已愧矣，而复有小儿破贼于淝，令东山老子折屐。人处乱世，上不得击棹纾奇，次不得弹琴高蹈，而优游尘土，画青山而隐，则吾与芸子解衣磅礴，相附于长康探微之流亦足矣，他复何愿。寒食日石人云从识 /（郭恕先生）/（萧云从）/（读书秋树根）/（钟山梅下人书画）

◎居商谷　青山夜雪图轴

纸本，高二尺六寸余，阔七寸余，设色，寒碧山庄旧藏。

青山一夜雪，晓色杳难分。岩壑深埋树，人家半住云。苍茫四野合，寥落一钟闻。日上高林动，寒晖接霁氛。居节 /（居节印）

雪霰飘何甚，因风袅更斜。腊迟偏为谷，春闰未凝花。曙色开银甃，寒光入绛纱。床头社酒热，扶醉到邻家。文嘉题 /（文嘉印）

◎文徵明　吉祥庵图轴

纸本，高二尺八寸余，阔一尺一寸余，工笔设色，有项子京、刘蓉峰藏印。

徵明舍西有吉祥庵，往岁尝与亡友刘协中访僧权，鹤峰过之，协中赋诗云："城里幽栖古寺间，相依半日便思还。汗衣未了奔驰债，便是逢僧怕问山。”徵明和云：“殿堂深寂竹床间，坐恋樱荫忘却还。水竹悠然有遐想，会心何必在空山。”越数年过之，则协中已亡，因读书题，追次其韵。“尘踪俗状强追间，惭愧空门数往还。不见故人空约在，黄梅雨暗郭家山。”时弘治十四年辛酉也，抵今正德庚辰廿年矣。庵既毁于火而权师化去，今复数年，追感昔游，不觉怆失，因再叠前韵：“当日空门共燕闲，伤心今送夕阳还。劫余谁悟邢和璞，老去空悲庾子山。”他日偶与协中之子穉孙谈及，因写此诗并（追）图其事，付穉孙藏为里中故实云。时十六年辛巳二月八日也。/（徵明）/（停云主）

◎仇实父　瑶台清舞卷

纸本，高五寸半，长二尺六寸，设色。

仇英实父制 /（实父）/（仇英）

瑶台清舞，丁巳秋七月望，群玉山樵书 /（静怡轩）/（周天球印）/（周氏公瑕）

观舞赋（张衡）

客有观舞于淮南者，美而赋之，其辞曰：音乐陈兮旨酒施，击灵鼓兮吹参差，叛淫衍兮漫陆离。于是饮者皆醉，日亦既昃。美人兴而将舞，乃修容而改服。袭罗縠而杂错，申绸缪以自饰。拊者啾其齐列，船鼓焕以骈罗。抗修袖以翳面兮，展清声而长歌。歌曰：惊雄逝兮孤雌翔，临归风兮思故乡。搦纤腰兮互折，嬛倾倚兮低昂。增芙蓉之红华兮，光灼烁以发扬，腾嫮目兮以顾眄。盼烂烂以流光，连翩络绎，乍续乍绝。裾似飞燕，袖如回雪，于是粉黛施兮玉质粲，珠簪挺兮缁发乱，然后饰笄揽发，被纤垂萦，同服骈奏，合体齐声，进退无差，若影追形。

美人四咏

一曲清歌堪断肠，凌波惊起采鸳鸯。石湖曾照西施影，菱叶荷花水殿妆。

春酒淋漓翡翠裙，鸾歌凤语诧新闻。宫中第一还飞燕，洛下当筵是紫云。

玉苑芙蓉湛紫虚，仙人宜驻七香车。若教金谷园中见，千种名花尽不如。

武陵千树夹桃华，幻出天台五色霞。刘阮亲从人世得，襄王翻向梦中夸。

丁亥春仲，集九畴斋中观舞，命书舞赋，书后有余纸，复书旧作四绝，殊不足与平子并列也。雅宜山人王宠识 /（王履吉印）

清舞赋

畅幽怀以良构，集城隅之桂堂。睇景物之澄霁，娱宴曲以徜徉。飞羽觞以候月，思清舞于楚妆。谢丝竹之繁响，出明迴之瑶英。纡罗縠以骋妍，垂金缕之飘萦。吐微音以按节，翥修袖以双迎。而乃张翕合机，长短中度，俯仰应规，低昂协序，始差池以燕翻。终连轩而凤峰，既迁延而如疑。又宛转而生态，欲进不前，将来复去，飒还回风雍容，凝露指会，飞蛾临岐，杨絮步芳褥而若定，纵轻躯而如赴。覆玉掌之盈盈，流横波之渺渺。烛朱颜以向霄，飐晔葩于清晓。眉娟以珠颦，髻嵯峨而烟抱。弱腰屡盘柔骨，迅绕穷丽极娇。不可悉道，既魂摇而目眩，恍不知其所为，微笑以敛容，忽月转而星驰。讵天工之敏巧，匪人谋之与斯，怅奇观之难再。重追往于兹时，迈阳河以绝尘。岂巴渝之可伍，俾邯郸之步失，何淮南之足顾。使广场之张乐，于清舞其孰与。嗟人情之尚靡，持弘论其谁语。

丁巳孟夏十六集棐几斋观瑶生清舞，偶叨授简率成此赋，群公珠宝，当连络辉映，不斐谬记。秉韦之义，聊为先驱云。张凤翼伯起 /（张生伯起）/（石湖长）/（茂苑）

棐几斋观舞，还坐桂堂，对月感怀五首

月华初向桂业收，怅望仙姿不可留。云雨无端一城隔，梦魂何处五更愁。啼乌曲尽歌声杳，栖凤衾寒漏满悠。酒渐醒时肠欲断，有人欹枕在朱楼。

入夜云踪倏已收，多情明月为谁留。漫夸词客皆能赋，若想花容总是愁。绮窗归来香袅袅，莺簧歇处韵悠悠。空怜弄玉期仙去，吹彻秦箫独倚楼。

舞袖新从月下收，锦茵犹在暗留香。当筵共诧真无价，南国虚传有莫愁。鹦鹉啼花春已尽，琼枝泣露夜偏悠。美人只隔胥江水，清梦空悬十二楼。

斗转瑶空玉露收，明妆仿佛绮筵留。片时对酒三春意，一夕怀人两地愁。魂逐余香常馥馥，恨萦娇盼最悠悠。欲知别后想思处，独自凭栏水上楼。

永日华筵未拟收，玉人卜夜恨难留。瑶琴写怨歌三叠，藻翰缄情咏四愁。花槛独凭红药谢，鱼笺欲寄绿波悠。尊前暗忆城西路，灵想蓬莱有玉楼。

后九日诸君赓和见示再次三首

琴心凌乱若为收，茂苑春归不暂留。燕影梁间明月吟，莺声槛外落花悠。琼瑶欲赠人何远，环佩空闻梦转悠。此夜清尊谈往事，可堪哀角送谯楼。

听彻新声锦瑟收，花前曾记共淹留。瑶台信宿仙韶回，银汉迢遥鹊驾愁。对舞璧人云缈缈，双栖紫凤夜悠悠。秦源暂入徒为而，定隔重帘望五楼。

绝缨谁向楚筵收，授简空余藻赋留。黄竹频歌归处恨，紫云难乞见时愁。绡分鲛织冰丝薄，扇拟班裁月影悠。牛渚闲吟望牛女，夜深孤鹤过江楼。汝南袁尊尼鲁望 /（尊尼）

奉次吴门

晚风吹拂暑烟收，曲宴重开醉客留。竹外云来疑昨梦，花前月出浣新愁。惊鸿妙舞情偏逸，雏凤娇歌韵转悠。绮席瑶屏围叠嶂，恍然身在阆风楼。

五城鱼钥禁营收，欲按霓裳许暂留。纤手双垂金缕窄，弱腰旋贴翠娥愁。流风激雪轻含态，娇眄回波盼更悠。几遍舞头从入破，曲终人向紫宫楼。

满地氍毹簇未收，玉山颓处少扶留。桃花旧说能迷路，杨柳今看击别愁。陌上空歌归缓缓，尊前无语恨悠悠。狂心愿学骑鲸客，椎碎连云黄鹤楼。

月淡花阴露彩收，金杯银烛片时留。芳颜一笑真倾国，才子多情却易愁。鸾驭忽催箫史去，羊车难望璧人悠。应知掷果争看处，帘卷金阊十里楼。

幕府归来叶偻收，赤松曾不计封留。东山高卧久忘世，南国伤春病独愁。莺语落花增怅望，马嘶芳草去飚然。空吟朗月思玄度，安得乘风入谢楼。

再次涔泉

落霞飞逐片帆收，欲采芙蓉曲诸留。一水盈盈千里隔，双星脉脉两情愁。鹊桥缥缈劳延伫，蝶梦飘扬觉谬悠。赢得沈郎腰带减，空吟八咏寄江楼。

再次灵虚

玉屑云端未羡收，相出消渴苦淹留。章台跃马增新妩，白下离鸾怅莫愁。谁窃露桃平团近，方口碧玉楚天悠。翻怜徐福辞秦地，瑶岛千花拥雾楼。

再次吴门

歌梁尘散舞筵收，云去阳台挽莫留。剪烛题诗消永夜，折花倾酒伴牢愁。红儿百咏牵情剧，青女三秋别思悠。调识袁郎风调逸，横江西望倚船楼。沛彭年孔加 /（隆池山人）/（破研斋）

月白空庭宿雨收，瑶台人去怅难留。若为清漏偏催别，无奈秾欢转作愁。心逐片云同冉冉，梦随娇唱雨悠悠。凭谁寄语含情处，不为伤春独倚楼。

恍忽芳云倏忽收，苕华不为月华留。舞茵犹忆仙仙态，竹翠空含袅袅愁。凤去碧城春信杳，蝶迷红叶夜魂悠。海天极目应惆怅，蓬岛虚无起蜃楼。

怅忆残更倚席收，几时重向桂蒙留。窗中百舌惊新梦，天外千丝搅独愁。何处舞香春漠漠，谁家歌玉夜悠悠。芳踪却恨严城隔，不及栖乌起城楼。

舞席余香夜未收，更扶残醉为淹留。绝怜有恨偏成态，相对无言不道愁。环佩入云应缥缈，心旌经则转飚悠。空床病忆秦声切，谁为吹箫倚凤楼。

霁月澄鲜露未收，霓裳伤别恍神留。空怜徐福归三岛，谁谓张衡止四愁。飞燕惊时香剪剪，逝川回处恨悠悠。由来肠断缘春色，不奈垂杨袅画楼。茂苑张凤翼伯起 /（凤翼）/（鸣琴宝印）

月转梧桐绮席收，舞裙歌扇兴仍留。只疑北里逢多惜，可似男伶见莫愁。坐近清兰香奕奕，看残红蜡思悠悠。怜余顾曲要欢意，新谱低传上小楼。

横施画障未教收，枕藉芳裀判醉留。转盼向人微作意，低回含态悄生愁。腰矜弱柳枝相亚，声却新莺韵更悠。竟夕凝眸浑不寐，哪知明月堕西楼。

彩云不为晚风收，娇艳都凭夜色留。芍药有情花并笑，苕华无爪玉无愁。求凰朱凤清辉映，比翼文鹓逸态悠。空向瑶池注新藉，面门应赴会仙楼。

纤雨轻云一霎收，上清仙驭肯虚留。须臾入梦高唐事，只尺牵情宋玉愁。恍见舞回花影动，不禁肠断笛声悠。金昌非远城西路，似隔蓬山十二楼。

声绕歌梁袅未收，弄珠人去夜光留。花迷阆苑翻成恨，玉在蓝田祇种愁。寓目游丝俱渺渺，惊魂飞蝶两悠悠。凭谁乞取壶公术，相挟吹箫上玉楼。

六止居士周天球次 /（周天球）/（群玉山人）

碧梧庭下雨初收，青鸟书传绮席留。香送玉人来夜日，舞回红袖破春愁。行云渺渺歌声断，去水迢迢心事悠。西望瑶池暮烟隔，可怜箫史在秦楼。

淡月笼烟暝色收，碧桃曾为阮郎留。由来粉面能消醉，未许春心不解愁。珠点汗光花露泫，波回娇盼峡云悠。层城十二吹笙去，目送青鸾独倚楼。

银烛淋漓兴未收，且邀明月为相留。一声啼鴂催春去，数点寒鸦入暮愁。香散舞茵花寂寂，云迷歌扇思悠悠。不知鸾鹤归何处，且断仙家十二楼。

惊魂缥缈倩谁收，歌舞台空有恨留。蝴蝶难通今夜梦，桃花添得去年愁。香消金鸭炉烟冷，怨入芳兰琴韵悠。只恐柔肠容易断，莫教羌笛倚高楼。

狼藉巫云不可收，西飞陇月去难留。瑶台露冷迢迢夜，琼楼花残片片愁。驾羽人疑蓬岛隔，临风心似旆旌悠。思君辗转不成寐，清梦何缘到画楼。坚瓠生陆安道 /（陆安道印）/（陆氏子行）

日色溶溶雨乍收，春风曲宴每相留。名花有意千金笑，细草撩人一片愁。歌叠楚云声细细，舞翻胡袖意悠悠。谁令洗却迷花眼，不羡吹箫倚凤楼。

月华初上彩霞收，无限春情醉眼留。云驭不禁清漏促，翠娥空簇浅山愁。欲寻瑶草仙源杳，为采琼芝蓬岛悠。试蹑碧云窥远峤，美人多在晚妆楼。

狼藉杯盘夜未收，骖鸾人去竟难留。酒边狂客悲张放，云里佳人忆莫愁。满地落花心自碎，一天凉月思偏悠。伤怀莫问城西路，雾锁昆台十二楼。

一曲霓裳调未收，严城鱼钥许谁留。依微短梦终宵恨，咫尺孤云万里愁。阑思萦回春恋恋，蕙心迢递晚悠悠。归来醉卧空尘土，月色低迷杨柳楼。玄玄子元发次 /（遂初）/（文元发）

客金陵有怀再叠前韵五首

主人送客舞筵收，自叹淳于不待留。醉里朦胧忘底事，别来摇落易生愁。书御三鸟天何远，梦逐双鱼思漫悠。极目江山转惆怅，月明独立仲宣楼。

芦汀入夜片帆收，又是空门此夕留。信美江山王粲赋，非干风月沈郎愁。花明吴苑人何处，潮落秦淮水自悠。长留不知孤回意，一声凄断起高楼。

烟落芜城一雨收，新凉孤馆怅淹留。仙台不少云通梦，灌木偏多鸟唤愁。鸡寺钟鸣天耿耿，鸾车箫咽夜悠悠。无人解识春风恨，有酒谁浇李白楼。

隔江花事已全收，无复笙歌子夜留。楚殿何云邀彩赋，女墙唯月伴羁愁。凉催络纬惊心切，水落芙蕖引思悠。珠箔亦知多胜事，牧之名已薄青楼。

梦里相逢泪未收，凉风况是客中留。不知今夕还何夕，只觉新愁即故愁。笼鸟有情空恋恋，飞花无言独悠悠。佳期多在秋期后，乘月应须醉庾楼。凤翼 /（冷然居士）

◎**唐子畏　行书诗卷**

成弘纸本，高九寸余，长二丈五尺，八接，两色纸。

新春

春来踪迹转飘蓬，多在莺花野寺中。昨日醉连今日醉，新年穷似旧年穷。漫吟险韵邀僧和，暖簇薰笼与妓烘。寄问社中诸契友，心情比我可相同。

元宵

有灯无月不娱人，有月无灯不算春。春到人间人似玉，灯烧月下月如银。满街珠翠游村女，沸地笙歌赛社神。不展芳尊开笑口，如何消得此良辰。

立夏

三月尽头刚立夏，满斟芳酎送残春。共嗟时序如流水，况是筋骸欲老人。眼底风波惊不定，江南樱笋又尝新。芳园路属桃花坞，拟伴渔郎去问津。

梅雨喜晴

雨为黄梅破四旬，水津平地汗津身。风将棹泊翻东海，天迫楼开近北辰。叵罗中浮初霁日，阑干上见远行人。诗成酒醉依然醒，拭眼西山紫逻新。

兵胜雨晴

电扫干戈复太平，天开晴霁拟丰登。一朝顿减糟糠价，半夜收回鼓角声。天子圣明成大庆，野人欢喜保残生。遭逢盛事须歌颂，惭愧无才达下情。

闻鸡

三通鼓角四通鸡，天渐黎明月渐低。时序秋冬复春夏，舟车南北与东西。眼前次第人都老，世上参差事不齐。要向其间求稳便，一壶浊酒一餐斋。

责猫

剔起书灯放酒螺，丁宁软语责狸奴。纵令鼠辈横如此，坐廪鱼餐将若何？偷眼觑盘涎欲堕，拳腰入被睡成窝。自缘尾大如蛇懒，岂为年来醉薄荷。

来教索书鄙作，谟且数纸，词笔俱恶，惭愧，惭愧，友生唐寅顿首元善谭先生至谊。/（六如居士）/（逃禅仙）

石田先生尝咏落花十篇，人情物态曲尽无遗，而用意炼语超越前辈，视昔人绿荫青子之句已觉寥然矣。间以示予，读之累日，不能释手，顾予方被翳林樾，自忖陈朽，载瞻飞英，辞条委厕，有不撄怀者哉！勉步后尘，政不自知其丑也。暇日因书一过，并系小图寄兴。吴趋唐寅书 /（六如居士）/（南京解元）/（唐伯虎）

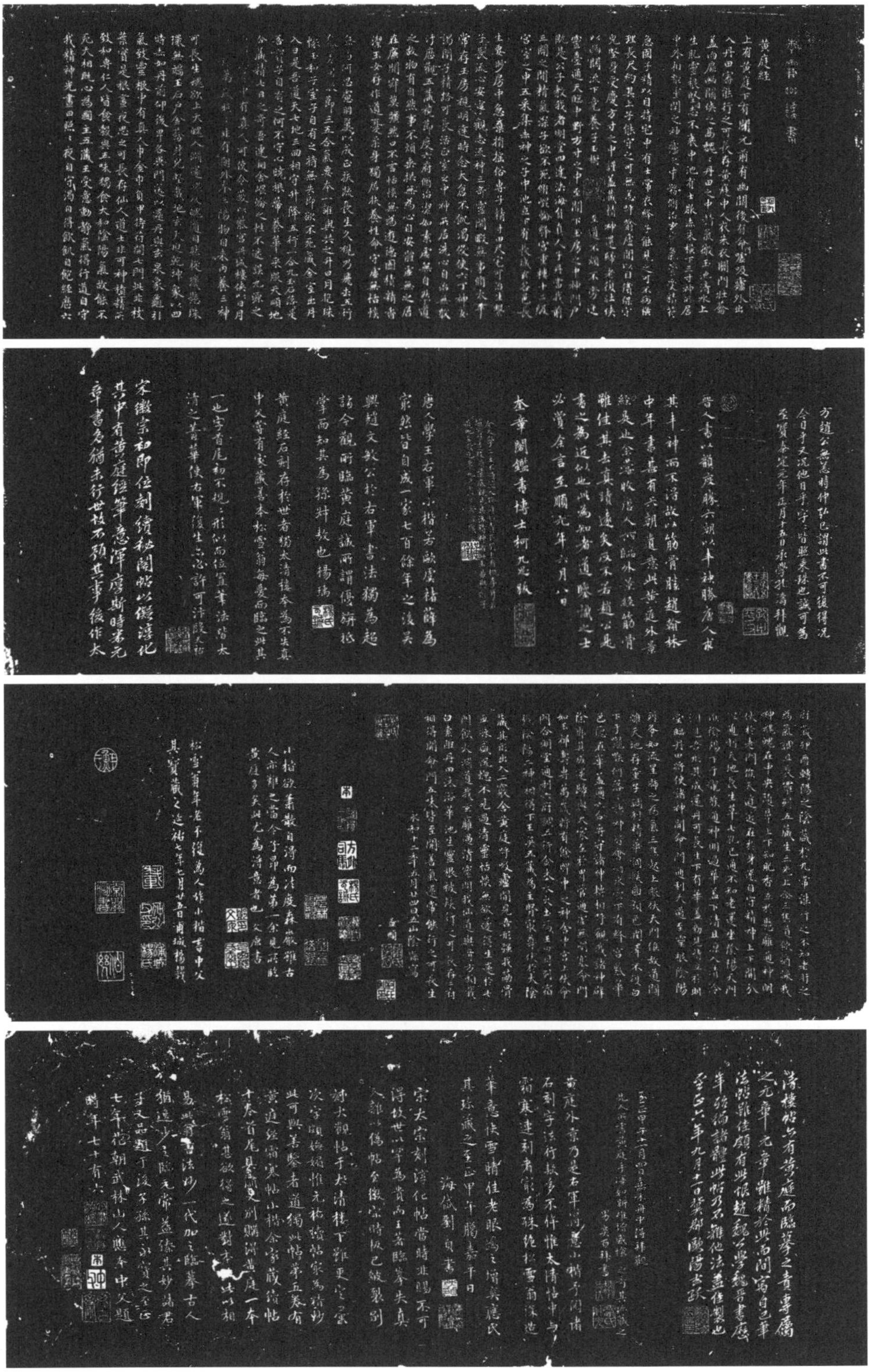

《过云楼藏帖·董文敏楷书黄庭经卷》　苏州碑刻博物馆藏

◎董文敏　楷书黄庭经卷

高丽纸本，高六寸余，长八尺八寸，三接，隔水绫上有梁蕉林印。

经不录。

吾尝遇异人传内丹之诀与《黄庭经》中语，如两镜相照，了无疑惑。若右军《黄庭》欲拘欲纵，若灭若没，政是火候消停处，人讲右军书，道经便有羽人飞仙气象不虚也。此本从褚河南，绫本所摹，尤为铁中铮铮。壬戌孟冬二日识。其昌 /（董其昌）/（玄宰）

董文敏书直接晋唐，远过文祝，有明书家为第一。此卷临“黄庭”，得右军笔意，似嫩而老，似拘而纵，脱尽本家面目，晚年书跌宕变化，潇洒天真，无复此精谨矣。余见文敏书甚多，亦尝以此为第一，旧藏真定相国清閟，不知何时逸出，真定收藏赏鉴为本朝之冠，印识宛然，余言益信而有徵矣。康熙后壬寅七月十有七日良常王澍记 /（王澍印）/（虚舟）

宗伯公极不惜书，然于小楷则又不可多得者。此为于蕃临《黄庭经》笔法与右军若离若合之极，所以数称至于。丙寅二月花朝识眉公 /（陈继儒印）/（眉公）

右军“黄庭”为正书之冠，临池家不从此人便非正宗。此卷字形大小与古本虽有小异，文敏尝云临帖如骤遇异人，不必相其耳目口鼻。尝观其真精神流露处，吾于此异卷亦云。乙亥中秋后五日。毗陵唐宇肩识 /（唐宇肩印）/（字曰营若）

甲寅十月江阴沈凤观于吴门寓斋。

此卷余于康熙后壬寅从都门见之，曾为题识。今于嘉定陆幔亭先生处重观。不觉一纪余矣。展阅之次如对古人，兼为此卷庆得知己也。甲寅十月良常王澍书于吴门邸舍 /（王澍印）

◎唐子畏　字轴

纸本，高四尺三寸，阔一尺余，寒碧庄旧藏。

龙头独对五千文，鼠迹今眠半榻尘。万点落花都是恨，满怀明月即忘贫。香灯不起维摩病，樱笋消除谷雨春。镜里自看成大笑，一番傀儡下场人。漫兴一律。晋昌唐寅书 /（南京解元）/（六如居士）

◎许樗仙　山水轴

白藏经纸，高一尺七寸，阔九寸。隶书。款有朱卧庵印。亦寒碧庄旧藏。

正德丁丑许时臣仿王叔明笔法写此 /（樗仙子）

◎陆五湖　山水轴

纸本，高三尺三寸余，亦寒碧庄旧藏。

石山如画绕朱栏，玉涧飞流拂面寒。欲叩无缘避烦暑，卧游唯向画中看。师道写 /（陆子传）/（陆师道印）

矗矗山容青蔽日，重重柳色绿含烟。风光湖上堪游衍，尽有闲情泛酒船。穀祥 /（酉室）/（禄之）

百雉山城翠欲围，山腰楼阁更斜晖。行人叱驭连云栈，争似扁舟载月归。彭年 /（彭年）/（孔加）

昔年驱马丹阳道，挥汗曾过淳化关。今日画图看不足，层层楼阁映青山。文彭 /（文寿承氏）/（文彭印）

碧山千叠锁晴烟，驱蹇危途未得前。何似扁舟柳荫下，钓丝轻飏晚风偏。文嘉 /（文氏休承）

◎徐俟斋　竺坞草庐图

绢本，高三尺六寸，阔一尺四寸。

竺坞草庐戊申秋日画，为孙符先生六十初度寿。俟斋徐枋 /（青松白玉）/（徐枋之印）/（笠山笠水间）/（居易堂印）/（徐子俟斋画记）

高人笔墨比琳琅，流落尘埃事可伤。市上忽然重遇见，数钱易得更装潢。先人敝宅太荒芜，为倩徐熙写作图。感叹柴门流水外，长松修竹已都无。俟斋先生为先府君画《竺坞草庐图》。府君见背之后，家兄携至石湖，不知何故遗失。永泰于市上见之，以数钱买归，重为装好。因赋小句以志感叹。时己卯腊月廿有六日，已立春十日矣。南云点记 /（竺坞文点）/（文与也）

廿二　摄影卷

题解：一次编者与苏州国画院著名画家马伯乐老师有意无意地讨论起顾公硕先生的雅趣，摆在首位的肯定是书画。公硕先生幼承家学，受过云楼熏陶，其中包括旧书典籍。马老师学生时代随他去上海出差，抽空便去旧书店淘书，一老一少，非满载而归不可。第二位呢？我说公硕先生是工艺美术大师级的人物，马老师则说公硕先生从少年时就嗜好摄影，一台莱卡照相机常常挂在胸前。马老师言之有理。据顾笃璜先生回忆，父亲一直到抗战爆发，不得已才暂时放下照相机，因为逃难到上海，首先要保护家藏的书画。对工艺美术、园林古建筑、戏曲等的研究，一方面传统文化艺术之间是相通的，另一方面则是新中国成立后亟待抢救保护优秀传统文化遗产的工作需要。对新潮亦喜欢，公硕先生无疑是名副其实的一大杂家。

公硕先生是苏州摄影的开拓者之一，上世纪20年代加入刘半农组织的北京光社，其摄影作品多有获奖，还撰有多篇摄影艺术理论译著，以“老奂”等笔名发表在《飞鹰》等摄影杂志。公硕先生曾撰写摄影理论研究著作《现代摄影术》，并完成了三校，残稿中有近三分之一是他研究照相机和摄影技术所撰写的文稿和笔记。现还留有大量珍贵的玻璃底片，涉及研究苏式家具、工艺美术制品、园林建筑和舞台戏曲等。本卷收录公硕先生发表在《飞鹰》杂志上的数篇论文和手稿中的《现代摄影术》部分篇章。因是残稿，故《现代摄影术》中所述图片缺失。英文姓氏和专门术语，概遵原稿。

正全色性软片（Ortho-pan-chromatic film）的特征

太阳光通过了一个分光器（三棱镜），就可分成紫、蓝、青、绿、黄、橙、红等七色，还是人类视觉所能见的光色，故称之曰“可视光线”，但自然界中尚有视觉所不可见的光线，就是紫外线（Ultra-Violet）和赤外线（Infra-red），称之曰“不可视光线”。

摄影的作用，就是利用一种感光膜，能感受自然界长短不同的光波，成为强弱不同的黑白色，但照相所表现黑白色的强弱，并不能和视觉所见各色的明暗成正比例，譬如视觉审察光力，比较最明的，自然是黄色，最暗的，自然是蓝紫二色，而在普通底片，它最不感光的就是黄红二色，最易感光的是蓝紫二色，适成反比例。尤其是紫外线，它在视觉中是不可见的，而在底片上老是先入为主地占着重大地位，于是吾人欲利用黑白二色来表演自然界的彩色层次，并不容易，因为看去与肉眼平常所见相差太远，有显然异样地不顺眼。

人类希望避免上述的缺憾，故制片厂匡正这色盲性的工作，有突飞的进步，至今日“正全色性底片”（硕按：Orthopanchromatic，一时无适当之释名，以意会之，故曰正全色性）问世，与从前的普通片相较，它的感光状态的改良，真有霄壤之别。

一、新旧式分色性（Orthochromatic）底片

本来的照相底片，它感光范围与人类视觉所见完全不同。这在上面已讲过，此刻请看第一图细线所示（硕按：即视觉感光范围，即菩提底片感光范围）与粗线所示，就显而易见，视觉是以绿黄二色为中心，而普通底片是以青紫为中心。后来为弥补这一种缺点起见，利用一种感光性颜料，加入原来的感光药膜中，制成一种能强感黄绿色的底片，总称为分色性底片。

最初问世的分色片，虽曰能感黄色，然其感受程度不及青色之强，它的感光范围如第一图“——”线所示。故用此种底片而欲黄色部分明显时，有用黄色滤色镜吸收青紫色之必要。其后有所谓“超分色性”（High Ortho）的底片问世，它的感光范围如第一图——线所示，对黄绿色感光特强，今日市场发售的柯达新万利软片和矮克发的伊速固，都是有名的超分色片。伊速固起初到中国是23° Sch，后来增至26° Sch，近来又增至28° Sch。感光度逐渐增加，它的感黄绿色的范围也随着增高，其增高状态，有如第二图所示。这是一种对光电的感色曲线，电光放射的光波，以长波居多，所以用这种底片在电灯光下摄影，黄色较青色强，而它的感光范围也近乎视觉所见。如果用在日光摄影，那末青色要比黄色强了。伊速固底片及类于伊速固等超分色底片，在日光下摄影，可加一淡黄色滤色镜，也可得与视觉相近之感光度。分色片无论新旧，对于红色部分，都不能感受，所谓近似视觉所见之感光度，不过从青色以外加了些黄绿光而已，因为不能感红光，所以红色部分在照片上是黑色，这一种缺点，在下面讲的全色就不同了。

二、全色性（Panchromatic）底片

初期的全色片，虽称能感红色，但也与初期的分色片一样，红色的感度，远不如青色之大。这时的出品，它的感色曲线有如第一图“——”线所示。最近有所谓S·S·PAN者，它对红色的感度甚大，与青色几处同等地位，如第一图“——”线所示。可是这种

底片，尚有一种缺点，即对红色感受甚强，超过了视觉感度，对绿色感受甚弱，故感色曲线的绿色部分，成为凹形。用这一类底片，而欲得与视觉同样的感色度，必须用一枚淡绿色的滤色镜，或者黄滤色镜。

三、全正色性（Orthopanchromatic）底片

没有像上述的弱感绿色的缺点，而药膜的感色度与视觉的感色度完全相同，这种最理想的底片，到最近居然相当地成功。这种底片，就是 Orthopanchromatic 全正色性底片。不过严格言之，当然尚有可訾议的地方。现在请看第三图，图中所绘曲线，是矮克发全色片逐年改良的报告。这是对电光的感色曲线，故大致红色方面强，如是日光，那末就要青光强了。

强力显影与舞台摄影

在从前的郭克镜头 F2.5 初到中国，记得有一家经理商行用了去摄舞台剧，摄时的快门是 1/10 秒，在动作不甚急速的舞台面，自能安然无事，结果闹动全沪，报纸竞相刊载，读者都含有惊奇成分，认为是难能可贵的工作。近来高级小型镜箱与高级镜头盛行以来，用特快全色底片和 F2、F1.5 镜头合作，摄取舞台剧，早不是难事；但小型底片，因为必须放大，一定要用微粒显影液，而微粒显影液，不论是 D76 矮克发 15，或者瓶装的原液，大都含有多量的亚硫酸钠，多少要牺牲底片的感光度，所以今日虽用了极快的镜头、易速的底片，还是不能发挥它的全能。在寻常电光灯下摄影剧照，还是要选择精致的场面，因此《四郎探母·坐宫》是好材料，而《三本铁公鸡》就无所谓用其技了。

最近看到一本某国杂志，发表了《一种强力显影液的试验报告》，据说在这极强显影液威力之下，摄取舞台剧，用 F3.5 光圈，可用 1/500 的快门，这真是惊人的报告，但在没有实验以前，不敢武断它是夸大。

本来新闻记者，有时要用一种强力的显影方，不过底片多少发生阴翳（Fog），而且粒子粗，离子过强，都不适宜于小型底片。适宜于小型底片的显影液，一定要合于粒子不粗、阴翳不生、调子适当等三条件，而据说这一种强力显影方，一方面有强力作用，而一方面又适合这三个条件。

这一种药方，并没有什么特殊的药物，是再简单不过，它的成分如下：

米吐儿　十份（10g）

无水亚硫酸钠　三十份（30g）

无水碳酸钠　十八份（18g）

水　六百份（600cc）

照上面成分，依次溶解，适可装满莱卡显影罐（Tank）。液温可比标准液温略低，约华氏六十度，再低则米吐儿将不起作用，切记。显影时间约四分半至五分钟。应用的底片，不消说，当然是S·S·PAN。微粒程度，大约将莱卡底片放至十二寸而用微粒面的放大纸是不致认出粒子的。

苏州向来没有可看的旧剧，这一问题，因而久悬未决，一直到最近为募集育婴经费，苏沪名票汇串昆剧，于是我的实验机会到了。公演的场所是一家电影院，电影院的前台是根本不需电灯的，这次临时台前装上十盏七十五瓦电灯，连台边脚灯统计，至多不过二千支烛光。在如此情形之下摄取舞台面，本来是不十分有把握的，但实验终得要实验。实验的结果如下：

第一图是沪上名票徐韶九君的《望乡》，他坐的位置在台的左角。所谓台的左角、右角，戏迷说的是他的专门名词，在我们影迷只晓这是光线最暗的一角，故光圈绞至F3.2，用1/40秒快门。第二、第三图，光圈也是F3.2，因为表演者居台中心，故用1/60秒快门，曝光都适当。第四图为张元和、充和姊妹与王茀民君的《断桥》，演者接近台边，灯光强烈，绞F3.2、1/30，结果曝光过头；他们立于台里边，故感光适度。第五图是拜托好友吴绥之君所摄，表演者地位与第四图同，F3.5、1/25秒，有意用普通显影液（非微粒者）冲洗，结果感光不足。所用底片，皆为矮克发ISOPANI.S.S。

这一次实验，限于台光力过弱造成的最高纪录，仅及1/60秒，与外国所发表的1/500秒，相差尚远。这无异于中国的世运代表，限于实力不足，不能逐鹿于世界舞台一样，不过我想，如在伟大的剧场，它的全台电灯光，有二三万支烛光，将十余倍，这次的二千支，那末用F3.2、1/60秒的比例推算起来，造成F3.5、1/500秒的纪录，是轻而易举的工作，可说毫无夸大的成分，亦不用其惊异。不过我这篇报告，不能算完篇，这未完的工作，可请在沪同好，利用这个新年假期，到上海实力充足的剧场去实验，回头最好给我一个佳音。

附言

1/500秒、1/1000秒，这些快门本是最后防线，非必要时本可不用，所以舞台面并没有急速动作而定作用1/500秒、1/1000秒的快门，是无谓之浪费，当依比例，绞小光圈，而利用景深，可便利得多。如果我在这里再介绍一大段关于景深的原理，无疑，编辑先生将疑心是有意延长篇幅，因为这是人尽皆知的常识。我这次实验，就利用景深，我所用镜头是从莱卡Hektor 50mm F2.5 Lens先测定从座位到台边、台中心、台左右等距离，然后利用景深表，将光圈绞小而焦点集合在最适当的地位，以后就不再用测距仪，是从观影匣中从事工作。

舞台面的取材，也得相当注意。最好你事先对戏剧内容有相当地认识，而预定摄取怎样几个紧凑场面，表演到将近，就准备一切，那末临了不致失措。

也许你在公余之暇不是戏迷，而是舞迷，而是公园中闲观万态的公园迷，我以为同样的，可利用这一种强力显影方，大约在舞迷，可用F3.5光圈，用1/2至1/10秒快门。在公园或街头速写，如阳光强烈，可用F6.3光圈，用1/1000秒快门。依此比例推算，你的摄影领域，将扩展到任何环境之下，不发生任何困难。

话尽于此，如有错误的地方，请你实验后指正。

选自王道编注《过云楼旧影录》

《现代摄影术》摘要

第一编

第一章　镜头

镜头之演进

摄影器之镜头 lens，其功用与眼之水晶体同，其底片之感光膜面犹如眼之网膜，故摄影器可目为“记录之眼”。若干年前，此“记录之眼”之摄影术仅限于专门练习之：一部分特殊任务之领域。至摄影器进步、感光材料进步、摄影技术进步之今日，任何人均容易将此“记录之眼”充分发挥其记录自由活跃于大自然与我人类“眼所得见之物”之欲求矣。

此所谓“记录”的意味，从前不过为纯粹之“记录”。时至今日，其广义的解释变为基于作者之意图，利用摄影术之“可视的表现之一手法”之意味矣。

以其效果多、兴味浓，喜爱摄影器之人因之激增，遂有今日之摄影器时代来到。其故安在？可简答之曰：人类进化，眼所能见之物欲用可视的方法将其表现出之，天赋欲求十分强烈，实现此欲求之手段，摄影术确为最简易之方法。

镜头为摄影器之眼，其重要性自不待言。然此重要之镜头在摄影术之初期时代极为粗劣，原始的单镜头不过虫眼镜式之凸镜一枚而已。此种镜头之可视焦点与感光焦点不相一致，画面弯曲如碗状，中央部分与周边部分之焦点距离差异显著。即使将镜头之光圈收小，使光线透过其中心部分之附近，亦不能得到吾人所要求之焦点。自此改良而以曲折率相异之二块玻璃合成之梅尼斯加斯镜头设计较为完全，可视焦点与摄影的焦点得以一致，可免上述镜头之缺点。此型之镜头今日称之为单玉镜头，固定焦点式之玩具级摄影器采用之。此式镜头为1752年W.多隆德氏所发明，1824年法人路易斯·雅克·曼德·达盖尔氏始以暗匣企图作物体之摄影。1829年始有摄影术产生，盖镜头与摄影术有深切之因缘者也。

此后以摄影术之进步，历史上有被尊重资格之单玉镜头，其性能非十分完备，渐次加以改良。1840 年 F. 伏克特伦德与斑兹法尔氏完成人像镜头，1866 年卡尔·奥古斯特·施戴恩海尔氏从二枚合成之单玉镜头完成前后组合构造之镜头，名 Gpiatic Lens，最大口径 F8。当时赞为极明亮而缺点少之镜头。此即今日俗称为 RR（速直）镜头之始祖焉。

然据斑兹法尔和撒以台尔氏之研究，从光学原理上看来 Gstigmatismus 之平坦的焦点面，其镜头显然要受下述公式之支配，若无新的光学玻璃问世，吾人所理想的镜头之制造即不可能，镜头之进步遂受一大顿挫。二氏之公式为：

$$\frac{1}{n_1f_1}+\frac{1}{n_2f_2}=0$$

n_1 为作凸镜的玻璃之屈折系数

n_2 为作凹镜的玻璃之屈折系数

f_1 为凸镜之焦点距离

f_2 为凹镜之焦点距离

此方程式为二枚合成之时所适用。三枚以上合成者则其方程式为 $n_1f_1=n_2f_2$。

蔡司厂创办人卡尔 · 蔡司氏对于光学机械甚感兴味，与镜头光学研制者阿贝博士相知甚深。阿氏努力于新光学玻璃之制造。尔后耶纳玻璃制造厂创办人 O. 朔特氏在阿氏指导之下连续有新光学玻璃试制成功，采以作摄影用镜头。

1887 年 H. 施罗德设计之 Concentritic Lens 即其原祖。此镜头乃采用新光学的玻璃以近乎完全匡正 Gstigmatismus 之缺点者，是为历史上有名之 Gnastigmat Lens。然此种设计并不完美，球面收差甚著，实用的价值殆无所传之甚。

同年，米特博士亦制作新光学玻璃所设计之镜头，亦与前者相同，唯得匡正 Gstigm atismus 之缺点而球面收差不强，被一般人所欢迎。□氏谓应用此新光学用玻璃之镜头自可免除今日目为全不可能之 Gstigmatismus 之缺点之事实成功以来，具此性状之镜头始可赋予 Gnastigmatismus Lens 之名，此即今日 Gnastigmat 一词之起源。盖 Gnastigmat 者消除 Gstigmatismus 之意也。

此后以 O. 朔特氏之努力，极多种类之新光学用玻璃制造之成功，天才型镜头设计者之辈出，两者之协力，耶纳玻璃产出之新纪元，摄影用镜头遂有良质之品出世矣。

1890 年蔡司厂之技师保罗·鲁道夫博士完成除去球面收差与 Gstigmatismus 两缺点之品，名泊落泰，当时叹为最高级之镜头。

1891 年 E. 霍格氏完成达哥尔镜头，亦以质良而受欢迎。

1895 年英人推拉氏以全新之创意在三枚单镜头分离配置的新方式之下完成郭克镜头，此制造简单之方式将 Gstigmatismus 与球面收差双方完全匡正之新法，在今日看来，实为摄影用镜头极伟大之发明。

今日大众向之摄影器所用之镜头殆全为依据推拉氏之考案者，若无此种发明，比较明亮的镜头之制作即不可能，即不会有今日摄影器之普及化。蔡司依康之诺乏镜头为单镜头三枚之分离配置型式，卡尔·蔡司氏之推利泰镜头亦为同样型式。推利沃泊郎、雷电沃那、沃泊泰等等之大众用的 Gnastigmat Lens 均采用此形式者。

1907 年卡尔蔡司厂之 E. 旺德斯雷伯设计完成之有名的天塞镜头，摄影和鲁道夫放一异彩。此明亮的镜头之真正出世，其助成摄影术之进步，功绩非常伟大。此种镜头品质优良而匀净是其特长，与天塞之专利权无抵触之类似形式的镜头如爱尔麦，史可伯、克司那、海克沙等等出品甚多。然天塞镜头于 1926 年更得改良专利，今日之天塞镜头比昔日之天塞镜头质品优良多了，可称为占镜头界王者之位置矣。

此后摄影界转向于小型时代，同时明亮的镜头的要求更为迫切。卡尔蔡司厂有明亮的 F1.4—F2 之皮沃泰出售。此镜头明亮而品质优良，空气境界面有八个，画面清澄无阻。司麦尔镜头为与皮沃泰之专利权不抵触范围内所仿制之镜头。

自卡尔蔡司厂之康泰时出世以来，现代镜头设计家中之鬼才，可惊之青年技师倍尔脱来博士所涉及之沙那镜头，实为世界上镜头设计者所惊叹之焦点距离 5cm 的明亮之 F2 镜头，近来更有焦点距离 5cm 之 F1.5 者，更引导小型摄影器之性能至发挥其素晴（编者按：日语，すばらしい，极佳、极美）的鲜锐度焉。

1935 年更完成焦点距离 18cm 之明亮的 F2.3 之推来沙那镜头，康泰时更多一特长矣。培氏为年轻之镜头设计的天才技术家，以其许多设计之完成，导摄影界至新领域；后试作包括 180° 之镜头，完成明亮的广角镜头之设计。以此镜头之急速进步，吾人所抱之理想得以实现。即镜头进步，摄影术亦随之进步矣。

……

第二章　快门

快门之种类与速度

适用于手提镜箱之快门，大别为二。一为附装于镜头者，是谓镜头快门，一为遮于感光膜之前者，是谓焦点面快门。

快门之速度数值，类皆标之于一旋转之轮，但其所标者，是否与实际值速度相等，未敢妄论。大概价值相当高昂而出厂未久者，较为正确。然作精密之测验，则快门速度，实不正确者为多。而其不正确之中，尤以高速度快门为甚。

镜头快门，种类甚多，自以最闻名之康般（compus）为可靠。如泼朗脱Ⅰ型、Ⅱ型等新式快门，虽亦有其优点，然终不及康般也。

焦点面快门，俗称帘布快门。向装用于反光镜箱，其种类繁多，不胜枚举。近日高级小型镜箱，亦有装置焦点面快门者。因其小，故设计制造甚难，欲保持其速度之正确更难。然如康般时、莱卡等小型镜箱，确能征服此种困难而得速度正确之快门也。

康泰时之焦点面快门，不用橡皮布，而为一种轻金属片所制成者，更以不受寒暑影响著称，诚不失为最高级之快门也。

快门之速度正确与否，当随时注意。如发现不正确，即交专门修理者修理之。修理无效，则可测其实际之速度，而于曝光时就其比例而临时加减之。譬如标出之快门为1/50秒，而实际速度已变为1/25秒之时，即当改用1/50秒始属适当，此亦使用旧快门之一种补救办法也。然有一种年老之快门，如旧式大反光箱之帘布快门，往往上下皆不顺利，1/100秒之快门，其实际速度甚至有不及1/50秒者，亦极寻常之事。又有帘布停滞中途而不能上下者，凡此皆年老之证，虽修理，亦仅见效于一时，不久故态复萌，此种快门，除弃而重换新者，实别无完善之法。

快门速度受低温之影响

用粗劣黑布所制之帘布快门，有时因有涂橡皮，受寒气影响而动作不能滑溜，快门速度遂随之减慢，而失其固有之正确性，此亦常有之现象。至于如康般等镜头快门，有时亦因天气温度降低而其发条弹力减弱，速度亦随之变慢。

总之，快门受低温影响而速度减低，为极寻常之事，故冬日摄影，最好能预先防护而不使寒气侵入快门，则速度之变更，自不易发生。

快门之受高温度影响，则未之前闻。

快门之能率

第二十图为镜头快门之能率曲线图，自启快门始至闭快门止，而测验其实际能率。其于快门，有如第二十四图之A图，a为启快门之起点，经若干时后，快门全开而至b点，此全开之快门，经若干时之休止而开始开闭而至c点，再至若干时而开闭完毕而至d点。

用高速度快门时，则有如第二十四图之B图，a为启快门之起点，经若干时后，快门全开而至b点，此全开之快门，经若干时之休止而开始开闭而至c点，再经若干时而开闭完毕而至d点。

其虚线所示之范围，为快门速度应通过之全量，但实际上所通过者，不过图中白色所示之范围而已。如能通过虚线所示之范围，则其能率可设100%，但欲达此理想之境界，除非用B（bulb）、T（time）两种快门之时，其余均属无望也。一般镜头快门之能率，不问其构造之如何，速度高，则通过光之能率不佳，反之则较优。试以第二十四图之AB两图相比较，其白色之实效部分（即快门之有效能率）之优劣，可一望而知也。

镜头快门之动作，每自中央向外开放，开闭之时，又自外向内开至中央，故其有效能率，又因镜头之有效口径大小而不同。换言之，即光圈放大之时，能率最劣，光圈绞小之时，能率最优。

焦点面快门，理想上当为高级之快门，然细加研究，亦有若干之缺点。其优点不过为速度可较镜头快门增高耳。致其能率，除非用缓速度快门（即长时间曝光），否则欲其通过光之能率有 100%，亦属无望也。用极速快门之时，甚至其通过光能率，仅及 30% 者。一般之焦点面快门，其构造上与通过光能率之关系有如下述四者：

A. 帘布与底片药膜接近者，能率较优。

B. 帘布之间隙开者，能率较优。

C. 镜头焦距短者，能率较劣。

D. 光圈大时，能率较劣。

A、B，为快门装置之后，即恒定而不变。C、D，则于使用之时随时变化。

又 C、D 两项，对于康泰时、莱卡等极小帘布快门，确为不利也。

康泰时等小型镜箱，其镜头可掉换十余种不同焦距者，于是快门能率之优劣成为极复杂之问题。下第三十六表所示，为装用标准镜头（焦距 =5cm）时之快门能率。

镜头快门如依白沙尔、泼朗脱Ⅱ等，皆为中级快门，其有效能率（假定用 F4.5 镜头）用 1/25 秒时，约为 85%。1/50 秒时，约为 75%。1/100 秒时，约为 65%。

特快康般（Compus R），康般等高级快门，其有效能率，用 1/25 秒时，约为 90%。1/50 秒时，约为 80%。1/100 秒时，约为 75%。1/300 秒时，约为 65%。1/500 秒时，约为 50%。如光圈不及 F4.5，则其能率当稍优。

镜头（LENS）之选择

一、现代镜箱，当用现代镜头

（一）

今日的摄影界，为小型镜箱活跃时代，亦即照片放大时代。我敢说："照片不放大，毋宁不摄影。"因照片必须放大，故小型底片上的结像，非绝对地鲜锐不可，但这是关于镜头的结像力的优劣与否，如镜头的结像力不能进步到今日地位，则小型镜箱根本也不会有今日的地位。

今日小型镜箱的种类，不可胜数，附属的镜头，也层出不穷。选购镜箱而事先并无相当的认识，尤其是关于镜头的性能，一味盲目信任厂方宣传，或仅作皮相之观察，那是一定失败的。即使所购者确是上好之品，而对所附之镜头，认识不足而不善利用，亦难望发挥其卓绝的性能。当作者于去年春日决定购用莱卡镜箱时，对镜头的型式性能，实在一无所知，于是向一位摄影名家请教，蒙这位名家介绍两个必备的镜头，但购用之后，并不能像理想这样满意。当然并不是名家介绍的不是，这是因为个人爱好的不同。不过有了这次经验，觉得与其购后懊悔，毋宁事先考虑。今将年来所得的一知半解的学识，提出讨论，海内不乏专家，当望有以正之是幸。

（二）

镜箱的必需镜头，固不待言。时至今日，因光学工业的进步，而优秀的镜头，可以相巧的价格得之，较诸前人，实受惠非浅。吾人常用的镜头，看了它的说明书，自然说得天花乱坠，好不可当，在一般状态之下使用，固也不易发现显著的缺点，然求诸实际，决不是毫无缺点的。

镜头的缺点大别为二。一、球面收差。二、色彩收差。球面收差，因镜头玻璃呈球面之状，它通过的光，屈折而不能集合在一个平面之上，这种缺点，更可分为五类：

A. 中央球面差

B. 光芒差

C. 纵横差

D. 焦点面不平

E. 画像歪曲

此五种缺点，因光的波长，可各自分解，故欲完全除去，颇不容易。所设高级的镜头，也有这种缺点残存，不过不易分辨罢了。

色彩收差，光透过镜头，因光的各种波长的屈折率不同，将混合着来的光，分解成各自的波长，结合成各自不同的焦距，这就称之曰色彩收差。设计将紫外线、可视光线，透过镜头而全部结合在一个焦点面，这样的镜头，称之为无色差镜头，即匡正色彩收差者，可认为最高级的镜头。这是比了普通用的无纵横差镜头，更进一步。

在赤外线摄影普通的现代小型镜箱用的两三种望远的长焦距镜头，已考虑到匡正赤外线的色收差，因赤外线波长的焦点，并不能与其他光线的焦点，同集一平面之上，故用寻常镜头而用赤外线、赤末线底片摄影，自不能得鲜锐的焦点，因平常摄影的鲜锐焦点，是赤外线、赤末线以外的光线所集成也。赤外线和赤末线，既为不可视的光线，而又与平常可视光线，不能集合在一个平面上，所以要求鲜锐的结像，唯有利用 Gpochromatic 镜头而加以改良。

Gpochromatic 镜头，本为制三色版专用的镜头，玩好家运用，尚在金色片、天然色片等盛行之后。今日一般小型镜箱虽有装用 Gpochromatic 镜头的，但匡正色差，尚没有匡正到赤外线。

（三）

从被写体反射来的光线，透过了镜头，到达感光膜面，欲结成绝对的理想影像。这样鲜锐，到底不过是一种理想罢了。即使用的是 Apochomatic、Anastigmat 等高级镜头，也不可能，多少是不规则的集合，可是吾人视觉在能视距离（硕按：健全之目力，大约为一尺二寸）所认识的点或圈，它的大小，大约是 1/4mm 以外的肉眼看去，自然并不妨碍。因此旧时的摄影光学家，认为透过镜头而结集在药膜上的影像，凡为直径在1/100吋以内的点和线所构成的，即认为鲜锐，而称之为“鲜锐单位”。在1/100吋以外者，称之为“Breeging”（硕按：有混乱之意）。此种单位的制定，大约在1840至1850年间。在直接晒像时代，这种制定，自然不生困难，然今为小型镜箱时代，镜头的鲜锐度有增强之必要，昔日所设鲜锐度与现代的鲜锐度，有霄壤之别，最实际的鲜锐单位，有如第一表所示。现代第一流镜头的鲜锐单位，可归纳第一表的严密程度。康泰时（Comtax）的镜头，更可适用第二表。第三表为美国V.H.瑞希迈耶所测定的莱卡镜头的鲜锐单位表（此表最值得注意的，就是光圈绞至某程度以下，受折回现象之影响，鲜锐度反而退步）。

现代第二流以下镜头的鲜锐度，欲其有第一、第二表的严密鲜锐度，尚无希望。

镜头的结像力，本当包括全张底片，有平均的鲜锐度，可是实际上，并不容易，在四周部分，多少有些Breeging，欲试验镜头的结像力是否全面平均，只需用一张报纸贴壁上，镜箱置于平直的地位，翻摄一影，即可分辨，是轻而易举的事。

上叙述一些关于镜头性能的常识，虽竭力从简，已写上一大段。此后要讲各种镜头的优劣，但限于篇幅，只可择专属于小型镜箱的著名的镜头介绍，或许已够人讨厌了。

现代镜箱的镜头，因镜头工业的发达，其品质视前大为提高，不装Gnastigmat镜头的镜箱，将被轻视为玩具镜箱，恐少人问津。现代最普及的镜头为Jriplet型的（三片玻璃分离式）镜头，这种镜头制造容易，可大量生产，价格亦因而便宜，故采用最广。

采用这种型式的镜头，也许有人认为性能不佳，其实卡尔·蔡司氏制造的Jriotas就是这种型式的镜头。将Jriotas与Jessas镜头，同作普通摄影，要指出孰是Jriotas所摄，孰是Jessas所摄，有很多时候是分别不出的。康泰时用的F4、8.5cm的望远镜头，也是Jriotas。再有一种康泰时用的F2、8.5cm的Sonnas镜箱，可说是最高无上的镜头了，如光圈也绞至F4摄一影，同时又将上述的Jriotas开足F4光圈摄影，结果两者相较，结像也不见如何地优劣。根据这种事实，可见设计及工作精良，就是这种型式的镜头也能有精良的性能，可是因为这种镜头最普及，不免有粗制之品混入，就全体而论，确是品质好的少，恶劣的居多，但这不是型式之罪，而是制造者应负的罪。

从天塞镜头出世，型式变为四片玻璃三分离式，其后半部为两片玻璃胶合者，故其匡正性能更为完善。此式于1907年取得专利，更于1926年又取得重要的专利。今日风行全球之天塞镜头，即根据1926年制造者而可望之新式天塞。其特点，即虽为大口径之镜头，而将光圈绞小与小口径镜头放足光圈时，如两者之光圈数值相等，则可得不分优劣之结像力。天塞镜头所设新式、旧式，在型式并无异状，大约镜头的号数在1.000.000以下的，可认是实施新式的天塞。

唯其天塞的改良点在外观上无从分辨，故凡采用天塞型式制造的镜头，即认为与天塞有同等的品质，可谓毫无理由。采用天塞型式的一定比三片玻璃分离式的精良，也难断言。事实上采用天塞型式制造的镜头甚多，可是可与之并驾齐驱者没有，当然比它好，更不待言了。就是采用了天塞的型式，而尚不及 Jriotas 的，也不在少数，可见镜头品质的优劣，全关设计及制造的是否精密，而不在型式之如何。

二、现代镜头之型式

现代用的镜头，当采用三片玻璃式与四片玻璃三分离式的两种镜头。高级精密的小镜箱发达，扩展到望远摄影、广角度摄影、精密正确的复写摄影等领域，因此更制造着几种特殊的镜头。

也许有人以为只求摄影得好，关于镜头的知识，可略而不详。这固然是节省脑力的良方，但对吾人现役的镜头，究竟何型式构成，至少要明了，否则使用时会发生困难的。今将一般代表的镜头，加以简短的说明，俾便选择。

（一）Anastigmat

此为 1890 年保罗·鲁道夫博士所设计的镜头，可谓 Anastigmat 镜头的始祖。前段二片玻璃胶合，其任务为匡正画面的纵横差。后端亦二片玻璃胶合，其任务为匡正色彩收差。光圈为 F18，至今尚供广角摄影之用，可谓现役镜头中资望最老者。

（二）Dagor

此为 1891 年埃米尔·冯·赫夫所设计者，为有名的镜头。光圈的前后两部，各为三片玻璃胶合的镜头，为均齐式配置的镜头，即所谓复镜头。爱用者甚多，至 Goerz 合并而为蔡司依康时，这镜头的制造权遂归卡尔·蔡司氏，但近闻至现有者为止，将来不再制造之说，这无疑是小型镜箱崛起，而此有名的镜头遂终其命运。

（三）Double Protar

此镜头亦为保罗·鲁道夫博士所设计，自 1892 至 1893 年始告成功。此种镜头由两个 Protar 透镜组合而成，亦可单独使用于各异之焦距。两个透镜，各用四片玻璃胶合而成，故制造非易，价亦颇昂，为密着式镜头的最高级者。

（四）Jessas

有名的天塞镜头，尽人皆知，殆无说明的必要。此种镜头，相传亦属保罗·鲁道夫博士所设计，但据厂方说保罗·鲁道夫博士不过处辅助地位，主任设计者实为 E. 旺德斯雷伯。

（五）Biotessas

此为适用于比较大型镜箱的镜头，光圈分 F2.8、13.5cm，F2.8、16.5cm 两种。前者为三寸反光镜箱，后者为四寸反光镜箱所常用的镜头。

（六）Jele Jessas

此即所谓望远镜头、长焦距的镜头，而有镜头与底片之间隔不长，亦能得扩大的映像的特征。光圈 F6.3，焦距有 12—40cm 之间不同的五种。在老式反光镜箱盛行时，颇风行一时，此刻已少人顾问了。

（七）Biotas

此专为电影镜箱而制造的 F1.4 镜头，为最优等的镜头。其用于普通摄影的，为 F2、4.5cm 的一种，其包括角度适用于 3cm×4cm 的底片。此外有康泰时用的 F2.4 广角镜的一种。

（八）Sonnas

康泰时用的 Sonnas F2.5 镜头，为极亮、极鲜锐的镜头，至今未闻有追从的镜头产生。

（九）Summas

这是莱卡镜箱用的 F2.5 镜头，为与卡尔蔡司的 Biotas 型式相似的镜头。

（十）Hektos

这也是莱卡镜箱的镜头，其型式略等于 Voigttander 的 Helias，虽 Helias 的中心是一片凹形玻璃，而 Hektos 的前中后三组镜片，都是两片胶合的，但以光学观点看去，认为是 Helias 的模仿型式。

（十一）Elmas

这是模仿天塞型的镜头。此外各种镜头，虽不能列举，但不外采用以上的几种型式。镜头的构成型式或相似，而其性能并不相似，这是可断言的。

选择镜头，而认为镜头之构成型式相同，即持有同一之性能，是认识不足之甚也。同一型式之镜头，其性能有如全钢钻与玻璃之不同者，故仿造之镜头当分解，而测其玻璃之屈折率，如用同一之光学玻璃磨成同一曲面。

三、曝光之宽容度

无论干片、软片，其感光膜，皆有一标准之曝光点。吾人摄影时欲求得其标准点而予以标准之曝光，诚为难事。曝光之标准点，有如三角形之顶点，又如梯形，至若干级，是为标准点，过此即为曝光过头，不及则为曝光不足，故严格言之，曝光标准之范围至为狭小，然现代底片药膜之曝光宽度逐渐增加，曝光之过不及，皆有若干之补救，于是标准点之范围亦随之扩展。

设有一卷软片，在某一种条件之下，摄一景物，其标准之曝光点为 1/200 秒，然在相同条件之下，更换以 1/100 秒、1/50 秒、1/25 秒等之曝光，则其显影之结果，自以 1/200 秒为最标准之底片，固不待言。其 1/100 秒之曝光者，于阴影部分将略呈阴翳，而通体成为浓厚之底片。1/50 秒曝光者，则更浓厚。1/25 秒者，将为极端浓厚而置于白纸之上，将不辨影像而成为一片黑色之程度。然假定晒像之时加以调节，则其结果将使 1/200 秒之标准曝光者与最小之 1/25 秒之优劣无关也。故被摄景物之明暗强弱度强时，当用底片表现区域广者，中庸时当选普通者，弱时当选狭者，此为一定不易之理，但于曝光之时、显像之时加以若干之调节，则有若干之通融性，而适应于明暗强弱度不同之景物。

然近日之摄影，乃以一卷软片为连续之摄影，被摄景物之明暗强弱度，时有不同。事实上，既不能逐一换用适当表现区域之底片，又不能逐一分别而调节显影，则唯有选用一种明暗表现区域中庸性者用之，而于摄影曝光之时，对于明暗强弱度强之景物，则感光略微过头，反之则略微不足，是为较便利之方法也。

习用底片之名称	感色性能	系数
矮克发 PANKIN H.35mm.	超全色	−1
矮克发 ISOPAN.I.S.S.35mm.20DIN 柯达 SUPER X.35mm	超全色 超全色	1/2
矮克发 ISOPAN.I.S.S.19 DINDUPONT SUPERIOR 35mm 柯达 S.S.PAN 柯达 50 千片 依尔福 H.S.PAN	正全色 超全色 超全色 平分色 超全色	1/4
矮克发 伊速固 18DIN	超分色	0
柯达 40 千片	普通性	
矮克发 ISOPAN F 17DIN 矮克发 ISOPAN F 35mm 17DIN 柯达 PANATOMIC GEVAERT PANCHROMATIC. DUPONT SUPERIOR.F.35mm	正全色 正全色 超全色 超全色 超全色	1/4
柯达 PANATOMIC 35mm 依尔福 S.G.PAN 矮克发 ISOPAN F 35mm 16DIN 矮克发 伊速固 F 16DIN 柯达 万利 蔡司依康 PERNOX F PAN 35mm	超全色 良全色 良分色 超分色 优分色 正全色	1/2
PERUTZ PEROMINA 35mm	超全色	3/4
PERUTZ PERPANTIC 35mm	正全色	$1\frac{1}{2}$
矮克发 ISOPAN FF 35mm 10DIN 矮克发 伊速固 FF 35mm 10DIN PERUTZ RECTEPAN 35mm	正全色 超分色 正全色	$2\frac{1}{2}$

附录　殷殷文化赤子心
——顾公硕与苏州文博、工艺美术事业

一位学识渊博的鉴赏家

文 / 陈从周

我参加苏州市城市总体规划鉴定会时，《苏州报》提出要我写一点“我与苏州”。三十多年来，的确我是与苏州结成了深厚的友谊。在叙写这种友谊时，总要想起苏州的许多老朋友，虽然他们已作为天上的神仙，但在我握笔要写时，第一个浮在脑间的就是顾公硕先生——一位学识渊博的鉴赏家。

我与顾先生是亲戚，他的大媳是我介绍的，是我妻子的侄女。当那件亲事成功时，他恭恭敬敬地拿着一包聘礼，很亲切地交给我，要我送到女方。后来又画了一张仕女扇面送给我，作为“谢媒”，如今可惜这扇面与他一样不在人间了。回忆解放后到苏州，他第一个设宴招待我，还邀请了苏州大学的程有庆教授来。程老是我的老同事，另一位是建筑大师贝聿铭先生的叔祖晋眉先生。晋眉与我同婿于蒋氏，他夫人是我妻子的姐姐；这位昆曲老前辈，那晚酒阑，他吹笛，我唱了一折《牡丹亭》的《游园》。最难忘的，是顾先生方才从洞庭东山归，他拿出一张杨湾轩辕宫的照片，我一看惊喜交集，初步鉴定可能是元代建筑。不久我上了杨湾，果然不错。我写下了鉴定报告，刊登在《文物》月刊，后作为全省重点文物保护单位直到今天，自此东山景物又添一色。

顾先生是苏州望族，怡园是他曾祖子山先生所建，他知道苏州的掌故、旧事很多。我当时在兼苏南工专建筑系的课，每周到苏州来，星期六晚上就是我们畅谈之夕。我的那本《苏州旧住宅》就是在他指引下，调查研究所得的成果。这书今日已成为研究苏州旧住宅与小庭院的珍贵实录了。

顾先生祖父名承，又号乐泉逸史，是实际主持规划经营怡园者，父亲鹤逸先生，是位有名的画家、吴门画派的殿军，我很希望苏州的国画界能对他的作品进行研究。顾先生承家学，写得一手好字，画得一手好画，但也从不以此炫人，总是说“我勿来事咯”，表现得非常谦逊。书画鉴赏是他的独步。在研究工艺美术方面有其精辟之论，苏州桃花坞的年画，他曾下过很大的研究功夫，其他陶器、泥塑都有心得，偶尔哼几句昆曲，亦觉逸趣横生。我在他的书斋里可以盘桓竟夕，天南海北，从古到今，无所不谈。苏州的家具闻名中外，在这方面顾先生搜集了许多资料，他爱摄影，用照片记录了各式木器。他家好像个小博物馆，后来他出任苏州博物馆副馆长，再恰当也没有了。

从顾先生的家世讲，与其说他“大少爷”，倒不如说他是书生来得对。他外表很“糯”，没有脾气，对看不上眼的事，总是说上一句“闹大笑话哉”，其他就不说了。我没有看见过他发脾气，是那么地温文尔雅；但另一方面常常说“士不可辱”，他嫉恶如仇，是一位外柔内刚的人。“文化大革命”开始不久，1966年的秋天，从苏州传来消息，说顾先生辞世了。那天因他次子笃璜的关系，“造反派”去抄了他的家，要他跪下，这种无礼的行动，挫伤了他的自尊心，可是他还是很礼貌地送走了抄家的人，自己却从来没有这样的打扮，短裤背心，悄悄地黑夜中出了胥门，在不到虎丘的河中自尽了，他不愿再次受辱而结束了六十几年的生命。我听到这个消息后，黯然泪下，很为他可惜。顾先生平时所说的“士不可辱”，正是他一生人格的表现，不愧为一个正直高尚的人。

1983年4月

摘自《陈从周纪念文集》，路秉杰主编，

同济大学建筑与城市规划学院编，2002年版

铁瓶巷旧顾宅装修

铁瓶巷旧顾宅砖框门

铁瓶巷旧顾宅（藏书楼）格扇

尚书里

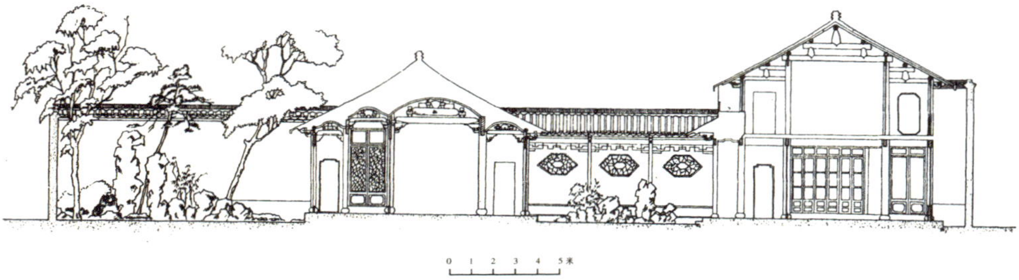

铁瓶巷旧顾宅花厅纵断面图
选自陈从周编著《苏州旧住宅》

过云楼旧影

顾老伯和他的朋友们

文 / 贺野

今年适逢顾公硕先生诞辰一百一十周年，钱瓔同志转来笃璜兄送的乃父很精致的遗著：《题跋古今》（海豚出版社出版），市顾野王和过云楼研究会又送来年历。它们使得公硕先生的音容笑貌如在眼前。现又值清明时节，使人更加思念这位应该纪念的前辈，也思念他的朋友们，因为他们也为当时苏州美术发展作出了贡献。

当时我们称他叫顾老伯，是从心底发出的，不仅因为他公子和我们同在新中国成立后的市文联（当初也含文化局）工作，也不仅因为他曾掩护过地下党活动；至于他是过云楼传人，当时我们也不了解它的意义。至少是我，也从未见他画过画，写过书法，最直接的乃是他对苏州美术的了解和奉献精神。当时市文联在颜家巷底，他住城西南角朱家园。那时满是石子路，谈不上什么公共汽车。他却一直笑吟吟地一身洗得干净的中山装、一双黑皮鞋，手拎当时流行的黑塑料包，中间竖着一卷纸，精神抖擞到文联办公，可他在文联既无任何名分，自然没有座位，也从未拿过公家一分钱，甚至吃过一顿饭，有时反而贴些小钱，如果有什么职务，就是被称为“顾老伯”，可他却为新中国成立后的苏州美术作出了重大贡献，最后却落得被迫害致死。这里还必须怀念和蔼慈祥的顾伯母，她承担全部家务和顾得其酱油店营业，还定期到文联来为爱子换洗被褥，来时总带来几只杨梅和鸡球饼干（通常是碎的，到厂里买便宜），我们也吃得很快活。

想起当年我们一到苏州，首先遇到的困难是语言不通。记得我们首先在无锡城外候船，一听当地话就懵了。原来他们说的乃是小说《九尾龟》中倌人说的“苏州白”，在纸面上尚可猜到一二，可到现实中却像外国话了。今后怎么办呢？到了苏州后，幸好首先是顾老伯能说一口苏州官话（有时也不太准），他介绍了国画界的陈涓隐（原是知名老漫画家，人很瘦削）、余彤甫、彭恭甫（两人均画国画，余胖，彭小，两人工作均很努力）等人，又介绍了他文物界的老朋友钱镛、高伯瑜等人（现在钱刚过一百岁，高已过世，他的贤哲高明明早有画名）。这样，人们的圈子愈来愈大，隔阂也就越来越小，美协工作也就开展起来了。他还介绍了观西西药房一位坐堂“艺术医生”，名叫顾寅，人们开玩笑说他针筒看得见灰斑，可他医术高明。他在八宝前街的家中收藏了从创刊到那时全部《申报》，从地上一直堆到天花板，像个方而粗的柱子，这柱子高高低低有十多个，什么《明星画报》也是全的。他的床也就架在报刊堆里。我在他家第一次吃到家乡所无的家常菜：毛豆、土豆丝、番茄、肉丝做得稠稠的羹，以后在顾老伯家也吃过，后在家也学着做，也许手艺不精，妻似乎并不欣赏。且说顾医生，后来参了军，翻译了不少俄文医学著作。

细想起来，顾老伯的最大功绩，除后来文物鉴赏和捐献外，最为突出的莫过于苏绣了。

现在说苏绣是苏州的一张文化名片，是没争议的，但至少在新中国成立初期，苏州市面上却只有一种绣，叫做顾绣，连这名称还是借用上海明代露香园姓顾人家的名绣。记得那时西北街有家门面窄小的顾绣庄，陈列的只是床幔、桌围之类粗绣，生意冷清不堪。据说这是农村妇女的副业，至今人们称绣者为“绣娘”，大约就是因为这个缘故，但新中国成立前民生凋敝，此业已近消亡，可是“天将降大任于斯人也”，斯人就是顾老伯。原来他在文化部有一个朋友，一天忽然拿来一幅大致四十五厘米见方、绣了一群鸡的绣品，既无苏州晚清时沈寿《意大利皇后像》那样的高贵精致，也不像相传露香园韩氏绣那样文人式的古雅，但却雅俗共赏，人说它是“粤绣”或“瓯绣”。当时这位朋友问苏州是否能复制，中央需要它做出国礼品，老伯立即意识到它前程远大，当即一口答应了。不知道他从哪里寻的，马上就找出苏州那么多的刺绣朋友：任嘒閒、周巽先、朱凤，乃至年轻的李娥英，他和她们熟得像自家人似的。她们有的在正则艺专学过，有的在苏州师从杨守玉学了“乱针绣”，很快在史家巷找了一个大厅，办成文联刺绣工场，在顾公硕先生指导下，一下就完成了任务。接着接新任务，又扩充人员，吸收徐绍青等画画人进来，继续探索，沿着雅俗共赏和高档绣品的道路发展，在这基础上发展为今天中外欣赏的有着高度审美效果的苏绣。这史家巷也就成了后来大名鼎鼎的景德路刺绣研究所的伊甸园。镇湖等地的发展，则是以后的事了。

现在只说我和顾老伯最初送绣品进京及其朋友们的轶事。当时一到北京，文化部就对刺绣等等作品进行了审查，记得参加审查的有高个的文化部领导郑振铎、和彭恭甫身材完全相仿的叶恭绰。当晚全国美协请我们到全聚德吃烤鸭，陪客有五六位，在席间谈笑风生，不知怎的，他们竟吵起架来，我们倒不好意思，面面相觑。当晚住在什刹海全国美协招待所，顾老伯不知怎的，和木刻家力群也很熟悉，我们还吃到延安来的小米红枣的拉糕。顾老伯第二天就领我住在王府井南口原是王爷贝勒多的锡拉胡同，这是他去香港的朋友托他看管的。我们住了四合院的正房，好生了得，房屋宽大，有纱窗，有瓷砖，有抽水马桶，好像还有还十分陌生的冰箱等等。顾老伯又领我去参观故宫博物院，当时刚开放不久，与现在能看到的多得不可比拟。因为有他的朋友，我们还参观了库房，还有所谓的"冷宫"，与《甄環传》中的大不相同，只是更为残败荒凉的宫殿罢了。领我们参观的当然是老伯的朋友，其中有大名鼎鼎的沈从文。我因为爱好文艺，读过一些鲁迅的书，竟然想象从文先生定是一个"洋场恶少"，少不了西装革履、戴着金丝边眼镜的阔教授。及至看到本人，却是位身材不高、似乎成年穿这身棉袍的笑吟吟的乡下老先生。我们还到他家参观，只是一间房，中间还挂着一条被单，可见住房很挤。我当时心头还嘀咕：一个有名的文化人，其待遇为何如此简陋？现在要说明的是，我看到的是否就是从文先生的家，实无多大把握，但不管如何，我们就此有了交往。我和顾老伯大约帮沈先生捎回一些土产，一齐到九如巷张宅拜访，和张家四姐妹的弟弟晤谈。从文先生后来来苏州，也专门到工艺美专来造访，还自掏腰包，在古董店买了四五只青花瓷盘相赠。我慎而重之将其放在资料室陈列，后来竟被红卫兵乒乒乓乓砸得稀巴烂，真是可惜！

和刺绣相仿的还有缂丝，这一工艺行业更早就中断。是顾老伯和我一起先到陆墓访贤，他似乎无所不知，和缂丝匠人也很相熟，一下找到沈金水，当时他已是行动不便的耄耋老人了。顾老伯和他徒弟王茂仙更熟，他年轻许多，已改行种地，是顾老伯帮助他接到故宫的复制缂丝任务，还在刺绣工场腾出地方，缂丝机才重新动起来。还帮着找到一个姓王的小青年做接班人，如今他已是工艺大师了。

再说桃花坞年画，我和顾老伯曾几次访问桃花坞大街年画铺，似乎已经停业多年，只靠印粗糙的纸马、灶王爷、爆竹纸等糊口。面对堆满角落的积满灰尘、残缺不全的成堆的印刷年画旧版，我们不胜唏嘘，很想恢复起来，这又谈何容易。不久顾老伯自费印了一套当时还能搜到全版的年画，印成厚厚的一大本，记得他写了一序，要我改，我竟改了，真是糊涂！到了1951年，适逢太平天国一百周年，我们商量出一种小型画页。画画的人由我找，而刻版的人由他寻。印套色的年画必须有黑线版和色版（一色一版，几色要几版）。我们印数不多，色版就改用硬纸板雕空，用手拓色，既省事，又省钱，但黑版则非现刻不可，可至少在民国以后就不刻新版，何处找到这样的人才？说来奇怪，顾老伯一下就找到吴麟昆、周玉菁、叶金生、华开荣等人，仿佛上午和他们刚在太监弄"吴苑深处"喝过茶似的，至于给他们多少报酬，我一律不管，顾老伯也不要我管，他是否贴钱也很难说。这样，经文联干部和一些画家（如黄芗）等填色印刷，八幅纪念太平天国的年画就这样七手八脚忙了一阵搞出来了。《中国建设》(外文版)还作了报道，现在它也几乎成了文物了。

顾老伯和我相处时间并不长。除上述活动外，我们还在专诸巷徘徊，找做眼镜的工艺匠，在阊门内什么庙去探访做玉器的，想到光福去找核雕，还有什么做虎丘泥人的。我们还专程到上海拜访民间艺术收藏专家顾丽江先生，到三马路去淘刺绣小品等等。我们一老一小前后彳亍而行。后来我到杭州学习期间，顾老伯仍然在博物馆开了一个空前的传统工艺品展览。

说到这里，仿佛顾老伯只是一位热心交际、偏爱市井的“达人”，这完全错了。公硕先生在四兄弟中才华出众。工书善画，精鉴赏，善考证，长摄影，能读日文，仅上述《题跋古今》一本小书中的《吴友如与桃花坞年画的“关系”》一文，他实地调查，一直查到吴的亲属，才弄清吴在上海学画和画画，与桃花坞年画毫不相干这事，是我也接触到的。这样的道德文章必然受到人们的尊重，《人民画报》名摄影记者彭华士、装饰艺术大师张光宇兄弟、舞蹈大师吴晓邦等等，到苏州都要问候他。这里还要提及他对子女的培养，二子笃璜留在身边也是唯一学文的，他不仅支持他的革命活动，还支持其致力研究、扶持昆曲(后在苏大创昆曲班，实为空前之举)，如今已成为研究昆曲的大家，受到全国文联和文化部的褒奖。现又被聘为苏州过云楼文化研究会的总顾问。

苏东坡著名的悼亡词中“不思量，自难忘”，道出了思念逝去的至亲良友的心态。我曾用此题悼念已去的凡一，现也用此思念公硕先生，不过东坡接着想的是亡妻王弗墓地“明月夜，短松冈”，而我接着想的则是虎丘山的断山剩水，我常将它比作风雨如磐的汨罗江畔：满怀悲愤的屈原正在此蓬发行吟，不，公硕先生没有长发，他正远眺汹涌着青春波涛的太湖，在从未有过的高架、高速、有轨电车和车流环绕中，他在鲜花丛中破涕微笑，我甚至还听到他那熟悉的笑声。是的，正是这样的笑声，我懂。

《苏州杂志》2014年第二期，作者系新中国成立初期苏州市美协主席

左为 1938 年重庆璧山正则艺专合影（左一杨守玉，左二任嘒閒，右二吕凤子）
右为青年时期的任嘒閒

杨守玉中年像

1952 年刺绣人员与杨守玉在狮子林合影。
左一为任嘒閒，左四为杨守玉

上世纪 90 年代初，谢孝思（右四）与任嘒閒（左三）、
周巽先（右二）、顾文霞（右一）等

缅怀公硕先生

文 / 任嘒閒

我和顾公硕先生相识于新中国成立初期，记得是 1953 年秋，当时苏绣行业正濒临绝境，我也因而赋闲在家。顾公硕先生和贺野同志陪同北京中国美协郑野夫同志来到我家，欲向国家推荐、介绍我绣的《列宁在讲台上》的一幅乱针绣作，谈论中得知中国美术家协会要在苏州搜集一批民间工艺品，参加国际文化交流。

事隔不久，公硕先生会同高伯瑜先生来到我家，高兴地告诉我："《列宁在讲台上》乱针绣作已被选中，参加国际文化交流作为展出艺术品。"

1954 年，公硕先生受中国美术家协会委托，再次来我家，邀请我参加建立苏州刺绣小组的筹建工作。在顾公硕先生的积极领导下，苏州刺绣小组筹建工作正式展开，当时参加筹建的有我和周巽先、高伯瑜同志等。在顾公硕先生的率领和指导之下，由我们负责选购原材料、招考刺绣工人。当时从来自民间的刺绣人员中，通过考试、筛选，第一批录取六名，周巽先和我在内一共八人，于 1954 年 3 月 8 日，文联刺绣小组正式成立（即现在刺绣研究所的前身），工场设在调丰巷 13 号内。在顾公硕先生的领导、关怀下完成的第一批刺绣作品，是复制广绣《百鸟朝凤屏》，继而有列宁与斯大林等伟人像，使苏绣扩大了影响，得到了挽救。

苏绣在党和政府的关心、扶植下，不断地发展壮大。刺绣人员逐渐发展到一百多人，公硕先生着眼于提高绣工的艺术素质，邀集了许多苏州名画家，如费新我、陈涓隐、余彤甫、张晋、陶声甫、黄芗等为绣稿出谋划策当顾问；同时又邀请中央工艺美院副院长庞薰琹[1]教授和他的夫人丘堤同志、中央工艺美院程尚仁、柴扉等教授、江苏师院张云和教授来刺绣小组讲授《绘画与刺绣》《苏绣与色彩》《刺绣与装饰》等课。对刺绣艺人来说受益非浅，不但增加了绘画知识，亦提高了刺绣技艺。公硕对刺绣事业一直是大力支持的，记得当时要绣一批苏联主席团成员半身像，任务重，时间短，他特意邀请乱针绣创始人杨守玉教授来进行指导、协助，使得乱针绣绣品及时完成，为苏绣推向世界、扩大国外知名度作出了贡献。

顾公硕先生在建国初期，对苏绣的恢复、扶植、发展和提高，立下了很大的功劳。今日苏绣能集历史刺绣之大成，被誉为中国"四大名绣"之首，作为刺绣艺人，不能忘

1. 庞薰琹（1906—1985），字虞弦，笔名鼓轩，著名画家，工艺美术教育家，江苏常熟人。为我国第一所工艺美术高等学府——中央工艺美院创办人。著有《工艺美术设计》《图案问题研究》《中国历代装饰画的研究》《论工艺美术》等学术著作。

庞薰琹教授

记公硕先生的一番心血和辛劳。尤其难能可贵的是，公硕先生还对面临绝境的缂丝行业关注甚深。1954年的下半年中，不辞辛劳，奔波陆墓、蠡口等地，走访了好多缂丝老艺人，如姚金泉、沈金水、王茂仙、沈根水等，并陆续把他们招聘到文联小组工作，不但使古老的缂丝工艺得以恢复和发展，而且使优秀的缂丝技艺代代相传下去。从此以后，缂丝工艺在继承传统工艺的基础上，提高和发扬、创新。1982年创造了三异缂丝，试制成功缂丝与缂毛相结合的工艺，刺绣与缂丝相结合，均获苏州市科技进步三等奖，公硕先生功不可没。

刺绣研究所今日所取得的成就，是与公硕先生的关心、支持、努力分不开的。他一生对工艺美术坚持不懈的关怀和发掘的精神，我由衷地敬佩。

公硕先生不甘凌辱而离去已卅周年。他的逝世不但是我市文艺界的一大损失，更是我们苏绣的一大损失。他的一生，是对工艺美术不断研究、发掘、创新的一生，给我们留下无尽的思念，成为人们学习的楷模。

我和公硕先生，同是中国民主促进会的成员[1]，经常一起在民进苏州市委员会文化小组学习，多年的交往中，深感他知识渊博，他既是书画家，又是文物收藏家、鉴赏家。他为人谦和谨慎，作风正派，平易近人，他的音容笑貌经常呈现在我的眼前。在我们的心目中，公硕先生对苏绣艺术的贡献，在工艺美术史上留下了辉煌的篇章。

作者系已故中国工艺美术大师，写于1996年，钱璎供稿

1. 民进文化支部活动记录：

范烟桥、谢孝思、金兆梓、周瘦鹃、陈涓隐、吴敦木、蔡夷白、钱镛、尤可、刘荫玉、任嗜閒、尤墨君、陆尹甫、顾公硕、柳君然、程小青、陈旧村、崔护、张晋

上世纪50年代任嘒閒绣《列宁与农民谈话》

晚年任嘒閒

绣工工作场面

《苏州刺绣研究所志》

关于苏州市文联刺绣小组的记述

1954年春节后，中国美术家协会为筹集一批出国展览的刺绣品，委托苏州市文联顾公硕筹备“苏州市文联民间艺术研究组刺绣生产小组”。由任嘒閒、周巽先等主持招考一批刺绣技艺较高的女工进小组工作。于3月8日正式开办，地点在调丰巷。由苏州市文联借款三百元作筹建经费，由顾公硕负责，高伯瑜任总务，当时成员有任嘒閒、周巽先、严葆真、管撷云、赵骊珠、王云娥、章秀民、朱静雯八人，后逐渐增加了二十多人。由中国美协提供绣稿和样品，产品由中国美术家协会（北京）美术服务部包销。按成本的25%提取加工费，作为非生产人员费用和各项开支，并由中央工艺美院教授柴扉、程尚仁等来苏进行艺术指导。

1954年6月，刺绣小组迁到修仙巷10号。朱凤等一批技艺人员参加，小组扩大。12月又吸收缂丝艺人王茂仙、沈金水，使久不生产的缂丝艺术得以恢复、保存和发展。

1955年4月，刺绣小组搬到史家巷32号，开始有外宾参观和外地绣工前来学习，影响日益扩大。随着全国合作化高潮的到来，文联刺绣小组于12月16日被正式批准为“苏州市刺绣工艺美术生产合作社”，划归苏州市手工业管理局领导。

钱璎供稿

苏州刺绣研究所徐绍青与李娥瑛、顾文霞（右）研究刺绣设计

新中国成立后苏州市区苏绣发展基地图例：

刺绣小组旧址，左为绣线巷10号，原名修仙巷
右为苏州史家巷32号

坐落在王鏊祠堂的
中国苏绣艺术博物馆

苏州刺绣研究所，坐落在世界文化遗产环秀山庄

刺绣研究所大门

回忆文联刺绣小组

李娥瑛口述　黄云鹏记录整理

1954年，我家住在木渎，与木渎镇工商联为邻。那年我十九岁，已结婚。由于家庭经济困难，我就到苏州城里调丰巷25号秦家学踏洋机做缝纫。秦家的女儿是上海胜家公司的学生，办了一个缝纫班，教缝纫技术。邹斯娴当时也在那里学习，她家姑娘金淑娴要结婚，她听说我会绣花，就拿了五对枕套让我绣，我便一边学缝纫，一边做刺绣。

这时，苏州土产公司的吴载厚先生到木渎工商联联系业务，经过我家门口，看见我在绣枕套。吴载厚是顾公硕先生的邻居，吴先生就对我说苏州在招绣工，说要做出国的生活，他见我有意到苏州工作，就主动帮我介绍。吴载厚领我到朱家园顾公硕先生的家里，顾师母正在绣一幅《五伦图》(《百鸟朝凤图》)，便叫我绣一只小鸡给她看。过了几天就接到通知，要我来苏州。我便把父母安排到杭州去，我自己带了一个小孩，和堂妹李莲珍一起来到苏州，从此我和李莲珍姐妹俩都成为苏州市文联刺绣小组的一员。这是1954年3月的事。

初到苏州，我和莲珍妹二人就住在狮林寺巷3号伯伯家中。当时，把缝纫机也带来了，白天做刺绣，夜间做缝纫。莲珍妹帮我带小人（编者按：苏州话，孩子），我教她绣花。

在苏州市文联刺绣小组，周巽先、任嘒閒两位先生是技艺指导员。起初叫我与人合绷做《百鸟朝凤图》，开始只做花，鸟是顾师母做的。随后，我利用一个星期天，自己绣了一只鸟，拿给周巽先、任嘒閒两位老师看，两位老师满意，便开始做鸟了。

苏州市文联刺绣小组在调丰巷放柴的房间，用的东西是高伯瑜先生家里搬来的。当时的绣稿有田世光、邓白等画家的作品。1954年8月，文联刺绣小组搬到修仙巷（绣线巷）10号以后，开始做双面绣围巾。起初先交给别人做，只绣了一只花蕾，因为针迹不匀，停了下来，后来朱凤老师就叫我做。过了几天，朱老师又问我蝴蝶能否做成双面绣，我很高兴，便用玻璃纸把色彩的位置画在绣面上再绣，就绣成了。

有一次到文联吃饭时，看到花园里月季花正在开放，我注视光线移动，得到启发。后来绣花瓣的丝路，就是依照当时观察得来的印象绣的。在吴玉英做月季百蝶被罩时，朱凤老师教她做直丝路，我根据观察得来的印象应该是弧线，朱凤老师采纳了我的建议，于是就照弧线绣了。

李娥瑛系中国工艺美术大师　钱璎、黄云鹏供稿

沉浸于艺术的李娥瑛

李娥瑛晚年及其作品《聚宝盆》

参照清末明初马骀《五伦图》

刺绣《圆景壁挂》

《顾文霞回忆录》

关于苏州市文联刺绣小组的一节

1954年的夏天，我第一次走出木渎古镇，前往苏州寻求新的希望。在苏州的姨妈家暂时住下后得知，苏州文联刺绣小组（后改为刺绣研究所），因要绣制一批出国展品，需要招收年轻绣工。

我抱着试试看的心态去报考。我问招考老师有什么要求，老师说就是绣一件东西，而且告诉我绣什么都可以。我想了想，决定绣一朵含苞待放的梅花。

在绣之前，我还是不太放心，就对招考老师说："我没有经过专业老师的指导，所以觉得很困难。"招考老师安慰我："没关系，你自由发挥就好。"他还告诉我："这朵梅花怎么做，你自己决定，用什么针法、颜色，你自己挑。"

我打定主意就绣红梅，因为我对红梅的绣法熟稔于心。从早晨绣到晚上，终于一朵娇羞的红梅跃然布上。文联刺绣小组的指导员看后，当场对我说："你明天就来上班吧。"我喜出望外，高兴得不得了，心想总算有一个工作了。这个工作对我来说，比什么都重要，我第二天就去上班了。

在工作中，我最初接触到的、对我帮助最大的，是文联刺绣小组的两位领导人，一位是顾公硕，一位是高伯瑜，他俩都是文人。顾公硕对刺绣很支持，他对我们说："有这么多的绣工愿意来文联工作是好事，你们就绣花卉吧。"

当时的苏州很封闭，特别穷，可不像现在这样开放和富裕。顾公硕和高伯瑜为了刺绣工作，真是把心都掏出来了，我们这批被招上来的年轻人报到后，他们赶快找了一间比较大的厅，将绣绷一排一排摆好。培训班没有布，他们让我们从家里拿底料来，凳子没有，我们就自己带凳子去。电灯也没有，他们想办法向供电局争取；有了电灯就更好了，我们天不亮便可以开始刺绣。

解放初期，刺绣培训班的条件不是太好，但是大家的工作热情却空前高涨。尽管工资不高，但是大家却自愿加班加点工作。大家的心态和解放前有明显地不同，以前做得再好，也会被资本家、绣庄老板们敲诈；现在做得多、做得好，都是替国家做，我们每个人都是国家的主人。进入文联刺绣小组是我人生的一个转折点。

1954年，文联刺绣小组绣工一天的工资是七角钱，我们已经满意极了。我一天花费三角钱，中午在单位的食堂买饭，下班后自己买点东西回姨妈家再烧一烧，就是晚餐。

我们早晨五点半起床，一个小时后开始工作。晚上下班时间是四点半，而大家总要多干一个小时才肯离开。工作的热情是发自内心的。大家都是一样的心情：为国家生产出好的作品是我们的责任，我们能有这样的机会是非常难得的。

大家开始意识到不能呆在家里做家庭妇女，靠别人养活是不光彩的事情。文联刺绣小组的绣工一天到晚想的都是工作，除了吃饭时间外，可以坐在绣绷前一整天不动，全身心地投入到工作中去了。在工作时间，大家心中没有杂念，没有工夫去想自己的家务事。每个人都怀着感恩的心在刺绣，觉得工作改变了自己的收入、自己的生活、自己的社会地位。

处于集体劳动的环境中，大家共同学习，相互沟通，齐心协力，积极性被充分调动了起来，每个人都非常重视刺绣技术的学习，每个人都想学到刺绣的专业技能。

我们对国家怀着难以言表的感激之情，面对工作有喷涌而出的满腔热情，觉得有一份真正属于自己的工作，除了兴奋不已外，还不停地告诉自己要格外珍惜。

在苏绣事业上的第一个阶段毫无疑问是学习。在文联刺绣小组我们最直接、最常接触的是指导员，由指导员根据每个绣工的水平相应地给出刺绣的任务，刺绣的难度和要求因人而异，绣品完成后，指导员检查刺绣结果，而且会有针对性的点评，进行专业性的指导。还有专业老师为我们讲课，讲叶子应该怎么做、花瓣应该怎么做、花心应该怎么做。听了老师的课，我们才恍然大悟，原来刺绣方面有这么多的学问。为我们上课的老师，有的来自工艺美院，有的是经验丰富的画家。上课的老师，都是本着为大家服务的心态来的，而不是为了赚钱，都特别令人尊敬。

直到此时，我才明白刺绣和画画一定要紧密结合，如果不紧密结合，那么自己的刺绣技术就很难提高。画家老师加入到刺绣行业中来，教会我们许多专业知识，给了我们许多启发和思考。

老师教授给了我三方面的技能，一个是素描（绘画的基础），一个是刺绣的纹理，还有一个是色彩的运用。我学到了专业的系统知识，从理论的高度开始重新审视苏绣，看苏绣的视角也变得多元化。

通过认真思考，我明白了苏绣分三步走：首先是为什么，其次是如何去做，最后要不断实践，只有自己做了，才能发现问题在哪里，才能知道怎样做会更好。

刺绣小组是由最初的八个人发展起来的，后来扩展到四五十人。两个指导员分别是任嘒閒和周巽先（后成为中国工艺美术大师），她们都是杨守玉的弟子，杨守玉是乱针绣的创始人。指导员是全心全意地教，我们是脚踏实地地学，学习的方式是相互交流、鼓励，给了我们学习的动力。如今两位指导员已经过世了，我们很怀念她们。

文联刺绣小组的工作，要靠大家的通力合作，也有着明确的分工，根据每个人的优点和特长分配具体的工作内容。如果要绣一棵梅花树，有的人专门绣树干，有的人专门绣梅花。这种齐心协力的工作模式，不仅可以提高工作效率，又可以保证绣品的质量，还可以加强绣工之间的相互联系、相互促进。

我是专门做花鸟刺绣的，先做了梅花，指导员觉得不错，让我改做菊花，菊花做得达到了一定的水平，指导员又让我改做牡丹花。一步一步向前推进，指导员分配什么，我就做什么，其他人的工作进程和我大抵相同。指导员认为谁可以上一个台阶，那我们就按照指导员的要求进行下一个环节。

在文联刺绣小组每天开心的日子里，我一直牵挂着在家劳作的母亲，正巧，单位还需要招人做日用绣品，我便鼓励母亲也来试试。

母亲问："你们单位招收的都是十几岁的年轻人，像我这样能行吗？"我回答："现在已经没有年龄的限制了，你愿意来的话是可以做的。"1955 年，母亲终于鼓足勇气考了进来。那年，五十一岁的母亲也成为单位的员工。从此我们又在一起刺绣，成了并肩工作的同事。

能够考入文联刺绣小组，我荣幸之至。我成为解放后政府组织的首批苏绣专业人员。一门谋生的手艺发展成为自己终身的追求，自此，我与苏绣结下了不解之缘。

顾文霞系中国工艺美术大师，钱璎、黄云鹏供稿，文字上略有删减

1979 年顾文霞与卡特总统合影

1981 年 9 月 1 日，风景如画的苏州刺绣研究所，美国总统卡特如老友重逢般握着一位中年妇女的手，激动地说："邓小平先生赠我的绣品是最珍贵的礼物，我一直想来亲眼看一看是怎么绣出来的，今天，我的这个愿望可以实现了。"这位中年妇女是苏州刺绣研究所所长顾文霞。

1979 年 1 月 29 日，邓小平飞抵华盛顿，开始了新中国成立后我国领导人首次对美访问。其间，邓小平将一幅顾文霞创作的双面绣《小猫》送给了卡特总统。卡特仔细端详着这幅精美的作品，只见在同一块底料上，正反两面神态各异的小猫栩栩如生，对此百思不得其解。直至 2005 年顾文霞的作品在美国卡特图书馆展览时，八十高龄的卡特还在现场赞叹："这是绝技，只有中国有。"

青年顾文霞

晚年顾文霞在大师工作室

图片由任嘒閒之子张允凯提供
选自洪锡徐、洪苏著《百工录·苏绣艺术》

传承刺绣艺术的顾文霞

德善之人

——新中国成立初顾公硕等抢救桃花坞木刻年画考

文／高福民

多年来，我心中一直有个愿望，将新中国刚诞生时，顾公硕等文化前辈抢救保护桃花坞木刻年画的创始之功作些考证。2010 年，我与冯骥才先生合作完成国家社科基金项目《中国木版年画集成 · 桃花坞卷》（中华书局出版），当时我就想专门记录这段历史，却苦于缺乏实证而未成。

1950 年抢救成果的发现

我寻访至苏州市文联薛亦然先生处。

热情的亦然先生打开电脑，展现在我眼前的是 1950 年公硕先生汇编的《苏州桃花坞年画选集》。所谓“选集”，是当初挑选的传统老版印制的年画组合而成，无论尺寸大小，一对算作两幅，重复的不计，现清点七十八幅。约半数标明“王荣兴”画店，标明“陈同盛”“朱荣记”画店的仅各一幅，其余没标明画店。这批传统老版大多是清末的，因进入民国后，桃花坞年画很少雕刻新版，尤其是日本侵华时期只靠印粗糙的纸马、灶王爷、爆竹纸等维持生计，1949 年前停业多年，一片萧条。顾公硕等面对堆满角落、积满灰尘、残缺不全的旧版，与年画老艺人一起挑选全版，印成厚厚一大本。

对这批清末民初的老版年画，我并不陌生。2005 年，为筹建苏州桃花坞木刻年画博物馆，我遇到一个棘手难题，连一幅老画、一块老版也难找，幸亏钱璎老局长“雪中送炭”，将其父亲、著名学者阿英[1]先生生前搜集的近二百幅画捐赠出来，后来我又从苏州图书馆古籍部发现并调拨二百余幅，两者相加，不计重复内容，约二百五十种左右，馆藏展品难题才迎刃而解。现在看来，这三部分画完全同版，就是顾公硕等当时走访桃花坞，帮助画店恢复生产，对桃花坞传统老版年画进行抢救、发掘、整理的成果。

亦然先生提供的资料中，我从未见过的，是一篇列在选集之首，署名“苏州市文联

---

1. 阿英（1900—1977），即钱杏邨，又名钱德赋，安徽芜湖人。现代著名剧作家、文艺理论家、文艺批评家。一生著述丰富，著有诗歌、小说、散文、戏剧等。他在话剧创作上的历史地位，是其在上海孤岛时期创作的三大“南明史剧”确立的，包括《碧血花》《葛嫩娘》《海国英雄》与《杨娥花》。论著有《现代中国文学作家》《现代中国文学论》《中国年画发展史略》。重视俗文学及曲艺资料的搜集、整理和研究工作，有《阿英文集》。1946 年任中国华东局文委书记，后任中共大连市委宣传部文委书记，建国后曾任天津市文化局第一任局长、华北文联主席、全国文联副秘书长等职。

创作研究部民间艺术组长顾公硕"的《介绍苏州桃花坞木刻年画选集》的文章，或者称为"序"。据1951年担任苏州市美协主席、曾与公硕先生一起抢救桃花坞年画、现年八十七岁的贺野先生回忆，这篇"序"是公硕先生起草、他修改的。叙述了桃花坞木刻年画的历史，当时画店倒闭、艺人失业、濒临绝境的状况以及抢救意义；说明所抢救的传统年画包括门神、农事画、迷信用纸、装饰纸画、故事与戏剧、风俗画与风景画、人物画、玩具画、连环画等九大类，共九十四幅。现清点选集中实物与记载相对照，尚缺十六幅，亦然先生的资料来源于他西安市文联一位喜爱收藏的朋友，由于收藏辗转了六十余年，有所流失，不足为奇。

其中不乏一些有价值的作品，如《平安吉庆 · 四季兴隆》(一对)、《和气致祥》《花开富贵》《合门喜庆 · 欢天喜地》(一对)、《刘海戏金蟾 · 和合》(一对)、《民国三年发财春牛图》《金鸡报晓 · 鸡王镇宅》(一对)、《合家欢》《苏州铁路火轮车公司开往吴淞》《今日准演失街亭》《今日准演金山寺》《忠义堂》《景阳冈武松打虎》《铜雀台》《定军山》《天水关》《杨家女将征西》《穆桂英大破天门阵》《花果山猴王开操》《孙悟空大闹天宫》《霸王别姬》《岳武穆精忠报国》等。公硕先生当年欣喜地在北局国货商场(今人民商场)二楼专题举办了一次展览。1954年春节，又组织一次，包括桃花坞木刻年画在内的规模空前的苏州工艺美术陈列展。现苏州桃花坞木刻年画博物馆和苏州工艺美术职业技术学院桃花坞年画社均藏有这批作品。

我当然感谢亦然先生，他帮助我解开了这个历史谜团。他还将手上的资料给我做了一个光盘，以便我将这一段珍贵历史，记录于即将完成的《过云楼梦——大变革时代江南文脉之一隅》《顾公硕残稿拾影》二书中。

新年画《太平天国在苏州》

1949年11月26日，中央人民政府文化部颁发的第一号文件就是《开展新年画工作的指示》，强调"改造旧年画"和"创作反映生活"。于是公硕先生、贺野先生组织创作新年画《太平天国在苏州》，以举办纪念太平天国金田起义一百周年展览。八幅画是：《清兵抢劫》，徐绍青作，周玉菁刻；《内应外合》，沈冠奋作，叶金生刻；《忠王入城》，徐近慧、陆国英作，叶金生刻；《忠诚感服》，费新我作，华开荣刻；《贸易街》，贺野作，周玉菁刻；《教养儿童》，陈志华作，叶金生刻；《军事会议》，吴钟英作，华开荣刻；《民不能忘》，陈涓隐作，吴麟昆刻。

当时能找到年画刻工是很不容易的，艰苦年头，又没有经费，除墨线版非现刻不可，色版就改用硬纸板雕空，用手拓色，由市文联的画家黄艿等填色印刷。遗物今存，2009年9月，苏州市政协举办庆祝国庆和人民政协成立六十周年，名家云集的工艺美术展览时，政协一位民主党派老委员提供的实物展品，是我所见过保存最好的一套。八幅画裱成一册页。苏州桃花坞年画著名画家张晓飞先生 2001 年在册页上题："'太平天国在苏州'是 1951 年为纪念太平天国金田起义一百周年，由苏州市文联组织创作的一组桃花坞木刻新作，运用桃花坞木刻这一传统民间艺术反映了新的主题，对传统形式如何反映新内容作了探索。'太平天国在苏州'是桃花坞木刻艺术的宝贵财富。"

1958 年抢救成果的发现

公硕先生为抢救桃花坞年画，不遗余力，一些老同志都有回忆。贺野先生写了一篇文章《顾老伯和他的朋友们》，发表在《苏州杂志》2014 年第二期，说得很清楚，此处不赘。1984 年 9 月，苏州市政协文史资料委员会编《文史资料选辑》刊载甘兰经、姚永新先生怀念公硕先生的文章中说，"当他访问正失业在家的桃花坞木刻艺人魏阿毛、叶金生时，即慷慨解囊，以解他们燃眉之急"。公硕先生那时还不是公职人员，市文联民间艺术组长是社会职务，没有薪水收入，无论是编《桃花坞年画选集》还是救济人家，都是自掏腰包。"一面鼓励他们振作精神，一面和他们在传统木版中挑选出一部分印刷后分发各地，以取得美术界同行的支持，以后经过有关部门评选和新华书店大力支持，终于在 1958 年，将四十多种传统年画和一部分反映时代的新年画正式投产后上市供应"。

如前所述，我在编撰《中国木版年画集成·桃花坞卷》的五年中，曾下功夫寻觅 1950 年公硕先生所整理编印的第一本"选集"，却无踪无影，但意外收获是，2007 年，前往天津大学参加冯骥才主持的全国专家编卷会议时，在天津古玩市场淘到两包破损不堪的老版画残片，"白菜价"。冯骥才哈哈大笑，用称赞的口气说："你找桃花坞年画找到我的地盘上来啦。"拎回苏州一打开，有人开玩笑说"两包垃圾"，我不以为然，说"垃圾中有宝啊"。在修复过程中，见到天津杨柳青、山东潍坊杨家埠年画，后来居然出现了桃花坞传统年画和新创作的作品，其中有一幅《邬飞霞刺梁》，钱璎老领导告诉我，是 1958 年苏昆剧团的苏剧首演海报，徐绍青作，叶金生刻，虽残缺不全，却露出典雅细腻的姿容，见证了桃花坞新年画艺术水平的提升。我与桃花坞年画专家王祖德先生认定，虽非公硕先生他们 1950 年第一批抢救实证，却是第二批抢救实证，即 1958 年正式投产、上市供应和全国交流的成果。

风雨过后见彩虹

当时出现了新形势，1955 年成立苏州市雕刻工艺生产合作社，翌年在合作化高潮中王荣兴、朱荣记和朱瑞记三家画店合并组成桃花坞木刻年画小组，1958 年并入苏州文化美术工厂，不仅选印旧版年画，还出版发行了二十万张新年画。至 1959 年扩大为桃花坞木刻年画合作社，古老的年画焕发了生机。著名画家凌虚先生创作新年画《洪福齐天》《各族人民大团结》《姑苏城外寒山寺》《新姑苏玄妙观》等优秀作品，恢复传统古版代表作《和气致祥》。其他画家也有许多精彩之作。“文革”骤起，公硕先生留下“士可杀而不可辱，我走了”的遗书而愤然离世。年画被视为“四旧”，厄运连连，公硕先生等抢救的一百余种传统年画老版因露天堆放蚀烂毁坏，当柴爿烧，损失殆尽。从此传统老年画“有画无版”，令人扼腕叹息。改革开放，大地回春，桃花坞年画社恢复，苏州市文化局和工艺美术局组织美术工作者创作百余幅新作品。上世纪 80 年代后新创作的《山乡新貌》《比绣艺》《农家乐》《水乡四季图》《水乡元宵》《水乡军民抗洪图》《渔家书屋》《姑苏风情》《水乡姐妹》等一批作品在全国获奖。2002 年，在政府的重视下，桃花坞年画社划归苏州工艺美术职业技术学院，2005 年桃花坞年画列为首批国家级非物质文化遗产代表作，2006 年成立桃花坞木刻年画博物馆。

云开雾散

说到这里，不能不提公硕先生对桃花坞年画的研究。他本来精于书画古籍，是一位鉴赏家，鲁迅先生与郑振铎先生曾合编《北平笺谱》，复刻《十竹斋笺谱》，对中国历史上版画宝库潜心研究。鲁迅逝世后，郑振铎二十余年编印版画，阿英先生又于 1954 年 6 月出版《中国年画发展史略》等，都对他有不小的影响。

郑振铎[1]的《中国版画史图录》自序说：“桃花坞者，在苏郡城之北隅，独以刊印

郑振铎先生及其论著
《中国古代木刻画史略》

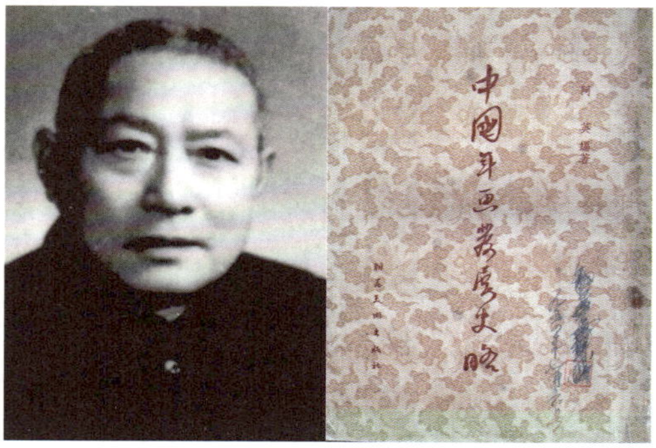
阿英先生及其论著
《中国年画发展史略》

1. 郑振铎（1898—1958），别名西谛、郭源新、落雪、CT。生于浙江温州，原籍福建长乐，我国现代著名作家、诗人、学者，文学评论家、文学史家、翻译家、艺术史家，也是国内外闻名的收藏家。1919 年参加五四运动并开始发表作品。1927 年旅居英、法。回国后历任燕京大学、清华大学、上海暨南大学教授，《世界文库》主编。1932 年，他的《插图本中国文学史》出版。1937 年参加文化界救亡协会，与胡愈之等人组织复社，出版《鲁迅全集》等。1949 年后，任中央文化部文物局长、中国科学院考古研究所所长、文化部副部长等职。1957 年，他编写出版了《中国文学研究》三册、《中国版画史图录》等。1958 年 10 月 17 日，因飞机失事遇难殉职，年仅六十岁。

‘年画’‘风俗画’有名于时。自雍正至清季，坞中诸肆，殆为江南各地刊画之总枢。盖自徽派版画式微以后，吴中刻工则起而代之矣。所刊有具西洋风者，其情形与利马窦之宗教画像为徽派刻工所复刻者相同。……光绪末，欧美新型印刷术流入我国，上海诸画家，若吴友如辈，皆专为石印作画，汇为数十百册，而木刻几废。桃花坞诸肆皆沦为废墟矣。”（原载《文学集林》1940 年第三期）

这次发现，公硕先生早在 1950 年整理《苏州桃花坞木刻年画选集》的“序”中就引用了郑振铎上述文字，并指出：“现在桃花坞留着的一些版片，已是衰弱时期的作品。它在清雍乾嘉时代那些精致的作品，早已失传，国内也很少收藏，我们现在只能看到日本和英国收藏而传入的早期桃花坞木刻年画的影本。”

即使当时印刷质量不高，他从郑振铎著作中见到为数不多、又大多为黑白或不大清晰的彩色清前期苏州版画插图（后来从阿英著作中见到类似图片），惊喜地说：“它的构图、线条与色彩，都有高度技巧，堪与晚明新安刻工媲美。”

我在整理公硕先生遗稿中，发现他在笔记中不止一次地说，“作家画始于山塘虎丘，太平天国以后没有了”，“工艺美术史料匮乏”。他的精辟见解是：“要研究苏州桃花坞年画，不能忽略苏州虎丘画铺。”（见于《苏州年画》一文，发表于《文物》1959 年第二期）。

苏州桃花坞年画举世闻名，但后人一般能看到的都是太平天国之后刊印的，桃花坞年画的前身是何面目？这是个谜。现在知道，它的前身“苏州版”精致纤细，色彩典雅，流传到海外被评价为“中国版画史上极为罕见的具有优秀技术的大型版画”，是桃花坞年画巅峰时的艺术，曾影响日本浮世绘的发展。它大多销售于历史更为悠久的山塘虎丘一带。山塘画市在太平天国战争时期遭炮火所毁，成为一片焦土，原来五十多家画店只剩寥寥几家，剩下的迫于生计迁到城里桃花坞，或迁到上海。这场大火成了分界线，将桃花坞木刻年画分为前、后期。后期社会更为动荡，历程更为艰难，向江南农村年画和上海小校场年画双重转型。“苏州版”与后世桃花坞年画大相径庭，上海城隍庙小校场年画后来被外来石印技术所终结。

公硕先生敏锐地捕捉到桃花坞年画前、后期两者之间的关系，但当时历史条件所限，无法深入下去。正如贺野先生对我所言，那时我们研究桃花坞年画，只要说到太平天国前，就无话可说了，没这个条件啊！

感恩时代，当我从筹建苏州桃花坞木刻年画博物馆、编撰《中国木版年画集成·桃花坞卷》亦步亦趋走过来，眼前云开雾散似的出现了苏州桃花坞年画早期遗产的宝库。这个过程，当初郑振铎、阿英和公硕先生都经历过。或许是冥冥之中注定的，我花了十余年时间，从日本、欧美的海外博物馆、图书馆及大学采撷了三百七十五幅清前期至太平天国战争前苏州木版年画作品资料，时间以康雍乾朝代为主，提出康乾盛世“苏州版”的学术概念；后来与《汉声杂志》创始人、著名文化策划人黄永松先生

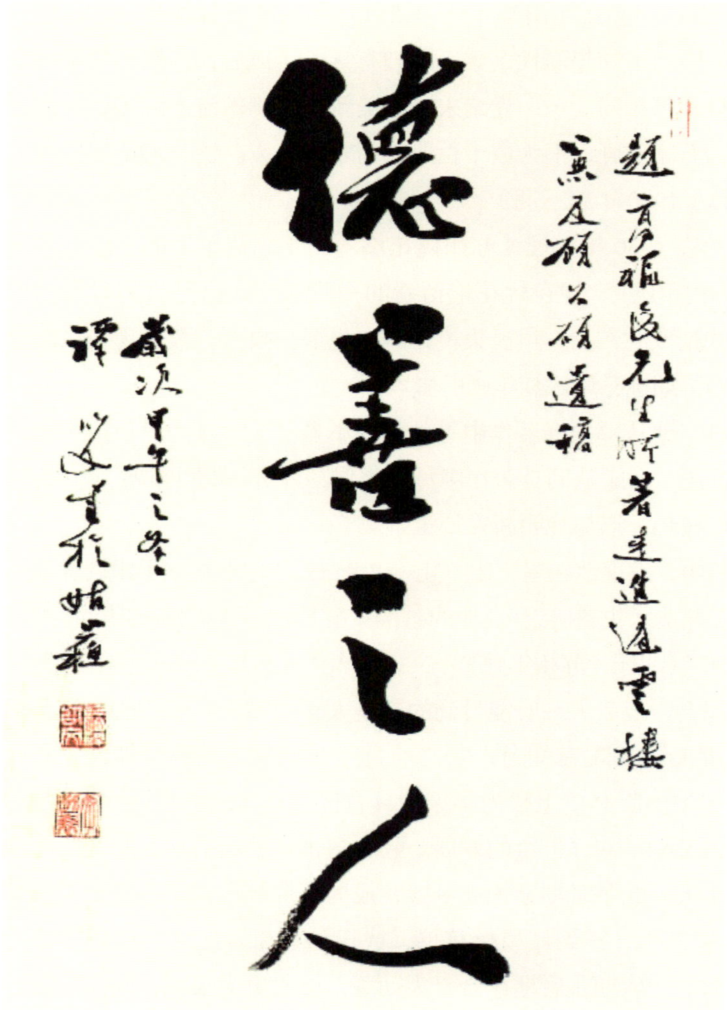

谭以文书《德善之人》

合作，经汉声精心排版、设计，2014 年 7 月于上海锦绣文章出版社出版，实现了自己的愿望，也可告慰公硕先生在天之灵。

我将拙著《康乾盛世“苏州版”》赠予张晓飞、谭以文先生，我们说起公硕先生，不胜唏嘘。我请晓飞先生画一幅当年公硕先生抢救桃花坞木刻的画，晓飞先生一口答应，不到一周就让儿子张迎春送来了。我又请以文先生题书，以文先生题“德善之人”。我将他们的书画收入本书，让我们共同缅怀这位德善之人、文化前辈。

《苏州日报》2015 年 1 月 30 日

1951 年新年画《太平天国在苏州》

《麟儿图》一对

《莲花花篮图》

《秋光黄花花篮图》

《莲花翠鸟图》

《花鸟图》

选自《康乾盛世“苏州版”》

《万国来朝图》 选自《康乾盛世"苏州版"》

左为已故中国文联名誉主席周巍峙在苏州图书馆古籍部关心桃花坞年画的抢救
右为编者前往天津大学拜访著名学者、中国民间文艺家协会主席冯骥才

左为编者拜访桃花坞年画专家、著名画家凌虚
右为编者与著名文化策划人、汉声出版中心黄永松等，在苏州小王山李根源纪念馆

左为 2016 年 3 月台湾访问学者杨永智（右一）、河北武强年画传承人马习钦（右二）及夫人（左一）等参观苏州桃花坞木刻年画博物馆，中为桃花坞年画传承人王祖德，左二为编者。
右为台湾地区学者杨永智 2016 年 6 月参加韩国第七次原州世界古版画文化祭，又发现康乾盛世“苏州版”。

桃之夭夭欧洲风

文 / 高福民　高晴

从本书首卷可清楚地看出，1950 年顾公硕与贺野两位先生走访桃花坞早已停业的年画作坊，所抢救的是清末旧木版，但他非常明确地强调："清初桃花坞的木刻年画，确实堪与晚明新安刻工媲美。"他又惋惜地说："至于年画的实物，流传更少，有待于将来的补充了。"

今年春节前，几位文化朋友提供了一个新资料：欧洲皇宫、城堡、庄园发现了一批 18 世纪上中叶的"苏州版"，这些桃花坞木刻年画早期遗产在当时欧洲一轮造园运动中，作为壁饰张贴上去，至今原封不动展示在那里，形成了一道风景线。深入探究，不由啧啧称奇。17 世纪时，她作为彩色套版技术曾经影响日本浮世绘，之后又作为中国外销画与外销瓷以及造园的元素及技法一起迈出国门。举数例如下：

德国利克森华尔德城堡，靠近莱比锡和德累斯顿。城堡建于 1722 至 1726 年，被称为是德国最有代表性的巴洛克时期建筑之一。由当地萨克森国王奥克斯特二世（1670—1733）时所建。位于二楼的"中国厅"，四周墙壁贴饰了三十四幅尺寸为 110cm × 55cm 的"苏州版"，木刻和手绘各占一半，镶嵌在长方形绿色木框内，排列整齐。木刻的如《春联仕女图》《韩湘子度韩愈图》《红叶题诗图》，手绘的如《凤阁仕女图》《渔妇携童图》《莺莺烧夜香图》，题材大多未见过。

德国沃利茨宫廷花园，位于德国安哈尔特州一个叫德绍的地方。建于 1769 至 1773 年，由利奥波德・弗里德里希・弗朗茨王子出资建造，是德国首座，也是至今世界上保存最好、最大的英国式庭园建筑，今为美术馆，联合国教科文组织公布为世界文化遗产。沃利茨城堡的"中国厅"共有两间十二幅"苏州版"作壁饰装潢。第一间分别是《苏堤春晓图》与《牛郎织女图》、《麒麟送子图》与《仕女育婴图》、《美女观花图》与《桌上婴儿图》，第二间分别是《白堤全景图》与《深宫秋兴图》、《把戏图》与《儿孙福禄图》、《姑苏万年桥图》与《聚宝盆图》。

德国宁芬堡皇宫浴池亭阁。位于德国慕尼黑、巴伐利亚的皇宫。始建于 1664 至 1675 年，其后曾修建和改建。外观主要是巴洛克样式，部分具有洛可可及后期古典主义的风格。公园中矗立多间亭阁，以中国版画作壁饰装潢的浴池亭阁是其中之一。大约 1758 至 1763 年，浴池亭阁的卧室镶贴了三十余幅"苏州版"连成的壁纸，但半个世纪后又被真正的壁纸——中国广州出产的山水人物壁纸覆盖，直到 1970 年代整修卧室时，才在广州壁纸之下发现了原来的"苏州版"，于是移到旁边另一休憩室，重新贴饰展示。现在一整面墙壁有十二幅"苏州版"，如昆曲戏文及人物故事《玉簪记》《琵琶记》《白蛇传・水斗》《武松打店》等，大多是以排线法模仿西洋铜版画透视、明暗效果的西风版。

英国弥尔顿宅，位于英格兰剑桥郡。1744 年费滋威廉伯爵三世成婚，由其安娜夫人引荐当时名高望重的英国建筑师亨利·福利特克洛特受聘负责弥尔顿宅的扩建整修，“中国卧室”一并规划完成。1816 年第七代费滋威廉子爵曾将艺术品收藏捐赠剑桥大学，即有名的费滋威廉美术馆。18 世纪以来，弥尔顿宅保存了原貌，其中包括位于二楼的“中国卧室”的四面墙壁贴饰大小不一，大多为 110cm×64cm 或 70cm×90cm 的画共八十一幅，木刻的“苏州版”居多。“苏州版”的墨版套印敷彩有三种类型，一种是色彩平涂，一种是以饾版的方法即渐层色泽表现衣褶的深浅，还有一种即西风版。其中西风版中有许多静物画，内容为花篮、花瓶、丝巾、扇子、眼镜等苏州特产及印有乾隆年款的历书。

英国盐车庄园，位于英国西南端海岸的普利茅斯。1712 至 1957 年，派克家族一直居住于此。这座城堡及公园被认为是英国保存得最好的乔治时期（1714—1830）建筑物，主要建筑师是当时最著名的罗伯·亚当（1728—1792）。庄园共有四个房间，以中国图画作壁饰或壁纸，其中“更衣室”的壁面主要有二十幅“苏州版”，每幅 108cm×88 cm，连接而成，内容为《李端端与崔涯图》《凤仪亭貂蝉与吕布图》等；“书房”由大小不等的画共六十幅组合而成，作品来源中国苏州、广东皆有；“中国卧室”及“镜厅”主要是模仿“苏州版”的广东外销画。

奥地利埃斯特哈希皇宫，位于奥地利与匈牙利交界的艾森施塔特。始建于 13 世纪后期，1622 年由来自匈牙利的埃斯特哈希家族购买和拥有，在保罗·埃斯特哈希一世（1635—1713）时改为一座华丽的巴洛克式建筑物。埃斯特哈希家族对文化、艺术大力支持，其中音乐家海顿（1732—1809）从 1762 年开始，在此地创作并居住了将近四十年。皇宫内有一大一小两间以“苏州版”作壁饰的“中国会客室”。小会客室有十八幅分成《采莲仕女孩童图》《梅花仕女孩童图》和《新年集庆图》各三对，由左右两幅合成，尺寸 110cm×108cm，这是尺幅最大的“苏州版”。如此尺幅与画面，足以证明是特地为欧洲式建筑壁饰设计和构图的。《新年集庆图》中门上张贴着对联：“麟儿集庆新年瑞”，“凤子欢呼乐岁终”，对联旁分别用较小字体署名画店及画家名字：“姑苏信德号”“吴门管瑞玉”。大会客室壁面则是中国花鸟画，也是苏州的产品。

2011 年，台北故宫博物院举办了一场“康熙大帝与太阳王路易十四特展”。一份泛黄的复印件引来许多参观者驻足：“获知在陛下身边与国度中有众多饱学之士倾力投入欧洲科学，我们在多年前决定派送我们的子民，六位数学家，以为陛下带来我们巴黎城内著名的皇家科学院中最新奇的科学和天文观察新知……”那是 1686 年，欧洲人的“中国热”方兴未艾，法国太阳王路易十四派遣多位科学家从海路奔赴神秘的中国，而致信大清康熙帝。

据考，1695 年，也就是清康熙三十四年，伦敦举办了“苏州版”拍卖会，造成轰动，由此使购买“苏州版”作壁饰成为时尚。最早流传至欧洲的版画是传教士带出去的，因需求快速增加，拍卖、订货才接踵而至。当时既有“西风东渐”，又有“东风西渐”。后来，中西接触史上发生了有名的“礼仪之争”，大清门户重新关闭，外患内忧，国运衰落，“苏州版”在太平天国兵燹中毁于一旦，桃花坞年画经历了一个半世纪艰难的转型。

深入挖掘中华优秀传统文化和城市文化价值内涵，才能更多地融入生活和时代。此时此刻，更加怀念公硕先生。

写于 2017 年春

《李端端与崔涯图》 墨版套色敷彩
苏州 108cm × 88 cm 英国盐车庄园

《凤仪亭貂蝉、吕布私会图》
墨版套色敷彩 苏州 108cm × 88 cm
英国盐车庄园

《采莲仕女孩童图》 墨版套色敷彩
姑苏信德号印行 110cm×108cm
奥地利埃斯特哈希皇宫

《梅花仕女孩童图》 墨版套色敷彩
姑苏信德号印行 110cm×108cm
奥地利埃斯特哈希皇宫

《新年集庆图》 墨版套色敷彩
姑苏信德号印行 110cm×108cm
奥地利埃斯特哈希皇宫

苏绣崛起

文 / 高福民

几位令人尊敬的文化老人不约而同写文章，充满深情地怀念一位“顾老伯”。顾老伯也就是顾公硕先生，今年适逢他诞辰一百一十周年。

八十七岁的贺野老人在《苏州杂志》今年第二期上的《顾老伯和他的朋友们》中回忆说：“现在说苏绣是苏州的一张文化名片，是没争议的，但至少在解放初期，苏州市面上却只有一种绣，叫做顾绣，连这名称还是借用上海明代露香园姓顾人家的名绣。记得那时西北街有家门面窄小的顾绣庄，陈列的只是床幔、桌围之类粗绣，生意冷清不堪……但解放前民生凋敝，此业已近消亡，可是‘天将降大任于斯人也’，斯人就是顾老伯。”

苏绣的历史延续千年，但时起时落，常常湮没于民间。明代王鏊在编纂《姑苏志》时曾记“精细雅洁，称苏州绣”，苏绣乃初称于世。清末民初，以沈寿为代表的一代名手出现，苏绣又名声大著。在北京故宫博物院十八万件明清织绣藏品中，苏作占一半，近十万件，但 1949 年前，苏绣已成为一支凋零的花朵。贺野老人刚解放时是二十才出头的渡江干部，而公硕先生是苏州文化界知名人士，曾亲密合作，一起奔波于抢救传统工艺美术第一线。

1954 年 3 月 8 日，这一天是“三八”妇女节，公硕先生筹划的“苏州市文联民间艺术研究组刺绣生产小组”（简称“市文联刺绣小组”）正式挂牌成立。没有仪式，也没有剪彩，但凡刺绣名手都不会忘怀，因为这是她们成才的摇篮。任嘒閒、周巽先任艺术指导员，主持招考了一批刺绣技艺较好的女工进小组工作。小组成员最初是八名，后渐增至二十余名。李娥瑛、顾文霞等刺绣名家都是从此起步。乱针绣创始人杨守玉前来指导。地点在调丰巷 13 号，是借用人家放柴的大厅。开办时由市文联借款三百元作筹建费，仅能买些底料和花线，绣绷都是各人自备的。在公硕先生主持下，生产规模快速扩大，1954 年 6 月迁修仙巷 10 号，刺绣名手朱凤及刺绣技校部分学生加入，后又吸收缂丝艺人王茂仙、沈金水，人员增至八十余名。1955 年 4 月迁史家巷 32 号，开始有外宾参观和外地绣工来学习。随着合作化高潮的到来，1955 年 12 月刺绣小组改为苏州市刺绣工艺美术合作社，金静芬任主任，社员陆续招收至二百余名，划归市手工业管理局管辖。公硕先生于移交后去市文管会工作，但半年后应邀担任市工艺美术指导委员会副主任委员。1960 年苏州市工艺美术研究所分为刺绣研究所和工艺美术研究所，1962 年公硕先生兼任工艺美术研究所所长。

苏绣崛起并非易事。据已故任嘒閒大师于 1996 年《缅怀顾公硕先生》的文章中回忆，记得是 1953 年秋，当时苏绣行业正濒临绝境。顾公硕先生和贺野同志陪同北京中国美协郑野夫同志来她家，欲推荐介绍她绣的一幅乱针绣作品《列宁在讲台上》，谈论中得知中国美协要在苏州征集一批民间工艺品参加国际文化交流。文章还说到，事隔不久，公硕先生和其他同志又两次到她家里，一次是告诉她《列宁在讲台上》已被选中参加国际文化交流展，一次是邀请她参加刺绣小组筹建工作。

据几位老同志回忆，1954 年春节后，公硕先生在北京中国美协的朋友带来一幅很陈旧的粤绣作品《百鸟朝凤屏》，询问能否复制，以作国礼赠友好国家。真诚就是最好的合作，公硕先生一口答应。没花国家一分钱，先在朱家园自己家中投入试绣。他亲自动手，将一块大玻璃压在绣样上，再用拷贝纸放在玻璃上，一笔一笔描下来。一向瘦弱的公硕先生，手经常发抖，于是在市文联任戏改部长的儿子笃璜抽暇帮忙绘制纹样。顾伯母张娴，出身于无锡张尚书家，曾入女子职业学校，善绣，担任第一个义务试绣人。后来刺绣小组一下子完成了十幅，幅幅精品，北京征集小组全部收购。

近日笔者专访了八十八岁的李娥瑛大师，她清晰地回忆，她到朱家园参加市文联刺绣小组招考的那一天，顾伯母正在绣《百鸟朝凤图》时接待了她，让她当场绣一只小鸡。结果没几天就接到录取通知，她抱着六个月的婴儿到调丰巷上班，一边手执银针，一边脚蹬襁褓中孩子的摇篮。她感慨地对笔者说，我是真心喜欢刺绣啊！现在孩子也六十岁了！

笔者没打扰顾文霞大师，因《顾文霞回忆录》中关于当年苏州市文联刺绣小组一节说得很清楚，由艺术指导员根据每个绣工的水平相应地给出刺绣的任务，绣品完成后，指导员检查刺绣结果，而且会有针对性的点评，进行专业性的指导；为她们上课的老师，有的来自工艺美院，有的是经验丰富的画家。她学到了专业的系统知识，从理论的高度开始重新审视苏绣。

用今天的话说，公硕先生是抢救和保护非物质文化遗产的先驱。因为先有文联刺绣小组，后有名扬天下的苏州刺绣研究所。因为它，奠定了苏绣作为全国“四大名绣”之首的坚实基础，实现了艺术和技术的融合、创新，使苏绣从日常生活用品为主的粗放绣件向艺术观赏品的历史性转变，使千年古技恢复了青春，而且誉传四海，带动了城乡产业的发展。即使从今天的眼光看当时，也不能不说是文化大事、民生大事。公硕先生在上世纪 60 年代写的一篇文章《苏州刺绣放光彩》中欣喜地说，目前苏州刺绣工人已发展到约五万人，比解放前增长近十倍。现中国工艺美术大师中的苏绣大师十一名，大多出自这个刺绣小组。

苏绣品牌就是这样崛起的，屈指一算，正好一个甲子六十年！

《苏州日报》2014 年 7 月 13 日

苏绣、缂丝名家作品图例：

任嘒閒《童年》

任嘒閒《列宁打电话》

顾文霞　双面绣《玳瑁猫》

顾文霞　双面绣《靓猫》

余福臻 《蓝底藤拍白猫》

余福臻 《水墨余意猫》

缂丝作品图例：

缂丝扇袋 顾笃璜收藏

王金山缂丝　花鸟作品
以上作品选自苏州市庆祝国庆暨人民政协成立六十周年“和谐乐章”工艺美术作品展览

姚建萍苏绣作品《岁月如歌》
作为国礼赠送给英国女王

姚建萍苏绣作品《丝绸之路》

2015 年 10 月 20 日，中国国家主席习近平偕夫人彭丽媛访英，女王伊丽莎白在白金汉宫举行欢迎午宴。午宴后，习近平主席赠送给女王由姚建萍领衔绣制的女王夫妇肖像作品《岁月如歌》。该作品最精微的细节部分需要将一根丝线劈成六十四分之一绣制。同时，整幅作品选用了二百五十六种颜色的天然蚕丝线进行巧妙配色，才达到了满意的光影色彩效果。早在 2012 年 6 月，英国女王伊丽莎白二世登基六十周年庆典之际，姚建萍绣制的精美苏绣作品《英国女王》，也被白金汉宫永久收藏。

之前，2014 年 8 月 16 日，彭丽媛同出席青奥会开幕式的部分外方领导人夫人在南京博物院观看非物质文化遗产展示时，一起坐在尚未完工的苏绣作品《丝绸之路》旁，在“非遗”传承人姚建萍指导下尝试刺绣。

千年一绝
——顾公硕研究虎丘泥人之启迪

文 / 高福民

红楼咏赞

曹雪芹在《红楼梦》第六十七回中，仅用寥寥数语，将当时苏州虎丘泥人的主要特色、品种、概述无遗："外有虎丘带来的……一出出的泥人儿的戏，用青纱罩的匣子装着；又有在虎丘山上泥捏的薛蟠小像，与薛蟠毫无相差。宝钗见了，别的都不理，倒是薛蟠的小像，拿着细细看了又看，又看看她哥哥，不禁笑起来了。"

虎丘泥人竟有如此绝妙的工艺，无怪乎引得过云楼第四代传人顾公硕先生心驰神往，孜孜不倦。新中国成立初，作为社会文化人士，他又是四处奔走寻找艺人，又是查访遗物举办展览，一心想把这种具有鲜明特色、独特风格的泥塑工艺抢救和传承下来。陈从周先生在《梓室余墨》一书中，说他访问顾公硕，"曾见其案间虎丘泥像及宜兴紫砂小件……真精品，极为可珍"，并在"虎丘泥像"下注道："其曾祖子山先生，系用手捏，捏时面对被捏者，两手于桌下捏。"子山即顾文彬，清同光年间过云楼和怡园的创始人。姚世英先生也说："苏州顾氏后裔保存有过云楼主人顾子山的'相堂'，捏像神态像真，肢躯落膝骱活络，灵巧自如，惜'相堂'配备已不完全，然残存靠椅案桌，亦玲珑剔透，仍不失为稀世珍宝。"

笔者研究《过云楼日记》，考证出子山"相堂"系清同光年间名手项琴舫所塑，因顾文彬（子山）与项琴舫交往甚密，至今已有一百四十余年历史。光绪元年（1875）十月初六日文彬《题项琴舫独立拈花小照》："胜事每来独领，轻衫厌扑游尘。难挽泠然飞佩，东风也怕花嗔。不是寻春较晚，未应闲了芳情。谁写一枝雅淡，湘皋闲立双清。集玉田词。"

抟埴原祈

顾公硕先生并未满足已有的知识，而是对虎丘泥人深入研究。1959 年 7 月他发表了一篇《摩睺罗》的文章，说："苏州在历史上既有个天下闻名的摩睺罗名手袁遇昌，同时又是个民间艺术向称发达的城市，后世不可能毫无影响，但我花了不少的力量，搜索了几年，并无所获。直至去年秋天在玄妙观的冷摊上，发现了两个虎丘后期的泥塑婴孩，它的形象正与《梦粱录》《京华梦华录》等书所载符合：手中也擎着荷叶。疑即近代的摩睺罗，经访问虎丘泥塑老艺人孔二先生，他不知有摩睺罗之名，他说，这种泥人叫做'果子男'，是七月间道教醮会时送与儿童的一种玩具，其来历他也不详。我想既同于七月，可谓已有线索，不妨武断一下，可能这是苏州摩睺罗的余绪。"

摩睺罗，一般认为是梵语译音，或作磨喝乐、魔合罗。佛经中的神名，即罗睺罗，意译为“罗云”“覆障”“障月”“执月”等，为释迦牟尼出家前所生的独子，传说他是在佛出家之夜由母怀胎，六年后于佛成道之夜始生，释迦牟尼十大弟子之一，是沙弥尊崇的典范。因此，这是一种始于佛教色彩的泥塑婴孩，唐代七夕就有所谓“化生”，至北宋泥孩儿作为一种七夕节物，已风行一时。孟元老《东京梦华录》卷八记道：“七月七夕，潘楼街东宋门外瓦子、州西梁门外瓦子、北门外、南朱雀桥门外街及马行街内，皆卖磨喝乐，乃小塑土偶耳。”这是京城开封的情形。宋室南渡后，风气不衰，临安的七夕也盛行泥孩儿，周密《武林旧事》卷三记道：“七夕节物，多尚果实、茜鸡及泥孩儿号摩睺罗……小儿女多衣荷叶半臂，手持荷叶，效颦摩睺罗，大抵皆中原旧俗也。”每年七夕节，将其供奉，就能早生贵子，是“妇人宜男之祥”；儿童们都模仿泥孩儿的样子，手执荷叶，奔走于街巷之间，进入风俗史。摩睺罗流传到江南，被称为“巧儿”，传播更为广泛。

宋代各地都产泥孩儿，而陕西鄜州和江南苏杭二州是主要产地，杭州至今还留有一条孩儿巷。艺人中，以鄜州田玘和苏州袁遇昌名气最响。陆游的《老学庵笔记》述宋代掌故，以知识性见长，趣味性取胜，卷五云：“承平时鄜州田氏作泥孩儿名天下，态度无穷，虽京师工效之，莫能及。”陈元靓《岁时广记》卷二十六称：“唯苏州极巧，为天下第一。”《木渎小志》卷四亦载：“袁遇昌，木渎人，以像塑婴孩儿名播四方，每用泥抟埴一对，高六七寸者，价值三四十缗（一缗即一贯钱，计制一千枚）。非预为钱以定，则经年不可得。盖其齿唇毛发与衣襦襞褶，势如活动，至于脑囟（又叫‘顶门’，婴儿头顶骨未合缝的地方）按之肋肋。遇昌死，此艺遂绝。”袁氏捏塑的泥人，一按脑囟便能肋肋作响，原理即安一芦哨，利用其体内的空气，按其头部上端，即可发出婴孩啼哭声。所以，顾公硕先生评价：如果当时的记载没有夸张，那么前者大约是代表北宋，后者是代表南宋。

宋元塑捏

其实，宋代苏州泥塑名手何止袁遇昌一个，据 1976 年镇江市中心五条街小学宋代遗址出土的一批泥孩儿，其中保存良好的有五具，上有“吴郡包成祖”“平江包成祖”“平江孙荣”等戳记。这五具泥孩儿，一匍匐在地的似乎是胜利者，另一倒地的小孩仰面朝天，众目睽睽下显得狼狈不堪，一坐着的小孩手指倒地的在评头论足，路过的两小观众，一袖手旁观，一握拳欲上前帮忙。无疑是一组摔跤角抵之嬉戏群塑，五童形态神情无一类同，不啻为中国泥塑史上的艺术珍品，现藏镇江博物馆。

笔者一年半前，与朋友为寻访南宋名寺碛砂寺遗迹，前往甪直镇西南三公里处澄湖考察。在湖畔一家，见到两具十来厘米高的纯白陶质孩儿，从头连躯干，及双手双足，五块组成，手、足灵巧活络，坐立自如，是至今发现较早的牵线傀儡。用五对线牵起来，提在手上，摇曳发出叮当悦耳之声，与泥塑的区别在于它在窑中烧制过。苏州大学美术考古专家张朋川教授也在江苏丹阳发现过此物，与其交流认为，可能是澄湖干涸见底时出土的，澄湖底应该曾有烧窑。如果是澄湖遗址出土，便是宋或宋之前的遗物。因两宋之交，除了大规模兵燹，洪水大肆泛滥，而澄湖的所在地即吴淞江、娄江、东江的分流处，冲击力自然更大。澄湖的中心部位以此时形成的可能性最大。

宋代泥塑艺术家田玘、袁遇昌的作品，因朝代更替、兵燹之乱，可能早已不存在于世，而镇江考古及澄湖、丹阳发现的泥塑婴孩，的确能一窥宋代泥塑艺术水平之一斑。苏州不仅有宋代陶质捏塑的泥偶出土，而且还出土了用来磕印泥玩具的烧陶模子。如1975年在苏州宋代平江府平权坊（今大石头巷）遗址发掘的出土文物中，有一批出土的泥模具。据有关资料，其中有十九件单片模具和九件磕出的泥玩具，模子磕出的花样有：牡丹、团花、高僧、文官、抱球童子、狮戏球、虎头哨、火焰法轮和小鸟、龟，其余是麒麟、小瓶、花朵、小孩、牌楼影壁、花卉图案、坐童举笙、捧笙童子（残）、花冠头（残）、水月观音（残）等。从这些模子磕出的玩具都不大，高不过五厘米左右，但人物眉目清晰，衣褶合体，动物、花卉也都精微如生，不难看出宋代民间艺人精良之技艺。

源远流长

泥塑的发展大致是与人们生存的自然环境和生活习俗相关联的，在摩睺罗习俗之前，泥塑应该与宗教更为紧密，大量的寺庙、祠堂都采用泥塑的形式来塑造菩萨、罗汉以及各种人物形象，至今沿袭。当然，本文仅谈小型泥塑民间工艺品。1978年4月12日，三名孩童登上垂危的苏州瑞光塔掏鸟蛋，无意之中在第三层塔心一堆干草中发现两尊彩绘描金泥质观音立像，高三十八厘米，泥质合模制成。形象上如唐代侍女般丰满端庄，色彩依然鲜艳，双手交垂于腹前，外表彩绘，璎珞等处描金，一尊为双目凝视，一尊为两眼微闭，都慈爱可亲。按照当时其余文物上的题记，这批文物当在北宋天禧元年（1017）9月15日放入。如果还要追溯泥塑的起源，可上推到苏州汉代墓葬中出现的写实陶俑和唐代墓葬中的“十二生肖俑”，甚至更为遥远的先人日用器皿的工艺制作。

顾公硕先生不愧为著名鉴藏家和工艺美术专家，他将虎丘泥人的研究重点放在宋代摩睺罗习俗上，正如上述一系列考证所证实的，苏州是宋代摩睺罗泥塑艺术水平最高的城市之一，又逐渐脱离纯粹的宗教色彩，成为老百姓喜闻乐见的民间工艺品。当然，元代主要还是延续摩睺罗习俗，顾公硕先生说：“元曲中有《张平叔智勘魔合罗》，倘若剧中故事不是虚构的话，可能‘高山’就是元代唯一的摩睺罗艺人了。”摩睺罗和牵线木偶在宋元绘画和话本戏文中，经常可以看到，尽管迄今未见元代的实物。

艺术魅力

上世纪五六十年代，顾公硕在笔记中说：“在虎丘清节堂后面田中之泥最为滋润，俗称滋泥。先用清水澄清漂洗以后，晒至半干，然后加各种肉色，做成一团团的泥丸，有顾客来，他就照着面色选一合适的泥丸，放在袖中弄之，一方面与来客谈笑自若，使来客无拘束拘谨之态，不一会而其相已完成，取出一看，居然酷肖。”苏州捏塑“仅有头部和手足，他的肢体是用香樟木做的，手足都能活动，谓之‘落膝骱’，冬夏衣服，与真人相同，可以随时更换。位置之区谓之‘相堂’，相当于旧式商店中的财神堂，其中添放……应用器具之类，布置得应有尽有，而且大小比例相称，这与天津泥人张所塑的完全用泥塑是不同的”。“论时代，苏州还在天津之前”，“张明山生于 1826 年（清道光丙戌）”。“虎丘捏塑，流传已不多，经多方物色，所见皆不能满意，恐怕是一般作品，仅有曹姓一像，这个像是有性格的代表作，另外方姓一像就显得平凡了”。“现在虎丘捏塑已绝迹，项氏后人，到项四、项九以后，逐渐衰落，项九之子琴舫虽传其术，但不久改业古董，从此人亡艺绝”。

“在虎丘泥塑中，有一行专做泥头的叫做绢人，这种泥头畅销全国各地”，“主要做的是戏文，每出戏通常是两个头，另外附手足，成为一套。各地顾客就成批地把这些虎丘头购回去，自行加工。在虎丘当地加工的就是著名的虎丘绢人了，种类有喜事用的和合、祝寿用的王母寿星、各种戏文，更有用于斗蟋蟀黄头戏彩。走会时起码牌上的戏文，那是加新装金，更加华丽，价值也就不同寻常了。虎丘绢人的头部是泥制的，是用模子印制的，身段有的很边式，就是登台也是个好角儿，也有做得呆板，有的做成直立的两尊呆像……服装也精粗不一，最考究的是用精细的苏绣……”“在小时尚看见有，其中最受孩儿欢迎的，也是售价最贵的一种，叫做‘掉丝娘娘’。它是利用沙漏斗推动纸轮轴转动，一个掉丝娘娘泥塑就能模仿操作掉丝工作。当时也没发条，居然能做成活动的玩具，足见艺人的巧思。”

从迄今发现的历史记载和实物看，在明末和清代，苏州虎丘泥人也曾形成艺术峰期，出现了王竹林、项天成，黄叔元、项春江、项琴舫等名手，形式也多种多样，如“捏相”“戏文泥人”“泥美人”“绢衣泥人”“小摆设”等。捏相又称塑真，与一般泥人不同，它是以真人为泥塑对象的，是虎丘泥人的绝技。捏相当时可分为两种，一种是“全部泥塑，粉彩而成”，现藏南京博物馆的顾炎武像即此种类型；另一种是“以泥捏头，涂色彩，加头发，配木身，穿戴衣冠，手足可动，能坐能立，即‘落膝骱’”。如现藏台北故宫博物院的雍正像、《红楼梦》描写的薛蟠像和过云楼创始人顾文彬的“相堂”等。从用途来分，又分为“相堂”式和“旅游工艺品”式。顾炎武像、雍正像、顾文彬像属前者，肯定是慢工出细活；薛蟠像属后者，快速成像，现捏现卖。工艺、功夫不一样，价值、价格也就不一样。光绪年间始，照相术传入，“相堂”式捏相逐渐走上了衰

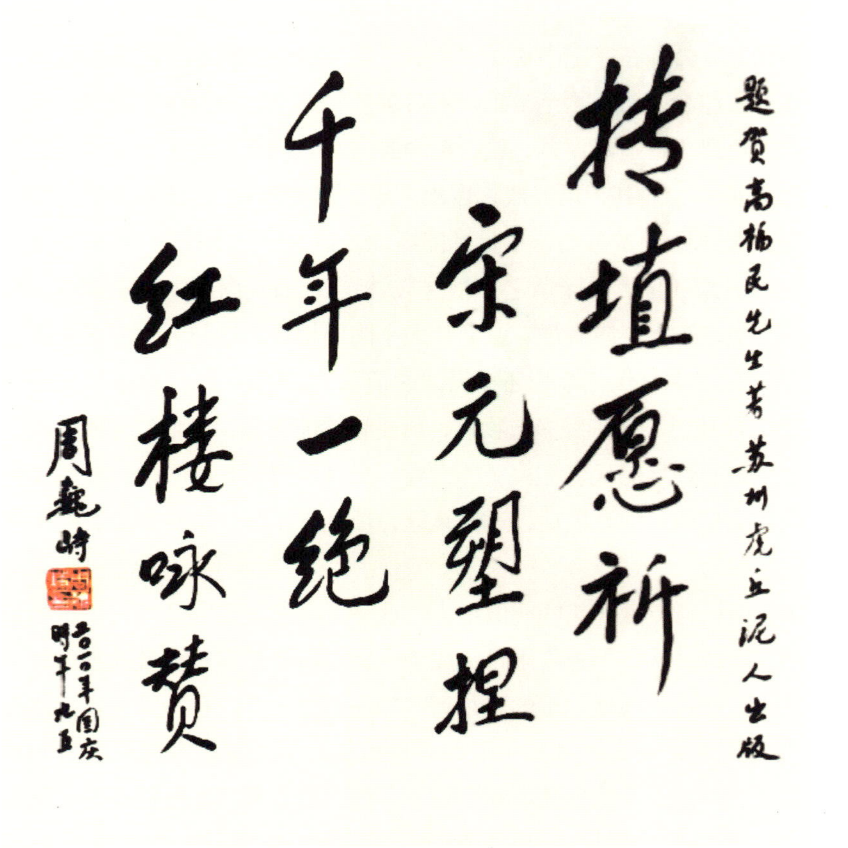

题贺高福民先生著苏州虎丘泥人出版
抟埴愿祈
宋元塑捏
千年一绝
红楼咏赞
周巍峙

已故中国文联名誉主席周巍峙题“虎丘泥人”

落的道路。“戏文泥人”“泥美人”“小摆设”也分全部泥塑和“虎丘头”“绢衣泥人”两种，前清以全部泥塑居多，晚清和民国时期现存的主要的是后者，这大概与泥塑艺人擅长之特色相关。

“您知道虎丘泥人吗？”如果换个城市问人家，估计人家会说，我知道无锡惠山泥人和天津泥人张。即使现在举办全国非物质文化遗产泥塑展览、展示，人家还会牵挂到陕西凤翔的虎头挂片、斗牛，河南淮阳的人祖猴，浚县的泥沽沽，山东高密的泥叫狗，贵州黄平的泥哨龙、雄鹰，华北东北的虎玩具等远古图腾艺术，曾经“天下第一”的虎丘泥人已默默无闻，似成了美术历史教科书中的一页。要走进生活，任重道远。泥土灵性，虎丘泥人经历千年风霜，沉淀丰厚的文化情感，寄托了人们对美好生活的向往，现已列入国家非物质文化遗产名录，需要我们像顾公硕先生那样，进行细致的探讨和切实的传承，以争取这份宝贵的遗产重放异彩。

写于2014年12月

江苏镇江出土的南宋泥塑组合“泥孩儿”
镇江博物馆藏

苏州澄湖发现的牵线傀儡
民间收藏

江苏丹阳发现的牵线傀儡示意图　张朋川提供

宋代画册之一　台北故宫博物院藏

清雍正像　台北故宫博物院藏

左为虎丘泥人（捏相）顾文彬像　清同光年间名手项琴舫所塑
右为顾文彬像脱帽细部

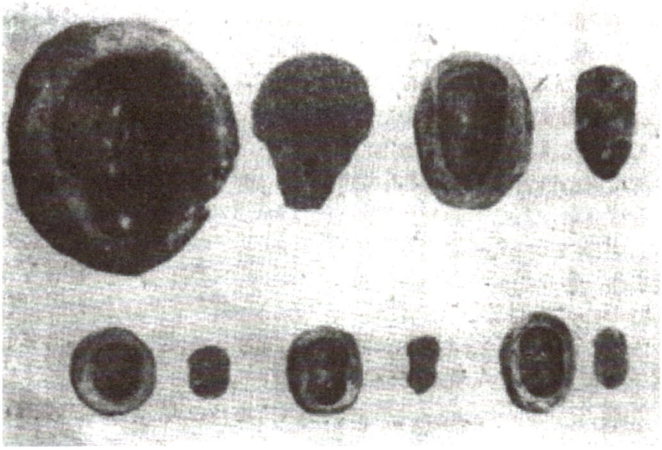

左为从清光绪三年间泥模中翻印的捏像
右为清光绪年间苏州捏像印模正面和用泥按印的捏像背面

清代虎丘泥人戏文泥塑
上图为：《出猎》《麒麟阁》《借扇》　南京博物院藏
中图为：《打瓜园》《回猎》　南京博物院藏
下图为：《败惇》《三闯》　南京博物院藏；《闹海》选自《苏州戏曲志》

朱启钤与苏州刺绣之缘

文 / 黄云鹏

顾公硕先生是我十分敬仰的文化界老前辈，他不仅是一位收藏家、鉴赏家，更是一位研究苏州传统工艺美术的专家。在上世纪五六十年代，公硕先生对挖掘、保护、发展苏州的传统工艺美术，作出了不可磨灭的贡献。

为适应中国美协在苏州收集工艺品参加国际文化交流的需要，公硕先生主持筹建苏州市文联刺绣小组，于1954年3月8日正式成立，地点在调丰巷13号。6月迁到绣线巷（原名修仙巷）10号。1955年4月再迁到史家巷32号。顾公硕先生在主持文联刺绣小组的一年多岁月里，殚精极虑，擘画经营，为50年代苏绣事业的发展作出了宝贵的贡献。

1957年12月，苏州市工艺美术研究室正式成立。1958年3月8日，刺绣工艺美术生产合作社从史家巷搬到景德路新址，6月18日，摘掉“刺绣工艺美术生产合作社”的牌子，并入工艺美术研究室，成为刺绣实验工场。1959年11月工艺美术研究室上升为工艺美术研究所。1960年2月10日工艺美术研究所划分为工艺美术研究所和刺绣研究所两个单位。刺绣研究所就是由文联刺绣小组发展过来的。

1961年任嚖閒绣了一幅《朱启钤像》。朱启钤（1872—1964），字桂辛，号蠖公。辛亥革命后曾任内务总长、代理国务总理等职务。朱启钤不仅是丝绣收藏家，而且是研究丝绣艺术的工艺美术学家。他著有《存素堂丝绣录》《清内府藏丝绣录》《丝绣笔记》《女红传征略》等书。解放后，朱启钤先生曾任中央文史馆馆员，中国人民政治协商会议第二、第三届政协委员。1961年11月28日中国人民政协主席周恩来在政协礼堂宴请七十岁以上的全国政协委员一百人，其中年龄最长的就是朱老先生，席间周恩来倡议请章士钊赋诗纪盛，叶恭绰亦在座，作八千春词，此次参加宴会者平均年龄八十岁，一百人共为八千岁（载《朱蠖公先生九十寿言集》）。

《朱启钤像》是由南京工学院（后改为东南大学）刘敦桢教授所设想创意的。1961年9月，刘敦桢教授参观了位于玄妙观东脚门的苏州市工艺美术服务部，发现了一幅精美的绣像，并通过工作人员，拜访了绣像的作者任嚖閒，提出为朱桂辛老先生九十寿辰制作一幅绣像，作为祝寿礼品，任嚖閒当即愉快地接受了这次绣制任务。刘敦桢教授拿来一张朱启钤老先生的照片，并对任嚖閒说，他觉得“单色虚实乱针绣自成一种风格，有时胜于彩色乱针绣”。由于这是一幅黑白照片，所以他们商量后决定用虚实乱针绣法来绣。

经过任嚖閒全神贯注一番努力，过了短短的几个月，这幅绣像就完成了。陈从周教授在《朱蠖公先生九十寿言集 · 序》中特意写了一笔：“相从久而今居江南者刘士能师敦桢未及为卞而亲与苏州哲工之治文绣者擘丝摹先生小像以为寿，用符先生阐扬丝绣之微尚，谨附书焉。”

朱启钤老先生收到了这幅绣像以后，非常满意。随即写了一封信给苏州市工艺美术研究所，表示感谢。紧接着他又写了一封信，信的全文是：

再启者：对于人像乱针绣法研究，我将贵社装潢像架从大客厅展览后移置我寝室架几上，光线较为静淡，凝神对视，积久研讨，觉得肩、颊加工黑影，较此背后浓淡有别，再加罩以玻璃，反射光多，时时变动，似乎面貌也随之变化缘故，我乃揣测这个反射光来源，与日光灯影触及玻璃镜光关系，遂亲自将镜架背板拆开将玻璃抽去，再按原样装好，仍在静室中默视数日，神情镇定，比有玻璃外罩好得多些。因想西方油画人像，从不许外罩玻璃，免被玻璃吸收不定种光线影响本像着色方法，以致动摇画像原则。

贵社绣法系以照像片原型施针或加彩的，绣成制上锦边，又罩玻璃镜片一层，反射力强，牵涉画面线条浓淡发生观点变化。我又研讨印度梵画，色彩极浓，人像面貌极细，所有幅画悬之高墙大壁中，从无加玻璃外罩方式，每件只加五色绸帘，以防风尘，而展览始将绸帘层次挑开，令人瞻仰，盖有积极防光线反射欤。因此研究，我又觅老摄影到我寝室用静室冷光摄了几张绣像片子，我寝室也有其他画片是有玻璃外罩，全都掩盖过，以红木屏架擦漆光线吸收反影，结果带架子正像仍有反光，遂将镜架部分剪去，只留锦边人像，原来针法一一照出，合将此次摘去玻璃照片二种，各寄一份，烦请嘒閒细心研讨，予以批评为祷。再候台安。

盲人蠖公手启　三月十日又及

这一封信的内容是说明“绣像镶在玻璃镜架里，由于玻璃有反光，会影响艺术效果”，这一见解是他亲手把镜架上的玻璃拆掉，反复观察揣摩，然后得出的结论。同时结合比照西方油画人像和印度梵画皆不罩玻璃，所以认定不罩玻璃的效果更好。

过了两个多月，苏州市工艺美术研究所又收到朱老先生的第三封信。用的是长方形正中印着红线长方格子的传统式样的信封，上面写明“苏州景德路杨三珠弄苏州市工艺美术研究所任嘒閒女士启　北京东四八条54号朱缄”。信上说：

径复者：五月廿三日奉到□贵研究所公函，欣悉前经王世襄同志应顾公硕先生之命，寄贻之沈寿专家于北京绣工科出品所绣花卉一幅，已荷收受珍藏在案。兹再将家藏日本透绣牡丹一件恳托谢孝思老先生吉便携交，希即察收。此画是我四十年前游历日本时，购于彼邦帝室博物馆美术展览会，系宫内女红专家于美术竞赛中之出品，透绣月下牡丹花影，妙想绮思，针法颇为新颖，当时作者再三说明此绣不宜加罩玻璃，盖因玻片吸收折光，转失月下倩影真趣，是以框架装潢仍是原型，在寒家悬挂数十年，照作者所嘱，仅于框之外加绸帘一幅掩护，以绝浮尘而已。前者，闻顾公即将来京，故预制木框包裹，以备取携，后不果行，然南方正在雨季，交邮不便，恐受污损，今幸逢谢老先生过访，说受顾公嘱托亲来携取，然以木箱过重，继又改为软包，较为轻便，不致累人劳力也。且此绣画，我曾屡函任嘒閒女士作为酬谢为我绣像之赠品，且可供贵会女红诸专家参考之用，悬挂陈列中，仍请不加玻璃，以保持特殊月下影之风趣也。我曾于静对凝思，曾以李太白在沉香亭畔应制《清平调》中有两句诗适合此绣题意，即“若非群玉山头见，疑是瑶台月下逢”，惜拙书太劣，未敢写入此画耳。如荷顾公能以行楷写入上方，亦一韵事，姑妄言之，不敢请耳。再前承嘒閒女史为我绣像，系采用乱针法，取光施绣，深浅妙有心得，而在贱辱陈于堂中，妇孺环视，有谓老人须眉皆动，此或为折光之幻觉，我遂撤去玻璃外罩，移置暗室，反觉恬静，息其妄传，此即证明乱针亦不宜加玻璃罩也。我研究结果如此，并以奉闻，不知贵所女红专家以为如何，絮琐之言，仍盼明教为幸。此致任嘒閒女史，并向顾公硕先生致意。

九十一叟朱启钤书

一九六二年五月廿六日

看过这一封信，我们知道，朱老先生为了表示答谢，把他自己珍藏的一幅沈寿绣的花卉赠送给苏州市工艺美术研究所，并已寄到，并由公函回复。朱老先生在把沈寿的刺绣作品花卉赠送给苏州市工艺美术研究所之后，接着又把他四十年前在日本购得的一幅透绣牡丹赠送给任嘒閒，作为给他绣像的酬谢。于是引出了一段故事。前面这封信里已经说到“谢老先生过访”的话，在同一信封中，另有一纸写着：

顷谢孝思同志来寓看过绣件，决定仍装木箱，待两月后，在七月中旬回苏时亲自交火车托运带回，特再奉闻。

朱启钤

五月廿七日

由此可知谢老先生就是谢孝思。谢老在 1962 年 6 月 4 日写给任嘒閒一封信，信里说：

嘒閒同志：别来可好？

上星期日我到朱桂辛老先生家去看他，并决定装运他赠送你的一幅刺绣，他老对你绣送他的那幅像，极为赞美，（现放在他的书房正中），认为如此传神之作，沈寿不能专美于前。特别是用乱针绣法更觉有许多含蓄韵味。我曾问他“在日本时，是否日本有乱针绣”，他说从未见过。此老对于刺绣是前辈专家，于此道非常渊博，由此更证实有些人说“乱针绣创始于日本”是错误的。乱针绣乃是杨守玉先生创作，必须力争肯定，此有关我国艺术的光荣历史，非为私情也。你以为如何？桂老酬赠你的这幅日本刺绣牡丹镜屏，他宝藏四十年，是他所收藏日本绣中之精品，特以相赠与你，盖有“宝剑赠与烈士”之义。他老为了装运这幅刺绣，特牺牲家里的一张床板，（因买不着三夹板），雇了一个木工，做成一只箱子，他亲自动手帮助装妥。那天，经我和他的一个学生王世襄同志，大家取出看过，钉好之后，决定由我他日回苏时，作为行李交铁路车站运来，因箱子较大较重，现仍放在他家，我决定离京时再往取运。我曾转你托付，你他日来北京时，想到他家来看看收藏的刺绣。桂老说，他的收藏通通捐与沈阳博物馆了，家里有的都是些印刷品，他日你有机会来北京，欢迎去看。桂老是贵州人，我们有同乡之谊，谈得很畅，下星期将与来社会主义学院学习的一位贵州的同学去看望桂老，方便的话，拟把那幅刺绣箱子携来，免得他日再走一趟。桂老有信给顾公硕同志，并转你，当早日看到了。

我们的学习已到最后阶段，比较紧张，决定七月半左右结业，我约七月二十前后回苏州。

公硕同志有信给我（由王世襄同志转来），述及为携运朱老给你绣品事，祈为把以上情况转他，恕不另函奉复。

相见非远，诸容面叙，此候

艺安

孝思　六月四日

谢老到朱老先生家中拜访，受顾公硕和任嘒閒托办，把朱老先生赠送的日本透绣《牡丹》带回苏州。谢老在信中说得明明白白，我们今天来读这封信，也可以对当时的经过完全弄清楚了。后来，这幅绣品运到苏州，交给工艺美术研究所，至今由苏州刺绣研究所珍藏。在任嘒閒大师生前保存着朱老先生和谢老的这几封信，这几封信里记录着一段很有意义的历史。

这里再补充说一下，在 1962 年 6 月至 1963 年 5 月，顾公硕先生正担任苏州市工艺美术研究所总所所长，也就在 1963 年，朱启钤老先生委托苏州市工艺美术研究总所缂

朱启钤与陈从周

丝组缂织他九十一岁时亲笔写的“松寿”二字，第一幅作为研究所的礼品赠送朱老，他十分满意，随即订制十多幅分赠亲友。当时在北京的文化界前辈叶恭绰先生见了，随即把他珍藏的毛主席亲自赠他的手书《沁园春·雪》寄来，要求缂制，即由缂丝艺人张玉明制作，把毛主席原作的笔意，缂制得细致入微，叶老非常满意。1963年毛主席七十寿辰，在祝寿宴会时，叶老把这幅缂丝《沁园春·雪》作为寿礼，赠送给毛主席，成为苏州缂丝史上闪光的一页。

今年，是顾公硕先生诞生一百一十周年。此时此刻，引起我对这位老前辈的无尽怀念。我曾多次当面向他请教，聆听他的教诲，他清癯的面容、慈祥的微笑依然刻印在我的脑际，浮现在我的眼前。整理此文，以表永久纪念。

写于2014年7月28日

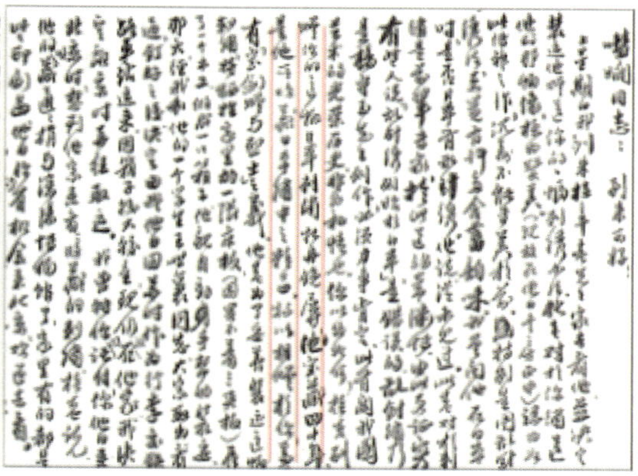

日本透绣《牡丹》 任嘒閒之子张允凯提供
选自洪锡徐、洪苏著《百工录·苏绣艺术》

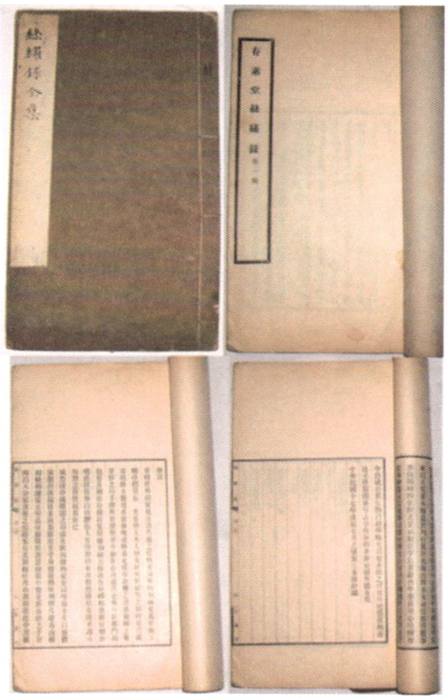

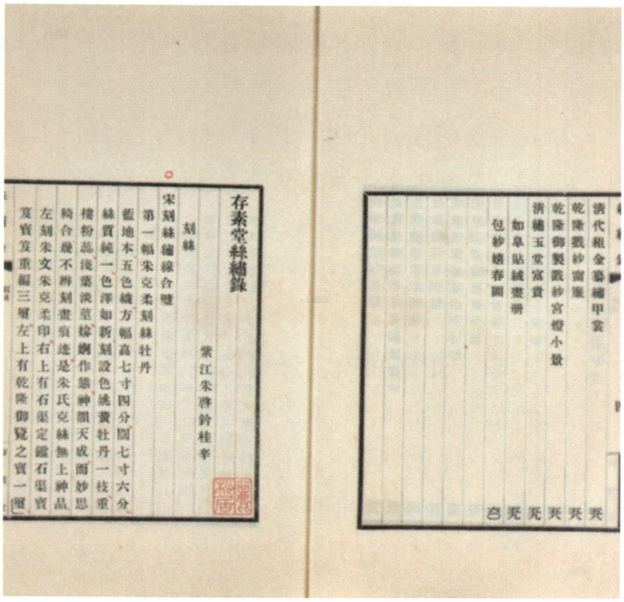

朱启钤《存素堂丝绣录》

公硕先生遗稿解读

文 / 陶莉

随着公硕先生遗稿整理工作进入尾声，这位多才多艺、知识渊博、涉猎广博、做学问严谨踏实、为人温和谦逊的老人之形象逐渐清晰，跃然纸上。似乎老先生用他慈祥的目光注视着我们，以温和的语气鼓励着我们，教导着我们，激励着后学者在埋下头来勤奋地做好研究工作的同时，也要身体力行地做好优秀传统文化的传承工作。

顾公硕先生，幼承家学，工书善画，对古书画的鉴赏能力之高，为国内书画鉴定专家所推崇。在研究工艺美术方面亦有其精辟之论，尤其是苏州传统工艺美术方面的积累和心得影响至今，为桃花坞年画、泥塑、苏绣、红木家具、玉石雕刻等传统工艺的传承立下汗马之功。同时，他又是一位摄影师，作为苏州第一代摄影人，自上世纪二三十年代起就开始从事摄影活动，在工作中以照片的形式真实地保存非物质文化遗产原貌，再现工艺美术品精美之处，给后学者留下了非常珍贵的历史资料。如此高瞻远瞩、科学严谨的治学态度，不得不让人钦佩而折服。

顾先生遗稿在“文革”中遗失大半，又经历了多番波折，目前我们所见的约为十之五六。综览公硕先生遗留的文稿、笔记，不得不感叹他积淀深厚的知识面、博大宽广的胸怀、一腔爱国爱家乡之情。文字和语言无法承载这些赞誉，更不能概括公硕先生的高尚与勤勉。谨记其学术一面，余不赘述。

一、积淀渊博知识，涉猎广泛

公硕先生知识渊博，文学造诣颇高。1963 年 11 月 13 日，虞山有云海奇观，赋诗一首：“蜃楼一刹上青霄，今日虞山没了腰。日才透云忽又雾，浓淡浮沉不易描。”另有一篇小记录，写道：“卅年前曾访赵钧千于旧山楼，后主人于抗战时遇寇，不屈，死，家亦就毁。今日重登临过酒台，赋此志念，虽古松红豆无恙。”并赋诗一首：“过酒台畔夕阳斜，松白豆红散落霞。最是怀人思往事，山楼梦破旧繁华。”因缺乏时间材料，无法证实该首小诗作于何时。

公硕先生一生公开发表的论文为数不多，但篇篇堪称精湛之作，其文章详见各卷。撰写于 1963 年的《吴友如与桃花坞年画的“关系”》一文更见先生严谨的为学之风、为人之正。文章从现实所获得的一手材料出发，质疑之前的文章，并亲自走访故人后代，撰文否定之前的论断，这等公允的实事求是的治学之风，难能可贵，是值得我们后学者用心去学习的。

公硕先生对书画的鉴赏，得到了同行的认同和肯可，以至于在上世纪 50 年代江苏省美术工作室委托其代为购买各类工艺品，并由他全权处理，这是何等的信赖和托付！

公硕先生对于国画上的题跋有专项研究，并撰写《题跋古今》长文一篇，此次遗稿整理中我们所见的是1961年市文化局文联油印本。这一本子，从上面的修改和落款来看，公硕先生交由某位挚友审阅并请其提出修改意见，限于时间仓促和史实材料缺失，我们无从考证这位挚友的真实姓名，但油印本上圈圈点点，字迹清晰可辨，或就句义上完善之，或就文字表述上修改之，修改意见大多中肯有益。此次遗稿整理，我们并未将这一类修改意见纳入其中，尽可能地再现先生原稿原貌，以示尊重。

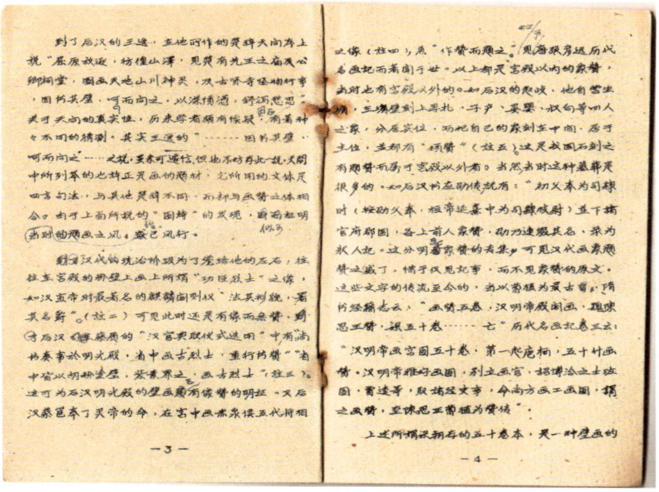

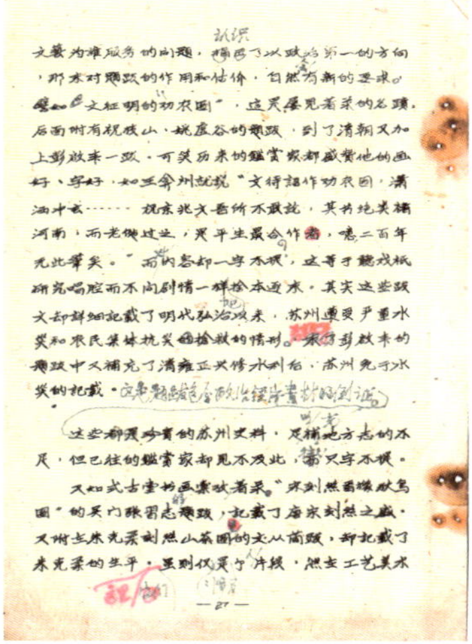

为了研读外文书籍，公硕先生还学习了日文和德文，并且能阅读日文原版书籍，在当时的年代背景，实属不易。在他的遗稿中，有摘录的大量日文原版资料。如先生于1958年读《支那骨董美术工艺图录》所作的摘录中就有不少。

二、传承苏绣艺术，不遗余力

苏州的灵山秀水与典雅精致的吴地深厚历史文化，孕育了“四大名绣”之一的苏绣。苏绣以其精湛技艺和“精细雅洁”的独特风格，折服于海内外。而在苏绣面临生死存亡的重要关头，公硕先生等一大批有识之士挺身而出，挽救了这一传统工艺，并在艺术、技术等方面加以改进，使之一跃成为代表国家传统工艺水平的国礼而远播国外，赢得盛誉。一方面，公硕先生梳理历史文献及资料，形成其《苏绣发展》一文（该文未见正式出版），文章从苏绣的起源、诞生到历朝历代的发展趋势及其特色，从点到面，系统全面地论述了苏绣的发展历史。后围绕露香园顾绣撰写《苏绣与顾绣》一文，正式发表于《文物参考资料》1958年9期，阐述了苏绣历史以及顾绣的渊源关系，运用翔实的实证和文献资料论述了顾绣与苏绣的特点。另一方面，他受苏州市文联委托，倾注了大量心血，于 1954 年筹备成立“刺绣小组”，与有关方面配合，从上海、吴县聘请苏绣老艺人，培养新手，举办多期学习班，并亲自管理，指导生产，传授新针法散套针，使苏绣推陈出新，更放光彩，在波兹南、莱比锡等国际博览会上获得声誉。1957 年又参加筹组刺绣研究室，经过实地调查、访问民间艺人和试样小批量生产，使包括苏绣在内的濒临绝境的苏州传统工艺品免遭厄运，此外还有缂丝、虎丘泥人、桃花坞木刻年画以及红木雕刻、玉石雕刻等多种苏州传统工艺。

《苏绣发展》与《顾绣与苏绣》两篇文章，旁征博引，推陈出新，综述苏绣发展历史脉络，并另辟蹊径总结苏绣各类针法名称与《雪宧绣谱》、国内各个地方的绣法名称区分异同，以方便从业者讨论和研究者参考。

三、开展专题研究，治学严谨

（一）开展求真求实的实地调研

从公硕先生公开发表的几篇文章来看，公硕先生治学的严谨不仅仅体现在对文献资料的大量搜集整理基础上，还体现在他善于使用实地走访调研的治学方法。如为了查清吴友如的生平经历，他特意拜访其孙女徐师母以便了解到真实情况。

公硕先生在文管会工作期间，他在《文物保管小组如何展开工作》报告中，提出文物普查要做到“四勤和六不”，首要的就是要“腿勤”，即“普查时有线索要寻到底，不怕费脚力”。他在东西山作走访调研的过程中，调查目标包括文物古建筑和铜器、家具、碑记、描金箱、印花包袱、旧衣冠、古书籍，并有大量的走访调研记录，形成摘要性文字《东西山待访录》，为东西山文物保护工作留下了珍贵的一手资料。

（二）制作大量史料卡片

公硕先生在日常研究中，制作和积累了大量卡片，内容涉及各类历史文献资料、走访调研的所见所闻和心得、各类文摘等。这类卡片式资料占公硕先生遗稿的半数之多。其中有一张，我们可以看出先生在积累资料过程中的精细和严谨。

这是潘圣一先生据捷克出版的《中国艺术品图录》说明书口译的，公硕先生摘录的。这则小札记应该是公硕先生在写作《檀龛宝相》的过程中搜集的资料，记录了洛杉矶纳尔森博物馆所藏的唐代的檀龛宝相，与日本高野山庄的两座枕本尊不同，而带些土耳其成分居多。枕本尊本是乡村和尚用的，构造简单实用，但并不是没有趣味，而是主题鲜明，也没有无用的装饰，屋面可以取下来，两脊的兽头装饰和底盘与中央部分都不联系一起，可以拆散，佛像表情各个都不同，雕刻者无姓名。左首佛像冷静肃穆，另一尊尊贵的人有长须……

公硕先生在写作过程中，力所能及地广泛搜集材料，这不得不说其严谨求实的为学之风。

（三）精心梳理苏州各类工艺美术及其名家

除了苏绣这一闻名中外的工艺品之外，苏州还有许多工艺精湛、闻名海内外的工艺美术，如木雕、砖雕、灯彩、桃花坞木刻年画、缂丝等等，技艺和风格独特，丰富多彩，影响深远。

公硕先生在搜集、整理和传承苏州工艺美术技术的过程中，遍访民间，并走访了许多民间艺人，拍摄了大量珍贵图片资料，留下了《苏州哲匠录》等宝贵资料，记录了包括苏州银匠、苏州雕花匠人、砖刻、铜器、纸扎、捏像、耍货、糖人、玉器、鹞子、弹弓、堆假山、漆器、制扇、印花纸版、桃花坞木刻工、肖像画家等各类各个时期的著名工艺匠人。《彩画艺人名单》记录了各位艺人的特长、详细住址以及他们之间的师徒传承关系，对研究现当代苏州彩画有重要意义。

公硕先生笔记中的一份走访记录，记录了先生走访得知的各个名家的塑像以及数位彩绘艺人，如北寺塔寺内观音殿是台州帮彩绘，北寺佛像全部是台帮制作，善财龙女亦台帮制作，观音是原物。西园寺罗汉开始的十八尊为姜金宝所塑，金宝惠州人也。西园济公疯僧是鲍子云塑，西园大殿中间主佛是姜金宝塑，姜金宝即烂泥金宝。景德路有顾金宝，人称木头金宝，与姜金宝齐名。光福镇上光福医院许玉和医生懂彩绘。景德路陶子泉，李奎泉即陶之徒弟，陶子泉作品在大茅山大殿上。

公硕先生的残稿整理前后历经三个寒暑，从初见残稿时的“破烂故纸堆”印象到初步整理时的“一头雾水”“一脸懵”，再到思路逐渐清晰明朗，公硕先生的一生经历和形象日渐丰满立体。折服于先生缜密严谨的治学之风，更钦服于先生在动荡生活中对苏绣、桃花坞木刻、虎丘泥人等传统工艺美术的坚守传承之执著和远见。“高山仰止，景行行止”，先生去矣！整理残稿时，常常心里暗想，倘若先生多活二十年，必定是位大家，必定研究成果丰硕吧！后人当勉之！

写于 2017 年 6 月

跋：当尘封的遗稿打开时

面壁四年半，《过云楼梦——大变革时代江南文脉之一隅》和《顾公硕残稿拾影》二书终于付梓了。

此二书，从2013年春节始，原来是作为过云楼研究的上、下编同时编撰的。书稿形成后，因内容较多，按照文汇出版社的建议，分别独立成书，并征得过云楼第五代传人顾笃璜先生的同意。第一年，我与主持设计过云楼陈列馆项目的顾克仁先生互相沟通，同时在高晴、高翔、王静娟、皇甫琳等配合下，作田野调查和材料准备，构思总体框架。

2014年元旦那天，我应顾笃璜先生的邀请，在他朱家园宅商定《过云楼梦——大变革时代江南文脉之一隅》的一个基本框架。我开始动笔撰写后，顾笃璜老人又让人送来一只旧纸箱，打开后，里面全部是沾满悉悉索索尘土的残稿笔记。笃璜老告诉我，这是他父亲顾公硕先生在上世纪“文革”前的遗稿，1966年六次被抄家后，在垃圾杂物堆里捡出来的。他和家人一捡出来就装入纸箱，名副其实是“尘封的遗稿”。为此，我家里订制了一张三米长的桌子，每阅读一页，轻轻地用柔软的干面巾纸揩净一页，花了整整半年时间才大致分了十几摊，铺满长长一桌子。遗稿是散乱的，有头无尾或有尾无头，我如实告诉笃璜老，于是老人再翻箱倒柜，先后又找出两袋零碎手稿，委托顾建新送来，真是难为他老人家了。

协助我整理公硕先生二十余万字遗稿的是市属高校一位三十六岁的小陶博士，她的专业是汉语言文字学。我分类后，由她整理成稿。她首先想到了数字化，只有将这些珍贵的手稿逐一拍照，才能确保后期的文稿有据可查，并尽可能让世人一睹先生手迹真貌。

我们小心翼翼地翻着泛黄的薄纸，惟恐动作大了对历经沧桑的纸张造成损坏，更担心句读欠准确。许多文稿让人产生深深的感触和感悟，字体秀逸的笔记、工整有序的书写，无不透露先生一种坚实的精神和文化修养、治学态度。仔细读之，不免动容。因大多为手写，又有许多习惯性写法，毕竟岁月久长，有些不易分辨。遇到不认识的字迹，翻看工具书和大型辞书，再阅读相关文献资料，查找出处。整理的过程也是我们学习、提升的过程。

字里行间无不映射公硕先生对中华文化、对家国的一种心无旁骛的挚爱。中华优秀文化传统的传承，幸亏有如此一批坚守和传灯者。芸芸众生，君子卓尔不群，只因先生拥有宝贵的尊严和固守的信念。《礼记·儒行》曰："儒者可亲而不可劫，可近而不可迫，可杀而不可辱也。"儒家思想强调士大夫的人格尊严不可随意践踏，它是中国人的一种传统信仰，在中国延续几千年，成为中华民族战胜各种天灾人祸的精神寄托和智慧来源。灵魂是不能下跪的，尊严之于人，犹如芳香之于花，没有自我的尊严，就没有道德的纯洁性和丰富的个性精神。学问是快乐的，因为它是接近殉道的最佳途径。文化也是痛苦的，最终用自己的方式告别了志趣。

《论语》中孔子弟子问孔子，怎样才能作为一个士？孔子第一句话就是，"行己有耻"，即做事要有羞耻心，道德要有底线。先贤范仲淹讲"先忧后乐"，顾炎武讲"天下兴亡，匹夫有责"。顾炎武还说，圣人之道是什么？他概括了八个字——博学于文，行己有耻。重修的苏州泰伯庙，塑了泰伯、仲雍像，还塑了季札像，延续清光绪元年重修泰伯庙时的规制。《左传》载"季札挂剑"的故事：延陵季札出使晋国，路过徐国，发现徐国国君很喜欢他的佩剑，可是，佩剑代表礼节，是身分的象征啊。他想，出使回来后一定送他；但等他回来时，徐国国君已死，于是他解下佩剑挂在徐国国君墓前。他说，我在内心已许完成使命后赠徐国国君，现在怎么能因为他已死而违背自己的心呢？诚信和责任心比什么都贵重，二千多年前中国人就已形成这样一种精神，自我约束完全出自内心及道德的自律。

人类文明是有其共性、共相的。在伦敦泰晤士河畔的威斯敏斯特教堂地下室的墓碑林中，有一块名扬世界的无名氏墓碑。其实，这只是一块普通的墓碑，粗糙的花岗岩质地，造型也很一般，同周围二十多位英国前国王墓碑以及牛顿、达尔文、狄更斯、丘吉尔等伟大人物墓碑比起来，它显得微不足道，但每一个到过威斯敏斯特教堂的人，都被这块墓碑上的碑文深深地震撼着。在这块墓碑上，刻着这样一段话：

> 当我年轻的时候，我的想象力从没有受到过限制，我梦想改变这个世界。
>
> 当我成熟以后，我发现我不能改变这个世界，我将目光缩短了些，决定只改变这个国家。
>
> 当我进入暮年后，我发现我不能改变我的国家，我的最后愿望仅仅改变一下我的家庭；但是，这也不可能。
>
> 当我躺在床上行将就木时，我突然意识到，如果一开始我仅仅去改变我自己，然后作为一个榜样，我可能改变我的家庭；在家人的帮助和鼓励下，我可能为国家做一些事情。然后谁知道呢？我甚至可能改变这个世界。

据说，许多世界政要和名人看到这块碑文时都感慨不已。有人说，这是一篇人生的教义。有人说，这是灵魂的一种反省。

我们感恩时代，中国的发展和改革开放释放了巨大的潜能，碰撞原有理念和秩序，激发了精气神，取得令世人瞩目的成就。中国社会缺什么，也不言而喻。随着传统文化价值观的日渐衰微，人们往往徘徊在精神和内心世界的入口。睿智的老祖宗早就告诉我们“君子爱财，取之有道”，在追求财富与道德信仰之间取得平衡，这是哲学、伦理、政治、法律、社会等许多领域所不能回避的问题。因此，很有必要对此进行一番深刻的反思。

二书旨在反映了一个大时代、大潮流，反映这个时代和潮流中的一个真实的过云楼，一个真实的人、家庭和真实的环境。本书残稿的主人当时是一位社会文化人士，将价值连城的书画、园林无偿捐献给国家，让人民共享。这些东西别人视为金钱，而他与家族视为国家文物。虽然手中没有什么权，一生中没有做过什么惊天动地、轰轰烈烈的事，只是在文化上做了一些切合实际的事，而如今人们只要提起刺绣、缂丝、桃花坞年画、虎丘泥人等，即使他已离世半个世纪，人们仍口口相传怀念他。他为世人留下了咀嚼不尽的精神财富。这是中华优秀传统文化熏陶所致。

文化是一个国家、一个民族的集体性格，文化也是一个人的精神皈依。文化的珍贵与否，在于它是否能够塑造一种独特的正能量的文化人格。一个国家的国民对自己的文化有信心，才能撑起一个伟大的国家和民族。

为了便于读者能够理解公硕先生手稿，本书收录了园林大师陈从周先生、时任苏州市美协主席的贺野先生、刺绣大师任嘒閒、李娥瑛、顾文霞和长期从事工艺美术工作的黄云鹏老师的有关文章资料，我在陶莉、高晴、高翔、皇甫琳协助下，收集了大量图片。本人才疏学浅，诚惶诚恐，于是先后易三十余稿，敬请数十位专家把关指正。

田野调查始终是必不可少的，即使是残稿整理也不能仅满足于数字化。如到最后阶段，公硕先生半个世纪前的《东西山待访录卷》，我们不厌其烦地深入约访当地“老文化”——原东山镇文化站长杨维中与金庭镇领导徐晓军推荐的熟悉文史的邹永明过目，并获得一些新信息。

时任苏州市委常委、宣传部长徐明同志和宣传文化部门其他领导及市社科联、市档案局（馆）给予关心、支持，文化老前辈钱璎先生和顾笃璜先生信任、委托，并为本书专门作序，马伯乐、张晓飞、谭以文、郦方诸先生专门为本书精彩题书作画，苏州市文化研究课题立项、苏州文化旅游发展集团古城投资公司支持。提供其他方面支持包括资料图片或专业校对的，还有苏州市职业大学、苏州市吴文化研究会、苏州过云楼文化研究会、苏州博物馆、苏州图书馆、姚建萍刺绣艺术馆，孙艺兵、郑太白、徐国保、张朋川、洪锡徐、谈工皎、沈慧瑛、徐刚毅、王稼句、周晨、顾建新、沈悦诸先生和女士，文汇出版社长三角机构陈雪春女士等几位编辑。这里不能不提我们的小团队，陶莉、高晴、高翔三位副主编和参编人员孙中旺、王静娟、皇甫琳，与年轻人合作是我希望他们更多地了解并喜爱中华优秀传统文化，他们都付出了辛勤劳动。当然还有我的夫人常秀芬，四年半来全力支持我的研究和写作。

在此，一并表示衷心感谢！

本书多年的编撰，完全是个人自费，作为一项公益来做的。四年半暑往寒来，本人只是笨鸟先飞。凡做成一件事都需付出：在二书形成初稿时，首次尝到了腰椎间盘突出的味道，数月坐也不是，站也不是，躺也不是，疼痛难忍，身体似散了架，只能边治疗边写作。在基本终稿前，寒潮来临，牙龈红肿松动，到医院拔掉了三颗牙，仍消不了肿，一半脸大，一半脸小，血糖骤升并发，去年春节期间在医院治疗中完稿。来医院探望我的缪学为先生说“耐得住者，唯情结二字”，倒是道出了我的心语。大年初四在北京休养的钱璎老可能是听顾笃璜老说的，急着打电话来。我乐哈哈地请两位老人放心，没事。特别是这次三伏天修改、校对，直至付梓，因连续熬夜，用眼过度，眼球上三次起水泡，视物模糊，持续一个多月。顾笃璜老听说后又打电话来，推荐朱季海先生晚年服用的“杞菊地黄丸”，陈雪春也送“山苦瓜茶”给我，稍歇息，到医院配点药便好了。就这样坚持到结束，让大家操心了。笃璜老多次劝我“不必做拼命三郎”，我答：“行百步者半九十九，这最后一步千万马虎不得，全部完成了，我心里才踏实。”

本人水平有限，内心不安的仍是，由于本书的编撰时间较紧，涉历史性、专业性强，难度大，肯定有许多不足。唯一心愿，二书能为过云楼研究起到一点点抛砖引玉的作用吧。为此，恳请广大读者和方家谅解，不吝赐教。

高福民

丁酉年秋分于苏州双塔榴桂书室

参考文献及资料：

1.《苏州工艺美术》，苏州工艺美术研究所，1963 年编印。

2. 曹志芳、吴奈夫主编：《中国历史文化名城 · 苏州》，中国建筑工业出版社，1986 年。

3. 苏州市文化局、苏州戏曲志编纂委员会编：《苏州戏曲志》，古吴轩出版社，1998 年。

4. 左汉中编著：《中国吉祥图像大观》，湖南美术出版社，1998 年。

5. 徐刚毅主编：《老苏州 · 百年历程》，江苏古籍出版社，2001 年。

6. 凡一著：《盆景艺术及其他》，古吴轩出版社，2004 年。

7. 高福民、陈健行执行主编：《苏州古城保护图典——苏州古典园林》，中国旅游出版社，2006 年。

8. 张澄国、胡韵荪主编：《苏州民间手工艺术》，古吴轩出版社，2006 年。

9. 苏州博物馆编：《苏州博物馆藏明清书画》，文物出版社，2006 年。

10. 苏州博物馆编：《虎丘云岩寺塔、瑞光寺塔文物》，文物出版社，2006 年。

11. 杨泓、李力著：《美源：中国古代艺术之旅》，三联书店，2008 年。

12. 苏州博物馆编：《苏州博物馆藏工艺品》，文物出版社，2009 年。

13. 苏州博物馆编：《苏州博物馆藏瓷器》，文物出版社，2009 年。

14. 濮安国主编、濮军一著：《中国工艺美术大师 · 李娥瑛》，江苏美术出版社，2010 年。

15. 冯骥才、高福民主编：《中国木版年画集成 · 桃花坞卷》，中华书局，2011 年。

16. 凡一、凡晓旺编：《阿英旧藏金石拓片 · 瓦当集》，文汇出版社，2011 年。

17. 陆雪梅主编：《古代书法碑刻——过云楼藏帖》（上、中、下），古吴轩出版社，2012 年。

18. 龚良主编：《南京博物院》，长征出版社，2013 年。

19. 高福民著：《康乾盛世"苏州版"》，上海锦绣文章出版社，2014 年。

20. 王道编注：《过云楼旧影录》，浙江大学出版社，2015 年。

記草廬圖。村居見背之後，家兄攜至石湖。不知何故遺失。永春于市上見之，以數錢買歸，重為裝好。因賦小詩以誌感歎。時己卯臘月廿又六日，已立春十日矣。南帥野記記。

[illegible] [illegible]

陸五湖山水軸。紙本高三尺三寸餘，亦寒碧莊舊藏。

石山如画遠朱樹，玉澗飛流拂雨寒，欲叩無緣遊煩暑，卧遊惟向画中看。師道寫

〔陸子傳〕〔陸師道印〕

疊疊山容青藪日，重重柳色綠含烟，風光湖上堪遊衍，儘有閒情汎酒船。穀祥

〔酉室〕〔祿之〕

百雉山城翠欲霏，山腰樓閣更斜暉，行人比馭連雲棧，爭似扁舟載月歸。彭年

〔彭年〕〔孔加〕

昔年驅馬丹陽道，揮汗曾過淳化關，今日畫圖看不足，層層樓閣映青山。文彭

〔文壽承氏〕〔文彭印〕

碧山千疊鎖晴烟，驅蹇老途未得前，何似扁舟柳陰下，釣綸輕颺晚風偏。文嘉

〔文氏休承〕

徐侯齋笠塢草廬圖。絹本高三尺六寸，闊一尺四寸。

笠塢草廬戊申秋日畫，為孫淵先生之十初度壽。侯齋徐枋

〔笠山笠水閒〕〔居易堂印〕〔徐子侯齋書記〕〔青松白雲〕〔徐枋之印〕

高人筆墨比琳琅，流落塵埃事可傷，市上忽然重遇見，數錢易得更裝潢，先人敝宅太荒蕪，為倩徐熙寫作圖，感歎柴門流水外，長松修竹已都無。侯齋先生為先府君畫竹

宗伯公極不惜書，然於小楷則又不可多得者。此爲于蕃臨黄庭經筆法與右軍若離若合之間，所以稱至。丙寅二月花朝識眉公 [陳繼儒印] [眉公]

右軍黄庭爲正書之冠，臨池家不從此入便非正宗。此卷字形大小與古本雖有小異，文敏嘗云臨帖如驟遇異人，不必相其耳目口鼻，當觀其眞精神流露處。吾於此卷亦云。乙亥中秋後五日。毘陵唐宇肩識。[唐印 宇肩] [字甲 昔宫] 去古遠矣

甲寅十月江陰沈鳳觀於吳門寓齋。

此卷余于康熙後壬寅從都門見之，曾爲題識。今于嘉定陸慢亭先生處重觀。不覺一紀餘矣。展閱之次如對古人，兼爲此卷慶得知己也。甲寅十月良常王澍書于吳門邸舍 [王澍印]

唐子畏字軸。紙本高四尺三寸，濶一尺餘，寒碧莊舊藏。

龍頭獨對五千文，鼠跡今眠半榻塵，萬點落花都是恨，滿懷明月即忘貧。香燈不起維摩病，櫻筍消除穀雨春。鏡里自看成大笑，一番傀儡下場人。漫興一律晉昌，唐寅書 [大如居士] [南京解元]

許樗仙山水軸。白藏經紙高一尺七寸，濶九寸。隸書。款有朱臥庵印，亦寒碧莊舊藏。

正德丁丑許時臣倣黄叔明筆灋寫此 [樗仙子]

石田先生嘗詠落花十篇，人情物態，曲盡無遺，而鍊語超越前輩，視昔人綠青子之句已覺寥然矣，閱此以示予，讀之累日，不能釋手。顧予方被翳林樾，自付陳朽載贍飛英，辞條委厠有櫻，懷香哉獸步後塵，殆不自知其醜也。暇日因書一過，并系小圖寄興。吳趨唐寅書

大如居士　南京解元　唐伯虎

董文敏楷書黃庭經卷，高麗紙本，高六寸餘，長八尺八寸，一三接，隔水綾上有梁蕉林印。

經不錄。

吾嘗過異人傳內丹之訣，與黃庭經中語，如兩鏡相照，了無疑義。若右軍黃庭欲拘欲縱、若滅若沒，政是火候消停處，人謂右軍書道經便有羽人飛仙氣象，不虛也。此本從褚河南、錢本所摹，尤為鐵中錚錚。壬戌孟冬二日識其昌。

董其昌　玄宰

董文敏書直接晉唐，遠過文祝，有明書家為第一。此卷臨黃庭，得右軍筆意，似嫩而老，似拘而縱，脫盡本家面目，晚年書跌宕變化，瀟灑天真，無復此精謹矣。余見文敏書甚多，亦嘗以此為第一，蓋藏真定相國清閟，不知何時逸出真定，收藏賞鑒為本朝之冠，印識宛然。余言蓋信而有徵矣。康熙後壬寅七月十有七日良常王澍記

王澍印　虛舟

№

客金陵有懷舊遊冊題五首

主人送客艷收，自嘆浮生不待留，醉裡朦朧記往事，別來搖落易生愁。書郵：鳥天何遠，夢魂欲回思遙悠，秋日江山轉惆悵，明月獨上仲宣樓。

蘆汀入夜片帆收，又是空門此夕留，信美江山王粲賦，非干風月沈郎愁。北明吳楚人何處，潮聲來淮水自悠，上危留，不知孤迥意，一聲清斷起高樓。

烟霧無成一雨收，新涼孤館悵淹留，仙的不入神山夢，誰本偏多鳥哭愁，誰寺鐘鳴天默默，譙市鼓咽夜悠悠，無人解識春風悵，有酒誰澆李白樓。

陽江花事已全收，無復笙歌子夜留，桃葉何堪題粲賦，女牆惟月伴鴉愁，淒催蟋蟀驚心切，又添芳草引思悠，此湖亦知多勝事，牧之名已屬青樓。

夢裡相逢淚未收，涼風沾是客中留，不知今夕還何夕，孤館新愁即故愁，雁已有歸語語，飛北無一鴻悠悠，佳期多在秋期後，夜月都須醉庾樓。鳳謁：浮生居士

唐子畏行書詩卷，成化紙本高九寸餘，長二丈五尺，八接，兩色紙。

新春

鸞鶴歸何處，目斷仙家十二樓。

驚魂縹緲倩誰收，歌舞台空有恨留，蝴蝶難通今夜夢，桃花添得去年愁，香消金鴨爐煙冷，怨入芳蘭琴韻悠，只恐柔腸容易斷，莫教羌笛倚高樓。

狼籍巫雲不可收，雨飛隴月去難留，瑤台露冷迢迢夜，瓊樓花殘片片愁，鴛羽人疑蓬島隔，臨風心似旆旌悠，思君輾轉不成寐，清夢何緣到画樓。堅瓠生陸安道 陸印安道 陸氏子行

日色溶溶雨乍收，春風曲識每相留，名花有意千金笑，細草撩人一片愁，歌疊楚雲聲細細，舞翻胡袖意悠悠，誰令洗却迷花眼，不羨吹簫倚鳳樓。

月華初上彩霞收，無限春情醉眼留，雲馭不禁清漏促，翠蛾空簇淺山愁，欲尋瑤草仙源杳，爲采瓊芝蓬島悠，試躡碧雲窺遠嶠，美人多在曉妝樓。

狼籍杯盤夜未收，驂鸞人去竟難留，酒邊狂客悲張放，雲裡佳人憶莫愁，滿地落花心自碎，一天涼月思偏悠，傷懷莫問城西路，霧瑣崑台十二樓。

一曲霓裳調未收，嚴城鱼鑰許誰留，依微短夢終宵恨，只尺孤雲萬里愁，蘭思縈迴春戀戀，蕙心迢遞晚悠悠，歸來醉臥空塵土，月色低迷楊柳樓。玄玄子元發次 初逸 元發 文

凝眸渾不寐，那知明月墮西樓。

綵雲不為晚風收，嬌豔都憑夜色留。芍藥有情花並笑，昔華無爪玉無愁。求凰來鳳清輝映，比翼文鴛逸態悠，空向瑤池注新藉，西門應赴會仙樓。

纖雨輕雲一霎收，上清仙馭肯虛留，須臾入夢高唐事，只尺寧情宋玉愁。恍見舞迴花影動，不禁腸斷笛聲悠，金閶非遠城西路，似隔蓬山十二樓。

聲繞歌梁息未收，弄珠人去夜光留，花迷閬苑翻成恨，玉在藍田祇種愁，寓目游絲俱泪泪，驚魂飛蝶兩悠悠，憑誰乞取壺公術，相挾吹簫上玉樓。

六止居士周天球次

周天球

群玉山人

碧梧庭下雨初收，青鳥書傳綺席留，香送玉人來夜月，舞迴紅袖破春愁，行雲渺渺歌聲斷，去水迢迢心事悠，西望瑤池暮烟隔，可憐簫史在秦樓。

淡月籠烟暝色收，碧桃曾為阮郎留，由來粉面能清醉，未許春心不解愁，珠點汗光花露浹，波回嬌盼峽雲悠，層城十二吹笙去，目送青鸞獨倚樓。

銀燭淋漓興未收，且邀明月為相留，一聲啼鴂催春去，數點寒鴉入暮愁，香散舞茵花寂寂，雲迷歌扇思悠悠，不知奈稱歡轉作愁，心逐片雲同冉冉，夢隨嬌唱兩悠悠，還誰寄語今情處，不為傷春獨倚樓。

恍忽芳雲倏忽收，菁華不為月華留，舞茵猶憶態態，竹翠空含嫋嫋愁，風吹碧城春信杳，蝶迷紅葉夜魂悠，悔天極目廬幃悵，蓬島虛無起蜃樓。

悵憶殘更倚席收，幾時重向桂叢留，窗中自古鴛新夢，天外千絲攪獨愁，何處舞香春漠漠，誰家歌玉夜悠悠，芳蹤卻恨嚴城隔，不及樓烏起戍樓。

舞席餘香夜未收，更扶殘醉為淹留，絕憐有恨偏成態，相對無言不道愁，環珮入雲雲縹緲，心旌經別轉悠悠，空沐病懷秦聲切，誰為吹簫倚鳳樓。

霽月澄鮮露未收，霓裳傷別悅神留，空憐徐福歸三島，誰謂張衡止四愁，飛燕驚時香剪剪，逝川迴處恨悠悠，由來腸斷緣春色，不奈垂楊裊畫樓。茂苑張鳳翼伯起 鳳翼 鳴琴寶印

月轉梧桐綺席收，舞裙歌扇興仍留，祇疑北里逢多情，可似南冷見莫愁，坐近清蘭香奕奕，看殘紅蠟思悠悠，憐余顧曲要懽意，新譜低傳上小樓。

橫施畫障未教收，枕藉芳裀判醉留，轉盼向人微作意，低回含態情生愁，腰珍弱柳枝相亞，聲却新鶯韻更悠，竟夕

68

№

月淡花陰露彩收，金杯銀燭片時留，芳顏一笑真傾國，才
子多情却易愁，鸞馭忽催簫史去，羊車難望辟人憂，應知
擲果爭看處，簾捲金閶十里樓。
華窮歸來葉伐收，赤松曾不計封留，東山高卧久忘世，南
國傷春痛獨愁，鶯語落花增悵望，馬嘶芳草去飄然，空吟
朗月思玄度，安得乘風入謝樓。

再次涛泉

落霞飛逐侍騶收，欲采芙蓉曲渚留，一水盈盈千里隔，雙
星脈脈兩情愁，鵲橋織組勞延佇，蝶夢飄揚覺謬悠，高颿得
沈郎腰帶減，空吟入詠畫江樓。

再次靈墟。

玉屑雲端未並收，相出消渴苦淹留，章臺躍馬增新嫵，白
下離鸞悵莫愁，誰觴露桃平園近，方哉碧玉楚天悠，翻懷
徐福辭秦地，瑤島千花擁霧樓。

再次吴門

歌罷塵散舞筵收，雲去陽臺挽莫留，剪燭題詩消永夜，折
花傾酒伴牢愁，紅兒有詠牽情劇，青女三秋別思悠，諷識
袁郎風調遠，横江西望倚船樓，沛彭年孔加

陸世山人

破研齋

月白空庭宿雨收，瑤台人去悵難留，若為清漏偏催別，無

後九日諸君賡和見示再次三首。

琴心淒亂若爲收，花苑春歸不暫留，燕影梁間明月冷，鶯聲檻外落花愁，瓊瑤欲贈人何遠，環珮空聞夢轉悠，此夜清尊談往事，可堪哀角送譙樓。

聽徹新聲錦瑟收，花前曾記共淹留，瑤臺信宿傳韶迴，銀漢迢遥鶴駕愁，對舞壁人雲緲緲，雙棲紫鳳夜悠悠，秦源暫入徒爲爾，空隔重簾望玉樓。

絕纓誰向楚筵收，援簡空餘藻賦留，黃竹韻歌歸慶恨，紫雲難見曉時愁，綃分鮫織冰絲薄，扇擬班裁月影悠，牛渚聞吟望牛女，夜深孤鶴過江樓。沙南袁萼尼魯迅萼尼

奉次吳門

晚風吹拂暑烟收，曲宴重闌醉客留，竹外雲來疑昨夢，花前月出泛新愁，驚鴻妙舞情偏逸，雛鳳嬌歌韻轉悠，綺席瑤屏圍疊嶂，恍然身世閬風樓。

五城魚鑰禁營收，欲按靈簫許暫留，纖手雙垂金縷窄，弱腰旋貼翠娥愁，流風激雪輕含態，嬌盼迴波盼更悠，幾遍舞頭從入破，曲終人向紫宮樓。

滿地瓊瑜簇未收，玉山頹處少扶留，桃花莫說能迷客，楊柳今看繫別愁，陌上空歌歸緩緩，尊前無語恨悠悠，狂心願學騎鯨客，椎碎連雲黃鶴樓。

66

，於清舞其孰與，嗟人情之尚靡，特弘論其誰語。

丁巳孟夏十六集棐几齋觀瑤生清舞，偶叨授簡，率成此賦，群公珠寶，當連絡輝映，不斐謬記。棄章之義，聊為先驅云。張鳳翼伯起

張生伯起

石湖長

茂苑

棐几齋觀舞，還坐桂堂，對月感懷五首。

月華初向桂叢收，悵望仙姿不可留，雲雨無端一城隔，夢魂何處五更愁，啼鳥曲盡歌聲杳，棲鳳衾寒漏滿悠，酒漸醒時腸欲斷，有人歌枕在朱樓。

入夜雲蹤倏已收，多情明月為誰留，漫誇詞客皆能賦，若想花容總是愁，綺閣歸來香裊裊，鸞凰散處韻悠悠，空憐弄玉期仙去，吹徹秦簫獨倚樓。

舞袖新從月下收，錦茵猶在暗留香，當筵共說真無價，南國虛傳有莫愁，鸚鵡啼花春已盡，瑤枝泣露夜偏悠，美人只隔湄江水，清夢空懸十二樓。

斗轉瑤空玉露收，明妝彷彿綺筵留，片時對酒三春意，一夕懷人兩地愁，魂逐餘香常馥馥，恨縈嬌盼最悠悠，欲知別後想思處，獨自憑闌水上樓。

永日華筵未擬收，玉人卜夜恨難留，瑤琴寫怨歌三疊，藻翰織情詠四愁，花檻獨憑紅蕊謝，魚箋欲寄綠波悠，尊前暗憶城西路，靈想蓬萊有玉樓。

武陵千樹亂桃華，幻出天台五色霞，劉阮親從人世得，襄王翻向夢中誇。

丁亥春，仲集九疇齋中觀舞，命書舞賦，書後有餘紙，復書舊作四絶，殊不足與平子并列也。雅宜山人王寵識。

王履吉印

清舞賦

暢幽懷以良遊，集城隅之桂堂，睇景物之澄霽，娛宴曲以徜徉，飛羽觴以俟月，思清舞於楚妝，謝絲竹之繁響，出明迥之瑶英，紆羅縠以騁姸，垂金縷之飄縈，吐微音以按節，翕倫袖以雙迎，爾迺張翕合機，長短中度，俯仰應規，低昂協序，始差池以燕翻，終連軒而鳳峯，既還延而如疑，又宛轉而生態，欲進不前，將來復去，飄還迴風雍容，凝露指會，飛蹤臨岐，楊繁步芳褥而若定，縱輕軀而如赴，霞玉掌之盈盈，流横波之瀏瀏，燭素顔以向霄，颭韡葩於清曉，眉嫵媚以珠顰，鬢嵯峨而煙抱，弱腰屢盤柔骨，迅繞窮麗極嬌，不可悉道，既魂搖而目眩，恍不知其所為微笑以斂容，忽月轉而星馳，詎天工之敏巧，匪人謀之與斯，悵奇觀之難再，重追往於茲時，邁陽河以絕塵，豈也踰之可伍，俾邯鄲之步失，何淮南之足顧，使廣場之張樂

仇英寶父制衣　寶父　仇英

瑤臺清舞，丁巳秋七月望，群玉山樵書　靜怡軒　周天球印　周氏公瑕

觀舞賦　張衡

客有觀舞于淮南者，美而賦之，其辭曰：音樂陳兮旨酒施，擊靈鼓，吹參差，叛淫衍兮漫陸離。於是飲者皆醉，日亦既昃，美人興而將舞，乃修容而改服，襲羅縠之錯雜，申綢繆而自飾。拊者啾其齊列，盤鼓煥以駢羅，抗脩袖以翳面，轉清聲而長歌。歌曰：驚雄逝兮孤雌翔，臨歸風兮思故鄉，搦纖腰兮互折，嬛傾倚兮低昂，增芙蓉之紅華兮，光灼爍以發揚，騰嫮目以顧眄，眸爛爛兮流光，連翩絡繹，乍續乍絕，裾似飛燕，袖如迴雪，於是粉黛弛兮，玉質粲，珠簪挺兮緇髮亂，然後飾笄整髮，被纖垂縈，同服，駢奏合體，齊聲進退，無差若影追形。

美人四詠

一曲清歌堪斷腸，凌波驚起采鴛鴦，石湖曾照西施影，菱葉荷花水殺妝。

春酒淋漓翡翠裙，鸞歌鳳語說新聞，宮中第一還飛燕，洛下無雙是紫雲。

玉苑芙蓉湛紫虛，仙人宜駐七香車，若教金谷園中見，千種名花盡不如。

雪霰飄何甚，因風鳥更斜，朧遮偏爲霰，春閨未凝花，曙色開銀甃，寒光入絳紗，牀頭社酒熟，扶醉到鄰家。文嘉

題 [文嘉印]

文徵山吉祥庵圖軸，紙本高二尺八寸餘，闊一尺一寸餘，工筆設色，有項子京、劉蓉峰藏印。

徵明舍西有吉祥庵，往歲嘗與亡友劉協中訪僧權鶴峰過之，協中賦詩云：城裏幽棲古寺閒，相依半日便思還，汗衣未了奔馳債，便是逢僧悄問山。徵明和云：殿堂深寂竹床閒，坐戀樓陰忘卻還，水竹悠然有遐想，會心何必在空山。越數年過之，則協中已亡，因讀舊題，追次其韻。塵蹤俗狀強追閒，慚愧空門數往還，不見故人空約在，黃梅雨晴郭家山。時弘治十四年辛酉也，抵今正德庚辰二十年矣。庵既毀於火，而權師化去，今復數年，追感昔遊，不覺愴失，因再疊前韻：當日空門□燕閒，傷心今送夕陽還，劫餘誰悟邢和璞，老去空悲庾子山。他日偶與協中之子穉孫，談及因寫此詩并圖其事付達孫，藏為里中故實云。時十六年辛巳□□八日也 [徵明] [停雲主]

仇實父瑤臺請舞卷，紙本高五寸半，長二尺六寸，設色，

蕭尺木山水卷，紙本高九寸餘，長二丈四尺二寸餘，設色。

畫亦戲事也，而感慨系之，少時習業之暇，篤志績事，寒暑不廢，迨流離遷播，齒落眼矇，年五十而諄諄然若八九十者，遂擱筆難遣悶，有索者則假手猶子一芸芸，年纔廿餘，即遊雲夢瀟湘衡以畫著聲，後歸。余益加精勵，而門已鐵限矣，見余戀傷鬱，不復讀書，燈熒茗瀹，忍作悲吟之餘，乃申紙研墨，冀一見臟，坐是余亦破涕為懽，下筆刺刺不休，自秋葉藏紅，冬雪霽白，代後未幾，而群芳盛艷，為已另之春，今日也。書懷竹林圖，晉遺民南北之阨，而切己愧矣，而復有小兒破賊於淝，令東山老人折屐人之慶，亂世亦不得無桃源，奇次不得彈琴高蹈而優遊塵土，畫青山而隱，則吾與華子解衣，礡礴相附於長康，標徵之流亦足矣。他復何願，寒食日石人雲從識。

郭恕先身

蕭雲從

讀書秋樹根

鍾山梅下人書畫

居商谷青山夜雪圖軸，紙本高二尺六寸餘，闊七寸餘，設色，寒碧山莊舊藏。

青山一夜雪，曉色杳難分，巖壑深埋棟，人家半住雲，於倉茫四野合，寒落一鐘聞，日上高林動，寒暉接面氣。居節

居節印

61

趙文敏墨君圖軸，紙本高二尺三寸餘，闊八寸餘，有盆江上劉寒碧藏印，子昂為伯庸試綉晚墨作此。[趙氏子昂]

憶昔吳興寫竹枝，滿堂賓客動秋思，諸公老去風流在，相對茶烟颺鬢絲。文信 [文信]

晴梢初放葉可數，新粉纔消露未乾，大似美人無俗韻，清風徐灑碧琅玕。河東李倜

斑斑琅玕玉潤邊，半含春雨半含烟，怪年筆底清如許，老子胸中有渭川。敏 [呂志學印]

松雪齋前見此君，白鷗波冷翠紛紛，蕭騷不是湘江雨，要眇還成楚大雲。惟善 [曲江老人]

冰輪西轉玉繩橫，何處紫鸞噦玉笙，却似宮女燒燭態，石龍風雨作秋聲。老鐵楨在雲間舒眉處試鐵心穎 [楊維楨印] [鐵笛道人]

以上五家題本文

湖州逸汽共東坡，友石于今不可過，一段天機真假際，趙公妙手即文蘇。鐵冠道人詹僖題 [詹仲和]

趙文敏墨君圖真跡為神品第一，近得於邗江張氏與天球拱璧並室，宜什龍藏之，江上外史笪重光。辛未夏六月廿七日重裝記 [笪印重光] [始青道人]

以上二家題綾邊。

還把萸若爲嘗，水鄉切玉羨菰米，野艇流膏蟹黃，自嘆
索居空健羨，一時風味屬何郎。
滿城風雨近重陽，狼藉昔痕欲上堂，空擬萸囊修故事，事
應秋酒頁新嘗，吹香剛愛江蘋白，樓敵還慚晚稻黃，稅足
閒門無吏擾，詩成終自愧潘郎。

九日雨晴再疊二首。

滿城風雨近重陽，雨歇呼兒淨掃堂，短髮不羞紗帽落，新
蒭儗對菊花嘗，香老生園秋容淡，鳥語風簷旭日黃，便似
一樽酬令節，山僮會唱賀新郎。
滿城風雨近重陽，一日雨晴秋滿堂，適藉當叨借奉列，賜
糕親拜御筵嘗，宮壺瀉露金莖碧，禁署含輝瑣闥黃，此日
江湖回白首，龍鍾誰識紫薇郎。

辛丑七月三日書。徵明 〔停雲〕 〔文徵明印〕 〔悟言室印〕

詩字畫三家，擅一家者不易，文待詔蓋兼之，今觀卷中詩
真率，字遒勁，畫古雅，足稱三絕矣，其詩六章，皆續予家
邠老"滿城風雨近重陽"之句，余於字畫無所知，獨於詩章
習之，迨今白首，安得邠老語，使如待詔者續而和之展玩
，因以自哂，丙申春新安潘緯書 〔潘緯之印〕 〔潘印篆安〕

經年不一歸，每披其室，則萬卷縹緗數迺之亞而已，其書姿詩魄皆高出漢魏之表，而楷法尤精工，自樂毅黃庭之外，虞褚諸家無不畢羅胸中，運諸腕下，即古人莫能踰之，此卷乃其遊包山諸什生平所作，行草小楷散落人間，不下數千，然而精工超詣，莫過于此，蓋補庵先生於詩道頗深三昧，故雅宜極力用意着耳，展閱之餘，不勝神王，漫筆識之。三橋文彭

文彭之印

文壽泉印

文衡山重陽風雨畫詩卷，紙本高七寸餘，長三尺三寸餘，設色，無款，有徵仲玉蘭堂印，惟庚寅以降之詩高同，長五尺二寸餘。

詞翰三絕，潘緯題

象安

潘緯

金門大隱

追和甸菴先生續潘邠老滿城風雨近重陽之作四首。

滿城風雨近重陽，暝色寒聲漫繞堂，明日陰晴難自料，一時牢落已先嘗，君顏倒映烏紗白，病臉何如野菊黃，四美難并何用嘆，但令有酒茗茶郎。

滿城風雨近重陽，迂轍何人顧草堂，此日衣成聊自綫，明朝酒熟共誰嘗、秋深澤國蕭空紫，霜薄洞庭柑未黃，怪底白頭甘寂寞，子雲曾是校書郎。

滿城風雨近重陽，高臥得經時懶下堂，郭外登高空有約，籬

帝子樓船天上來，諸宮幽殿海中迴，山河錦繡千年觀，歌舞風塵萬姓哀，澤國魚龍吟落日，荊蠻雲物悵孫臺，如此今古渾無賴，直北長安首重回。

縹緲絕頂

絕頂親攀日月行，五湖如帶自迴縈，山川歷歷分南服，今昔茫茫混太清，萬里風煙臨海嶠，百年身世愴浮萍，未騁鸞鶴雲車遠，兀坐松杉濁酒傾。

庚辰歲游包山頂，包山集距今丁亥八年矣，追憶勝事，歷歷猶在耳目間，為之憮然，今補菴先生見索，復錄一過，殊足愧也。雅宜山人王寵識於石湖禪院 王寵私印 履吉之印 莫近溪

丙戌之冬，雅宜過余於滸溪上，坐劍光閣，促膝寒窗，啜茗談心，盤桓竟日，因赴約毘陵，不能為平原十日之飲，因以佳箋，乞為楷書，以作枕中鴻寶閱。明年二月一函遠寄，破戲展玩，喜極欲狂，是不特書法之精工，其題勝諸作，讀之恍若臥遊此境，不幾成雙璧哉，古來天壤之間，全才最難，若我雅宜真不愧矣。補菴居士自題于劍光閣。

長宜子孫 華氏補菴

雅宜先生天才妙絕，學卓不群，嘗讀書楞伽、石湖之間，

山似屏風疊，溶流鹿飲泉，綠深疲躍滑，掃石愛雲鮮，香
雨滿天瀰，梅林百道穿，清風激天籟，心賞思悠然。

玄香樓，

山川聽不極，日夕度谷樓，良覿當中謂，玄心於外遊，十
洲何處所，乞澤迴同流，把酒深忘我，飄飄只海鷗。

毛公壇絕包山寺，茂林曲塢山水迴互。

吾蒸(?)與霞子，立高卧翠微，五雲翻石壁，二千落金扉，高(?)
穴藏符近，包山擁錫依，氣通百十里，落葉掛蘿衣。

包山寺

石嶺自迴合，天開寶樹林，古幢靈影見，風竹潤泉吟，白
石天宇靜，青山洞道心，繼羅花(?)總戀，吾意在高深。

蔡師西山草堂

西洞澤波濤天地迴，百花潭水草地閒，即同康樂攸雲卧，時
許侯芭問字來，南極客星浮禹穴，中霄海日見徂徠，山林
鍾鼎渾何礙，白石長歌空自哀。

桐(?)庭道中

海嶠雲霞虛翠屏，閶風吹袂葉其行，壺中樓閣天齊動，石
上瑤華冬自榮，逐有浮丘來馭鶴，似聞子晉解吹笙，金庭
玉柱千年閟，日月峰峰悔此生。

瀰湾中覽古。

夜。樂客窮吉夜，時哉秉燭歡，含生同所藉。

第四峯登眺：

絕壁已天半，迴峯猶翠微，磴危尋蘚迹，風行曳雲衣，野燒孤烟直，川光落日霏，樵歌渾自好，鹿飽北山薇。

月

半睥望西嶺，青天搏月華，長林輕煮霧，疊浪迴生霞，落落山河影，颯颯星漢梳，漁師下前瀨，吹笛過天涯。

酌胡道泉。

名泉真孔穴，涓涓滲雲膚，白石生丹鼎，青山調水符，靈仙饗玉漿，人世獨醒徒，長嘯千林竹，清風來五湖。

望卞山懷劉元瑞

落日賦招隱，懷哉劉伯倫，卞山雲不斷，苕水色相新，鸞鶴偕真賞，瑤華贈美人，樵風吹未穩，空憶武陵春。

上方山

山水雲門會，林塘石道微，毫光空翠落，花雨瀑泉飛，麈尾參金鏡，芙蓉積寶衣，浮沉竟何益，轉覺此生非。

巖上人房

嵌樓三島陽，林臥五湖流，吐納雲霞迥，空濛天地浮，鏡機紛入息，寶思濬窮幽，萬事如龍蟄，無生要所求。

鹿飲泉。

鵑催人再先盃，忍唱驪歌送春去，悔將羯鼓徹明催，攔開
賺我平添老，知到來年可爛開。
青鞋布襪詩同遊，粉蝶黃蜂各自愁，停老光陰情轉切，惜
花心性死方休，膠粘日月無長策，酒醉荼蘼有近憂，一曲
山香春寂寂，碧雲暮合隔紅樓。
伯勞東去西飛燕，南浦王孫怨路迷，鳥喚春歸背人去，雨
摧花作向陽啼，綠陰芳苑收絃管，白日長門鎖婢妾，蛺蝶
飄飄殘夢裡，曲欄纖手憶同攜。
春風百五盡須臾，花事飄零剩有無，新酒快傾杯上綠，衰
顏已改鏡中□，絕纓不見偷香椽，墮溷飄成逐臭夫，身漸
衰頹類如此，林和淚眼合同枯。
時節驚心悴黑時，花枝堪賦比紅兒，看來寒食春無主，飛
過隣家蝶有私，縱使金錢堆北斗，難饒風雨葬西施，匡床
自拂眠清晝，一縷茶煙颺鬢絲。
簇簇雙攢出翠眉，淹淹獨倚曲欄時，千年青塚空埋怨，重
到玄都只賦詩，香逐馬蹄歸蟻垤，影和蟲臂罥蛛絲，尋芳
了卻新年債，又見成陰子滿枝。
芳菲又後一年新，能賦今無八斗陳，命薄錯抛傾國色，緣
輕不遇買金人，杜鵑啼血山中夜，蝴蝶遊魂葉底春，色即
是空空即色，欲從調御懺貪嗔。

黃沙日昏，野死不葬，腐肉飢烏呑，生為男子，飲冰萬里。戰場雖云苦，功名安可已，奮身當勁敵，徒手搏猛兕，誰復顧家室，但知輕生死。戰閔城無傷悲，戰敗一身滅，四功成萬方威，渴亂揚王靈，征塵息邊陲，丈夫意氣橫，四海少壯懸弧寧爾為。四月望日，漫書於昆陵道中，雲鄉似如野。

莫子是龍　莫生　蔗林珍賞　富春董氏收藏書畫記

沈唐合璧落花詩畫卷，紙本高八寸餘，長四尺五寸。詩高八寸，長一丈六尺。沈周

南齋　石田

剎那斷送十分春，富貴園林一洗貧，借問牧童應沒酒，試嘗梅子又生仁，若為軟舞欺花旦，難保餘香笑棒神。料得青鞋攜手伴，日高都做晏眠人。

夕陽黯黯笛悠悠，一霎春風又轉頭，控訴欲呼天北極，臙脂都付水東流，傾盆怪雨泥三尺，繞樹佳人繡半鉤，顏色自來皆夢幻，一番添得鏡中愁。

李態樊香憶舊遊，蓬飛萍轉不勝愁，一身憔悴茅柴酒，三月光陰燕子樓，愛惜難將窮褲贈，凋零餓把睡鞋留。紅顏春樹今非昨，青草空埋土一丘。

杏瓣桃鬚掃作堆，青春白髮感衰頹，蛤蜊上市驚新味，鵝

伊太虛之寥廓，揩陰之輕翾，明於萬象，邁神景於八紘，或駁綿以翳起，或分竄而孤行，若御枚而搏戰，似擁蓋而相迎，既山移而石運，復獸駭而鳥驚，林暝而含秀，澄川黯而沉明，霏霏紛紛，郁郁英英，觸危不隘，就高不傾，欲追之而滅蹟，亦聽之而霏聲，翕散何遑，往來難量厚薄，無心卷舒誰當，更變化於須臾，會鬼神之情狀，混乾坤於鴻濛，郤寰區於暎滯，願巨靈之作嗔，驅長風而掃盪。

隆慶元年四月十二日漫錄舊作二賦於吳門舟中，是龍 貞一道人

莫生

後朋為如野作 莫伯子 後朋雲卿

暮色倚柴扉，蒼茫入翠微，山深宜避俗，久坐頓忘歸。裕甫 國惠

千巖萬壑水潺湲，竹樹涼涼帶遠山，行到綠陰聊對坐，絕勝車馬市朝間。丁卯夏日敏仲為如野題。

巫山高，巫山高入青冥端，十二峰頭雲雨寒，誰作朝雲誰暮雨，參差謂是陽臺女，翩然麗質下峰頭，來侍荊王夢裡遊，綺纘羅紈光錯落，斂容心結空綢繆，懽情未終忽稱遽，蕙帳魂銷不知處，只今雲雨自蕭蕭，千古荒祠竟寂寥。

戰城南，戰城南戰士苦城南，啼兒北郭哭父，白骨嶙嶙，

52

三通鼓角四通雞，天漸黎明月漸低，時序秋冬復春夏，舟
車南北與東西，眼前次第人都老，世上參差事不齊，要向
其間求穩便，一壺濁酒一餐齏。

責貓

剔起書燈放酒螺，丁寧軟語責狸奴，縱令鼠輩橫如此，坐
享魚餐將若何，偷眼覷盤涎欲墮，拳腰入被睡成窩，自緣
尾大如蛇懶，豈為年來醉薄荷。

來教索書鄙作，謨且數紙，詞筆俱惡，慚愧、慚愧，友生唐
寅頓首元善譚先生至誼

大如居士

迷禪仙

莫雲卿書畫卷，紙本高四寸餘，長一丈五尺，四接，畫在
中間一段，三尺餘，水墨極冷雋。畫上有裕甫、敏仲兩家題泛

秋水賦 思玄亭

寶勤堂書畫記

滄兮澄秋，江平自流，天光渺渺，波容悠悠，揚雙舲以沿
泛，倚飛廬而夷猶，遵曲渚以迴望，引明河而畔鷗，爽氣於
下瀨，趁輕煙於長洲，爾其丹楓濯錦，青蘋沸涼，芙蓉映
秀，蘭芷搴芳，榜人奏歌，游客停觴，羅裙落兮谿風遠，明
，璫解兮川月光結，漢女兮意難絕邀，湘娥兮情未央，將
容與兮忘返，証迷津之我妨。

雲影舞

51

春來踪跡轉飄蓬，多在鶯花野寺中，昨日醉連今日醉，新年窮似舊年窮，浪吟險韻邀僧和，燒蠟薰籠與妓烘，寄問社中諸契友，心情比我可相同。

元宵

有燈無月不娛人，有月無燈不算春，春到人間人似玉，燈燒月下月如銀，滿街珠翠游村女，沸地笙歌賽酺神，不展芳尊開笑口，如何消得此良辰。

立夏

三月盡頭剛立夏，滿斟芳酎送殘春，共嗟時序如流水，況是筋骸欲老人，眼底風波驚不定，江南櫻筍又嘗新，芳園路屬桃花塢，擬伴漁郎去問津。

梅雨喜晴

雨為黃梅破四旬，水津平地汗津身，風將棹泊飄東海，天迫樓開近北辰，叵羅中浮初霽日，闌干上見遠行人，詩成酒醉依然醒，拭眼西山紫邏新。

兵勝雨晴

電掃干戈復太平，天開晴霽擬豐登，一朝頓減糟糠價，半夜收回鼓角聲，天子聖明成大慶，野人歡喜保殘生，遭逢盛事須歌頌，慚愧無才達下情。

聞雞

寵點無垠，側眺紛有象，丹藤蔓冰壑，蒼苔飾銀像，野鹿飲飛泉，寒兔逃平莽，攀崖春仙靈，折麻私獨往，訪道空名山，前途浩茫茫，誰令獨世憂，相我凌雲想。

曲巖，

秉雲欲光發，攀崖紛廣眺，孤峯上寒日，千嶂餘燒，天高風物緊，地迥山川散，飢鼯下陸梁，哀鴻相叫嘯，企石捐雲帆，披霞迎海嶠，空水共汎灩，虛無自參照，林澤養合神，錦天圓景曜，光風煽芝苓，玉髓滋蘿蔦，桂隱自夷猶，末路多奔隋，懷我角里公，千春可同調，

毛公壇，

石門有遺營，澗道時屢揭，山迴谷嚴長，地迥珠宮闕，近峯鬱支青，遠岑濃虛翠，丹井周前鎔，靈壇儼昔位，毛公飄羽翼，如日翔鸞鷟，自非山水靈，胡為異人至，石髓不盈檀，國經減餘字，樵人引夢行，鹿子御花戲，蝣蝣不宗朝，浮生滿如寄，荷蓧劇芸耕，終矣丘園貴，葵餘玄象標、與諸友遊集。

人龍未逢時，林巔臥沆化，坑館碧山隈，伏檻滄浪瀉，連巘衆雲構，旋空紛石磴，明霞麗靜瑁，瀲瀑飛霓瓦，其陰負纓緲，其陽衰鋪夏，山川恣凝流，乾坤滿高下，滯居當謳，散帙趣追暇，觚管間時揮，觴酌逃時避，我公生時

袁日觀，群峰摩天垠，波光別照蕩，霞彩相鮮新，踐鶴西王池，誤攀織女津，海鷗戲雨薄，遊倦瑩心神，牙檣悲昔幸，玉輦寵今逃，榮華無常玩，山水有天真，塵纓聊以濯，漸爾櫂歌人。

登縹緲峯

雷夢升天行，明登縹緲步，圓海浮鯨脊，大漠冠鰲簪，吳闐佬周覽，乾坤蕩浮沉，千巖還拱帶，萬頃遍傻澄，敲燕塞靈瀨，氣候異陽陰，寥寥躡雲磴，落落捫河參，鵬霄迩靈嶽，鳳野閑煩襟，優佺宮中語，蒼虬烟際吟，天纜非阡衍，起駕有遐音，覽化自靡足，懷儂傷我心，臨風奇謠草，遲爾崑山林。

入林屋洞

白鶴已仙去，碧山遺寶符，齋心扣靈闕，企石窺青都，雲臺竇衣樸柱，百人可跏趺，白玉斷隆棟，青蓮綴流蘇，昔人煉液處，林第樹金鋪，石乳纍而長，交錯如珊瑚，蛇行鳳迴互，磬折窮有無，恨乏秘生識，鳥家空模糊，時聞神鉦鳴，地底越江湖，冥濛翳日月，宵寵通蓬壺，悠然泳雲卧，心將天與徒，羽毛如可就，千載有龍組。

丙洞。

天傾雲日隔，日映雲門啟，芙蓉秀絕壁，蓮高排偃亭，下風有丘壑尚，緬懷鸞鶴蹤，揚帆忽天猗，赤水驂虬龍，五湖瀉松掌，三州遙雲白，金屏迎地軸，玉鏡開天容，秋則四瀆亞，漫維百谷空，丹丘駐日月，瑶草連春冬，絳氣忽縈薄，青霞何複重，使人蛻化處，千載空芙蓉，咄哉委靡風，絕頂巢孤松。

三

游子戀清暉，舟師謳高浪，水宿濟前湍，荐食凌窮嶂，雲帆說多奇，霞石非一狀，龍性已難馴，鷗機彌悅蕩，靈妃蛾翠旗，川后寒綃帳，蒼茫天地殊，傾洞風濤壯，安流伯禹功，長嘯鴟夷放，昔人已摧頹，宇宙空俯仰，感德不復朝，追來胡井陽，總縈萬壑巔，振衣三島上，彼美戰勝賢，薜蘿遙在望。

過石公山。

島嶼盧龕弄，石林突參錯，朝雲正吐秀，冬水亦澌涸，槎平熊豹蹬，蟠曲蛟龍蠖，波濤激中洞，嵐霧紛上薄，金膏赤日流，石鏡青天鑿，表靈織名圖，延賞諧幽諾，蒼鼠不驚人，丹楓時自落，蓊焉可枝綸，畢志甘蠖藿。

入鎮夏灣，

千山歡迴轉，變闕閑嶙峋，圜作玉鏡潭，流水桃華春，難犬自甲子，衣冠乃秦民，表裡重湖阻，丹青四望匀，孤峰

紅閨兩子妝樓晚，翠揭麻姑水殿寒，三月莫辭千度醉，一生能得幾回看。~~王穉登~~ 穉登

臉膩垂薰似有情，世間何物比輕盈，湘妃雨後來池看，碧玉盤中弄水晶。大中 子庸

江南池館厭浮紅，零落山煙山雨中，却是比人偏愛惜，數枝和雪上屏風。杜大綬 子行

梅花開當雪中，相看對奇絶，常教雪似花，莫遣花如雪。王穉登 穉登

三秋猶解强顔紅，絶好清晨風露中，不許汾江人錯認，凌波着土兩家風。杜大綬 子行

王雅宜遊包山詩卷，高霞紙本高六寸餘，長九尺四寸，五絲闌，楷書，跋高同，長三尺一寸餘，亦寒碧莊舊藏。

遊包山集，旦發胥口經湖中瞻眺三首。

瀰瀰垂葭薮，地嶮隘山川，渾沌自太古，泱漭闢吴天，仰欽咸池津，俯灌東南偏，龍宫竭瑰麗，較室閟幽玄，孕化晨隱吐，涵虛霄象懸，洪流既瀰沛，列嶂亦迴延，雲標海上嶼，石秀鏡中蓮，開冬春靄氣，落木浩無邊，黄鵠有奇翼，八表忽周旋，儻遇浮丘公，歘忽蓮頭巔。

二

猶有探徽人，南陽徐天翼 雲秋

惆悵東都兩東黃，皮乾毛暗老風霜，神龍底事驀飄甚，曾軛鹽車上太行。雲史。

吳興畫馬天下賤，筆勢不減曹將軍，等閑一尺尚神異，雄姿矯矯生風雲，吳官牽來不敢踏，畫趨無副必并夜，魚目尤疑夾鏡懸，龍文宛若騰空化，丹青愛此誇雄才，制功曾歷沙場來，百金誰復顧騕褭，千里自己輕駑駘，今逢天子真神聖，還驅電掃妖氛靜，斯圖留與作珍藏，肯使騏驎出邊境。胡種 永脩 廣陵世家

周汝南寫生卷，紙本高八寸，長一丈三尺十寸餘，四接，設色，古拙，明三家題詩，綴李身亦寒碧莊舊藏。

萬曆壬寅孟夏寫。汝南周之冕 服卿 周之冕

一株纖惹玉刻成，飄廊點地色輕輕，女冠夜覓香來處，唯見階前碎羽明。大中 子庸

冷香消盡晚風吹，點點無言對落暉，舊日郊西千樹雪，今隨蝴蝶作團飛。王穉登 穉登

佐酒資文興，催詩借羽觴，素娥乘月去，遺下紫羅裳，大中 子庸

、無款，左下角有文水道人印，賦高同，長一尺七寸餘，
烏絲格。
赤壁賦，不錄。
壬申閏二月十有二日，燈前亟醉書此，文嘉 [文嘉之印]

陸包山後赤壁圖卷，紙本高六寸餘，長三尺餘，設色，賦
高同，長三尺五寸，烏絲闌。
山高月出，水落石出。嘉靖戊午秋暮，作於松陵道中，包
山陸治 [陸治之印] [陸氏叔平]

赤壁後遊，三橋文彭 [文彭之印] [文壽承氏]
後赤壁賦，不錄。
萬曆丙子秋，書於蔭白堂之南軒，文嘉 [停雲] [文氏休承] [文嘉]

趙子昂青驄圖卷，絹本高五寸餘，長六寸，無款，左下角
有趙氏子昂印。
骨立毛踈棄道旁，故人曾識望騰驤，房郎本是坐譚客，六
空題比素黃，鐵龍仙伯在柱類樓書 [東維室] [鐵留道人] [陽蘆夫]
[鐵史藏寶]
塵昏龍劍脊嶙峋，夢醒東風淫佳春，莫恨華陽斜日薄，首

姚雲東仿子久山水卷，紙本高六寸餘，長一丈二尺一寸餘，四接，設色，亦寒碧山莊舊藏。

深山斜谷路紆迴，排闥晴嵐入座來，却憶井西精健筆，秋風落日一登堂。子久畫在今日已作無李論，丙申秋李召入都，過劉僉憲邸舍出真蹟見示，因摹其意遺諸東家妹，殊可絕倒，雲東逸史綬 [賜進士] [綬公] [古杭下史]

余與侍御姚公別幾歲月矣，每展閱所圖畫如對故，昨夜半不寐，披衣靜坐，抽架上卷視之，即雲東仿黄子久筆也。此卷從京師郵寄來禾，每欲題識，倦忽未成，清夜焚香覽之神往，他日逸史佳製，自遠駕前賢，豈僅以臨摹視之耶。辛丑八月望日，桐邨老友周鼎手跋 [周鼎]

夙有山水癖，煙霞笑人忙，展圖得靜妙，永言願珍藏。次日又題 [伯器]

妙手臨摹不可無，後生何幸見斯圖，也知辟素追前輩，但仰高風奉楷模。後學魏之璜。

羅浮山人曹羲觀於紅竹山莊 [曹羲之印] [羅浮山人]

文文水前赤壁圖卷，紙本高六寸餘，長一丈九寸餘，青綠

竹巷示余,把玩燒甚愛,作此以續并記歲月云。江都山亭山
人馬應奎識 小亭居士 三社僧長

永道方先生較藝南有文章之暇,清興遄發,幾間紙筆真在
,硃滿石研遂寫此冊,君好事者,傳為清玩 雪居

文水烟江綠樹圖卷,絹本高七寸餘,長四尺三寸餘,青綠
一,亦寒碧莊舊藏。
茂苑文嘉制圖 文水道人
漫遊塵土古揚州,漸見繁華逐水流,烟淨不迷隋市柳,朱
簾猶捲杜公樓,錦帆落落邗江口,斜日荒荒古渡頭,一宿
瓊花塵夢醒,不堪征雁動歸愁。揚州瓊花寺重題,茂苑文
嘉 文嘉之印

兩過烟生琪樹林,殿巖丹蘿帶劍曛,空中高閣千峯立,橋
外垂楊兩岸分,積蘚漸磨銀牓字,攝衣時拂采霞文,玄心
未遂尋真處,獨向崚嶒禮白雲。文徵社 徵社之印 米西樓
風景江南第一州,雪塘歌曲水空流,香銷月魄三千黛,烟
鎖花宮十二樓,遠樹殘陽收雨腳,嬾晴濃綠滿山頭,題詩
更會園中意,玉笛鄉關何處秋。松園老人次韻 孟陽

色青黃錯雜，則知人世間非無綠衣朱體，翛然而籜龍也。明矣。國朝漢陽守孫公雪居，我明之吳生顧虎也。嘗繪朱竹數竿，電光綽約，霞氣蒸騰。時人寶之等於彝鼎。相傳者有年，識者不愛金繒以致之，雲閣顧元慶什襲而藏。纆豐將侯朗全於芝吾錫視君宗皐，一旦得之，風塵擾攘之時，烟火兵燹之際，宗皐豪邁絶倫，當干戈戰爭代遷鼎革，高古人之遺迹將與寶璞並存，於荒涼茂草間而慇之於片紙補林，若相見恨晚者，此其志氣在雲霞碧落表矣。余自金陵歸，宗皐下塌見，拈出其藏中法書名繪種種奪目以為洵美且好矣。而君曰此猶孟浪也，吾實有鍾愛者，在其在斯竹乎，在斯竹乎！諸名賢之鑑賞題贈者盛矣，予無庸贅，雖然予亦善竹者，余之竹雖不及孫，亦聊抹一枝以附驥尾可乎。

明乙酉端月，一止道人許儀并題 □ □ 真正

萬曆戊寅五月既望獲觀於蒼雪菴，雁州孫得原志 孫得原印

君侯愛種竹，歲歲成清癖，竹感主人愛，化作珊瑚枝，傳神入圖畫，照眼紅參差，夜來一雨過，瀲若丹露池，芳標動伶官，截為玄管吹，置列廟樂中，雅韻和塤篪，鏦橫葆護，莫遣蕭君知，等閒幻赤鳳，弄玉同乘騎，留看共品藻，萬古揚清奇。萬曆丁亥歲清和月之九日，漢陽公出朱

41

№

爲哉！予從雪閣張氏族人處購得之，為篋中永存珍秘，是

林子項元汴識。〔子京〕〔項元汴印〕

文三橋忠孝節義卷，紙本高八寸餘，長七尺四寸。烏絲格，隸書，亦寒碧莊舊物。

出師表，文不錄。

陳情表，文不錄。

歸去來辭，文不錄。

義田記，文不錄。

嘉靖戊午秋九月朔日，雁門文彭書于嘉禾學舍〔文彭之印〕〔三橋居士〕

明五賢朱竹卷，紙本高六寸，長一丈二尺餘，五接，一段孫克弘，二段張忠，三段孫枝，四段藍瑛，五段許儀。亦寒碧莊舊藏。紅竹出峽川宜郡縣，飛者口大者不過寸許，鮮明可愛。〔漢昌太守〕

萬曆戊寅蘇群張忠爲于余山之翠微處〔廖氏孝〕

萬曆壬辰中秋既望吳苑孫枝寫〔孫枝〕〔泉石養閒〕

丁未夏日畫于東皋雪堂，呈上雪居老先生教正。錢唐藍瑛〔藍瑛之印〕〔田叔〕

竹之為種，匪一搖拽於幽林靜壑間，有名黃金碧玉者，其

窗下來春風，假髻美人歸上公 天趣軒 衡汝

寄太常瞿鄉一首。

報恩寺裏同年會，又過鶯花十四番，榮辱升沉渾似夢，死生契闊不須論，孤鴻弔月音書斷，老馬嘶風意氣存，寄語清鄉休袖手，淡雲疎雨未黃昏。 丙戌進士

與石門後安石。

我登東山顛，酹酒問後公，公有調馬路，我有下馬松。公有白雲明月兩窈窕，我有常川醉石双玲瓏。公當倚嘯坐江左，我當立盛從飛龍。我生伊洛後，不敢恐倚觴，妓頡頏風，我無遐邈寄，未識誰挑一擔符秦空公之能事，我若不可及公之風流，我亦不曾從東山名同地隔數千里。我嘗入公之耳。青天謫斷一飛鴻，章江論自流水，安石之東山至今之會稽，後居金陵，遂以金陵之山擬之，今以虎安之東山，各隨其事而戲閱之，不知安石有靈將何如也，更為擬其答語，此不能記憶。東海東翁 天趣軒 東海翁

東海翁張君汝弼為農部郎官，學問文藝為世所重，著述等身，書法入古，其奇情逸思，縱健不群，有怒猊抉石渴驥奔泉之勢，求諸古刻中，亦不一二覯也，此卷自書已作，與會淋漓不可遏抑，高僅半尺許，而精神結湛如此，豈易

39

吳門何處墨淋漓，最是西山雨後奇。一段勝情誰會得，千年摩詰畫中詩。當年詩律識精誠，晚歲還憑畫擅名。世事悠悠誰識得，白頭慚愧老門生。高人不見沈休文，滄子汾頭幾夕曛，斷墨殘縑和淚看，碧雲千疊鎖愁雲。石田先生人品既高，文章政事，而學力尤深，出其緒餘以供游戲，要非一時庸工俗匠所能及也。先生早師杜明子久，既而無所不學，學皆逼真。晚歲喜仿吳仲圭，蒼勁渾融，深得其趣，間有所作不當過之若此是也，是豈可以歎言哉！嘉靖乙巳三月十又三日，題於停雲館。長洲文徵明[停雲][文徵明印]

[衡山]

米襄陽父子作畫，一掃畫之謬習，元則高彥敬，我朝則沈啟南先生時時爛熳寫之，此卷筆法縱橫逸，深得吳仲圭三昧，若有元氣淋漓在毫楮間，宜先得評之嘆賞也。崇禎癸未重陽識于袁字寓雁門文從簡。[文從簡][彥可]

張東海草書自書詩卷，紙本高五寸，長八尺四寸餘，跋高同長二尺四寸，有項墨林、張則之、劉蓉峯藏印。

假髻曲一首

東家美人髮委地，辛苦朝朝理高髻，西家美人髮未盈，買髢假髻亦峨然，金釵寶鈿圍珠翠，眼底何人辨真偽，天桃度宗時閑中饑困，韓晉公還節鎮東南，運江淮米十萬斛以濟，德宗甚德之，其翰墨遊戲每喜為中，是亦渤海賣刀賣劍之意，非徒然也。吾友項孔彰臨五牛圖，毫末畢肖深足尚也，顧孔彰名家子，饒材偉度，出而宣力，國家為天子繪九章法眼，斟酌楷定太常禮器，乃所優為，是荒波斷隴中物何足留意哉。崇禎辛未初秋，竹懶李日華識。［李印日華］［竹閣懶人］

［書趣］

沈石田倣梅道人山水卷，紙本高八寸餘，長一丈五尺三寸餘，四接，水墨。左下角有張文敏印。

沈周［沈氏啟南］［息翁］

川流岳峙，萬曆庚寅夏月周天球書［凝碧堂］［周氏公瑕］［群玉山人］

石田山人畫中史，盤礴青山手石止，屋閒梅雪漫漫，澗鑿山根石齒齒，兩翁釣艇水中央，山花亂落浮雲香，平堤十里燒痕濕，高閣一欄秋陰涼，方丈蓬壺纔咫尺，瑤草琪花亂晴色，憑誰借我荊卅刀，剪取烟霞半空碧。成化三年九月既望。延陵吳寬［吳寬］［原博］

雪中登虎丘

月色風光知幾到，好奇今補雪中緣，急排巖构開高閣，坐怕溪山又少年，城郭萬家羣玉府，塔峯千溜半雲泉，香茶美酒殊酬酢，似此登臨亦可傳。

弘治癸丑歲沈周錄〔石南〕

陳白楊墨華卷，紙本高一尺，長一丈五尺三寸，有朱臥庵、畢瀧飛藏印。嘉靖辛丑臘月望後，偶泛鵝湖，晴光可愛，有客具筆硯漫寫此卷，以紀勝遊。白楊山人衜復〔復父氏〕

〔白楊山人〕〔陳氏道復〕

白楊山人善水墨寫生，其傳世者甚多，如此卷點染閒意態逸出，墨暈如新，則僅僅一二見者，卷為邑中楊氏所藏，餘六十年，適入吾手，始知物之遇合，亦自有數也。崇禎丁丑王永吉識〔王永吉字叟修〕〔忠紱〕

談之璋書〔偉玉〕

項孔彰五牛圖卷，紙本高八寸，長六尺七寸餘，五接，無款，接縫處有項伯子自玩、項聖謨画、孔彰、項氏孔彰等印，李鼓高同，長一尺九寸，此亦寒碧莊舊物。

不及，千名何以始，準彼釋氏誕，萬億未為恥，俗騖尤攡多，走觀信而喜，我登紀夜遊，其面月如水，楊子時莫借，清爾觸倡起，歷歷到以意，不游興遊比，語盡拈石，石舉在詩矣，使石尚化玉，傑忽鬼入東，玩之靈光生，夏之雅音倚，氣復迷春雲，詩又在石裏，瑟縮愧我辭，荆棘礙步履，自嗤邯鄲人，明為強追擬。

再次韻答儀部。

子才五色石，補天曾以此，餘才散為詩，或實或如砥，今賦千人座，秀句尚含紫，誰謂文人醜，更有幻婦美，一篇似難又，連篇不覺幾，請即事深刻，打欄滿城市，光時漫無文，增重信伊始，我如呼風鳴，悲鳴自堪恥，子如希有鳥，九萬借風喜，上對會霄雲，下掠滄溟水，餘力播此石，久靜當屈起，點頭有公案，悟詩與禪比，不然只冥頑，一石而已矣，我言子無答，一言而已耳，尚容答千人，誏許篠然倚，還招舊時月，總照新系裏，我復就盟陀，箕踞脱双履，咏言證千人，使石無妄擬。

夜泛虎丘第三泉煮茗月下清啜。

夜知備身覓磵腴，山童道我吝村沽，未傳盧氏煎茶法，先執蘇公調水符，石鼎沸風擣碧縷，磁甌盛月看金鋪，細吟滿啜長松下，若使無詩味亦枯。

君郡水郎，德樸文思巧，鳴之則驚人，何異丹穴鳥，道子泉有曾叙，汲洄探歷杳，上下務通流，百雉成電掃，三年息姑歸，山水苦纏繞，勸君為泉記，先意說在草，人物要相當，非君造造誰，此丘在有泉，名賴隆羽好，欽君重鄉味，勿謂杯勺小。

四月九日往西山薄莫艤舟虎丘東址，月漸月，遂登千人座，徘徊緩步登，山空人靜，此景特異，乃記是作。

一山有此座，勝處無勝此，群巔盡露出，夷曠特如砥，其脚插靈湫，敷霞向深紫，我謂瑪瑙坡，但是名差美，城中士與女，數到不知幾，列酒即為席，歌舞日喧市，今我作夜遊，千載當隱始，澄懷出清逸，瓶罍真足恥，亦莫費秉燭，歲月良可喜，月皎光潑地，措足咸踏水，所廣無百步，旋繞千步起，一步照一影，千人比一我，欲該千萬意，亦妄矣，譬佛現華界，出自一毫尔，及愛林木杪，玲瓏殿閣倚，僧窗或映火，總在珠網裏，闃闃等響滅，獨度覺然復，恐有竊觀人，明朝以仙擬。

千人座之作，修君謙儀部見和，復用韻答之。

狹逕穿山腹，盤々磴歷此，吳王三千劍，意以是為砥，鐵髓積廣面，戢久色尚紫，山驟奇竅竅，此以平為美，坐列今古人，當不知千幾，集生畢之時，傳々嫌如市，況及實天晴風息好遊程、明日詩山須到山、且圖攀躋一飛便、未必逢僧才得閒。沈留虎跡片石上、仰聽[illegible][illegible][illegible]木間、翻然興盡我自去、空為暮[illegible][illegible]却還。

[illegible]宿定丘松底次張夫子韻。

連宇依山足、松濤轉磵[illegible]、風泉清互[illegible]、帶月淡相支、樹杪今宵借、閒窗兩度啟、莫言[illegible]到此、[illegible][illegible]卻[illegible]都。

陪程[illegible][illegible][illegible][illegible][illegible]吳[illegible][illegible]遊定丘次[illegible][illegible]韻、時誰人追送[illegible]酒至。

送別詩寄到武丘、斯文何以此迴遊、筆頭春闌騎[illegible][illegible]、天際[illegible][illegible]見遠帆、美酒試留[illegible]中至、新詩卿[illegible][illegible]句[illegible]、座中問客比日高談後、不數當時趙倚樓。

定丘送張半[illegible][illegible]吳[illegible]次韻。

城外尋山風日清、好山原不離江城、且[illegible]臺上花無主、行[illegible]祠前鶯有聲、[illegible]帽也宜[illegible]竹屐、白頭還[illegible]酒波明、送君又向若溪去、我話昔遊夢亦生。

定丘尋[illegible]上不遇。

老友今何出、青蘿半掩門、閒雲山近市、別住水邊村、[illegible][illegible]露連地、梧桐月在軒、殘經知自遣、心會不關言。和[illegible]仲植定丘韻，時中山沿泉還、因以留別。

定丘送客地、設餞五雲[illegible]、憑高[illegible]往路、千里空[illegible][illegible]、使

無地休輕別，况此春明與太平。

和周桐村虎丘四絕。

登登石路高緣塔，橘刺藤梢惱客衣，千頃白雲詩百詠，澄江一語嘆玄暉。

劍池百丈勢深鑿，陵墓沉沉向此藏，千載自瞞誰不識，遊人箇箇說吳王。

龍山何事獨宜秋，可愛雲岩日日遊，士女出城多似雨，何須太守作遨頭。

憑君莫問真娘墓，春草萋萋不可尋，只有落花如笑靨，年年恨與綠波沉。

與李兵部史西村陪秦武昌遊虎丘，次武昌韻一首。

青山最近城西路，城市山林向此分，流水鳴禽真作樂，落花芳草總成文，年深陵墓全應化，劫換樓台火自焚，好勸使君須一宿，老僧先掃石牀雲。

雨中與客經虎丘望而有作。

沉舟出西閶，零雨散客蹤，拉拕當武丘，掀窗突孤峯，溼翠如有情，拂面來相從，豈為過不入，而顧酬禮容，行行轉側隨，所向媚芙蓉，身滯意却往，舊經耳萋松，題詩謝山靈，返棹須振節。

明日雨霽復經虎丘始踐昨期。

陳白楊山水卷，紙本高七寸餘，長三尺。
白陽山人道復。
鐘鼓高城夜到山，醉留真愛叫堂間，倚龕燈伴吟猿宿，渡澗風吹急雨還，坐笑菊花供短髮，臥愁雲霧滿塵寰，朝晴更擬諸峯賞，萬仞丹梯合共攀。三橋文彭。
雲梯天畔喜同躋，面面烟巒秀可題，山靜画闌僧倚仗，窗虛春燈燕爭泥，遙空列岫千重出，極浦平湖萬頃低，最是遊人醉遊處，隔林猶有鷓鴣啼。
嘉靖壬戌秋七月既望，見白陽陳君山景，余亦興至，倩枯管題於卷尾，字之醜劣，無暇計也，雅宜子王寵。

沈石田虎邱記遊卷，紙本高八寸餘，長一尺九寸餘，設色，無款。左下角有白文南印，虎邱詩另紙高同，長一丈一尺五寸，凡三接，有寒碧莊藏印十五方。
虎丘篆 李印 鼎伯文

雨中與客從靈巖東麓西歸，甚敗興，明日閑眼復爲虎丘之遊，以記此詩。
已向靈巖雨裏行，雲岩又肯放新晴，且從昨日論今日，道是無情還有情，花下總非生酒伴，泉頭多是舊題名，人生蒼然秋色白雲俱，獨向天涯慰索居，匣底千金縱民劍，懷中十載魯連書，青山對酒煙霞裏，白髮當歌感慨餘，世路宜教容易到，西風落日更躊躇。

逢沈君典作汪顯節。

宿雨開新霽，輕風颺薄空，每憐相見晚，轉覺別離難，楊柳和愁折，桃花隔淚開，明朝過黎水，寧惜此盤桓。

送友人之黎川作書似見川先生毛傳。

欽罷青楓興未闌，相期更探碧雲巒，蒼藤處處垂幽澗。老柏枝枝舞削巖，桃釀熟處猿啼寂，松果香清鶴夢閒，歸路長歌看月起，雲迷三十六峯寒。

書似見川先生正，天都吳著。

曉涉探奇境，孤亭如望閒，濤聲無日夕，山色隱樓臺，雲浪兼天起，雲帆何處來，蕭條江浦樹，徙倚一興哀。

金山作袁福徵。

入山心暫寂，不覺在神州，竹外紅塵隔，樓前紫氣浮，築鳩憩我到，馳驥羡君遊，竟日追隨處，高臺宜素秋。

同應試諸君登鷄鳴寺塔期山樵葉崑為見川先生書。

錢公西清新俊逸，秀色可餐，追甚徽仲後身乎？壬申臘月書于邗上，天都長胡文。

、使人對此開心胸，君可為兮孤高，獨寂寞兮欣逢中，何似兮負歲寒之勁節，挺特之鋒鋩，良朋高車有時而萃兮，何拘吴儂，我邀華月或引清風之度兮，春容與有餘兮，非墉喧，余走筆為君賦，安得脫去樊籠兩相從。里人韓國幀。

亭亭山上檜，蔚蔚含奇姿，孤根得所植，凌寒翠不移，哲士懷貞心，因之托遠思，結廬高岸下，林莽相蔽虧，蒼翠日在眼，靜嘯煩襟披，放情凌霄外，顧步曠五芝，但保歲獨標，市朝非摯靡，勿為桃李顧，坐歎芳菲時。定宇趙用賢。

蒼然君家檜，槎枒百尺餘，聊荷真宰培，移從素王植，玄鬣時流響，白日為改色，雖復干雲霄，一生恒孤直，咄哉清廟器，毋從不材息。吴郡王世貞。

錢叔寶山水卷，絹本高八寸餘，長三尺八寸餘，青綠。

丙子二月，為見川先生寫，錢穀。

雞棲風雨意蕭蕭，新漲俄看抽小橋，碧水繞堤來窈窕，綠榆當户伴逍遥，比隣鵝鴨寧教燥，入望舟航覺軒高，江鯖椎盤新酒熟，南村有伴不須招。雨中漫吟一首為見川書之、茂苑文嘉。

品廬高人，繪染鮫綃幅，我寄題楣晴，亦步陽春曲。

戊辰夏六月，余將南還，題此顏梁材。

翳翳蒼檜陰，氤氲鵲空碧，層峰天際開，芙蓉削奇石，上有仙人游，凌風驂朱鳥，虬枝構雲棲，標巘接靈宅，昆侖稱帝居，茲為可登適，白榆間瑶花，星區繞纏匝，逸情夙所欽，市朝聊寄迹，不見東方生，金門試辟戟，不見安石公，再躡東山屐，相期歲寒心，為君招隱客。比農王錫爵

。

君家古檜何蒼蒼，問誰移之千仞岡，孤峯老幹兩相當，冰雪之操擢群芳，風吼銅柯龍欲狂，天連黛色鶴初翔，亳州之宮昇仙光，漢家玉臺賦綺梁，主人願保歲寒操，不願春風桃李香，主人願獻天子堂，不願平泉椅石莊。同邑曹子朝。

衡南芙蓉石，華西蓮花巔，誰將蒼雲檜，植之吳峰前，鬱鬱老九泉，森森半左鈕，聲激風雨寒，影搖龍蛇走，翠巖托孤根，白雪凝千尺，堅可組練松，貞蓮新甫柏，願君勿小用，行奏清廟音，願君不改色，長存歲寒心。同邑曹子登。

山之秀兮眇焉，不可即上，有崒嵂之辟峯兮，檜隱隱兮雲烟常導，恍疑潛化變[illegible]之虬龍，直立蒼穹兮遊花野草生其下

陸子傳檜峰山房圖卷，綫本高八寸，長五尺四寸餘，設色。嘉靖丙寅十月十八日為檜峰作師道，檜峰山房文彭。

老檜蔚蒼翠，群峰插玉林，常含霜雪操，自保歲寒心，黛色千尋雨，寒雲十里陰，他年須大用，清廟奏元音。陳鎏。

高峯千丈碧巉岏。古檜森森翠藹，頂影半空搖落日，涼聲中夜响風濤，美材自合充梁棟，高韻還堪記歲寒，春雨翻然見頭角，只應人作臥龍看。五芝之冯符。

千仞高峰天削成，峰頭古檜翠崢嶸，蛟龍蟠舞空搖影，鸞鶴迴翔時一鳴，雲氣常將香葉護，月華偏照偃枝明，老夫為誦少陵語，未露文章世已驚。三橋文彭。

南山矗崔嵬，高檜何森森，孤根托千仞，蒼翠蔚以陰，糾枝作虬龍，時為風雨吟，巖壑不改色，歲寒長此心，終期任梁棟，寧老碧山岑。茂苑徐時行。

古檜崔嵬千尺奇，風雲夜走虬龍姿，真人自致神仙藥，騷客翻吟梁棟詩，汝愛清陰為世用，我耽深蔭避當時，文章未可辭材大，大廈原因造化資。戊辰三月廿八日作，画在丙寅年也，陸師道。

我愛南山檜，亭亭傲霜雪，不作春姿妍，而存歲寒節。

我愛南山峰，巍然獨凌空，不落塵埃氣，而與霄漢通。題老去仙翁甲子更，桑皮遺墨尚崢嶸，自從绝迹西洲路，六十三年一夢驚。予春秋二十有三，病瘧石湖僧舍，學太史公作圖寄訊，系詩寫意，一時群賢先後和題，遂成家室，迹來所藏名筆，散逸殆盡，而此圖獨存，總許可之莫酬，感典刑之具在，追和一絶，用紀歲月云，時壬子嘉平月十一日鳳翼年八十六矣。

陸包山虎丘詩意卷，紙本高八寸，長三尺八寸餘，設色。

嘉靖七年春二月，包山陸治補枝山翁虎丘詩意。

中秋虎丘，滄雲黃葉滿林丘，把酒欣逢故國秋，一脈乳泉流石上，十分明月照谿頭。梧桐露下衣裳冷，兜率鐘鳴澗壑幽，夜半玉簫吹不斷，上方憑檻看人遊，溪頭曉雨逐生涼，日射高林草樹光，千里河山遙挹翠，半空臺殿總聞香，石間雲起龍猶蟄，竹裡風生鳥欲翔，蠟屐長遊心不倦，幾迴思卧贊公房，灝氣沖然夜已中，高歌寧放酒杯空，清光象外如蓬島，小隱山邊只桂叢，四海交遊誰白首，百年欣賞始黃童，水西寺裏題詩處，惟有仙才自不同，遊人初上木蘭舟，寒雨迷空忽盡收，橘色江南秋尚綠，日華川上晚仍浮，樓台依半雄三界，黃葦當筵醉一丘，今節高賢同勝賞，龍山千載繼風流。壬子九月望，枝山書。

悵翻愁鶴夢驚。周天球。

書法翩翩近率更，詩才未擬讓鐘嶸，鄭公三絕親題贈，一日聲名藝苑驚。陸師道。

偃蹇霜姿歲月更，沉淪容谷自峥嶸，他年會有凌霄勢，一顧先教匠石驚。袁尊尼。

卧病青山歲月更，豹文養就氣峥嶸，虬枝寫記王摩詰，疑有風雷夜壑驚。姬水。

翠柏星霜閱變更，仇池風骨自峥嶸，文翁爲愛張衡賦，片紙圖成滿座驚。袁褧。

公子才名月旦更，偶侵微病瘦峥嶸，玉堂太史勞相問，爲有新詩四座驚。陸安道。

秉燭揮毫僕屢更，虬枝香葉鬥峥嶸，知君卧病無聊賴，寄向空山神鬼驚。文彭。

老披紛披晚自更，喬柯偃蹇石峥嶸，孔明氣節少陵句，未閑按圖神已驚。文嘉。

太史年耆漢五更，丹青筆法轉峥嶸，題詩遠貽山中客，雷雨蛟龍奮壑驚。嘉靖庚戌初夏，偶過衡翁玉磬山房，閱諷伯起，伯起時卧病楞伽僧閣，翁悵然久之，剪燭作此爲寄，詩意鄭重，不惟欲起其疾云耳。翁壽已八十有一，于後進惓惓如此，詠嘆數四，謹題識之。彭年。

，傷哉孝子思情切，歎息如聞淚滿襟。慈谿王汝南。

半夜西風兩耳悲，二人奄棄九秋時，紙屏掩藹鳥驚夢，玉露凋傷木下枝，白髮鏡容存山障，清商琴調感孤兒，樂府清商琴調有孤兒行，永思何物堪憑據，滿袖啼痕滿鬢絲。唐寅。

秋氣發靈籟，恍疑金石音，只緣親不在，因致耳難禁，暗雨還來屋，悲風復滿林，淒涼情莫盡，空抱百年心。黎陽都穆。

一片商音起樹頭，思親孝子獨傷秋，郵來耳畔淒涼籟，總是心中感慕愁，門掩跡砧禾黍地，月明長笛雁紅樓，西風歲歲催黃落，不管滄江日夜流。顧君吾支厚，宗嶺之子能孝而聽秋，實追慕二親而號也。余特表而出，則其聽而感於秋也，豈直聲音笑貌為哉！庚戌夏吉日，鄉人蔣昂識。

文徵明柏石圖卷，紙本高七寸餘，長一尺三寸餘，水墨。

雪厲霜淩歲月更，枝虯蓋偃勢崢嶸，老夫記得杜陵語，未露文章世已驚。徵明爲寄伯起茂才。

柯葉蒼蒼不改更，良材待用氣崢嶸，文翁若爲少陵句，落筆應教風雨驚。穀祥。

抱病禪棲節已更，空山古柏對崢嶸，月窗風動蛟龍形，萬欣有附，孤錫自比堂，見聞符厥旨，歛聲棲化城，家風寫所懼，喝棒應當機，豁然開覺路，萬物齊光芒。時丙寅七月，枝下閣清湘石濤濟⑬

王石谷仿雲林獅子林圖卷，紙本高七寸餘，長八尺四寸，水墨。

江上先生嘗與余論獅子林圖，筆墨之外自有逸氣橫溢今古，所以學步者難為工，余從先生得其彷彿，因擬為圖，不必似獅林，未識于獅林。用筆發端絕處略有合否。幸先生識正所不逮。烏目山下人石谷子王翬。壬子九月既望，時在毘陵楊氏之秋水軒。

周東村聽秋圖卷，紙本高九寸，長一尺七寸，水墨。東村周臣。

親沒比當穀未登，每逢秋到百憂增，候虫唧唧三更月，風木蕭蕭半壁燈，泣比皋魚還自慰，賦如歐子是誰能，太行立馬悠悠者，却動孤懷望眼凝。逸史書于雲東之紫霞碧月山堂。弘治庚戌二月八日。

傾耳高堂感慨深，屋梁落月靜沉沉，數聲雁唳（原作淚，逕改）增恨，幾度鷄鳴每觸心，椿葉滿庭空有迹，萱花委地寧無音枝下寫，清湘石涛濟道人②。
花雨侵簾濕，烟光入座明，蒲團今獨坐，長此學無生。石涛濟山僧③
我學磻溪釣鱷鯉，道人高風人不識，他年攜手尋真興，惟許支公遠少知④
清湘大滌子石涛⑤
花光凉月江城遍，雲起帆飛萬仞山。
清江後人石涛濟⑥
江村探梅，清湘大滌子⑦
雲烟隨我渡，一竿起清江。時客書帶草堂寫此。
清湘大滌子記事⑧
紅葉滿林飛不盡，白雲流壑聽無聲。阿涛⑨
道人興不盡，有鶴竹瀟瀟。清湘石涛濟山僧枝下作⑩
雲石崔嵬奇未已，百尺何來虬犄旋，滿溪蒼翠鶩高風，古道遥心誰得擬。苦瓜和尚⑪
過庭尊孔訓家世，一經傳風雅傲昔賢，坐看人如玉。春水鷹船，秋仲來江上，伊人中心覡，俯仰這湖傍道氣自氤氳雲漢，開天章。阿涛⑫
蘭君山之陽，讀書遵秦漢，型風取椅典，高深欽有同，策杖去衡寒，悠悠度石梁，水凍千層結，雪鴻為誰翔，吾道為書西京雜記十餘則。俞仲蔚書外傳，皆小楷工絶之甚，往往有踞太史上坐意，外傳文蕪雜，蓋稍為之筆削之耳。飛燕合德事不足論，第侍玄此文與國色並絶代，為千載風流斷案，太史識石心腸而寄託乃爾。毋亦靖節閑情賦故事耶。王元美跋。

陸包山畫卷。紙本高八寸，長三尺二寸餘，淡青綠。

青雲誰不屬通家，燈影星光爍九華，今夜鬥文同奏聚，詞人摛藻筆生花，馬踏銀花動紫埃，高軒停處綠亭開，清蟾光吐星橋艷，百夜城中醉裏回。上元陪酒筆。諸君讌集徵翁太史宅，各有名筆見遺。不佞治叨居末席，不能自禁巴人之語，敬和原韻二絶。元洲學士先生命圖，其勝于群玉之首并録前作，請政。自愧形穢不倫耳，發之幸甚。嘉靖丁未陸治識。

石濤僧山水冊，紙本高八寸餘，闊七寸。十二幀。

鐘聲松寺發，粥破報黃昏。鶴鹿同歸處，烟霞未閉門。一枝閣下山僧濤◎

險越藏奇勝，森冥幾度林，路通天一線，山滿月千尋，碧梵空中擁，翠微屋裏深，逢僧今夜話，淡却許多心。避暑溪山新霽泛浮槎，路入雲林渡若耶，隔浦雪花秋水外，白鷗飛處是漁家。題為東令道翁正。雲間吳懋謙。

吳印 懋謙

云益

鱸魚蒪菜五湖東，水國霜飛楓葉紅，雨過沙洲新漲滿，秋江放艇任樵風。題為東令先生正。松陵吳應辰

應辰

法友

尤鳳丘漢宮雙燕圖卷，紙本高七寸，闊二尺九寸至三尺六寸。不著白描，文彭隸書引首。

隆慶戊辰孟夏十日，長洲尤求補圖。

趙飛燕外傳，伶玄自叙，紙本高六寸餘，長三尺一寸餘，烏絲闌百二十一行。衡山小楷書，無款，有衡山朱文，印文不錄，約二千八百字。

趙飛燕合德列傳，紙本高七寸，長三尺，烏絲闌五十八行，文不錄，約一千四百字。

隆慶壬申四月，俞允文寫。

趙飛燕遺事，紙本烏絲闌三十九行，約八百字。

戊辰四月廿日，六止生周天球錄。

文太史小楷書趙飛燕外傳，初看之若椽史筆，草草不經意者而八法自具，是真迹也，余乃丐尤子求作小圖凡九段，繫其後。尤於此圖有精思，頗得龍眠松雪遺意。周公暇復

價說嚴陵，縱他釣碣無名字，老我煙波恐未能。題漁莊烟雨圖，為東令先生博哂。南園張季琠 季琠 漁闇

楊柳垂垂映綠隄，魚吹細浪小橋西，濛濛烟雨渾無事，一片蹤鷗欲棲。題漁莊烟雨圖，東令先生正之。荊南潘宗禮 潘印宗禮 元馥氏

一曲紫荊伴釣竿，數家雲樹晚風寒，人間是處烽烟隔，只合從君畫里看。題漁莊烟雨圖似東令先生政。裘水周駿。 冀叔

誰向良禾一笑開，柳塘烟雨足苔苔，欲知漁棹飛歸意，乞得官舟繪具來。書似東令先生正。中川秦祖根 樵根之印 樵根

隱隱漁莊竹樹叢，扁舟垂釣綠簑翁，江南五月多風雨，一 靜子 半茅茨烟柳中。題為東令先生正。松陵顧樵 顧樵之印 水樵

不是桃源學避秦，深溪修竹綠茵新，雲封雨隔紅塵斷，只許漁郎來問津。為東令先生正。默齋唐景宋 景宋 默廬

誰向金鳥識生人，野烟山雨畫圖新，一時騷客多題編，自是漁莊有化身。題漁莊烟雨圖為東令先生正。吳江徐崧。

雙飛去又飛來。題似東翁先生博粲。汪琬 汪琬之印 鈍翁

深柳新蒲宿雨餘，小塘幾折護幽居，不知甲子今何代，莫把閒情問老漁。題為東令先生粲正。非菴陳匡國 陳印匡國

拘寧氏

饒他世上足風波，較卻漁莊更若何，遠水斷橋人不見，棹聲和雨濕輕蓑。題似東令先生政。竹里彭行先 彭印行先 竹里老人

極目雲山一半遮，谿迴路轉有人家，漁舟欸乃唱歌去，一陣腥風起浪花。題似東令先生正之。德園高簡 高簡之印 澹游

踈柳平川隱釣船，清歌一曲夕陽天，不須更羨陶彭澤，分得官家種秫田。口占似東令先生正。曼洲曹爍 曹爍 青萩

五湖争長是漁家，繫艇柴門暮靄斜，莫問太康年底事，一蓑烟水臥蘆花。西陵丁澎。藥園 丁澎私印

何處桃花又亂烟，蓼風吹泊村漁船，將魚換酒兼完稅，人盡沿村放鴨田，竹樓溪漲水遠廬，居停休著子雲書，前林風雨誰相訪，人鶴雙閒笑食魚，柳盦盧汀函錢霄，不須几

漸離私印　西崖

楊柳春深半帶烟，波光草色遠相連，此中有客常呼飲，認取天隨舴艋船。題似東令道翁先生正。鹿休俞南史

俞則光殊

含南含北繞溪流，楊柳灣頭泊釣舟，羨殺主人真得地，一竿烟雨盡教收。題似東令先生正之。休陽汪森

命名森林　晉賢

簑笠灘前好問津，愛從畊釣樂沉淪，不須洞口桃千樹，應識人間有避秦。題似東令先生併正。長水岳淮

岳淮之印　伯氏魯山

江南五月熟梅天，幾度輕雲弄碧煙，茆屋數家深樹裏，湖邊好泊釣魚船。箕公陸之垓具草

垓止

波光瀲灔水雲空，細雨寒烟失數峯，最愛山莊登眺望，漁船亂集綠楊東。題似東令先生擊正。石莊曹林。

曹林私印

雪村

水榭浮郁芰荷瀰，烟簑雨笠轉船時，孤蓬中有人間在，却待天晴理釣絲。題似東令翁先生並正。雪井唐瑞

唐瑞印

雪井

葦花蒿蓼白皚皚，有個幽人守釣臺，波面喚魚小翡翠，一

一灣烟景媚晴絲，釣艇縱橫日未遲。會得圖中風浪意，急流把舵幾人知。題漁莊烟雨圖。渡津久之，名區引人勝境如入山陰道上。東令先生優為之時，不知置身此中也。拙句博笑。晏水錢廣居

錢廣居印

可大

去年大水禾大無，田家大半化為漁，安得多收十斛麥，飽看漁莊烟雨圖。丁巳三月題似東令道翁正。悔菴尤侗

尤侗之印

戊辰

老鶴叫清曉，蕭蕭松影寒，烟江堪放艇，莫作畫圖看。思陵趙燦

趙燦之印

昱公一字天醒

賦歸三經未成坡，羨學持竿掛釣蓑，老友携圖來索句，移身宛在此中過。踈竹蕭蕭數頃田，碧雲深處有清漣，風波未穩漁莊靜，何日從君問隱仙。題東令先生漁莊烟雨圖。餘水金藻

紫筆

竹木周遭路不知，琴箱家具擬天隨，蓑衣箬笠相從好，儂是煙波踏浪兒。丁巳春仲題似東令先生清賞。女陽吳之振

吳之振字孟舉

翩翩鶴舞近柴扉，寂寂漁舟繫柳隄，淡雨踈烟人不見，時聞幽嘯竹林西。丁巳四月朔似東令先生正。臨漢金漸皋

藕綠菱蔓趁波流，日暮溪莊漁網收，貪看鷺鷥飛一隻，不知烟雨濕船頭。題漁莊烟雨圖似東令先生教正。荊水史惟圓草。

（史印惟圓）（卷蝀）

结茅溪上藕花紅，豈有浮名誤釣翁，新買漁舠輕似，烟波從子畫圖中。東令先生正。錫山嚴繩蓀

（蕩蕩漁人）（嚴印繩蓀）

此地分明好避秦，風光猶似漢時春，無端烟雨迷人路，逢着漁郎須問津。題漁莊烟雨圖似東令先生道長教正。梁溪錢肅潤

（肅潤）（礎日）

百花潭上漁竿密，五柳門前鶴徑通，盡日市囂吹不到，滿湖烟雨畫濛濛。東令先生正。錫山秦保寅

（秦保寅）（樂天）

桃源有路在人間，達者悠然自領閒，頻訪羲皇通鶴夢，作迴俗駕擁雲關，風飄仙樂歌聲合，影錯庭花舞緻斑，我望園令生逸興，春融載酒咏南山。東令年親臺。博辨高嵩生

（高嵩生印）（字含茹培）

雲變平林濕霧濃，渡頭狂雨又狂風，誰人換却湖山去，錯怪來時路不同。題漁莊烟雨圖為東令先生教正。錫山華長發

（長發之印）（商原）

綳衲頭陀

複館壘牆曲曲廊，画圖方識是漁莊，輕烟細雨懸罾處，知有高人跡隱藏。題似東令先生教正。錫山劉雷恒

劉雷恒印

間叡

虎溪北望半模糊，雨笠烟蓑入画圖，恰似桃花源上路，好憑一棹問漁夫。題似東令年道翁正。疁水金獻士

彭城治文

一字臣可

魚村蟹舍朦朧處，擬逢對面不聞語，怪他雲樓不分明，且待月明理釣去。題為東老年道翁正。醒庵曹基

曹基之印

德培氏

輕烟漠漠雨霏霏，綠野平疇麥正肥，白髮漁翁垂釣晚，蓬窗邊趁柳陰歸。題為東令道翁笑正。京口寓人潘鏐

潘鏐私印

雙南

長日輕陰雨暗霏，半篙新漲鱖魚肥，煙中隱隱一帆到，知是先生載鶴歸。步韻為東令道翁笑正。松陵潘耒

潘耒私印

耕次

踈踈細雨沒苔磯，杳杳寒烟護板扉，贏得漁翁拍手，一春難曬綠蓑衣。丁巳正月二十三日，偕蜨菴史子過訪重其老社翁，齋留飲，出示此卷，索詩漫題一絕，呈東令先生教正。陽羨陳維崧具草

陳維崧印

其年

遠水平疇漠漠烟，綠楊斜繫釣魚船，為君指出漁莊樂，不
減王維畫輞川。為東令年道長題並正。崑山葉奕苞 葉印 奕苞

白水 二

卜築江村野寺間，千松萬竹護柴關，不知何處風浪惡，無
數漁船入柳灣。漁莊風景是真圖，又畫漁莊酷似無，何日
共君圖畫裏，晴光萬頃對平湖。題漁莊烟雨圖兼寄東令先
生正之。柏廬朱用純 朱印 用純 致一

修竹疎楊屋數椽，一溪泥綠雨拖烟，短蓑兩兩尋魚出，網
得湖鮮載滿船。丙辰十月下澣為東令年道翁題並正。古虞
丘園 丘園 之印 鶴巢

田舍園廬生事微，何如此地穩漁磯，蘋花菰米蕭蕭颯，也
勝人間破浪飛。題似東令先生笑正。詩谿吳藹 吳藹 之印 虞

通津十里柳塘烟，橋外春耕養鶴田，猶有舊人同伏勝，誦
書堪老釣魚天。題似東令年道兄笑正。處安黃晉良 黃印 晉良

虍如 蒼虯

塵飛應不到江鄉，秋水無言意自長，白髮扁舟人老矣，披
圖宛在此中央。題似東令年道兄正。昆陵許之漸。許之漸印 青嶼近稼 自笑老人

蒙谷陳帆 陳帆之印 南浦

落葉蕭疏林影定，蒹葭有徑山橋通。漁人蓑笠歸來晚，隱隱柴扉烟雨中。題石谷畫似東令先生正。婁東王撰 王撰之印

異公

水雲漠漠野烟濃，鼓棹平湖任好風，歸去漁舟隨意泊，不妨長卧月明中。題石谷畫似東令先生正之。下邳張斌貝草

我思古人

寒溪暝色鳥飛回，隱隱柴扉竹裏開，漁父慣經波浪險，斜風細雨渡溪來。石谷為東令年道翁圖漁莊烟雨，敬題。呈政

何敗 何敗私印 學山

圖畫樓臺似輞川，溪橋楊柳綠于煙，若教移向此中住，便與紅塵各一天。丙辰陽月題似東令年道翁正。婁東許旭

許旭之印 落帽峯

萬條寒玉一溪烟，鳥弄歌聲雜管弦，山出盡如鳴鳳嶺，懸知此地即神仙。丙辰臘月仿唐似東令年道翁正。吳門宋實穎 廣平宋穎 字既庭

人家一半在烟蘿，漁艇歸來衣綠蓑，往近湖山寒氣早，一茅茨風雨入秋多。題石谷漁莊烟雨圖為東令年道兄正，西廬八十五叟王時敏 〔王時敏印〕〔烟客〕

水田漠漠垂陽徑，春社董董積殼花，釣得白魚剛在手，都忘風雨亂隣家。題画为東令年社翁正，三山陳騊 〔晉安陳騊〕〔騊伯〕

數里垂楊漠漠天，柴扉盡掩是何年，水車轂轆不知處，只有滄波一釣船。題為東令年道翁。黄與堅 〔黄與堅印〕〔忍庵〕

漠堂西樹繞雲屏，一片春疇照座青，不必京華重夢，莫烟平楚看鴻溟。題石谷漁莊烟雨圖為東令詞宗之正，錢朝鼎 〔錢朝鼎印〕〔禾谷氏字曰〕

漁舟蓑笠渡寒河，江畔芙蓉隱薜蘿，遠岫半從雲裡出，跡烟收向柳多。為東令年道翁題石谷画漁莊烟雨圖。婁水王撰 〔王撰端士〕〔墨芝〕

橋外烟林隔幾畦，蒹葭楊柳掛漁罾，晚來放艇鷗群鳥，一度西風唱採菱。丙辰九秋下澣為東令年道長題石谷画卷，孫漢陽、周山人、宋居士各为寫生，似欲與争席，恐非野老所堪。然古質今妍，各有獨詣，未可抹殺前人草創之功。余不工花草画，以意定之如此。董其昌跋。戊申四月十八日

[知制誥日講官] [董印其昌]

余筑高齋於東佘曰石山，偶展此卷，如西園老子與周、宋丙公布席老圃中，孫漢陽太守歌舞垂老不廢，亦復與蔬食人作隊，此豈肉食鈍漢所敢望也。眉公陳繼儒題。

王石谷漁莊烟雨圖卷，紙本，高一尺八分，長三尺六寸，設色。吳夢白題本身尾上。

漁莊烟雨圖，丙辰正月既望為東令先生，虞山王翚 [王翚之印]

疏林一帶映平川，收拾綸竿好放船，最是迷離烟雨外，淺深山色有人傳。題東令年道翁漁莊烟雨圖並正橘李，弟吳夢白

[吳鹍 夢白] [華庄]

漁莊烟雨圖 王時敏書

[王時敏印] [西廬老人]

題石谷画漁莊烟雨圖為東令年道兄政。蒼茫村徑半蕪穢，積雨溪流汎白沙，一帶輕烟遮一畫，疏林落葉見漁家。虞山丰芝孫朝讓具草

[光甫]

吾世而失相逢也。今世人日逐營營，一惟營利自恣，求如能以塵氛自外，放情丘壑泉石之間者有幾。豈清福果造物所勒耶。偶劍壥攜示此卷，喜而效顰三種于後，覺我形穢。西園令子梅村往，余亦觀其眉宇恂恂古質，庶不減乃公遺風云。庚子春暮書於敦復堂。漢陽長孫克弘記事

雪居

漢陽長印

庚子初冬偶憶先輩王西園先生所寫墨花四種，頗有古意，西雪居太守復繼以梅竹蒲石。余不覺筆之躍躍然也，遂為倣宋人馬遠用筆亦效顰不揣多矣，一笑。石门山人宋旭時年七十有六

宋旭之印　石門山人

劍壥先生出示王西園、孫漢陽諸公之作，即命余補之于後。所謂貂不足續之以狗尾覌□□玉石為請。萬曆壬寅初夏戲墨吳門周之冕

周之冕　字服卿　一夢道人

王西園為吾郡先輩名流，蓋與錢鶴灘同時詶倡，甚有高韻。余得其日記數册，每遇書画題詠，隨手記錄，如周密雲烟過眼錄之類，想見其人。絕去俗事，山水画亦老筆紛披，似啟南本色。此寫生四種，拙中有巧，非時師所能轉泊也。後有

則不詳手書之月日，未知書於之年或二年也。蓋擢本寺卿之前，嘗以少卿兼侍讀學士，而其月日則不可考據。此手跡正足以補史所未備耳。此在其南歸採輯邸報之前六十七八歲時也。

董書早歲即從顏入，而後來亦尚追摹顏法如此，然董作顏書以能追晉法者為上乘，猶之魯公書以宋廣平碑側為上乘耳。味辛此卷見出，因書其後。北平翁方綱

內閣學士 內閣侍讀 學士翰林 侍讀學士

明四賢寫生卷。紙本，高六寸，長一丈九尺八接，一段王西園，二段孫漢陽，三段宋石門，四段周少谷，俱墨筆。董跋。高同，長二尺九寸餘，陳跋高同，長八寸餘。是卷載突墨集佩文齋書畫譜。

葵花向日，赤心孤忠，不忘君也。西園

萱花一名宜男，見之思母氏之劬勞，人子之孝也。西園

棠棣之花，載諸聖經言，凡今之人莫如兄弟也。此寫其意

西園

金蘭之契，喻朋友也，易曰同心之言，其氣如蘭。西園

吾郡先輩王西園翁，博學多藝，寓懷俱有逸思，字傲山谷而不覊之趣。常與一二侍婿逍遙往來峰泖間。每與相知聚首，索筆不吝，寓意傳游。吾慕其人，豈直昔人所謂當

導，帝溺樂而執政及言路諸臣多正人在列，未敢遽逞。是冬，客氏復入宮，明年而廷臣有陰附忠賢者，其勢遂熾。公皆首發其姦，易曰履霜堅冰至，公蓋決之豫矣。嘗歎熹宗在外不过七年，年不過二十三，而一时正人死亡竄逐，紛紛若振槁，使如慶陵短祚，請泯之禍何至如是之烈。善類既空，宮車亦隨之晏駕，殆有天主其間。公與諸君子甘蹈危機，百折不悔，是知其不可而為之者。與按明史文敏本傳在光宗朝為太常寺少卿，掌國子司業事。天啟二年擢本寺卿兼侍讀學士。今結銜云太常寺少卿兼翰林院侍讀學士，自當以此為正。乃知史傳所載官階未可盡為據依也。

乾隆五十六年五月十七日西雝武進後學趙懷玉跋并書 懷玉 私印

億孫父

文敏是書純法顏行，隱然以平原自命，故後跋云李侯特御安敢而以魯公之事相望也。用筆遒潤，紙光墨色奕奕生動。重以忠毅其人，所謂兩美必合，尤足增人愛護。董書中第一希有寶之寶之。是歲八月二十八日又識 懷玉 億孫

明史本傳載董文敏擢太常卿侍讀學士在天啟二年，而此書

璜之訓，無違夫子辛勤簪笏之遺。至于斷機之教，益勤于學，殖而備官之訓，不替于宦成。式穀有人，詒謀弥若，則古之母師無以加矣。是仍封尔為孺人。尔子夙勵未艾，尔之優遊象眼，往來雕軒，固有日矣。能勞之報，顧不著與

天啟元年二月日。

唐世告身皆出當世名家手，如米巨川告顏魯公書，是已今朝制唯中書舍人為之，非是不得用璽，顧其字形端重於五言体亦雅，稱季侯侍御安取而以魯公之事相望也，以存兩家世親之誼可耳。太常寺少卿兼翰林院侍讀學士董其昌

董一　董

右董文敏書周忠毅告身，公为尚書周曾孫，初除武康知縣，調繁仁和有異政，故勅中有抱厥祖，先憂之志及膏雨之政浸灌澍西語。追入為御史當天啟元年，首為顧存仁、王世貞、陶望齡、顧憲成請謚，遂論神宗朝小人歷數錢夢臯、康丕、楊開詩教趙兴邦亂政罪時，邊事方棘上疏責備輔臣，請破格用人召還熊廷弼，故勅中有本諸憂國之心，發為便時之策籌邊徼而悉要害、辨賢奸以涣小群語。當是時客氏已封奉聖夫人，與魏忠賢並有寵，然熹宗大昏。御史畢佐周、劉蘭，大學士劉爆，先後請遣客氏出外，忠賢雖

恭肅之名於今為烈。惟恭肅忠厚正直之表也。爾尚祗一乃心，紹衣先德。朕將以前烈肆爾，爾其念哉。敕曰：二南之風，閨門之細事，皆所詠歌而罕可指述，此王化之最盛也，今安得而見之。爾福建道監察御史周宗建妻封孺人申氏，淑茂柔明，休有華，問學于舅姑，以事夫子，以爾夫學殖之勤，服官之毖，則爾之儆于旭旦而治業于寢門者，其亦可想見矣乎。茲加封爾為孺人，其益相爾夫，效而績用，以章明王化亦惟而之休。福建道監察御史周宗建父母敕命一道，奉天承運皇帝敕曰：朕惟人材之難長育，有素風流之來彌遠，則弓冶之傳滋大，豈可泯哉。爾封文林郎，浙江杭州府仁和縣知縣周輯符，乃福建道監察御史周宗建之父，恭肅之孫，孝秀之子。慨然有大志，似其先人，結繩掌故，留有腹笥，水利兵農，燀如指掌。非惟有名士之風，蓋亦抱通儒之器，而不盡其施，以詒其子，今爾子竟爾志矣，於戲，魏公之遺，笏代著清風，王氏之青箱世諳舊事，風流弘長，非爾其誰，是用封爾為文林郎福建道監察御史。爾尚傳述祖德，磨切後賢，使爾子之風績克孃乃祖，顧不休與。敕曰：吾聞之，敬姜曰君子能勞，後世有繼，然則古之賢母所以嬌賢而教忠者，其必繇於此矣。爾封孺人顧氏，乃福建道監察御史周宗建之母，家風綿邈，儀法肅明，言稱先姑，服習珩

經不錄

雅宜山人

嘉靖壬辰秋日，余養痾白雀寺，誦讀之暇，漫書是經以遣時日，竟不自知其妍媸也。九月廿七日雅宜子王寵識

王寵私印

履吉之印

雅宜寫金剛經，倣黃庭東方字，字如摩尼寶珠，照入攝身光內，當與虞山白鵲碑並傳。眉道人陳繼儒題

眉公 繼儒

董文敏書周忠毅告身紙本，高七寸，長二丈一尺四寸。福建道監察御史周宗建並妻敕命一道。奉天承運皇帝敕曰，昔我孝廟扶養言官，開受讜論，嘉之，後忠厚正直蔚然成風。朕嗣服以來，追懷先正，遴建忠賢，慨然有典刑之思焉。爾福建道監察御史周宗建，得南方文學之華，抱厥祖先憂之志，膏雨之政浸灌浙西，冰玉之聲掩映江左。今值滋茂，游陟內堂。爾既博通經術，貫穿世務，而又本諸憂國之心，發以便時之策，籌邊徼而患要害，辨賢奸以渙羣小。朕顧瞻周行，省覽封事，庶幾於爾有先正之望焉。乃以覃恩，授爾階文林郎，錫之敕命。於乃祖起家孝廟，著聲南垣，

消夏灣前宿雨晴，新波搖來日盈々，鏡中匹練玻璃淨，天
修眉翠黛橫，避暑誰應追往事，買舟吾飲老餘生，沙洲日
暮涼風起，吹送漁歌四五声。

宿華山寺

山窮湖盡得招提，一逕深松萬個齊，紅壓平林花爛熳，翠
圍亭閣椅低迷，時聞吠犬疑雲外，却坐樓闌到日西，斜月
虛窗清不寐，慌然疑在武陵溪。

涵村道中

宛轉層岡帶遠岑，梅花爍々竹深々，人家盡住蒼雲塢，拄
杖时穿玉雪林，風發聲傳十澗雨，晚山音落半湖陰，最憐
百里城闉隔，終歲不聞車馬音。

登縹緲峯有懷蔡九逵

萬頃玻璃震澤隈，眼中圖畫自天開，春風爛熳難忘酒，斜
日登臨更有臺，百疊蒼螺湖上島，千林香雪嶺邊梅，故人
何在空留諾，縹緲峯前獨自來。

徵明为子昭傳君書，癸卯四月七日也 徵明印 悟言室印

王履吉楷書金剛經纸本，高七寸，阔七寸餘，廿六頁，生
绿闌，十洲設色，佛像一頁，眉公題跋一頁，高阔同。吳
門仇英敬寫 仇英之印

伽塔影今度，（飯石禪師曾住此山寺有飯石峯）欲掃南墻留片偈，白雲回首媿塵蹤。

宿靈源寺

夜隨鐘梵入靈源，一笑靈堂解帶眠，旋接僧談多舊識，偈依禪榻證前緣，雖雖松檜搖山月，兀兀樓臺宿暝烟，塵句何年傳到此，篝燈試讀已茫然。

翠峯寺雪竇禪師道場中有降龍悟道泉

空翠夾輿松十里，斷碑橫路寺千年，遺蹤見說降龍井，裏茗來嘗悟道泉，伏臘滿山收橘柚，蒲團何處泊雲烟，書生分願無過此，悔不曾參雪竇禪。

西山六首

渡太湖

島嶼縱橫一鏡中，溼銀盤浸紫芙蓉，誰能胸貯三萬頃，我欲身遊七十峯，天遠洪濤翻日月，春寒澤國隱魚龍，中流仿佛聞雞犬，何處堪追范蠡蹤。

夜行山中

薄霧朧月夜微茫，十里松蘿一逕長，草澗伏流時遠响，野梅藏影暗吹香，寒烟突兀蒼山色，遠火依微破壁光，十五年前舊遊地，重來蹤跡已都忘。

消夏灣

一、文待詔東山圖詠卷

成弘紙本，高八寸餘，長三尺餘，設色，詩另紙，高同，長一丈。徵明為子昭寫

文徵明印　悟言室印

遊洞庭東山六首

太湖

沙渚依依雲不動，風烟澹澹鳥飛回，橫空暝色翻波去，絕島秋聲擁樹來，古今奇勝疑地盡，東南倬磬自天開，眼中浩蕩扁舟在，欲喚鴟夷酹一杯。

百衍嶺

遥衍百磴轉嶺崎，落日扶輿下嶺遲，與椅蔽虧湖冉冉，固山高下屋壘壘，勤儉成俗從知富，靈秀鍾人信有奇，千載一行珠恨晚，八分金不見橘黃時。

宿靜觀樓

抱被何緣三宿戀，燒燈一笑兩人俱，秋山破夢風生樹，夜水明樓月在湖，盡占物華知地勝，時聞人語覺村孤，不煩詩句追清賞，太史楣間記是圖。

遊能仁弥勒二寺

欝然梵殿鎖芙蓉，見客山僧自打鐘，山檻浮空秋水闊，一塵宇隨影夕陽松，泗州名在池無塔，（寺有泗洲池相傳能照塔

图咏汇抄

顾公硕整理，其四子顾笃琪抄写

第三編
第十一表

習用底片之名稱	感色性能	係數
矮克發 PANKIN H. 35mm.	超全色	−1
矮克發 ISOPAN. I.S.S. 35mm. 20DIN 柯達 SUPER X. 35mm	超全色 超全色	−½
矮克發 ISOPAN I.S.S. 19DIN DUPONT SUPERIOR 35mm 柯達 S.S. PAN 柯達 50乾片 依爾福 H.S. PAN	正全色 超全色 超全色 平分色 超全色	−¼
矮克發 伊速固 18DIN 柯達 40乾片	超分色 普通性	0
矮克發 ISOPAN F 17DIN 矮克發 ISOPAN F 35mm 17DIN 柯達 PANATOMIC GEVAERT PANCHROMATIC. DUPONT SUPERIOR. F. 35mm	正全色 正全色 超全色 超全色 超全色	¼
柯達 PANATOMIC 35mm 依爾福 S.G. PAN 矮克發 ISORAPID 16DIN 矮克發 伊速固 F 16DIN 柯達 萬利 蔡司依康 PERNOX F PAN 35mm	超全色 良全色 良分色 超分色 優分色 正全色	½
PERUTZ PEROMINA 35mm	超全色	¾
PERUTZ PERPANTIC 35mm	正全色	1½
矮克發 ISOPAN FF 35mm 10DIN 矮克發 伊速固 FF 35mm 10DIN PERUTZ RECTEPAN 35mm	正全色 超分色 正全色	2½

No 3

……四片玻璃，而Hector的前中係三組鏡片，都是兩片膠合的，但以光学观点看去，認為是Heliar的模仿型式。

十、Elmar，

这是模仿「天塞」型的鏡頭。

此外各種鏡頭，不能列举，但不外採用以上的幾種型式。鏡頭的構成型式或相似，而其性能並不相似，这是可斷言的。~~今日一般普通鏡頭，殆全部採用~~

選擇鏡頭而認為鏡頭之構成形式相同則即持有同一之性能是認識不足之甚也。同一形式之鏡頭其性能有如金鋼鑽与玻璃之不同者。故仿造之鏡頭当分解而測其玻璃之屈折率，如用同一之光学玻璃造成同一曲面全同一之構造，則始可有同一之性能。然实際上今日鏡頭設計屈折率之計算非小数点以下一〇—一三桁不可之时代，欲全同一屈折率之玻璃入手為不

(A) 20×25

7

NO. 3

的鏡頭，至今未曾有這樣的鏡頭產生。

九、Summar

這是徠卡鏡箱用的鏡頭 f:12.5cm.，与 Carl Zeiss. 的Biotar型式相似的鏡頭。

十、Hektor

這也是徠卡鏡箱的鏡頭，其型式略等於Voigtländer的Heliar. 雖Heliar的中心是一片凹形玻璃，而Hektor的前中係三組鏡片，都是兩片膠合的，但以光学观点看去，視為是Heliar的模仿型式。

十一、Elmar.

這是模仿「天塞」型的鏡頭。

此外各種鏡頭，不勝列舉，但不外採用以上的幾種型式。鏡頭的構成型式或相似，而其性能並不相似，這是可斷言的。今日一般普通鏡頭，殆全部採用

(A) 20×25

6

比为適用於比較大型鏡箱的鏡頭。光圈分f:2.8. 13.5cm.及16.5cm.兩種。前者為三吋反光鏡箱，後者為四吋反光鏡箱所常用的鏡頭。

六、Tele Tessar.

比即所謂望遠鏡頭。長焦距的鏡頭，而有鏡頭与底片間之隔間

不長，而亦能得擴大的映像的特徵。光圈f:6.3.焦距有12～40cm.之间不同的五種。在老式反光鏡箱盛行時，頗風行一时，比刻已少人顾问了。

七、Biotar

比ㄅ为電影鏡箱而製造的f:1.4.鏡頭，為最優等的鏡頭。其用於普通攝影的，為f:2. 4.5cm.的一種，其包括角度適用於3x4cm.的底片。此外有「康泰时」用的廣角鏡f:2. 4cm.的一種。

八、Sonnar

康泰時用的Sonnar f:2. 5cm.鏡頭，為極亮，極鮮鏡的

NO. 2

有名的天塞鏡頭，盡人皆知，殆無説明的必要。此種鏡頭，向傳為 Dr Paul Rudolph 所設計，但據廠方説 Dr Paul Rudolph. 不过處補助地位，主任設計者实為 E. Wandersleb.

五. Biotessar

此為適用於比較大型鏡箱的鏡頭。光圈分 f:2.8. 13.5cm. 及 16.5cm. 兩種。前者為三吋反光鏡箱，後者為四吋反光鏡箱所常用的鏡頭。

六 Tele Tessar.

此即所謂望遠鏡頭。焦距長的鏡頭而有鏡頭与底片之間隔不長，而亦能得擴大的映像的特徵。光圈 f:6.3. 焦距有12～40cm.之间不同的五種。在老式反光鏡箱盛行時，頗風行一时，此刻已少人顾向了。

(A) 20×25

此為一八九一年Goerz. E. Hoegh.氏所設計者，為有名的鏡頭。光圈的前後兩部，各為三片玻璃膠合的鏡頭，為均齊式(Symmetrical)配置的鏡頭，所謂複鏡頭(Double anastigmat Lens)。愛用者甚多。至Goerz合併而為蔡司依康(Zeiss Ikon)時，此鏡頭的製造權遂移歸Carl Zeiss.。但近因有至現有者為止，將來不再製造之說，這無疑是小型鏡箱興起，而此有名的鏡頭遂終其命運。

三、Double Protar.

此鏡頭亦為Dr. Paul Rudolph.所設計，自一八九二至一八九三年始告成功。此種鏡頭由兩个Protar透鏡組合而成，亦可單獨使用於各異之焦距。兩个透鏡，依用四片玻璃膠合而成，故製造匪易，價亦頗昂，為密着式鏡頭的最高級者。

四、Tessar.

此為一八九〇年Dr. Paul Rudolph博士所設計的鏡頭，可說Anastigmat鏡頭的始祖。前端二片玻璃膠合，其任務為匡正画面的縱横差。後端亦二片玻璃膠合，其任務為匡正色彩收差。光圈為f:18。至今尚供廣角攝影之用，可說現役鏡頭中資望最老者。

二、Dagor

此為一八九一年Goerz. E. Hoegh.氏所設計者，為有名的鏡頭。光圈的前後兩部，各為三片玻璃膠合的鏡頭，為均齊式(Symmetrical)配置的鏡頭，所謂複鏡頭(Double anastigmat Lens)。愛用者甚多。至Goerz合併而為蔡司依康(Zeiss Ikon)時，此鏡頭的製造权遂移歸Carl Zeiss.。但迄固有至現有者為止），將來不再製造之說，这無疑是小型鏡箱興起，而此有名的鏡頭遂終其命運。

現代鏡頭之型式

現代用的鏡箱，當採用現代式的鏡頭。普及的小型鏡箱，大都採用「三片玻璃式」Triplet 與「四片玻璃三分離式」的兩種鏡頭。高級精密的小鏡箱發達，擴展到望遠攝影，廣角度攝影，精密正確的複寫攝影等領域，因此更製造着幾種特殊的鏡頭。

也許有人以為祇求攝影攝得好，關於鏡頭的知識，可畧而不詳。這固然是節省腦力的良方，但吾人對現役的鏡頭，究竟應如何型式構成，至少要明瞭，否則使用时會發生困難的。今将一般代表的鏡頭，加以简短的說明，俾以便選擇。

1. Protar

，大約鏡頭的號數在一○○○○○○以下的，可說多是實施新式的「天塞」。

唯其「天塞」的改良點在外觀上無從分辨，故凡採用「天塞」型式製造的鏡頭，即認為與「天塞」有同等的品質，可說毫無理由。採用「天塞」型式的一定比「三片玻璃分離式」（Triplet）的精良，也難斷言。事實上採用「天塞」型式製造的鏡頭甚多，可是可與並駕齊驅者沒有，當然比他好，更不待言了。就是採用了「天塞」的型式而尚不及「Triplet」的，也不在少數，可見鏡頭品質的優劣，全賴設計及製造的是否精密，而不在形式之如何。

最普及，最不免有粗製之品混入，受全体而論，品質好的少，惡劣的居多，但這不是型式之罪，而是製造者應負的罪。

從天塞（Tessar）鏡頭出世，四片玻璃三分離式，其後半部因為兩片玻璃膠合者，故匡正性能更為完善。此式於一九〇七年取得专利，更於一九二六年又取得重要的专利。今日風行全球的"天塞"鏡頭，即根據一九二六年式製造者，而可說之新式"天塞"。其特点，即大口徑之鏡頭，而將光圈縮小時与小口徑鏡頭放足光圈時，兩者光圈數值相等，則可得同樣之結像力。所謂新式舊式"天塞"鏡頭，在型式並無異狀

(A) 20X25

採用这種型式製造的鏡頭，也許有人認為性能不佳，其实Carl Zeiss製造的Triotar鏡頭就是这種型式的鏡頭。將Triotar与Tessar鏡頭，同作普通攝影，要指出孰是Triotar所攝，孰是Tessar所攝，有很多時候是分別不出的。「康泰時」用的f:4. 8.5cm.的望遠鏡頭，也是Triotar。再有一種「康泰時」用的f:2. 8.5cm.的Sonnar鏡頭，可說是最高無上的鏡頭了，如也縮光圈至f:4攝一影，同時又將上述的Triotar開足f:4.光圈攝影，結果兩者相較，結像也不見如何的優劣。根據这種事實，可見設計及工作精良，雖就是这種型式的鏡頭，也能有精良的性能。但可是因為这種鏡頭上面叙述一些関於鏡頭性能的常識，雖竭力從簡，已寫上一大段。此後要講各種鏡頭的優劣，但限於篇幅，祇可擇[redacted]屬於小型鏡箱的著名的鏡頭[redacted]介紹，或許已夠人討厭了。

現代鏡箱的鏡頭，因鏡頭工業的發達，其品質視前大為提高，不裝 ~~Anastigmat~~ Anastigmat 鏡頭的鏡箱，將被輕視為玩具鏡箱，恐少人問津。現代最普及的鏡頭為 Triplet 型的（三片玻璃分離式）鏡頭，這種鏡頭，製造容易，可大量生產，價格亦因而便宜，故採用最廣。[redacted]

圖⊘ V. H. Rechmeyer 氏所測定的徠卡鏡頭的鮮銳單位表

。此表最值得注意的，就是光圈縮至某程度以下，受折迴現象之影響，鮮銳度返而退步了。

現代第二等流鏡頭的鮮銳度，欲其有第一二表的嚴密鮮銳度，尚無希望。

鏡頭的結像力，本當包括全張底片，有平均的鮮銳度。可是實際上，並不容易。左四周部分，多少有些 Breezing.

欲試驗鏡頭的結像力是否全面平均，祇須用一張報紙，貼上壁上，鏡箱置於平衡直的地位，翻攝(Copying)一影，即可分辨，是輕而易舉的事。

此舊时的[redacted]攝影光学家，認為透过鏡頭而结集在葯膜上的綫映像，凡直径在百分之一吋以内的点和綫所構成的，即認為鮮銳，而称之為「鮮銳單位」(Unit of Sharpness)。在百分之一吋以外者，称之為「Breezing」（有混亂之意）。此種單位的制定，大約在1840—1850年間。這在直接晒像時代，這種制定，自然不生困難。然今日為小型鏡箱時代，鏡頭的鮮銳度有增強之必要，昔日所謂鮮銳程度与現代的鮮銳，有霄壤之别，最実際向的鮮銳單位，有如第一表所示。現代第一流鏡頭的鮮銳單位，可歸納第一表的嚴密程度。康泰時(Contax)的鏡頭，更可適用第二表。第三表為美

三、

从被写体反射来的光線，透过了鏡頭，到達感光膜面，欲結成絶对的一点映像，像理想这樣地鮮鋭，這到底不過是一種理想罷了。即使用的是Apochromatic，Anastigmat，等高級鏡頭，也不可能，多少是不規則的集合。可是吾人視覚在能視距離健全之目力，大約為一尺二寸所認識的点或圏，他的大小，大約是1/4 m.m. 即直径百分之一吋大小的圓点。故光的集合，雖然多少不規則，而不能成為絶對的鮮鋭，但因為他的直径範圍，是在直径1/4 m.m. 及1/100吋以内，而用祇可認識直径1/4 m.m. 以外直的肉眼看去，自然並不妨碍。因

NO 3

常攝影的鮮鏡焦点，乃是赤外線赤末線以外的光線所集成的也。赤外線和赤末線，既為不可視的光線，而又与平常可視光線，不能集合在一個平面上，所以要求鮮鏡的結像，唯有利用 Apochromatic 鏡頭。而加以改良我想譯称無色差鏡頭

適用於

Apochromatic 鏡頭，本為製三色版等用的鏡頭，在玩好家利用，尚在全色片，天然色片等盛行之後。今日一般小型鏡箱祇有裝用 Apochromatic 鏡頭的，但匡正色差，尚沒有匡正到赤外線。

(A) 20X25

同，将混合着来的光，分解成各自的波長，结合成各自不
同的焦距，这就叫称之回色彩收差。将紫外線，可视光線
紫外線，可视光線，透过鏡頭而全部集合在一個焦点面，
这样的鏡頭，称之为（Apochromat）鏡頭。即色彩收差匡正者，
的鏡頭。这是比了普通用的無縦横差（Anastigmat）鏡頭，
更進一步。
在赤外線攝影普遍的現代，二三種望遠鏡頭，已考慮到
赤外匡正赤外線的色收差，因此赤外線的波長的焦点，
並不能与其他光線的焦点，同集一平面之上，故用尋常鏡
頭而赤外線赤未線底片攝影，不無能得鮮鏡的焦点，因平

3

(甲)「中央球面差」Axia(Axial aberration)

(乙)光芒差(Coma)

(丙)縱橫差[redacted](Astigmation)

(丁)焦点面不平(Curvature of field)

(戊)畫像歪曲(Distortion)

此五類中(甲)(乙)(丙)三種缺点為妨碍結合解鏡的焦点計劃

[redacted]此五種缺点，因光的波長，可各自的分解，故欲完全除去，絕不可能頗不容易。所謂最高級的鏡頭，[redacted]也有这種缺点存[redacted]，不过不易分辨罷了。

「色彩收差」，光透过鏡頭，因光的各種波長的[redacted]屈折率不

二、

鏡箱的必需鏡頭，固不待言。時至今日，因光学工業的進步，而優秀的鏡頭，可以相當的價格得之，較諸前人，實受惠非淺。吾人常用的鏡頭，看了他的說明書，自然說得天花亂墜，好不可當；在一般狀態之下使用，固不易發現鏡頭的缺点，然求諸實際，決不是毫無缺点的。

鏡頭的缺点大別為二：㈠球面收差（Spherical-aberration）。㈡色彩收差（Chromatic aberration）。

球面收差，因鏡頭玻璃呈球面之狀，他通過的光，屈折而不能集合在一個平面之上，這種缺点，更可分為五類。

的性能，一味盲目信任廠方宣傳，或僅作皮相之觀察，那是一定失敗的。即使所購者確是上好之品，而对所购之鏡頭，認識不足，而不善利用，亦就难發揮其卓絶的性能。當作者於去年春日，決定購用徠卡鏡箱時，对鏡頭的型式、性能，實在一無所知，於是向一位老攝影名家請教，蒙这位名家介紹兩個必備的鏡頭，但購用之後，並不能像理想这樣滿意。當然並不是名家介紹的不是，这是因為各人愛好的不同。不過有了这次經驗，覺得与其購後懊悔，毋寧事先考慮。今將年来所得的一知半解的學識，提出討論，海内不乏专家，尚望有以正之是幸。

鏡頭（LENS）之選擇

現代鏡箱，當用現代鏡頭。

老奐

一、

今日的攝影界，為小型鏡箱活躍時代，亦即照片放大時代。我敢說："照片不放大，毋寧不攝影"。因照片必需放大，故小型底片上的結像，非絶对的鮮銳（Sharp）不可。但这是關於鏡頭的結像力的優劣，如鏡頭的結像力不能進步到今日地步，則小型鏡箱根本也不會有今日的地位。

今日小型鏡箱的種類，不可勝數，坿屬的鏡頭，也層出不窮。選購鏡箱而事先並無相當的認識，尤其是關於鏡頭

第二章 快門

快門之種類与速度

適用于手提鏡箱之快门，大别為二。一為裝於鏡頭者，是為鏡頭快门(Lens Shutter)。一為遮於感光膜之前者，是謂焦点面快门(Focal plane Shutter)。俗稱布簾快門。快门之速度数值，皆標之於一旋鈕之輪。但其所標者，是否与實際之速度相等，未敢妄許。大概价格稍重高昂而出廠未久之新品者，較為正確。然作精密之測驗，則快門速度，実以不正確者為多。而其不正確之中，尤以高速度之快门為甚。

绣线佛像

……近得梁刻丝金刚经一卷，组织字样不类宋制工丽，知椎轮所肇大抵如斯。兹阅内府旧藏绣线三星卷轴，无款识年月，谛视之，金缕緌压痕缕疏分，異於屠隆所记之宋绣用针如发者，断非建隆以后物。考張説鄎公主碑叙有躬绣綵线佛像二铺语，吕温亦有药师如来绣像赞，则绣作卷像自唐时已然，第寿星三仙诸名目，五代黄筌支仲元尝作者，此卷殆亦成于五代时耶…… 乾隆咏五代刺绣三星卷

15

铁画诗并序

王凤仪　　湖海诗传卷十三

郎嗣宗　　〃　〃卷十四

朱文藻　　〃　〃 38

芜湖铁工汤鹏，能锻铁作画，凡花卉草虫、山水屏障无不精妙。其山水巨幅，必旷岁月乃成，世不多见。至若皆径尺小景耳，好事者争购之，範以木，悬诸壁间，或合四面以成一灯，亦名曰铁灯，每幅辄值数金，且不易得。汤殁後他工效之，终不能逮，盖锻炼之巧前後所无也。同年山舟梁编修作诗见贻，因赋此为和（王凤仪铁画诗序）

15

螺钿细柳箱笼

理宗时，周汉国端孝公主下降，诸阁及权贵各献添房之物，如珠领宝冠金银器之类，时马天骥为平江发运使，独献螺钿细柳箱笼百只，并镀金银锁百具，锦袱百条，实以芝楮百万，理宗为之大喜

西湖游览志余第二三卷

15

丝竹屏

以斑竹铜丝为之内外皆彻

屏风不蔽风，九叠望玲珑，金碎潇湘水，冰纨剪月宫，捲帘通积素，秉烛映深红，身到琉璃界，方知色相空

商丘宋至山言纬萧草堂诗

15

梁伯龍紙鳶

风筝一名纸鸢，吴中小儿好弄之。然当其搏风而上，盖亦得时劫驾者欤。梁伯龍戲以彩繒作鳳凰，吹入雲端，有異鳥百十挾之，观者大骇。伯龍死久矣，其彩翻祥洞，往往散入侯王將帥家，至今为侠游少年所传咏，其好事故亦一时之冠也

梅花草堂筆談，卷二

慎交社人物

宋德宜 右之 吏部尚书、文華殿大学士

宋德宏 畴三 顺治举人 详先正事略

宋实颖 字既庭 号湘尹 顺治举人 淹贯经史 博综旁技 当时推为名宿 有读书堂、老易斋轩、玉峰山房集

尤侗、西堂、展成 历官侍讲

彭珑 云客 一庵 顺治进士 授长宁知县 被诬劾归 益力于学

卵壳为灯

嘗於灯市見一灯，以卵壳为之，为灯、为蓋、为帶、为墜，凡计数千百枚，每壳必开四门，每门必有欞栱窗檻，金碧照映，巧夺造化，然脆薄無用，不異凋冰畫脂。一中官以三百金買之

查嗣瑮《查浦輯聞》卷一

妆域歌（并序）

余見樊榭山房手稿，有妆域聯句詩，謂是明神宗人兒嬉之具，於后鮑氏知不足齋見有求售者，是雕漆所製，上刻神宗年號，今來沈上黄司馬小松署齋，出眎所藏，乃琢象齒为之，其体圓，径二寸五分，面平而底稍隆起，正中有臍，六稜，突起，臍中卓一錐，長三分寸之一，粗如灯心而不銳，可使几上旋轉者即此錐也，六稜間刻小楷字，自右而左順讀曰甲寅年七月廿四日造李得仁，蓋万历四十二年也。六稜之外云气繚繞於仙山樓閣花鳥瑶草之間，下有二鹿牝牡相倚，穴量而不深，其正面刻樓館山林人物皆鏤空

雕鏤雞子

唐顯慶二年四月十九日詔曰：比至五月五日及寒食等諸節日，並有歡庆事，諸王妃公主及諸親等，營造衣物，雕鏤雞子以進，貞观中已有約束，自今以後，並宜停斷。

開元二十六年正月敕：比來流俗之間，每至寒食日，皆以雞鵝鴨子，更相餉遺，既合時令，固不合禁，然諸色雕鏤，多造假花果及樓閣之類，並宜禁斷。

唐会要卷二十九

雕薪畫卵

……今人男女行聘，及生兒为湯餅之会，皆绘五色鸡卵，作吉祥故事。予欠贵家生子兒，每一卵画什剧一齣……

茶餘客話卷二十、615页

……每一卵画一什劇……

石崇 雕薪画卵

唐人於寒食節染卵加雕鏤

伽藍記：琛嘗語人曰：晋室石崇乃是庶姓，猶能雉頭狐腋，画卵雕薪，况我大魏天王，不为华侈（錄後）

按：雉头狐腋皆裘名

琛=河间王王琛

罘罳

唐音癸籤卷十七罘罳条云：

余见前輩诗语称罘罳……俱以殿簷角網，今考汉书文帝纪：未央宫东阙罘罳災。崔豹注云：罘罳，屏也，復也。颜师古云：連阙曲䦨重刻垣墉之处。其形罘罳然。一曰屏。刘熙釋名云：罘罳在门外。罘，復也。臣將入请事，於此復重思也。古今注云：罘罳，復思也。合板为之，亦築土为之。每阙殿舍皆有焉。郡国亦樹之。合诸说观之，大抵是屏墙之類云。……（硯按：曩游北京故宫，見内宫庭中，每置一板墙，据宫门之内，自门外内望不见殿屋，初以为屏绝内外之用，今观此上述诸说，则此即罘罳之遺制欤？。）

建築名词

白間＝牖

杜诗：「嘗宇陷玉座，白間剝畫虫」文選景福殿賦云：「皎皎白間，微微列」銑注：白間，牖也。

瓌瀃＝

温庭筠華清宫诗「瀃浪浮瓌石切，晴陽上綵斿」營造法式：宫墙基自地上一丈餘疊石凹入如崖隒狀，謂之疊瀃。石多作水紋，謂之瀃浪。

勾　欄＝扶老鉤欄

韻書：木為之在階際。

古今注：汉顾成庙槐樹設扶老鉤欄，其始也。

王建宫词
李長吉宫娃歌 } 俱用宫禁華飾。

自晚唐李商隱輩用之倡家情词，如「簾輕幕重金鉤欄」之類。宋人相沿，遂以名教坊，不復他用。汉书注：「賣隸妾於鉤欄中」，以为曲中䙚飾称可；以为寓简贱意者称斯可。

唐音癸籤卷十九引遯齋詩

屠蘇＝屋名，又大帽形屋類，亦名屠苏。

周王褒诗：「飞甍彫翡翠，绣桷画屠苏」屠苏本草名，画於屋上，因草名以名屋。杜诗云：「顏隨金腰裹，走置錦屠苏」此屠苏，屋名也。後人又借屋名以名酒，孫思邈有屠苏酒方。又大帽形類屋，亦名屠苏。南史：謠云：「屠苏障日覆两耳」是也

楊升菴诗话補遺

开卷词品，载元人乐府：「户列八椒图」，又「贝琐来失宫瓦视歌」：「玉杨昨夜西风早，锦缦椒图踪迹扫」。竟不知椒图为何物。近阅陆文量《菽园杂记》云：博物志逸篇曰：龙生九子……椒图其形似螺蛳，性好闭，故立于门上，即诗人所谓金铺也（砚按金铺即今门上衔环之兽）。习引过明妃曲：「宫门金环金镮双兽面，回首何时复来见」……即指此也。又按尸子云：法螺蚌而闭户。后汉书、礼仪志：殷人以水德王，故以螺著门户，则椒图之似螺形，其说信矣。……余乡人呼门牕铰具，有钩者为缭掉，受钩者为屈戍；金铺，门上铜兽面也，原非一物。屈戍二字自是宛转之意。缭，缠也，绕也；掉，动摇也，颤也，皆与环近，故以金镮为屈戍则可，以屈戍为铜铺则不可。……

周亮工书影卷七

屈戍 ——今人家牕户设铰具，或铁或铜，名曰环纽，即古金铺之遗意，北方谓之屈戍，其称甚古。梁简文诗：「织成屏风金屈戍」，李商隐诗「锁香金屈戍」，李贺诗：「屈膝铜铺锁阿甄」，屈膝（膝）当是屈戍

——辍耕录——

弄

今人呼屋下小巷为弄。按南史萧谌传：郁林王出至延德殿西弄弑之

丁度集韵：弄，厦也，屏也。又作弄，盖即今称耳。

字书又作衖字

俗又呼弄唐，唐亦路也。

祝允明前闻记（80页丛书集成本）

万历乙卯举人
錢裔肅（字嗣美）

- 召　举于乡
- 名
- 曾（字遵王）慶士 —— 沅（字楚殷）
- 魯

牧翁 遵王四子字序：
东夏字思祚
东镇字思烈
东漢字思光
东表字思勳
〻字名沅者.

錢曾藏書之所：
也是园
述古堂
莪匪樓

曾字号：
也是公翁
贯花道人

述古堂

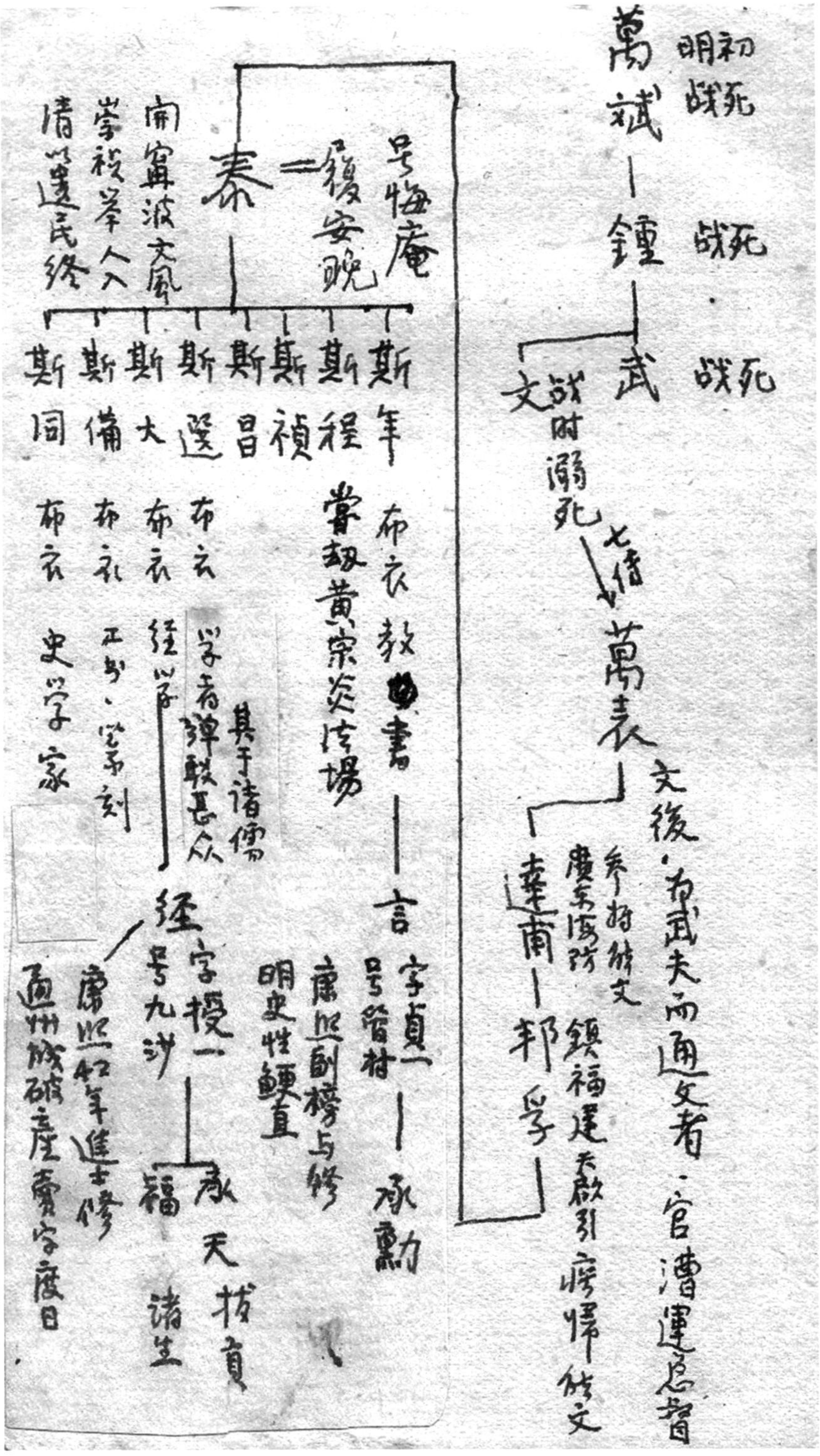

萬斌 明初战死
—鍾 战死
—武 战死
　文 战时溺死
　七传
萬表 文後，由武夫而通文者，官漕運总督
　参将 修文 廣東海防
　鎮福建 天啟引疾歸 修文
　達甫—邦孚

泰 宇寅波 文風 崇禎举人 入清以遺民终
—復 号悔庵 安晚

斯年 布衣 教書
—言 字貞一 号管村 康熙副榜 与修明史 性鲠直
—承勳
斯程 嘗叔黄宗炎传場
斯禎
斯昌 学者 弹駮甚众 其于诸儒
斯選 布衣
斯大 布衣 经学
—经 字授一 号九沙 康熙42年進士 修 通州被破産 賣字度日
—承天 拔貢
—福 諸生
斯備 布衣 工书、篆刻
斯同 布衣 史学家

沈寿民　宣城人　移家南京.

以诸生，得保举入京，即劾兵部尚书杨嗣昌及总督熊文灿，由是名动天下。未几移疾去，隐居讲学以终

陆符

字文虎　为人慷慨能面折人之是非~~[illegible]~~，疾恶如仇.

万泰　晚号悔庵

字履安与陆符皆好奇……焚香扫地，辨识书画，古奇器物
好研
间或出游，则多与失职之人，聚于野店，僧寮间一奇事，咨嗟而乐道之……

吕留良"嗜砚~~[illegible]~~

予幼嗜砚石，所蓄不下二三十枚，其佳者仅四五耳。忆甲申与从子亮工游杭，见一青花紫石，两人争出值买之，互增其数，且过所索，贾反诧不售，归相咎者数日，予卒以厚值得之。亟呼良工赵三者斵为宋款，抱卧累月不厌，其癖可笑率如此。……

……予砚大率得之骨董肆中，及山人门客之以骨董谒者。初嗜古，继嗜奇。最后乃嗜端石，每嗜必受骨董之诒，故蓄多而佳者少。然因欺而尽得其理，故历负之久而解释益达。

吕留良：友砚堂记（文集卷六）

夜看扬州市　王建

夜市千灯照碧云，高楼红袖客纷纷。如今不似时平日，犹自笙歌彻晓闻。

是时为德宗之末年宪宗之初世，淮西之乱引续之际，而扬州依然为不夜欢乐之境。张祜亦从游，所以有"人生只合扬州死"之句。杜牧："广陵实佳丽……华也我你倾城……书写谈生……

文武天皇之世始于 绲襴、晕襴。（大约即为北胡匣子的条色饰）

绲襴锦　晕襴锦→绲襴缘。

绲襴：色彩法之一种，自奈良时代至藤原时代盛行的一种色彩法。当时的建筑装饰及佛像衣着等最为多见，后世绘画上应用者亦多。复女之绲襴五衣即其一例，即先全体涂胡粉，次用层次不同之胭脂，逐层涂染，最后涂最浓之胭脂，完成其色。

绲襴锦为日本名词，疑即我国唐代之云襴锦，其法自淡入浓，或自浓入淡，以绝不统一之多色罗列而成。

营造法式称彩绘 叠晕、合晕，疑即绲襴彩色。

苏州生产的条子彩色锦叫做月华锦（亦即日本所谓绲襴锦）。月华锦一名彩椒锦，多色而有晕花者，叫做椒地锦。

建筑上的月华色彩，北方叫做退晕，以一色深浅为主，老手可退为十三层次。

撮晕缬待考

万岁幡

日本天皇登基，例于庭中植万岁幡，其幡标字中书万岁二字，四周以绲襴锦为缘，所谓"绲襴缘"是也。余查平凡社日本百科辞典第21卷319页载万岁幡插图，其缘所用之绲襴锦与苏州月华锦一式无二，可见前论月华锦即绲襴锦，信而有征矣。绲襴锦日本盛于天平朝，可见自唐输入，而苏州自唐传流至今，惜无人注意，故已不知其源矣。

1959.11.17日　启文记

剪綵

山谷有次韵杨君全送春花二绝，其诗云：化工斡转大钧回，不得东君花不开。谁道织女丝窗手，裁金剪綵唤春来。又云：千秋楼落照秋空，忽散穠花在眼中，蝶绕蜂随俱入坐，君家女手化春风。

宋刻丝香橼秋鸟图

蓝地长方本。组织如写，运色简贵，树果生香，栖鸟欲起。

克丝作盛于唐贞观、开元间，人主崇尚文雅，书画皆以之为標帙，今所谓包首锦者是也。宋仍之，靖康□乱，沦于民间，好事者见克彩绚烂，价埒拱璧，恐绘事所不逮，遂缉成卷册，以供清玩。元人尤工之，有裁为衣衾者，我圣祖见其作淫巧，始禁之，而人间乃为罕物矣。此幅长尺余，其体素皆纖细，经引单蚕丝，且五彩烘缀，委曲出乎天巧，其针工之良哉，定为宋制无疑已。缑川刘廷器获而装潢成卷，俾供览玩，以思古人不可得而见，见其制作。——郑应予——

繡

五采備也

考工記畫繪之事雜五采。五采備謂之繡。鄭氏古文尚书曰予欲观古人之象，日月星辰，山龍華虫，作繢宗彝，藻火粉米黼黻絺繡。此古天子冕服十二章。絺读为黹，或作絺字之误也。按今人以鍼縷所紩者谓之繡，与画为二事。然考工記則繡亦系之画绘，因为设色之工也。画绘与文字又为一事，故许以观古人之象说遂修黹文也。

吕留良亦大地主

庚戌六月江南大水，被灾之区，禾大歉，吕××家岁入仅够供赋……——張孝夫見聞録——

吕留良承先世之舊家，僮仆多而无用，岁大歉，或谓之食指可損。曰：若輩有何生業，吾一日遣之，溝壑中物矣。且与度凶岁，徐为之計耳

張楊園集卷34 張孝夫見聞录

元鼎元年起，招仙阁於甘泉宫……有霞光繡，有藻龍繡，有連煙繡，有走龍錦，有云凤錦，翻鸿錦……

别国洞冥记二

汉汝南郭宪著

霞光繡，疑即雲繝繡

往生净土西方瑞应删传

唐少康与文谂编。一卷。记东晋慧遠、曇鸞、智顗、道绰、善导等僧俗五十三名之传略。记事中最後为大歷九年（774），该即此时之作。天德二年（957）延歷寺僧…日延自中国传入日本。貞永元年（1232）三月由日真刊行。今收入續净土宗全书卷第十六

往生净土西方瑞应删传、續高僧传、念佛鏡、净土往生传、新修往生传、传通记等书皆有善导传记，但各有異同，应详阅「善導大師之研究」本不

武则天，是佛教徒的保护者

据瑞应删传：善導住於長安，自己曾經写淨土变相卷三百快，同时也勸别人製作，则天武后也大规模的命人製作了四百幅大綉帳，但这多是参考的善導的蓝本而製作的……

西方美术东渐史　78页

继得出证

善導(613—681)著书甚多：「往生西方瑞应删(传)」

淨宗会编「善導大师の研究」(详日百15—243)

点蠟幔

溪峒爱铜鼓，甚於金玉，模取古文以蠟刻板印布，入靛缸渍染，名点蠟幔

漢传载蘭干，兰干獠言纻，今织细白苧麻以旬月而成，名娘子布

宋朱輔　溪蠻叢笑

说郛引　卷五　9页

宋　小儿爱穿印花布

染业在宋代，相应地发展起来，染院是当宋官府机構……更重要的是唐玄宗时期所出现的印花技术，到这时極为流行，小孩子见不是印花的衣服，就不肯穿着

查出处　采自~~傅振倫~~

季子涯：宋代手工业简况，原文载历史教学1955.5月号

15

倒掖氅

京师琉璃厂有賣倒掖氅者，刘公勇秋部体仁买得一枚，於馬上弄之，笑谓汪苕文民部琬曰：此事可入了竿章

筠廊偶筆卷上

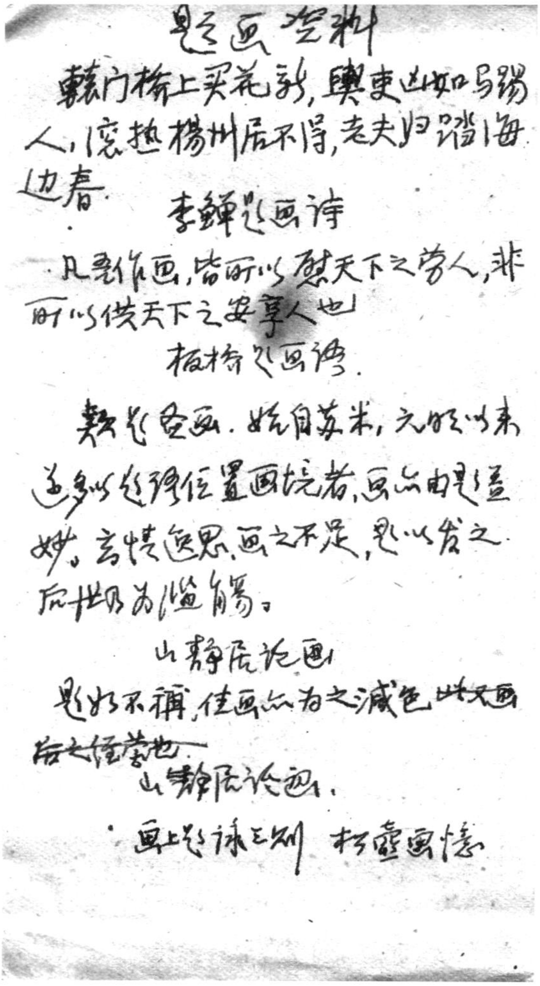

题画资料

辕门桥上买花新，舆吏出如马踢人，窗热扬州居不得，老夫归踏海边春。

李鱓题画诗

凡吾作画，皆所以慰天下之劳人，非所以供天下之安享人也

板桥题画诗

款题画，始自苏米，元人以来遂多以题跋位置画境者，画亦由题益妙，高情逸思画之不足，题以发之，后世乃为滥觞。

山静居论画

题好不称，佳画亦为之减色 ~~此又画者之恒弊也~~

山静居论画。

画上题咏之则　松壶画忆

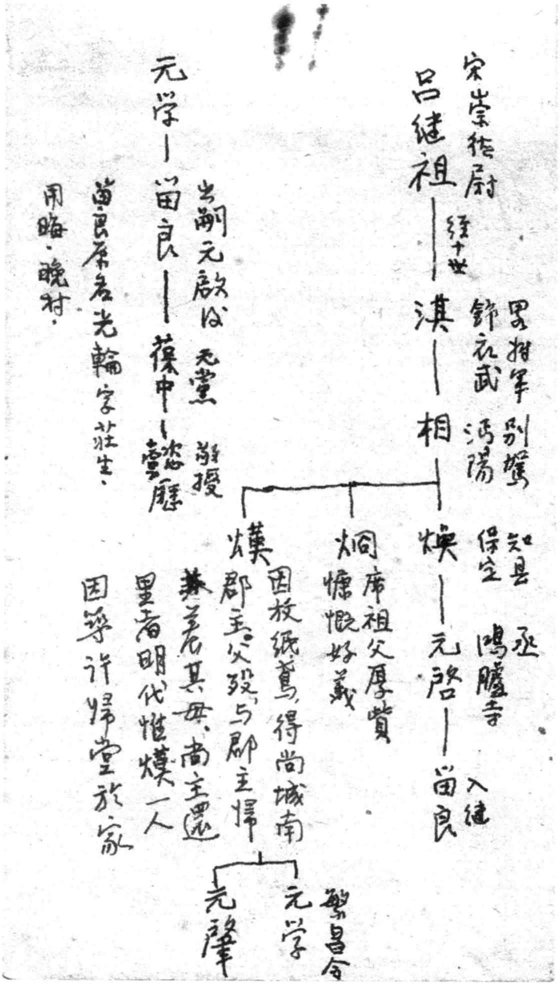

宋崇德尉 吕继祖——（经十世）——淇（骠骑将军 钤辖武）——相（别驾 沔阳）

焕（知县 保定）——元启（鸿胪寺丞）——留良（入继）

烔 庠，祖父厚资，慷慨好义

熯 因校纸获得尚城南郡主，父殁，与郡主归，兼养其母，南主还里，当明代惟熯一人，因筑许归堂于家

元学（繁昌令）　元肇

元学——留良（出嗣元启后）——葆中（元荛 拔授）——懿历

留良原名光轮 字庄生，用晦，晚村。

诸葛铜章歌　陆文启

芜湖人诸葛永年，名祚，能铸铜章，炼炼铜铁铁，皆自为之，精其業已三世，外人莫之得也。翕钱沈丈，客芜湖识其人，命作三方，铸余姓氏名字为赠，作歌以纪之

诗待録　　湖海诗传卷30

笔

北宋宣州的宣城笔，名闻全国。欧阳修有"答聖俞惠宣州笔戲书"诗。"聖俞宣城人，皆使紫毫笔，宣人诸葛高，世業守不失；坚心缚長毫，三副颇精密，硬軟適人意手，百管不差一。京师诸笔工，牌榜自稱述，比若衣縫乱；或柔多虚尖，或硬不可屈，但能装管榻，有表曾无实，价高仍费钱，用不过数日，豈如宣城毫，而软仍可乞 —— 居士外集 ——

此外尚有常州许氏、安陆的成安道，及弋阳的李展，都以造笔驰名于时。

宋笔工

河南省禹县

钧瓷業

禹县神垢镇所產钧瓷，明末失传，已清末镇人盧天恩始重兴钧瓷。天恩死後，其子光東、其姪光同光華等，继承其志，精益求精，其技秘而不宣，所用窯分大小两种，小窯每次祇烧一二件，大窯约二百餘件。

元曲(存)等異人作品

明}作者籍贯 详 文学大纲
清}第24章 中国戲曲的第二期

明清戲曲 四(凡行者)详插图本中国文学史

中国文学史年表 亦可一查

14

有买得古碧玉小印者文曰"文云孙"余谓此信国公篆署名也，为作长歌以谂好古者（诗律录）

赵文哲　媕雅堂诗集卷26

鸡毛笔

清光绪中黄冈笔工吴佐之製鸡毛笔極工。

潜确类书：「岭外少兔，以鸡雉毛作笔，亦妙，即苏长公所谓三钱鸡毛笔也。」按东坡跋资深书云：「此是实用三钱买鸡毛笔书」，其意轻之，然东坡确已用鸡毛笔。

毛笔谈

……姚范文谓兔毫始於思翁，今以羊毫为常，此盖指明清以来柔毫之沿革。考史记称蒙恬取中山兔为笔，是兔毫最古。

右军书兰亭序，用鼠须笔，遒媚劲健，盖硬毫也。唐书：欧阳通书亚於父，以狸毛为笔，覆以兔毫，此仍用兼毫矣，然自右军以鼠须书兰亭，后世最重鼠须，蔡君谟为永叔书集古目录序，欧以鼠须栗尾笔为润。山谷诸葛笔诗：「宣城变样蹲鸡距，诸葛名家捋鼠须」，是其明证。至狸毛笔，乃更相取斜。王隐笔铭：「岂其作笔，必兔之毫，调利难秃，亦有鹿毛」，鹿毛毫盖难秃者，予喜用之。旧都笔工有名李福寿者，製狼毫被以鹿毛，最耐使，但使字瘦耳——花随人圣盦摭忆——

14

镂花香印

东京有戚顺者，极其瓌异，嗣后罗昇　赵彦先、叶東、張彦使、馬王效之，亦工绝

说郛卷七引元戚辅之字友仁佩楚轩客谈

13

筆生

蕭祖　閻风赠筆生——

孫琳　史伯强赠筆生——

吳興　赠筆工——

以上皆閻思筆史所未及

墨工

張舜卿　尹直卿赠墨工———

一庵　錢開赠墨工——

彭雲翼　南雲……

郊執权　肖堂赠墨工郊執权……

……郊生得遗法，直到古人处，诸公無不知情，極口称道誉，声名傳一方，妻子窮无餘……

王生　蕭仲才赠墨工——

以上见李敏叔客翁生大全卷十六

14

元代祈神印

康熙七年京师正阳门挑濬御河，得玉印如升，篆文，人不能识，礼部出榜访问莫辨印文其后，数十日无辨之者。少宰孙北海先生家居闻之曰此元顺帝祈雨时所刻祈神印也，今门俱存之。盖两汉印堪地下耶，因取一本送礼部，上刻印文注释甚详，一时叹为博物

筠廊偶筆卷上

元代花押印

今蒙古色目人之为官者，多不能执筆花押，例以象牙或木刻而印之。宰辅及近侍官至一品者，得旨则用玉图书押字，非特赐不敢用。按周广顺二年平章李穀以病臂辞位，诏令刻名印用，据此，则押字用印之始也。

辍耕录卷二

骨董琐记卷八亦引此文

汪杲叔像赞

檀园集卷九

以偃蹇不可一世者存于胸，而以傴僂不敢轻一物者为其容。吾常苦其执礼之太恭，而人以为使酒骂座者此翁。噫嘻！夫既不与俗同兮，何不放之寂寞无人之墟，抚泉石而啸松风，如此与人兼相得，其乐孰之。此真杲叔之所从也，而岂为是栖栖于先生大人之前角技雕虫者哉

漆沙砚

……以揚州盧葵生家所製為最佳……其祖映之嘗於南城外市中得一砚，上有宋宣和內府製六字，形質類澄泥而絕輕，入水不沉，甚異之，後知其為漆沙所成，授工仿造，克適於用。葵生世其傳，一時業此者遂眾，凡文房諸事，皆以漆沙為之，製造既良，雕刻山水花鳥金石之文，悉臻妍巧

清叶名灃 橋西什記

苏子由凤咮石砚铭

详见苕溪渔隐丛话后集卷29（629页）

苏东坡凤咮石砚铭

见苕溪丛话前集卷46（311页）

又苕溪丛话后集卷二十九（自629—633页、皆砚类资料）

缸 砚

先蜀之老，有姓滕者，能以药煮瓦石，使软可割如土，嘗以破甕缸為砚，極美，蜀人往往得之，以為異物。余兄子瞻嘗游益州，有以其一遺之，子瞻以授余，因為之賦曰（賦不録）（宋苏辙缸砚賦序）

见历代賦汇卷63

骨董琐记

印鈕名家 [illegible]

張日中字雀千毘陵舊家子人薄列卿学製印鈕……精於楊璣而起與之方駕齊名、陶碧周斌皆不能及兼善撫印

漳浦楊璣字玉璇

周彬字尚均繼尚均者道光时有徐漢、馬文、徐本木三亦以製鈕名一时　古玩指南續编二三章

骨董琐记亦有此则

东绢

蜀盐亭县有鹅溪县出绢谓之鹅溪绢亦名东绢子美诗我有一匹好东绢是也……
……

池北偶谈第十八卷

唐诗资料

顾况：闲居自述
韦庄：金陵图
温庭筠 织锦词
刘禹锡：戏赠看花诸君子
再游玄都观
乌衣巷
柳宗元：溪居
白居易：议婚
储光羲：田家什兴
韩翃：寒食
皮日休：罾
郑谷：郊野戏题

归庄：
万古愁
徐大椿 民间医士
时文叹 反科举
龚自珍
西郊落花歌 呼号革命
明张纲孙
苦旱行 农民疾苦

唐甄 铸荒
潜书

民瘼

陆绎纺歌 并序
章谦恒 湖海诗传卷28
鬻子行
诸廷璋 〃 〃卷29
闵吴中岁饥
诸廷璋 〃 〃
饑民谣
王璜 〃 〃卷31
夏苗行
毛上炱 〃 〃卷33

百页山房花石子 曾保存苏州，他

清代孙士毅，是一个贵族的将军，在出征的时候，（经）命军队在湖河中捡取花石子，放在水中，想象它的种种花纹，有人物山水花鸟都有，当时共选定了一百块，因名此地为百页山房，这里陈列的仅是百页山房的一部分，解放后孙公后代先生捐遗命捐献上海文管会，因最近上海文管会，因此物与苏州有历史渊源，又送交我会保管，这也说明了兄弟机关有着通力合作的关系

几社（在云间）

陈子龙 字卧子，一字人中，号大樽，青浦人，因亡匿为僧，以鲁王事连及被获，乘间赴水死

夏允彝

徐孚远

华亭人，字闇公，崇祯举人，国变后起义兵，松江破，逃入海，死于台湾

何可剛

11

东坡题跋中谈文房事很多，尤以志笔墨

广川王发陵

事详西京什记

杨髡发陵

见癸辛什识别集上47页及续集上38页

⑪

韩风子修砚

韩风子善修砚，有百碎砚，但不失元（精），修之若无损者，亦善修古铜瓷（器），砚为极精，居蒲桥四面土墙内，蓄狗窦，凡所用皆古器，夜宿匮中，与人言无半字皆尔汝，尝得钱，即於酒市一举而尽，是亦异人耳，名文表

吾衍子行《闲居录》

何棟—焯—壽餘
　　　└煌

煌　字心友，又號小山，嘗自署何仲子

焯，初字潤千，哭其母更字屺瞻。晚號茶仙。先世曾以義門旌，學者因稱義門先生。直武英殿修書。並著印：

賚研齋　承筐書塾　語古小齋

慈溪鄭氏二老閣

鄭溱—梁—性—大節
　　　　　　└中節
　　　　　　　勳

溱　世稱秦川先生

梁　南雷學生。字禹梅，一字寒村。康熙進士，官至高州知府。梁善畫，得末疾，右体不遂，以左手驅染如平時。

性　師南雷之學。字義門，號南溪，又號五嶽游人。理南雷遺書。承父志建二老閣，祀南雷與祖溱。

中節　字發之，號謚齋，布衣

勳　字簡香，建二老堂，祀朱竹垞與祖梁。簡香亦能畫互市，息軒嘗發警語曰：「羊蒙虎皮，其不敗者甚少矣。」因見眷于水戶烈公而名揚一時。……

後為飫肥侯世子之傅，有厚遇。明治九年九月二十三日歿於東京，年七十八。著有觀風抄、管子纂詁、左傳輯釋、論語集說、辨妄、書說摘要、戰國策補正、息軒文集、讀書餘適、睡餘漫筆、靖海問答、料夷問答、海防私議、外寇答問、軍政或問、忠孝等書。

節譯自日本大百科事典，25冊，365頁

獨不見周禮補疏，可見此亦非所並轄之名實。

安井衡

~~左傳輯釋~~

安井息軒（1799－1876）

名衡，字仲平（以字行），號息軒。寬政十一年正月元旦生，狀貌短小，瘡痕滿面，望之凜然，見而知其非常人也。文政三年赴大阪，從篠崎小竹遊。七年赴江戶入昌平黌，執贄于松崎慊堂。慊堂為當世宿儒，不妄許人，而獨謂申稱其徒曰：「安井生而成古人，吾豈能以弟子視之。」其考訂古經時，每以詢息軒。…… 美臘未求

通草花　　霞外 696　通俗篇 149

丝缨蒲鞋　　通俗编卷十二页151

银工　　茶余客话卷八
骡山银桥

刻丝　　西清笔记卷二　鸡肋篇上页27　萍花洲南系 页7

葫芦器　　〃　〃 卷二
押葫芦
洋玉盘碗　　吴城竹枝词　西清笔记

凤尾盆景
占景盘
盆景
张伯雨盆景　　六研斋笔卷四108页

五色石子　　秋园杂佩 5页

虾须帘与纱帐

骰子阿魏

纸被茶　　通俗编卷二十二 250

走马灯　　〃　〃 249

陀罗　　〃　〃 253

妆域

五色鸡蛋　　谈余 615

竹夫人　　谈余 33卷

控碧　　古国竹志卷四

钉子十结　　见艺林旬刊39期引古今秘苑

腰

瓶花

泥车瓦狗　　后汉书王符传

吴时德刻玉

道装　　封氏闻见 84页
扇马　　蜗国日札卷六
弧帐　　野客丛书卷一 47页

虎邱迎神歌

吴社编

鹘射舫　　梁书王僧辩传

吴门杂生造春宫影　　负暄野录卷下 262　　猿戏手作记　　方苞望溪集外

倚云斋　　陈静盦 秋园杂佩 73

黄尊素 忤魏忠贤死 谥忠端

黄宗羲 尊素子 明亡乞师日本 私谥文孝

宗炎 宗羲弟 明亡为医 刻印 画 墨砚

宗会 宗炎弟 明亡为僧 人称石田先生

黄虞稷 侨泉州人 徙江宁

字俞邰 与修明史 家富藏书 有千顷堂书目

吕留良答徐方虎书有云：「有人行於途，卖饧者随其后唱曰："破帽换糖"。其人急除帽；已而唱曰："破网子换糖"。复除之；又唱曰："乱头发换糖"。乃皇遽争措，回顾其人曰："何太相逼也"？弟之薙顶，亦正怕换糖者相逼耳。」

时嘉兴郡守举先生以征聘山林隐逸，先生乃剪发僧服以辞之，故有是论。其实先生固要傅人，岂有躬蹈之理，不过借以见志耳。

15

戲面

桂林人以木刻人面，穷极工巧，一枚或值万钱

宋范成大 桂海虞衡志

1960年6月吴晓邦率歌舞团来访，表演中有"傩舞"，戴面具，奏乐，一人独舞，据云学自桂林。范成大所见之戏面，殆即"傩"舞所戴之面具也，是见桂林傩舞自宋已然。

亚诺

吴昌时 字来之

鸳湖主人，禾中吴昌时吏部也。吏部家居，极声伎歌舞之乐，殁以事见法（徐釚续本事诗）

延儒仗用文选郎吴昌时，昌时有干才，颇为东林效奔走，然为人墨而傲，通厂卫，把持朝官，同朝咸嫉之（周延儒传）周延儒因吴昌时事，赐死。

吴梅村有鸳湖曲，记其事，见梅村集卷五。又有鸳湖感旧一律，见梅村集卷十一。

繧繝縁 ウンゲンベり

暈繧繝＝上代的文字　　繧繝＝平安朝以後多用繧

繧繝色彩为天平时代之特徵，应用於各种方面。近世（藤原中期以後）则不再是自淡而浓，自浓而淡的原理已失傳去，而成为各种不统一的单色罗列而成，与繧繝本来的意義距离已远。繧繝錦自上代用诸於各方面，後世则仅限于御畳、御茵等的边缘

详日百第三卷 104页

繧繝錦

……天武天皇之时，自新罗献上霞錦，仿效而製出的，叫做繧繝錦……

日百 19—635 G

吕留良着作

寳宝文　　花近楼丛书本

陈大士先生未刻稿

明陈际泰撰

清吕留良释

江西五家稿本

吕用晦文集八卷续四卷附一卷

国粹丛书第一集

东莊吟稿

风雨楼丛书

附：

晚村学偶评

民国钱振煌撰

名山全集

15

竹蟾蜍

吴中有巧人朱云松善取老竹蟠曲根鞭雕琢为蟾蜍，摩弄如玉，与真者无二

明吴会士人钱希言新撰

狯园第十六，39页

吕用晦先生行略

吕公忠撰

適园丛书本

吕晚村文集八卷附行略一卷续集四卷　约雍正间刊

吕晚村诗集二卷文集八卷附行略一卷　高丽抄本

以上二书见贩书偶记337页

15

余之亲家有女子，能点酥为诗并花果麟凤等物，一一皆妙绝，其家持以为岁日辛盘之助，余表偶见女服来，除不作岁用，特赠通判，知有诗见荅，故走笔次韵之

翦竹缠金大於掌，红缕龟纹桃作纲。琼酥点出探春诗，玉刻小书题在榜。名花杂果能眩真，祥兽珍禽得非广。磊落男儿不足为，女工餘思聊可赏

宛陵集卷二十六

绞缬法

① 将谷粒大段匀称地包在织物上，用线扎紧，染色，晾干后，拆去扎线，即现出遍地大小相等的菱形圆花纹

② 将织物折成或連叠皮，用针线穿过，然后将线抽紧钉牢，染色后晾干，拆去穿线，即出现按设计要求的花瓣形散点组成的图案……这种方法，不便施用于宽幅的料子。

以上两则摘录"新疆出土汉唐丝织品初探"武敏著。文物1962，7-8，64一页

西方美术东渐

唐代染织的外来影响 245页

像这样的簇缬和夹缬是盛行於唐朝的染织法之一，或许也是关系於印度及西亚细亚的……对於鸟兽和以花树的构图法，也和他们的狩猎纹相似，乃西亚细亚地方作染织纹的基调。正仓院附花纹中有鸟人双方相向而衔花的，其他像这样的实例还多。但这都是萨山朝，波斯及东罗马的传统的手法。他东渐之後於远东的装饰艺术上有很大的影响

畫

介也
介字本作畍，此不識字義者所改。今正。八部曰介，畫也，从八，从人，人各有介。

从聿
二字今補

象田四介
田之外横者二，直者二，今篆体有一横非也

聿所以畫之
说从聿之意，引伸为绘画之字

胡麦切 十六部

聿 所以书也。（以，用也，所用书之物也。）……吴谓之不律……

资产阶级文艺" 内没有实际内容
祇求形式

特务文艺　胡适　反共反人民的文艺　歌颂鼓动战争　歌颂法西斯
中国之命运

中国画的山水，无论如何，是估中国画的重要部份，山水画惟缺点，就是散点透视，不符合透视，但这些不合透视而完成的画面，就用雄伟广阔，实有西洋画所不可比拟之，这些应该保存，但过去用色的明暗应加改革，今后应该写实，用现实题材 ~~[illegible]~~ 这地早画了大事，而西画还是孔子时的牛马。吾谓山水画能取现实的题材，俱不妨用旧形式来表现。

统治阶级内部的矛盾，退而寄情山水，既文人画之所以产生，把士大夫阶级高逸思想反映在山水画中，这就是山水画的中心内容。绘画是叶饰的，有叶的画工不入雅鉴的，为地主阶级服务起帮闲作用，作为点缀太平，不起帮凶作用

唐玄奘刻丝袈裟

唐高宗时（650—683）朝廷后宫的妇女子为用织锦作为玄奘织袈裟

玄宗宠贵妃以来（735）集织绣工七百人供应贵妃织绣（唐语林）

尚功
掖庭

15

漫堂咏物

小灵璧研山
宣铜鼎炉镇
大食索耳茶盃
小华道人一池春绿墨
柯雪堂冻章（镌金刚佛事字）
倭漆桃香匣

绵津山人诗集卷十九

宋仲牧子山言律萧草堂诗卷二亦有漫堂咏物诗六首

15

石枕与笛竹簟

宛陵集卷二十一有次韵和永叔石枕与笛竹簟诗：「溪工枕割龙卵石，蕲匠簟裁蛇皮纹。宜从东方一持烘，竹色蒸青石抱云。磨沙斲骨自含润，饱霜剪节犹留尘……

15

鬼工球

華亭宋纸简先生坤所並多奇珍異宝，其孙孝廉懋澄为兒时，曾見有鬼工球者，形類一大胡桃，面文質理宛然相似，揭开其中，重叠如殼相包，宫室人物器玩服飾戲具，一切人间有形之物，纖悉具備，位置巧密，宛然自然。驗諸史传皆所未見，詳其命名，則知西域鬼工之所作也。先生歿後，不知所在。

宋继简先生又並有白玉陶令像，高可径尺，瑩澤无瑕，是採菊东籬下诗句，柴桑公著葛巾幅衣，眉目髭髮，衣褶种种精细，通身白玉雕成，惟手中所把之菊叶绿花红，绿如瓜皮，红如血，奚般色，精彩轟于世，表示帝代之宝也。莫知为何工所製。懋澄兒时見之。

坚瓠集 补集第十六

15

邛山胡桃

邛山邑人，雕刻精工，所製胡桃墜，人物山水樹木，毫髮畢具。余見其有渔家乐、东坡游赤壁、百花亭诗忘、有夜半烧灯照海棠、春色先归十二楼数事，窗阁玲珑，珠枝密樹，掩映丛叠，即善绘者亦逾其精巧。惟有效者，便見刀鑿痕，总不及其雅鍊矣。虽一小技耳，前此莫有工者，且胡桃大不踰寸，幻如许狡狯，令人目炫，遂为亦一奇也，故记之。

秋园什佩　冗翁謹録

15

巢孝廉手製匏尊銘

孝廉諱鳴盛，嘉興人，名注復社，崇禎丙午舉于鄉，乙酉後屏跡不入城市

巢五孝廉焚公車，繞屋蒂種青葫蘆，截為杯杓與俗殊，亘羅鑿落吾金諸，物微寧足貴，難得高人製，

曝書亭集卷六十一

石明上人

浮屠中最善篆刻法

萬文三橋之天趣横溢，

汪尹子之摹古精工

詳見帰莊集卷四

贈石明上人序

15 工藝工具

楥頭

楥一作楦，說文履法也，謂織履中模範，故曰法，今名為楥頭

雲中館鈔辛甫裨

乙十頁（賜硯堂叢書本）

青奴

山谷云竹夫人乃涼寢竹器憩臂休膝非夫人之職而冬夏青之竹之所長，故為名曰青奴……

苕溪漁隱叢話前集卷第47。（叢集成本317頁）

吴歌集之一

唐寅傀儡诗　此诗未入集　北窗琐语 5页

文衡山子弟诗

~~唐寅吴歌十首~~　戒庵　与唐解元

沈伦顾疏　〃 〃　四百四十六页

~~唐寅花手梅~~
~~〃 烧香卷令~~ } ~~戒庵~~　集又如

宋平江童谣　双鸟则编

范成大吴语诗　说郛七

沈石田荐竹歌　庚巳　沈石田水乡竹枝十首　西园杂记

哀江南　郑秀溪

吴下歌谣 }
吴门歌 }　坚瓠

虎邱迎神歌　砚桂相闻

元柳道传吴虎邱诗　六砚斋

御前米稻歌以纪事　元和沈秋卿　叶调生感逝集卷三 22页

催租行　吴县张砚孙　〃　〃卷三 67页

吴门近事四首　收趣

① 防贼：……劝君莫向街头说　昨夜窗掀街坊被窃

② 钱贼　③ 大水　④ 米贵　感逝集卷六唐燠图

15

孟河口烟火

万历乙酉春吴人陈旅因访旧金陵还经孟河口夜泊船月色中郡船星列都大要富许江神张州积造大烟火一架累月而成费数百金众不知其奇也相共聚观其所搭架悉用樯竿竖起初点药线徐吐出金菊芙蓉、四季百花、吐毕复放小纸爆及流星赛月明之属俄而现出楼阁亭台之状挂下大珠帘遂巡有两人搀起、次第放出戏剧、虎牢关、斩貂蝉、蟠桃会、十二寡妇征西、雪夜访普、伯奥注杖、杨妃舞翠盘若此等意百余势、皆如生气要看至夜半呈技将毕、最后发霹雳一声忽坠一大珠于江现出五采金龙一条追逐此珠掠于水面而后鳞甲爆然波涛震沸于是咸谓其神自有火树

海宁查慎行　敬业堂　得树楼

常熟
- 怀古堂　钱谦贞（处士）
- 绛云楼　钱谦益
- 述古堂　钱曾（处士）
- 大还堂 / 润还斋　钱陆灿（举人常宁教授）
- 揚竹山房　席鉴

宁波
- 双韭山房 / 阿育山房　全祖望（进士

红豆书庄　苏州惠氏　同扬定宇知县士奇广东学政内阁侍读

何焯　义门　东汉

15

刘景韩火绣画歌

见蒋士铨忠雅堂集卷廿一，128页

火绣即缐香爝画，亦称火笔画

11

苏叔党之死　挥麈录 ……

潘谷之死　东坡题跋卷五

苏轼为揭潘衡造墨之秘　墨史中

书潘衡墨　东坡题跋五

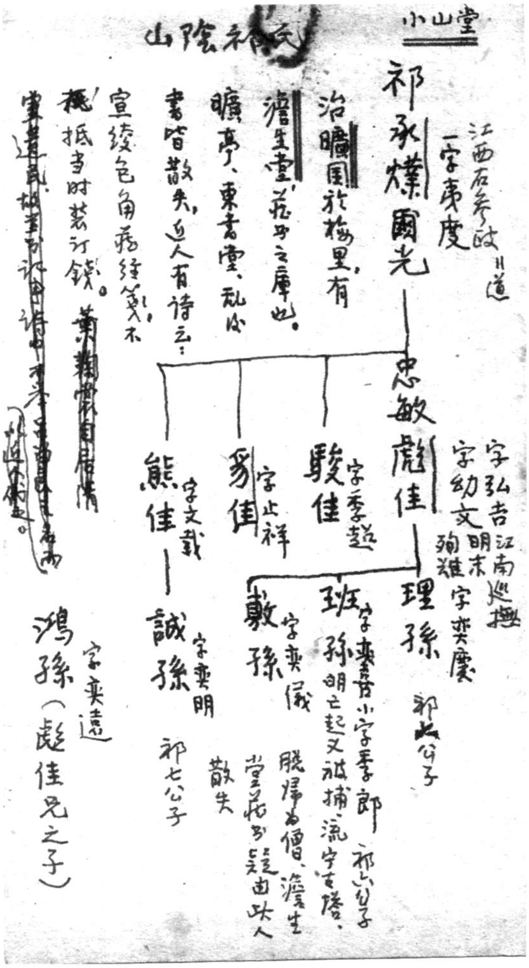

夷夏之防

孔子何以许管仲不死公子纠而事桓公，甚至美为仁者？是实一部春秋之大义也，君臣之义固重，而更有大于此者，此谓大于此者何耶？以其攘夷狄救中国于披发左衽也。

此为吕留良反清学说之要点，他以为民族之义大于君臣之义，他就不主张为君臣之义所拘束，而对管仲之不拘小节，不顾为旧主之公子纠死难，而反帮助桓公去救中国攘夷狄，即孔子亦称道此举是仁者。~~[illegible]~~ 这种富

吴门近事四首　长洲唐靖方士　号淇园

防贼

防贼！！！宵深月黑。前有击柝后鸣金，小巷大街声不绝。声不绝，贼仍有。人多瓦砾投，人少探囊走，攫得黄金後掷还，争夺居然出其手。贼来无踪跡，贼去何處風聲。贼来贼去好自防，劝君莫向官衙说，昨夜官衙亦被窃。

领赈

领原赈，到公堂，原欠花大半贷他乡。官给一纸凭手付，胥役十扣同进库去。胥役安眠，我底冉冉心。胥役果腹，要我备酒肉。酒肉冉冉心易尚易易，更与从头请领费，领些破烂何？較之原值一半多。

大水

大水大水，水道不通雨不止，顿教平地波澜起，高处水没足，低处水及腰。鱼虾上堂狗叫屋。日间着履室中行，夜来撲被水中宿。水中宿，尔且耐，长吏已有成议在。治水还须待水退。

米贵

诗不录

5

元遗山癸巳五月三日北渡诗：「膚掠几何君莫问，大船浑载汴京来」
吴梅村诗：「易饼市中金殿瓦，换鱼江上孝陵柴」

昔人经营，殆由一瓦一木始，以迄於名园巨第，莫不殚精极力。其後之毁坏，亦自名园巨第，以迄於一瓦一木，莫不使为灰尘。

棍船行　官舫谣
郑世元　清诗别裁卷24

牵船夫行
施闰章　清诗别裁卷二

铜船
（运铜船也）
舒铁云　瓶水斋卷十三

杭州关纪事
舒铁云　〃　〃卷七

15

通草花

外纪晋惠帝正月赏宴，百花未开，令宫人剪五色通草花。唐王叡诗"通草头花柳叶裙"，李咸用咏红薇诗"画出看还欠，通为插未轻"。按今云葱草者讹

翟灏通俗编卷十二

15

爬背麻姑爪

清诗别裁卷十七有陆寅宣德箭歌一首，其序云：「丁巳夏，余客长安，市有鬻爬背麻姑爪者，视其杆，有宣德八年饰于甚所贡竹箭字，後无所用，散落民间，改为爬背之具，余乃作歌」（详长诗录）是爬背具别有麻姑爪之雅号殊韵。

又称：老头乐、不求人。

麻姑爪典出麻姑仙坛记，详下页。

3

曹素功

曹素功藕粟盦墨歌

方观承　湖海诗传卷5

南

玉岸潘玉川以曹素功墨見遺作長歌荅之

朱王磨　湖海诗传卷30

文衡山记墨传

孙大雅沧螺集有赠"笔生张蒙"

二愿文见戒庵漫笔卷七

文衡山文不知见甫田集否。因手头无文集，无法核实。

千妆

……晋惠帝令宫人梳芙蓉髻，插通草五色花。及陈宫中梳随云髻，即晕妆。隋文宫中梳九真髻，红妆，谓之桃花面。插翠翘流苏，搔帖五色花子。炀帝令宫人梳迎唐髻……

唐留存本妆卷十

说郛卷十，第49页

妇人印面

今妇人面饰用花子起自昭容上官氏所製，以掩黥迹。大历已前士大夫妻妾多妒悍者，婢妾小不如意，辄印面，故有月黥、钱黥。

唐段成式酉阳杂俎

说郛36，第四页引

绮

①织采为纹曰锦　织素为纹曰绮。

②《说文解字》：「绮，文缯也。」是未明言织素为绮。

③"七綵绮"　见太平御览卷816引《晋令》~~及七綵杯文绮~~

④"七綵杯文绮"见御览卷149、695、707引《晋东宫旧事》

⑤汉刘熙释名卷四，「释采帛」「绮，欹也。其文欹邪，不顺经纬之纵横也。……其綵色相间，皆横终幅。」似乎汉时以为绮的特征，并不在单色或多色，而在于纹织的结构。

⑥日本现仍称彩色花纹的斜纹织物为"绮"（如世界美术全集卷十三，图71，「双鱼文绮」1962年角川书店版）。

⑦从汉绮是织素为纹，除指起花的平织（包括畦纹）或斜纹织物之外，仍有可能是指简单的斜纹「绫」（汉书卷一高帝本纪八年条，卷二八下地理志齐国条，颜师古注：「绮，文缯也，即今之细绫也」），或指起花的罗纹织物（汉人常以「绮、縠」连称。后者似指绉纱或「方目纱（素罗）」，「绮」可能指「纹罗」）。王若愚教授告诉我说，「我们现在以锦为假地多彩的纹织物，是属于熟织之类的织物，而以绮为变化组织的纹织物，是属于生织之类的」关于锦、绮的解释，古与今稍有出入」。

畦纹

錄陸燦 字尔璞，号湘雲，又号圓沙，顺治丁酉鄉试第二，教授常州金陵间。

印：明经别驾考经解元臨海三十四彭祖九十七世

陸统彭祖后人

東圃書堂

調運斋

儒师馬大肃佛嗣熊檗菴

圓沙彭祖同庚

壬子癸丑草创大還堂

著有调運斋集

藏書之室曰大還堂

海寧查氏

查

嗣瑮　字德尹，号查浦，康熙进士，以嗣庭獄卒于关西戍所。有查浦輯聞等书

慎行　初名嗣璉，字夏重，又字悔餘，号初白，又号查田，康熙以举人特赐进士。其居之处曰得树楼

嗣庭　字横浦，以讽刺时事下獄死

克念

岐昌　字药师，诸生，一字石友，又号岩门山樵

3 砚

刘慈赠顾二娘诗：

一寸干将切紫泥，专诸门巷日初西。如何轧轧鸣机手，割遍端州十里溪。

随园诗话

浙江陈星门北斋亦有诗纪顾

黄莘田诗注中引顾二娘逸事云：尝以鞋尖踏机轴之绳，即知石之美恶。古人有履豨之使，同于庖丁解牛，真神乎其技矣

螺石

我门昔日文人有爱石之癖。米颠之拜石，白居山亭，
半空翁所谓非贤士所能也。

案头置石

螺石 一 螺石录 宋荦 石谱 诸九鼎

石章 二 观石录 高兆 又观石后录 毛奇龄

北窗炙輠

野人闲话：蜀文谷尝诣中书舍人刘光祚，有道士刘云出一石，圆如鸡子，其上有文采隐出如画，乃二童子持节引仙人，眉目毛发、冠履衣帔纤悉皆具，云于麻阳石穴中得之。又一客沈璈亦出石，阔一寸五分，长二寸五分，上隐出盘龙，鳞介爪甲无不周备，云于巫山峡山中得之。

旧唐书曰：白乐天罢杭州，得天竺石一、华亭鹤二，苏州得太湖五、折腰菱，俱置于里地池上。

唐吴融太湖石歌 渊鉴类函地部石五

以上渊鉴类函石部引

吴正仲遗二物咏之

金璞子（鍾侍今公谓之醒酒花）

诗案

叠石

一片寒湖滑，千秋白浪根，苍苍古崖色，叠叠老苔痕，欲象巨鳌顶，俯当科斗盆，临窗作险说，平地起岷崐

宛陵集卷

吴正仲宣城人

宋陆游

夜闻邻家治稻

好事近

示儿

辛弃疾

踏莎行

水龙吟

丑奴儿近

贺新郎

清遍

鹧鸪天

范成大

插秧

夏日田园诗

村居即事

岳飞

满江红　　见青泥寺壁

笔韬笈

王诗疏引陆某云识日笔桃近下抵刀切其皮者煺灰中蹭之可韬笔笈

画夹

即今之画夹见山谷题郑防诗

横披

横披起於金元中州集遗山集多有之，然宋元章画史刺括画段或家有横披，则唐宋已有之

以上三则俱见柔山丹

跋买黄鹜

14

章简甫石工　章林石田

前辈文王唐祝诸名家，字属碑板，或短长伸缩之用，未尝异变，石工章简甫，粗以为搬涉，其韵愈胜，甚窗问章林石田，粗四日非吾所及，但守锋颖，不差毫末，庶几可嗣先民。每览其刻，知非自誉……

陳雲卿

陈云卿亦及侍文待诏□南石碑版，当问颖刻碑坊，丰碑小碣，皆能识之……

梅花草堂笔谈卷13

袁廣漢園池

茂陵富民袁广汉藏鏹鉅萬，家僮八九百人，于北山下築園，東西四里南北五里，激流水注其中，疊石为山，高十餘丈，連延數里，养白鸚鵡、紫鴛鴦、犛牛、青兕，奇獸珍禽充積其間。積沙為洲嶼，激水為波，致江鷗海鶴，孕雛產鷇，延漫林池，屋皆徘回連屬，重閣修廊，行不能徧也。廣汉后有罪誅，没入为官園，鳥獸花木，皆移入上林苑中。愚夫廣汉真愚人也，已夫以汉武之为人，富地之下，閑史所猶知其非能容物者，彼方修建宮苑奄有四第，一富民乃欲与之敌，帝豈能平邪，其取誅滅宜也。近代韓侂冑修圃甚丽，后亦没官，然事体却不同

刘壎：《隱居通議》卷29

血暈粧

……婦人畫眉，以丹紫三四橫約於目上下，謂之血暈粧

王讜唐語林卷六补遺

硕按：血暈粧，粧即渲澗色彩的一种

观荣宝斋复制周昉簪花仕女画画眉间所绘血暈，确为渲澗色彩，余之设想不谬矣

一九五九．十一月十七 硕記

花鈿？

耶律楚材父子得灯煤传造墨万丸名玉泉万笏

大观庫有端砚千余方，張滋墨十万斤，世謂勝于李廷珪所造

查浦輯聞 书有製筆论砚四则 载查浦輯聞卷上第4，5两页 文律系

曹植梵唄

魏文帝黄初六年，陳思王曹植每读佛经，輒留連嗟翫，以为至道之宗極，嘗游魚山，闻空中梵天之響，乃摹其声節写为梵唄，撰文制音凡六契（契猶一節也）傳为後式

硕按此唄不載曹集

——佛祖统纪卷35——

11

張圻

張圻字仕一，吴兴人，工篆刻，多巧思，製砚尤良。百工技藝，试手皆能意匠，優于师传也。高南阜评云：張君可爱处，正在通与不通之间

鲍鈐禅乡32页端砚壹丛书本，

今科制，自公列侯以下，位从大将军以下，皆得服绫、锦、罗、绮、纨、素、金银缕饰之物。

三国志 魏志夏侯尚传

说的即明指各种丝织物衣服上加金银装饰，或刺绣，或织成，则不得而知。用金银绣刺绣作为统治上权威象征，从此一直在历史发展中继续下来，到以后还越来越广泛。

中国织花锦段的历史发展

沈从文 新建设 1953/9

隆阐法师碑

唐天宝二年

……爰发诚心，于是广劝有缘，奉为……造净土堂一所，……雕甍画拱之异，穷造化之规模，圆珰方镜之奇，极人天之巧妙。又于堂内造阿弥陀佛及观音势至，又造绣成像……

西方净土之变相 兰奈良当麻寺

世美 8—289

织成佛像

造园

石崇：思归引 说明当时对造园之思想

梁书昭明太子传 "……縱丝与竹，此中有清音……"

徐勉戒子崧书 「吾家世清廉……中年聊营小园……以娱休沐……」

庾信之小园

唐宋之问之蓝田别墅

唐王维之辋川别业

唐李德裕之平泉别墅

东坡作墨

志林云：己卯腊月二十三日夜墨灶火发，几焚屋，救灭，遂罢作墨……

初有潘衡者，卖墨江西，自言尝为子瞻造墨海上，得其秘法，故人争趣之。或问其子过，过大笑曰：先人在儋耳，独衡来见，因使之别室为煤。中夜遗火，几焚庐，翌日煨烬中得煤数两，而无胶法，取牛皮胶以意自和之，不能挺然，磈仅如指者数十，公亦绝倒，衡因谢去……

清 梅花草堂笔谈 卷二

就地取材的工艺品 —画蛋—

~~苏州有些工艺品，是就地取材，利用一些~~

我国的民间工艺品，往往就地取材，或者利用一些废料，经过加工，就变成了精美价廉的工艺品。苏州的麦柴扇、花篮、画蛋等，就是个例子。~~我们在介绍一下画蛋~~ 这里的二帧插图是苏州民间工艺社最近的出品，他们利用蛋壳上面画上了一些图画，再加上一些玻璃装饰，画工都很工夫，成本也很轻，居然可以出国，很受外国人的欢迎。可是这种画蛋却也有一段很长的历史。远在唐代有个大地主名叫~~何曾~~ 。家中生活十分奢侈，相传

要画蛋而后雕刻。①~~后来到了~~ 这种风俗到了唐朝，寒食节等节日，或者有喜庆的时候，那些"贵族"他们互相送些鸡蛋，端午用的礼物鸡蛋都雕镂。这种鸡子，当然不是食用，而是一种玩好之品，上面装些假花、古玩、楼台亭阁，大的可值几两银子，这个风气很费金钱，装成 因此唐朝开庆二年，开元二十六年都经动了当时皇帝下诏禁止这种奢侈的举动，画只这画蛋这件事逐渐消声了

文人画

画，本无文人与非文人之别　明董其昌始创文人画

陈蒼的審美觀点，首先要嚴格批評此画的有無士大夫氣息。無論在主觀（作家）客观（鑑赏家）都有一種士大夫的意识，所有段(?)羹(?)都与此分不開。

王摩詰是文人画的始祖，是事实，他是受佛教影响甚深的画家，一生又逢厄運，他用水墨作山水，確是李将軍對立的画家，確是中国画的大轉变（他的诗画都是超凡绝俗的），而且開後世文人画与所谓南宗画的風氣之先。王摩詰的画，传世者皆存疑之作，據传也有与李思訓類似的作品。南北宗顯明的对立當(?)始之唐代以後，北宗以斧劈皴系为中心画法，南宗以雨点皴系及其發展的披麻系为中心画法，然右丞间用斧劈皴，故其分立，不确定於唐代。不过王摩詰在唐已有了轉变，王右丞的画品在唐朝地位不高，在唐朝名画錄中神品分上中下，俱無王摩詰，妙品上中王右丞居第四位，直到後世王右丞地位提高与画人吴道子並稱，又与李思訓互領南北宗的首領地位。从这裡就很明顯看出我国画的内容对象，為(?)傳(?)的变迁過程，因为唐以前的画，壁画居多内容（發展）普及，极易为群众接受，李思訓的金碧画也是

宗蒼(?)/题西閣吴子間(?)刻丝畫(?)

机中织锦惭秦娥，唐宫刺绣如(?)梭(?)何。缫丝日暖临窗括(?)，新光试看投金梭。剪云裁雾补银河，旁人不识以手摩。非纱非縠非绮罗，但见空明摇玉波。上有双桐交碧柯，下有吴州(?)连绿莎。……(?)峨，仙人曳杖颔(?)微酡。幅中偷(?)然步平坡，高踪毒(?)域(?)发(?)书(?)……。丹青朱粉费调和，画家自来无此科。裁成莱衣舞婆娑，羔皮岂少(?)緎与紽。吴中妙手不可磨，树间有字知为他。五色文缫一尺玻(?)，清晓持向高门过。海乡乐事彩年多(?)，试呼家童歌此歌。　宗蒼(?)　笔(?)

刻所常见者，故称此为中西混合作品。但余则以此出於波斯萨珊朝之作品也。盖当公元三世纪之初期（公元227年）约当中国三国时（即魏明帝太和元年）安息王国为阿尔达西尔（Ardoshir）所灭，建立波斯萨珊王朝，势力西达地中海，北包美索不达米亚，与东罗马帝国为邻，故其艺术，实含有古代西亚及波斯之因素。又因安息而承传希腊罗马式系统，遇其艺术天才而创造萨珊朝之新式样，以翼兽为题材之中心作风，为萨珊朝艺术之特点。故萨珊朝之建筑雕刻及织物文样等等，皆称(王)工巧。而狩猎纹尤为所常用者。其后又由波斯西传至东罗马，为拜占庭艺术基石焉。又东传至新疆及中国。时楼兰遗址，於魏晋初期向恢復繁荣后，东西交通再开展，直至公元403年後凉为符秦所灭，此地遂被放弃。但在放弃之前，又正值萨珊王朝隆盛，势力向东西发展之时，则萨珊朝之毛织物东入

中国及楼兰，为极可能之事也。在此以前，中国雕刻上虽已有翼兽作品，如河南宗资墓，四川雅州高颐阙，皆有翼兽为墓前之饰物，但但皆在后汉之末季，手法拙劣，线条不匀。及萧梁墓前之翼兽，姿势雄俊，线条匀称，但近来一般学者，均以为出於波斯作风。中国人称在翼兽为「天禄辟邪」，辟邪为Parthia之对音，即波斯安息朝之本名，因其艺匠来自波斯，故举以为名也。在秦汉以前，中国艺术尚有以翼兽为雕刻题材者，可证翼兽为受外来影响，非中国所固有也。斯坦因同时又发现一毛织物，据云上有赫密士（Hermes）头部残片，则完全出於希腊罗马作风矣。以上各件据斯坦因所述，均出於距楼兰遗址四哩左右之古墓中，同时尚有带花纹之铜镜，木製兵器模型，傢俱，木板，及纸上所书之中国文字等等（见书第108页及65图）今据其殉葬物品观之，如铜镜，及中国文书，本为中国所固有，以及有中文题识之丝织品，与

上述各件同时并出於一墓中，楼兰文化之中西混交状态，不难由此窥其崖略也。

飲食好尚紀畧　——酌中志——

四月初廿四　卅日岁暮……門旁植桃符板，将軍炭，贴门神，室内悬挂福神鬼判鍾馗等画……（硕按将軍炭，亦俗称挡门炭。）

……自岁暮正旦咸头戴"闹蛾"乃乌金纸裁成，画颜色装就者，亦有用草虫蝴蝶者，或簪于首，以应节景，仍有真正小葫芦如豌豆大者名曰**草里金**，二枚可值二三两……

五月初一至十三日止……门上悬挂吊屏，上画天师或仙子仙女，執剑降毒故事，如年节之门神焉……

十一月……百官傳带暖耳……室中多画绵羊引子画贴，司礼监刷印**九九消寒诗图**。每九诗四句，自一九初寒才是冬起至[illegible]明星辰，不佳忙，皆瞽词俚語之数，非词臣应制所作，又非御製，不知如何相传耳，久遂不改，近年多易以新式诗句之图二三种，傳布未廣……

一把蓮　见酌中志卷十九第十二页

已历千余载，虽小有残缺蚀而卷帙完整，岂有鬼神力呵护之耶？抑其装朴属故能寿耶？亟应什袭珍之。善物中若此种书，尤称如星凤矣。臣梁诗正谨识。时乾隆二十四年岁在己卯仲春月

丝织品　录自黄文弼《罗布淖尔考古记》

中国以产丝著闻于世界，初见记载于希腊历史家希罗多德(Herodotus)上古史，称中国为"Seres"，希腊语"绢"之义。又纪元前150年，托勒美(Ptolemy)地理书中，亦记希腊商人实到过"绢国之都"。此地据一般学者解释，相当于今日之疏勒，为中国古时极西部之国际市场。汉书西域传称疏勒有列市，亦指此地也。据此，是中国丝绢早已运至新疆之疏勒，再转运至欧洲。及汉武通西域，交通大开，汉使臣常以财物贿赂西域各国，而西域各国亦贪汉财物丝绢之类，常居奇以为交易之媒介物。例如后汉书大秦传云「安息欲以汉缯彩与之交市，故遮阂汉使，不得自达」，则中国丝织品由安息输入于罗马，益可信也。但当时贩丝之道，必经塔里木盆地，而楼兰扼其咽喉，斯坦因尝于楼兰遗址中发现一捆绢丝，为当时贩运所遗，或楼兰人亦作贩丝之业也。余在楼兰虽未发见绢彩，但在孔雀河沿岸之衣冠冢中，死者衣文绣彩，甚为都丽，虽黄发小儿，亦皆被服锦绣(见工作概况L.了冢)则楼兰必早已接受汉丝织文明，毫无可疑。大唐西域记中，曾记和阗蚕桑故事，称「于阗以国无蚕桑，向东国求婚，遂由东国女子私密运桑蚕至于阗」，此故事亦见于西藏文学中。后斯坦因在和阗丹丹乌利克寺院板壁上，发见一故事画，即为描写此事。据西藏文学称「东国指中国一地方」，如然，是于阗蚕桑，直接由中国传入。但又据 Sten Konow 于阗研究称「据藏文于阗历史，娶中国公主输入蚕桑者为尉迟食耶(Vijaia-jaya)在纪元后220年以前」，据其所述，是相当于东汉末季，此时中国无与于阗结婚之事，疑东国之君为鄯善王。盖鄯善西与于阗为邻，鄯善王尤还又为中国外甥，先有蚕桑，极为可能。又观斯坦因在丹丹乌利克所获之故事画片，男女皆作西域人种型可证也。若然，是中国蚕桑传至鄯善，再由鄯善传至于阗，在传播路线上，亦复相合。故与其谓东国君指中国，不如指为鄯善王较为合理也。至今和阗蚕桑叶甚盛，丝绸亦甚有名，而鄯善则久已废弃矣。

斯坦因氏1907年，在楼兰古墓中，发现织品残片，据其所摹印之一部份，一为丝织品，花纹作云气奔兽之状，并有「韩仁绣宜子孙」题识，与云气奔兽相间什(同书第64图A。)由其风格与技术上之观察，完全为中国传统作风，吾人以之与战国铜器中之狩猎纹样比较，几无二致。其有角兽，与中国铜器中所称为夔龙者，似有因袭之迹，其边缘之三角纹，为战国至秦汉铜器上普遍之图案，汉石刻上应用尤广，其为中国所固有无疑。不特其题识与中国漆器及石砖刻上题识，用意相同，而为中国之传统习俗也。虽关于铜器上之狩猎纹，吾人常推论与西伯利亚，及高加索出品多相类似，疑其由早期之塞斯克泰人介绍至中国者。但至中国后，加以改造运用，故至秦汉时，又变为中国艺术中之主要题材矣。其他一块为毛织品之地毯残片，而也系作希腊罗马式之图案，中有翼马，左右对称(同书第64图B)据斯坦因解释为有翼马，为汉代用作

堆纱佛

張后嘗用白綾同彩桑色綾製衣以稱鑾

武服之礼大士宫中稱為霓裳羽衣又后常用素綾作地手剪五色循疊成诸佛菩薩妙相宫中奉釋教者恒相倣傚谓之堆纱佛——天啟宫词——

刮绒扇

冒褒以好侠重义傾其家夫人宫婉蘭製扇以给晨夕極工巧时爭購之至今稱雉皋扇刮绒扇蓋夫人遗製也——江苏诗徵——

剪綵貼絨

石字仙如皋人進士为私女善書画工琴善翠色剪綵貼绒花鳥自君始也——江苏诗徵——

~~董小宛有貼梅扇子~~

貼梅扇子

貼绒画始于董小宛以梅花瓣贴扇上如皋女子遂沿此製予過射雉城得春小红贴芙蓉一幀極工——清宮小牘——

織 画

織画肇紙缕为之闽人皆工此藝，多出女子手余歐陸湘繡藝亦能为此大 西林封頡

染青花布

近時松江能染青花布，宛如一軸院画或芦雁花草尤妙，此出于海外倭國，而吴人巧而效之，以木棉布染盖印也青久浣亦不脱嘗为靠裀之類。

刻丝御容

宋代緙丝作，猶今日纡丝也，花樣颜色，一段之间深浅各不同此工人之巧妙者，近代有织御容者亦如之，但着色之妙未及耳凡緙丝亦有数种，有成幅金枝花葉者为上有折枝什花者次之，有数品颜色者，有止二色者宛然如画，纡丝止是暗花，亦各有妙處，但繁華细密过之，终不及緙丝作也得之者已是宝玩

——以上两則见元至正直記——

老学庵筆记有鄜州泥孩儿京輿勝览有平江府摩睺罗白獭骨造有湖上春游黄胖皆后世塑泥肖人之技……时虎暇人技最擅長衷罗绮之衣裙缕金玉为玩好凉床煖炕製造精良贮以香楠木小匣作之低昂视装潢之繁简为华東游吾郡多購之者嘗戲为其核书作之並缀以诗云情语曾向客仲姬

唐绣

唐绣大士像，妙相天然，其布色施采，用绒凡三四層叠起，洵神鍼也，签標日神鍼大士。

宋绣

宋绣摩利支天喜菩薩一尊，为四首十二臂盖倣陸探微画本为之，宋秘府物也，身挂人頭念佛珠每顆面貌殊别，其他種種怪不能殚述。

宋刻丝

宋刻丝大士，古色陸離，極莊嚴之妙相。

宋刻丝榴花双鳥，花葉濃淡，儼若渲染而成，樹皮细皴，羽毛飞動，真奇製也，面背如一，惟用沈氏印以为别，背則印文反也。

——録自好古堂家藏书画記（姚際恒）——

五代梁刻丝金刚经 一卷

五代梁刻丝金剛般若波羅蜜經，欸题貞明二年九月十八日記……

後幅梁诗正跋曰宋刻丝作，为世所珍賞久矣顾未闻叔自何代及观此卷乃知五代已有之特其时製作較樸，至宋始益工麗好刻画耳夫古者太羹明水而後世因之作酒醴陶匏土鼓而後世因之作笙簧運会日開智巧亦日出此其刻丝之權輿乎卷尾署梁貞明二年迄今

蝴蝶装

明张萱疑耀云：秘阁中所藏宋版诸书，皆如今制乡会进呈试录，谓之蝴蝶装。其糊经数百年不脱落。偶阅王古心笔录云：用楮树汁、飞面、白芨末三物调和以黏纸，永不脱落。宋世装书岂即此法耶。

清钱曾读书敏求记：云烟过眼录下云：余从延陵季氏曾观吴彩鸾书切韵真迹，逐叶翻看，展转至末，仍合为一卷。张邦基墨庄漫录云：旋风叶者即此。自北宋刊本书行而装潢之技绝矣。旋风叶其即蝴蝶装耶。

漆制砚

梅谷偶笔云：砚之异制，或以竹，或以铁。近人有以漆为砚者，其法以水飞过极细磁砂和生漆为之，既轻便适于旅笈，且其发墨在铁砚竹砚之上。

字画新旧之别

宋代之纸，以显微镜照之，其上俨如剥去一层膜皮样、出夹之状，墨色表于纸内，墨上发现白霜，墨内亦有霉苔，而与香灰涂作之假白霉不难辨识。宋元之字，其墨色乌而且暗，与旧木炭之黑无异。

宋代之绢，绢丝毫无亮光，而与多年未用之旧麻无异，其上亦无浮绒。若夫新绢，无论如何煮染，仍发现一层绒光，且绢丝上有一种绒毛与蝇毛无异。宋元之绢，绝无浮绒。宋初之绢，横竖皆单丝，惟横丝似双而单。宋代中叶，始横竖皆单，惟横竖丝有细有粗。迨至元时，横竖皆单，惟其丝稀而且细。明初绢竖丝仍细，横丝（仍）已双。明代中叶，横竖丝稍粗，惟竖丝仍单，横丝仍双。其上仍无光亮。迨至明末清初，横竖皆双丝，其上亦稍有光亮。若夫新绢，不但横竖丝皆双，且横竖丝皆扁，其上之亮光浮绒绝不能退。今造伪者，虽将绢一种之丝作旧，远观之，与宋元之绢相似，惟其亮光无论如何煮染，终不能退，绢丝之绒毛，犹蝇腿之状，更无法可掩。

雕刻木像

雕刻木像，实自其昊始（事物纪原）。黄帝崩，其臣左彻追念其功德，摄其形，雕刻其像（史记）。殷帝武乙造木人，谓之天神，令人代天神而博，如不胜，乃僇辱天神。迨至周时，始以木人殉葬。秦汉以来，以瓦代之，故今出土之瓦人至远不过秦。孔子曰：始作俑者，其无后乎，为其象人而用之也。今人不知，以为周代俑人，以纸为之，误矣。周三代之时，尚未发明造纸，又未见有瓦者，以理推究，三代之俑，当然以木为之（史记）。秦攻安邑，宋王造木人，写秦王之名，使人射其面（三国志）。马钧巧思，造木人，击鼓吹箫。至六朝时始造木菩萨，迨至唐时始造木释迦。唐代以先，凡释迦像以铜石瓦为之，永未见有木者，故今所见之木释迦，其衣冠面目而与唐代以先之释迦像迥不相同。明代中叶始造十八罗汉，有雕刻者，有雕漆者。明代以先，只有貌似洋人之罗汉画像，尚无十八名之多，亦无铜石铁木者。自明初以来，编有天聋地哑、降龙伏虎等名，始有十八罗汉之称。按释道源付道士赵炳能禁虎伏地。符秦僧涉又能使龙下钵~~（山西通志）周[illegible]恒向，有学究王福[illegible]青州杨刺史夫妇好佛，晚生一子年十二岁，去南岳山为~~……总之罗汉之名，中西人氏鲜知其真像者，因一切经史毫无记载，非若列仙传、封神演义等书，虽系邪说异端，然尚能知其编自何人，出自何时。惟十八罗汉之由来，虽溯源探本，亦无从稽考，独金石一物，为尚能证明其真像。因河南开封一代屡见挑筋教遗迹，因自隋唐之时安息等国来朝，而犹太人即相随潜至中州，建造礼殿，呼其始祖 ABRAHAM 大圣阿吾罗汗，回教译为阿巴拉汗，此后中国始有罗汉之称。故宋元罗汉画像，皆系貌似洋人，尚无华人面目者。至明代中叶，自编着罗汉之名，始有男女老幼十八名罗汉之称。明代以先，只有阿吾罗汉画像，尚无降龙伏虎等名。故今所见之铜石铁木十八罗汉像，至远不过明。

明代初年始造木老子。明代以先，凡老子像皆以铜石为之，永未见有木者。自编出封神演义以后，始造木老子、木玉皇、木二郎，及一切不伦不类、非驴非马之各种木怪像。惟据今所见之木造像，至远不过魏，尤皆出自山西，其他各省绝未一遇。盖因西晋以后，各省战事蜂起，而北方省较之南方尤其战事延长百年之久，故一切古寺山庙多被焚毁。惟山西一省，自刘曜迁都长安，永未发生战端，一切寺院尚有存者，其中之菩萨像虽多糟朽，然未糟朽者亦复不少。又兼山西人民深于迷信，对于一切破烂糟朽菩萨像，仍虔恭敬仰，不忍毁弃。故今所见之六朝隋唐菩萨像，皆出自山西，其他各省所出者，至远不过宋。久贩木像之行贩，当深知余言之不谬也。——录自赵汝珍古玩指南，赵汝珍为北京古董铺，古玩录为赵汝珍之人寡明志所著——

者姓朱名圭字上如，雕刻书画，精细工致。云书共右有河南画家刘源绘凌烟阁功臣像，上如雕刻，尤为绝伦。又有南陵诗人金史字古良，择两汉至宋名人各图形像，题以乐府，名曰无双谱，亦上如雕刻。缘而选入养心殿供事，授鸿胪寺序班。

闽中绝技

鬼工球　五会城玄贞和尚
指　环　莆田姚朝士
日　晷　滋机上
一指许之自鸣钟　龙溪孙儒理
一分许三分薄玲珑之准提像　漳浦杨玉璇
福清郭去问一叶纸上丹书陶诗全部，笔笔仿欧率更（以上闽中绝技一节录自闽小纪）

韩伯通塑像

唐韦述两京新记云大云经寺内有二浮图，隋文帝立。塔内有郑法轮、田僧亮、杨契丹画迹，及巧工韩伯通塑作佛像，故以三绝为名。

刘永晖治文具

明黄省曾吴风录云自吴民刘永晖氏精造文具，自此吴人争奇斗巧以治文具，郡县官此者争索文具于民，若长州郭田二令相继挟千副以往，至今为民害未已。

吴十九

清刘銮五石瓠云浮梁人吴十九善制磁器，樊玉衡赠以诗云宣窑太傅永窑厚，天下驰名吴十九，今不知何色为吴十九制也。
清王士祯池北偶谈云近日一技之长……浮梁流霞盏则吴十九……

清初一技之士

…… 江宁扇则伊莘野、仰侍川，装潢书画则庄希叔。
叶洮字金城，青浦人，胸有邱壑，畅春园一树一石皆其布置。
缪舍人炳泰以诸生遨游不得志，久之能写像，名于浙中，尚书福长安以挟与俱北，因于上召入写御容，拜文绮之赐，属车所至无不从，命更写紫光阁五十功臣画像。乾隆五十三年台湾平复后，绘功臣像皆炳泰笔也。据此皆本朝方技之士（郎潜纪闻）

明代吴中绝技

张岱梦忆云吴中绝技，陆子冈之治玉，鲍天成之治犀，周柱之治嵌镶，赵良璧之治梳，朱碧山之治金银，马勋、荷叶李之治扇，张寄修之治琴，范昆白之治三弦子，上下百年保无敌手。

冯巧梁九

清王士祯居易录云老工师梁九者董将作年七十余矣，自前代及本朝初年大内兴造，梁皆董其事。初明之季京师有工师冯巧者，董造宫殿，自万历至崇祯末，年老矣。九往执役门下数载，终不得其传，而服事不懈。一日九独侍，巧顾曰子可教矣，于是尽传其奥。巧死，九遂隶籍冬官，代执营造之事。一技之必有师承，不妄授受如此。

铁画

清王诩建陵山房集有观明季汤鹏铁画诗序云鹏芜湖锻工也，与萧尺木邻，尝辍业观萧作画，萧非笑之，鹏遂以意创为铁画，名与萧埒。
许起壬瓠珊瑚舌雕剑云铁画以汤鹏锻铸者最佳，梁山舟、王廷和俱有诗记之。

装潢

长物志云装潢书画秋为上时，春为中时，夏为下时，暑湿及沍寒俱不可装裱。勿以熟纸背，必皱起。宜用白滑漫薄大幅生纸，纸缝先避人面及接处。若缝缝相接，则卷舒缓急有损，必令参差其缝，则气力均平。太硬则强急，太薄则失力。绢素彩色重者不可捣理。古画有积年尘埃，用皂荚清水数宿托于太平案，扦去画复鲜明，色亦不落。补缀之法，以油纸衬之，直其边际，密其隟缝，正其经纬，就其形制，拾其遗脱，厚薄均调，润洁平稳。又凡书画法帖不脱落不宜数装背，一装背则一损精神。古纸厚者必不可揭薄。

陆烜梅谷偶笔云古法书名画不论纸素，岁久皆生浮绒，为腐败之渐，而纸尤甚。余尝手装王右军二谢帖麻纸真迹，见其绒蒙茸如菌，乃以意消息，用皂角子仁稠水匀上一次，干后便光洁如镜。凡书画购得此法可以多历年所，装潢家不可不知。
装褙古法帖上下段截齐，即将两头夹定，绳絣极紧，白芨打令极光，用褶布拭去纸尘，却以皂角子仁稠水粘上，连解板捶刷一过，以后久久其也不毛不散。但上皂角子仁后，欲其华丽，则上金箔一次，如打金笺法。欲其鲜妍雅，则上云母粉一次。余尝手装大叶帖，如此见者皆以为精绝也。
书画易破则用装，书画易霉则用潢。潢者谓以檗染纸也，所以古人书画皆带黄色，皆曾潢过。今人但装而不知潢，书画焉能经远永久。

Gobelins ゴブラン 掛毛氈之通稱，實為巴黎国營Gobelins工場之出品

沿革：中世紀經云[illegible]已發現 Tapestry，它是的起源很古，是一種藝術的織品。从它的外观、感觉、題材、場所、时代等都有特徵，手法亦可見（各地的）转(演变化)

Gobelins五工場的起源於路易四世 路易十四世（1643立）自立工場，努力先邀画家ル・ブラン為總監督，這是黄金时代，其后屡经盛衰。现在已有古老的掛毛氈工場，場内附設掛毛氈陳列館，它的代表作有以路易十四世的事蹟為主题的十六幅毛掛毛氈……—（见映画新十卷一冊）

日本綴錦的經丝，每寸不过五十根，而我国緯丝每寸宋緯丝有多至一百廿根者，其粗细显然不同，日本緯丝亦有粗细兼用者

綴錦 詳日百科 17/561 型紙（即印花紙板）日百5—180

掛毛氈 日百5—17

Tapestry 日百16—529 有关日緯丝机械织

Gobelins 日百10—40 有四色緯的組成圖

漢代丝织物：

帶文字的「韓仁」錦

〃「長生无極」錦

〃「宜子孫」錦

〃「君羊鸖」錦

〃「新神靈廣」錦

不帶文字的若干種綾錦繡件。它的纹样和古樂浪漢墓出土的丝织物大同小異，恰是漢代中原丝綉的標準紋樣。（正和「鹽鐵論」說起过的，两地当时受中原蚕桑影响情形相合。）

中国科学院黄文弼先生的「羅布淖尔發掘報告」中，說「孔雀河沿岸之衣冠塚中，死者衣文繡彩縟，甚為都麗，冠黄發小冠，亦皆被服文繡」（見报告70页）遗物中有一片近乎织成刻丝的织物，上面织的是一匹球尾馬拉一輛車子。文献和其他報告中图録中，还从来没有提起过。——録自新建設1953/9——

~~根据秦漢时代~~ 根据文献，在秦漢时代綾羅錦繡已很發達，但遺物向来

不传，自从朝鲜楽浪郡时代的古墳發掘后，才發现了当时的绢、麻、綾、羅，特别是俄国的学者，在外蒙古庫倫之北约七十里的「ノイン」山的北坡的古墳中，發现了多数的綾羅錦繡，及毛氈之類，色彩很鲜艷。~~汉代的染织与刺繡已有的發達，已属可驚。~~

（从此认识了汉代的染织与刺绣已有着[illegible]可惊的發達）

（译自世界美术全集第三卷解释18页）

Peter Kozlov コズロフ（1863— ）（科斯洛夫）与S.F. Oldenburg一起，是俄国的亚西亚探险家，1889以後，曾五次在新疆蒙古西藏一带探险考古，又在北蒙古掘得黄金製的装饰具、铜器、漆器、刺绣、织物等重要文物资料，在研究Skythai スキタイ文化上的贵重的新资料，其中有明了ギリシャ式（很 的，也有纯支那式意匠的，都可以说明二千年前东西文化交流伴 往返的遗物）

盧眉娘

杜陽雜編：南海貢奇女盧眉娘，能於一尺綃上繡法華經七卷，然則古来奇技亦未可以理測也

紙織字画

清楊復吉夢蘭閣瑣筆云閩中永春州織畫，以紙絞剪為片，五色相間經緯成文，凡山水人物花鳥皆具，留青日札嘉靖間没嚴嵩家物已有紙織字画，蓋前明即行之矣

写小照

清周亮工书影云写小照者推闽人曾波臣鲸，近则推莆田郭子[illegible]疆 虎林謝文侯彬，兩生筆致秀婉，各作家氣，不獨曲肖神情已也。

舒嬌

清施潤章矩齋雜记云，宋时江西窯器出廬陵之永和市，有舒翁工為玩具，翁之女尤善，号曰舒嬌，其罏甕诸色几与哥窯等价。

朱圭

清朱象贤闻見偶録云，吴郡專諸巷内有刻书版

纈 纈（即今日之绞染） 夾纈（即今日之板締染）

印花染之總稱。和漢三才图会云「說文，纈繫繒染為文也。切韻，結帛為文綵也。○按红夾纈，有紫黑，浅葱，茶色，数品，细密结括繒，大者如乳頭，小者如丁子頭而染之，全无空處者名摽纈，有山水花鳥者名道座，如麻文者名麻纈，蓋鹿皮文畧似，故名鹿子，其地绫子为上，纱绫縠次之」

纐纈的異名很多，如交纈、绞纈、纈缬、目结等。在日本天平时代宋始，经足利时代~~徳川~~（桃山）时代，到德川时代而大进步，这时有滋目结，鹿子绞，匹田绞等種々方法産生，遂成为今日日本獨得之染法

臈纈

印花之一，亦稱臈摺，支那稱蠟点纈，纐纈纈即今之绞染，夹纈，即今之板締染，皆盛行於日本奈良时代。其方法与ジャワ（即今印度尼西亞）及印度等之Batic Printing（バチックゾメ）相似，而自印度經中國而传至日本。

Batic的防染部份，自然的发生一種龟裂染液从这裡侵入，表现一種龟裂的模様，而臈纈，更以染成这種龟裂的纹樣，为主眼。

板締　机械的防染法之一，用於丝织品，用板締絣織用的飞白丝的染色。用於印布用板締友禅的染色。（详见大百科2—181）

暹羅染　捺染之一種。（印花）纱宣染，更纱为舶来物，古时自暹羅舶来，故稱更纱染。——见日本百科事典——

更纱（サラサ）更纱即印花布，日音纱羅纱，一说为华语，一说为印度地名（Surat）之训读，

サラサ的之语，早见于慶長廿年之文书，初云「更纱」，后云「皿纱」，雍州府志云「佐羅佐」，人倫训蒙图彙稱「沙羅纱」，倭训栞稱「纱羅纱」，至元禄时代则称「花布」「印花布」或「華布」「印華布」，因传自中国之華语也。

日本京都的京染

京染与西陣織物，都是早已有名，它的起原很古，延历奠都之时设織部司，专辦朝廷用品，其法都传自中国，用植物质制，明治初始用人造染料，染色顏目甚多，列下：友仙染，茶染，蓝染，丝纽色染，绞染，引染，中形紺染，正紺染，生蓝染，红染，小纹染，手拭染，裡地紺染，等。

日本京都刺繡

刺繡起原很古，平安朝时（唐）已設立縫殿寮，等（不但）公卿縉紳的服飾，即佛事的曼陀羅，打敷等，都盛施刺繡，到德川时代，風俗更華美，上下竞用刺繡，因此刺繡大有大进步，明治維新后，较隔闭，后经展览会的宣传，始销机而渐有输出。

藥斑布：俗稱澆花布，亦名印花布，细分之後有二種，一曰抹印花，乃以灰粉涂膠礬，塗作花樣，隨意染何色而後刮去灰粉者，一曰刷印花，乃以木板刻作花卉，人物，禽獸，以布蒙板而砑之，用五色刷其花樣，華采如绘，就印刷而言，又分双單兩种，單印者止印布之正面，双印者，兩面均印　——上海縣志——

药斑布出嘉定及安亭，宋嘉泰中有歸姓者創为之，以布抹灰药而染青，候乾去灰药則青白相间，有人物花鳥诗词各色之爲慢之用　图书集成

滚條

绒繡　生动如画，不减松江露香园顾繡

堆纱　以绸纱剪成花瓣人物

刻丝　五色相错间以金縷

綢繡　丝係布綢撒填以花朵

挑花　布地係花

刷绒　绣绒用膠刷成花朵

点翠　用翠羽点染作花

彈墨　噀五色於素绢錯成花鳥完飾

结串　丝係辫成缀以流蘇

金係　以彩線为骨，外用切金条纏成。

——以上蘇州府物产之图书集成——

洪法燕　蘇工姓洪
黄锅壶　黄元吉　｝嘉定三绝
張铜炉　張鸣岐

——以上均见图书集成——

綴錦　タペストリ（Tapestry）之一種。Tapestry是一種织物，与我们之缂丝，日本之綴錦，其方法相同，当然，因时代，国别，丝之種類，机械的装置，多少有些不同，Tapestry一般是毛织品，綴錦是丝织品

口脂 燕支

⑨

燕支本妇人施之面色，唐僖宗、昭宗之时，都下竞事妆唇，以此分妍丑，见胭脂之名数十，妆名记等书，因知唐代以燕支涂唇，其名目如下：

石榴娇	大红春	小红春	嫩吴香
半边娇	万金红	圣檀心	露珠儿
内家圆	天宫巧	洛儿殷	澹红心
猩猩晕	小朱龙格	双唐媚	双妇样子

唐五行志：元和之末，流行奇异的化妆，不施朱粉，惟以乌膏注唇，似悲啼之状，白乐天时世妆所谓：乌膏注唇唇似泥是也

朱唇一点桃花殷　岑参　醉戏窦美人诗

朱粉

⑧

唐代多红妆，先傅白粉，更施燕支：

傅粉贵重重，施朱怜冉冉　元稹　恨妆成诗

薄粉轻朱取次施　罗虬　比红儿诗

红妆之例：

红粉春妆宝镜催	孟浩然	春情诗
美人红妆色正鲜	岑参	敦煌太守后庭歌
翠娥红脸不胜春	司空曙	观妓诗
红铅拂脸细腰人	张祜	李家柘枝诗
红脸眉黛入时妆	罗虬	比红儿诗
一抹浓红傍脸斜	〃	〃

转后页

時世粧

唐妇人粧名時世頭，因話録：西平王泌家检肃，不许时世粧梳。白乐天时世粧歌：「圆鬟无鬓堆髻样，斜红不晕赭面状」然亦有作时势者。杜位题诗：「丛鬓愁眉时势新」，元微之教遍人粧束诗：「人人总解争时势，都大须看各自宜」岂时人避庙讳改世为势乎？抑以鬏鬟危髻，取势皮貌，改势字貌之乎？正不如作时世为亲切耳

胡震亨唐音癸签卷19

雷纹

2—292

二 稻妻模様　按日本称天空内电光曰稻妻

中国自古於器皿之上，喜用雷文装饰，~~[illegible]~~自夏至周，在铜器上最多用雷文，虽不详其缘，然为我国独创之装饰纹样，应用范围甚广，可能为对自然神威的一种自然现象的崇敬~~[illegible]~~之念而被爱用？

又我们的古代纹样中，亦有类似我国的雷纹图案，~~称为[illegible]~~据称为[illegible]最古的一个

③

髩

片片行雲著蟬髩　盧照鄰　長安古意

蟬髩紅冠粉黛輕　刘言史　乐府杂词

漆点双眸髩绕蝉　施肩吾　观美人诗

髩又稱蟬髩，古今注云：魏文帝时宫人莫瓊樹之所作，望之縹緲如蟬翼然，蓋指兩髩薄如蟬翼也。

④

垂鬟

釵承墮馬鬟　張昌宗　太平公主山亭侍宴诗

花映垂鬟轉　儲光羲　夜观妓诗

髻鬟垂欲解　孟浩然　美人分香诗

二八蛾眉梳墮馬　李頎　緩歌行

風流誇墮髩　白乐天　代书诗一百韵寄微之

柔鬟背額垂　丛髩隨釵斂　元稹　恨妝成诗

長釵墜鬟双蜻蜓　温庭筠　夜宴谣

倭墮低梳髩　〃　〃　南歌子

⑤

寶髻

見大宝令。令义解注云：谓以金玉饰髻绪，故云宝髻也。盖以金玉之钿、钗、步摇等饰於高髻。举例如次。

为君安宝髻　王勃　临高台

山花插〃〃　李白　宫中行乐词

宝髻巧梳金翡翠　章孝標　贈美人诗

倦枕徐欹宝髻鬆　韓偓　晝寢诗

宝髻偏宜　明皇帝　好时光

〃〃花簇　韦莊　怨王孙

⑥

額黄　亦稱鴉黄

学画鴉黄半未成　虞世南　嘲司花女诗

纖纖初月上鴉黄　盧照鄰　長安古意

微汗欲銷黄　楊師道　美人春怨诗

額畔半留黄　吴均　赋得欲晓看妆面

宮樣輕輕淡淡黄　王建　宫词

撲蕊添黄子、呵花滿翠鬟　温庭筠　南歌子

額黄侵膩髮　韋莊　女冠子

齐家文化（一）

已进入铜石并用时代

陶饰：

斜线构成的菱形带纹、

两边对称的方格纹

图案规整

雕塑艺术

陶鸟头

人面形象

纺织业 有发展

纺轮已大为发现

在一平方厘米的布纹上经纬各十一根

铜饰： 发现铜指环

龙山文化可分为：

庙底沟第二期文化（河南三门峡）

后冈第二期文化（河南安阳后冈）

客省庄第二期文化

典型龙山文化 （黄河中下游）

由母权制过度到父权制，由于随葬品的悬殊现象，表明氏族成员间已存在贫富差别。

①

髻鬟

半翻髻 反绾髻 乐游髻

（以上高祖宫中之髻）

双镮望仙髻 回鹘髻 愁来髻 飞髻 百合髻（以上玄宗宫中之髻）

归顺髻 平蕃髻 长乐髻 闹扫妆髻 盘桓髻 惊鹄髻 抛家髻 倭堕髻〔一云髻鬟髻〕 囚髻〔唐书五行志〕 乌蛮髻〔小说红线传〕

以上摘自唐段成式之髻鬟品、唐王叡之炙毂子（渊鉴类函引） 后唐马缟之中华古今注 宇文氏之妆台记中所载唐髻名称

靥饰

说文：靥，颊辅也。洛神赋：明眸善睐，靥辅承权。自吴宫有獭髓补痕之事，唐韦固妻少时为盗刃所刺，以翠掩之，女妆遂有靥饰。其字二音，一音琰，一音叶。温飞卿词：「绣衫遮笑靥，烟草双飞蝶」此音叶。又云：「粉心黄蕊花，靥眉山两点」此音琰 杨升庵

胡震亨唐音癸签卷19

滚针第四法　滚针者鳞层出边，与捻针第二绿粗针插短两针之中仍嵌入两针或一针，层层镶入。

散针第五法　用以绣羽毛之处结线法法。

疏针第六法　用以绣树石等处

各路振兴女学绣法：旋针，镶针，滚针

周总理：

解放台湾　美国他也参加也不参加，他干涉，他也不干涉，我们台湾美国一定去，这个战争，不需要扩大全世界。美国说中国在台湾问题上要碰到第七舰队，碰到没怎样没有停。干涉没有，经验上看起来干涉危险的。要解放台湾，不需要打开事战争也要有和平与经济支援。

解放台湾是内政，美国干涉是外交、

解放台湾是长期的，要在斗争中长大
~~我们去海峡是不重要的，但一定~~
要学好。毛主席第一个学会游泳。

李维汉　发言

（对于解放台湾出面当中的看法）

① 朝鲜停战印度停　解放台湾可停

② 先建设后解放台湾

我们要停战和平建设非解放台湾不可

③ 解放台湾是很困难的事

④ 最好依靠和平方法解放台湾

⑤ 分化敌人让他自己在台湾

这些意见有些是思想，对自己力量估计不足

（注意内在敌人）

土产公司与合作社对于刺绣加工的工资。

老苏绣与新苏绣有什么不同？

湘绣用丝线比较牢固，光彩美。

中国刺绣不能下水，太大缺点。

一条被面十八天　工资五万元

改进的被面凤凰绣35天要7万

内销：小被面，茶垫，枕套，鞋面，门帘，茶杯垫，枕顶，帐额沿

外销：枕套，桌面，被面，床毯，舞衣，布被，方枕，枕套，茶垫

城市家庭妇女做一对枕套　7000元（四天）
吴县　　　〃　　　6000元

画工不够　土产公司　合作社　文联，
中央美术学院，国画家

土产公司：合作与文联密切联系，提高艺术的中心。

农村访问对象：三等观音　第三工场

阊门外三乡访问　下午二时

画工的困难：① 花样出路

② 绣工限制，只可画若干分量。

③ 学习少，没有条件研究新花样未人画出

④ 过去要求很高，现在要求十天中出廿个样，要求要求多，因此敷衍了事不求改进。

⑤ 样子变动很快

⑥ 缺乏艺术修养、

⑦ 迁就绣工，丢了原样

被面　设计绣工很细八十工十四万元
　　　普通被面绣十八工——五万元

磁州土瓷可以代表中国典型的土瓷
彭城半瓷半陶的小玩具

出国展的意义：①文化交流 ②介绍中国人民的智慧创造向外介绍

全国合作総社委托中国美协在全国各地组织工艺美术的示范性合作社
中国美协委托苏州文教机关组织刺绣合作社，其行政工作应与当地合作社联系
绣服装上用的花纹
多设计日用品。

纂组英华 1954，7.31，见故北京历史博

宋刻丝花白三秋图轴
宋刻丝紫鸾鹊谱图轴

百闻不如一见
平常得很

今後：

① 要绣图案味的绣，即使绣画，也要绣带图案味的画

② 我们存在的问题，在图案与色彩上，而不在技术上。

③ 色线的染色问题，应速解决。

④ 故宫库存帝室日用绣品，甚有不少是苏州旧绣，预约故宫一次开门整理，我们是否可往一看，对这些绣品的纹样技法，如何利用借鉴？

⑤ 缂丝刻花白三秋图三幅，一幅在台湾，一幅在中央，一幅在苏州。

经验 刺绣 缂丝， 8.2.5郑野夫谈话记录

组织形式 ①工厂 ②生产合作社 ③生产小组

人数：卅人以后有计划的发展。

经济 领导人

第二期

民国三年左右的苏州名绣家与学校

武陵女学：顾铭微 顾铭允 顾丁 谓琦 顾蔚洛芷
木渎女学：顾张元芷
双桐女学：马郭桐先 蒋元秀 杨实
苏苏女学：杨慧贞
振华女学
无锡 吴王竟 秦素琴
竞化学校 振秀女学 态成女学
冀中女学 侄粟女学 竞志女学
绣工会 女子职业学校
苏州博览
汪聖言：紫摩巨光 嵌珠摩巨 影像巨摩 撒珠摩巨 里摩巨 波罗斋 珊瑚斋
蒋蔼顺 仿宋锦

上海博物馆 待访录

好的刺绣照片
宋：朱克柔缂丝大幅画
仕月山 林良
曜宗近 吕纪

吴县马郭桐先 刺绣女红科讲义
民三

教授第一法 或绣或假摹绘花草山水人物鸟兽，先上绷，教者立绷前，令学者立对面，教者取线劈开，去毛务令光滑，以小针穿之，插于所绘物形上，疏排针度，令学者用线依入，渐次加密，一层绣齐，再加二层抢针，渐渐绣齐，此为初步。

配色第二法 按照绘物形应用何色配用之，宜分阴阳面，深浅须辨明阴面宜深，阳面宜浅，阴阳隔界，深浅宜拼合。

用针第三法 套针头层出边，与抢针一般，第一层做好，第二层套进半层，每中针之中做二针，层上层，套上层，以满物为度，此为套针法。

葫芦　为藏虫之器，经初结时，在枝上即令(扶)

端正，待其长大，始依剪下，以土作模型之，置风中候乾，剖为盖眼罩，及花卉之属，中刻一窍，四旁或作四穴，或嵌象牙骨角玻璃为门。喜畜秋虫之人，藏虫于内，置怀间珍玩，俗呼叫哥哥葫。其稍显之大者，可截盖作酒樽。小瓠为佣庸之軋頭而已。

虎邱会馆

闽州会馆，在宝安馆东　康熙建 嘉庆修，俗名扇子会馆

仙城会馆　在山塘西

宝安会馆　在岭南会馆东　康熙建

岭南　山塘桥西　明万历建　康熙修

雍凉公墅，即全晋秦会馆　在毛家桥西 即陕西会馆　乾隆六年建

东齐会馆　在全秦馆西　顺治建

东官〃　在半塘　天启乙丑建

全晋〃　在半塘桥　乾隆卅年　俗呼白石会馆

冀城〃　在小武当山西　俗呼老山西会馆

镇江公所　在小武当　乾隆

[illegible]坊公所　〃　〃　陆羽楼故址改建

俗名马牛王庙

毗陵会馆　在莲花兜　乾隆27年　常州猪行会馆

展出计划

9，打扫　13 搬家　14 安公(?)　定传计划

20．收集缩了(?)　22 开展 开座谈会 定进一步

收集计划　27 训练讲解(?)　30 预展

宫样九件（即荷包袋之俗名）以北京荷包巷所卖之宫样九件属金制绣花样万千，主日贩卖金口近来仿者所售亦较为希珍。

汤(火)样　建筑模型俗名

泥人王　光绪间本地人姓王最著能制神和塑像，

~~以下各件要的~~

~~黄杨如意，嵌银丝寿星 玉象，玉瓶 玉如意 红木船，红木灯，~~

玉 90件　刺绣 21件　水晶(壹)4件

竹件 23件　象牙 18件　钮 1件

木雕观音1件

红木船 各一件　檀香如意 14件　白玉如意 7件

红木灯　寿星 2件

小摆设　玉象2对　珐琅瓶一只　玉塔一座

的氣比较合適得多。用這种方法，就在巨大的~~鼓風炉中用鉄矿炼得了铁~~。

鼓風炉有30公尺高和6公尺宽。

鍊　鋼

從鼓風炉中所得到的並不是纯鐵，而是含炭很多的鑄鐵，要想得到鋼，還得將鑄鐵繼續加工，來除去其中過多的炭，這就是鍊鋼。

含碳量超过1.7%之间的鉄叫做鑄鉄。它的特性堅硬和脆性

含碳量在0.3%到1.7%之间的鉄，叫做鋼，它的特性堅硬和彈性，鋼特別值得珍贵之處，可改变为鍛冷鋼，淬硬鋼

含炭量在0.3%以下的鉄，叫做鍛鉄，鍛鉄具有展性，容易彎曲，不斷裂。

特種鋼

加錳＝堅硬耐用　可做碎石机 保险箱．鋼盔、

加鎳＝特別堅硬　可做甲板，坦克，裝甲車

加鎳(鉻)無弱度，彈性及韧性　可做机器另件

加鎢，鉬，及鉻 ＝ 高速鋼，它能在很高的红热温度下，保持其硬度。做車床削刀

加　不銹鋼

殖民地工业

日本军閥曾在鞍山，撫順，本溪開炼鉄廠，這些地方的

鍊鋼工业，都建在鍊鉄之後，而机械製造工业，又更落於鍊鋼之後。

利国厂另報告　1954/4/21

殿表在141个以内，华东最大厂。机械化而不是自動化。厂的历史，1916年採矿，当地资本家張仲仁 許XX 与安徽督军倪嗣冲 三家合组 利国三个公司来進行採矿，採矿在凤凰山。採矿用土法，[illegible]到此，利用驴子驮，有些山上矿。採矿直接卖給日本，幇助了日本侵略。一直到日本人来，三公司垮了，因此日本人知道此矿的詳，日本随軍帶来技術人员，继续幹 日本人仍一直鉄探，蓝湖附近鉄矿，运来矿石。日本人之时代工人近两万，分在兄日本人直的。1937年在南山附近向山有不硫铁矿，開採鉄矿直接运到日本加工，石硫化鉄一月份[illegible]永利製硫石[illegible]。1942日本發動南洋作戰，日本軍力不足，將運輸成问题，日本才就地生産，炉12日个，预備以20个地基，只造十个，1943年出铁，八个炉子出铁，鐵1944年底停止。日本人知道大势已去，不再扩充，因此日本继续去採不石化鉄矿

麒麟送子，骑马鞑子之属。其眼舌盘旋时，能自动。其直走者，犹前京师之骡车，一人坐车中，一人跨车辕，不过数步即止，不耐久行也。又有童子拜观音、嫦娥游月宫、紫府南海诸戏名，外饰方匣，中施沙斗，能使诸女击钵垂手折腰，玉兔捣药，工巧绝伦。张继昌有自走洋人诗（从略）

绢人　多为仕女之形，以五色绫绫为饰，眉目姣好，或立或坐，游客至虎丘者，每市以归，互相馈贻。吴待有绢美人诗

山塘画铺　异于城内之桃花坞、北寺前等处大幅小帧，俱以笔描，非若桃坞寺前之多用板印也。惟工笔粗笔，各有师承。山塘画铺以沙氏为最著，谓之沙相。所绘则有天官三星、人物故事，以及山水花草翎毛，而画美人为尤工耳。著者多外来游客，与公馆行台，以及酒肆茶坊，盖价廉工省，买即悬之，乐其便也。

像生绒花　山塘亦一聚处，其数不下十余家。扎花作叶，各有专工，散处虎丘附近一带。开城中北寺、桃花坞等处，多女红为之，为做夹瓣、旋绒、裹绒、刮绒等花。开通草蜡花，千崖百窍，悉售于外府州县，大多浙闽及江西诸省之客，郡人间有过而问者。舒位有像生花诗

缨络毡拂作　在虎丘山塘及山门内，并有以缨络结作花篮，大小插瓶，拂刷帚、道冠之属，殿鬓花蝶，或有以其有深色马尾棕为掸麈、花篮，及葫芦球形者，中亦可安茉莉、夜来香，有结成枕搭，或作牌式、佛手式者，中实花椒，佩衣襟间，可辟除秽气，俗呼花椒枕头。钱清履有缨络毡拂诗

紫竹器　竹之真者，色紫而纯，出浙之富阳及皖省泾县、滁州一带。伪者，以白竹用火熏黑，色黯而无泽，不入选也。凡几榻、桌椅、厨柜，及小儿坐车、摇床、床栏、盖瓶、桌面，俱轻便可爱。其肆多在山塘普济桥一带

竹刻　顾禄续志云，从嘉定移徙于山塘，凡笔筒、笔搁、界方、墨床之属，为文房雅玩，多以铁笔雕刻书画，有以竹裹为之者，名曰翻黄。潘士绶有虎丘竹刻诗

塑真　俗名捏相，其法创于唐时杨惠之，前明王氏竹林，亦工于塑作。今虎丘习此业者，不止一家，而山门内项春江称能手。虎丘有一种泥土，最滋润，俗称滋泥。凡为上细泥人、大小俑人、塑头，必此处之泥，谓之虎丘头。塑真尤必用此泥。然一二之劣者，亦如传神之拙手，不能颊上添毫也。肢体以香樟木为之，手足皆活动，谓之落膝骨节。冬夏衣服，可以随时更换。位置之区谓之相堂，多以红木紫檀，镶嵌玻璃，其中或添设家人妇子或美婢侍童，其榻椅桌几杌，以及盆花陈设，大小悉称。韩崶有赠捏相项春江诗

虎丘耍货　虽俱为孩童玩物，然纸泥竹木治之，皆成形质，盖手艺之巧，有迁地不能为良者。外省州县，多贩鬻于是。又游人之来虎丘者，亦必买之归悦儿辈，诚之土宜，其名称其实矣。头等泥货，在山门以内，其法始于宋时袁遇昌，尝做泥美人、泥婴孩及人物故事，以十六出为一堂，高只三五寸，彩画鲜妍，备居人供神摆盆之用，即顾竹峤诗所云，明知不是真脂粉，也费游山荡子钱是也。他如泥神、泥佛、泥鬼、泥花、泥树、泥果、泥禽、泥兽、泥虫、泥鳞、泥介、皮老虎、壮猪、罗汉、荡秋千、草马、游水童，精粗不等。纸货则有盔帽倒，纸斗童子，拖鼓童、纺纱女、倒挂猴儿、坐车孩儿、牧牛童、摸鱼翁、猫捉老鼠、壁虎猫、痴呆、撮戏法、猢狲撮把戏、风筝婆、化缘和尚、琵琶凳子、三星、金刚、八仙葫芦酒仙、再来花甲、聚宝盆、象生百果，及颠头毛虎、狮象麒麟、豹鹿牛狗之属。市彩则有一本万利、双喜吉庆、平升三级，皆取吉祥语。竹木之玩，则有腰鼓、鲤鱼、花篮、香桶，脚盆缩至径寸，又有摇鼓、马鞭子、打盘锤、花棒槌、宝塔、木鱼、琵琶、胡琴、洋琴、弦子、笙笛，诸般乐器，皆具体而微。有以两铜片制为钹形者，圆如眼镜大，小儿伯击为戏，俗呼锵锵，盖有声气词也。

影戏洋画　又名即今幻灯

洋琴　虎丘祇半塘吕殿扬一家

席　出虎丘者为佳，见姑苏志。山塘只一二家而已，别有蒲席、线席两种。昔年张山居民多种莞草织席为业，四方称虎须席，极为工致，他处所不及也。今种莞草织席者，皆吴县为多。然虎丘地名，尚有号席场弄者。

竹藤篮　四方称虎丘篮

竹夫人　亦虎丘人为之，有藤竹两种。

治嵌　周翥→见香祖笔记

周柱→《春酌斋诗》

一名镶嵌　周翥之法，惟扬州有之→《濂园丛话》

~~[illegible]~~

~~[illegible]~~

乾隆中有　王国琛　卢映之

映之孙　葵生

南红玛瑙　戴绍信

秀山雕牙

于明中麓钩　清初？

朝阳 胡阿荣　薄胎脱胎漆　光绪民初间人

玉叶由浙江来其人优者居多甚为　革命以后转入上海　忠王凤可转入苏州

玉如意　小插　神牌　刻丝花　银瓶

茶壶　神龛

清儒著石核墙朝北姓黄　有相堂

扬州毛氏家　宝兵宝生

徐吴鸣　西百巷王黄顺林　谢村观山

毛豫匡　吴

苏州　陈思可世科子燮之

扬人　陈冶赋　北寺塘大弄堂一号

郡老　仙陈指巷　认走护花街学校

东门外东涯一带都做玩具

南门外　四明公所后面有批装帧

红木卍字回纹　光绪向锦甫制

望山　——周制

木椅一只　许培之刻→戴先生家

乾隆年制

思婆巷殷家有相堂二人

花文营　椅200　棕榻10只？　卜景树10只　玉器十橱，雕刻牙十木橱，其他5木橱　12上午洽

印卡，接洽办公室，劳动力，车橱，洪泽小区，

致信，印工作证及临时工作证　胡耕中信查碑刻

城隍戴顶帽子　工作会议　临时工作

收件登记，分两部分（信）（器）→（分类）

工作人费用8200—

桐桥倚棹录　道光壬寅刻

吴县顾禄铁卿撰

蒲扇　俗呼芭蕉扇，山塘扇肆，多贩于粤东之客，其叶产粤之新会城，乃葵扇非蕉叶也。上等之葵叶都贮于诸箱运来者，故谓之箱叶，粗者谓之包叶，以细白嫩叶无夹缝者为上选，时尚黄丝白纱镶金宽边柄，以影漆及紫绛色雕刻书画，中嵌泥金者盛行，若翻黄竹及玳瑁沙鱼皮柄，已向一用者矣。

团扇　有绢有罗，涤描浓绣，多行于他省及居民新嫁女郎送亲之用。有素绸边漆柄，红绿紫色黑，俱纯色者，有形似满月或六角八角，宫扇式者。两面皆糊联绢，书画精雅，阴面以两色锦为贴边，山塘操是业者不下数十家，凡罗行宗伯，皆萃于东西两山庙，予嫌其未当，拟于僧弥书祠旁，建团扇夫人庙，为扇肆会饮之地，及阅钟铸云瓶水盟集，知王仲瞿曾时僦居吴会，寓于小令祠畔，实倡础石奉夫人香火之议，此

黄先程我心者矣

琉璃灯　始则来自粤东，有绿白两色，今郡人能以碎玻璃捣如米屑，淘洗极净，入炉重熔，一气呵成，其市亦集于山塘，所售则有各种挂灯、杭灯，大小不齐，灯盘灯架，以铜锡为之，反面以五彩點描凤穿牡丹之类，其素者则有供佛之长明灯，与金鱼缸，可安置几上，游鳞跳跃视之为大，铁马，乃琉璃片也，上有四字，曰玉马风声，或玉龙二字，皆制时熔成者，用铜钩系，色绒紥成宝盖形，复以十余片穿之，悬于檐隙，雨风之夕，音声錚錝，令人不堪卒听。

丝带店　昔祇萧场弄一二家，近来塘岸，不下十余店，萧场弄内，家户搓丝织带为业，有学艺向妇女，皆能搓丝度绳机，且城内一带搁地叫卖者，其器丝俱鬻于胡家，皆织编纳线吐拿之丝，杂学为之，其粗造不堪，俗呼为粗造丝织。

自走洋人　机轴如自鸣钟，不过一发条为开鍵，其店俱在山塘，腹中铜轴，皆附点缀人为之，封其于店者有寿星骑鹿，三换面，老跎少僧尼会，昭君出塞，刘海洒金钱，长亭分别。

木玩具　花瓶　茶具　拐杖　小磨子

绍兴人做　小假山
盆景　果严和尚

麦紫花枕头　麦紫扇

小藤篮　西津桥一带

蟋蟀盆　陆墓袁洪石

泼罗漆盘
象牙手镯

三寿　晚香书屋　乾隆
李焕章　乾隆前
绪雯
李焕章孙　瑞荣
　　　张华锁
木渎有贾士道盆　吴孝谷藏
水盂　康熙薄胎

戏法　吴瑞芝与吴品之做戏法道具
　　高金山　秀山高家带班人　徐阿刘
柳一王迎洲　　　　桃核

~~珊瑚尺木~~？

三和插木

陰历初十
1958/1/14/截止收件

预　算

购置费	150万
印刷费　海报，入场券，说明卡，	200万
布置　保、景　动	50万
广告费	20万
运费	50万
修理费	?
膳费	120万
电灯装置	50万
电费	30万
赔偿费	20万
什费	100万

昌善局　韦陀像
工　　　模型
刺绣，
弥罗宝阁
老庙

绸花　以下关于绒花等，次要加以

唐富贵　　王永雯专做通草花
　绒花　苏州有
北京用锡绒　苏州土绒

泥人　马尊贵　孔佳仁
项四　捏像好　小石灰桥　住伯年为其父捏之像　林先生在任觐林家
项九之女　住道堂巷，模捏着金之既　见过
山塘天尚祥　四盘人物，　项琴舫　虎邱人
沈顺生父母相堂　雯传在沈万丰
周
虎山姓王　本来住平江路迎甫桥西街小光娄
山塘巡抚　有一柄
泥人　都在虎邱，有几十家
山塘桥堍有一家任春记要货　专做绸戏
寸景宝盒　看马　西洋货
梗子巷一家洋房中有十六齣戏文泥人戏
圆板苏州货　坯子用火烧
庙堂都有　虎邱普济堂前做的泥可以
烧色青出轨　沈仲尧　锡沪汽车站

二马驹一老式水烟筒

花椒叉帚　拂尘
插绒花　安节局妇女做的
押莲子　葑门彭氏妇女专叶
摽　延姑娘　虎邱要货　240钱一个
掉　落桐里画画
天津工艺局有泥人料
胡东海　用砖建磨香烟画
山塘街派出所四摆渡一带卖玩具
当真宫桥对过并乾玩具

苏州文管会：　绣刺件　牙刻象？　泼罗漆
红木细工　佛像　水晶球　琥珀
剔红（明）

無锡阔泰宽料行　胡雯洲　有六十多只鸟笼
〃　太平巷口酒店有一间卖鸟笼
芦墟　泗洲寺　東房　慧月和尚

竹水烟筒　胡本华中
蟹　杨不毅

中国古建筑遗跡

①漢朝遺物（公元前260—220）
四川渠縣 馮焕闕
河南嵩山 太室闕
山东嘉祥縣的 武梁祠
〃肥城 郭巨祠
四川樂山 白崖山崖墓
〃彭山 江口鎮崖墓

②佛教遺物（唐朝（621）起一直到清朝（1911）一千三百年间内不同年代的佛教大殿建築
佛寺大殿 山西五台山佛光寺大殿（857）
河北省薊縣獨樂寺（十一世纪）
山西大同華嚴寺（〃）
善化寺正殿（十二世纪）
山东曲阜孔庙 最早的（〃）
山西趙城的廣勝寺（十四世纪）
北京 智化寺（十五世纪）
佛塔 山西应縣木塔（1056）木塔
陕西長安 大雁塔 砖塔（704）磚塔
河北省涿縣 双塔（仿木）（十一世纪）〃
北京天寧寺塔 中化的窣堵坡（十一世纪末）
〃妙应寺塔 藏式（1260）

③宫殿御苑 北京的明清故宫（十五世纪）
〃圆明園（1860）
④城墙城楼 長城（現存者为十六世纪以後修補）
北京城楼
⑤橋梁 河北省趙縣的隋代（586—618）大石橋
（世界上第一座空撞券橋）
四川灌縣 竹索橋
西康瀘定鉄索橋
⑥陵墓 北京 明十三陵（1376—1644）

中国建築師
魯班（第七或第六世纪人）
李春（隋581—618）趙縣大橋作者
喻皓（十世纪末）
閻立德（唐）驪山温泉
郭忠恕（宋）崇文院，三館，秘閣，

公元前第三世纪漢 陽城延 造未央宫
公元第六世纪末年隋 劉龍
宇文愷 造首都
公元十一世纪宋 李誡 營造法式
十三世纪元 也黑迭兒 北京城
十五世纪明 阮安 〃

髹漆錄 蘇州江聖言解读

坤集
質色第三
〔黑髹〕 一名烏漆，又玄漆，即黑漆，楷光如黑玉，退光如烏木

扇子
漆骨 扇面 白竹骨 淡香檀扇
紈扇二 工人約二万餘人 包括画的工人
南京也有竹骨
年底檀香扇，鐘三字 李唐 祝三家 上海王星记加工 画家李滄 臣 每月收五六十万元

藤叶
南洋貨可用 海南島貨不能用 性脆
工作人三四十人 張錫英 謝双甫 衹有二人在工作，因各家都有，不能外銷
鳥籠
西脚门天凤盘 六角鳥籠
嵌銀丝，
查惠銘 嵌棋盤 十三万元

光福剪纸

玉器
十餘公塔有轉叶 东洋人时 書有生意，
勝利時有生意 今絕作绝
原料白玉 新疆 新疆 水晶最好南美洲
中国水晶 陕州 很不好，
解 分工合作，不是一个人的作品，
揚帮 做件頭 有老四二家 又二家

细白銅
水烟筒，湯婆子， 杭有

銀器
號 程继言有
紅木细工

鳥籠 徐中明鈎子 鵝毛帶角
金三寿 畏籠子 梅舜年旧物
乙卯冬月 金兆坤 論古齋主
懷頁
盤人

中国 印刷术

公元前十二年已有纸张出现 汉赵飞燕传「赫蹏」
第六世纪末年刻的一张残片，为我国现存最早的印刷品，但事实上可比这个再早些。
印刷
在十六世纪的中叶时候我国就有彩色套印
用朱墨两色套印在十四世纪中叶已应用了
饾版套印法　　拱花＝印凸纹花法

1951年楚墓中竹木简，写在丝绢上的战国「帛书」
硬黄纸用黄蘗汁染色可防蠹
「五色花笺河北胶东之纸」南朝陈徐陵·玉台新咏，并引得大　这在六世纪中叶江南各地已有五色笺纸。」
新疆出土延昌卅四年残文两行，现存英国，即公元594年的印刷品
中国历最古刻本 乾符四年和中和二年 敦煌出，现在仍存
唐刻本金刚经第一张扉画「佛在给孤独园说法图」，末咸通九年四月十五日王玠为二亲敬造普施（即公元868年距今1083年）现在英国
唐末蜀中雕板书盛，都人民日常用书
五代监本 为书籍之有权校的

北宋监本　由国子监校勘后，都在杭州刻板，字体方整刀法圆浑，在宋本中实居首位。

北宋南渡后，北监本入金手，成金监本的底本。
南宋监本 多各地刻板，成份复杂。
宋元这些版入西湖书院，元时曾让书修补重印　明洪武八年版移南京，嘉广年南京祭界署火，版遂毁净。
南宋时东西各地方政府和官吏，也都提倡刻书，大都杭州刻工，此外有金华坊刻南丰文粹等，称宋体疲动，别具一格，世称「婺本」
南宋中期直到元明之间，杭州刻民间文字书不少」
元时杭州刻书国院~~远较宋代~~比之宋代，有过之无不及
福建建阳书店　力求迎合时代　面向读者，如黄善夫刻史记合集解索隐正义为一书：同时又书了一些独特书的新型类书，如事文类聚，翰墨全书之类。
四川成都，唐咸通六年即有书籍和玉篇，五代时已熟练工人，因蜀相母昭裔在成都叫人写刻文选初学记白氏六帖，从十一世纪初叶起，这个中心区逐渐向西南眉山发展，眉山出版事业，一面是监本的继续，翻印大字本中央印的书，一面是大众化，刻唐人集和类书（经注和十子本史书）宋末元兵焚掠眉山文化区全毁，其后传本极少

金代刻版中心在平水，即今山西临汾，大概北宋灭后汴梁刻工迁移过去，逐步发展，到十二世纪中叶才形成的。以金藏、玄都宝藏为代表作，平水书肆又盛刻诸宫调唱本和招贴画，俄国柯兹洛夫曾在甘肃甘州古塔内发现王昭君赵飞燕木刻画和刘知远传残本，难得金元之间平水坊本
宋元时地方官吏和儒学书院师生都提倡刻书，有所谓漕司本、茶盐司本、公使库本、郡斋本、儒学本、书院本。
活字本
宋仁宗庆历年间（1045前后）毕昇发明活字本
宋活字本现已失传
元延祐元年前后 东平人王祯发明木活字印刷术
十五世纪中叶 苏州无锡盛行铜活字印书，最出名的（一）安国（二）华坚、华镜的兰雪堂、华燧的会通馆、华燧、华珵
苏州 孙凤印小字录
建康 张氏印开元天宝遗事
五云溪馆印玉台新咏
五川精舍（疑是常熟人杨仪）印王岐公宫词
金兰馆印范石湖诗集
孙蕙西庵集　　芝城印墨子

明时常州人用铅字印书（见明人笔记陆深金台纪闻）

雍正四年（1726）陈梦雷用新制铜活字排印古今图书集成
乾隆38年（1773）武英殿木活字
木刻画与彩色套印术
建阳风格　世德堂 富春堂 所刻小说插图
徽州派　黄汪两姓
黄鏻 } 程氏墨苑
黄应泰 }
黄应瑞　女范编　大雅堂杂剧
黄应光　琵琶记　昆仑奴　元曲选
黄一楷　北西厢
黄一彬　青楼韵语　西厢五剧
黄应组　坐隐图　人镜阳秋

汪忠信　海内奇观
汪文宦　仙佛奇踪
汪士珩　唐诗画谱
清康熙时之鲍承勋为徽派殿军
套色术　吴兴凌濛初 闵[illegible]齐伋两家刻五色套印
明末吴正言字曰从原籍徽州，寄寓南京 编刻十竹斋画谱（明天启七年崇祯十七年编刻笺谱四书

記甘澤滋城奈尔逊美術館藏九件

唐陳閎八公像卷
絹本 重設色 無款　　日本投降後東北散出

宋李成晴巒蕭寺圖軸
絹本設色 無款　　日本出售

宋許道寧高頭漁父圖卷
絹本 水墨　　周大文出售

宋理宗分題夏珪山水卷
絹本 水墨

宋人山水卷
絹本設色 無款、　　傅心畬出售

元李衎墨竹卷
紙本水墨　此卷舊為清惠王所藏 後歸盧芹齋
手售于美國

元劉貫道銷夏圖卷
絹本設色　　王選青手賣出

元盛懋山居清夏圖軸
絹本 青綠

元張彥輔棘竹幽禽圖軸
紙本水墨　孤本

記紐約市美術館所藏二件

宋周東卿魚樂卷
紙本 淡設色　先到英國後至美國

元錢選歸去來圖卷
紙本青綠 自題五言詩一章 福開森買去後未
被重視 為王選青去美挾出

記芝加哥美術館所藏一件

宋范子珉牧牛圖卷（傳）
紙本 水墨 款後加

記潘雪維尼亞大學博物館藏一件

宋人摹周文矩宮中圖卷
原卷分割為四段 此其一也.

記第特洛美術館藏一件

元錢選草蟲圖卷（偽）
紙本設色.

記聖路易美術館所藏一件

宋劉寀落花游魚圖
絹本設色，無款及題跋.

盧芹齋處所藏兩件

宋李公麟華嚴變相圖卷
紙本 宋箋設色首　東北散出名画之一（偽）

元錢選觀鵝圖卷
紙本 青綠　　東北散出後王選青手出國

鐵畫

蕪湖產　清　以湯鵬鍛鍊者最佳 梁山舟 王廷和俱有詩記之　見許 起 壬瓠的 珊瑚舌雕談摘鈔

蘇　捏（即捏像）

工人住虎邱 泥細如麪 五色不一 有求像者對面坐取一丸泥，手弄之談笑自若，如不介意，少焉而像成矣，出視之，即其人也……　見常輝 蘭舫筆記

古建築上的文法（梁思成語）

①中国房屋三个主要部份 台基 中構为主的房身，两坡或四坡的屋顶

②立柱横梁成为梁架，每两付梁架之间用所谓「枋」和「桁」或称檩子，的横木把牠们牽連成「间」

③「斗拱」它是用以减少立柱和横梁交接處的「剪力」，減輕梁折斷的可能。

④「举架」梁架上的梁是多層的，上層比下層短，两層中间小立柱總是逐層加高的，這稱做举架。

⑤額枋，柱頭和斗拱由彩绘。

⑥加工装飾：如：梁頭之成为螞蚱頭，麻葉頭等，椎替之種々式樣，屋脊 脊吻 刻花

⑦有色琉璃磚瓦、石刻浮雕 磚刻

建築上的词彙

梁 柱 枋 檩 门 窗 墙
瓦 檻 階 欄杆 隔扇 斗拱
瓦饰 正房 [illegible] 厢房 庭院
夹道

塔

古时的塔基本上是漢代的「重屋」，也就是多層的小形樓閣，上面加了佛教的象徵物，如塔顶上的「覆鉢」和「相輪」。（这個部份在塔头上叫「刹」，即印度的墓塔，中国译去「窣堵坡」或「塔婆」）。窣堵坡＝浮图

抱厦

据刘士能先生谈 鈕家巷紗帽廳的形式即抱厦 宋以後即少見

金元建築

金的统治者，在建築上快是仿宋，但利用形式不遵传统，相当混乱。

元代建築上曾有一些 阿剌伯 波斯或西藏族的影响。如在忽必烈的宫中引水"噴泉"，又在磚造的建築上用彩色的琉璃磚瓦。在元代的遗物中，最輝煌的实例，即北京的城市设计

现存的中国古代木建築 三大法宝

五台山佛光寺（857）唐末 蓟縣獨樂寺（984）遼 应縣木塔（1056）遼清寧二年

記波斯頓美術館所藏国画

唐閻立本历代帝王像图卷
　　卷後宋人題跋甚多 梁鴻志出售

五代董源平林秋霽图卷
　　纸本无款 後有董其昌 王時敏跋 吴賢所有

宋李成雪山行旅图軸
　　絹本無款 吴賢所有

宋人北齊校書图卷
　　絹本無款，画有天保七年（556）诏樊遜高乾和馬敬德等十二人校定群书的故事，現僅存五人 後有南宋 范成大 韓元吉 郭見儀 陸游 謝諤等題跋。

宋徽宗摹張萱搗練图卷
　　絹本無款 日本人经手

宋徽宗五色鸚鵡图卷
　　絹本設色 徽宗自題七律一首並序 梁鴻志 经日人手

宋陈容九龍图卷 梁鴻志有出售
　　纸本 水墨淡設色 後有所翁自題七古一首

記華盛頓福履爾美術館所藏，十一件

唐人画釋迦牟尼佛會图卷
　　纸本設色 無款 日人经手

宋人摹顧愷之洛神图卷
　　絹本設色無款 福開森经手

宋郭熙溪山秋霽图卷
　　絹本水墨淡設色 龐虛齋出售

宋李嵩画鬼卷
　　纸本水墨 付龐氏出售

宋龔開中山出游图卷
　　纸本水墨，龔開自題七古 後有元明清題跋二十餘家之多，画鍾馗嫁妹 龐氏出售

宋王巖叟梅花卷
　　絹本水墨 ~~郭葆昌經日人手~~ 日本出售

元錢選 来禽梔子图卷
　　纸本設色 有趙子昂題跋，龐氏出售

元趙子昂二羊图卷
　　纸本水墨 日本经手

元吴仲圭漁父图卷
　　纸本水墨 龐氏出售

元趙雍臨李伯時人物马图卷
　　纸本設色

元鄒復雷春消息图卷
　　纸本水墨 孤本 日本经手

驃豹子馬

黄院子

妙音院

小　打

大　打

——以上見夢華錄——

高麗尅絲　世南家藏高麗國使人狀數幅，乃宣和六年九月其國遣使……（李資深……金富轍）及本朝謝恩進奉各有四六，做中國體……所進各品別具染紺紅鍛之物則……尅絲藥袋一枚，尅絲篦子袋一枚，绣繫腰一條……

——見宋張世南游宦紀聞——

春膏箋　苏州粉牋美如花，薛文霜红古所夸，近年专製浅蠟色，軟玉瑩膩无纖瑕，盤门繫纜喬橋住，呼童径访孙華鋪，揭鏝红翠任成堆，春膏且向此何当，乃知剡溪桃花黄楮君同谱生，殊仰罗未论拣不计数，直疑东风花草香，其时霡霂吹微雨，润物无声时，腰土展开千幅向晓空，渍染都匀好轻杵，捣成一色坚且明，出具本当镂以脚，要使海内见所尚，光向只今谁有名，月湖素仙居胃监诗好工夫，到手洪宫分聊当野人芹，莫充谏藁恐被焚，便将演编登北门（寄春膏牋与何同叔监簿因成古体）——張功父南湖集——

斑衣山子·斑衣種女　種女与山子同類，垂手蹋蹋歌，短裙及膝，坐则双膝齐跪，执礼甚恭，有盤古風。刘禹锡诗：蛮女输舟音，蛮衣斓斑布（斓斑布，疑即药斑布，见赤雅上）

南宋小經紀　……織經帶，紙画儿，剪字，翦镞花様，綃孩儿，……

——武林旧事卷六——

苏灯　元夕……灯之品甚多，每以苏灯为最，圈片大者径三四尺，皆五色琉璃所成，山水人物，花竹翎毛，种种奇妙，儼然著色便面也。

無骨灯　其后福州所进，则纯用白玉，晃耀奪目，如清冰玉壺，爽徹心目，近岁新安所进益奇，虽圈骨悉皆琉璃所為，号無骨灯……

——武林旧事——

纈幕　纈幕非古也，先儒谓繫缯染为文者谓之纈，丽俗今治纈尤工，其質本文罗，花色即黄白相間，爛然可观，其花上为火珠四垂宝网，下有蓮花台花座，如释氏所谓浮屠状然，然非贵人所用，惟江亭客館於属官位设之。

绣幕　绣幕之饰，五彩間错而成，不為横缝，逐幅自上垂下，亦有鸂鶒翔鸾花团等様，而红黄为胜，其質本文红罗，惟顺天館词殿西廊，使副位会厦，乾德殿亦令则设之。

绣圖　绣圖红身绿襟，五采間错，山花戏獸，工巧过於绣幕，亦有花竹翎毛果实之類，各有生意。國俗張幕，每十余幅则挂一圖間之，不以当堂奥之中也。

——以上三则，见高麗圖经卷二十八，盖记宣和奉使高丽时，彼邦供張之具也——

画摺扇　画摺扇，金银塗饰，復绘其國山林人馬女子之形，丽人不能之，云是日本所作，观其所馈衣物信然。（参阅前页倭扇则）

——高丽图经卷二十九——

罗隱绣詩　唐罗隱绣诗云：花随玉指添春色，鸟逐金针長羽毛——娱书堂诗话卷一——

巧宦曰鑽　今之巧宦者，皆谓之鑽，班固云：商鞅挟三术以鑽孝公。——泊宅编卷二

吉貝　閩廣多种木綿……土人……纺绩为布，名曰吉貝，今所货木綿，特其细紧者尔，当以花多为胜，横数之得120花，此最上品，海南蛮人织为巾，上出细字杂花，尤工，即古所谓白疊布。李琮诗有腥味鱼中墨（烏賊也），衣裳木上绵之句

丹陽古鏡　余家有古鏡，背銘云：漢有善銅出丹陽，取为鏡清如明，左龍右虎輔之。不知丹陽何语，问东坡亦不解，后見神仙藥名隱訣云：銅亦名丹陽……——侯鯖錄——

荅布白疊　……南蛮不蠶，採木棉作布，染为斑布，漢書所云荅布白疊，其时已流入京廣矣。元至正間浙江乌莱不食，偶傳此种，崖州黄婆教以捍弹纺织之法，死而为廟祀之……——鷗陂漁話——

答宋学士次道寄澄心堂纸百幅

寒溪浸楮舂夜月，敲冰举帘匀割脂，焙乾坚滑若铺玉，一幅百钱曾不疑。江南老人有在者，为予尝说江南时，李主用以藏秘府，外人取次不得窥，城破犹存数千幅，致入本朝谁谓奇，漫堆闲屋任尘土，七十年来人不知，而今制作已轻薄，比於古纸诚堪嗤，精光肉理厚，迩岁好事亦稍推，五六年前吾永叔，赠予两轴令宝之，是时颇叙此本末，遂号澄

原始纸的发明

三辅旧事：江充教卫太子见武帝时，以纸蔽其鼻。说明西汉征和二年（公元前91年）已经有了纸。

絮纸：服虔《风俗通文》说"方絮曰纸"见初学记

说文："纸，絮一笘也，从糸氏声"可见原始之纸，是用动物纤维制造的。

蔡伦造纸：蔡伦造纸在东汉元兴元年（105）1942年在额济纳河出土的汉纸，从同时共发现的木简的文字说明，此纸至迟为公元98年的东西，足证蔡伦非始创造纸之人。

苏笺

平江的粉笺，不特见重于东南，而成都的假苏笺，即粉笺的仿制品

苏州粉笺美如花，萍文霜粒古所夸，近年专制浅蜡色，软玉莹腻无纖瑕

——南湖集二 寄春膏笺与何同叔监簿因成古体诗——

乌丝栏

宋亳间有织成界道绢素，谓之乌丝栏、朱丝栏

唐国史补

黄纸防虫蛀

官书用黄纸（用黄蘖染黄）可以防蛀。 大约出文房四谱 待查 齐民要术亦载

朱碧山銀槎杯

曾見宋元人朱碧山製銀槎杯，杯形宛似洞庭霜橘，空其上為圓口，周遭斑紋隱起如芝麻，兩頭微凹，而把手橘葉一枝，蒂與橘下蟠屈鉤連，森動蒼古，后代銀工所不能及也。杯底略凹，有篆文碧山二字，是雲間顧中翰汝和家物，太原徵君得之，嘗用以浮坐客。

朱碧山製張騫乘槎銀杯，一仙人臥老樹槎枒上，瀉酒入空腹中飲之，精巧非常。

此錢希言獪園卷十六

粧靨

伴於眉間之花鈿，又有粧靨。事物紀原云：近世婦人粧，喜作粉靨，如月形，如錢樣，又或以朱若燕支點者，唐人亦尚之。酉陽雜俎曰：如射月者，謂之黃星靨。靨鈿之名，蓋自吳孫和誤傷鄧夫人頰，醫以白獺髓合膏，琥珀太多，痕不滅，有赤點，更益其妍，諸嬖欲要寵者，皆以丹青點頰，此其始也。又云大歷以前，士大夫妻多妒者，婢妾少不如意，則印面，故有月點錢點，蓋如此，則國朝嘉事也。宋武宮中效壽陽落梅粧，此其遺意也。

滿头行小梳，当面施圓靨 元稹恨妝成詩

偽造宣炉

旧炉偽款

真炉真款而釘嵌者

偽造者有北鑄

嘉靖初之学道　近之施家

蘇鑄　蘇蔡家

南鑄　南甘家

尚有其他辨別真偽方法

詳見帝京景物略卷四

帝京景物略卷四宣炉有一則，不註細字，為紀文達所加，紀註來原，則抄自冒襄宣炉注也。

清代製紙

金雲龍硃紅福字絹箋

雲龍硃紅大小對箋

各色蠟箋

各色花絹箋　金花箋　梅花玉版箋

開花紙　开花榜紙

高麗：金鈴箋　苔箋　冷金箋

琉球：雪紙　奉书紙

古玩指南 [illegible]

澄心堂故名。澄心堂即今内桥中兵马司遗址，见稗史类编及五代诗话。南宋以后不多见，明郎瑛七修类稿云：「澄心堂纸陈后山以为肤如卵膜，坚洁如玉，此必见之而言之得如此真也。予尝见一幅，坚白则同，但差厚耳。」是明人犹閒有此物，倩刘含金花孙所记外，不闻详之者。晚清缪小山，号为精鉴，而云自在堪笔记亦纸云：「澄心堂纸光润滑腻，故刘~~原甫~~原父云：敲水折圭作宫纸。李伯时作画，好用澄心堂纸，尝见当时真迹，亦莫能~~辨~~辨。」是凤此言，盖谓李画虽误真，而所用究为澄心堂纸与否，不敢遽以为断定。然则即云澄心堂纸已亡，亦非不合理之论断也。

以上录自花随人圣盦摭忆第313—314页。

澄心堂纸一番(内有经纬)乃曾王父太常府君所珍，其父子陟讳炯公藏之数十年，从不以示人，予未一見也。弟墨香(堂)携之至長安，诸名公卿索观者，日日履满。陈太守(奕禧)香泉，不惜百日之功，手书册子十帧与予弟易之去，而题诗於一帧之後曰：「南唐澄心堂纸，一番值百金。当时欧与梅，品题赫艺林。更有黄白麻，用之宣玉音。桑根兼布頭，古製不易尋。子族浙东舊，遺縢儲凤镌。面腻滑澤致，中含经纬皱。磨墨心手融，腻欲貼肌膚。我以书易之，行押劳爬梳　若赏出深际　应求古雅饰　追摹護机难　兹箧呈瓊琚，曾闻一瞥字，需价五十万，兴到云锦材，群我即酬报，儻来家传付，脱手復何恨。」墨香素工书，且轻弃先人传物，而从此失得香泉衣钵。其书署名香泉名，香泉几不能辨，尝举以似人曰，得吾书传者，海内十八家，吾弟第一，次则金墨香矣。」　按金苑孙与陈六谦同鄉里，故墨香以纸赠陈，以易其筆法。陈官止南康知府，不知何以能以纸進御，度必经南书房翰林之手，据此则乾隆御筆中必有一幅为澄心堂纸无疑。识金所记附之，當宗下筆时，亦必言为南唐之纸，故宫尚存此帧与否，尚无可考，然唐时尚有此纸则断乎不謬也。又按李後主製纸，本名玉屑牋，求匠於蜀，於江南選水，惟六合最宜，即其地製之，藏於妙，此牋晚近真者已罕觏，予於民國初年，从往宝斋得数百张，今已散失略尽，前数年徐志摩曾来索赠以少许，其後輓诗中仍及之。大抵工书親笔墨者，或自製箋，或不甚措意，随意拉杂皆可，其间相去甚远，以予所见，同治光绪间，杂色箋又盛行，李莼客彭刚直作书，皆五色缤纷，然亦只用坊肆所出四时花卉箋，至光绪中叶以后，又盛行小牍，小信笺，咸用红白二色，花卉外，多鈎模碑帖，其时梁節庵之箋簡，已传於世，民元后坊间已多仿製，纸亦渐阔，其后有仿唐人写经者，又后印鑄局出影印宋槧信纸，则加宽广矣。近数年风气渐熸，南来所见，以西洋箋为夥，過此以往，恐无後人用國中纸墨者，瑣屑拾此，亦他年考證文房之史料也。又案孫燕謀所記，謂新安人貿易於白門，李瑩翁售箋，則於金陵承恩寺，兩者皆在南京，是又談新都故事者所宜摭及。

以上録自花隨人聖盦摭憶第268—270頁

予前記製纸沿革，同曹孫君希文嘗問今日尚有澄心堂纸否？余率然曰，当已亡之矣，既而思之，精好之纸，必不易逢，然宋元之名人墨蹟，存天壤者尚不少，其中必有以澄心堂纸书之者，特不能辨别之耳。近讀会稽金埴所著巾箱说，適得一證，亟録之。巾箱说云：「予家有世傳李後主墩煌所出唐人写经纸，多黄色，度必亦黄柏染者，是亦唐笺着色之旁证。南唐李後主始造澄心堂纸，亦重一时，史称细薄光润，盖白纸也。陶穀家纸名鄱阳白，长三丈至五丈。而东坡喜书麦光纸，布头笺，皆白色。梅尧臣咏澄心堂纸，焙乾坚滑如铺玉。韩偓诗，蜀江玉屑诧後情，是则江南之白纸，已夺蜀笺之席矣。米元章有硾越竹短截作轴日学书作诗，越筠万杵如金板，安用杭油与池茧，高压巴郡乌丝栏，平欺泽国清华练，言如金板者，意是淡黄纸。缪所言宋元笺，只黄白二色，殆指此时代而言。然古来笺纸，亦非全无花纹，太真外传已有金花笺，李肇国史补有云，越之剡藤苔笺，蜀之麻面、屑末、滑石、金花、长麻、鱼子、十色笺。云仙杂记有鹏头笺，是皆与上述松毛笺，及十样蛮笺中之团云相类，度必亦为有纹理花鸟云物隐々之状，特不如後来之具体耳。由崇祯至清初不逾百年，笺简已踵事增华，後半段与李笠翁有关，李之间情偶寄有笺十牋简即畅述其制笺之用意，末有云：「文不录 存其书」笠翁此文，其费力求精，与刻意宣扬者，皆合於近代之商业化矣。然笠翁生时，既不为时人所重，名贤用其笺者不多觏，由康熙迄光绪，笺纸嬗变，收藏家兼视名人尺牍，皆可得之。其间差可纪者，怡邸有角花笺一种，特大方雅从出、既昧于纸笺者之臆说，小山欲记于笺之沿革首尾，故雜采及之"。余案，缪所言宋元笺简大半黄白二色者，大致不谬，而未详嬗变。盖唐尚彩色小笺，而宋则尚素纸。唐人最尚蜀笺，而蜀笺最尚杂色，李济翁资暇录所记，薛涛笺躲於松花笺，更为小样，非止松花一色是也。<u>延漏録</u>载，益州十样蛮笺，曰深红、曰粉红、曰杏红、曰明黄、曰深青、曰深绿、曰浅绿、曰铜绿、曰浅云、又有彩霞金粉，言其品色甚详。天中记：「唐中国纸未备，故唐人诗多用蛮笺字，高丽岁贡蛮笺，书卷多用为衬」此言唐时制纸未备，应为实情。至蛮笺当指西蜀出品，而高丽所贡，自是蚕茧纸，盖茧纸入中国甚早，世说所言王右军书兰亭序者，吾意即是高丽纸。而杂色笺導源六朝，梁江洪有为傅建康咏红笺诗，南史陈後主使宫人擘彩笺，可知此物六朝时尚为宫闱官府珍品。至唐始繁於大備，段成式自制云蓝纸以赠温飞卿。韦陟以五采笺为书记，使侍妾主之，李峤咏纸诗，云飞锦绮落，花發缥红披。杨巨源酬崔驸马惠笺诗，浮碧空从天上得，殷红应自日边来。皆是唐人尚杂色采笺之证。而庙堂书写，则用硬黄，谱雅数书，硬黄纸，唐人以黄柏染之，既取其辟蠹，其质如浆，光泽莹滑，用以书经，秘阁所藏二王书，皆唐人臨做，纸皆硬黄。今观

談　紙

繆小山雲自在龕筆記：

宋之牋簡，大半黃白二色，紙偶有他色，决無花紋，贋作則不知矣。下援明孫燕詒跋一段云：「向之前輩云，國初以來，凡叙寒暄，溯情愫，皆書於正幅之左次，而無副啓，有之，自陽明先生始，即有之，亦不过魁星麒麟蟲虎已耳，初無雕飾，大約全幅居多。从万历戊子己丑年來，實書一折柬，上刻小字寸許，有"礼部題准欽定柬式遵古從儉"云云，亦無所謂雕飾也者。及辛丑壬寅以來，多新安人貿易於白门，遂名牋簡，加以藻绘，始而打蜡，继而揩花，再而五彩，此家欲窮工極研，他户即争奇競巧，互相角勝，則花卉鳥獸，又進而山水人物，甚至天文象緯，服物彩章，以及鼎彝珍玩，窮極荒唐幽怪，無不搜剔殆盡，以为新奇，月異而岁不同，無非炫耳目以求售，於是車马馳驟之衢要，而纤題署之，曰齋、曰館、曰軒，布滿大市通都矣。噫！文勝而質衰矣，雅墜而樸散矣，余竹窗蓬户之间，終日所投之刺，所緘之函，無非是物，剪裁根據，約有四百餘紙，鄙俗不文者，則去十之八九，僅存此以驗後來之靡麗，伊何底止。崇正己巳花朝日孫謀識」。

小山此卷筆記，皆論字畫題跋，其录此跋不詳所

剔红

剔红宋多金银为素，国朝锡木为胎。永乐中果园厂制，其法朱漆三十六次，镂以细锦，底漆黑光，针刻大明永乐年制字。比之元时张成、杨茂剑环香草之式，似为过之……

详帝京景物略者の

戗金　填　倭
攒犀　漆　漆
螺钿

杨埙义行

天顺间有杨埙者精于漆理，五色俱可合，而于倭漆尤妙。其漂霞山水人物，神气飞动，真描写之不如，世号杨倭漆。人惟知其绝艺，不知有士人之不如者。天顺七年锦衣指挥门达，朝廷委以缉事，理北镇抚司事，权倾中外。意指李阁老贤、袁指挥彬尝得进言上前，每言之惟吾而已。于是摭拾袁之啟事，奏之，遂擎袁彬下狱，拷问讯若楚，莫能自白。时埙愤然曰：朝廷设科道、论大理、寬辅政，于此不言可乎？独上疏论救，达并擒杨下狱，且逼其供为李阁老唆使。杨惧将死于狱，乃诳达曰：此实李教我，但于此相实无记见，不若会请多官廷鞫，待我言之，庶使

方信川漆器

明初有杨埙描漆、汪家彩漆技亦称善……又有漂霞、砂金、蚼嵌、堆漆等，亦以新安一方信川所制者为佳……

古玩指南第19章
赵汝珍

绣蕉扇

数年前，龙眠君偶于蕉扇上，戏绣折枝花朵，又攒叠花瓣，作蝴蝶禽鱼之类，持赠闺侔，外间仿而行之，遂以大行。继而且他省亦来购办，利市三倍，不胫而走……迩来诸姬又尚白团扇，亦绣亦罗，或绣或画，扬芳风于腕底，随明月于怀中，祇益娇怜，不屑捐弃矣。

画舫余谈

犀毗

髹器称犀毗者，人不解其义，诲为犀皮。辍耕录失於考究，遂据国语错改为西皮，以为西方马鞯之说，大可笑也。盖毗者脐也，犀牛皮坚有文，其脐旁四面文如饕餮相对，中一圆眼，坐卧起伏磨砺光滑，西域人割而取之，以为腰带之饰，极珍爱之。曹操以犀毗一事与人，即今箱嵌條環之类是也。後世髹器仿而为之，曰白犀毗，焉有以细石水磨混然成凹若白端地犀毗，焉黑剔为是，红剔则失本义矣

马俞 马氏日抄 25页 骨董琐记亦引此条

杨埙

字景和，父为漆工，宣德间尝遣人至倭国传泥金画漆之法以归，埙遂习之，而自出己意，以五色金钿并施，天真烂然，倭人见之亦齰指称叹，以为不可及。 见東海集

天顺间有杨埙者，明漆理，各色俱可合，而於倭漆尤妙，其漂霞山水人物，神气飞动，真描写之不如，愈久愈鲜也，世号杨倭漆，所制器皿亦珍贵

七修续稿

…… 七画 …… 埙或作瑄

人名大辞典 1277页

杨埙嘉兴人 世界美术全集 20卷文89页

明漆工

張德剛（包亮）嘉兴西塘人，父成与同里杨茂俱（以髹漆名）成祖闻而召之，二人已殁，德刚能继其父业，召至京师面试称旨，即授营缮所副，復其家。时有包亮与德刚争巧，宣德间亦召为营缮所副

嘉兴府志

杨滙

嘉兴斜塘杨滙髹工，鎗金鎗银法，凡器用什物，先用黑漆为地，以针刻画，或山水树石——然后用新罗漆，若鎗金则调雌黄，若鎗银则调韶粉……置金银箔在内，遂旋细切，取铺已施漆上，新绵揩拭牢实，但著漆者自然粘住，其余金银都在绵上——

辍耕录 三十卷 14页

钿屏十事

以器事作识别 集下36页

王椿字茂悦号会溪，初知郴州，就除福建市舶，其归也，为螺钿卓面屏风十副，图贾相盛事十项，各係之以赞以献之，贾大喜，每燕客，必设于堂焉，行将有要除，而茂悦死矣。

度宗授位　南郊庆成　郢渚守成
月峡断桥　鹿矶奏捷　草坪殄战
安南献象　建献嘉禾　川献嘉禾
淮擒李化
已上十事　制作極佳

莳绘

日本独創之漆艺，其种類甚多，计有：

末金镂
磨莳
平塵
梨地
不地莳绘
研出莳绘
平莳绘
高莳绘
肉合莳绘
销上莳绘
色莳绘
極附莳绘

亦有镶嵌螺钿、平文、切金、切贝、金贝、及金属、玉石、陶瓷类之剑化镶者。

详日百24/95

犀毗

今之黑朱漆面刻畫为文以作器皿，名曰犀皮，意海犀之皮必不如是。匈奴傳文帝遗单于黄金犀毗，注云：带鉤也。按毗字训脐，训輔，若他之所本，皆作此毗字。

宋邢凯坦斋通编

说郛引
卷廿、七页

西皮

髹器稱西皮者，世人误以为犀角之犀，非也，乃西方马韉，自黑而丹，自丹而黄，时復改易五色，相叠，马镫磨擦有凹处，粲然成文，遂以髹器倣为之

说郛卷19、20頁引宋曾三異因话录

雕漆屏风

端州有时製雕漆屏风，功作精巧，贵重一时。然其概不过雨边缘饰，凡镂刻名人诗画而已。吴刘存独创作三摺屏，每开一摺则两摺隐其中，一摺垂帘观剧，一摺山水人物，其左开一摺，凡笔墨楮研与匜，棋炉，以及提壶酒瓒陆博樗蒲之属无不毕具，如应用某物，即开某格子，探取而出，外具以隔扇掩之，其款式悉仿博古图製，一望灿然。时予郡诸名士如吕弦绩，宋岸舫、吴伯憩、金雪岫辈，皆朝夕聚其处……

毛西河词话

吴刘存为吴留村 字伯成 其先本浙之山阴人中顺治五年进士、即蓄缘堂归金遇之而属其捕风廉之人

宋纸

蜀：仿澄心堂纸、中等者名玉水纸、下等者为冷金牋。（大村中国美术史，60页）

仿谢公薛涛製浣花牋

青白笺

学士笺

小学士笺、有布纹而砑图案者

假苏牋　仿姑苏製柔薄而有罗纹之染色纸

歙州：碧云春树笺

各色金花牋

蜡黄藏经纸、白经笺、

新安印边三色肉纸

池州：池纸

福州　浆硾纸

XXX 但这种染法可能用于~~棉~~丝织品上，因为唐代种棉布尚不多，中国是~~最~~~~的国家~~丝的国家，中国的丝绢早已运销海外国。汉武帝通西域以后，丝织品的外销更为发展。但中国起初没有棉布，在南北朝时代，从南洋诸国输入棉布，称谓吉贝，白叠，国内高昌产棉（今吐鲁番）唐灭高昌，置西州交河郡，土贡白叠毛布 即印白叠。宋元间已有许地区种棉，但在全国规模内普遍种植棉花，提高纺织技术，则是明朝初年的事情（见大学讲义补）……棉布到宋末还是很珍贵的物品……宋代琼州是纺织中心之一妇女以吉贝织为衣衾……元代从西域输入种子，种于陕西，元灭宋后，浙东、江东、江西（两广、福建）、湖广诸地区也推广种棉，生产量增加，棉布成为商品，服用的人日多……元成宗元贞年间（公元1295—1296）松江黄道婆从琼州附海船回来，她从前在琼州学到纺织技术，教会了同乡妇女，并成为纺织业的祖（鼻）先，至今立祠奉祀。关于黄道婆的记载很多……崖州布被五色缬，陶宗仪说：南崖不蚕 採木棉作布，染为斑布……元至正间崖州黄婆教以捍弹纺织之法。虽不明言黄道婆能印染花布，但药斑布的方法是从外来传入中国，唐朝可能从波斯来，南方从海南诸岛方面来，这是很有可能的。关于药斑布的名称，也很多 唐玄宗后宫柳婕妤（书插今）之妹赵氏创始……不可靠 有的书上叫浇斑布，有吉贝布、缬幕、攀像染，（松江）浇青花布——元至正直记—— 日本人更妙，他们说是从印度传入中国，再从中国传入日本，（唐宫女发明染色之说）蓝的原料原产于印度，此说可信 苏州的药斑布，从嘉定传来——见卢熊《苏州府志》——元初（不可能）据《心史》嘉定是在四川嘉定，~~松来~~但松板黄道婆是松江人不能不是四川了 ~~苏州~~ 新苏州报某日载苏绣创始于黄道婆，那是恐怕错了。 虎丘塔内发现了印花丝织品。

绿沉＝绿漆，非精铁也。

按杜甫诗：「雨抛金锁甲，苔卧绿沉枪」薛苍舒注引車频秦書云：苻坚造金银绿沉细铠，以绿沉为精铁。按北史：隋文帝尝赐张奫绿沉甲獸文貝装。武庫賦云：绿沉之槍。唐郑概联句有「亭亭孤筍绿沉槍」之句。续齐谐记云：「王敬伯夜见一女，命婢取酒，提一绿沉漆盒。王羲之笔经：有以绿沉漆竹管及镂管亦可爱玩。萧子云诗云：「绿沉弓项纵，紫艾刀横拔」。盖绿沉如今以漆调雌黄之类，若调绿漆之，其色深沉，故谓之绿沉，非精铁也」

姚宽丛语 中：

象嵌　ゾーガン

象嵌亦書：相嵌、商嵌、雜嵌、雜眼。

象嵌方法：置紋、平象嵌、肉取象嵌、布目象嵌、針金象嵌、切象嵌、压輪彫等

中国象嵌之起原已不详。周器中青铜地嵌入纯铜者已屡有发现。但入汉代，已发展为嵌金银丝条，亦有嵌入金银薄片者。汉代的象嵌文样，多见规正的涡卷文，其间细入细的走兽鸟形等图案，处处描出狩（嵌）猎图。用象嵌的器物种数不少，特别值得注意的是精巧的小金具（带钩車金具等）。嵌象嵌究竟是否是中国固有的文化，尚是疑问，~~根可~~今日学者怀疑它是从希腊经西伯利亚而入中国。

刻的佛像供照片，一百余件，可以先编一份资料档案，以后有发现，可以择其精者补充之。北京对于这方面的潜力是很大的。

各种古代人物画，与木刻插图中，有各式各样的佛像。可用摄影方法，把它记录下来，补照片之不足。

红木小件，是苏州著名产品，现在也是重要出口商品之一，关于这方面的良好资料世间传，英博都有收藏，散在北京、上海民间的更多，倘下定决心，搜罗一下是丰富多采的。如果限于经济而不能买下来，那末用照片记录一下也是空前创举。

(六) 刺绣　苏州刺绣，造型是其特点，应予广为搜罗造型参考图片，尤其是"京绣"。

(七) 桃花坞木刻，郑振铎辑中国版画图录。

(八) 玩具　收集苏州旧的玩具，新的将来仍然会有，商品目录、广告。

(九) 装潢设计 }
(十) 民间工艺 } 进一步了解他们的需要。

(十一) 饰品　北京、四川、广州、上海都比苏州好。

(十二) 铜器　传世品很多，照样複制，是技术问题，而资料是不会缺乏的。

关於工艺美术研究所搜集资料的一些具体建议

(一) 刺绣

绣品实物、刺绣研究所、市博物馆、工艺美术学校等单位已有基础，研究所的收购范围应限于古旧精美的，一般可以不收。将来如需陈列时或可调拨。

刺绣画稿、刺绣厂各有设计人员，本所可以不管。

刺绣图案、朱伯凡间，本所曾有两位女同志临摹一批。可否将这些再複制一份，作为本所资料。另一方面可以广为搜集各种刺绣图案辑成刺绣资料图案汇编。

(二) 编结、有专门刊物，不仅要中国的，也可选订国外的。

(三) 童装、可以订国外的童装刊物以利外销。凡是服装，都有时代性，不宜搜购外国的旧刊物。

(四) 扇子、扇子种类很多，可以广为搜集，以选型为主，积累成套，以供将来陈列之用，旧的向上海、苏州两地文物商店收购，新的可通过市工艺局，向各生产单位征求。

市博物馆曾在古文物中摄制一些古代扇子资料但数量不多逐步补充。

(五) 红木器具、关於这个本所已做过一些调查研究工作，曾摄

① 苏州市工艺美术品的名目，简介　应神天皇公元270中国晋时代 从中国传入织绢技术

据苏州报载日本从中国学织缎……，“峰间")并错了，应是明万历1596（明万历）

绸缎：由手工业转为机械工业，诸位知道之甚详，故不作介绍。

宋锦：唐朝时间最早 国势甚盛 工艺品，特别发达，锦绣纺织工艺，至唐而大进，锦＝五彩织物

丝的古国

锦字的历史很早，相传公元前一二千年（夏）已有锦一类的织物，实物：长沙广济桥第五号战国木椁墓，就发现了当时的织锦一件，当时已由提花法，……唐代工艺品特别发达，织锦工业

三国蜀锦，天下闻名

宋设锦院……于成都，徽宗时置官局于苏杭，精益织绣，相延至今，通称宋锦。

印花布：

染色的目的，求美观，上古彩陶，有染料泥土、黄土、红土，草木之汁，但古代人民都穿白色衣服，据传到夏代才服用黑衣，周代黑白的杂色，秦再采用黑色，汉……绛　真红色　朝廷放定色，天地玄黄，天子服黄，现代中朝鲜人民仍是白衣民族，中国变了青衣民族。

我国染织工艺，汉唐两代大进步，「蜡染」「夹缬染」「绞缬」

XXX → 这种方法现在少数民族尚保存，……贵州蜡染

苏州朱家庄有，苏州是从嘉定学的，嘉定可能是从印度或者南洋方面学来的，因为黄道婆在那一带起了作用，

江南生产佳优不了帝　新花……祖孙三代未休。

雕花作

硬货，软货，砖刻。

琢玉：

玉字与王字之别，玉器是世界独步的工艺品，周有玉府（玉人周代人）以作服玉、佩玉、含玉、玉敦、六瑞六器之制。

药斑布印染手续

李燦亭 一广兴 68 一福生　　东海岛太平公王(?) 作品分发各地，用各地图案

棉料纸浸柿七层（用柿漆）经日晒三四天后乾 四张叠起 雕花

花样由客户来，销：福建（晋江去）东北、安徽、上海、本地。

每份一式四张，价七元，生意嘉庆后。　花样去肚沙，并无字样

以免仿造贴补生活费。燦亭从阜桥头学豆粉印花花纹已不做

花花前在棚印坊 可印豆粉 已不做

印花手续：①上浆　②晒乾　③印花（石灰和豆粉）　④染

⑤括　⑥洗　⑦晒

~~硫化蓝染一次~~　~~靛青染一二次~~

硫化蓝易退色，不耐久，一定要用靛青，至少要用60%—70%，过去专用进口货靛青。

印花：用细灰和豆粉，加水拌和。

染料：靛青，酒糟，石灰，加热

洗染：用稀酸。

~~1952/12/18 补充检查~~

1952/12/18 夏鼐同志补充检查

主要缺点 个人英雄主义 严重不负责任

1. 对发掘工作 评价是着重于缺点 应该掌握而停留在一般性的领导 加上课 不经常在工地 工作上满足於表面成绩。举例 三反五反开始时，多方面开始宣传，看我不过去看去听 没有仔细研究，只为成功是少的、而出过度偏像龙虎斗 严重违反政策 在评价五反报置，自己对这方面学习是不够的。单纯于任务少体验生活，产生起反效果，要评价斩尾巴的问题 我没有前后周密考虑、许了学生人家面不满 我更不知道 放任发掘了 放任自流。斩尾巴运动我是误误

㈠ 革命群众觉悟 著名中宣书造意

㈡ 引起工作上的被动

㈣ 没有从发掘做起 来未例置 变成是文物的发掘 而不是群众自己的发掘

㈢ 影响群众生活

所以斩尾巴是否定的

二年来乘口什么好的武器好的部队都领出来都没用，毛主席 一来来摸了美帝的底 敌人是纸老虎 我们是钢铁的

⑤ 毛主席英明的领导与部队中所起的决定作用

一、阐述 艰苦奋斗的作风

四 深入野战队体验生活，要注意说明来意 不做客人 做（普通一兵）它们的一员。不能总是只靠陪

五 随时随地，联系自己。

六 事先准备工作 特别是思想准备。

几一二：赞先所体会的东西

进一步认识抗美援朝的意义的伟大意义

进一步加强了对抗美援朝的信心 大力支援前线

看了文艺工作者 思想改造的必要性

我与老战士对照一下

理解为人民服务而不是为自己服务

志愿军考虑如何取得胜利 而是怎样以战斗一定要考虑是他们的生命

我国最早的铁器

可上溯到春秋、战国之际。当然实际使用时，可能稍早些。

战国中期以后，铁制生产工具在生产上已占主导地位

铁农具使用已经相当普遍，即铁器的开始使用在战国变法之前，而铁农具的普遍使用则在战国变法以后

从燕国遗址出土的一件铁范作金相学和化学考查，证明此件是用"高温液体还原法"制造

战国晚期铁范，已用"金属型芯"

铜器花纹77种约分为三类

动物纹：

饕餮、牛头、羊头、鹿头、夔、龙、凤、蟠螭、虬、龟、象、蝉、鹤、人面纹

自然气象纹：

云雷、波浪、漩涡、

器物和几何纹：

珠、方格、三角、平行、瓦、沙粒、绳、菱形、环、垂幛、

閶门義海堂書坊

书林清话载苏州书肆~~甚详~~盛衰甚详，然不及義海堂，今为补之。按洞庭东山有王鎏字亮生者，~~为惕~~惕甫同族之族弟，学工散文，著有壑舟园初稿古文、（早岁入族兄）四书地理考、御堂正义等书。且以诸生幕游皖浙，晚岁设義海堂书坊於閶门，尝刻明末野史。卒於道光二十三年癸卯。

关汉卿 窦娥冤 1961.8.30

张梅谈苏昆剧

凡来告状的就是我衣食父母 双关

今日无事将马来后堂去吃酒 未实在

明万历时叶宪祖改编为金锁记

①党对苏昆剧的培养，不遗余力，有市委视，成员努力、克服种种困难。没有戏衣行衫用麻布、没有行头，用被头细布自己动手，教师不固定

②这次赴沪公演等于公开学校，为上北京作准备，关系不小。

③不耻下问，向我们外行请教，足见虚心，几次彩排，没有看全。

④苏剧：（后不如前）

送子 出猎 好极。兴旺最好换人演

快嘴李翠莲 有趣 洞有神来之笔、洞房太扭捏 不像李翠莲个性、唱词太马虎须改

墙头马上，~~梅色~~ 演员调派不当。休书一场，不一定带水袖上场，甩水袖多余、李氏……

统合思想窦娥、原作早有订婚之意

⑤昆剧

翠娘盗令 很好 细腻 火焰……

佳期唱词改了 减少了黄色唱词

拷红 末段多余 仅突出"红娘之诸句"

思凡 若干身段出象、有人反对抬脚

断桥：昔日小彩金如此演法 未有演完了放大阳调 白娘"柔音好极 功力不够、不能体会剧情

杀嫂 ……

窦娥冤 重要戏 "介绍意见不统一 兹故有以下看法：

(一) 桥段水平不齐正、像正旦松懈（相不紧），只有几个火爆身段、但连不上，一向即完

(二) 七分道白三分唱、不能发挥道白的作用、演员犯此病者甚多 伍子胥"此后那个"

杨小楼"别姬""探寨"小关、接孤……

吴门书坊

黄荛圃晚年自开滂喜园书籍铺于玄妙观西，是年八月病作时道光五年 63岁

胥门经义斋 胡立群

庙前 五柳居 陶廷学
子蕴辉

山塘 萃古斋 钱景凯

郡城 学余堂

玄妙观前 学山堂书坊

府东 敏求堂

玄妙观东 闵师德堂

臬署前 玉照堂

〃 〃 文瑞堂

臬辕西 中有堂

西营坊桥 崇善堂

王府基 墨古堂 周姓

阊门横街 留耕堂

阊门 书业堂

〃 〃 文秀堂

阊门外桐泾桥头 芸芬堂

玄妙观前 墨林居

紫阳阁 朱秀成书坊

葑门 大观局
遗经堂
酉山堂
本立堂

王府基 书摊 高姓

胡苇洲书坊 胡

书友吕邦惟、郁某、郑益偕、胡益谦、邵钟麐、沈斐云、吴东亭、吴立方、郑匡枝

书船友
曹锦荣
吴步云
郑辅义
邵宝墉

买骨董人
沈鸿绍

估人
吴东白
华阳桥顾听玉
常熟苏姓书估
平湖王徵麟
无锡浦姓书估
湖人施锦章
陶士秀

纹样。

在目前的条件下，我们对当时的知识和资料还是缺乏的，彩陶的含义繁杂而多变化，某些几何形的图案，至今还无法了解它的意义。但彩陶有一共同的风格，就是造型稳实、浑厚、构图複杂、和谐、线条匀称有力，色彩简单明快。当然各地彩陶也有其特殊风格，就陶工们丰富的劳动智慧、无穷的创造力，熟练的技巧来说，我们是可以充分体会的。

在最精巧的方格纹彩陶上，出现了现在看起来很是绚烂夺目和活动人的图案。又例如马厂式彩陶的四圆纹图案，其中有极简单的四个圆圈圈，但也有很复杂的装饰，从这一类图案中，发现了一些极有创造性的图案。

在河南、山西、陕西等省出土彩陶上描着的植物图案，也是富于变化的，这类图案所用的线条是极简单而有限的，但显有轻舒慢卷，形姿生动的特点，陶工们以熟练的技巧、明快的色彩，刚柔得宜的线条，描出了各种很优美的图案。

一般地说，彩陶图案都是用很简单的几何形线条所描绘的，施用的色料，至多不超过三种，陶工们的作品，却具有相当高的实用艺术的价值，并且作品不在少数，图案的式样，多至数十种（以现已发现的计算，相似者不算），这是因为彩陶艺术发达的这种情形和大多数原始民族的原始艺术相当盛行一般，都是由于社会的生活实用的需要，虽然当时的经验和技巧是传统的和有限的，但是人们在长期的劳动实践中，不断提高了观察力，也学会了表现思想情绪的艺术形式，往往突破旧的形式，创造新的图案，在图案中添进了许多新的内容，如方格纹图案原来是编织纹，在丰富的方格纹中却不是画着编织纹而画着叶纹或其他的村出土和陕西等地出土的彩陶。

所有这各种的彩陶图案，是在不断的实践中得到逐步渐改进和完善起来的。彩陶图案的艺术上的成就，并不是一下子就能达到的，在许多形式相同的图案上，可以看出当时陶工们如何刻意求精的设计，努力使图案尽善尽美。例如半山的五瓶形或六瓶形的编织纹图案，这种图案是最简单的式样是在陶罐的空间填上一些网格纹和粗糙的线条，图案并不十分明显，在较为精致的式样上，瓶形网格纹的主题渐渐地显著得突出，线的对称，比例也调和了，而在最精美的式样上不但显得非常鲜明、匀称和谐，成功地表现了编织纹的美丽的线条。这些图案很多构思得相当巧妙，它的作者非常注意器物的造型。所有的瓶形图案，自然不可能是一下子出现的，这中间必然有一个发展过程，这个过程的细节如何，我们还不大清楚，不过这些精美的作品，反映了陶工们认真而细致地从事于彩陶艺术的创作，不断地改进内容和技巧，使图案更加完善。这种情况，还可在许多图案上看出来。例如半山式的斜方格纹，在较为简单的式样上，是以单线的十字交叉线组织起来的，没有其他的附带装饰，只有网格纹的线条；在较为精细的作品上线条表现了多样化，而附饰部分也被添上漂亮的弧纹，型彩陶瓮在腹部以上，都很膨圆，这种彩陶，多是甘肃、青海出土的。在这类彩陶腹部的中线以上膨圆部分，描着图案，图案的画面，一直要到颈口为止。这种图案无论从哪一个角度去看，全是很别致而调和的。我们如果把它平放在地上，从彩陶的上部俯视，可以发现颈口内圈的花纹向腹部的最大处放射，成为一个浑圆的纹饰，在这个圆形图案中的各组线条都配合得自然和协调，例如菱形编织纹、螺旋纹等；或者从侧面去观察，同样可以发现自器腹的中线以上直到颈口，又成为另一种式样的图案，这种图案自颈部到腹部的各种线条，也是有机地相适应的。看上去也相当和谐。图案的每一个面，都与膨圆的器形相适应，具有古典、朴实、壮丽的作风。

在小型彩陶钵、盆上，也表现了实用装饰图案的特点。小型彩陶钵、盆大都为饮食用具，在钵、盆的外面或内部描着图案。陶工们根据器物的造型，在适当的地位上画着图案。如果图案在陶钵、盆的内里，那末这些图案往往是一个旋转的放射形圆形或格子形；如果图案在陶钵、盆的外面，则无论从器形的哪一个侧面去观察，大都是一个很美丽的连续图案。属于前者的典型，有甘肃的马家窑式和半山式的彩陶，属于后者的有山西省万荣县荆此可知，人的形象及人的活动，在任何时候，都是艺术家的题材，而新石器时代陶工们不仅能够描绘各种美丽的图案，而且能够生动而写实的塑描人们自身的形象。

在当时，人们的活动不能不和动物相接触，于是有趣的动物形象就出现在陶工们的画笔之下了。被描绘在彩陶上的动物是形形色色的，有鱼，有蛙形动物，有龟形动物等。在彩绘陶图案中动物纹数比虽少，但形象却很生动、奇特而有趣。西安半坡彩陶的图案中还发现过相当写实的鱼形和鹿形动物纹样。

人们在劳动实践中培养了对客观事物的审美观念，这种认识，就反映到彩陶的图案上。在彩陶图案的制作过程中，获得了更多的知识和技巧，使彩陶艺术达到高度的成就。

彩陶艺术并不是一种幼稚的艺术，它完善地具备着装饰图案的特点，陶工们已发现了创造装饰图案的基本规律，这些规律在任何时候都要为装饰艺术家所遵奉。

虽然我们不能说每一件彩陶都是优秀卓越的作品，但是大部分的彩陶图案都非常适应于器物的造型，有着高度的统一性，这一点不论在大型或小型彩陶图案上，它所表现出来的和谐而引人注目的装饰作用，非常显著。一般地说，大农业种植，是人们生活的主要来源，当时的劳动人们天天与植物接触，热爱自己的劳动果实，于是把植物的形象描也用简练手法，描绘下来，这也是劳动的再现。在河南、山西、陕西、出土的彩陶上，有许多种植物纹，或简称为叶纹的图案。在甘肃省马家窑的彩陶片上，还发现了生动的植物形象，这有趣的植物形象中的某些图案和国画家上的丝描的笔意相似。在半山、和马家窑的彩陶上，常描着植物的叶子、豆荚、以及种子的图案，安排得疏落得宜。

在黄河流域新石器时代的各式彩陶图案上，还有描绘着人象的图案。在甘肃发现的彩陶中，还发现了描彩的人头形陶塑，这种（大约是容器的盖头）。其中有一个脸部上圆下尖，头上有三个饰物，满脸胡须，表情十足，是一个男性的面部塑像；另一个脸部很胖，头上有两个圆形的装饰，两眼向前凝视，嘴微张，颔下有胡须，在严肃的神情中略带微笑，也是个很生动的彩绘塑象。在原始社会中描写人的形象，并不稀见，我国新石器时代的人头描彩的塑象，则是少见的。

在陕西省半坡村发现的陶片中，也有非常真实的人面图形，人头的顶上插着装饰物，在脸的两旁也似乎有饰物，神态很逼真。在马家窑式的彩陶中也有人头的形象。由织图案一直广泛地流行。从较原始的彩陶到新式样的新型的彩陶上都有。这种编织纹，大约是从古时各种各样的编织物和编制的藤竹器上的纹样模拟而成的。无疑的，在新石器时代的早期或更早，编织物已广泛的流行，这种编织物都具有交织而有规律的线条。这种有规律的线条很容易被人们发现是装饰性的图案。人们采取编织纹作为彩陶图案，不是没有理由的。古时的编织，因不易保存而早已消灭，但在许多出土的陶器上，往往留有这种编织物的印痕；通常在陶器上所见的绳纹、篮纹，和一些彩陶底下清楚地印嵌着编织物的遗痕等，即为明证。这种编织物以线条形象地表现出来，就是绳纹、网格纹。除了表现先民的审美观念以外，也就是对于劳动的纪录和再现。古时的陶工们并不只将编织物纹单纯的描摹到彩陶上去，而是依据意匠巧妙地用线条表现的编织纹图案。有的彩陶全身描着优美的编织纹，有的作为主要的图面，有的只是衬地。

（也有人说，彩陶之所以用编织纹图案，可能为象征保護，因为先民常以藤竹编织以護其日用器皿）

② 彩陶的图案设计者，又喜把植物的形象，以极简练的手法，组成图案。毫无疑问，这是因为

彩陶图案，是我们劳动先民的劳动创造。也是我们已发现许多图案资料中最早的资料。只要仔细地观察一下，~~这种彩陶的图案就会~~它这些数量众多的原始文化中的杰出的造型艺和想象力丰富的艺术图案，真是我国艺术史上值得骄傲的一页。

彩陶图案主~~大别为三类 ①植物 ②动物 ③~~要是以各种几何纹饰所组成，~~内容可以~~它的含意，比较难以理介，一般可分为三类 ①编织纹 ②植物图案 ③动物图案 ④~~大种~~自然界现象图案。④~~编织纹图案~~。

我们根据西方国家的论点，把我国彩陶图案，说成为原始宗教信仰的象征，而我们认为，正如艺术起源于劳动，它是跟着社会生活的需要而出现的。因此彩陶艺术，也是通过人们的劳动实践，观察着客观事物形态性能，了解了客观世界所具有的完美和谐的性质。从而逐渐获得了对客观事物的审美观念。人们的审美观念，本是从劳动中培养出来的。彩陶图案的主要就是反映了当时人们在劳动中对于美的认识，而~~借~~以艺术的形式把它记录下来。

①在仰韶、马家窑、半山、马厂、~~各~~期等彩陶图案中、编

光油能干　胚油不干

胚油加3%生漆＝熟油

熟油加生漆＝广漆

光油　熬至160°—180°时加入

10斤　若土子金炉底加入光油，即能干燥。熬油需至要底，一滴油滴入水中，凝结成块，温度已够，倘仍浮散水中，则为未熬好，熬油要备好锅盖以防失火。

起粉加猪＝猪脚地（偷工办法，仿漆操）

豆腐脚地＝加猪血

猪血没有，以牛血猪血代，效果不好。

白木磨光→加豆腐猪搭，上漆，一满批起漆→磨→广漆—水磨—广漆

不磨光　　推光擦

（庭柱）

明光　黑色漆向漆在洞壶

土朱＝即氧化铁

灰布：[redacted]挖缝，嵌灰，背夏布，统灰，用皮兜圆，磨，麻布涂底麻丝贴于底漆之上，干，麻丝面上再加灰，干磨，糊棉筋纸，纸上灰中、细[redacted]各一次，漂灰，水磨，将干时揩油，批起漆，[redacted]，面漆，水磨，退光或银朱，头发红[redacted]，磨，退。

1961.12.2　彩绘

彩绘　嵌灰→磨光—批光—打样→贴铅粉→上色

上上五彩：打样之后~~磨打、金、银粉—先用丹（银朱）~~　而打金

（红）

绘—画白—广漆—银朱……

（王国昌在人民文化宫碑楼背后塑海底而金钱，由谢孝思反对，王一怒而毁之，俞子明问余未知）——神陵面前牌楼上华容道戏文，亦王国昌所塑

61.12.5　上午怡园谈建筑雕刻

砖刻　必需京砖，京砖砂眼，先由水作出好料子，然后由花作描绘花样，打眼，打得七孔八孔，用条凿雕刻。凿有大小，阔狭，俗称"条船"，狭的条凿用以打糙，阔凿平底，可作"片子凿"。出细工具亦用条凿。

砖料顺序：

要京砖，要先凿眼，手法要熟

砖刻浮雕＝旧称实地

〃〃刻地＝旧称阴地

〃〃凸出＝起地

〃〃面立体旧时亦称立体

印弥陀　髹漆蔡祖师

漆：广漆用色，初用三尖朱（广东货）后因货缺，改用洋银朱，最近用双漂烟红（即土朱）

五木：了

常熟朱雨亭木雕好手，出地平伏，民国初年就去，请子康口述。

金华帮花作，粗作与细作分开，各作出一手

砖作用具：斗凿、作斧、木锤

刨＝一粗一光，线方，

锯　必需用黄铜锯

色锯，最小叫"修凉"

水作工具，考究者远较木作为多

砖刨铁不宜用钢，反而要铁

外贸商船所以要用的商船有花式木雕

樑　两头画包头

三類（青绿白）彩绘用青绿白三色者曰"三类"
湾嵌　加花纹一
直嵌　~~一色退开~~（直纹拨开）
向色　苍达法或叫青绿向.
了瓷子
~~拜梁~~　西樑　太忠王府（蒋璟山）蒋综坤所画　不能用靛改为蒙宝鉴
扈口六板头　蒋仁全所画.

颜料　朱红：东丹即广丹、银朱（三兴）（广东货）飞鹰牌来、三兴失败）.
胭脂.
绿、禅臣绿、禅臣以前用什绿
宋代用石绿
紫　银粉银朱加少量云青成紫.
黄　藤黄、洋黄、（牙黄）
青　云青、临金陵进口.

胶水用广胶 从前用黄明胶

飞金用牛皮胶（扇子上用）
装金用光油打地.

彩画用胶 ~~不宜水~~ 洗画好后不能水洗.

门神着甲　武甲　沥粉甲，纸照印
膜装甲叫做"镂甲"
（有膜印板）只能笔、扫光金
沥粉原料：胶水、光粉、香灰.
拉线腿用→沥粉类粉.

彩画业，本来会在，字店里面门上悬"承接处招牌从业之人称画师，南洋提学盟到各乡就业，学生称老师也不叫师父而称先生，后来与陈作合伙始有店面.
（（一丈宫　勿是[illegible]制造））术语

南京彩画传达文联　杨子英著

江苏省文联　文联来的人（曾宪民有）

1961.10.1.　博物馆座谈会议
基础
联系群众，政协学习同志发挥一定的力量，地说博物馆　工人阶级的力量
帮助苏纶纺厂搞厂史.

主题：　丝绸业　不够突出，阶级斗争
手工业　"　"　陈列甚定.
~~农业问题　资料不够~~
封建社会与农民斗争
缺点：
陈列后，~~大部~~没有进一步研究.
存在问题　有些没有解决
有些明知有错而不能
及时纠正
提出要求　提出问题，不能及时答复、也不广泛群众讨论

向上提出一些要求
实物　档案　答问题　指出缺点.

脱砂像：

本架用麻绳扎牢 偶用木楔钉

背润着水

麻绳扎架 干后加（灰）麻布漆（生）

做三道

生漆揉在夏布上，然后贴在泥身之上，乾后用生漆灰压在夏布上，如是者几三次，约七八分厚 瓦灰

~~四肢用棒用木~~

△△△

薛金海同志口述

（自）此笔非凡笔 来时殿前王母宣去之笔 第一支笔是由太上老君，下节（尾）尖金段玉结，画人人长生，画水水长青，后是孔夫子教训三千大弟子七十二贤人，司笔得胜，第二支笔，杨吴之师之师传我老师，老师传我弟子，弟子今日拿在手中，大笔点金画佛，小笔描龙画凤，画山山青，画鬼鬼得天，我教的佛光，吉日吉时开光 显灵光 佛像笔赞

一炷宝香龙喷烟 五色祥云直上天 香风吹出千里瑞，云动~~此州~~ 三教众神前 四句头 开光用

真武仙人真宗师 真武童子到坛场，将我锋起宝剑一看，天下九州兵马，马要鞍披，弓要上弦，刀要出鞘，快

绿：金线一白一粉绿一库绿（洋绿）汁绿，黑

紫：金线一白一粉紫一二紫一胭脂一黑

黄：金线一白一黄（藤）一广丹一胭脂一黑

青：金线一白一粉青一二青一云青一黑

花样沥粉后一刷金色一打油地（即上胶）一隔一天贴金（气候要干燥）

扇槽绿金 地步金线 步金线

斩金：~~打金堂子~~ 金堂子面上涂黄~~与银朱 红色~~ 和色平涂，候乾。以椴木锥棒直尺锥出花样。（紫金龙只全部金底金）俗名刻丝

上五彩推开 ~~[illegible]~~ 一道白线。

中五彩（（沥粉）去金、白、末一道黑，最后着粉全部构则。

下五彩 拉里做法，先构里色各等，然后上色，红的三道，绿二道，青二道，紫二道、黄三道。

大先 以一色分出深浅

红搭紫一笔"四"（（红搭紫，一笔四））也叫（画）

工具：单描、双描、小着色、中着色、大着色、大十通天、排笔。骨匙 砂皮（纸）洋皮纸。

錾 锥金棒 要用椴木削成

沥粉袋子 上用铜管，下用猪尿泡

直尺

装金用具（栓子）用羊毫自制，平头堂子形式不同，

画堂子称軟笔头有时请名家画好房件，不一定出艺人之手。

北京观音殿彩画由六个和尚所画。

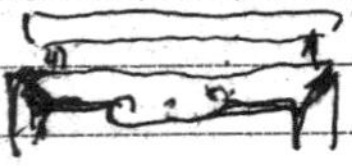

鍺式 牙子起珠線

无通

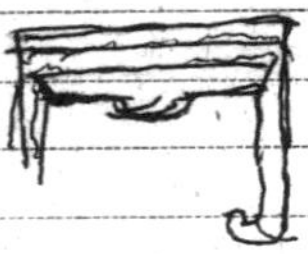

广式 牙子平面起線

不起珠

馬蹄脚

石外馬蹄形式

磨揩漆

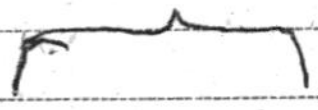

壸门

宇门洞

卷口線

1961.12.1.上午八时 ~~髹~~描花綫

材料 漆作

工具

准備

操作順序

验收质量

广漆：初用三只朱漆，后用厚金珠，最后用双宝蓝红。

糙~~漆~~漆干后用水磨。

东南风西南风起宜漆广漆

豆油 火油→人造油。

（要用 拼）

豆腐浆以色——要去渣否則加漆不久

光油加火油，已代是抹焖胡，此工並此七參之

天潮湿~~天燥~~ 三分生漆七分熟漆。

天燥 六分生漆四分熟

1961.10.18，星期三下午政协恢复学习，举行第一次小组讨论国庆十二周年论文

1961.10.19，星期四

文促会鉴定会（上下午）

1961.10.20下午政协学习。

讨论国际形势

主心木

胸堂木

肩脾木

空架草板

四肢釘空搭架 手泥做

外加长紫泥 再架短紫泥 大出泥全部铺再加细泥（并就糠灰、纱布充搭肉（四）然后坐上，手捏成像，（粗泥干透然后才上细泥）刷刷 色子（工具）刷好，光子（工具）光

落料＝磨光 嵌拆＝补裂缝

做底子＝油漆灰或猪血灰。

上粉 广膠老粉

上色 广膠加中国颜色

上油 光油

工艺美术史 好的。

技术重要。

不多要关子 接色

~~[illegible]~~文字有彻底的地方

发展和推发，总的说明

读者是谁？内容要求，各大比重。

文字要求就明确了。~~[illegible]~~

廿 每篇要求可能不同。

历史踏实 △不附会 画蚌螺花与新罗

技术 已往，现在，对比

1961. 9. 11. 上午民进文化支部

柏林问 美帝频繁活动。西柏林是毒瘤

和与战？局部战？世界大战？核武器战？不可知，可能不致战

和。如何和。美帝是否屈服退出西柏林？空中走廊管制后，是否发动武

该是否拖下去。

核武器一亿吨炸弹如何试验，它的纵横范围。

"追踪"技术与反核武器是否可能？德国磁性水雷，美帝U2飞机的失効，皆为先例。美帝有间谍卫星。

禁止核武器而不全面裁军，美帝有利，军备竞赛，对我国不利，美帝也不利，但资本家大获其利、（苏联也不利）

我国武器落后，进步上吃力，技术力量也差，但可能造出核武器。

怕不怕战争 当然怕，但不[illegible]惜一战。倘然大战爆发，我们可以充分发挥。

唯武器论，是否可[illegible]？[illegible]毁灭人类是可能，但不等于唯武器论，因为有（看谁是）最后胜利。

国际形势复杂，搞不清，记不牢。

万有文库另种

丹麓全集 1.80

中国古代婚姻史 .20

近百年古城古墓发掘史 .20

物理小识 .40

公元干支推算表 文物出版社 1.00

织绣史札记一卷

叶瀚 晚学庐丛稿 稿本 藏上图

中国美术史雕刻编一卷

仝上

角工雕刻札记一卷

仝上

中国美术史宝稿一卷 排印

仝上

瓷陶史札记一卷

瓷史札记一卷

①日用玉器 ②礼仪器 ③服用器 ④葬器 ⑤乐器 ⑥置器

陕西蓝田、新疆和阗，传已採尽，不知确否

东北岫山玉，质地平常。

汉玉、玩皮壳、颜色、透入之色。

风格：什么是苏州风格，内行一望而知，（交流后逐渐统一）不惜工本是否可与北媲美？先作泥模型，然后琢玉。共同协商

文献：

岭南玉社丛书 玉

民14 广州排印本，详见中国丛书综录第二册 671页

宋代

織佛　疑即戳紗

元代

金箔線之使用　撚金錢法可能從西域傳來

清代

宮廷佛有嵌寶石者

紗絲　清代補子往往用紗絲

金襴　疑即雲錦

金縷佛　宋代大秦國使稱大秦能刺金縷佛

江陵砌墻用竹釘　竹釘先用桐油煮過插入墻縫，防其下坐。因江陵宜興等地砌墻灰多砂少，容易下塌，故加竹釘支持（朱師傅口述）

湖秀蘇：

水竹石切座盤，角對角

要五斜七，實在要斜七五，折角，

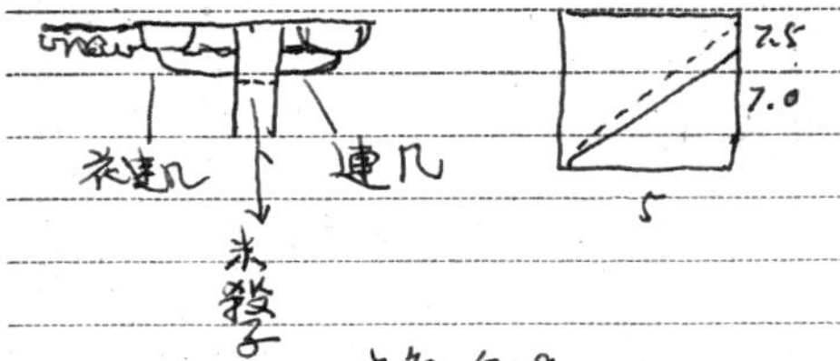

滿江行話　六角5：9，五角一寸揹三分

行術步準於八角與方步

七角心找出

·窗的做法：

一　窗一丈長八寸横　窗横上格高3.5寸

中格高5.5寸，下格高3.5寸，上角摘

二毛头，三毛头，四毛头　五毛头，下

合角，四六打九折，(裙板)，心子可分

三段，二段

顾阿泉木作口述　现在园林工作擅

做窗格，胸中有百余种窗格各様

卧蠶嘴　（蘇造法原卷12）

眉插子

連机

水浪机

山雾云

抱梁云

掉木

鑿鑿　石作工具

鑿斧

今日元宵將马来，后定寺"乞讨"来间

鬼子手云力，戲就完下去

第一場唱詞用下の路非但角面宜，如

表示哀怨，应用长腔，但此是北曲，不能拖

長。

(三) 本作有两本，一本审堂出鬼，其实寃

天辛掌握了鬼的規律，是内行，后是后

补，一本玉托夢為止，大快人心，莫如寃娥

不死

(四) 宋出色目人壽暮民居　但恐傷民族政策

字幕

1961.9.9 工艺美术座谈

用

日本化学方法赏花？

仿古铜器与物理学如何结合

历史部分，要细研究，要踏实不附会

浮誇部分，要避免，要从全国角度

出发

避免公式化，散文体例写得活

发些

吾国勤俭持家，由来已久，没有资本主义国家浪费之风。资本家节约，节约归私人，社会主义节约归公，资本家志不在此，原料翻一翻即可。

谢老：人才节约问题

于会志：生产节约，补救经济脆弱的一环。

人才节约：

学非所用

老艺人与学徒关系

艺人参加

老年知识分子的利用问题

能匠与贵匠

63.4.9. 下午二时 苏州博物馆

明四家画展座谈第三次

艺林盛事说文唐 贺新我

农民街头说唐画来了，也有人说为何祝允明不见。四家展品文画最精。

文的表现方法，多种多样，各有特点，全不相同

五月江深

细描长皴

古木苍烟野

沈周看了追求而不可得。

不见 两百年

林：唐六如画，数百人之作

李端画很好

石榴（唐寅）

文青绿为83岁画，有天才。

钱：明四家画的内容不尽好的，明四家的描绘劳动人民，也以欣赏的角度去描绘的。

谈艺术者多，谈画内容者少。

段：内容，画如其人。

照片拍摄

刘：明四家富有生活气息，东庄图的以农作物为主题，是突出的。

四家与人物建筑，透视比例都真实。陈老莲画以高古见长，然公式化，不如四家之有亲切感。

看展览之人一种认真研究，一种浮面去看，而品头评足，认为某人之画是假的。

谢：专谈沈石田的问题，由学画时来谈

沈石田的画册，去年在北京得见明四家、浙派、三个展览会，故宫藏精之品盖未南来。

沈周的来历从董巨到元四家，沈画得王蒙很深而有自己的面目，笔墨厚实。大约沈的体格也很刚强，壮美、优美兼而有之，而偏于壮美，中锋多于偏锋，皴法短而粗，使笔是短粗而行笔气势是王蒙的笔法。

用墨乾中有湿而偏于湿，与王蒙不同。

湿比乾多，特别在吴镇，墨多散少。王蒙乾笔破笔点黄苔居多，沈之苔为王蒙与仲圭之间。

沈另有一种笔多墨少之水墨画，他也能青绿，但小青绿多，浅绛更多，而青绿多，粗多细少。

横卷尤美（临摹除外）有独到之处，①融汇唐宋以来名家，从古人得来，②写生功夫到，③古人诗的意境

能大能小，能诗能文，是能有独到处。欣赏他的画，不能略其诗，他的古诗，也有山谷气息。

沈的缺点：思想内容虽然有问题，但古人之画不能苛求思想。

① 笔过放 他不能画倪云林

② 笔墨色三者不能融合，有脱节之处

③ 花鸟画还停留在一枝一节，没有丰富之景，花鸟与山水脱节，不能合而为一

余彤甫：专谈沈石田如何学习

从小聪明，聪明之人画易精，沈做人厚道故画厚，东庄图为四十岁之作，沈好游、好体验生活、他仿古，~~临古画~~，并大胆变之，另其不揽之，（见图绘宝鉴）余昔日从师，不能越出老师，~~他所谓体验生活附庸风雅~~

他所谓体验生活，不过附庸风雅

他所画的花卉，不只书本上的花卉

他早年学王蒙、黄子久、除了这两家，他也学元四家（好评）

沈石田扬州卷，称赞这时作品山与卷没有天空，证明他体验生活生活，余意向以与东作画精，皆关设法不好，画的生活来源

画家

沈石田的长条从黄子久来的。

余画到老，风格才能论定。

好友相知，互相影响，也有共同点

沈周东庄图看四后应称为田园画人，沈石田花卉册亦有人说假，牡丹好，叶子写笔好，花是否有人重过

文征明潇湘图八张很精，芦草生动

文墨笔画

唐　吹箫图　好

　　竹石　好

仇　钟馗　好

　　洛神图　好

费：略谈沈周和仇英

我与人物

仇英人物，历史画，佈景好，笔墨好，仇笔下有精灵，迷人，后学仇英廿岁开始，此时已不及，钟馗图好极，粗细相差十倍以上，观瀑图人物用白粉，姿势美好，已值五分，（观瀑图中的老人）

今晚老的谈学，将来必有更多的沈石田

薛吟秋：

笔墨秀逸、意境深远，神韵高超、师法好，读书多、功力深。

值得学习的：题。

陈墨老：

东庄图好是好，有人说假，我看纸张新，此图缺点在篆字，李质校之很不好，简直不像样子，像儿童之笔，印章随[redacted]5枚刻之，在校同一颜色，

嘉道以前一　嘉道以后篆书大革命。

柳老：

苏州环境好，经济发达，四家各具特色，形成吴门多主学画派，

以写真为基础　以写意为目的

师古而能变新　独创一格

提出看法：如何学习传统，继承、发扬

南京学习时，工商界反映思想：

南京：[redacted]马列主义，学而不通

学习：修正主义，不学而通

63、4、2、下午民建

市内民主党派学习修正主义的材料、小黄山章太炎书孝（反对）侄查下落，先拓件[?]几严街南南面楼东小楼之间新苏州第二附属小有关组造之碎两块传初吹说的年

63、4、4　下午列席人代

程：资本主义，提倡浪费

每个人勤俭持家

政府方针：当年平衡，组织回笼高价货的回笼仅17%。

公园中儿童设备，因增产节约而中止。

苏州绿化成问题。

农业增产　工业省料实高　并初步成绩

1963.4.1. 明四家画展座谈

谢：继承明四家的优良传统．
明四家的中国画史上地位
明四家的特色
吴门派

明四家继承宋元传统 各人又有各人的风格，影响之大为独一无二 其原因有：

① 苏州地区富庶，人材辈出，至今画家还特别多。

② 宋元画家势力影响出现了继承北派的，又出现了继承元代四家的．元代大画家都出生于苏州附近，四家是继承传统中最突出的人物，四家相互间友谊很深，因而相互影响，造成一种风气　也有很多的创作倾向但也善仿前人之作，但不同于一般的形式主义的摹仿　中国山水画历代变化，到明四家是个综合，他们把南北混合在一起，影响至今。

陆俨

特色

① 继承传统，而有独自风格、能够推进，能够出来。

沈周：受王蒙影响尤深，刚健婀娜之姿元气磅礴．

引：山静居论画，芥舟画学编

文：多从赵道画此女人，学赵孟頫特深 学他人而亦有个人之特点

唐：学周东村而青出于蓝 引：山静居论画．

仇：技巧集大成、仇亦有粗笔画，在北京故宫有两幅，山静居论画亦说仇画有文人画气息者．（原文待补）仇画亦有学黄子久一派者（见王麓台题跋？）

② 真实感

古代画家，皆从写生入手、但元明以后有两大倾向

其一院体风盛行 其二 文人画主动意笔情志而不求形似，他的末流，走入空虚的形式主义，但四家并不如此，很注重写生．

四家有共同之点，即客观真实与主观结合一致

四家擅写园林景色，对写实功能

四王在糟粕中过生活，故而注定失败了

沈石田送吴宽长卷，印刷品，画不过释，卅年时移在手。

③ 绘画的文学、诗的情趣、文人画，主要令有画中有诗

沈文唐三家 确有文学画之境界，

仇英不能诗书，但画有诗意，不能以匠画目之．与沈文唐时常往来，因而有诗意，

仇又是个多面手，山水中必有人物，

文沈人物亦好，沈花鸟在周、林之上．文亦能画花鸟、兰竹尤佳、唐花鸟墨水画一种尤佳。仇画花鸟神妙之境

文雅秀逸，四家统一、这与吴中山明水秀有关。

四家都非高官厚禄之人 都比较回派之人但逃避现实，然轻远兴附势者另胜一筹．

文雅秀逸，既统一可成一派

四家有五个共同点．——吴门画派——

吴门画派的宗主？

沈文　沈文唐

我主张 沈文唐仇，都列入吴派．

董其昌的用意，是要把绘画中的"真实"两字抽掉，以从而南北宗

三百年来的画坛 文人之罪 陈蘭

沈文：真实转入神韵之中

仇唐 表现真实。 追求神韵

唐粗豪之作，有时为沈文所不及．

四家把一千多年两大流派融汇成为一派，此即吴门画派．

宜，

唐六如学南宗而兼北宗

明四家与吴门派，清初仇十洲入吴门派，

仇与三家为南北宗之不同。明画家继承元画，宋画重笔，元画重墨，明四家在笔墨外兼重题。

浙派袭元而无变化，而有所发展。

吴敬木：

明四家无能吸收他们笔墨，为众所公认吴门画派究竟怎样的风格，我认为不一定要从四家入手，我们可以创造一种新的吴门画派

文沈可合一，唐仇可合一，四人有四个风格，而分为两个类型。

粗文细沈，生物稀为贵，

唐兼南北，仇唐相类

文沈用笔以古拙见长，实在画得像，求工而不得工，以神见长，亦即笔墨见长，

吴仲圭与石田，石田见长。

气息即开门见山，文沈画气息好，

石涛石谿气息，石涛好，石涛有仙气，石谿有和尚气，和尚气即殿上的烟雾之气。

仇画最欣赏贝婴图，衣折粗笔，令人如甘蔗皮，而仇笔如撕麻皮。

粗文一张很好

五月江深很好，细文代表作山[illegible]改都有好处

沈石田墨牡丹很好

文潇湘八景

多拍照片留供参考

王子振：

郑西谛：

文画如散文小品，章法横突平易，

苏州花卉绝眉有饰，横突不足，

感情真实，打动人心，

吴似兰：

沈石田牡丹：残花切合诗意，是写生的

落笔轻重不敢下笔

余学细梗巨花若不胜负载

崔护：

文反映现实的地方很多

文劝农图表现防涝

虎山桥图

许十朋：

往时我们看阿[illegible]版

看沈画如看杜甫诗

对明三家人品已往也批评。

沈学董巨吴仲圭但能有创造四十以后始为巨幅是认写作严肃。

① 有几个问题

文人画与民间画家

明四家与吴门画派

明四家以后的苏州画家。

苏州彩绘

锦纹

明：六角，八角，地少，

清：　　地多（软外素地锦）

[illegible]近百种

款格　中心包袱　袱内有时有堂子，明代无堂子，堂子自清朝开始

箍头　皮带

枋子　锦袱亦可嵌堂子

正楼　不嵌堂子，一定必定如意

忠王府　云幅地　散花

顧公碩殘稿拾影